普通高等教育“十一五”
国家级规划教材

U0853005

中国法律史

李交发 主编

湘潭大學出版社

主　编　李交发

副主编　张全民　宋四辈　张兆凯

撰稿人　（以撰写章节先后为序）

李交发　张全民　杨翠兰　宋四辈

黄谷秀　刘军平　陈　熹　张兆凯

蔡浩明　龚曙东　李俊强　夏新华

主编、副主编简介

李交发，男，湖南新邵人。湘潭大学法学院教授。著有《治赌史鉴》（独著）、《中国诉讼法史》（独著）、《法律文化散论》（独著）、《中国传统家族司法研究》（第一作者）、《法治建设论》（第一作者）。主编、参编湖南省法学专业核心课程教材《中国法制史》。在《法学评论》《法商研究》等刊物发表论文50余篇。科研成果获湖南省社科优秀成果二、三等奖各一次，湖南省“五个一工程”一等奖一次，教育部高等学校法学学科教学指导委员会、曾宪义法学教育与法律文化基金会、中国法学会法学教育研究会“第二届中国法律文化研究成果奖”二等奖一次。

张全民，男，安徽桐城人，历史学博士。湘潭大学法学院教授，博士研究生导师。著有《〈周礼〉所见法制研究（刑法篇）》（独著）、《历代刑法考》（点校）。参编湖南省法学专业核心课程教材《中国法制史》（副主编）。在《法学研究》《现代法学》等刊物发表《中国古代直诉中的自残现象探析》《郑克法律思想初探》等论文20余篇。

宋四辈，男，河南郑州人。郑州大学西亚斯国际学院法学院院长。郑州大学法学院教授，硕士研究生导师。中国法律史学会常务理事、河南省法学会法理法史研究会副会长、河南省法律咨询协会副会长、河南省法律智库专家、郑州大学教学督导。曾任郑州大学法学院副院长、法学专业负责人、法律史学科带头人及硕士点负责人、河南省高校教师高级职务任职资格评委会委员暨法学学科组组长。出版《中国传统刑法理论与实践》（独著）、《中国法制史》（主编）（河南省“十五”规划教材）等。在《中国法学》《中国社会科学院研究生院学报》《河南社会科学》等刊物发表论文近30篇，其中人大报刊复印资料全文转载6篇，《新华文摘》观点摘编1篇，全文收录《中国法史学精萃》1篇。科研成果获河南省社科优秀成果二等奖、河南省社科联优秀成果一等奖、郑州市社科优秀成果一等奖。

张兆凯，男，湖南桃江人，1956年11月11日出生，湖南省首聘二级教授。中国法学会委员，中国法学教育研究会理事，中国社科项目通讯评审专家。曾任湖南省社科评奖委员会委员，湖南省人事厅高级职称评审专家，株洲市人大代表，株洲市人大常委会委员。本科就读于湖南师范大学历史系，1985年于厦门大学攻读硕士学位，师从著名史学家韩国磐，1991年于武汉大学攻读博士学位，师从高敏、朱雷。先后任教于益阳师专、湖南科技大学（原湘潭师院）、湖南师范大学、湖南工业大学。1993年评为副教授，1996年评为教授。1997年担任原《湘潭师范学院学报》主编，2000年担任湖南工业大学法学院院长至2012年退居二线。出版学术著作11部，在《中国史研究》等国家和省部级学术刊物发表学术论文近70篇。

目 录

第一编 法律起源与国家形成

第二编 奴隶制法律制度

第三编　封建制法律制度

第四编　清末民国法律制度

第五编　中华人民共和国法律制度

第一编

法律起源与国家形成

中国法制史必然要涉及中国法律的起源问题，进而又要涉及中国国家的最早形成问题。以往的教科书几乎无一例外地都将中国法律和中国国家的起源定位在夏朝。其实，法律和国家起源并不是同步出现的历史现象，中国法律和国家起源也是如此。中国法律起源于国家形成之前的黄帝至尧舜禹时期。因此，要说明此问题，必须从法律和国家起源的不同理论基础、路径上加以论说，并且，还需要从大量可靠的史料出发予以佐证，以期说明中国法律起源于“五帝”时代，中国国家最早形成于夏朝时期。

第一章　法律起源

第一节　几种法律起源说

一、法律起源理论说

（一）法律起源于“圣人”说

中国属一个极度标树圣贤和崇拜圣贤的国度，早有黄帝尧舜，继有周（公）孔（子），乃至后代，圣贤辈出，不绝于书。人们认为，圣贤治国，担当重任，升平盛世乃出。因此，古者前人，将圣贤制律与治国紧密相连，法律起源于圣贤的主张，自古以来，很有影响。

相传最早以圣贤定法的是黄帝，《商君书·画策》记载，“神农既没，以强胜弱，以众暴寡”，破坏了男耕而食，妇织而衣，刑政不用而治，甲兵不起而王的“神农之世”。黄帝为了挽救时世，恢复社会秩序，开始制定法律：“黄帝作为君臣上下之义，父子兄弟之礼，夫妇妃匹之合；内行刀锯，外用甲兵。”[①] 由此，战国时期的法家代表人物商鞅提出了最早的圣贤黄帝制律的主张。在此基础上，商鞅更进一步地从法律起源的普遍规律上论说问题，认为人类社会发展到一定时期，人求利益，民争财富，无规无矩，藉力而胜，社会混乱不堪。因此，社会需要圣贤，需要圣贤制定法律，规范社会。正如商君所言：“当此时也，民务胜而力征，务胜则争，力征则讼，讼而无正，则莫得其性也。故贤者立中正。”“中正”是指不偏不邪的标准，即法律。这样，商鞅便从一般意义上提出了中国古代法律起源于圣贤说。

春秋战国时期的法律思想大家，主张法律源于圣贤的观点，绝非商鞅一人，可以说各派大家，几乎都持同样或相似的观点。

春秋时期管仲明确提出法律为圣贤所制：“夫生法者，君也；守法者，臣也；法于法者，民也。”[②] 战国时期法家理论集大成者韩非子认为：人性本恶，天生好利争利，为了利而争夺不已，必然带来社会的混乱秩序。同时，他还认为，在生产力水平低下、物质有限，而人口又成几何倍数增长的情况下，社会的争利恶行更为加剧，因此，圣贤立法制以

---

① 《商君书·画策》。

② 《管子·任法》。

节制之。即“人情者，有好恶，故而赏罚可用”①。

儒家代表人物之一的荀子，也从人性恶的理论预设出发，提出圣贤立法的主张。荀子认为人性恶，导致行为恶，人生而好利，是故争夺生；人生而疾恶，是故残贼生；人生有欲，好声色，是故淫乱生，所以圣贤定礼立法。亦如其所言：“古者圣王以人之性恶，以为偏险而不正，悖乱而不治，是以为之起礼义，制法度，以矫饰人之情性而正之，以扰化人之情性而导之也，始皆出于治，合于道者也。”②

墨家代表人物墨子也是主张法律起源于圣贤的思想家。他认为人类社会“民始生未有刑政之时”，一人一义，十人十义，各有不同的衡量事物的是非标准，因此社会“是以人是其义，以非人之义，故交相非也”。其产生的社会恶果是，父子兄弟相怨恶，离散不能相和合；天下百姓，都以水火毒药相亏害。因故，必“选天下之贤可者”，“发宪布令于天下之众”，由“古者圣王为五刑，请以治其民”。“昔者圣王制为五刑，以治天下”。③实现“尚同”理想，达致“一同天下之义”。

因此，在中国历史上，法律的制定总是和圣贤相联系，诸如众所周知的“周公作周礼”“吕侯制吕刑”“皋陶造狱”“伯夷降典”，就是法律起源于圣贤的典型表达。正如《汉书·刑法志》总结的那样：“圣人取类以正名，而谓君为父母，明仁爱德让，王道之本也。爱待敬而不败，德须威而久立，故制礼以崇敬，作刑以明威也。”

（二）法律起源于神、天说

人类历史的初期，由于对自然现象认识的低下，人们迷信神、天，总认为人之外的冥冥世界中存在一个超自然的力量无比的神、天，它无所不能，法律也由其产生。因此，法律起源于神、天的主张便提出来了。

在中国古代，人们极度地尊奉祖宗神和上帝，虔诚地祭祀祖先神和上帝，便形成了一套祭神敬天的礼。这个“礼”不仅是一种礼仪，更是一种规范人们的行为标准，既含有法律的内容，又具有法律的意义。而且人们认为，“礼，必本于天”，“夫礼，先王以承天之道，以治人之情”。④这样，便顺理成章地把法律的产生归结于神、天，即法律起源于神、天。《尚书·洪范》记载：大禹治水时，有神鬼奉天意赐禹“洪范九畴”，治水成功。实际上是“上帝把那九种大法传给了禹，因而禹便掌握了这种使臣民和睦相处的治国治民的常理”。⑤特别是东汉思想家班固更是明确提出：“立法设刑”“而则天象地”，“刑罚威狱，以类天之震曜杀戮也”，“圣人因天秩而制五礼，因天讨而作五刑”。⑥因此，历代统治阶级总是宣扬自己“服天命”“受天命”“君权神授”“法权神授”，立法如此，司法亦如此，执行法律是“恭行天罚”，这是不可颠覆的真理。如果不遵循此理，那是必遭天谴的。中国历史上有过南方少数民族“苗民弗用灵，制以刑”的举措，被骂为不奉行天命而产生的法律，是一种暴虐的法律。此话真正的意义倒是折射出只有神、天才是法律制定的主体。

---

①《韩非子·八经》。

②《荀子·性恶》。

③《墨子·尚同上》。

④《左传·成公四年》。

⑤ 王世舜：《尚书译注》，四川人民出版社1982年版，第117页。

⑥《汉书·刑法志》。

法律起源于神、天的理论，不仅古代中国持此说，而且世界上很多的思想家和民族也有类似主张。英国著名思想家就主张法律起源于神，或法律起源于宗教——“神托裁判为法律观念之起源”。① 梅因这一观点在西方世界早期影响颇大。美国学者霍贝尔在《原始人的法》一书中如是说：“法起源于宗教的观点，在亨利·梅因以后，已为公众所接受……他认为早期的国王进行‘孤立的审判’，而审判的根源来自神的灵感。国王如有了棘手的案子，神灵就给他解决的方法，完全出乎人们的意料之外……这是神灵的旨意，最终通过习俗表明了社会的行为法律。这就是梅因‘法律起源于宗教的理论’。”② 另外，与中国古代大禹受神赐《洪范》大法一样，在公元7世纪时，穆罕默德受“安拉”神的启示，陆续发布了《古兰经》，意味着伊斯兰法的起源。大约在公元前14世纪，摩西在西乃山受上帝耶和华所赐《十诫》，标志着希伯来民族的法律诞生。公元前18世纪，汉谟拉比受天神安努之意，制定了一部两河流域楔形文字法的“公正的法律”——《汉穆拉比法典》。③

（三）法律起源于“止奸伐暴”说

人类的最大社会属性是群体性，因在自然界单个的人势单力薄，人类要战胜自然，壮大自己，唯有组织起来才有力量。正如荀子所言：人“力不若牛，走不若马，而牛马为用，何也？曰：人能群，彼不能群也”④。如何做到“群”，有个“分”的问题，即怎样正确处理好人们的社会分工和物质利益的分配问题，如果无“分”或“分”得不好，则纷争必起，奸乱必生，暴行必出。因此，思想家们为了预防、减少，甚或消除之，必然设计一套行之有效的规则。另外，人类社会还存在一个“群”与“群”的相处问题，因为“群”与“群”之间的纷争祸乱又总是频生不已，为了本“群”的利益，或者为了合群的需要，也需要设计一套有效的措施。因此，法律便在“定分”“止奸”“伐暴”中产生了。

在中国历史上，早在五帝时期就有此现象了，当时在内部“百姓不亲，五品不逊”；在外部“蛮夷猾夏，寇贼奸宄”。⑤ 舜帝命令契这个人任“司徒”，本着宽厚的原则处理内部问题；任命皋陶为“士”，施用不同刑罚处理外部矛盾。从记载本身来看，虽然体现的是舜帝时的司法诉讼问题，但是，同样也反映了为了“定分”“止奸”“伐暴”的法律起源问题。另据《尚书·吕刑》记载在黄帝时期“蚩尤惟始作乱”，并且影响到平民，社会贼寇四起，胡作妄为，远近作乱，强取豪夺，社会大乱，于是制定了法律。即“苗民弗用灵，制以刑，惟作五虐之刑曰法”。这就是中国历史上最早关于直接的法律起源于止奸伐暴的记载。

春秋战国时期，法家的商鞅、儒家的荀子、墨家的墨翟等人都持如是主张。商鞅从历史发展的观点来论述问题，他说在神农之世，社会稳定祥和：“男耕而食，妇织而衣，刑

---

① ［英］梅因《古代法》说：“没有文字记载的法律，从中国到秘鲁，在它刚刚制定出来的时候，都涉及宗教仪式和习惯。”但其后来通过对罗马和希腊法的详细研究，明确表示放弃了原来的观点。

② ［美］霍贝尔著，严存生译：《原始人的法》（修订译本），法律出版社2006年版，第237－239页。

③ 《汉穆拉比法典》不是两河流域楔形文字法的起源，在公元前21世纪就出现了《乌尔纳姆法典》，以及公元前20世纪至公元前18世纪的《苏美尔法典》《俾拉拉马法典》等。

④ 《荀子·王制》。

⑤ 《尚书·尧典》。

政不用而治，甲兵不起而王。”[1] 但是，到了黄帝时期，社会为之一变，“亲亲而爱私”[2]，“以强胜弱，以众暴寡”[3]。于是开始“立禁”，法律出现了。“商鞅关于法的产生的论述，以后成为法家共同的法源论。”[4] 荀子是一位从社会乱源上分析和讨论法律起源的儒家思想家。荀子认为，引起社会之乱的根源之一是，人有“群”无“分”则乱。他在《荀子·王制》中说：“故人生不能无群，群而无分则争，争则乱，乱则离，离则弱，弱则不能胜物。”这是多么严重的社会情势，荀子为了社会“能群”胜物，提出必须制定一套有效的社会行为规则，社会“不可少顷舍礼义”。荀子认为造成社会混乱不堪的原因之二是，人天生的难以满足的欲望。他认为人天生都有“欲”，而且，人的欲望是难以满足的；欲望不能满足，则必然出现争权夺利的现象；争权夺利，必然产生社会之乱，于此，法律起源之。正如他所言：“礼起于何也？曰：人生而有欲，欲而不得，则不能无求，求而无度量分界，则不能不争。争则乱，乱则穷。先王恶其乱也，故制礼义以分之，以养人之欲，给人之求。”[5] 墨子是一位从兴利除害视角上审察问题、论述法律起源的思想家。他认为产生社会之乱、社会之害的原因是，社会缺乏一套统一的行为标准。由于社会没有统一的标准，各是其所是，各非其所非。其结果必然是“厚者有斗”，“薄者”亦有争，社会大乱。为了使“善人赏而暴人罚则国必治”，必须提出一个统一的行为规则，是非评判的标准，“必务求兴天下之利，除天下之害，将以为法乎天下”[6]。

（四）法律起源于经济关系说

从社会的经济基础、经济关系论说法律的起源，是马克思主义的一个经典理论，也是一个颠扑难破的真理。马克思在《〈政治经济学批判〉序言》中说道：“法的关系正像国家的形式一样，既不能从它们本身来理解，也不能从所谓人类精神的一般发展来理解，相反，它们根源于物质的生活关系。”[7] 恩格斯在《论住宅问题》中也说：“立法就显得好像是一个独立的因素，这个因素并不是从经济关系中，而是从自己的内在基础中，例如从‘意志概念’中，获得存在的理由和继续发展的根据。人们往往忘记他们的法权起源于他们的经济生活条件，正如他们忘记了他们自己起源于动物界一样。”[8]

实际上，中国古代也有类似思想主张，认为法律起源于人们的生产、生活、产品交换等经济条件。最具典型意义的思想家是商鞅，他说：“民众而无制，久而相出为道，则有乱。故圣人承之，作为土地货财男女之分。分定而无制，不可，故立禁。”[9] 意为社会在人数众多，缺失制度时，老是走超出旁人的道路，社会就纷乱了。所以圣人继承前人，划定土地、财物、男女的分界。分界已经划定，如果没有制度是不行的，所以就创制了法律。[10] 韩非子亦有此类之论，他认为要解决社会客观存在的“人民众”和“货财寡”，

---

① 《商君书·画策》。

② 《商君书·开塞》。

③ 《商君书·画策》。

④ 杨鹤皋：《先秦法律思想史》，中国政法大学出版社 1990 年版，第 197 页。

⑤ 《荀子·礼论》。

⑥ 《墨子·非乐上》。

⑦ 《马克思恩格斯选集》（第 2 卷），人民出版社 1972 年版，第 82 页。

⑧ 《马克思恩格斯选集》（第 2 卷），人民出版社 1972 年版，第 539 页。

⑨ 《商君书·开塞》。

⑩ 高亨：《商君书注释》，中华书局 1974 年版，第 75 页。

"事力劳"和"供养薄"的矛盾，需要法律调整。明朝时期对中国正统法律思想进行系统总结和深入阐释的著名学者丘濬，也是从经济关系基础上谈法律起源。他认为"生齿日滋，种类日多"，而"地狭而田不足以耕，衣食不足"，社会因此矛盾而产生奸乱，必须采取法律措施，以调整之。"既分田授井以养之，立学读法以教之，又制为禁令刑罚以治之。"① 法律因此而产生。并且，丘濬还坚定地说：这种"号令之颁，政事之施，教条之节，礼乐制度之具，刑赏征讨之举"，都"非君之自为也"，"非圣人所自为也"，"因天地自然之理耳"。②

二、法律起源时间说

（一）法律起源于殷商

中国法律最早产生于商代，持此说的最具代表性的学者有程树德、杨鸿烈和陈顾远等。程树德在其《中国法制史》中说："殷时有法律，已无可疑。"③ 杨鸿烈更肯定地说："中国法律起源于殷代。"④ 但同时，他在该书"序言"中又予以说明："我这书以中国法律起源于殷代，可惜殷代真实史料太过于缺乏，所以只根据现已出土的一些甲骨文和王国维先生考证殷周制度与章太炎论'法吏''刑名'的文字参酌一般文化学原理加以解说。"陈顾远也认定中国法律起源于殷商："中国法制史之始页，惟有断自殷代。"⑤ 应该说，程树德等学者认定的中国法律殷代起源说的观点，具有明显的局限性。虽然是在20世纪初期，他们从已有的考古资料，以及传说和神话资料出发进行分析和解说得出此结论的，但是，随着考古学的发展和出土资料的不断被发掘，中国法律的起源时间必然前移。

（二）法律起源于夏朝

中国法律起源于夏朝的观点，为中华人民共和国建立后学术界所普遍承认，分别见于各种不同版本的中国法律史、法理学教材中。他们之所以主张夏朝为中国法律起源的上限，根据主要有三：一是根据所见史料记载，如《汉书·刑法志》说禹承尧舜之后，自以德衰，始制肉刑。《庄子·天地篇》记载，禹继位后，禹与子高有对话，子高曰："昔尧治天下，不赏而民劝，不罚而民畏。今子赏罚，而民且不仁，德自此衰，刑自此立。后世之乱，自此始矣。"《左传·昭公六年》说："夏有乱政，而作禹刑；商有乱政，而作汤刑；周有乱政，而作九刑。"等等。二是有学者根据较为丰富的史料，以及新近的出土资料，作了比较全面的分析，认为中国古代法律，早在黄帝时期就已见端倪，在尧舜时代，法的胚胎逐渐发育成形。但到夏启继位后，公天下变为私天下，国家形成，阶级矛盾空前激烈，于是，作为阶级镇压的暴力工具——法便正式诞生了。⑥ 三是中华人民共和国成立后，学者根据法律是在社会生产力发展基础上，随着私有制、阶级和阶级斗争的出现而出

---

① 《大学衍义补》（卷106）。

② 《大学衍义补》（卷3）（卷36）。

③ 程树德：《中国法制史》，商务印书馆1928年版，第23页。

④ 杨鸿烈：《中国法律发达史》，商务印书馆1934年版，第10页。

⑤ 陈顾远：《中国法制史》，商务印书馆1934年版，第10页。

⑥ 参见胡留元、冯卓慧：《夏商西周法制史》，商务印书馆2006年版，第14页。

现的理论，认为在原始社会，生产力水平低下，没有私有制，没有阶级、阶级对立和阶级斗争，因而没有国家和法律，人们之间的一切关系，都依靠原始习俗和道德进行调整。到了后期，由于阶级的出现和阶级斗争的激烈化，因此才产生了国家和法律。有如《中国大百科全书·法学卷》所说："根据历史文献的记载，一般的认为中国到夏朝（公元前21世纪至公元前16世纪）便完成了由原始社会到阶级社会的过渡，随着氏族制度的解体、国家的形成，法也就产生了。"①

同时，还有一个重要的原因，即当时学者受苏联法学理论的深刻束缚和影响。苏联权威法学理论认为，法律是国家按照统治阶级的意志制定和认可的，也是靠国家的强制力推行的。这样，法律的起源至少是与国家同时产生的，或者是先产生国家，然后才出现法律。循此之理，中国古代国家最早产生于夏朝，后才出现法律。

（三）法律起源于原始社会末期

众所周知，原始社会是人类社会一个漫长的必经的历史阶段，在这个漫长的历史阶段中，确实存在过"没有军队、宪兵和警察，没有贵族、国王、总督、地方官和法官，没有监狱，没有诉讼"的社会。这是指在没有出现私有制，没有出现阶级矛盾、阶级对立和斗争，而且阶级矛盾和斗争没有激化前的原始社会。但是，在原始社会经过社会三次大分工以后，开始出现贫富现象的末期，情况就大不一样了。即当"阶级矛盾客观上达到不能调和"时，产生了法律。因为以往那套原始风俗、原始道德，已经不起作用了。原始社会分工后，社会贫富的出现，社会矛盾、对抗的产生，实际上也意味着社会犯罪的存在，这就必须制定一套崭新的，完全相异于原始风俗、原始道德的法律规范。

基于此等认识，故有部分学者主张中国"法律产生于国家诞生之前的原始社会末期"②，台湾学者王洁卿明确提出："黄帝之时，显已法明见于世。"③

第二节　法律起源于黄帝至尧舜禹时期

一、从理论上看

中国法律起源于黄帝至尧舜禹时期，即在夏朝建立国家之前。这得首先弄清一个理论问题，即法究竟在什么基础上出现？其前提条件是什么？列宁在《国家与革命》一书中说到一个观点："国家是阶级矛盾不可调和的产物和表现。在阶级矛盾客观上达到不能调和的地方、时候和程度，便产生了国家。"列宁进一步说："在马克思看来，如果阶级调和是可能的话，国家就不会产生，也不会保持下去。"④ 阶级和阶级矛盾能够"调和"与"不可调和"，是用什么"调和"，列宁没有明确说明，但肯定有一套规则或措施手段。恩格斯从生产关系角度上，提出为了调整人们生产、生活、产品交换中的矛盾，需要一套规

① 《中国大百科全书·法学卷》，中国大百科全书出版社1984年版，第83页。

② 《武树臣法学文集》，中国政法大学出版社2003年版，第19－20页。

③ 王洁卿：《中国法律与法治思想》，三民书局1982年版，第19页。

④ 《列宁选集》（第3卷），人民出版社1975年版，第175－176页。

则。恩格斯把这个规则（共同规则）称为法律（先为习惯，后为法律）。并且认为有了法律，然后还需要国家（管理机构）。正如恩格斯在《论住宅问题》中所言："在社会发展某个很早的阶段，产生了这样的一种需要，把每天重复着的生产、分配和交换产品的行为用一个共同规则概括起来，设法使个人服从生产和交换的一般条件。这个规则首先表现为习惯，后来便成了法律。随着法律的产生，就必然产生出以维护法律为职责的机关——公共权力，即国家。"① 很明确，人们为了调和矛盾，解决矛盾，首先产生规则（法律），后来出现国家。也正如中国春秋战国时期思想家商鞅所认识的那样：社会为了"土地、货财、男女有分"，必先"立禁"（定规范即法律），接着需要"立官""立君"（管理机构即国家）。即"禁立而莫之司，不可，故立官。官设而莫之一，不可，故立君"②。也就是说，商鞅也是主张法律出现在国家产生之前。如果我们以这种理论审视问题，中国法律产生在夏朝国家出现之前的黄帝至尧舜禹时期，便有了理论支撑。

二、从古籍记载看

（一）法律制定

中国原始社会末期，在黄河和长江流域，私有制开始出现，阶级对立和阶级矛盾也日显尖锐，人们要维护日常的生产和生活轶序，统治阶级为了维护自己的利益，需要一种比原始风俗、习惯和道德更起作用的社会规范，就制定了法律。在中国历史上，可以说，大致在黄帝以前中国社会是一个无私有制、无阶级、无法律的原始社会；而在黄帝尧舜禹时期，由于私有制的出现，阶级的出现，阶级矛盾的难以调和，法律由此而出现了。

《商君书·更法》记载："伏羲神农教而不诛，黄帝尧舜诛而不怒。""诛，杀也"；"怒"，读为"孥"，妻子连坐为孥。意为伏羲、神农时期只有教化没有法律，而黄帝尧舜时期有了法律惩处犯罪但不连坐妻子。《商君书·画策》也说："故黄帝作为君臣上下之义，父子兄弟之礼，夫妇妃匹之合；内行刀锯，外用甲兵，故时变也。""礼""刀锯""甲兵"都属法律内容。由此可见，黄帝时期是中国古代法律起源的初期。至尧舜禹时期，有关法律的记载就更多了，诸如《尚书》《史记》《竹书纪年》《新语》等史料，可谓比比皆是。而且，被证实的一些考古资料已印证了这一点。《古今图书集成》记载："帝尧始定上中下之刑。"《尚书·尧典》记载："象以典刑，流宥五刑，鞭作官刑，扑作教刑，金作赎刑。"《太平御览》卷645引《慎子》言："有虞之诛，以幪巾当墨，以草缨当劓，以菲履当刖，以艾韠当宫，布衣无领当大辟，此有虞之诛也。"

（二）具体法律内容

"五刑"。黄帝时期的蚩尤首创五种刑罚，"杀戮无辜，爰始淫为劓、刵、椓、黥"③。即所谓苗民的"五虐之刑"——劓（割鼻）、刵（割耳）、椓（破坏生殖器）、黥（刺面）、大辟（杀头），后被发展为墨、劓、剕、宫、大辟定制的奴隶制五刑。

---

① 《马克思恩格斯选集》（第2卷），人民出版社1972年版，第538－539页。

② 《商君书·开塞》。

③ 《尚书·吕刑》。

流刑。尧舜时期，“流共工于幽州，放驩兜于崇山，窜三苗于三危，殛鲧于羽山”①。“流”“放”“窜”（迁逐）、殛（流放）均为流刑。后世发展为有里程规定的封建五刑中的流刑。

“象刑”。舜帝时期的一种“象征性刑罚”，指在犯人衣服上画不同图形，以示惩罚。《初学记》引《白虎通》：“五帝画象者，其衣服象五刑也。犯墨者幪巾，犯劓者赭其衣，犯髌者以墨幪其髌处而画之，犯宫者杂菲，犯大辟者布衣无领。”②

“赎刑”。尧舜时期以钱赎罪的一种刑罚，主要施用于轻微的犯罪。《尚书·尧典》明确记载“金作赎刑”，汉代马融解释为：“金，黄金也。意善功恶，使出金赎罪，坐不戒慎者。”只不过这时的“金”不是指黄金，而是指铜。③

“鞭扑”刑。尧舜时期对官员犯有过错者处以鞭刑，掌管教化的人在学校中所用的体罚措施称扑刑。即《尚书·尧典》记载的“鞭作官刑，扑作教刑”。

三、诉讼实践

有了法律的出现，必有诉讼的实践。中国历史上黄帝时期产生了法律，尧舜时期产生了诉讼。④《尚书·尧典》记载：“帝曰：‘吁！嚚讼，可乎？’”根据《十三经注疏·尚书正义》解释：“吁，疑怪之辞。言不忠信为嚚，又好争讼。”说明在尧帝时期开始了诉讼的历史。如果这种“讼”是为争财而求公平的民事诉讼，那么同样在《尧典》中也出现了惩处做坏事的“奸”的刑事诉讼。⑤ 诉讼的出现，必然设置相适应的诉讼机构、司法官、诉讼原则等。五帝时期的刑事诉讼机关为“士”，为中国古代最早的诉讼机关，其职责主要是对犯“寇贼奸宄”罪“明五刑”。施用五刑时，要实行这样一些重要的诉讼原则：刑罚不实行株连，不累及子孙后代；对于过失犯罪从宽处罚，对于故意犯罪则要虽小必刑，对于疑罪又虽重从轻，并且还规定，为了防止错杀无辜，宁可不要或不按常典办事。正如《尚书·大禹谟》所载皋陶之言：“临下以简，御众以宽，罚弗及嗣……宥过无大，刑故无小，罪疑唯轻……与其杀不辜，宁失不经。”民事诉讼机关为“司徒”，与刑事诉讼机关“士”一样，亦为最早的诉讼机关。其职责主要受理“百姓不亲”“五品不逊”（指君臣、父子、夫妇、长幼、朋友关系不恭顺）的案件，原则是“敬敷五教，在宽”。就是对人们进行“五常”的教育，一定采用宽大的原则。按唐代孔颖达解释：“治不逊之罪，宜峻法以绳之，而贵其务在宽者。此五品不逊，直是礼教不行，风俗未淳耳。未有杀害之罪，故教之，务在于宽。若其不孝不恭，其人至于逆乱，而后治之于事，不得宽也。”⑥ 此时之司法官，是历史上鼎鼎大名的皋陶和契。皋陶为刑事司法官，即“皋陶……汝作士，五刑有服”，按汉代马融解释，“士”为狱官之长。可见皋陶为此时之司法

① 《尚书·尧典》。

② 关于象刑的记载多见于各种古籍，如《史记》《法言》《尚书大传》《风俗通》《孝经纬》等。但对于象刑的理解，历来意见分歧。如晚近胡留元、冯卓慧的《夏商西周法制史》（2006 年商务印书馆出版）认为，象刑不属象征性刑罚，而是法律处在胚胎时期以刻画形式公之于众的一种原始立法活动。

③ 《十三经注疏·尚书正义》卷 3 引唐代孔颖达疏曰：“此传黄金，《吕刑》黄铁，皆是今之铜也。古之赎罪者，皆用铜，汉始改用黄金。”

④ 茅彭年：《中国刑事司法制度》（先秦卷），法律出版社 2001 年版，第 17 页。

⑤ 李交发：《中国诉讼法史》，中国检察出版社 2002 年版，第 3 页。

⑥ 《十三经注疏·尚书正义》卷 3。

长官，也为中国法官之始祖。契是民事司法官，即“契……汝作司徒”，也可以说，契是中国历史上最早的可与皋陶齐名的司法官。

第三节　法律起源的具体路径

一、“刑起于兵”

中国古代法律起源，是受当时具体又特殊的历史条件影响而产生的，其中主要路径之一：“刑起于兵”。兵者，战争也。所谓“刑起于兵”，即指法律（刑法）作为一种暴力措施，起源于战争。《汉书·胡建传》记载：“《黄帝李法》曰：‘壁垒已定，穿窬不由路，是谓奸人。奸人者，杀。’”从法律内容看是对盗窃行为的处罚，却以“李法”命名。何谓“李”，颜师古注为：“李者，法官之号也，总主征伐刑戮之事也，故称其书曰《李法》。”故后来《隋书·刑法志》说：“刑者，甲兵也。”

既然法律起源于战争，那么从黄帝到尧舜禹时期是否存在战争？据相关史料记载，这时期部落之间的战争频繁不断。主要有四次较大规模的战争：

第一次是共工部落与颛顼部落间发生的战争。起因是共工部落因洪水筑堤改变水流方向，使颛顼部落地区“振滔洪水，薄于空桑”，因而战争爆发。颛顼部落在蚩尤部落的帮助下打败了共工部落，取得了战争的胜利。

第二次是黄帝与蚩尤之间的战争。蚩尤打败共工以后，沿黄河向北发展，发生蚩尤与黄帝的战争，结果是蚩尤战败被杀。

第三次是黄帝与炎帝之间的战争。黄帝打败蚩尤后向南发展，发生黄帝与炎帝间的战争，结果是黄帝“三战然后得其志”，“五十二战而天下咸服”。

第四次是尧征三苗。“尧战于丹水之浦，以服南蛮”，这次战争后，从三苗首领驩兜后来参加部落联盟会议来看，战争的结果是尧与三苗讲和。另外，还有后来舜和禹的对三苗的战争。

自古以来，战争就是一种特殊的政治或曰“流血的政治”，这样就产生一个如何“治”的问题，无非表现在内、外两治上。“内治”就是以一种什么样手段，使氏族内部的所有成员在军事行为上保持高度的一致性，齐心协力，赢得战争的胜利。也就是为了保证战争的胜利，必须以法律（刑法）为手段，才能达到目的。《尚书·甘誓》记载夏启发布的战争动员令倒能很好地说明问题：“用命，赏于祖；弗用命，戮于社。”无论“赏”也好，“戮”也罢，都属于军法的内容。更由此扩大到更多的规范的大小之刑。正如《国语·鲁语》总结的那样：“大刑用甲兵，其次用斧钺；中刑用刀锯，其次用钻笮；薄刑用鞭扑，以威民也。”可见，中国古代法律起源于战争，故素称“刑也者，始于兵”，“刑者，甲兵也”。①

“外治”就是战争胜利后，管理被占领的土地财产和人口，都需要用法律，主要是用刑法来调整。无论通过战争“占有一块地域”，或是掠夺到大量的异部落的人口，进行报

① 分别参见《辽史·刑法志》《隋书·刑法志》。

复而杀戮之；或是将大量战俘、妇女、儿童沦为奴隶的种种措施的实施，都体现了刑罚与战争的直接关系。即使像尧征三苗时出现讲和的结局，后来三苗首领驩兜被流放，防风氏被杀也都与战争有直接的关系。

同时，当时的军事官兼任司法官，主“征伐刑戮之事”，其双重职责的履行都是在战争行为中完成的，如《黄帝李法》的李，或称李官、理官，实际上就是集军事官和司法官于一身。故从“皋陶作士”开始，司法官称“士”“士师”“司寇”“廷尉”等，都体现了原有本质的军事属性。因此，这种“兵狱同制”“兵刑一体”，强烈地表征着军法措施即刑罚措施，有力地说明战争中的军法，就是中国古代法律（刑法）起源的直接途径之一。

二、“法源于祭祀”

中国古代法律起源的另一个途径是祭祀。《左传·成公十三年》说：“国之大事，在祀与戎。”“祀”即祭祀，是指对鬼神、天地和祖先崇拜的一种隆重的仪式，它是古代中国一种很重要的社会活动，更是一种很重要的政治活动。祭祀于当时之所以受到社会的异常重视，基于当时社会生产力水平的低下，人们认识自然现象的能力有限，认为神、天具有一种超常的力量，有福祸于人的能力。因此，人们对神、天的敬重属必然之事。为了表示人们对神、天的虔诚和敬畏态度，得到神、天的避祸和降福，便隆兴种种祭祀活动，祭祀活动必然产生一套隆重、严肃和完善的祭祀仪式。如开始的祭祀仪式，有恭敬地在石块上烤制粟米畜肉，掘地为穴作酒器并双手掬捧而饮的仪式，也有虔诚地用固定形状的器皿盛以双玉制成的珏敬神祭祖的方法。这本是一种原始的祭祀习惯和祭祀的仪式规则，但人们逐渐认识到这种礼仪规则的可用性和广泛性。并且，人们更进一步重视到，这种祭祀的仪式或曰礼仪是一种不可轻慢和更改的规范，合乎礼仪，便可得到神、天的赐福，违反之，定会遭到神、天所降的灾祸。即“顺于鬼神，合于人心，理万物者也”[①]；“获罪于天，无所祷也”。特别是当这套可用性和广泛性的礼仪规则，逐渐地被人们加以改造、利用，并要求人们普遍遵循时，本属祭祀仪式的“礼”，就演变为强迫人们必须遵守的一种社会行为规范。“道德仁义，非礼不成。教训正俗，非礼不备。分争辨讼，非礼不决。君臣、上下、父子、兄弟，非礼不定。宦学事师，非礼不亲。班朝治军，莅官行法，非礼威严不行。祷祠、祭祀、供给鬼神，非礼不诚不庄。”[②] 这种礼，实际上就具有法律的性质和品格。

小　结

法律怎样起源？中国法律究竟起源于何时？这是一个首先要解决的理论问题。本章阐述此问题时，突破了以往教材的传统的理论观点，将中国法律起源置于中国国家形成之前的黄帝至尧舜禹时代。这倒不是别出心裁，而是按照历史唯物主义的观点审视问题的结

① 《礼记·礼器》。
② 《礼记·曲礼上》。

果，这样能够更好地理解中国法律产生的一般性和特殊性相结合的历史特征。因此，本章从法律起源理论和史料记载上阐述和证明：中国法律起源在夏国家以前，并且，更进一步分析，中国法律起源的具体路径主要是“刑起于兵”和“法源于祭祀”。

思考题

1. 中国古代法律是怎样起源的？其具体路径是什么？
2. 中国古代法律起源问题为什么存在各种不同的观点？

第二章　国家的形成

第一节　国家形成的理论标志

一、史学界“三标志”说

国家是历史发展的产物，人类历史究竟在什么时候产生了国家，首先要从理论上考察国家出现的前提基础是什么？即国家形成的理论标志是什么？

历史学界有个公认的国家形成的“三标志”说，即在人类历史的某个时期出现了城市、金属器和文字时，标志着国家开始形成。有学者根据这个理论，从最新的考古发掘，以在20世纪80年代的辽宁西部山区发现距今约5000年时城市遗址，21世纪初在山西发现的距今4500年前的尧舜时期的古城遗址为材料，认为中国国家的起源时间在夏朝以前。① 我们不排除中国国家起源时间前移的可能性，但它必须建立在大量的考古发现和地下遗存的历史事实基础上，合乎历史学界的国家形成的“三标志”说，方能言及中国国家起源于夏朝之前。基于此，至今为止的历史记载和考古发掘尚难说明问题。

二、恩格斯“三标志”说

关于国家起源，马克思主义经典作家恩格斯提出了一个“三标志”说，即国家形成必须具备三个条件：国民按地域划分、公共权力的设立、赋税制度的出现。

（一）地域关系代替血缘关系

按恩格斯的理论，国家形成的第一个标志是：“国家和旧的氏族组织不同的地方，第一点就是它按地区来划分它的国民。”② 恩格斯认为，国家和氏族公社是不同的，氏族公社与血缘关系紧密联系，即氏族公社是以血缘为纽带建立的，氏族成员以血缘联系为前提，同时，又与其所居住的地区相联系。只有在这个地区内，人们可以流动，冲破了血缘关系的束缚，“按地区来划分就被作为出发点，并允许公民在他们居住的地方实现他们的公共权利和义务，不管他们属于哪一氏族或哪一部落。这种按照居住地组织国民的办法，是一切国家共同的”③。

---

① 参见茅彭年：《中国刑事司法制度》（先秦卷），法律出版社2001年版，第6页。

② 《马克思恩格斯选集》（第4卷），人民出版社1972年版，第166页。

③ 《马克思恩格斯选集》（第4卷），人民出版社1972年版，第166－167页。

（二）公共权力的设立

恩格斯的国家形成的第二个标志是：国家与旧的氏族组织的“第二个不同点，是公共权力的设立，这种公共权力已不再同自己组织武装力量的居民直接符合了”①。这个公共权力，实际上是历史发展的某个时期出现的一种脱离于社会，又高高在上凌驾于社会的权威力量，包括“武装的人”，还包括“物质的附属物，如监狱和各种强制机关”。而这种公共权力在没能出现之前，或在极其微小或若有若无时，国家是不可能形成的。

（三）赋税制度产生

恩格斯的国家形成的第三个标志是：“为了维持这种公共权力，就需要公民缴纳费用——捐税。捐税是以前的氏族社会完全没有的。”② 随着公共权力的出现，掌握公共权力的人，成为社会的特权者，他们利用公共权力，实际拥有支配经济的权力。同时，公共权力的行使，需要“武装的人”和众多的“物质的附属物”的设置，他们却不直接地从事物质的生产，脱离社会高高在上，社会以其统治下的居民捐税供奉他们，这在国家出现前的原始社会是不存在的。国家出现的经济标志，亦如马克思在《道德化的批评与批评化的道德》中所说：“捐税体现着表现在经济上的国家存在”，“国家存在的经济体现就是捐税”。③

第二节　国家形成于夏朝

一、开始按地域划分国民

原始社会末期，社会进入父系氏族后，由于金属工具的使用，原始社会生产力大有提高，以一夫一妻为核心的父系家长制度、家族制度形成，独立的个体家庭，以居住地为基础，或者因为各种原因迁居另地，势必产生以地域进行组合的历史要求，而且，以血缘关系为纽带，以家族或氏族为单位的聚族而居的形式，并不阻碍以地域为特征的社会组合的历史发展趋势。夏部落在国家形成之前，正处在父系制的最后确立时期，氏族制度的发展，随大禹治水成功而达鼎盛，赢得其他氏族组织的拥戴和支持。这样，按地域来组织人们，按地域来划分国民，便水到渠成了，夏启继承禹位，标志着夏朝国家形成。

《左传·襄公四年》引《虞人之箴》曰：“芒芒禹迹，画为九州，经启九道。”“芒芒”，言其大；“九州”，言其多，非为实数；“经”，制分界。即说，大禹时期，其管辖地域很宽广，划分为很多地方单位的州，制定分界，经略而开通，并且，各州都设“州牧”。《左传·宣公三年》记载：“昔夏之方有德也，远方图物，贡金九牧。”“九牧”，即“九州之牧”。这里值得指出的是，禹迹之九州，不是《尚书·禹贡》中所说的“九州”——冀州（约为现在的山西省及河北、河南省之一部）、兖州（河北与山东省之一部）、青州（今山东省境内）、徐州（今山东及江苏省之一部）、扬州（淮河以南今江苏、

① 《马克思恩格斯选集》（第4卷），人民出版社1972年版，第167页。
② 《马克思恩格斯选集》（第4卷），人民出版社1972年版，第167页。
③ 《马克思恩格斯选集》（第1卷），人民出版社1972年版，第181页。

安徽省等处)、荆州(今湖南湖北境内)、豫州(略包括今河南省)、梁州(今四川、西藏及陕西省一部)、雍州(今陕西省东界,并包有甘肃等地)。[①] 实际上,“夏代九州之地,也就是夏国家的疆域,西起今陕西东部,向东沿着黄河,直到河、济汇合处,即原来夏部落活动的地区”[②]。但是起码说明了在夏启建夏朝时,已经有了一块地域性概念的尽管范围不大的土地方域了。

另外,需要说明的是,中国国家在夏朝起源时,未能如古罗马、古希腊的雅典国家形成时那样,以地域关系代替血缘关系,而是血缘关系的脐带还存在,须知彻底剪断血缘关系的脐带,“需要进行多么顽强而长久的斗争”。因此,在夏部落建立国家之时,只能接受氏族公社或父系家庭公社,即以村社为单位作为社会的基层组织。首领或家长也就成了既代表公社对外应酬,又为国家办事的基层官员。这样,国家地方行政组织与血缘组织或家族组织相结合是区别古希腊、罗马与中国国家起源的特点之一。[③]

二、公共权力的出现

当社会在私有制发展和阶级对抗形成的时候,部落联盟首领为了本氏族部落获得更多、更大的政治利益和经济利益,更为了自己拥有一种比原有氏族部落首领更大的社会权力,以便“用暴力来维持统治阶级的生活条件和统治条件,以反对被统治阶级”,必须设立社会公共权力机构。中国原始社会末期大禹时期,这种公共权力已经出现,并为大禹所掌握,以之对社会发号施令。《尚书·大禹谟》记载:大禹曾在征讨三苗的战争前发布威严无比的命令:“禹乃会群后,誓于师曰:‘济济有众,咸听朕命。蠢兹有苗,昏迷不恭,侮慢自贤,反道败德,君子在野,小人在位,民弃不保,天降之咎。肆予以尔众士,奉辞罚罪,尔尚一乃心力,其克有勋。’”大禹如此咄咄逼人的口气,完全有异于原始社会人们平等的习惯。又《尚书·甘誓》记载夏启在进行另一次大规模战争前,召集六军将士进行战争动员,其动员令说:“六事之人,予誓告汝:有扈氏威侮五行,怠弃三正。天用剿绝其命,今予惟恭行天之罚。左不攻于左,汝不恭命;右不攻于右,汝不恭命;御非其马之正,汝不恭命。用命,赏于祖;弗用命,戮于社。予则孥戮汝。”意为,有扈氏有罪,我按照上帝的意旨去惩罚他们,兵车左边的兵士与右边的兵士如果不善于用箭和矛去杀伤敌人;驾驶战车的士兵不善于驾驭马车,都是不奉命的行为。奉命者,给予奖赏;不奉命者,我不仅要杀掉你本人,还要戮杀你妻子。这是多么残忍的诛杀命令!这是公共权力出现前的原始社会不可想象的事。更有甚者,大禹还利用掌握的公共权力,杀了因参加诸侯会议迟到的防风氏之君。大禹为什么能如此号令部众,讨伐其他部落,对不奉命令的将士,以及与会迟到的部落首领大行杀戮之事?原因就在于:此时,已出现了一种脱离于社会又凌驾在社会之上的公共权力,并且这公共权力已被大禹所掌握,使其能够利用这种公共权力号令天下。

公共权力的出现并为大禹所据有,还表现在当时为了更有效地实施公共权力,设立了一套实施权力的机构,包括行政机构、法律机构和军事机构。如《尚书》中所见到的大

---

① 参见顾颉刚、史念海:《中国疆域沿革史》,商务印书馆 1999 年版,第 13-14 页。

② 高光晶:《中国国家起源》,河南大学出版社 1989 年版,第 148 页。

③ 高光晶:《中国国家起源》,河南大学出版社 1989 年版,第 154 页。

禹、夏启时期的“六卿”“六事之人”“司徒”“士”“州牧”等均为当时国家中央和地方的各种权力机构。另外，从制度建设上看，官吏制度的“夏商官倍，亦克用乂”①，也说明夏朝初建时官吏制度的设置比较完善。从大禹、夏启的战争动员令内容看，军事制度相当完备，从“六卿”的将领到驾车的驭手和左右两边战士的打仗行为都有制度的规定和调整。从《汉书·刑法志》记载“禹承尧舜之后，自以德衰而制肉刑”，“夏有夏台”，以及夏启很多使用刑杀的记载来看，夏朝建立之时，法律制度相比黄帝尧舜时期更加完善。

三、赋税制度的建立

赋税之制是否出现，是衡量国家是否形成的一个非常重要的经济标志。夏启建立夏朝之时，建立一套相对完善的官吏制度，行使着公共权力，维护统治阶级的政治和经济利益，随之必然产生一套更能得到经济利益满足的纳税输赋的贡赋制度。正如恩格斯的理论所主张的那样：“官吏既然掌握着公共权力和征税权，他们就作为社会机关而驾于社会之上。从前人们对于氏族制度的机关的那种自由的、自愿的尊敬，即使他们能够获得，也不能使他们满足了；他们作为日益同社会脱离的权力的代表，一定要用特别的法律来取得尊敬，由于这种法律，他们就享有特殊神圣的不可侵犯的地位了。”②

关于夏朝建国时期赋税制度的记载，史不绝书。《左传·宣公三年》记载：“昔夏之方有德也，远方图物，贡金九牧。”按晋代杜预注解为“使九州之牧贡金”。很清楚，夏朝建国之时，国家设立多个地方行政区划——州，每州的地方行政长官州牧，都要向夏国家缴纳贡赋，这属于一种天下之民应负的义务。《孟子·滕文公上》记载“虞夏时，贡赋备矣”，而且是实行“夏后氏五十而贡”的政策。因此，顾炎武《日知录》肯定地说，中国历史上“田赋之制，实始于禹”。《尚书·禹贡》也记载：“禹别九州，随山濬川，任土作贡。”即全国根据土地情况而交纳赋税；还特别记载：“庶土交正，厎慎财赋，咸则三壤成赋。”“庶土”，指众多的土地；“交正”，指通过考察，勘定各处土地质量的好坏；“厎慎财赋”，郑玄解释为：“众土美恶及高下，得其正矣，亦致其贡篚，慎奉其财物之税，皆法定制而入之也。”其大意为：夏时九州的土地都得到了正确的考察，并根据各地的土地质量，谨慎地规定了不同的赋税，各地人民都要根据土质优劣的三种规定交纳赋税。③

贡赋和纳税是社会发展到一定时期的产物，在原始社会是不存在的，也是没有必要存在的。夏后氏之时，这种较为完备的贡赋和纳税制度的出现，正好表明了以此为标志的中国第一个国家形态的产生。

四、世袭制代替禅让制

在原始社会末期，王权世袭代替原始民主选举制度的出现，亦是国家产生的一个重要

① 《十三经注疏·尚书正义·周官第二十二》：“唐虞稽古，建官惟百，内有百揆四岳，外有州牧侯伯。庶政惟和，万国咸宁。夏商官倍，亦克用乂。”注曰：“禹、汤建官二百，亦能用治，言不及唐虞之清要。”

② 《马克思恩格斯选集》（第4卷），人民出版社1972年版，第167－168页。

③ 参见王世舜：《尚书译注》（修订本），四川人民出版社1982年版，第71页。

标志，特别在古代东方国家。“掠夺战争加强了最高军事首长以及下级军事首长的权力；习惯地由同一家庭选出他们的后继者的办法，特别是父权制确定以后，就逐渐转变为世袭制，人们最初是容忍，后来是要求，最后便僭取这种世袭制了：世袭王权和世袭贵族的基础奠定下来了。”① 恩格斯的这个理论特别能够说明中国古代历史发展的实情、国家形成的特点。

在中国原始社会末期，部落联盟首领，由联盟会议推荐、民主选出，即所谓的“禅让制”。尧、舜、禹都是通过禅让当选为部落联盟首领的。但是，到夏启时，世袭制度取代了禅让制，开启了“世袭王权和世袭贵族”的新时代，这是一种历史的进步，表征着阶级社会的到来、民族国家即将形成。大禹受禅让继位，在位数年，后推荐皋陶为部落联盟首领，接继已位，但不久后皋陶就死了。《史记·夏本纪》如是说：“帝禹立而举皋陶荐之，且授政焉，而皋陶卒。”接着又举荐伯益为继承人，即“后举益，任之政”②。这样，伯益通过传统的禅让制度成为大禹之后的部落联盟首领，然而夏启不愿意大权旁落，通过暴力手段从伯益手中夺回了大权，成了中国历史上王权世袭的第一人，终止了禅让制的历史进程。史载伯益继位后，夏启阴谋图位，伯益利用权力“拘启禁之”。③ 但是，夏启利用其父大禹在世时的威信和影响，并在他培植的亲信的救援和反抗下，“启反杀益，以承禹祀”。④ 对此，《韩非子·外储说右下》也记载说：“古者禹死，将传天下于益，启之人因相与攻益，而立启。”夏启夺取部落联盟首领大权之后，又将伯益杀掉，所谓“益干启位，启杀之”。不仅如此，而且，以暴力镇压了对启夺权继位深深不满、激烈反对的有扈氏。正如《史记·夏本纪》记载的那样：“有扈氏不服，启伐之，大战于甘。将战，作《甘誓》，乃召六卿申之。启曰：‘嗟！六事之人，予誓告汝：有扈氏威侮五行，怠弃三正，天用剿绝其命。今予维共行天之罚（孔安国曰：‘共，奉也。’）’。”

从上所见，按照恩格斯的理论，夏启时期地域关系替代血缘关系，公共权力的设立，赋税关系的出现，特别是作为国家权力机构诸如武装力量、司法机关、监狱、世袭王权制度的产生，以及世袭制代替禅让制，标志着夏启时期开始出现国家。正如列宁所说：“国家就是从人类社会中分化出来的管理机构。当专门从事管理并因此而需要一个强迫他人意志服从暴力的特殊强制机构（即监狱、特殊队伍及军队等等）的特殊集团出现时，国家也就出现了。”⑤

第三节　法律起源与国家形成非同步分析

从本质属性看，法律和国家都属于上层建筑领域，但是，法律是一种社会行为规范，它的作用是调整社会关系，规范人们的行为，辨别行为的是非和罪否。因此，在中国古代被称为“绳墨”“斗石”“权衡”，即“一同天下”的标准。正如《韩非子·有度》说：

① 《马克思恩格斯选集》（第4卷），人民出版社1972年版，第160－161页。

② 《史记·夏本纪》。

③ 王夫之：《楚辞通释》引《竹书纪年》。

④ 王夫之：《楚辞通释》引《竹书纪年》。

⑤ 《列宁选集》（第4卷），人民出版社1975年版，第45页。

“故曰巧匠目意中绳，然必先以规矩为度；上智捷举中事，必以先王之法为比。故绳直而枉木斫，准夷而高科削，权衡悬而重益轻，斗石设而多益少。故以法治国，举措而已矣。”国家是一种社会的“管理机构”，“是从人类社会中分化出来的管理机构”①。同时，“国家是阶级统治的机关，是一个阶级压迫另一个阶级的机关”②。其职能主要体现在：一是在阶级压迫和专政中，建立一种国家秩序，使阶级压迫和专政秩序化、合法化，努力减少或缓和阶级对抗和阶级冲突。即国家具有压迫与专政的职能。二是由于国家是社会的最大群体或团体，在怎样“群集”人和“团集”人方面，是它的一种最大的社会功能，也就是说，它要对社会的公共事务进行组织和管理。其又突出地体现在两个主要职能上，对内对人民的生产、生活进行组织和管理，建立一种比较正常、良好的生产和生活秩序；对外要承担起人们不受外来力量的破坏和侵略，包括天灾与人祸。

由此观之，法律的性质、职能与国家的性质与职能的不同，便决定了法律的产生和国家形成的前提基础的相异，因而，也就决定了它们的产生和形成的非同步性。有如前述，法律的产生决定于人们的生活、生产和产品交换等经济关系的需要，国家的形成取决于社会公共权力的出现。即社会为了使人们服从生产、生活、产品交换的“一般条件”，必须形成一套“共同规则”，这个“共同规则”便是法律。人们为了土地、财产和男女的“分定”需要，必须“立禁”，“立禁”即制定法律。国家的形成则与之不同。当人类社会出现了一种脱离于社会又凌驾在社会之上的公共权力时，也就相应地产生了这一“公共权力”的掌握者，同时，掌握“公共权力”的人为了更有效地运用和实施权力，又必须产生一套行使权力的管理机构，这样，国家就顺理成章地形成了。当然，国家的形成，除了这一最重要的起源因素之外，还包括地缘因素和赋税因素。

更进一步分析，从法律起源和国家形成的前提条件存在的客观历史性上审视，毫无疑问，自有人类开始，人类便开始了其独特的生产、生活的历史，可以说这是与生俱来的。虽然在原始社会漫长的历史中，由于实行原始民主制，氏族部落的成员，共同生产、生活，平等享受利益，没有产生带强制性的法律，也没有形成进行阶级压迫和专政的国家机器，也无必要产生法律和国家。

但一旦出现生产力提高，生产方式的改变，生活方式的变化，产品交换的出现，且越来越频繁时，原有的那套没有强制力的原始习惯风俗显然已经不适应了，需要一套具有强制力的法律。显然，这一套社会法律出现，相比从社会中分化出来的管理机构要早，并且早得多。因为，自有人类以来，人们要生产，要生活，就必须有一套生产、生活的“共同规则”。相比之下，人类不是首先需要一个人压迫人的社会管理机构，或退一步说，人类需要的生产、生活的管理机构，它也是生产、生活发展需要时，或者说不得已时才出现的。因此，恩格斯把法律与国家的产生的基础和顺序从理论上概括为：生产、分配、交换产品的行为——产生法律——维护法律产生国家。也就是明确认为法律产生在前，国家形成在后。正如中国古代商鞅所说的那样：土地、货财、男女需分——立禁——司禁需要立官、立君。商鞅也同样清晰地主张法律起源在国家之前。

循之于理论与考证于古籍，中国古代法律之起源，早于国家之形成，即在中国原始社

① 《列宁选集》（第4卷），人民出版社1975年版，第45页。
② 《列宁选集》（第3卷），人民出版社1972年版，第176页。

会的末期——黄帝至尧舜禹时代产生了法律。“随着法律的产生，就必然产生出以维护法律为职责的机关——公共权力，即国家”，夏朝国家由此诞生。所以说，在法律与国家的关系上，两者关系确实紧密，但不是先有中国国家，后有中国法律，也不是中国法律与中国国家同时产生，而是先产生中国古代法律而后形成中国古代国家。持国家形成在前，法律产生在后，或法律与国家同时产生的观点，实际上是误将法律定义在狭窄的认识上，即将国家法代替普遍意义上的法。实际上，国家法不过是普遍意义的法的历史发展演变中的一个特殊阶段的法而已。

小 结

法律与国家关系紧密，法律起源与国家起源，同样紧紧相连，两者在其起源上究竟属于一种怎样的关系？中国法律起源和国家的起源又是一种怎样的关系？本章主要从两个方面进行了阐述：一是在一般性理论上主要采用恩格斯的理论主张，即国家形成的“三标志”说和先有法律，后出现国家的观点；二是从中国古籍记载分析入手，以比较多的可信史料说明问题，坚持中国国家最早形成于夏启时期，也就是说，中国国家的形成后于中国法律的产生。同时，本章还在国家形成与法律起源的非同步性上进行了具体的分析，主要原因是两者起源的前提基础的相异。

思考题

1. 国家起源理论的思考。
2. 中国国家形成与法律起源非同步性的根本原因是什么？

第二编

奴隶制法律制度

中国的奴隶社会经历了夏、商、西周、春秋四个阶段。公元前2070年，启建立夏朝，经13世16王，历时470余年。公元前1600年，汤建立商朝，经17世30王。公元前1046年，周武王建立西周王朝。自武王创建西周至平王迁都，共12王，历时200多年。[①] 从公元前770年周室东迁到公元前476年，史称春秋时期。

夏、商是中国奴隶社会的形成及发展时期，西周是其全盛时期，春秋则是其衰落阶段，开始由奴隶社会向封建社会过渡。与社会发展状况紧密相连，奴隶制的法律思想与法律制度也经历了由简单、幼稚向复杂、成熟的演变过程。

夏、商时期，法律虽有所发展，但总的来说还是比较落后的。周统治者为了谋求长治久安，总结和吸取了历史上的经验、教训，在夏、商的基础上，为适应新形势的需要，对法律思想与法律制度都进行了重大的调整、改革，为后来形成的中华法系初步奠定了基础。

---

① 此处所定的夏、商、周建立的时间，采用的是“夏商周断代工程”的有关成果，详见夏商周断代工程专家组《夏商周断代工程1996—2000年阶段成果概要》，《文物》2000年第12期。

第三章　法律思想与法律形式

第一节　法律思想

一、神权法思想

夏代刚从氏族社会进化而来，存在着浓厚的天命神权思想。《礼记·表记》总结道："夏道尊命，事鬼敬神而远之。"《尚书·召诰》也说"有夏服天命"，"服"即"受"的意思。夏启在讨伐有扈氏时宣称：有扈氏有罪，"天用剿绝其命，今予惟恭行天之罚"①。认为自己受命于天，把自己对反抗者的惩处说成是代天行罚，这是夏代神权法思想的表现。

商代继承了这种"天命""天罚"思想，并加以发展。《礼记·表记》说"殷人尊神，率民以事神，先鬼而后礼"，便是商人思想的真实写照。为了愚弄、欺骗人们，商统治者创造出"上帝"这样一个至上神，把自己的祖先说成是上帝的子孙，又通过"卜者"的占卜来沟通人与神。这样做的目的，当然不仅是使老百姓"敬鬼神"，而且是让他们"畏法令"。可见，商代的法律思想是一种典型的神权法思想。

二、"明德慎罚"的法律思想

（一）神权法到人判法的开始转型

周灭商后，周公等统治者一方面继承夏、商时期的天命神权思想，认为"君权神授"，用"天命"为自己政权的合法性进行论证；另一方面，为了对周灭商这一事实作出解释，提出了天命转移的"以德配天"说。

周公认为，天命虽有，但非固定不变。"惟命不于常"②，只有有德者才可承受天命。如果失德，就会失去天命。过去，殷的先王有德，"克配上帝"，所以天命归殷；现在，殷已失德，所以上帝不再支持它，而"大命文王"，让周王成了天子。③ 此说的提出，在一定程度上，意味着神权的动摇。

这种变化对法律思想的影响是巨大的。夏、商时，法律笼罩在神权的阴影之下，判案

---

① 《尚书·甘誓》。

② 《尚书·康诰》。

③ 《尚书·康诰》。

要依神、天、上帝的意志，人只能恭行天罚，奉命行事。而西周时，法律正逐渐摆脱神权的束缚，统治者虽仍然打着天命、鬼神的旗号，但那不过是“以神道设教”，在立法、司法中真正起作用的是“人”，换言之，人已代替神居于主导地位。正是在这个意义上，可以认为，西周时开始了由神权法到人判法的历史性转型。[①]

（二）“明德慎罚”思想的影响

周公等西周统治者吸取了殷商灭亡的教训，感到一味“重刑辟”反而会加剧人民的反抗，危及自己的统治。为了使周王朝的统治永久延续下去，使天命不再转移，统治者必须时刻小心翼翼地以高标准的“德”严格要求自己，将“德”落实到国家活动的各个方面。运用于法制上，便是“明德慎罚”。

所谓“明德”，就是要加强自我克制，实行德治的意思。周公要求统治者不仅要严于律己，勤政修德，力戒荒淫，而且要惠民、裕民。了解民众的疾苦，减轻他们的负担，宽以待民，施惠于民，从而获得老百姓的支持与拥护。

所谓“慎罚”，就是谨慎地使用刑罚。它的主要内容有四个方面：其一，在处刑上要区别情况，分别对待。针对罪犯犯罪的故意、过失、惯犯、偶犯的不同，采取相应的惩处措施；其二，反对族诛连坐，主张罪止一身，“父子兄弟，罪不相及”[②]；其三，反对乱罚无罪，妄杀无辜；其四，刑罚适中，用刑既不“过”，又无“不及”，刑当其罪。

周公的“明德慎罚”说是当时立法、司法的指导思想，对于有效地稳定西周奴隶主阶级的统治，曾起过积极的作用。它要求注意德礼教化，慎用刑罚镇压，制定法规、任用法官、审理案件、施用刑罚，都必须反复思考，不可轻率从事，但又并非摒弃刑罚。这种德刑并用、宣扬德治的法律思想的出现，是我国古代法律思想史上的重大进步，奠定了后世“德主刑辅”法律思想的基调。

第二节　法律形式

一、主要法律形式

夏、商、周的法律形式虽有所发展，但主要是礼与刑两部分。其中既有习惯法，又有成文法。

（一）礼、刑

《论语·八佾》载孔子曾说过：“夏礼，吾能言之，杞不足征也。殷礼，吾能言之，宋不足征也。”又说：“周监于二代，郁郁乎文哉!”这说明夏、商、周三代都有“礼”，而且这种“礼”还处于不断发展之中。《左传·昭公六年》提到夏有“禹刑”，商有“汤刑”，周有“九刑”。西周中期，随着形势的变化，又有《吕刑》。可见，礼、刑都是当时重要的法律形式。关于这个问题，将在下一专题进行重点讨论。

---

① 详见李交发：《论中国古代神判法到人判法的历史嬗变》，《求索》1992年第2期。

② 《左传·昭公二十年》引《尚书·康诰》。

（二）誓、诰、训、命

在夏、商、周时期，誓、诰、训、命等是重要的法律渊源，其法律效力高于其他法律形式。统治者常常发布誓、诰、训、命，进行立法和解释法律。

“誓”即以言语相约束。这里指的是军事行动之前，把将士集中起来，发布军事命令、宣布军事纪律。可见，“誓”其实是一种军法。《尚书》中的《甘誓》《汤誓》《牧誓》《费誓》等即是。

“诰”“训”“命”，指的是王、权臣向臣下或下属官吏发出的训诫、指示。这些文件，今天大都保存在《尚书》当中。如，商代盘庚迁都时，臣民有抵触情绪，盘庚便发布文告，训示臣民，现存于《尚书·盘庚》篇。西周有《大诰》《康诰》《酒诰》《召诰》和《洛诰》等。《大诰》是周公平定管叔、蔡叔及武庚反叛后，为安定天下民心而发布的。《康诰》是周公告诫其弟康叔如何治理国家。《酒诰》是周初为禁止“群饮”闹事而发布的。《召诰》和《洛诰》是为营造洛邑而发布。

另外，西周王朝幅员辽阔，各地间风俗习惯相差很大，为了加强统治，周统治者对于各地居民采取因地制宜、因人而异的政治制度与法制政策。如对原商代统治中心的鲁、卫等国实行“启以商政”，对原夏代统治中心的晋国则实行“启以夏政”①，即以商、夏两个部族的政治法律传统治理当地居民。因此，西周往往将前代的一些旧法、遗训作为法律形式，适用于某些特定地区。如康叔受封于殷商故地卫时，周公就曾告诫他：“罚蔽殷彝，用其义刑义杀。”② 所谓“殷彝”，即指商代遗留下来的成规旧法。《国语·周语》也说：“赋事行刑，必问于遗训。”所谓“遗训”，则是指前代遗留下来的训令法规。这些前代的“殷彝”与“遗训”，被西周统治者有选择地采用，在处理特定地区的特定事件时，发挥了相当重要的法律作用。

（三）单行法规

为了适应形势的需要，统治者还不断制定单行法规。商代单行法规有所谓“弃灰之法”。据《韩非子·内储说上》，有“弃灰于公道者断其手”与“刑弃灰于街者”两种不同的记载，从中可见对这种行为的处罚是非常残酷的。周文王时，制定了针对逃亡奴隶的法律。《左传·昭公七年》载：“周文王之法曰，有亡荒阅。”晋代学者杜预注释说：“荒，大也。阅，蒐也。有亡人当大蒐其众。”这表明周文王时已有搜捕逃亡奴隶的法律。

二、礼与刑

（一）礼

礼起源于原始社会，最初跟祭祀有关。《说文》说：“礼，履也，所以事神致福也。”《礼记·礼运》也说：“夫礼之初，始诸饮食，其燔黍捭豚，汙尊而抔饮，蒉桴而土鼓，犹若可以致其敬于鬼神。”有人甚至认为，当时舍祭祀而外，无礼可言。③

到了阶级社会，礼的内涵进一步发展，其本质也有了变化。原始社会的礼经过改造，

---

① 《左传·定公四年》。

② 《尚书·康诰》。

③ 《刘申叔先生遗书·古政原论·礼俗原始论》。

已经打上了阶级压迫的烙印。夏、商时期的礼，其内容已涉及衣、食、住、行等社会生活的各个方面。到西周时，经“周公制周礼”[①] 的活动，礼的内容更为复杂，也更为系统化了。礼节仪式，社会的政治、经济制度，人们的行为规范皆可称为“礼”。可以说，其内容涉及政治、经济、军事、司法、教育、宗教、婚姻家庭、伦理道德等许多方面。法律规范、道德规范、风俗惯例、礼节仪式都是周礼的组成部分。当时的“礼”非常多，后人有“经礼三百，曲礼三千”“礼仪三百，威仪三千”的说法。

礼涵盖当时社会生活的各个方面，在当时发挥了非常重要的作用。《左传·隐公·隐公十一年》：“礼，经国家，定社稷，序民人，利后嗣者也。”《礼记·曲礼》说：“道德仁义，非礼不成；教训正俗，非礼不备；分争辨讼，非礼不决；君臣上下，父子兄弟，非礼不定；宦学事师，非礼不亲；班朝治军，莅官行法，非礼威严不行。”简直到了“事无礼则不成，国家无礼则不宁”[②] 的地步。

在古代典籍中，周礼往往分为五类，即所谓吉、凶、军、宾、嘉五礼。吉礼是指祭祀方面的礼，凶礼是指丧葬等方面的礼，军礼主要是指征战方面的礼，宾礼是指朝觐会盟等宾客交往方面的礼，嘉礼是指宴饮冠婚等吉庆活动方面的礼。《礼记·昏义》又有“八礼”之分。它说：“夫礼，始于冠，本于昏，重于丧、祭，尊于朝、聘，和于射、乡，此礼之大体也。”将“冠”“昏（婚）”“丧”“祭”“朝”“聘”“乡射”“乡饮酒”视为“八礼”。“五礼”与“八礼”，表面上看似乎不同，实际上都是一样的。它表明，大到朝聘、征战等国家大事，小到个人的成年、结婚，都要受礼的规范与引导。

虽然周礼内容复杂、种类繁多，但其基本原则只有两条：一是“亲亲”，二是“尊尊”。《荀子·富国》说：“礼者，贵贱有等，长幼有差，贫富轻重皆有称者也”，可谓一语中的。所谓“亲亲”，是指家族内部的人要亲爱自己的亲属，卑幼要服从尊长，尤其是儿子必须孝顺父亲，即“亲亲父为首”。所谓“尊尊”，是指地位低的人要尊从地位高的人，尤其是臣民必须忠于君主，即“尊尊君为首”。“亲亲”强调的是“孝”，“尊尊”强调的是“忠”。由于古人有“家国同构”的观念，认为“家”是“国”的缩小，“国”是“家”的放大，要想在社会上对国君效“忠”，就必须做到在家族中对父亲尽“孝”。所以，统治者对“孝”“忠”皆极为重视，“亲亲”与“尊尊”也就成了礼的基本原则。“亲亲”“尊尊”的原则，不仅表明维护君权与父权是礼的核心，而且说明当时族权与君权是统一的、伦理与政治是统一的。

（二）刑

据古籍记载，夏有“禹刑”，商有“汤刑”、《官刑》，西周时期有“九刑”和《吕刑》。

《左传·昭公六年》说：“夏有乱政，而作禹刑。”所谓“禹刑”，学界认为是由夏启及其后继者将当时的习惯法加以整理，用“禹”的名字命名的，是夏朝法律的总称。

《左传·昭公六年》又说：“商有乱政，而作汤刑。”据《竹书纪年》，商王祖甲时“重作汤刑”。这说明所谓“汤刑”，也和“禹刑”一样，是一代法律的总称，并且还是在长期发展中不断增删而成。此外，商代有专门针对官吏的《官刑》，《墨子·非乐上》

---

① 《左传·文公十八年》。

② 《荀子·修身》。

载："先王之书，《汤之官刑》有之"，肯定地说是商汤之时，可见时间还是比较早的。

"九刑"是周初立法的成果。《左传・昭公六年》："周有乱政，而作九刑。"《左传・文公・文公十八年》引太史克言："在九刑不忘。"《左传・文公・文公十八年》还记载周公所作《誓命》："毁则为贼，掩贼为藏，窃贿为盗，盗器为奸。主藏之名，赖奸之用，为大凶德，有常无赦。"这可以说是"九刑"的现今可考的主要内容。历来学者对"九刑"有不同的解释：第一种意见认为"九刑"即"刑书九篇"，为周公所作。《逸周书・尝麦解》云：四年孟夏，"王命大正正刑书，……太史策刑书九篇，以升授大正。"这里的"刑书九篇"即"九刑"，乃周初的刑书；第二种意见认为"九刑"即正刑一加上议刑八（即议亲、故、贤、能、功、贵、勤、宾的"八辟之法"）；第三种意见认为"九刑"即五刑加上流、赎、鞭、扑四刑。[①] 比较合理的解释是，"九刑"是刑书九篇，其内容包括九种刑罚。[②]《周礼・秋官・司刑》所掌的五刑，即墨罪五百、劓罪五百、宫罪五百、刖罪五百、杀罪五百，可能就是周初刑书中关于刑罚的规定。

西周初年，由于统治者强调慎刑，缓和了社会矛盾，稳定了统治秩序。《史记・周本纪》说："成康之际，天下安宁，刑错四十余年不用。"至昭王时，"王道微缺"。穆王时，"王道衰微"，社会矛盾开始尖锐。在此情况下，穆王命司寇吕侯"度时作刑"，根据变化了的形势，制成新的刑书——《吕刑》。后因吕国改称甫，故《吕刑》又称《甫刑》。《吕刑》三千条，与《周礼・司刑》所载二千五百条相比，增加了五百条。

《吕刑》分三章。其主要内容有：一，概述制作《吕刑》的时代背景和理由，说明制刑是为了惩恶；二，规定刑罚种类和适用刑罚的原则、制度，阐述制定刑罚的意义，用刑要适时，要正确地选择司法官吏，还要注意办案的程序和制度，规定了疑罪赦从罚锾的种类和金额，强调要注意量刑原则和结案手续；三，说明《吕刑》的重要作用与深远影响，要求子孙后代奉守不变。从内容方面看，《吕刑》不是一部法典，而是一份关于适用刑罚的指示性文件。其中，有关罪疑罚锾的刑种和金额的规定等内容，具有法律条款的性质。

《吕刑》贯彻了周初"明德慎罚"的法制指导思想，其所确定的赎刑原则及其他刑事政策，反映了当时的时代特点和奴隶制立法的趋于成熟。可以说，《吕刑》是西周统治者对商和西周前期司法经验的富有理论色彩的总结。

（三）礼与刑的关系

作为治理国家的手段，"礼"与"刑"既有互相联系和相同的一面，又有彼此区别和不同之处。

"礼"与"刑"是统治者控制臣民的工具，两者密切相关，表现如下：

其一，"礼"是"刑"的基础与渊源。"刑"的制定，要受"礼"所强调的尊卑贵贱等原则的约束，而且，一部分"礼"甚至直接为"刑"所吸收。这就是古人所说的"律出于礼"[③]。

其二，"礼"与"刑"一样，也具有强制性。礼的制定与实施，是为了满足统治阶级需要，维护宗法等级制度。违反礼的规定和要求，就要受到严厉制裁。凡属礼所认可的行

---

① 见杨伯峻：《春秋左传注・文公十八年》。

② 同①。参见李力：《〈九刑〉、"司寇"考辨》，《法学研究》1999 年第 2 期。

③ 《唐律疏议》附录《重刻故〈唐律疏议〉序》。

为，法亦不禁；而法之所禁者，又必定为礼所不容。违礼即违法，违法亦违礼。比如，违犯孝道之礼则有不孝之罚，违反忠君之礼则有犯上之刑。也就是说，“为下无礼，则不免乎刑”①。因此，礼作为法的重要内容之一，不仅以刑的强制力来保障贯彻实施，而且其本身也包含着刑的规范要求。这就是古人所说的“寓刑于礼”②。

但是“礼”与“刑”又有区别，其表现有：

其一，“礼”与“刑”作用不同。礼是要求人们自觉遵守的规范，侧重于积极的引导、预防；刑则是对犯罪行为的制裁，侧重于消极的处罚、惩诫。这就是《大戴礼记·礼察》所说：“礼者，禁于将然之前；而法者，禁于已然之后。”由于礼的作用注重道德教化，刑则强调刑罚镇压，而刑罚镇压一般是在道德教化未见成效后方才使用的，所以“礼”“刑”二者的关系又如《后汉书·陈宠传》所说：“礼之所去，刑之所取，失礼则入刑。”这表明，礼与刑在处理事情的时间、范围和性质上有所不同。

其二，“礼”与“刑”的适用对象、范围不同。在当时，社会上各阶级等级森严，不同等级身份的人拥有不同的礼。凡适用于贵族特权者的礼，庶人是没有资格享用的；同时，刑的任务是“禁暴”“正邪”，其锋芒主要指向广大的平民与奴隶等被统治阶级。这充分说明礼的特权性及刑的镇压职能。

必须指出的是，一直被视为西周以来古代法制的重要原则的“礼不下庶人，刑不上大夫”却是根本不存在的。自从《礼记·曲礼》出现了这句话后，许多学者都曾对其进行过诠释。的确，统治阶级拥有许多法定的特权，被统治阶级是刑罚镇压的主要对象。但这与“礼不下庶人，刑不上大夫”是不同的问题，不能混为一谈。无论是从礼的含义、礼的发展规律，还是从礼的作用等方面来看，庶人都是有“礼”的。这不仅于道理上毫无碍滞之处，而且在史实上也信而有征。庶人在名号称谓、丧葬、祭祀、贽见、饮食、生子等方面的礼制规定，皆明见于载籍。在思想意识方面，统治者对庶人进行思想控制与“礼”的灌输，力图将庶人的欲恶引导到统治者所希望的轨道上来。③

对于“刑不上大夫”，也不能从字面去理解。作为一条原则，它是不存在的。无论是从理论还是从史实来看，“刑”都是可上大夫的。④ 这句话的合理之处仅在于：它表明大夫等统治阶级在法律上享有很多特权。例如，在处刑原则方面，享有“八辟”的优待；在诉讼方面，“命夫命妇不躬坐狱讼”⑤；在行刑方面，贵族可于隐蔽处执行死刑，等等。很显然，这与大夫犯罪不受刑的制裁并非一回事。⑥

总之，“礼”与“刑”作为统治者治理国家、控制民众的两种手段，既有紧密的联系，又有明显的区别。刑的制定与执行，必须贯彻礼的原则；礼以刑的强制力为后盾，用刑是为了更切实有效地维护礼。礼与刑虽在作用、适用对象及范围上有所不同，但礼所规

① 《韩诗外传》（卷3）。

② 《唐律疏议》附录《重刻故〈唐律疏议〉序》。

③ 详见张全民：《“礼不下庶人”发覆》，《吉林大学学报》1997年第1期。

④ 详见张全民：《“刑不上大夫”辨正》，《社会科学战线》1991年第4期。

⑤ 《周礼·秋官·小司寇》。

⑥ 关于这个问题，请参阅以下论文：李启谦：《“礼不下庶人，刑不上大夫”吗?》，《齐鲁学刊》1980年第2期；陈一石：《“礼不下庶人，刑不上大夫”辨》，《法学研究》1981年第1期；王占通：《奴隶社会法律制度中不存在“礼不下庶人，刑不上大夫”的原则》，《吉林大学学报》1987年第5期；韩国磐：《“刑不上大夫”非先秦古法》，《厦门大学学报》1992年第4期。

定的义务，庶人同样必须遵守，刑的镇压锋芒也可以上及于犯上作乱、不从王命的大夫之身。礼与刑二者本质相同，互为表里，互相补充，形成了西周法制的鲜明特色。

三、成文法的公布

周室东迁后，周王对诸侯的控制减弱，各诸侯国互争雄长，出现了所谓“春秋五霸”。随着“礼崩乐坏”程度的加剧，旧的奴隶制法制也遭到了破坏。当时颇受争议的诸侯国公布成文法，便是典型例证。

（一）郑、晋、楚各国的立法

春秋初期，各诸侯国基本上沿用西周的法律。到中叶以后，经济基础的变革以及阶级关系的变化，引起了法律制度的变革。其中最为重要的，就是有的诸侯国公布了成文法。

1. 郑国

据史书记载，郑国曾两次制定法律。第一次是在周景王九年（公元前 536 年），郑国的执政大臣子产，鉴于当时社会关系的变化和旧礼制的破坏，因而“铸刑书于鼎，以为国之常法”①，这是中国历史上第一次正式公布成文法。第二次是在周敬王十九年（公元前 501 年），“郑驷歂杀邓析，而用其竹刑”②。竹刑，应该是把法律条文写在竹简上。这在法律发展史上是一大进步。刑鼎笨重，而竹刑则便于携带和流传。竹刑原为邓析个人所作，并无法律效力，后来被国家认可，才成为正式法律。

2. 晋国

晋国自文公以后，曾四次制定法律。第一次是晋文公称霸时期，即文公四年（公元前 633 年），作“被庐之法”。《汉书・刑法志》应劭注说：“搜于被庐之地，作执秩以为六官之法，因以名之也。”搜，春猎之意。孔子说这次还是遵守着晋的祖先唐叔的法度。据此可知，这个“被庐之法”，还没有公布于众。

第二次是赵盾（即赵宣子）为晋国执政时制定的“常法”。据《左传・文公六年》记载，赵宣子“始为国政，制事典，正法罪，辟狱刑，董逋逃，由质要，治旧洿，本秩礼，续常职，出滞淹。既成，以授大傅阳子与大师贾佗，使行诸晋国，以为常法”。

第三次是范宣子制定的刑书。范宣子在晋平公（公元前 557 年至公元前 531 年在位）时，任晋国执政，曾制定刑书。据说这部刑书“施于晋国，自使朝廷承用，未尝宣示下民”③。可能当时并未公布。

第四次是把范宣子所作并未“宣示下民”的刑书予以公布。《左传・昭公二十九年》载：“冬，晋赵鞅、荀寅帅师城汝滨，遂赋晋国一鼓铁，以铸刑鼎，著范宣子所为刑书焉。”这说明从晋国开始正式公布成文法。

3. 楚国

楚国在春秋时曾两次制定法律。第一次是楚文王时“作仆区法”。《左传・昭公七年》载芋尹无宇说：“吾先君文王作仆区之法。”其内容主要是规定隐匿亡人法。此外，还规定：“盗所隐器，与盗同罪。”

---

① 《左传・昭公六年》杜预注。
② 《左传・定公九年》。
③ 《左传・昭公二十九年》孔颖达疏。

第二次是楚庄王时作茅门法。《韩非子·外储说右上》:“群臣、大夫、诸公子入朝，马蹄践霤者，廷理斩其辀，戮其御。”茅门，亦作“茆门”，即雉门，是宫门之一。廷理则是楚国的司法官。依照此规定，群臣及贵戚入朝时，车不得进入宫门，其目的当然是保障楚王的安全。

(二) 公布成文法所引起的争论

郑国子产公布刑书时，遭到晋国大臣叔向的反对。叔向写信给子产，说:“昔先王议事以制，不为刑辟，惧民之有争心也……民知有辟，则不忌于上，并有争心，以征于书，而徼幸以成之，弗可为矣。”叔向这话是从旧的立场出发，是为了维护旧贵族的特权。子产在回信中表达了自己的用意，即在于“救世”。

晋国铸刑鼎时，又遭到孔子反对。他说:“晋其亡乎！失其度矣。”孔子所谓“度”，指的是“贵贱不愆”的旧的奴隶制等级制度。成文法的公布破坏了这种制度，无怪乎孔子要发出“民在鼎矣，何以尊贵”“贵贱无序，何以为国”① 的感叹。

成文法的制定和公布，在一定程度上限制了旧贵族的特权，打破了“刑不可知，威不可测”② 的局面。它标志着奴隶制法制受到了前所未有的挑战。

小 结

夏、商、周三代，从法律思想方面来说，神权法思想占据了统治地位。但到西周时，已开始由神权法向人判法转变，“明德慎罚”思想奠定了后世“德主刑辅”思想的基调。

就法律形式而言，当时既有“礼”，又有“刑”，还有誓、诰、训、命与单行法规。不仅包括成文法，也包含习惯法。“礼”在当时社会生活中起着重要的作用，“礼”与“刑”成为一对具有辩证关系的范畴。至于各诸侯国公布成文法，则是春秋以后的事了。

思考题

1. 夏、商、周时期神权法思想是怎样发展、变化的?
2. 西周时礼、刑关系怎样?
3. 简述春秋时各诸侯国公布成文法的情况。

---

① 《左传·昭公二十九年》。

② 《左传·昭公六年》孔颖达疏。

第四章　法律内容

第一节　刑事法律制度

一、主要罪名

（一）夏商刑法中的罪名

1. 不孝罪

《孝经·五刑章》载："五刑之属三千，而罪莫大于不孝。"根据近人章太炎的说法，夏朝已有"不孝"罪。[①] 商代继续沿用这一罪名。《吕氏春秋·孝行览》引《商书》："刑三百，罪莫重于不孝。"这说明自奴隶社会之始，统治者便十分重视用法律来维护家庭关系。

2. 违犯王命罪

对于违犯君王命令、不听从指挥的人，将予以严惩。夏启在讨伐有扈氏、将战于甘地之前，对从征的将士说："左不攻于左，汝不恭命；右不攻于右，汝不恭命；御非其马之正，汝不恭命。……予则孥戮汝。"[②] 对在战斗中不服从命令、不奋力杀敌者，要严加惩处，甚至牵连妻、子。到了商代，这种罪的适用范围有所扩大。盘庚迁都时，便声称对于冥顽不化、不配合迁都行动的人，将"劓殄灭之"[③]，要斩尽杀绝。这表明商代的王权在不断增强。

3.《左传·昭公十四年》引《夏书》："昏、墨、贼，杀。"

"昏""墨""贼"是夏朝的罪名。根据前人的解释，"己恶而掠美为昏"，即自己做了坏事却窃取别人的美名。"贪以败官为墨"，即贪得无厌、败坏官纪。"杀人不忌为贼"，即肆无忌惮地杀人。凡犯有此三种罪，都要处以死刑。

4."三风十愆"罪

商朝的《官刑》规定了职务犯罪"三风十愆"，即三种十类犯罪行为："巫风""淫风""乱风"为"三风"，"恒舞于宫""酣歌于室""殉于货色""恒于游畋""侮圣言"

---

① 章太炎：《孝经本夏法说》，《章氏丛书·太炎文录初编》（卷1）。

② 《尚书·甘誓》。

③ 《尚书·盘庚》。

"逆忠直""远耆德""比顽童"① 这十种玩忽职守、贪赃枉法之举是"十愆"。对于其处理，《墨子·非乐上》说："汤之官刑有之，曰：'其恒舞于宫，是谓巫风。其刑，君子出丝二卫，小人否。'"这说明商统治者已知道用法律手段来加强对官吏的管理。

（二）周代刑法中的罪名

从周代刑法所规定的罪名来看，它已包含社会生活的诸多方面，而重点在于维护奴隶制的统治秩序。

1. 反抗奴隶主统治的犯罪

（1）放弑国君罪。《周礼·夏官·大司马》："放弑其君则残之。""放"是放逐，"弑"是杀害。对于国君有放逐、杀害行为，要受到残裂身体的处罚。

（2）违犯王命罪。《国语·周语》载周宣王时的樊仲山父曰："犯王命必诛，故出令不可不顺也。"

（3）乱暴力正罪。《周礼·秋官·禁暴氏》："掌禁庶民之乱暴力正者、挢诬犯禁者、作言语而不信者，以告而诛之。""乱暴"指犯上作乱，"力正"同"力征"，谓以武力相征伐。凡是平民暴乱起义，一经告发都要受惩处。

（4）破律乱政罪。《礼记·王制》："析言破律，乱名改作，执左道以乱政，杀。"凡用歪曲的话破坏法律，淆乱名分，更造法度及以歪门邪道扰乱统治秩序者，一律杀无赦。

（5）变革礼乐制度罪。《礼记·王制》："变礼易乐者为不从，不从者君流；革制度衣服者为畔，畔者君讨。""不从"即不从王命，"畔"同叛。在西周时，礼乐制度的制定与修改权都掌握在周天子手中。凡是臣下擅自变革礼乐制度，都被视为对周王朝统治的破坏，都会遭到严惩。

（6）言行惑众罪。《礼记·王制》："行伪而坚，言伪而辩，学非而博，顺非而泽以疑众，杀。"行为诡诈而顽固，语言虚伪而有口才，学非正道而知识广博，顺从非法而好施小惠以惑众者，均危害了社会，一律要被处以极刑。

（7）邦谍罪。《周礼·夏官·环人》："巡邦国，搏谍贼。"《周礼·秋官·掌戮》："掌斩杀贼谍而搏之。"所谓"谍"，即指间谍。"邦谍"是充当泄漏国家秘密的间谍。这是一种严重危害国家安全的犯罪。

（8）违抗军令罪。军令是军队战斗力的重要保障，历来的统治者对军令都极为重视。《周礼·秋官·士师》规定："大师，帅其属而禁逆军旅者与犯师禁者，而戮之。"对于违抗将命和扰乱战阵的军人，要予以严惩。

2. 危害社会秩序的犯罪

（1）杀人罪。《周礼·秋官·掌戮》："凡杀人者，踣诸市，肆之三日。"凡杀人者要被处死，且陈尸三日。这是对一般的杀人罪的惩处。

（2）杀人越货罪。《尚书·康诰》："凡民自得罪，……杀越人于货，暋不畏死，罔弗憝。"越，抢劫；于，取。杀人而取其货，即图财害命的抢劫杀人罪。

（3）寇攘奸宄罪。《尚书·康诰》："凡民自得罪，寇攘奸宄"。《尚书·吕刑》："罔不寇贼、鸱义、奸宄、夺攘"。《尚书·费誓》："无敢寇攘"。"寇"指劫夺，"攘"指窃

① 伪古文《尚书·伊训》。

取，“寇攘”就是强盗罪与窃盗罪。奸宄，是指从外、内引起的祸乱。强盗、窃盗、内乱、外乱都是严重危害社会秩序的犯罪，都在严惩之列。

（4）盗窃引诱罪。《尚书·费誓》：“窃马牛，诱臣妾，汝则有常刑。”凡是盗窃别人牛马，诱骗他人奴隶的行为，一律追究刑事责任。

（5）作淫声、异服、奇技、奇器罪。《礼记·王制》：“作淫声、异服、奇技、奇器以疑众，杀。”凡敢以淫声邪乐、奇服异装扰乱社会者，都要受到严惩。

（6）群饮罪。《尚书·酒诰》：“群饮。汝勿佚，尽执拘以归于周，予其杀。”这是周初吸取商人嗜酒以致腐败亡国的教训而制定的新罪名。对于周人违反规定群聚饮酒者，一律处以死刑。

（7）失农时罪。《礼记·月令》：仲秋之月，“乃劝种麦，毋或失时；其有失时，行罪无疑”。仲秋之月，开始种麦，不要失去农时。若有耽误，定惩不饶。

（8）功有不当罪。《礼记·月令》：孟冬之月，“命工师效功，……物勒工名，以考其诚；功有不当，必行其罪，以穷其情”。所谓“功有不当”，是指工匠制作的器物不合标准。这会破坏经济秩序，因而被当作犯罪行为。

（9）毁弃约剂罪。《周礼·秋官·司约》：“掌邦国及万民之约剂。……若有讼者，则珥而辟藏，其不信者服墨刑。若大乱，则六官辟藏，其不信者杀。”对于违背约剂者，轻则加墨刑，重则处死。1975 年出土于陕西省岐山县董家村的《𠑇匜》铭文也有类似的记载。①

3. 破坏宗法制度的犯罪

（1）不孝不友罪。《尚书·康诰》：“元恶大憝，矧惟不孝不友。”又说：“乃其速由文王作罚，刑兹无赦。”西周把不孝不友列为重大犯罪，予以严惩。

（2）杀亲罪。《周礼·秋官·掌戮》：“凡杀其亲者，焚之；杀王之亲者，辜之。”“辜”是分裂肢体的意思。杀害父母或周王亲属，是罪大恶极的行为，所以比对一般杀人罪的惩处要重。

4. 渎职罪

（1）侵削众庶罪。《礼记·月令》：孟冬之月，“乃命水虞渔师收水泉池泽之赋。毋或敢侵削众庶兆民，以为天子取怨于下；其有若此者，行罪无赦”。对于税收官吏依仗权势，敲诈勒索、侵渔百姓者，一律要追究刑事责任，不得宽大。

（2）法官徇私枉法罪。《吕刑》载法官徇私舞弊的五种情况，即“惟官”（官官相护）、“惟反”（私报恩怨）、“惟内”（裙带关系）、“惟货”（贪赃受贿）、“惟来”（接受请托），当时称之为“五过之疵”。法官若有此类行为，将要被治罪。

二、刑罚体系

（一）夏商时期的刑罚

1. 奴隶制五刑

《汉书·刑法志》：“禹承尧舜之后，自以德衰而制肉刑。”《隋书·经籍志》：“夏后

① 详见唐兰：《陕西省岐山县董家村新出西周重要铜器铭辞的译文和注释》，《文物》1976 年第 5 期。

氏正刑有五，科条三千。"《周礼·司刑》郑注以为夏刑有大辟、膑、宫、劓、墨五种。到了商代，五刑发展得已较为成熟。《荀子·正名》说："刑名从商。"这话应该反映了当时的实际情况。甲骨文中已发现墨、劓、宫等刑，在殷墟中也有受过刖刑之人的骨架出土。甲骨文尚有使用其他肉刑的记载，死刑还有活埋、沉水、火焚等形式。

2. 商朝的法外酷刑

商朝时，刑罚的科处与执行都带有很大的随意性。尤其是末代君主纣，创造了许多酷刑。如，醢、脯、剖心、炮烙等。

将人剁成肉酱叫作"醢"。《史记·殷本纪》："九侯有好女，入之纣。九侯女不喜淫，纣怒，杀之，而醢九侯。"

杀死人后将肉晒成肉干叫作"脯"。据《史记·殷本纪》，纣"醢九侯。鄂侯争之强，辨之疾，并脯鄂侯"。

挖取人的心脏叫作"剖心"。商纣荒淫无道，大臣比干因劝谏而致纣大怒，"纣怒曰：'吾闻圣人心有七窍。'剖比干，观其心"①。

在铜柱上涂油，下加炭使热，令罪囚在其上行走，以致坠炭中烧死，叫作炮烙。《吕氏春秋·过理》高诱注："以铜为之，布火其下，以人置上，人烂堕火而死。"

这些形形色色的法外酷刑，从一个侧面反映了商代奴隶制刑罚的残酷性。

（二）周朝的刑罚

周代刑罚体系包括五刑、赎刑、流刑、劳役刑、拘役刑等多种刑名，而以五刑为主体。这表明当时的刑罚手段相当野蛮残酷，刑罚体系是以摧残人躯体的肉刑为中心。

1. 五刑

周代沿用夏商时的五刑制度。《周礼·秋官·司刑》："掌五刑之法，以丽万民之罪：墨罪五百，劓罪五百，宫罪五百，刖罪五百，杀罪五百。"这反映的是西周初年的情况。西周中期的周穆王命吕侯制定《吕刑》，将周初五刑二千五百条改为"墨罚之属千，劓罚之属千，剕罚之属五百，宫罚之属三百，大辟之罚其属二百，五刑之属三千"②。虽然五刑总条数增加了五百条，但增加的是墨、劓等相对较轻的刑罚，较重的死刑与宫刑则有所减少，使五刑的格局显得更为合理。

（1）墨刑。墨刑又称黥刑，为五刑中最轻刑。其施刑方式是"先刻其面，以墨窒之"③，即在面部用刀刻痕，再填以黑色颜料。待刀创痊愈后，黑色深入皮下，形成永久性的标记。墨刑不仅对人身体造成伤害，给受刑者带来肉体上的痛苦，而且还是一种耻辱刑，让受刑者感受与普通人的差别。

1975 年 2 月出土于陕西岐山县董家村的西周夷、厉王时期的铜器《㑇匜》，记载了墨刑的适用情况。据《㑇匜》铭文，墨刑至少可分𪒠㱸、黜㱸两种。前者是刺面之后，再于头上蒙以黑巾；后者是施刑之后，再罢黜官职。这些不仅可以印证传世典籍，而且能够补史书之不足。

（2）劓刑。劓刑在五刑中重于墨刑，而轻于其他刑。《说文》："劓，刑鼻也。"《尚

① 《史记·殷本纪》。

② 《尚书·吕刑》。

③ 《周礼·司刑》郑玄注。

书·吕刑》伪孔传："截鼻曰劓刑。"可见，劓即割掉鼻子的刑罚。劓刑既损害了人体器官功能，又使受刑者蒙受羞辱。

劓刑的适用较为广泛。《尚书大传》称："触易君命，革舆服制度，奸宄盗攘伤人者，其刑劓。"

（3）刖刑。刖刑又称剕刑，重于墨、劓，而轻于宫、大辟。《周礼·司刑》郑玄注："刖，断足也。"《玉篇·刀部》："剕，刖也。"可见，刖为断足之刑。受此刑者既遭受肉体上的痛苦，又丧失部分劳动能力。

1976 年 12 月陕西扶风县出土的"刖刑奴隶守门铜方鬲"，铸有砍掉左足的受刑人形象。1989 年山西闻喜县出土的"青铜刖人守囿六轮挽车"，也铸有断去左足的受刑人形象。这些都是西周刖刑的实物证明。

（4）宫刑。宫刑又称"椓刑""淫刑"。《尚书·吕刑》伪孔传："宫，淫刑也，男子割势，妇人幽闭，次死之刑。"可见，宫刑是毁伤受刑者生殖器官的刑罚。

宫刑原是用于惩处不正当性行为的。《尚书大传》说："男女不以义交者，其刑宫。"后来，其适用范围有所扩大，渐渐成为死刑的替代刑。

（5）大辟。大辟即死刑，是五刑中的最重刑。"辟"的原意指罪，大辟指最重罪。据文献记载，周代的死刑种类多样、手段残酷。如：绞缢窒息的磬刑，肢解尸体的磔刑，去衣而磔的膊刑，车裂分尸的轘刑，火烧处死的焚刑，斩以斧钺的斩首刑，杀以刀刃的弃市刑，等等。

上述五刑，除大辟外，其他四种都属于断裂肢体与毁损肌肤的肉刑。以肉刑为中心的这五种刑罚反映出当时的刑罚体系所具有的浓厚的报应刑色彩，还表明当时的刑罚制度尚处于比较落后、野蛮的状态。

2. 赎刑

赎刑即按规定或经允许缴纳一定财物折抵原定刑罚。赎刑不是一个独立的刑种。它不是实体刑，只是一种代用刑。它一般不能直接适用于某一罪名，只是在判定某种罪行应科的刑罚之后，可以依法纳财取赎，避免受刑。也就是说，犯人及其家属对于赎刑有选择权：可以选择赎刑，也可以直接接受所科之刑。正是在这一点上，它与罚金刑相区别。

最早的赎刑可追溯到虞舜时代。《尚书·尧典》载"金作赎刑"，即以铜赎罪。西周中期吕侯制定《吕刑》时，将赎刑进一步制度化、系统化。《尚书·吕刑》规定："墨辟疑赦，其罚百锾，阅实其罪。劓辟疑赦，其罚惟倍，阅实其罪。剕辟疑赦，其罚倍差，阅实其罪。宫辟疑赦，其罚六百锾，阅实其罪。大辟疑赦，其罚千锾，阅实其罪。"锾是当时的重量单位，一锾为六两。西周时，赎刑所缴之物通常是铜。据《吕刑》，"五刑之疑有赦"，对适用五刑有疑义而应予赦宥者，可分别缴纳 600 两、1200 两、3000 两、3600 两、6000 两铜，以赎免应处的肉刑与死刑。西周青铜器《㑄匜》的铭文中，也有关于赎刑的记载，可以与传世典籍相印证。

3. 流刑

流刑又称放、逐，是将罪犯放逐到偏远地区的刑罚。它起源于氏族社会，《尚书》就有关于虞舜时期流刑的记载。西周时，流刑主要用于惩处政治性犯罪。周初，"三监"作乱，周公平叛后，“伐诛武庚、管叔，放蔡叔”①。据《国语·周语》载，周厉王以卫巫监谤者，“国人莫敢言，道路以目”，“于是国人莫敢出言，三年，乃流王于彘”。这就是历史上著名的“国人暴动”。

4. 劳役刑

劳役刑是限制剥夺罪犯自由并强制其从事劳役、接受改造的刑罚。早在西周时，我国已出现具有劳役刑性质的刑罚。《周礼·秋官·大司寇》：“以圜土聚教罢民。凡害人者，置之圜土而施职事焉，以明刑耻之。其能改者，反于中国，不耻三年。其不能改而出圜土者，杀。”又，《周礼·秋官·司圜》：“掌收教罢民。凡害人者，弗使冠饰而加明刑焉，任之以事而收教之。能改者，上罪三年而舍，中罪二年而舍，下罪一年而舍。其不能改而出圜土者，杀。虽出，三年不齿。”所谓“圜土”，是指圆形的监狱；“罢民”是对社会造成一定危害但又未能适用五刑标准的罪犯。由上述记载可以看出以下几点：第一，当时犯有轻罪的“罢民”要被关押于“圜土”中，限制其人身自由；第二，根据所犯罪行的轻重，剥夺自由的时间分别为三年、二年和一年；第三，在限制、剥夺自由的同时，还要强制从事劳役，即所谓“施职事”“任之以事”；第四，被关押在“圜土”中的罪犯在服饰上与常人有别，即“弗使冠饰而加明刑”，不准戴帽子和其他装饰，还要背上写有其罪行的方版以示耻辱②；第五，若罪犯怙恶不悛、越狱逃跑，则对其格杀毋论。即使出狱，也要被剥夺三年的参加若干活动的权利。可见，劳役刑的基本要素此时都已具备了。应该说，这是我国最早的劳役刑规定。

5. 拘役刑

拘役刑是对不够适用劳役刑的轻罪犯人限制剥夺自由并强迫从事短期劳役的刑罚。西周时的坐嘉石制度就是拘役刑的雏形。《周礼·秋官·大司寇》：“凡万民之有罪过而未丽于法而害于州里者，桎梏而坐诸嘉石，役诸司空。重罪，旬有二③日坐，期役；其次九日坐，九月役；其次七日坐，七月役；其次五日坐，五月役；其下罪三日坐，三月役。使州里任之，则宥而舍之。”“桎梏”是戴在脚上与手上的囚具，“嘉石”是立于外朝门左侧的、有纹理的石头，“司空”是掌管公共工程的官员。从《周礼》的这段记载可知：当时的拘役是一种耻辱刑与劳作刑相结合的制度。凡处此刑者，先罚坐嘉石反省思过，再交司空强迫从事劳役。根据所犯罪行轻重，分别罚坐三、五、七、九、十二天，再服役三、五、七、九个月至一年。期满后，由乡里作保，即予释放。这种制度对于后世的“枷号”之制有着相当大的影响。

三、刑法原则

早在奴隶社会开始时，便有了简单的刑罚适用原则。据载，夏朝即规定：“与其杀不辜，宁失不经。”④ 所谓“不辜”，是指无罪者；“不经”，是指不合法律规定。宁可放纵有罪者，也不错杀无辜之人。这是为了防止滥杀无辜，显然是一种积极的慎刑主张。《尚

---

① 《史记·周本纪》。

② 见《周礼·秋官·大司寇》郑玄注。

③ 原文作“三”，据清人王引之《经义述闻》引王念孙之说校改。

④ 《左传·襄公二十六年》引《夏书》。

书·尧典》说："眚灾肆赦，怙终贼刑。"意为过失及灾害导致犯罪可以减轻处罚，而惯犯则要处以重刑。这应该是我国古代关于区分故误犯罪的最早的原则规定。

周代统治者在总结前人经验的基础上，结合自己统治的实际情况，摸索出一整套行之有效的刑法原则。

（一）因时因地制宜

西周统治者根据当时复杂的政治局面，采取了非常灵活的策略，随着时间、地点与具体环境的变化而适用不同的法律。周初统治者将其统治区域按占领、开辟的先后和政局稳定程度，分为三类地区，制定了因地制宜的原则："刑新国，用轻典"；"刑平国，用中典"；"刑乱国，用重典"[①]。对于新占领的地区，运用轻刑，以期收到怀柔的效果；而对于统治秩序很差的地方，则用重刑镇压，推行高压政策。不仅如此，统治者还意识到法律并不是一成不变的。而要随着时间、环境的变化进行适当的调整。《尚书·吕刑》说："刑罚世轻世重"，"轻重诸罚有权"，意思是说，定罪量刑要结合犯罪的主观条件和当时客观形势，全面进行权衡，或轻或重，灵活掌握。这说明西周统治者已相当熟悉统治技巧，他们在使用法律这个手段时是非常讲求实效的。

（二）区分故意与过失、惯犯与偶犯

西周已有故意犯罪与过失犯罪、惯犯与偶犯的区分。周公在《尚书·康诰》中告诫其弟康叔说："人有小罪，非眚，乃惟终自作不典；式尔，有厥罪小，乃不可不杀。乃有大罪，非终，乃惟眚灾；适尔，既道极厥辜，时乃不可杀。"在这里，"非眚"与"眚"是故意犯罪与过失犯罪，"惟终"与"非终"是惯犯与偶犯。根据这条规定，凡属故意犯罪或者惯犯，即使罪行较小，也要从严惩处，彻底根绝；如属过失犯罪或者偶犯，虽然罪行比较严重，但却可以得到宽减。《周礼·秋官·司刺》载有"三宥之法"："壹宥曰不识，再宥曰过失，三宥曰遗忘。"所谓"不识""过失""遗忘"，都是与故意犯罪相对而言，是过失犯罪的不同形式。发生上述三种情况的犯罪，则能够得到宽大处理。这说明西周时定罪量刑已能考虑到犯罪者的主观要件，当时的刑法达到了相当高的水平。

（三）罪疑从赦

伪古文《尚书·大禹谟》有"罪疑惟轻"的记载。《左传·襄公二十六年》所引《夏书》"与其杀不辜，宁失不经"，也是关于罪疑从赦原则的较早的规定。西周时，这一原则进一步具体化。《尚书·吕刑》说："五刑之疑有赦，五罚之疑有赦，其审克之。"据前人的解释，是"刑疑赦从罚，罚疑赦从免"[②]。《吕刑》还具体规定了不同刑罚因罪疑而交纳罚金、获得赦免的数额。可见，当时对疑罪的处理，往往并不是按无罪看待，而是酌情减轻处罚而已。罪疑从赦原则是西周"明德慎罚"思想的具体体现，有利于防止或减少无罪处刑与轻罪重刑现象。

（四）矜老恤幼

《礼记·曲礼上》说："八十、九十曰耄，七年曰悼。悼与耄，虽有罪，不加刑焉。"即是说八十岁以上老人和七岁以下儿童犯罪，不承担刑事责任。《周礼·秋官·司刺》有

---

① 《周礼·秋官·大司寇》。

② 《尚书·吕刑》伪孔传。

“三赦之法”规定：“壹赦曰幼弱，再赦曰老旄，三赦曰惷愚。”所谓“幼弱”指七岁以下，“老旄”即八十以上，“惷愚”指痴呆等精神不健全之人。《周礼·秋官·司厉》又规定：“凡有爵者与七十者与未龀者，皆不为奴。”“龀”是儿童换牙。由上可知，西周时对老幼及有严重行为能力障碍的人采取免刑措施，这是“明德慎罚”思想在刑法中的又一体现。矜老恤幼原则的实施，为后世刑事责任制度、刑事责任年龄的确定，打下了基础。

（五）同罪异罚

同罪异罚是指不同身份等级的人犯同样罪行，所承担的法律责任不同，适用的处罚结果也有差别。在西周，有“以八辟丽邦法，附刑罚”的八辟之法，即议亲、议故、议贤、议能、议功、议贵、议勤、议宾之辟①。也就是说，上述八种特殊身份的人犯罪，并不按一般人对待，而是可以得到宽宥乃至赦免。后世的“八议”制度即渊源于此。为了保护官僚贵族的法律特权，统治者又作了一系列详细规定。在刑罚科处方面，《礼记·文王世子》说：“公族无宫刑。”因为宫刑使人丧失生育能力，所以对于出身尊贵的“公族”不处以这一刑罚，以免他们断绝了后代。在刑罚的执行方面，《礼记·文王世子》说：“公族其有死罪，则磬于甸人；其刑罪，则纤剸，亦告于甸人。”《周礼·秋官·掌囚》说：“凡有爵者与王之同族，奉而适甸师氏，以待刑杀。”《周礼·秋官·掌戮》规定：“唯王之同族与有爵者，杀之于甸师氏。”“磬”是绞缢而死，“甸人”“甸师氏”是掌郊野之官。与一般人在闹市行刑不同，对贵族们处刑要在隐蔽之处进行，从而顾全他们的脸面。另外，即使在监押期间，贵族们也会享受优待。②

总之，同罪异罚是公开强调适用法律不平等的一项原则，它是当时等级制度在法律上的反映。

第二节　民事法律制度

夏朝的民事法律规范，由于材料的限制，我们只能付之阙如。到了商代，在婚姻、家庭等方面有了一些规定。例如，贵族婚姻实行一夫一妻多妾制，但妻与妾的区分远没有后世严格。从甲骨文可以看到，殷高宗武丁有60多位配偶，而妻之外的其他配偶也可以受到后世商王的祭祀。

在继承方面，商代前期与后期不完全一样。前期是“兄终弟及”与“父死子继”并行，即兄长死后由弟弟继承，或者是父亲死后由儿子继位；而后期（武乙以后）则是“父死子继”。这是鉴于商代前中期因为王位继承制度设计上的不完善而导致了国家长期混乱，从而想方设法予以改变的。

到了周代，随着经济的不断发展，以调整财产关系和婚姻、家庭关系为主要内容的民事法律规范在社会生活中起着越来越重要的作用。

---

① 《周礼·秋官·小司寇》。

② 详见《周礼·秋官·掌囚》。

一、所有权和契约

（一）所有权

在农业社会中，最重要的财产是作为生产资料的土地。土地也就成为财产所有权的核心，受到法律的严格保护。

《诗经·小雅·北山》说：“溥天之下，莫非王土；率土之滨，莫非王臣。”这说明周代实行土地国有制，周天子代表国家享有对全国土地的所有权。周天子分封诸侯时，“授民授疆土”①，“锡之山川，土田附庸”②，不仅给予土地，而且将其赐予土地上的民众。

受封的诸侯对于封赐所得的土地只有占有权与使用权，而没有处分权。这表现在以下几个方面：第一，诸侯不能任意处分受封的土地，土地不能进入流通流域，也就是《礼记·王制》所说的“田里不粥（鬻）”；第二，诸侯必须按照所受土地的数量，向周天子缴纳贡赋，这就是《周礼·地官·小司徒》所说的周王对诸侯可“以任地事而令贡赋”；第三，周天子有权以“削地”的方式，收回已分封给诸侯的土地。1954 年江苏丹徒烟墩山出土的《宜侯夨簋》，就是周王有权变动诸侯原有封地的实证。

西周中叶以后，随着地方经济的发展与诸侯势力的扩大，土地逐步为各级奴隶主贵族私有，以土地作为交换、赠送和赔偿的对象之事屡见不鲜。这在出土的青铜器铭文中表现得尤为明显。《鬲从盨》铭文记载章氏用八邑与鬲从换田，良氏用五邑换田，结果顺利成交。《鬲攸从鼎》铭文记载了鬲攸从出租田地给攸卫牧，因为没有得到报酬而发生诉讼。《夨人盘》铭文记载夨赔偿散氏两块田。《卫盉》铭文记载矩伯与裘卫两次交换土地的经过，矩伯共出让土地十三田。《格伯簋》铭文记载一乘良马可换三十田。《曶鼎》铭文记载小贵族匡季在荒年率人抢了另一贵族曶的十秭禾，被曶控告，由东宫判决匡季将“田七田，人五夫”赔偿曶。这些事例说明土地为周王所有这一观念正在动摇。

除土地外，奴隶和牛马是奴隶主阶级的重要财产，也受到法律的严格保护。奴隶主对奴隶享有占有、使用和处分的完全所有权，而且同奴隶主阶级的其他财产一样，奴隶也成为民事流转中的客体。奴隶可以被买卖、赔偿，还可以用来赔偿损失、抵债。据《曶鼎》铭文的记载，曶买“五夫”，用“匹马束丝”，匡季用“田七田，人五夫”作为对曶的所有权侵犯的损害赔偿。

对于无主物，周朝法律仅对动产有所规定。在特定条件下，可为先占标的物；一般则采取限制原则。《礼记·月令·仲冬之月》：“是月也，农有不收藏积聚者，马牛畜兽有放佚者，取之不诘。”这些本来可能有主但为所有人抛弃、遗失之物，只在仲冬之月的特定条件下，才可以作为先占标的物。至于一般情况，《周礼·秋官·朝士》规定：“凡得获货贿、人民、六畜者，委于朝，告于士，旬而举之：大者公之，小者庶民私之。”这里说“凡得获”，应该指通常情况。“委于朝，告于士”即报告官府并将所得物交公，“举”谓没其财物。官府发出招领告示，等候 10 天，若仍无人认领，即作出处理：大者归公，小者归先得者。这种规定对后世（尤其是汉代）的有关制度有着重要的影响。

---

① 《大盂鼎铭》。

② 《诗经·鲁颂·閟宫》。

（二）契约

周代为了规范买卖、借贷等民事行为，确定双方当事人的权利、义务，在民间习俗的基础上，逐渐形成名目不同的民事契约。这里简单地介绍其中的几种：

1. 交换契约

周代的交换契约，多保存于出土的铜器铭文中。《五祀卫鼎》铭文记载了贵族裘卫与邦君厉订立土地交换契约的过程。《九年卫鼎》铭文记载了裘卫以车马及衣物换取了矩伯的土地。《格伯簋》铭文记载贵族格伯用良马四匹与贵族倗生交换三十田的经过。从这些青铜器铭文可以看出：订立土地交换契约，往往要举行仪式，当事人要宣誓，还请证人参加。在西周时期，凡重大交换契约的订立，都要由国王派官吏监督；至于一般交换契约的订立，只要有证人在场，就可以了。

2. 买卖契约

周代的买卖契约名叫“质剂”。《周礼・天官・小宰》：“听卖买以质剂。”《周礼・地官・质人》：“掌成市之货贿、人民、牛马、兵器、珍异，凡卖儥者质剂焉。大市以质，小市以剂。”根据前人的解释可知，“质剂”是长短不同的两种契约券书，是处理买卖交易纠纷的法律依据。凡奴隶、牲畜之类的大宗交易，使用长券即“质”；而兵器、珍异之物的小宗交易，则使用短券即“剂”。质剂的形式是：在同一简札上书写内容相同的两份契约，再从中一分为二，双方当事人各执一份。因此，买卖双方所持的“质剂”是内容完整的契约。

出土青铜器铭文也可以反映周代买卖契约的情况。据西周恭王时期的铜器《卫盉》铭文的记载，矩伯向裘卫购买玉璋，裘卫索价八十朋，矩伯用十田折成等价物交付裘卫而成交；矩伯又向裘卫购买虎皮、鹿皮等用品，价格为二十朋，矩伯用三田折成等价物交付裘卫，双方成交。《曶鼎》铭文记载了曶以匹马束丝购买贵族限的五个奴隶，但限一再悔约，迫使曶向司法机关起诉，最后判决限必须履行契约。这说明，西周时买卖契约已成法定凭证，统治者更加重视用法律来调整所有权关系。

3. 债务契约

依周朝法律规定，债务必须有契约。当时的债务契约可分两种：

其一是“傅别”。《周礼・天官・小宰》：“听称责以傅别。”郑玄注引郑司农之说：“傅别，谓券书也……傅，傅著约束于文书；别，别为两，两家各得一也。”傅别就是把债的标的及权利义务等书之于契券，在简札中间书字，然后一分为二，双方当事人各执一半。发生纠纷后，法官以债券为凭，进行审理。

其二是“书契”。《周礼・天官・小宰》：“听取予以书契。”所谓“取予”，是一种无息借贷。“书契”是作为这种无息借贷凭证的契约。它是将文书内容一式两份书写于两块简札上，双方当事人各执一件。

周代不仅以契约来作为买卖等民事行为的凭证，而且设立专门的官吏对此进行管理。当时有“司约”之官，“掌邦国及万民之约剂”。[①] 而且，一旦发生诉讼纠纷，则依据契约进行处理。《周礼・秋官・士师》规定：“凡以财狱讼者，正之以傅别、约剂。”《周

① 《周礼・秋官・司约》。

礼·秋官·朝士》也说："凡有责者，有判书以治，则听。"这说明周代的契约制度已经相当完善。

二、婚姻制度

在周人看来，男女结婚是"合二姓之好，上以事宗庙，而下以继后世"[①]的大事，所以，周对此非常重视。政府设立了专门掌管男女婚姻的机构，由"媒氏"之官"掌万民之判"[②]，类似今天的婚姻介绍、登记机关。而且，还对老百姓进行有关男女婚姻方面应该遵守的礼仪制度的教育，这就是《周礼·地官·大司徒》所说的"以阴礼教亲，则民不怨"。当然，有关婚姻方面的规定也比以前更为全面、具体。

（一）婚姻的成立

当时缔结婚姻遵守"同姓不婚"的原则。从姓氏的发展史来看，"同姓"是同一部族、具有或多或少血缘关系之人。周人实行"同姓不婚"原则，既有血缘伦理方面的原因，又有生育遗传方面的原因，还有宗法政治方面的考虑。《白虎通·姓名》中的"同姓不得相娶，皆为重人伦也"，指出了伦理方面的原因。"男女同姓，其生不蕃"[③]"同姓不婚，恶不殖也"[④]，则表明当时人们已具有一定的优生学知识，对于血亲结婚不利于后代的现象有清醒的认识。至于政治方面的原因，《礼记·郊特牲》说得很明白，"取于异姓，所以附远厚别也"，即利用缔结婚姻达到联合异姓统治者增强政治力量的目的。正因为这样，周人"取妻不取同姓，故买妾不知其姓则卜之"[⑤]。周代同姓不婚的法律原则在中国历史上演化为一种古老的习俗，长期受到人们的重视。

"父母之命，媒妁之言"[⑥]是西周时代婚姻关系成立最重要的条件。父母掌握着子女的主婚权，没有父母同意，男不得婚，女不得嫁。《诗·齐风·南山》说："取妻如之何？必告父母"，正是这种情况的反映。而且，男女的相识、结合必须有媒人从中撮合，才会为社会认同。当时社会强调"男女有别"，要求"男女非有行媒，不相知名"[⑦]"男女无媒不交"[⑧]。因此，婚姻离不开媒人，《豳风·伐柯》说："取妻如何？匪媒不得"，正是这个道理。未经父母作主同意，不通过媒妁从中传达，男女当事人自主或自由结婚，是不被人们认可的。

周时结婚还必须经过"六礼"的程序。所谓"六礼"，即男女双方关于婚礼方面的六项仪式。一是"纳采"，即男家请媒妁以雁为礼物，向女家求婚。这里的礼物只是象征性的，雁的含义在于雁能"顺阴阳往来"[⑨]；二是"问名"，即男家请媒妁询问女方名字、年龄等情况，以便于向宗庙卜问婚配吉凶；三是"纳吉"，即男家将卜问所得吉兆通知女

① 《礼记·昏义》。
② 《周礼·地官·媒氏》。
③ 《左传·僖公二十三年》。
④ 《国语·晋语四》。
⑤ 《礼记·曲礼上》。
⑥ 《孟子·滕文公下》。
⑦ 《礼记·曲礼上》。
⑧ 《礼记·坊记》。
⑨ 《仪礼·士昏礼》郑玄注、贾公彦疏。

家，决定缔结婚姻；四是“纳徵”，即男家向女家送聘礼，正式订婚。这道程序又称“纳币”或“纳聘”；五是“请期”，即男家选定婚期，告诉女家，请求同意；六是“亲迎”，即成婚之日男方亲自到女家迎娶。

除了“六礼”之外，在迎娶的当晚，新郎与新娘还要“共牢而食，合卺而酳”[①]。次日清晨，新娘要在新郎的陪同下去“拜舅姑”，即谒见公婆。若公婆已故，到三个月的时候，新娘还要到新郎家的宗庙中去参拜，称为“庙见”。直到此时，新娘在夫家的地位才真正确立了。

需要说明的是：其一，以上关于婚姻成立的规定只是一般性要求，实际生活中的情况可能与此有一定距离，例如《诗经》中就有不少男女私自约会的描述；其二，上述规定仅针对“娶妻”而言，不包括纳妾在内。妻是“娶”的，需经法定的、繁琐的程序；妾是买的或纳的，用不着这么循规蹈矩。所谓“娶则为妻，奔则为妾”，正道出了二者的区别。

（二）婚姻的解除

在周代，婚姻关系的解除也要遵循一定的原则，这就是所谓“七去”“三不去”。

“七去”又称“七出”，是指男子可以休妻的七种情况。《大戴礼记·本命》说：“妇有七去：不顺父母，去；无子，去；淫，去；妒，去；有恶疾，去；多言，去；窃盗，去。不顺父母去，为其逆德也；无子，为其绝世也；淫，为其乱族也；妒，为其乱家也；有恶疾，为其不可与共粢盛也；口多言，为其离亲也；盗窃，为其反义也。”只要妻子犯了“七去”中任何一条，丈夫就可以与她解除婚姻关系。从“七出”可以看出以下几点：其一，婚姻并不是男女双方当事人的事，而是整个家庭的事，所以女子“不顺父母”与“无子”都要被休；其二，离婚的条件对于男女双方并不平等，是维护夫权的。男子可以找借口休弃女子，而女子则只能从一而终；其三，离婚的规定缺乏客观的标准，便于男子及其家长随心所欲地操作。总之，“七出”是为维护族权、夫权服务的，是束缚婚姻当事人（尤其是女方）的绳索。

婚姻的解除也有若干限制，这就是“三不去”。《大戴礼记·本命》规定：“妇有三不去：有所取无所归，不去；与更三年丧，不去；前贫贱后富贵，不去。”即使妻子犯了“七去”之条，但只要符合“三不去”的任何一项，丈夫就不能随意休弃她。客观地说，这些限制性条件具有一定的人道主义精神，对于改善妇女的悲惨处境或许能起些许积极作用，直至今日仍不乏借鉴意义。

三、家庭、继承制度

（一）家庭制度

周朝的家庭关系，有以下两个突出特点：

其一，夫尊妻卑，夫妻之间地位不平等。妇女在家庭、社会中不仅没有独立的经济、政治地位，而且没有独立的人格。妇女一生都要服从男子。“男帅女，女从男，夫妇之

① 《礼记·昏义》。

义，由此始也。妇人，从人者也。幼从父兄，嫁从夫，夫死从子。”① 中国传统社会对妇女的“三从”要求在西周时期已初步形成。

其二，父尊子卑，父母与子女之间地位不平等。在家庭中，子女的利益完全被漠视，一切都要听凭父母的摆布。父母对子女享有教令权，而子女则只能履行“孝”的法定义务。《礼记·内则》要求：“父母怒，不说，而挞之流血，不敢疾怨，起敬起孝。”父母在世，子女不能享有独立的财产权，这就是《礼记·曲礼》所说的“父母存，……不有私财”。子女无论怎样受虐待，都不准到官府进行申诉，因为“父子将狱，是无上下也”②。

另外，在实行一妻多妾制的贵族家庭中，妻妾之间也界限分明、等级森严。在她们中间，妻为正，妾为庶，妻主妾从，妻贵妾贱。妻与妾的关系实质上是主人与奴仆的关系，她们之间有一道难以逾越的鸿沟。不仅如此，这种关系还影响到她们的子女，从而有了嫡子与庶子的区别。

家庭是社会的细胞。家庭内部的等级制是社会上贵贱有等的剥削制度的反映，男尊女卑、夫尊妻卑、父尊子卑、妻尊妾卑是统治阶级对家庭管理的必然要求。而维护夫权、父权的目的是维护君权，妻服从夫、子孝敬父是为下顺从上、臣忠于君服务的。

（二）继承制度

周代的继承制度，包括身份继承与财产继承两个方面。

在身份继承上，从西周起实行嫡长子继承制。所谓“嫡长子”，是指正妻所生的长子。根据这个制度，只有正妻所生的长子才是法定的继承人。这样做的目的在于保持奴隶主贵族们的身份、政治特权不受到侵犯，同时维护统治阶级内部的秩序，以加强对奴隶和平民的统治力量。如果妻没有生子，则立妾中最贵者之子为法定继承人。这就是《公羊传·隐公元年》所说的“立適（嫡）以长不以贤，以子以贵不以长”。周宣王时，鲁武公率长子括、少子戏朝见宣王，宣王欲立戏以为鲁国国君的继承人，但遭到大臣们的反对。理由是天子立诸侯而不以长，“是教逆也”。西周统治者推行的嫡长子继承制，对平民也有很大影响。

有关财产方面的继承制度，在周代是附属于身份继承制度的。嫡长子在继承其父身份的同时，对于财产也有支配、处分的权力。其余嫡子与庶子的继承权，只能由嫡长子予以确认和决定予夺。至于女子，在考虑继承人时是被排除在外的。她们根本谈不上有继承权。但贵族们为了保持体面和联络感情，往往给未嫁的姐妹以可观的嫁妆，这只是出于兄长的赐予，而不是她们的法定权利。

第三节　司法制度

一、夏商司法制度

夏商司法机关都分为中央与地方两级。夏朝中央司法官称大理。商朝中央司法官称司

① 《礼记·郊特牲》。
② 《国语·周语中》。

寇。商朝统治区域分为“内服”与“外服”。“内服”是商王直接控制的王畿地区，“外服”则是臣服于中央的王畿以外的地方。商王有最高司法权，但由于其权力尚有限，所以对于“外服”与边鄙地区，常感鞭长莫及。至于具体情形，因史料不足，就难以知其详了。

《竹书纪年》：“夏后芬三十六年作圜土。”帝芬是夏朝的第七位王。“圜土”是指圆形的监狱。夏在都城阳翟“钧台”还设有中央直辖的监狱。“钧台”又称“夏台”，《史记·夏本纪》载桀曾囚商汤于“夏台”。商朝的监狱也称“圜土”，甲骨文又作“圉”，像罪犯手戴刑具被囚于方形的监牢或土穴之中。为了有效地镇压奴隶与平民的反抗，商代在全国的许多地方都设有监狱。为防其逃亡，商代对于囚犯往往施以械具。安阳小屯曾有戴械具的陶俑出土，男俑拳在身后，女俑拳在身前。

由于夏商时期神权法思想盛行，司法审判深受其影响。夏启在甘地誓师时曾说过：“用命，赏于祖；弗用命，戮于社。”[①] 对于违反命令者的惩罚要在社庙里进行，反映司法当中有浓厚的鬼神迷信色彩。到了商朝，这种情况变本加厉，形成一种与占卜巫术相结合的神判，即由贞人充当神与人的中介，通过占卜得到神的旨意。因此，听命于神也就成了商朝司法的一个显著特点。

二、周代司法制度

与夏、商相比，周代的司法制度逐步完善。在司法机关、诉讼审判程序、监狱管理等方面，均已形成一定制度。

（一）司法机关

在中央，与夏商时期基本相同，周王仍是全国最高司法审判官，掌握着全国最高司法裁决权。《礼记·王制》：“大司寇以狱之成告于王，王命三公参听之。三公以狱之成告于王，王三又（宥），然后制刑。”《周礼·秋官·掌囚》说：“及刑杀，告刑于王，奉而适朝士。”这说明，凡是重要争讼纠纷或重大疑难案件，最后裁判权或最终决定权都由周王亲自控制。

大司寇为中央专职的最高司法审判官。其职责是“掌建邦之三典，以佐王刑邦国，诘四方”[②]。即在周王领导下主管全国重大司法审判事务。对于一些不能最后决定的案件，则要报请周王裁断。

大司寇全面负责司法工作，其下有许多属吏分司审判、狱政、行刑等。主要有以下诸官：

小司寇，是大司寇的副手，职掌“以五刑听万民之狱讼”[③]，直接负责审判案件。

士师，是司寇之下的重要司法官吏，“掌国之五禁之法，以左右刑罚”[④]，即负责中央禁令的执行和审查地方处理的案件。另外，士师还负责将法禁“县于门闾”[⑤]，使人知法，

---

① 《尚书·甘誓》。
② 《周礼·秋官·大司寇》。
③ 《周礼·秋官·小司寇》。
④ 《周礼·秋官·士师》。
⑤ 《周礼·秋官·士师》。

以预防犯罪。

司刑等分掌具体司法事务。司刑“掌五刑之法，以丽万民之罪”[①]。司刺“掌三刺三宥三赦之法”[②]。司圜管理监狱，掌囚管理犯人，掌戮负责行刑。金文中还有主管司法文书的中史（见《师旅鼎》等），参与契约管理及违约事件诉讼活动的书史、史正、内史、大史等（见《格伯簋》《鬲从盨》等）。

在地方，也建立了比较完备的司法机构。在周天子直接统治的王畿地区，根据行政区划，分别设立相应的司法官。按照《周礼》的记载，地方设立乡士、遂士、县士等官，专司监督法律的执行情况，同时审理各种诉讼案件。当时，国都的近郊百里之内的地区为“乡”，王国有六乡，每乡12500户，由乡士掌“王国六乡之狱”。从“乡”到距国都二百里的远郊区为“遂”，由遂士掌“王国四郊之狱”。“遂”之外的王畿分为若干“县”，由县士掌“一县之狱讼”。另外，方士主管“四方都家之狱”。所谓“都家”，是指王子、公卿、大夫的采邑。

周代实行分封制，周天子分封大批宗室、功臣、前代之后到各地做诸侯。这些诸侯奉周王为天下共主，接受中央的节制。在诸侯国，诸侯本人掌握本国最高司法权。同时，设立众多专职司法官，为诸侯管理各种司法事务。至于诸侯国司法机关的系统，大体与周王朝相同，只不过在某些官名上略有差异而已。

（二）诉讼制度

西周时期，对于刑事诉讼与民事诉讼已有所区别。在《周礼》等有关西周的历史文献中，常“狱”“讼”并称。东汉经学家郑玄解释说：“狱谓相告以罪名者”，“讼谓以财货相告者”[③]。又说：“争罪曰狱，争财曰讼。”[④] 可见，“狱”与罪名相关，类似于刑事诉讼；“讼”与财产相关，类似于民事诉讼。刑、民事诉讼不仅名称有别，而且在诉讼费的缴纳、案件的审判程序方面也有不同。

就金文所载案例来看，无论刑、民事诉讼，都采取原告自诉的形式。轻微的案件以口头起诉，重大的案件以书状起诉。《周礼·秋官·大司寇》说“以两剂禁民狱”，所谓“剂”即指诉讼的书状。

原告与当事人向官府提起诉讼后，还要交纳诉讼费。诉讼费随案件的性质不同而有很大的区别。刑事诉讼双方须交纳“钧金”，即30斤铜；民事诉讼双方须交纳“束矢”，即一捆箭。如不交纳诉讼费，则被认为是“自服不直”，将以败诉处之。《周礼·秋官·大司寇》说“以两造禁民讼，入束矢于朝……以两剂禁民狱，入钧金”，可以为证。西周铜器《扬簋》与《甾处簋》铭文也记载有诉讼须交纳诉讼费的内容。

据史籍记载，西周还有“路鼓”与“肺石”之制。《周礼·夏官·太仆》：“建路鼓于大寝之门外而掌其政，以待达穷者与遽令。”路鼓之制是允许申诉人于周王的寝门外挝鼓鸣冤。后世登闻鼓即导源于此。《周礼·秋官·大司寇》：“以肺石达穷民，凡远近茕独老幼之欲有复于上而其长弗达者，立于肺石三日，士听其辞，以告于上而罪其长。”可

① 《周礼·秋官·司刑》。
② 《周礼·秋官·司刺》。
③ 《周礼·秋官·大司寇》注。
④ 《周礼·地官·大司徒》注。

见，这是一种直诉的形式，多适用于贫苦无告者。“路鼓”与“肺石”之制表明周王对司法的监督与控制有所加强。

为维护宗法等级制度，确保贵族、家长的身份特权，西周法律规定，诉讼活动不得破坏上下名分。《国语・周语》说，父子之间不得诉讼，“父子将狱，是无上下也”。诉讼时必须维护贵族的特权。贵族如果成为诉讼当事人，不必亲自参加诉讼，可以派属吏代理，这就是《周礼・秋官・小司寇》所说的“凡命夫命妇，不躬坐狱讼”。总之，西周时诉讼须遵循宗法伦理的原则。

（三）审判制度

1. 重视证据

民事案件交纳诉讼费后即可审理，刑事案件则要等到3日后再进行审判。审理时，双方当事人要到庭，即所谓“两造具备”①。西周时法官判案，对口供非常重视。为了防止法官偏袒一方，法律要求法官“听狱之两辞”，不得轻信“单辞”②，要以原、被告双方的供词为依据；并且要“察辞于差”③，即辨析口供的矛盾。为了保证口供的真实性，西周确立了“五听”的原则。《周礼・秋官・小司寇》称：“以五声听狱讼，求民情。一曰辞听，二曰色听，三曰气听，四曰耳听，五曰目听。”《尚书・吕刑》也说：“师听五辞。”东汉经学家郑玄解释道：“观其出言，不直则烦；观其颜色，不直则赧然；观其气息，不直则喘；观其听聆，不直则惑；观其眸子视，不直则眊然。”④ 可见，“五听”即通过观察当事人表情而分析、认定其口供真实与否。这种审讯方式是我国古代长期司法实践的经验总结，是运用心理分析进行审判的尝试，与此前的“神判”相比，显然是一个历史进步。当然，完全依赖察言观色的方式审理案件，往往会导致先入为主的主观擅断，从而人为地制造一些冤假错案。

值得注意的是，西周时，除了重视口供之外，还注意运用人证、物证及书证。《周礼・地官・小司徒》：“凡民讼，以地比正之；地讼，以图正之。”《周礼・秋官・士师》也说：“凡以财狱讼者，正之以傅别、约剂。”即处理民间争讼纠纷，以邻里人证为依据；解决土地疆界纠纷，以图籍书证为依据；裁决财产纠纷，则以契约文书为依据。

由于受生产力发展水平的限制，西周的审判仍保留着神明裁判的某些遗痕。当时在审理案件时，常常使诉讼者盟誓，以示公正陈述和对判决的坚决执行。《周礼・秋官・司盟》规定：“有狱讼者，则使之盟诅。”出土的西周《鬲攸从鼎》铭及《㑞匜》铭都记载了当事人的盟誓活动，反映了由神判向人判转变的不彻底性。

2. 规定法官责任

为了保证办案质量，西周统治者不仅要求司法人员注意运用各种证据，而且要依据刑书条文、法律规定办案。《尚书・吕刑》明确规定：“哀敬折狱，明启刑书胥占，咸庶中正。其刑其罚，其审克之。”在审判时，要采取慎重态度，依据“刑书”斟酌权衡，定罪

① 《尚书・吕刑》。
② 《尚书・吕刑》。
③ 《尚书・吕刑》。
④ 《周礼・秋官・小司寇》注。

量刑务求公允。对于法律没有直接规定的，“上下比罪，无僭乱辞，勿用不行”[①]。即比照相关规定处理，不受错误干扰，不搞主观臆断。需要指出的是，从西周起判例就在司法中起着补充法的作用。《尚书·吕刑》所载“上下比罪”和《礼记·王制》的“必察小大之比以成之”，便包括以成例作参考这种情况。

西周法律一方面要求法官依法办案，另一方面对司法人员徇私枉法予以惩处。《尚书·吕刑》有“五过之疵：惟官、惟反、惟内、惟货、惟来，其罪惟均，其审克之”的规定。所谓“五过之疵”，即司法人员徇私枉法、出入人罪的五种表现：其一，官官相护，枉法断案；其二，报个人恩怨而出入人罪；其三，听任亲属干预司法；其四，索贿受贿，贪赃枉法；其五，接受请托，徇私枉法。凡有这五种行为之一者，与案犯同罪。可以说，《尚书·吕刑》中有关“五过之疵”的内容，是中国法律史上关于法官责任的最早、最系统的规定。

3. 慎重判决

为了体现周初统治者所宣扬的“明德慎罚”思想，当时法律对审判程序作了一系列规定。比如，为慎重起见，《尚书·康诰》提出：“要囚，服念五六日，至于旬时，丕蔽要囚。”在判决作出之前，要征询群臣、群吏与万民的意见，这就是《周礼·秋官·小司寇》所说的“三刺”制度：“一曰讯群臣，二曰讯群吏，三曰讯万民。听民之所刺宥，以施上服下服之刑。”[②] 这样，就从程序上保证了审判的公正。

判决作出后，如果当事人不服，还可以上诉。根据地区的不同而有不同的上诉期限：“国中一旬，郊二旬，野三旬，都三月，邦国期。期内之治听，期外不听。”[③] 上级司法机关于上诉期内接到上诉书，须开庭重审。

（四）监狱制度

周代的监狱，名目各不相同，有的称作“圜土”，有的称作“囹圄”。关于囹圄，《释名》解释道：“囹，领也；圄，御也。领录囚徒禁御之也。”

周代对监狱的管理已经制度化，并设有专职官吏，如司圜掌管监狱，掌囚管理犯人。

被关押于圜土的罪犯除了要服劳役外，还要根据罪行的轻重佩戴囚具。《周礼·秋官·掌囚》：凡囚者“上罪梏拲而桎，中罪桎梏，下罪梏。王之同族拲，有爵者桎，以待弊罪”。所谓“拲”，即两手同械的囚具；“桎”是足械，相当于今日的脚镣；“梏”是手械，相当于今日的手铐。可见，虽然贵族官僚在遭囚禁时有些优待，但是也要与其他犯人一样被限制行动自由。

在押罪犯要戴囚具，还有其他史籍记载可以为证。《易·坎·上六》：“系用徽纆，置于丛棘。”《礼记·月令·孟夏之月》：“断薄刑，决小罪，出轻系。”所谓“徽纆”，即指绳索。用绳索束缚犯人，这是对轻罪犯的处置。《礼记·月令》说：仲春之月，“命有司省囹圄，去桎梏”；孟秋之月，“命有司修法制，缮囹圄，具桎梏”，反映出罪犯要被桎梏限制自由，则与《掌囚》所载相合。

必须说明的是，在探讨周代法律制度时，之所以较多地使用了《周礼》等礼书的材

① 《尚书·吕刑》。

② 《周礼·秋官·司刺》亦记载有相同的制度。

③ 《周礼·秋官·朝士》。

料，是因为《周礼》等有着很高的史料价值。虽然目前学术界对《周礼》一书的价值仍有不同的看法，但总的趋势是它正从疑古的阴霾中走出来。因此，在有金文、《尚书》等可信文献的印证下，《周礼》等是可以用来说明周代（甚至是西周）法制的。

小 结

夏商法律的具体内容，由于史料不足，我们今日已难言其详。至周，各方面的制度趋于成熟和完善。这表现在以下几方面：

（1）在刑事法律方面，为维护统治秩序而定的罪名种类繁多，其内容涉及社会生活的诸多领域；奴隶制的刑罚体系渐趋完备，五刑而外，财产刑与自由刑也占了一定的比重；“因时因地制宜”“矜老恤幼”等刑法原则不断完善。

（2）在民事法律方面，处理经济关系的契约制度与调整婚姻家庭关系的嫡长子继承制度、“七去”“三不去”的规定，都对后世产生了巨大的影响。

（3）在司法制度方面，周代的诉讼、审判制度有所发展，“五听”的原则、“五过之疵”的法官责任制等时至今日仍有借鉴意义。

思考题

1. 周代有哪些刑法原则？
2. 周代的婚姻家庭制度有何特点？
3. 周代司法审判方面的“五听”原则是什么？

第三编

封建制法律制度

从战国一直到清，是中国历史上漫长的封建社会，共持续了2000多年。其间，虽经过了秦、汉、魏、晋、南北朝、隋、唐、五代十国、宋、辽、金、元、明的王朝更替，但社会性质未曾改变。

就法律的发展而言，法律思想由刚开始时的百家争鸣到后来的儒学独尊，立法活动从未停止，法律形式不断变化，法律内容渐趋全面、丰富，刑事法律规范非常详尽，民事经济法律规范、行政法律规范较为完备，程序方面也有相应的制度保障。以唐、明两个王朝的法律为代表的中华法系，在当时的世界上大放异彩。唐律更是被人们誉为世界范围内封建法典的典范之作。

然而，随着封建制的弊端逐渐暴露、君主专制的集权制度日趋强化，封建法律的残酷性、落后性也更加明显。鸦片战争的爆发，终于为其敲响了丧钟。

第五章　法律思想与立法活动

第一节　法律思想

一、儒家的“三治”思想与法家的“法治”思想

春秋战国时期，为了指导各国的法制实践，儒、墨、道、法等各家纷纷阐述自己的法律思想与主张，形成了“百家争鸣”的局面，其中影响最大的是儒家倡导的“礼治”“德治”“人治”思想与法家主张的“法治”思想。

（一）儒家的“礼治”“德治”“人治”思想

“礼治”“德治”“人治”思想是先秦儒家在周公“明德慎罚”思想基础上所提出的一种治国理念，它强调通过道德教育和道德感化，预防犯罪，消灭犯罪，最终达到“无讼”境界。

儒家学派的创始人是孔子，其学说的渊源是西周的“礼治”和周公的“明德慎罚”主张。孔子死后，“儒分为八”①，其中以孟子和荀子为代表的两派最为重要。故而，孔子、孟子、荀子并称为先秦三位儒学大师，其政治法律主张虽有一定差异，但存在着一以贯之、一脉相承之处，即“以宗法血缘伦理为中心，以礼乐教化为根本”②，强调“为国以礼”的礼治、“为政以德”的德治和“为政在人”的人治。

第一，主张“为国以礼”的“礼治”，以恢复传统，拯救乱世。为此，孔子强调“正名”，反对僭越和犯上作乱；强调以礼指导法，反对严刑峻法；强调立法权由天子统一掌握。孟子则从性善论出发，主张“仁义礼智，非由外铄我也，我固有之也，弗思耳矣”③，强调“无礼义则上下乱”④，故“非礼之礼，非义之义，大人弗为”⑤。荀子的礼治观则建立在性恶论的基础之上，故而强调“明分使群”，即“礼者，贵贱有等，长幼有差，贫富轻重皆有称者也”⑥；“礼者，法之大分，类之纲纪也”⑦，因而具有“隆礼重法”的特点。

---

① 《韩非子·显学》。
② 范忠信、陈景良主编：《中国法制史》，北京大学出版社 2007 年版，第 78 页。
③ 《孟子·告子上》。
④ 《孟子·尽心下》。
⑤ 《孟子·离娄下》。
⑥ 《荀子·富国》。
⑦ 《荀子·劝学》。

第二，主张“为政以德”的“德治”，力求用道德感化来缓和社会矛盾。孔子说：“道之以政，齐之以刑，民免而无耻；道之以德，齐之以礼，有耻且格。”① 即统治者用行政命令和刑罚治理人民，虽可使人不敢犯罪，但他们并不懂得犯罪可耻；如果用道德感化去加强礼教，他们就会感到犯罪可耻而愿服从。为此，他要求统治者减轻压迫和剥削，强调先富后教、先教后刑，反对不教而杀；主张宽猛相济，“以德去刑”。孟子则将孔子的德政思想发展为完善的“仁政”理论。他说：“人皆有不忍人之心，先王有不忍人之心，斯有不忍人之政矣。以不忍人之心行不忍人之政，治天下可运之掌上。”②“仁政”的核心是“德教”，即“教以人伦：父子有亲，君臣有义，夫妇有别，长幼有序，朋友有信”③。荀子也主张“厚德音以先之，明礼义以道之”④，反对“不教而诛”。

第三，主张“为政在人”的“人治”，要求统治者发挥个人以身作则的表率作用。孔子说：“政者，正也。子帅以正，孰敢不正？”⑤“其身正，不令而行；其身不正，虽令不从。”⑥ 为此，他提出“举贤才”，强调以德才兼备之士治理天下。孟子说：“惟仁人宜在高位。不仁而在高位，是播其恶于众也”；“君仁莫不仁，君义莫不义，君正莫不正。一正君而国定矣”。⑦ 荀子也主张：“有乱君，无乱国，有治人，无治法……故法不能独立，类不能自行，得其人则存，失其人则亡”；“法者，治之端也，君子者，法之源也”。⑧

先秦儒家思想后来经过董仲舒等人的继承、发展和改造，终于成为封建正统法律思想的核心，对封建社会的立法、司法活动产生了深远影响。

（二）法家的“法治”思想

“法治”思想是先秦法家所提出的一种治国主张，它强调“缘法而治”“重刑轻罪”，最终达到预防犯罪，“以刑去刑”。

法家的形成经历了一个漫长的发展过程。它起源于春秋时期的管仲、子产、邓析等法家先驱人物，发展成熟于战国时期的李悝、商鞅、慎到、申不害等实践家，战国末期的韩非子则集其理论之大成。

法家的治国主张，概括而言即是“以法治国”，此说始见于《管子·明法解》，《商君书·壹言》提出“垂法而治”，《韩非子·心度》则说“明法而治”，都是将法律作为一种客观的行为标准，凭借刑罚和暴力强制推行。因此，法家的所谓“法治”，说穿了就是“刑治”⑨。具体而言，包括以下几个方面：

第一，公布法律。制定并公布法律是“以法治国”的前提条件，也是从根本上否定“刑不可知，威不可测”的法律秘密状态，打破奴隶主贵族对法律的垄断。韩非子明确主张：“法者，编著之图籍，设之于官府，而布之于百姓者也。”⑩“编著之图籍”就是制定

---

① 《论语·为政》。
② 《孟子·公孙丑上》。
③ 《孟子·滕文公上》。
④ 《荀子·王霸》。
⑤ 《论语·颜渊》。
⑥ 《论语·子路》。
⑦ 《孟子·离娄上》。
⑧ 《荀子·君道》。
⑨ 杨一凡主编：《新编中国法制史》，社会科学文献出版社 2005 年版，第 64 页。
⑩ 《韩非子·难三》。

成文法；“布之于百姓”就是公布成文法，使人人皆知。为了使百姓知法守法，他们还强调法律要“明白易知”。

第二，“一断于法”“刑无等级”。在“以法治国”的过程中，法家主张“不别亲疏，不殊贵贱，一断于法”①。所谓“一断于法”，就是要求“自卿相将军以至大夫庶人，有不从王令、犯国禁、乱上制者，罪死不赦”②。也就是说，不论是谁，只要违法犯罪，都要按照法律论刑定罪，也即韩非子所说的“刑过不避大臣，赏善不遗匹夫”③。

第三，“重刑轻罪”“以刑去刑”。为了树立法律的权威，实现抑制犯罪、消灭刑罚的目的，法家主张重刑轻罪。商鞅认为：“行刑，重其轻者，轻者不生，则重者无从至矣。”④ 也就是说，施加重刑于轻罪，轻罪就不会产生，而重罪也就无从出现，这是“爱民”的体现；相反，轻罪轻刑是“害民”的表现，故“禁奸止过，莫若重刑”⑤。韩非子也说：“重一奸之罪，而止境内之邪，此所以为治也。”⑥ 这一思想对后世各朝的立法有很大影响。

二、秦的法制指导思想

在法家思想的指导下，秦一步一步走向强大，到秦王嬴政时终于消灭六国，建立起中国历史上第一个专制主义中央集权的封建国家。此后，秦始皇又结合阴阳五行等学说，将“法治”思想发挥到了极致。秦的法制指导思想具体体现在以下几个方面：

（一）“缘法而治”“事皆决于法”

“缘法而治”是法家的基本主张，秦几代君主厉行不改，到秦始皇时，更将其发展成为“事皆决于法”。所谓“缘法而治”，就是要改变西周以来的“礼治”传统，用法律对社会生活的方方面面进行调整，将法律作为治理国家和社会生活的基本手段甚至是唯一手段，实现“治道运行，诸产得宜，皆有法式”⑦。为此，秦加强了成文法的制定，从出土的云梦睡虎地秦简可以看出，秦制定法的内容非常丰富，从政治到经济，从生产到生活，一切皆有法式。故《盐铁论·刑德》评价说：“秦法繁如秋荼，而网密如凝脂。”

（二）“法令由一统”“事皆决于上”

“法令由一统”“事皆决于上”包括两层含义：一方面，全国都要实行统一的法律；另一方面，最高立法权属于皇帝。为此，秦始皇在三十四年（公元前 213 年）命丞相李斯主持“明法度，定律令”，对原有的法律进行系统的整理、修订，并颁行全国，从而实现了全国法制的统一。为防止臣下随意修改法律令，秦自商鞅起就规定“法令皆副，置一副天子之殿中”，“封以禁印”，“有擅发禁室印，及入禁室视禁法令，及禁剟一字以上，罪皆死不赦”⑧。为防止法律令在传抄中致误，执法官吏每年须到保存法律令的禁室或御

---

① 《史记·太史公自序》。
② 《商君书·赏刑》。
③ 《韩非子·有度》。
④ 《商君书·说民》。
⑤ 《商君书·赏刑》。
⑥ 《韩非子·六反》。
⑦ 《史记·秦始皇本纪》。
⑧ 《商君书·定分》。

史处进行核对。

（三）“以法为教，以吏为师”

韩非子曾提出：“明主之治国，无书简之文，以法为教；无先王之语，以吏为师。”[①]这一文化专制理论也被秦始皇推行到政治法律当中。秦统一后，曾颁布《焚书令》，规定：“史官非秦记皆烧之。非博士官所职，天下敢有藏《诗》《书》、百家语者，悉诣守、尉杂烧之。有敢偶语《诗》《书》者弃市，以古非今者族。吏见之不举者与同罪。令下三十日不烧，黥为城旦。所不去者，医药卜筮种树之书。若欲有学法令，以吏为师。”[②]这说明，秦朝的统治已不再是法治，而成了残暴和野蛮的象征。

（四）严刑峻法，深督轻罪

秦始皇深信法家的重刑理论，又信奉“五德”终始说，认为自己是水德之君，水性寒，故其“刚毅戾深，事皆决于法，刻削毋仁恩和义，然后合五德之数。于是急法，久者不赦”[③]。《汉书·刑法志》也说秦始皇“专任刑罚，躬操文墨，……赭衣塞路，囹圄成市”。秦二世上台后，更是“法令诛罚，日益深刻”[④]，以致“刑者相半于道，而死人日成积于市”[⑤]。秦始皇父子将法家的重刑主张发挥到了极致。

秦的二世而亡，标志着法家重刑主义的彻底失败。它说明，如果不能根据社会的现实发展因时而变，不能采取多种有效手段进行综合治理，国家就不可能实现长治久安。秦朝灭亡以后，法家思想被汉以后的正统法律思想所吸收，在治国理政的过程中继续发挥重要作用。

三、汉唐时期的德主刑辅思想

西汉时期是我国封建法律思想发生转折的重要时期。西汉前期，出于拨乱反正的需要，统治阶级采取了黄老无为而治思想；进入中期以后，为了巩固中央集权的君主专制统治，汉武帝转而“独尊儒术”，实行德主刑辅，从而奠定了封建正统法律思想的基础。

（一）汉初的无为而治思想

无为而治思想是西汉初年将黄老学说运用于治国理政过程中所形成的一种法律思想。其基本特征就是“清静无为”“与民休息”，体现在立法上则是“轻徭薄赋”“约法省刑”。[⑥]

汉朝建立之初，经济凋敝，人口减少，“户口可得而数者，十裁二三”；米价昂贵，“凡米石五千，人相食，死者过半”；朝廷财政紧张，“自天子不能具醇驷，而将相或乘牛车”。[⑦]政治统治也不巩固，全国共50个郡，中央政府直辖的只有15郡，其余都分封给了楚汉战争中联合灭楚的诸侯王。在此形势下，统治阶级乃将恢复社会经济和稳定统治秩

① 《韩非子·五蠹》
② 《史记·秦始皇本纪》。
③ 《史记·秦始皇本纪》。
④ 《新书·过秦论》。
⑤ 《史记·李斯列传》。
⑥ 周少元、何宁生主编：《中国法制史》，人民法院出版社、中国社会科学出版社2003年版，第45页。
⑦ 《汉书·食货志》。

序作为自己的首要任务，于是在理论与思想上寻求拨乱反正的依据，采纳陆贾之说，运用黄老学说进行统治。

黄老学说是从先秦道家思想发展而来，“黄”是指黄帝，“老”是指老子。黄老学说强调人类不应向自然作过多的索取，要克制自己的私欲；表现在政治上，则要求统治者克制自己的欲望，不要横征暴敛，要与民休息，为老百姓创造一个宽松的社会环境，以获取“无为而无不为”的统治效果。

汉初无为而治的法律思想，主要表现在“轻徭薄赋”“约法省刑”的立法政策上。第一，尽量减轻赋税徭役。如汉高祖时，规定田租十五税一；文帝十三年又诏谕郡县“务省徭役以信民”；景帝将田租减为三十税一。第二，大力宽宥刑罚。如刘邦初入关时，就宣布废除秦朝苛法严刑，与民“约法三章”；惠帝四年，除《挟书律》[①]；高后元年除“三族罪、妖言令”[②]，“复弛商贾之律”[③]；文帝元年“尽除收孥相坐律令”，二年除“诽谤律”，五年除“盗铸钱令”，十三年废除肉刑。[④] 经过汉初一系列的约法省刑措施，到景帝时出现了“从民之欲，而不扰乱，是以衣食滋殖，刑罚用稀”[⑤] 的太平局面。

（二）西汉中期以后的德主刑辅思想

德主刑辅思想是西汉中期儒学正统地位确立以后儒家思想在法律思想上的体现，因此一般又被称为封建正统法律思想。[⑥]

经过汉初几十年的恢复发展，中央政权日益巩固，逐渐形成大一统的局面，朝廷政治不再满足于汉初那种“无为”的黄老思想，希望有一种能够扩张进取的积极的政治学说来作为施政的指导思想。董仲舒乃吸收黄老思想及各家学说，对儒家思想进行改造，形成了新的儒家理论。董仲舒的新儒家理论“特别是其‘德主刑辅’思想，通过汉武帝‘罢黜百家，独尊儒术’的政治文化政策的推行，通过‘春秋决狱’司法实践的运用，被融入封建法制的具体活动中，最终形成了封建正统法律思想”。[⑦]

1. 儒家思想的复兴

春秋战国时期的“儒法之争”，从理论上来说，两家可谓是平分秋色，谁也没有说服谁。但在实践中，由于秦国运用法家理论治国，并最终实现了国家的统一，其后秦始皇更是“焚书坑儒”，法家学说的影响因而达到顶峰。

进入汉初，尽管统治阶级在逐步摈弃秦朝的“法治主义”，但儒家思想并没有占据比较重要的社会地位。汉高祖甚至相当鄙夷儒生，《史记·郦生陆贾列传》说“沛公不好儒，诸客冠儒冠来者，沛公辄解其冠，溲溺其中”；以后的几位继任者也不重视儒家思想。直到汉武帝时，儒家思想才走到台前，成为封建统治的正统思想。

汉武帝之所以独尊儒术，原因主要有：第一，汉初统治者从对秦朝的覆灭教训中得出专任刑罚不足以治理国家的结论，他们认识到德治的重要性，这与儒家崇尚德治的思想相

---

① 《汉书·惠帝纪》。
② 《汉书·高后纪》。
③ 《史记·平准书》。
④ 《汉书·文帝纪》。
⑤ 《汉书·食货志》。
⑥ 周少元、何宁生主编：《中国法制史》，人民法院出版社、中国社会科学出版社 2003 年版，第 46 页。
⑦ 杨一凡主编：《新编中国法制史》，社会科学文献出版社 2005 年版，第 85 页。

吻合；第二，汉代统治基础逐渐稳固，其优越的社会地位需要得到社会的认可，这种需要与儒家的礼治精神相一致；第三，具有儒家思想的官员占据了高位，有意提升儒者的地位；第四，以董仲舒为代表的儒者对儒家思想进行自觉的改造，他们对法律进行创造性的研究，形成了自己的理论体系。[①]

2. 董仲舒的新儒家学说

董仲舒（公元前179年—公元前104年），广川（今河北省枣强县）人，景帝时为博士，兼通五经，为群儒首；武帝时以贤良对策得到赏识。他适应当时封建统治者的需要，继承儒家孔、孟的思想，并吸取先秦阴阳五行、墨家、法家及汉初黄老思想中一切有利于巩固大一统专制统治的因素，创立了新的儒家学说，成为封建正统法律思想的理论指导。董仲舒新儒家学说的主要内容有以下几个方面：

（1）主张以“三纲五常”作为立法、司法的基本原则。董仲舒从“天人合一”“天人感应”观点出发，论述了“君权神授”说，并将“三纲五常”作为封建法制的指导原则。“三纲”即君为臣纲，父为子纲，夫为妻纲。他认为，“三纲”是按“天意”制定的，任何人都得遵守。他说：“君臣、父子、夫妇之义，皆取诸阴阳之道：君为阳，臣为阴；父为阳，子为阴；夫为阳，妻为阴。”[②] 以天尊地卑、阳尊阴卑论证君臣、父子、夫妇的主从关系。同时，仁、义、礼、智、信这五种封建伦理道德规范也是“天意”。因此，“三纲五常”是永恒不变的真理；维护“三纲五常”则是封建法制的根本目的，定罪量刑要以“三纲五常”为准则。这样，董仲舒通过把夫权、父权特别是君权神化，进而把封建政权、族权、夫权和神权结合为一体，强化了“大一统”的政治局面，并影响了中国以后的2000多年。[③]

（2）主张德主刑辅，礼法并用。董仲舒吸取秦朝覆灭的教训，提出了德主刑辅、礼法并用的统治方法。他认为，德、刑对于维护封建统治都是必不可少的，但德是主体，刑是辅助。他用“天人感应”的天道观和“性三品”的人性论来加以论证。他说，自然界中万物的存在和变化是井然有序的，而万物的演变根源于阴阳的变化。上天以阳哺育万物生长，体现了好生之德；以阴肃清残败，体现了威严的一面。两者交互运行，不可或缺。根据这种天意的安排，君主在治理国家时，也要德刑交互运用。德为阳，体现君主的仁慈爱民之心；刑为阴，体现君主的权威。两者之间，阳为主，阴为辅，故须德主刑辅，礼法并用。他又认为，人是天有目的的创造物，人性得之于天。人性既有善也有恶，故应用“德”去启发其善性，用“刑”去威慑其恶性。而善恶二性的表现又因人而异，即分为“圣人之性”“中民之性”和“斗筲之性”三品。“圣人之性”是至善至美的，唯天子属之；“斗筲之性”是恶的，即使施予教化也很难为善；唯有“中民之性”可善可恶，是最有代表性的人性，因此应该德刑并用，而以德教为主。

（3）主张《春秋》决狱，用儒家思想指导司法实践。《春秋》决狱又称“引经决狱”“经义断狱”，它主张在法无明文规定，或原有法律不符合儒家的思想主张时，运用儒家经典特别是《春秋》中的事例或原则来审判案件。

---

① 杨一凡主编：《新编中国法制史》，社会科学文献出版社2005年版，第85页。

② 《春秋繁露·基义》。

③ 周少元、何宁生主编：《中国法制史》，人民法院出版社、中国社会科学出版社2003年版，第47页。

《春秋》决狱的基本精神是“本事原志”，即不仅要考虑犯罪行为人的客观行为，还要考察行为人的主观动机和目的。如果动机是善的，即便已违法犯罪，也可以“赦而不诛”或减轻刑罚；如果动机不善，即使尚未作为或犯罪未遂，也要予以处罚。故《春秋繁露·精华》说：“《春秋》之听狱也，必本其事而原其志。志邪者不待成，首恶者罪特重，本直者其论轻。”

《春秋》决狱的实行，维护了儒家“礼”的精神，在法律繁琐而不完备的汉代及以后相当长的时期内，起到了补充法律的积极作用，并使儒家思想的法律原则由司法而后立法逐渐得以确立。但它过分强调行为人的主观动机，“志善而违于法者免，志恶而合于法者诛”[①]，这就为司法官员罪刑擅断、徇私枉法大开方便之门。故章太炎对此颇有微词：“董仲舒为《春秋》决狱，引经附法……上者得以重秘其术，使民难窥，下者得以因缘为市。”[②]

总之，董仲舒新儒家学说中关于德主刑辅、礼法并用思想的提出，标志着封建正统法律思想的正式确立。此后，德、刑一步步走向融合。

（三）唐初法制指导思想

唐初君臣通过总结隋朝二世而亡的经验教训，认为其短命的主要原因乃在于“宪章遐弃”“益肆淫刑”[③]，即有法不依，随意破坏朝廷法制。为了避免重蹈覆辙，唐初确立了以下法制指导思想。

1. 重视立法，强调法律的简约、稳定

唐朝自立国之初，就已认识到法律于治国的重要作用，正如高祖所说：“禁暴止奸，弘风阐化，安民立政，莫此为先。”[④] 太宗、高宗时，更是把法律上升到“国之权衡，时之准绳”的高度。因而，从高祖到玄宗的130多年中，朝廷都特别重视立法，不仅推出了中华法系最具代表的《唐律疏议》，还制定了相应的令、格、式及具有行政法典性质的《唐六典》。

与此同时，统治者也十分强调法律的简约。高祖强调立法“务在宽简，取便于时”[⑤]。太宗主张“国家法令，惟须简约，不可一罪作数种条”，否则势必导致奸诈之心的出现，“若欲出罪则引轻条，若欲入罪则引重条”，故而立法“宜令审细，勿使互文”。他还“常问法官刑罚轻重，每称法网宽于往代，仍恐主狱之司利在杀人，危人自达。……深宜禁止，务在宽平”。[⑥]

唐初统治者还强调保持法律的稳定性。太宗曾说：“法令不可数变，数变则烦。”[⑦] 他还对身边的侍臣说：“诏令格式若不常定，则人心多惑，奸诈益生。《周易》称‘涣汗其大号’，言发号施令若汗出于体，一出而不复也。《书》曰‘慎出乃令，令出惟行，弗为

---

① 《盐铁论·刑德》。

② 章太炎：《检论·原法》，转引自武树臣主编《中国传统法律文化辞典》，北京大学出版社1999年版，第15页。

③ 《隋书·刑法志》。

④ 《旧唐书·刑法志》。

⑤ 《旧唐书·刑法志》。

⑥ 《贞观政要》（卷8）《刑法》。

⑦ 《资治通鉴》（卷194）。

反'。且汉祖日不暇给，萧何起于小吏，制法之后，犹称画一。今宜详思此义，不可轻出诏令，必须审定，以为永式。"① 主张立法应"永垂宪则，贻范后昆"②。为此，《唐律疏议·职制律》中规定了严格的修订法律程序："诸称律、令、格、式不便于事者，皆须申尚书省议定奏闻。若不申议，辄奏改行者，徒二年。"

2. 强调德刑并用、德本刑用

唐初统治者在肯定法于治国的重要性的同时，又强调德礼是治国的主要手段。魏征说："圣哲君临，移风易俗，不资严刑峻法，在仁义而已。……仁义，理之本也；刑罚，理之末也。……是以圣帝明王皆敦德化而薄威刑也。"③ 唐太宗也认识到："以仁义为治国，国祚延长；任法御人者，虽救弊于一时，败亡亦促。"④ 他通过总结汉代以来运用礼、刑两手进行统治的经验，以最高统治者的身份宣布：对于治理国家而言，德礼和刑罚两者各有其用，不可偏废，但德礼为本，刑罚为用。也就是说，德礼是治国的指导思想，刑罚则是推行这种治国思想的辅助工具。到高宗时制定的《唐律疏议》序中，长孙无忌更将它形象地概括为："德礼为政教之本，刑罚为政教之用，犹昏晓阳秋相须而成者也。"在这一思想指导下，许多原本属于礼的规范也被赋予法的外貌而纳入唐律之中，从而使礼与律完全融为一体，故清人纪昀在主持编纂《四库全书》时称它是"一准乎礼"。至此，中国封建法律的儒家化历程基本结束，而司法实践中盛行了700多年的"《春秋》决狱"也终于退出了历史舞台。

3. 强调立法、执法的公平

李世民君臣还强调立法的公平。太宗即位时就宣称"以天下为公，无私于物"，强调"法者，非朕一人之法，乃天下之法"；魏征更明确提出君王立法在于坚持"公"，摒弃"私"。他说："公之于法，无不可也，……私之于法，无可也"；"圣人之于法也，公矣"。⑤ 此处所言之"公"，当指统治阶级的整体利益和长远利益；"私"则指统治者特别是皇帝个人的利益。立法公平就是强调法律应该从统治阶级的整体利益和长远利益出发，而不能受统治者个人意志所左右。只有这样制定的法律，才能为天下人所接受、遵守。⑥

唐初法制的严明还表现在对违法者不分贵贱一律惩处方面，尽管作为封建法律，唐律本身是一部赤裸裸的特权法。如皇叔江夏王李道宗因"坐赃下狱"，受到"免官、削封邑"的处罚；秦王府功臣、岷州都督高甑生则因诬告李靖谋反而"坐减死徙边"⑦ 等。对此，魏征总结道："贞观之初，志存公道，人有所犯，一一于法。"⑧

总之，唐初的这一系列思想主张深深影响了它的立法、司法活动，使朝廷上下形成了一种清正、谨慎的风气，出现了历史上著名的"贞观之治"。

---

① 《贞观政要》(卷8)，唐太宗贞观十年《赦令》。
② 《旧唐书·刑法志》。
③ 《贞观政要》(卷5)《公平》。
④ 《贞观政要》(卷5)《仁义》。
⑤ 《贞观政要》(卷5)《公平》。
⑥ 张晋藩主编：《中国法制史》，中国政法大学出版社2007年第3版，第139页。
⑦ 《资治通鉴》(卷194)，唐太宗贞观九年。
⑧ 《贞观政要》(卷5)《公平》。

四、明初的明刑弼教思想

明刑弼教思想是明初统治者将刑罚和教化并列为同等重要的统治手段的一种法律思想。[①] 它实际上是对传统的“德主刑辅，礼法结合”法制指导思想的继承和发展。

“明刑弼教”一语，渊源于《尚书·大禹谟》：“帝曰：‘皋陶，惟兹臣庶，罔或干汝正。汝作士，明于五刑，以弼五教。”后人简称“明刑弼教”。南宋的朱熹最早系统地阐述了这一思想。他在《戊申延和奏札一》中称：“盖三纲五常，天理民彝之大节，而治道之本根也。故圣人之治，为之教以明之，为之刑以弼之，虽其所施或先或后或缓或急，而其丁宁深切之意未尝不在乎此也！”“然刑愈轻，而愈不足以厚民之俗，往往反以长其悖逆作乱之心，而使狱讼之愈繁。”他主张在不违背封建伦理纲常的大前提下，使德刑关系由“德主刑辅”向“明刑弼教”过渡。但是，其主张并未得到宋元统治者的重视。

明朝建国初期，社会形势极其复杂，处于朱元璋所谓的“乱世”时代。当时，外有元蒙残余势力，对明朝的存在构成很大的威胁；内部社会秩序极端混乱，一些豪强地主对新生政权采取不合作的态度，而元末腐败的吏治还在侵蚀着官僚队伍。因此，以朱元璋为首的统治集团认识到，单纯用纲常礼教来教化百姓还不够，还必须依靠刑罚手段保证教化的推行，通过刑罚镇压和道德教化两手来重建汉族王朝的统治，并以此指导封建的立法、司法活动。朱元璋曾说：“朕仿古为治，明礼以导民，定律以绳顽。”[②] 即对顺从其统治的良民用“礼”加以引导，对于不顺从其统治的奸顽之徒就要用法律进行严惩，明确指出礼法在维护国家政权中同等重要。

与德主刑辅、礼法结合思想相比较，明刑弼教法律思想的侧重点在于使用法律手段来强力推行教化，教化与刑罚不分主次，同等重要。在具体的实施过程中，明刑弼教思想突破了儒家所倡导的“不教而杀谓之虐”的思想框架，不一定“先教后刑”，也可以“先刑后教”或“刑教并施”。所以，朱元璋说“君子养民，五教五刑焉”[③]；惠帝朱允炆进一步说“明刑所以弼教”，也就是要“明于五刑，而弼于五教”[④]，用严刑来宣扬礼教，用严刑来惩治违反礼教的行为，最终达到统治者所希望的理想状态。

明刑弼教思想对明初立法、司法的影响具体体现在以下几个方面：

第一，重视法律的制定。早在明朝建立之前，朱元璋就命左丞相李善长等制定有吴元年律；明朝建立后，他又命人先后制定颁行了洪武七年律、洪武二十二年律和洪武三十年律，此即后世子孙遵循不改的《大明律》；他还亲自主持编定了御制《大诰》，告诫臣民。

第二，奉行“重典治世”。朱元璋认为，明初是“乱世”，当用“重典”加以治理。他曾对其继承者说：“吾治乱世，刑不得不重；汝治平世，刑自当轻，所谓刑罚世轻世重也。”[⑤] 明初重典治世原则的核心是“重典治吏”。为此，朱元璋下令《大明律》中取消了许多优待官员特权的规定，又废除宰相制度，还以种种借口滥杀臣民。

第三，重视礼教的作用和法制宣传工作。朱元璋虽然十分重视重典对治理国家的作

---

① 周少元、何宁生主编：《中国法制史》，人民法院出版社、中国社会科学出版社 2003 年版，第 49 页。

② 《明史·刑法志》。

③ 《御制大诰·民不知报》。

④ 《明史·刑法志》。

⑤ 《明史·刑法志》。

用，但也没有漠视礼教，相反认为礼教是重典治世的有机补充，只有将两者综合运用，才能实现国家的长治久安。故《大明律》首次将“八礼图”（即丧服图）与二刑图并列于卷首，使礼教的精神统治力量与法律的强制执行力完美地结合在一起。为了实现重典治世的理想，朱元璋十分重视法制宣传工作。吴元年律编成后，朱元璋下令向全国郡县颁发《律令直解》，让基层官员知法。洪武五年，鉴于“田野之民，不知禁令，往往误犯刑宪”的情况，朱元璋下令在全国各地设立名为“申明亭”的基层司法组织，由里甲老人定期宣讲纲常礼教和国家法律，并对轻微诉讼进行调解。洪武二十二年《御制大诰》四编制定后，朱元璋下令全国“户户有此一本”。朱元璋将立法和法律宣传工作并举的做法对稳定明初的社会经济秩序起到了积极作用。①

第二节　立法活动

一、战国

公元前 475 年至公元前 221 年，是中国历史上奴隶制瓦解、封建制全面确立的战国时期。这一时期，各诸侯国在对内发展生产、对外攻伐争雄的过程中，纷纷开展变法，立法活动频繁，为以后中央集权制政权的法制建设奠定了基础。

（一）各国的立法活动

综合传世文献和简牍资料可以看出，战国时期各诸侯国一方面继续沿用春秋中叶以来颁布的成文法，另一方面纷纷变法改革，在总结前人立法经验的基础上进一步制定出符合时代需要的新法典。其时，各诸侯国的法典形式各不相同，如楚国为《宪令》，韩国为《刑符》，赵国为《国律》，魏国有《太府之宪》（又称《魏宪》）、《法经》，燕国有《奉法》，齐国有《七法》，秦国有《秦律》等。其中，李悝在魏国制定的《法经》，最能代表当时法制建设的水平。

上述法典都早已失传，内容无从详考。1975 年湖北云梦睡虎地出土了大量竹简，主要记载秦国和秦始皇时期的律令，还保存有魏国《户律》《奔命律》片段。1972 年山东临沂银雀山出土了《守法守吏十三篇》，这是齐国的法律令。这些法律令虽不全面，但为我们了解当时的法制内容，提供了第一手资料。

（二）李悝的《法经》

1.《法经》的制定

魏国是战国时期变法改革最早的一个国家。早在魏文侯统治时期（公元前 445 年—公元前 397 年在位），就任用李悝为相、吴起为将、西门豹为邺令，进行改革变法。

李悝变法，在政治上实行“食有劳而禄有功，使有能而赏必行”②，任贤使能；在经

① 周少元、何宁生主编：《中国法制史》，人民法院出版社、中国社会科学出版社 2003 年版，第 49 - 51 页。

② 《说苑·政理》。

济上“尽地力之教”“善平籴”①，发展封建经济；在法制上，则“撰次诸国法，著《法经》”②，以推进和深化政治经济领域的改革。鉴于当时的形势，李悝认为，“王者之政，莫急于盗贼”③，并以此作为立法的指导思想。根据《荀子·修身》的解释：“窃货曰盗，害良曰贼。”盗即侵犯公私财产的行为；贼即危害封建统治及人身安全的行为。由此可见，《法经》的阶级实质即是保护新兴地主阶级的私有制，维护和巩固新生的封建政权，因而将打击锋芒指向广大劳动群众。

2.《法经》的内容

《法经》原文早佚。现据《晋书·刑法志》和《唐律疏议·名例》所记，《法经》共有六篇，依次为盗法、贼法、囚法（亦作网法）、捕法、杂法、具法。而据明人董说《七国考》引东汉桓谭《新论》，《法经》的内容大体可以归纳为以下三个部分：

第一，正律，包括前四篇，主要是关于惩治盗贼犯罪的法律规定以及对罪犯的追捕、关押；

第二，杂律，即杂法，主要是惩治盗贼以外的其他犯罪，具体作“六禁”，即：淫禁——惩治奸非行为，狡禁——打击政治狡诡行为，城禁——打击翻越城池或偷渡关津行为，嬉禁——禁止赌博欺诈行为，徒禁——禁止无故群相聚行为，金禁——打击官吏受贿行为；

第三，减律，即具法，内容为“具其加减”，即对上述各篇定罪量刑的通例和加重或减轻处罚的具体规定，相当于后世律典中的《名例律》，类似近代刑法的总则部分。

3.《法经》的历史地位

《法经》内容、篇目、体例结构虽然比较简单，但却是中国法制史上第一部比较系统、完整的成文法典，因而具有非常重要的地位。

第一，在律典结构上，它根据罪名类型、囚捕程序、量刑标准等各项不同内容分立篇目，已有总则与分则、实体法与程序法、刑法规范与其他规范等各个方面，首次创立了诸法合体、以刑为主的篇章体例结构，为后世各代成文法典的形成奠定了基础。

第二，在立法精神上，它首次确立了“王者之政，莫急于盗贼”的刑事立法原则，将打击重点直接对准侵犯地主阶级私有制和危害君主专制统治的犯罪，开创了后世各代立法的根本精神；同时它所规定的“议国法令者诛，籍其家及其妻氏”④，又开启了封建刑法中以思想言论治罪的先例。

第三，在法律内容上，它贯彻重刑主义的法制原则，不惜动用肉刑、死刑、族刑、连坐等严刑峻法，甚至规定“窥宫者膑”“拾遗者刖”⑤，使野蛮的刑法传统延承下来，影响到后世刑罚制度的发展方向。

总之，《法经》作为我国古代封建成文法典的源头，既总结了春秋以来各诸侯国的立法经验，又开创了中华法系独树一帜的立法先河。

---

① 《汉书·食货志》。
② 《晋书·刑法志》。
③ 《晋书·刑法志》。
④ 《七国考》（卷12）。
⑤ 《七国考》（卷12）。

二、秦

赫赫不可一世的秦帝国，其统治时间只持续了短短15年。但是，秦的法制建设应追溯到商鞅变法，此后秦的法制发展一脉相传。在法家“法治”学说的指导下，秦建立起了统一、完备的法律体系。

（一）商鞅变法与秦律的制定

商鞅（公元前395年—公元前338年），卫国国君的后裔，姓姬，名鞅，又称卫鞅或公孙鞅；后因在秦国主持变法有功，封于商之15邑，故又称商鞅。商鞅“少好刑名之学”[①]，尊崇法家学说，曾为魏相公叔痤的家臣，很受器重，因而熟悉李悝等人的变法主张和措施。

当时，秦国势力较弱，势力止于渭水两岸，四周为诸戎，东则有强魏、楚，“诸侯卑秦”。公元前361年，秦孝公即位，发愤图强，颁布《求贤令》：“宾客群臣有能出奇计强秦者，吾且尊官，与之分土。”[②] 商鞅乃携《法经》由魏入秦，通过孝公宠臣景监得以觐见，很快受到重视，主持秦国变法。商鞅变法分为公元前359年和公元前350年两次，内容主要有以下几个方面：

1. 改法为律，制定秦律[③]

商鞅对秦国法律制度的改革，是在李悝《法经》的基础上进行的。《唐律疏议·名例》载：“周衰刑重，战国异制，魏文侯师于里悝，集诸国刑典，造《法经》六篇……商鞅传授，改法为律。”商鞅改法为律，表面看来只是名称上的变化，实则意义重大。中国古代“法”与“律”不连用，而“刑”“法”“律”三者有时可以互训、转注，彼此之间有着内在的逻辑联系。从时间上看，三代称“刑”，春秋战国之际称“法”，商鞅变法后称“律”。根据《说文》《尔雅》等解释，“法”所强调的主要是内容方面的公平与公正，而“律”则侧重于法律规范在适用上的普遍性、统一性和稳定性。故清末著名法学家沈家本评价说：“实改律之事，乃变法之大者。”[④]

商鞅还结合秦国实际，在《法经》的基础上增加了连坐、垦草、分户、军爵等内容，制定了秦律。

2. 明法重刑，奖励告奸

所谓“明法”，一是要求法律公布，二是要求法律简明易懂；同时，由政府设置法律官，负责宣讲法律，统一司法。故《战国策》说秦国老幼妇孺皆知“商君之法”。所谓“重刑”，则是指重刑轻罪，以刑去刑。《商君书·赏刑》曰：“重刑连其罪，则民不敢试。民不敢试，故无刑也。夫先王之禁，刺杀、断人之足、黥人之面，非求伤民也，以禁奸止过也。故禁奸止过，莫若重刑。”商鞅认为，要达到禁奸止过的目的，就必须以重刑处罚轻罪，若罪刑相当，甚至重罪轻刑，则必然国削事生。

---

① 《史记·商君列传》。

② 《史记·秦本纪》。

③ 有学者认为改法为律的不是商鞅，而是在公元前260年左右。见祝总斌：《关于我国古代的“改法为律”问题》，载《北京大学学报》1992年第2期，第43页。

④ 沈家本：《历代刑法考》，中华书局1985年版，第847页。

为了贯彻重刑原则，商鞅除继续沿用奴隶制五刑外，还在立法上规定了族刑、凿颠、抽肋、镬烹等酷刑；在司法上则主张“刑用于将过”，即对未遂或仅有预谋的行为也给予严厉的惩罚。商鞅还反对赦宥，主张只要有罪就得受罚，哪怕是将军、卿相也不例外。

为了有效地禁奸止过，充分发挥刑罚预防犯罪的作用，商鞅颁布了“告奸法”，规定“不告奸者腰斩，告奸者与斩敌首同赏，匿奸者与降敌同罚”①；还实施连坐法，迫使他人及时告官。商鞅规定的连坐，具体包括什伍连坐、家属连坐、士卒连坐、职务连坐四种。

3. 重农抑商，奖励耕战

商鞅变法前，秦国是一个“僻在雍州”的经济文化相对落后的小国。商鞅认为，欲达富国强兵的目的，必须全力发展农业生产，以增强经济实力，乃先后颁布了《垦草令》《为田开阡陌令》《分户令》《军爵律》等新法。

商鞅发展农业生产的措施主要有：首先，废井田，开阡陌，确立封建土地所有制，确保国家税收来源。其次，重农抑商，规定“僇力本业，耕织致粟帛多者复其身；事末利及怠而贫者，举以为收孥”②。《垦草令》还规定了许多抑商的办法，如提高酒价、重征商税、禁止商人经营粮食、开设旅店等，迫使商人转业为农。最后，禁止兄弟成年后同室共财，规定“民有二男以上不分异者倍其赋”③。

同时，奖励军功，严禁私斗。商鞅重定二十等军功爵，规定：“有军功者，各以率受上爵”；“斩一首者爵一级，欲为官者为五十石之官；斩二首者爵二级，欲为官者为百石之官。官爵之迁与斩首之功相称也”。④ 对于私斗行为，则“各以轻重被刑大小”⑤。从此，秦民勇于公战，怯于私斗，乡邑大治。

4. 剥夺旧贵族特权

商鞅变法从一开始就面临着贵族顽固派的阻挠和反对，而整个变法实际上就是在削弱旧贵族的势力，树立新的权威。

首先，废除分封制，实行县制。商鞅力主“百县之治一形”⑥，即地方军政大权、长官任免统一由国王掌管，从而从根本上消除了由分封制引发的诸侯割据。具体改革措施是“集小乡邑聚为县，置令、丞，凡三十一县”⑦，县下设乡，乡下设里，里内居民按什伍编制，即“令民为什伍”，实行连坐制。这样一来，民众摆脱了贵族的控制，转归国家政权直接管理。

其次，建立全新的军功爵制。商鞅规定：“宗室非有军功论，不得为属籍”，“有功者显荣，无功者虽富无所芬华”⑧，从而废除了奴隶主贵族在任官方面的“世卿世禄”制，

---

① 《史记·商君列传》。
② 《史记·商君列传》。
③ 《史记·商君列传》。
④ 《韩非子·定法》。
⑤ 《史记·商君列传》。
⑥ 《商君书·垦令》。
⑦ 《史记·商君列传》。
⑧ 《史记·商君列传》。

为新兴地主阶级上升为新贵提供了机会。

最后，实行“刑无等级”，规定“自卿相将军以至大夫庶人，有不从王令、犯国禁、乱上制者，罪死不赦”①，从而剥夺了奴隶主贵族的法律特权。

总之，商鞅变法是战国以来各诸侯国变法运动中最彻底和最成功的一次。通过变法，秦国迅速强大，很快跃居七国之首，为其帝业奠定了基础。故东汉王充评价说：“商鞅相孝公，为秦开帝业。”② 秦国的法制建设也因此进入了一个新阶段，正是商鞅的变法理论、立法原则、执法措施以及颁布的大批单行法规和法令，使秦的法制体系初步确立。

（二）秦简

传世文献对秦法律史的记载不多，所幸的是，20 世纪后半叶以来，考古工作者挖掘出土了云梦睡虎地秦墓竹简、云梦龙岗秦墓竹简、里耶秦简等，为我们研究秦代法律史提供了极为珍贵的材料。

1. 云梦睡虎地秦简

云梦睡虎地秦简反映的是秦始皇三十年（公元前 217 年）以前秦的立法成就。1975 年 12 月在湖北省云梦城关睡虎地 11 号墓的发掘中，出土了大量记载秦代法律令的竹简。墓的主人喜生前历任与司法有关的职务，这批竹简主要是喜根据工作需要抄录的战国末期及秦始皇统一中国以后的法律令文书，共 1100 多支。这些法律文书共分为四大类：第一，秦律十八种，是比较完整的律文。它包括《田律》《厩苑律》《仓律》《金布律》《关市》《工律》《工人程》《均工》《徭律》《司空》《军爵律》《置吏律》《效》《传食律》《行书》《内史杂》《尉杂》《属邦》。第二，《秦律杂抄》，是对律文的摘录，包括《除吏律》《游士律》《除弟子律》《中劳律》《藏律》《公车司马猎律》《牛羊课》《傅律》《屯表律》《捕盗律》《戍律》十一种。第三，《法律答问》是官方对律文作出的解释。第四，《封诊式》是关于审判原则、诉讼程序和案例等法律文书。

云梦睡虎地秦简所反映的大部分法律令制定于秦统一六国之前，但秦统一后得到继续沿用。这说明，秦自商鞅变法至战国后期，直到秦始皇统一中国后，其法制发展从未中断过。

2. 云梦龙岗秦简

云梦龙岗 6 号墓发掘于 1989 年，共包括 283 枚法律简和 1 枚木牍，内容涉及禁苑、驰道、马牛羊、田赢等方面，木牍则是迄今为止所能见到的秦律判决文书的唯一实物。据研究，“龙岗简主要的法律条文行用于秦始皇二十七年（公元前 220 年）至秦二世三年（公元前 207 年）的十四年间”③。龙岗秦简在时间上正好与睡虎地秦简相衔接，这说明，在统一的秦帝国建立以后，还进行过许多新的立法。

3. 里耶秦简

湖南湘西里耶秦简的发现始于 2002 年，共有竹简 36000 余枚，时间在秦始皇二十五年（公元前 222 年）至秦二世二年（公元前 208 年）之间，内容多为官署档案，涉及当

---

① 《商君书·赏刑》。
② 《论衡·书解》。
③ 刘信芳、梁柱：《云梦龙岗秦简综述》，《江汉考古》1990 年第 3 期。

时社会政治、经济、文化的各个层面，许多资料从未见诸传世文献记载。专家认为，里耶秦简是极为重要的百科全书般的日志式实录，它是继兵马俑以后秦代考古的又一惊世发现，蕴涵着巨大的学术价值。其中包括的大量法律文书，对于了解秦王朝建立以后的立法状况、司法运作及法制变迁都有着不同寻常的价值。

总之，秦始皇统一中国后，为了改变战国时期“律令异法”的局面，对原来的法律进行了整理和修订，还根据社会政治、经济的不断发展，制定了一系列新的法令法规。这些立法活动，使得秦王朝的法律制度得到进一步完备。

三、两汉

公元前206年到公元220年，是我国历史上的两汉统治时期。其时，法制建设取得了很大成就，“历代之律，皆以汉《九章》为宗，至唐始集其成”[①]。两汉的立法活动是在继承李悝《法经》及秦律的基础上开展的，其法制的创建主要完成于高祖、武帝两朝，但具体的立法活动则与汉王朝的历史发展相始终。

（一）西汉

1. 刘邦与民“约法三章”

公元前206年，刘邦率军攻占咸阳，推翻了秦王朝的统治。为了顺应民心，刘邦“反秦之弊”，与关中父老“约法三章”：“杀人者死，伤人及盗抵罪，馀悉除去秦法。”[②]杀人者处死，伤害他人及盗窃财物者依罪行大小给予相应处罚。后人据此推断汉代立法活动始于此时。

2. “汉律六十篇”的形成

“约法三章”只是刘邦在大局未定之时的权宜之计。当汉朝统一大业完成之后，刘邦深感“三章之法，不足以御奸”，担心法网太疏而“漏吞舟之鱼”[③]，乃开始开展较大规模的立法活动，最具代表的就是《九章律》和《傍章》的制定。

（1）《九章律》，相国萧何在参考秦律的基础上制定而成，是汉律的主干，后世历代王朝皆奉为圭臬。它具体包括盗律、贼律、囚律、捕律、杂律、具律、户律、兴律、厩律九篇，即在《法经》六篇的基础上增加了户律、兴律、厩律三篇。这一增补进一步丰富了法典的内容，却也使得法典的体例不伦不类，即如《晋书·刑法志》所说：“旧律（指《九章律》）因秦《法经》……而《具律》不移，因在第六。罪条例既不在始，又不在终，非篇章之义。”这在立法技术上无疑是个倒退。

（2）《傍章》，又称《汉仪》，乃汉初名儒叔孙通参照先秦和秦代的礼仪制定而成，共18篇。因汉从周制，礼律合一，朝觐宗庙的仪式、吉凶丧祭的典礼多属于律，故《晋书·刑法志》说：“叔孙通益律所不及，傍章十八篇。”意即《傍章》是对《九章律》的补充。

此后，惠帝、高后、文帝、景帝时期，皆奉行无为而治，不再开展大规模立法，只是作了一些去重就轻、力求执法宽松的修改。武帝时，为巩固专制统治，再度进行大规模立

---

① 《明史·刑法志》。
② 《史记·高祖本纪》。
③ 《汉书·刑法志》。

法，不但制定了《越宫律》《朝律》，而且颁行了一系列单行法规。

（3）《越宫律》，乃张汤所作，27 篇，是关于宫廷警卫方面的规定。

（4）《朝律》，系赵禹在《汉仪》基础上制定，6 篇，是关于诸侯百官朝贺制度方面的规定。

以上 4 部律，共 60 篇，合称“汉律六十篇”。至此，汉律的框架基本形成。

3. 单行刑事法规的制定

为打击、控制诸侯，武帝沿用了文帝所制定的《酎金律》，同时又颁发了《左官律》《阿党附益法》等单行刑事法规。《酎金律》是关于诸侯在皇帝酎祭宗庙时缴纳贡金的法律，如果诸侯缴纳的贡金斤两、成色不合标准，要被重罚；《左官律》是限制诸侯私自任用官员，培植个人势力的法律；《阿党附益法》是打击诸侯及臣下结党的法律。据《汉书·高五王传》记载：“自吴楚诛后，稍夺诸侯权，左官、附益、阿党之法设，其后诸侯唯得衣食租税，贫者或乘牛车。”

为镇压农民反抗，督促官吏剿灭起义农民，汉武帝还制定了《沈命法》《见知故纵法》等单行法规。

（二）东汉

东汉基本上沿用西汉旧律，但也随社会变迁之需，多次删修律令，如光武帝先后 6 次颁布解放奴隶、3 次颁布禁止虐杀奴隶的诏令；和帝用陈忠建议，除蚕室刑（宫刑）、解赃吏三世禁锢、狂易杀人得减重论；献帝时，泰山太守应劭对汉律进行了一次较大规模的整理与修订。

四、三国两晋南北朝

从公元 220 年到 589 年，中国历史除西晋有过短暂统一外，长时间处于分裂割据状态。但是，这一时期却是中国封建法律制度形成的关键时期，几乎每一个朝代都在法制上有所建树，不但立法技术、法典体例有所进步，法律内容也不断更新，法律朝着“礼法结合”的方向不断推进。

三国两晋南北朝时期，主要立法活动有以下四次：

（一）曹魏《新律》的制定

曹魏明帝在位时期制定颁行的《新律》，在中国法制史上占有一定地位。

魏明帝太和三年（229 年），为适应日益严峻的现实需要，下诏改定刑律，陈群、刘劭等人参考汉律，删削旧科，制定《新律》18 篇；同时制定的还有《州郡令》《尚书官令》《军中令》等法令。它们分别涉及刑事、民事、行政、军事等方面，其中《新律》最为重要，是曹魏一代的基本法典，故一般又称为《魏律》。

《新律》是对秦汉以来一直沿用的旧律的大规模总结、整理，是三国时期立法方面的最高成就。

第一，对律典体例作了科学改进。它改汉律的《具律》为《刑名》，并且置于律首，突出了律典总则的性质、内容和地位，使律典结构更为科学合理。这是我国古代法典编纂史上的一大进步。

第二，对律典篇目和内容的设计较为合理。它对汉律各篇条文互相重复或互相矛盾的问题进行了调整和重新归类，使篇名与各篇内容更加吻合①；同时增加篇目②和内容，以弥补汉律“篇少则文荒，文荒则事寡，事寡则罪漏”③ 的缺陷。

第三，改革刑罚制度，“更依古义制为五刑”，正式规定于《刑名》篇中，“以为律首”。这是中国古代首次提出与墨、劓、刖、宫、大辟有别的新五刑概念，它包括七种刑名三十七等，即死刑三等、髡刑四等、完刑与作刑各三等、赎刑十一等、罚金六等、杂抵罪七等。不过，其中的髡、完、作三种刑名均为劳役刑，故七种刑名仍合五刑之义。

第四，首次正式将“八议”制度纳入法典，以维护封建贵族官僚的等级特权。“八议”源于西周的“八辟”，内容包括议亲、议故、议贤、议能、议功、议贵、议勤、议宾。凡是这八种人犯罪，“大罪必议，小罪必赦”，官府不得专断，一般都可以得到减免刑罚的优待。此后直至明清，一直加以沿用。

以上改革，直接影响了《晋律》的制定。

（二）西晋《泰始律》与律注

《泰始律》即《晋律》，由贾充、杜预、羊祜等重臣名儒参照汉律、魏律，于晋武帝泰始三年（267 年）制定而成，次年公布。《泰始律》共 20 篇，根据《唐六典》的记载，其篇目依次为：刑名、法例、盗律、贼律、诈伪、请赇、告劾、捕律、系讯、断狱、杂律、户律、擅兴、毁亡、卫宫、水火、厩律、关市、违制、诸侯。

《泰始律》虽近承魏律，远宗汉律，但与它们相比，其内容、形式均有发展：

第一，文辞简约，体例严谨、科学。《泰始律》共 20 篇，620 条，在体例上则改魏律《刑名》为《刑名》《法例》两篇，扩大了律典总则的内容与范围，为以后封建法典的进一步改进奠定了基础。

第二，“峻礼教之防，准五服以制罪”，将儒家思想进一步法典化。所谓“准五服以制罪”，即对于九族之内亲属间相互侵害的犯罪行为，要根据五服所表示的远近亲疏关系定罪量刑。服制愈近，对以尊犯卑者处罚愈轻，而对以卑犯尊者处罚愈重。这反映了儒家思想对封建法典的指导。

第三，进一步完善刑罚制度，形成了五刑之名。《泰始律》将曹魏五刑的七种刑名三十七等简化为五种刑名二十余等，即死刑三等、髡刑四等、赎刑与罚金各五等，另加杂抵若干等，使五刑制度真正名副其实。

第四，严格区分律、令界限，提高律的地位。修律大臣杜预于《律序》中说：“律以

---

① 详情见杨一凡主编：《新编中国法制史》，社会科学文献出版社 2005 年版，第 90 页。

② 关于《魏律》18 篇的具体篇目，学术界主要有两种观点。一些学者依据《唐六典》的记载，认为其 18 篇是在《九章律》基础上增加劫略、诈伪、毁亡、告劾、系讯、断狱、请赇、惊事和偿赃 9 篇，参见张晋藩主编：《中国法制史》统编教材，钱大群主编：《中国法制史》和曾宪义主编：《中国法制史》（人大本）；而以沈家本为代表的一部分学者则根据《晋书・刑法志》的记载，认为其篇目为：刑名、盗、贼、囚、捕、户、擅兴、劫略、诈伪、毁亡、请赇、惊事、偿赃、免坐、杂、告劾、系讯、断狱，详见沈家本：《历代刑法考・律令考》之“律目考”，杨鸿烈：《中国法律发达史》上册（一），程树德：《九朝律考・魏律考》，陈顾远：《中国法制史概要》，韩国磐：《中国古代法制史研究》，张晋藩总主编、乔伟主编：《中国法制通史》（魏晋南北朝卷）的相关论述。此外，也有学者认为 18 篇篇目中应去掉“囚”，增加“乏留”，参见怀效锋：《魏律中无“囚律”》，《争鸣》1983 年第 3 期；张建国：《魏律篇目及其次序考辨》，载《帝制时代的中国法》，法律出版社 1999 年版；徐进：《魏律篇目考》，《山东大学学报》1990 年第 2 期；李玉生：《魏晋律令分野的几个问题》，《法学研究》2003 年第 5 期。

③ 《晋书・刑法志》。

定罪名，令以存事制。”① 律乃定罪量刑的刑事法典，令则为规定国家和社会生活基本制度的积极性规范，违令有罪者依律处刑。故将临时性制度另外汇集为《晋令》40 篇，与《晋律》同时颁布。

总之，《泰始律》是三国两晋南北朝时期唯一颁行全国的法典，也是该时期影响最大、使用时间最长的一部法典。故陈寅恪先生评价说：“古代礼律关系密切，而司马氏以东汉末年之儒学大族创建晋室，统制中国，其所制定之刑律尤为儒家化，既为南朝历代所因袭，北魏改律，复采用之，辗转嬗蜕，经由齐隋，以至于唐，实为华夏刑律不祧之正统。”②

在《晋律》完成后，由于律文简约，易生歧义，律学家张斐、杜预乃为之作注，经武帝批准颁行天下，与律文具有同等效力，故后人将张、杜注文与律文视为一体，称为“张杜律”。尽管律文和注释都已失传，但《晋书·刑法志》中保存有《注律表》，这是张斐在注解晋律后向晋武帝说明其著作要点所上奏表。《注律表》阐述了《刑名》篇在律典中的重要地位，疏解了律典涉及的 20 个重要名词，强调适用法律要根据具体情况的变化而变化。③ 总之，张斐、杜预的法律解释，为后来唐代《永徽律疏》这一经典性的法律解释文本的产生，奠定了坚实的基础。

（三）《北魏律》的制定

北魏在实行汉化改革的过程中，参酌汉、魏、晋和南朝律令，先后九次修订法律，至宣武帝正始元年（504 年）修成《北魏律》20 篇，永为通制。但它在唐代以前即已散佚，其篇目可考者有：刑名、法例、宫卫、违制、户律、厩牧、擅兴、贼律、盗律、斗讼、系讯、诈伪、杂律、捕亡、断狱 15 篇。《北魏律》吸收了中原、河西和江左三大文化的优秀成果，立法技术达到相当高的水平，它“综合比较，取精用宏”，“诚可谓集当日之大成”④。近代法律史学家程树德也指出：“唐宋以来相沿之律，皆属北系，而寻流溯源，又当以元魏之律为北系诸律之嚆矢。”⑤

（四）《北齐律》的制定

北齐代东魏以后，文宣帝高洋命崔昂、封述等人以《北魏律》为基础修订齐律，至武成帝河清三年（564 年）律成。《北齐律》12 篇，949 条，它是对秦汉以后立法技术与经验的总结。其立法成就主要表现在以下几个方面：

第一，合晋律《刑名》《法例》两篇为《名例》篇，冠于律首，进一步突出了律典总则的性质和地位，使律典的体例结构更加规范。封建律典的总则至此确立。

第二，开创 12 篇的律典体例。12 篇篇目依次为：名例、禁卫、婚户、擅兴、违制、诈伪、斗讼、贼盗、捕断、毁损、厩牧、杂律。这一篇目结构是律典体例日益成熟完善的结果，代表了当时律典编纂技术的最高水平。此体例一直沿用到明初。

第三，将“重罪十条”纳入法典，成为后世“十恶”之渊源。“重罪十条”是《北

---

① 《太平御览》卷 638 载晋杜预《律序》语。

② 陈寅恪：《隋唐制度渊源略论稿》，生活·读书·新知三联书店 2001 年版，第 112 页。

③ 参见杨一凡主编：《新编中国法制史》，社会科学文献出版社 2005 年版，第 157 – 158 页。

④ 陈寅恪：《隋唐制度渊源略论稿》，生活·读书·新知三联书店 2001 年版，第 119 页。

⑤ 程树德：《九朝律考》（卷 5）《后魏律考序》。

齐律》对历代重大犯罪的归纳，即反逆、大逆、叛、降、恶逆、不道、不敬、不孝、不义、内乱。其内容可以分为三类：一是危害君主专制统治的严重犯罪行为，如反逆、大逆、叛、降、不敬；二是危害父权、夫权及家庭伦常关系的犯罪行为，如恶逆、不孝、内乱；三是破坏社会安定与等级秩序的行为，如不道、不义。至隋，《开皇律》将其发展为“十恶”制度，并为历代所沿用。

总之，《北齐律》总结吸收了汉魏以来的立法经验，“法令明审，科条简要”，成为隋唐法典之蓝本。程树德也说：“南北朝诸律，北优于南，而北朝尤以齐律为最。”①

（五）三国两晋南北朝时期的其他立法活动

除上述列举的几部主要法典外，这一时期其他朝代也大多有自己的立法活动，但它们多为因循，少有创造。

三国时期，蜀国诸葛亮主张“以法治蜀”，制定有蜀科及其他单行法规；孙吴也有“科条”“科令”等，均佚。1996 年于长沙发现大量吴简，为我们进一步研究孙吴的法制状况提供了依据。

南朝齐武帝曾修订《永明律》，20 卷，篇目及刑名与晋律无殊；梁武帝萧衍命蔡法度等参酌魏、晋、齐律制定《梁律》20 篇；陈武帝陈霸先命范泉等修订《陈律》《陈令》各 30 卷。

北朝东魏有《麟趾格》，格成为一种新的法律形式；西魏有《大统式》，这是我国历史上最早出现的以“式”为形式的法典汇编，此后“式”成为一种重要的法律形式；北周有《大律》25 篇，将五刑正式确定为杖、鞭、徒、流、死各五等，首创法定徒刑刑名和五等流刑制度，为隋唐五刑制度的正式确立奠定了基础。

总的来说，在南北朝时期，北方律典兼容并蓄，日臻成熟，为此后隋唐律典的辉煌奠定了坚实的基础。

五、隋唐

公元 581 年到 907 年，是我国历史上的隋唐时期。这一时期不仅是中国封建社会的鼎盛时期，也是中国古代法律成果最为辉煌的时期，《开皇律》《唐律疏议》这两部具有代表性的封建法典相继产生，反映了中国古代立法水平的高度发展和成熟，《唐律疏议》更是成为中华法系的标志。

（一）《开皇律》的制定

隋朝的立法成就主要集中于《开皇律》。

隋文帝杨坚建国伊始，即命大臣高颎、郑译、杨素等人制定了新的刑律。开皇三年（583 年），文帝在审阅刑部奏报时，见每年断狱犹至万数，认为律文太密，又令苏威、牛弘修订刑律，删除死罪 81 条，流罪 154 条，徒、杖罪 1000 多条，定名为《开皇律》。《开皇律》共 12 篇，500 条，主要有以下成就：

第一，完善 12 篇的律典体例。《开皇律》继承《北齐律》12 篇的体例，又对其篇名和顺序进行了调整和创新。首先，改定某些篇名，调整其内容，使篇名更加科学：改禁卫

① 程树德：《九朝律考》（卷 6）《北齐律考序》。

律为卫禁律，改违制律为职制律，改婚户律为户婚律，改厩牧律为厩库律，将毁损律的内容分编于各篇，将捕断律分为捕亡律和断狱律两篇。其次，重新调整各篇顺序，其12篇依次为名例、卫禁、职制、户婚、厩库、擅兴、贼盗、斗讼、诈伪、杂律、捕亡、断狱，总则在前，分则在后；重者在前，轻者在后；实体在前，程序在后。

第二，改革刑制，确立封建制五刑。《开皇律》在《北齐律》和北周《大律》所确定的五刑基础上进行改革，确立了死、流、徒、杖、笞封建五刑制度。其中死刑分绞、斩两等；流刑为1000里至2000里三等，废除附加的鞭笞刑，分别增加劳役刑2年、2.5年、3年；徒刑为1年至3年五等；废除鞭刑，增加笞刑。经过改革，刑罚大为减轻。

第三，改革"重罪十条"，确立"十恶"制度。《开皇律》改《北齐律》"重罪十条"中的"反逆""大逆"为"谋反""谋大逆"，将"叛""降"合并为"谋叛"，在"不孝"之后增加"不睦"，正式定名为"十恶"，即谋反、谋大逆、谋叛、恶逆、不道、大不敬、不孝、不睦、不义、内乱等十种最严重的犯罪行为。它直接危害封建皇权、违反封建礼教，被视为封建刑律的打击重点，故单独列出，置于《名例律》"五刑"条之后。

第四，扩大、完善贵族官员的特权制度。《开皇律》除继承了魏晋以来的"八议""官当"等贵族官僚特权制度外，又有所完善和创新。首先，完善官当制度。它比照以官当徒，规定了以官当流制度："犯私罪以官当徒者，五品以上，一官当徒二年；九品以上，一官当徒一年；当流者，三流同比徒三年。若犯公罪，徒各加一年，当流者各加一等。"其次，完善赎刑制度。它规定："其品第九以上犯者，听赎。""笞十者铜一斤，加至杖百则十斤。徒一年，赎铜二十斤，每等则加铜十斤，三年则六十斤矣。流一千里，赎铜八十斤，每等则加铜十斤，二千里则百斤矣。二死皆赎铜百二十斤。"再次，创设"例减"制度。它规定："其在八议之科，及官品第七以上犯罪，皆例减一等。"①

总之，《开皇律》是一部在中国法制史上具有代表性的封建成文法典，它在篇章体例、基本内容等各个方面总结和发展了以往各个朝代的立法经验，使封建法典趋于定型，为唐律提供了直接蓝本。

（二）《唐律疏议》的制定

制定唐律是唐前期立法活动的重点。唐律的制定经历了一个不断发展完善的过程，具体包括高祖草创、太宗奠基、高宗制疏三个阶段。

1.《武德律》

李渊起兵之后，宣布废除隋朝的一切苛法，仿汉高祖"约法三章"而与关中百姓"约法十二条"："惟制杀人、劫盗、背军、叛逆者死，馀并蠲除之。"②

武德元年（618年），高祖李渊称帝第九天，命裴寂、刘文静等人制定"五十三条新格"，规定："唯吏受赇、犯盗、诈冒府库物"为常赦所不原，他罪皆可赦免。这些规定不仅为建立和巩固唐初的社会秩序起了积极作用，同时也为《武德律》的制定开辟了道路。

武德四年，高祖命裴寂等十多人修订刑律，它以《开皇律》为基础，加入"五十三条新格"，定名为《武德律》，12篇，500条，于武德七年颁行天下。

---

① 《隋书·刑法志》。
② 《旧唐书·刑法志》。

2.《贞观律》

唐太宗即位后，于贞观元年（627年）即命长孙无忌、房玄龄等对《武德律》进行全面修订，贞观十一年（637年）修律完成并且颁布，史称《贞观律》。《贞观律》仍为12篇，500条，但在内容上作了很大修改：

第一，废除“兄弟分居，连坐俱死”之法。据《旧唐书·刑法志》记载，旧律规定兄弟虽然分居，且“荫不相及”者，但事涉谋反，“连坐俱死”。太宗认为过重，经群臣集议，最后规定：“反逆者，祖孙与兄弟缘坐，皆配役；恶言犯法者，兄弟配流而已”①，即以配官为奴或者流配的形式取代了以往族刑连坐“兄弟俱死”之法，从而缩小了株连范围，减少了判处死刑的人数。

第二，创设加役流，取代断右趾作为减死之罚。《贞观律》先是以“断右趾”取代旧律中五十余条应绞死罪，后又改为加役流，作为宽恕死刑的刑罚。根据《唐律疏议·名例律》的解释，加役流乃为“流三千里，役三年”。

第三，进一步完善了五刑、十恶、八议、请、减、赎和官当等一些主要制度。这些制度在魏晋南北朝的律典中已分散出现，隋律作了总结，《贞观律》加以完善并使其成为唐律的主要制度。

第四，确立了化外人有犯、类推、死刑复奏等原则。

总之，与隋律相比，《贞观律》不仅大量减少死、流刑，而且还化繁为简，故《旧唐书·刑法志》称它：“比隋代旧律，减大辟者九十二条，减流入徒者七十一条。其当徒之法，唯夺一官，除名之人，仍同士伍。凡削繁去蠹、变重为轻者，不可胜纪。”至此，《贞观律》构筑了唐律的基本框架，即如清末法学家沈家本所说：“唐律以贞观所修为定本。”②

3.《永徽律》及其《律疏》

永徽元年（650年），高宗李治诏令长孙无忌等人再次修律，翌年完成，是为《永徽律》，12篇，502条。《永徽律》可以说是《贞观律》的翻版。但是，高宗朝在立法上最大的贡献并不在此，而是在于后来制定的《永徽律疏》。

永徽三年（652年），高宗诏令“疏解”律义，理由是“律学未有定疏，每年所举明法，遂无凭准”③，以及律文在实施中不相一致。为此，朝廷投入了大量人力，参加“疏解”的达19人之多，是历届修律活动中人数最多、规模最大的一次。永徽四年（653年）完成，共30卷，经高宗批准颁行天下，与律文具有同等法律效力，时称《永徽律疏》。律疏运用儒家思想对法律条文及其原有注解逐句进行解释，并对司法过程中有可能出现的疑难情况以问答的形式作出规定。④ 其后，经过开元年间的刊定，唐律及其疏议变得更加完善；又经唐末、五代、两宋至元朝，最终定名为《唐律疏议》。所以，我们今天所见到的《唐律疏议》是由律文和疏议两部分组成。

《唐律疏议》是唐朝立法的杰出成果，也是迄今为止我国历史上保留下来的最早、最

---

① 《新唐书·刑法志》。

② 沈家本：《历代刑法考·律令考》。

③ 《旧唐书·刑法志》。

④ 详情参见杨一凡主编：《新编中国法制史》，社会科学文献出版社2005年版，第158－160页。

完整、最具社会影响的封建法典。此后，宋、金、明、清等各代相沿，除明律在形式上做了较大调整并为清代所继承以外，律典的主要风格和精神并无根本性改变。同时，《唐律疏议》作为中华法系的杰出代表，在世界法制史上独树一帜，对日本、朝鲜、琉球和安南等东亚国家都有普遍影响。如日本的《大宝律令》《养老令》与《唐律疏议》基本相同；朝鲜的《高丽律》也是模仿唐律而成；越南的《刑书》和《国朝刑律》大体也是"遵用唐宋之制"。

（三）《唐六典》的编纂

《唐六典》是唐玄宗开元年间编纂的一部有关唐朝中央与地方官制的法规大全，也是我国最古老的一部行政法典。开元十年（722 年），玄宗命起居舍人徐坚等人仿《周礼》制六典，并定六典为：理典、教典、礼典、政典、刑典、事典。由于唐代官制与周已大不相同，故徐坚虽"用功艰难"，历时数载也于事无成。其后，李林甫、张九龄、陆善经等大批通晓政制官规的官员及学者也参与编修，并且确立"以官统典"体例，至开元二十六年（738 年）乃告完成。

《唐六典》30 卷[①]，包括正文和注文两部分。它名义上仿《周礼》之六官，实际上以唐代官制为纲目，详细叙述各官职司、品秩、官员编制、职责范围以及行政管理的基本原则、方式和规程，同时还叙述了各行政机关之间的关系；纲目之下，分别汇集盛唐时期的官规、政令，"以令、式入六司，其沿革并入注中"[②]，将行政法规与行政部门结合起来，从而开启了中国古代行政立法法典化的先河，从此编制行政法典和制定刑法典一样，成为中国古代立法的一种传统。[③]

正因为《唐六典》是对现行令、式的汇编，所以虽没正式颁行，却与律令并行不悖。

（四）《大中刑律统类》的编纂

宣宗大中七年（853 年），左卫率府仓曹参军张戣将《唐律疏议》按性质分为 121 门，把条件相类的令、格、式、敕附于律文后，编为《大中刑律统类》12 卷，由刑部颁行。它改变了自秦汉以来律、令等多种法律形式各自独立的编纂传统，代之以律文为线索，附以其他法律形式，包括相应的解释性及补充性、修正性的各种相关规定，使各种形式的法律汇为一体，更具实用性，后人简称其为"刑统"。五代至宋，"刑统"取代"律"，成为主要的法典形式。

六、宋、辽、金

公元 960 年至 1279 年，是我国历史上的宋、辽、金对峙时期。随着社会经济的高度发展和专制统治的强化，宋代加强了各种形式的立法；辽、金作为少数民族政权统治，特别是金，既注重吸取汉民族法律文化立法更制，又具有强烈的民族色彩。

---

① 篇目详情参见李交发、唐自斌主编：《中国法制史》，湖南大学出版社、湖南人民出版社 2001 年版，第 155 页。

② 《直斋书录解题》引韦述《集贤记》。

③ 关于《唐六典》的性质，传统观点认为它是盛唐时期的行政法规大全；但也有学者认为它是"官修典籍"或"官修政书"。对于《唐六典》性质问题的不同观点的简要概括，可参见徐忠明：《关于唐代法律体系研究的述评及其他》，载《法制与社会发展》1998 年第 5 期。

（一）《宋刑统》的制定

北宋建国之初，曾大量沿用唐代的律、令、格、式和五代的法律。建隆四年（963年）二月，太祖采纳工部尚书判大理寺卿窦仪建议，决定更定“刑统”，并令窦仪主持，同年七月律成，定名为《宋建隆重详定刑统》，简称《宋刑统》。太祖诏令大理寺刻板摹印，颁行天下，这是中国历史上第一部由朝廷刊版印行、发行全国的封建法典。

《宋刑统》共12篇，30卷，213门，502条。与前代律典相比，其变化主要体现在以下两个方面：

第一，在体例上，仿唐宣宗颁布的《大中刑律统类》和后周《显德刑统》，将律文12篇按大体调整同类社会关系的法律条文加以汇编，分为213门，每篇之下少则如捕亡律有5门，多则如斗讼、杂律有26门。其中“一部律内馀条准此”门较为特殊，它就某些概念进行界定，适用于其他律条中出现的同一概念。该门共有44条，置于《名例》之内，极便于操作，显示了宋代较高的立法水平。它还在律疏之后增加自唐开元二年（714年）到宋建隆三年（962年）间带有刑事规范性质的敕、令、格、式共177条，每条前都有一“准”字，赋予其法律效力；增入窦仪等人关于定罪量刑的建议，注明有“臣等参详”的起请条32条；增入“议”20条和以“释曰”为名的解释若干条。

第二，在内容上，虽然其主体部分是《唐律疏议》的翻版，但由于它还编入了相关的敕、令、格、式及起请条，所以也有不少增损和改变。在刑事方面，于《名例》中新定“折杖法”，增加“一顿重杖处死”的酷刑，对官吏赃罪处理从宽，而对贼盗罪加重；在民事方面，为适应社会经济发展的需要，对许多此前法律的空白领域作出明文规定，如《户婚》中“卑幼私用财”门、“户绝资产”门、“死商钱物”门等中对财产继承作了详细规定，“典卖指当论竞物业”门规定了有关典卖等民事行为；在诉讼制度上，在告诉、审判、收禁和死刑执行等方面也有不同于《唐律疏议》的一系列改变。

《宋刑统》颁行后，在太祖乾德四年（966年）、神宗熙宁四年（1071年）、哲宗绍圣元年（1094年）、高宗绍兴元年（1131年）作了四次修改，但变动不大。终宋之世，《宋刑统》均具有法律效力，并且是刑事法律的主体部分。故沈家本说：“《刑统》为宋一代之法制，其后虽用编敕之时多，而终以《刑统》为本。”①

《宋刑统》在律文之后，增加敕、令、格、式、起请条等，开创了中国古代刑律编纂的新体例，对后世的《大明律例》《大清律例》律例合编体例的产生具有一定影响。

（二）宋代的编敕和编例

1. 编敕

编敕是宋代最主要、最经常的立法活动和法律形式。“敕”是皇帝在特定的时间，针对特定的人和事所发布的命令，不具有普遍而长期的适用性。编敕，即将单个的敕进行编纂，使之具有普遍的法律效力。经整理编纂的敕亦称编敕。唐代将对制、敕的整理汇编称格或格后敕，五代开始称为编敕，宋朝加以沿用，并使之成为一项必要且经常的立法活动。正如《宋史·刑法志》所说：“宋法制因唐律、令、格、式，而随时损益则有编敕。”

宋代编敕始于建隆四年（963年），在编定《宋刑统》时，窦仪将刑事方面的敕、

① 沈家本：《历代刑法考·律令考》。

令、格、式编入《刑统》，将非刑事的敕令单独汇纂4卷，起名《新编敕》，从此开编敕之先河。

两宋编敕具有以下几个特点：第一，编敕活动频繁，数量繁多。据《宋史·艺文志》不完全记载，两宋编敕共有八十余部，或为通行全国具有普通法性质的“海行编敕”或“海行法”，或为适用地方的“一州一县编敕”，或为适用于朝廷各部、司、监的具有特别法性质的“一司一务编敕”。第二，国家设有专门的编敕机构——“详定编敕所”。详定编敕所设立于真宗大中祥符九年（1016年），后经神宗、哲宗的不断调整，至徽宗时，设“详定重修敕令所”和“详定一司敕令所”，此后成为宋朝常设的和主要的专门立法机构。第三，从仁宗《天圣编敕》开始，编敕不再局限于非刑事的，大量与刑名有关的敕条也被收入编敕，形成了刑律之外又有刑事规定的现象，从而产生了律、敕法律地位之争。仁宗朝以后，虽然编敕的法律地位不断提高，但总的精神是“凡律所不载者，一断以敕”①，即律的原则及精神是敕的立法依据，敕的发布不得与律相抵触。但是，司法实践中出现了以敕代律的现象。第四，大量民事、经济方面的立法也以编敕的方式颁行天下。如仁宗年间的《天圣户绝条贯》《遗嘱财产条法》，南宋的《推赏条格》等。

2. *编例*

编例也是宋代重要的立法活动和法律形式。例，即断例，是由中央司法机关或皇帝审断的案例，因被相继沿用，成为惯例。编例即对司法断例进行整理汇编，使其上升为具有普遍效力的法律形式。这一立法活动始于北宋中期，盛于南宋，较为典型的有《熙宁法寺断例》《元符刑名断例》《绍兴刑名疑难断例》《开禧刑名断例》等。在适用上，宋明确规定“法所不载，然后用例”，即例仅仅作为法律的补充；有司若“引例破法及择用优例者，徒三年”②。然而，由于例形象、具体，使用方便、灵活，因而司法实践中经常出现“法令虽具，然吏一切以例行事，法当然而无例，则事皆泥而不行”③的现象，为官吏因缘为奸大开方便之门。为此，南宋孝宗乾道元年（1165年）对所有断例进行删定，去掉与法律抵触的内容，选取其中547件，按《宋刑统》12篇的体例编排成《乾道新编特旨断例》。

此外，朝廷的“申明”“指挥”也具有法律效力。申明是朝廷对某项法令作出的专门解释；指挥是中央官署对下级官署发布的指示或决定。

（三）“条法事类”的编纂

南宋中后期立法活动的新特点是“条法事类”的出现。所谓条法事类，是指以公事性质为标准，把统编的敕、令、格、式分门编纂的法规大全。它改变了原来所编的敕、令、格、式中，同一类法律关系的法规分散在不同的篇章中，给司法官员的实践带来诸多不便的情况。最早的条法事类是孝宗时期编修的《淳熙条法事类》，后来又有《庆元条法事类》《淳祐条法事类》及《吏部条法事类》等，其中只有《庆元条法事类》的残本保留至今。

---

① 《宋史·刑法志》。

② 《宋会要辑稿·刑法一》。

③ 《宋史·刑法志》。

（四）辽、金的法制概况

公元921年，辽太祖耶律阿保机令臣下“定律令”，揭开了辽国法制建设的序幕。辽代法制变革和大规模的法典纂修是在辽圣宗和兴宗两朝，特别是兴宗重熙五年（1036年），参照唐代法制，制定颁布了《重熙条制》547条，这是辽基本的成文法典。其后，辽还有过其他立法活动，但这些法典均已失传，我们现在只能从《辽史》中推知其大概。

女真贵族入主中原后，加速了自身封建化的步伐，并从太宗开始立法改制。世宗、章宗统治时期，是金立法最重要的阶段。章宗明昌元年（1190年）设置详定所，作为编修法律的专门机构；泰和元年（1201年），以《唐律疏议》为蓝本，制定《泰和律义》12篇，这是金最完备的法典。此外，金还制定了令、敕、格、式，从而建立起了比较系统完善的法律制度，即使与唐宋相比，也有自己的特色和创新。但是，这些法典都已失传。

七、元

公元1206年，铁木真建立蒙古国。此后，铁木真及其子孙不断南征北战，先后灭掉西夏、金。1271年，忽必烈改国号为元，并于1279年消灭南宋残余势力，统一全国。元朝是少数民族入主中原后建立的第一个统一的封建王朝，它以多样化的立法形式，维护各民族不平等的法律地位，其立法活动经历了从蒙古部落时期到蒙古国时期，再到元朝建立以后这样一个复杂的过程。

（一）蒙古部落时期的立法

1. “约孙”

蒙古人自古以来就有许多世代相传的“约孙”（汉译为“习惯”），其内容涉及蒙古先民的自然禁忌、蒙古社会的传统观念、北方游牧民族的宗教信仰及蒙古人狩猎和战争的规则等，是蒙古社会评判是非的标准和调整社会关系的基本准则。随着蒙古各部统一的进程和大蒙古国的建立，国家对“约孙”进行重新整理、改造、取舍并公布于众，赋予其法律效力，使之成为适应蒙古社会需要的习惯法。

2. “大札撒”

在建立大蒙古国的过程中，成吉思汗为适应形势的需要，制定颁布简单的成文法——“大札撒”，即《成吉思汗法典》。[①] 这是大蒙古国首次颁行成文法。据《世界征服者史》记载，每逢新汗登基、大军调动或诸王会集共商国事和朝政时，他们都会拿出《大札撒》，仿照上面的话行事。[②] 但是，“大札撒”的内容在很大程度上与“约孙”有着直接的渊源关系，蒙古传统习惯法仍占很大比重。

（二）蒙古国时期的立法

蒙古国建立以后，为了适应新的形势需要，成吉思汗采纳了金国降将郭宝玉“建国之初，宜颁新令”的建议，制定颁行了《条画五章》。其内容主要有：出军不得妄杀；刑狱唯重罪处死，其余杂犯量情笞决；僧道无益于国有损于民者禁之等。这是蒙古国建立后

① 奇格：《古代蒙古法制史》，辽宁民族出版社1999年版，第30页。

② ［伊朗］志费尼：《世界征服者史》，何高济译，内蒙古人民出版社1981年版，第28页。

的第一次立法，被后世称为元朝“一代法制之始”①。

蒙古占领中原地区后，一方面继续沿用金《泰和律义》，另一方面在耶律楚材等人的主持下，仿效汉族的法律制度，颁布了一些法令。但在立法形式上，主要仍是以单行法规为主。

（三）元朝建立以后的立法

元朝入主中原后，鉴于原来的蒙古民族习惯法已满足不了需要，乃“附会汉法”“参照唐宋之制”，开始了编纂本朝法典的立法活动。

1.《至元新格》的制定

《至元新格》是元朝统一中国后制定颁布的第一部较为系统的成文法典。元世祖至元二十七年（1290年），朝廷令中书参知政事何荣祖“以公规、治民、御盗、理财等十事辑为一书，名曰《至元新格》”②，次年颁行。《至元新格》今已不存，仅有近百条收录于《通制条格》与《元典章》中。从形式上看，它“大致取一时所行事例，编为条格而已，不比附旧律”③，是当时通行的成例、条格的汇编，内容兼有行政法和刑事法律。

2.《大元通制》和《元典章》

由于《至元新格》过于简单，无法满足司法实践的需要，自颁行以后就不断有人建议再修一部较为完整的法典，故从成宗大德四年（1300年）开始，朝廷就在着手这一工作，后经仁宗年间的反复修订，最终在英宗朝完成《大元通制》的编订，并于至治三年（1323年）颁行。这是元朝最重要的一部法典，一直沿用到它的灭亡。

根据《元史·刑法志》的记载，《大元通制》由以下四部分组成：诏制，94条；条格，1151条；断例，717条；别类，577条。《大元通制》早已散佚，唯条格部分保留至今，其20个篇目为：名例、卫禁、职制、祭令、学规、军律、户婚、食货、大恶、奸非、盗贼、诈伪、诉讼、斗殴、杀伤、禁令、杂犯、捕亡、恤刑、平反。

英宗朝另一部重要的法典是《大元圣政国朝典章》，简称《元典章》。这是一部由江西地方政府主持编纂的法典，经中书省核准后，行文下发各地，“照验施行”。《元典章》由《前集》和《新集》两部分组成。《前集》60卷，分为诏令、圣政、朝纲、台纲、吏部、户部、礼部、兵部、刑部、工部10门，收录了世祖中统元年（1260年）至仁宗延祐七年（1320年）颁布的条画、诏令、条格等373目，目下有若干断例、条格；《新集》不分卷，分为国典、朝纲、吏部、户部、礼部、兵部、刑部、工部8门，收录了英宗至治元年至二年（1321—1322年）的诏令、条格和断例。《元典章》这种按六部划分法规的体例，成了《大明律》的模本；同时，它保存了很多原始资料，并有元刻本流传下来，是今天研究元朝法制最重要的史料。

3.《至正条格》的编纂

《大元通制》颁行后，朝廷仍不断下发诏令，加上司法断例繁多，给官吏留下了任意取舍与解释的可乘之机，导致法制的混乱。顺帝至元四年（1338年），下令对旧条格进行整理、删修，到至正六年（1346年），在《大元通制》的基础上编成《至正条格》，颁行

---

① 《新元史·刑法志》。

② 《元史·世祖纪十三》。

③ 《新元史·刑法志》。

天下。它包括制诏150条，条格1700条，断例1059条，顺帝命将其中制诏部分分抄三本，藏在宫内宣文阁、中书省、国史院，“《条格》《断例》，申命锓梓示万方”①。

总之，元代立法的特点是法律形式极不规范。它从一开始就极力排斥汉族原有的法律体系，始终没有按唐宋的传统编定类似的律典，而代之以符合蒙古习惯的令、格、制、敕、例等多种法律形式，其中又以反映社会习惯为主要内容的条格、断例占有绝对优势。但在法律内容上，它又采用“暗用而明不用，名废而实不废”② 的方法，将大量的唐宋律文以“断例”的形式为其所用。因此可以说，元代对中国传统的法律文化，既有继承，又有创新。③

八、明

公元1368年，红巾军领袖朱元璋在南京称帝，建立明朝，同年北上灭元，完成统一大业。出于“治乱国用重典”的考虑，明朝初年立法活动频繁，《大明律》《大明令》《明大诰》《教民榜文》等先后问世，其中洪武三十年（1397年）颁布的《大明律》是中华法系又一具有代表性的法典。

（一）《大明律》的制定

《大明律》是明代最重要的法典，由明太祖朱元璋亲自主持制定。这部法典“草创于吴元年（1367年），更定于洪武六年（1373年），整齐于二十二年，至三十年始颁行天下”④，前后历时30年。其后，明太祖下令子孙后代严加遵守，“群臣有稍议更改，即坐以变乱祖制之罪”⑤。因此，《大明律》自颁行后直到明朝灭亡，始终没有进行过修改。

《大明律》共有7篇，30卷，460条。篇目依次为：名例1卷，吏律2卷，户律7卷，礼律2卷，兵律5卷，刑律11卷，工律2卷。

《大明律》制定伊始，即确立了以《唐律疏议》为蓝本的指导思想，故其在基本精神上承袭《唐律》，但在体例和内容上又有其独创性：

第一，仿《元典章》的体例，以中央六部官制为篇名，篇首冠以《名例律》，形成7篇的新体例，从而打破了自《北齐律》以来律典依12篇分编的传统；又仿《宋刑统》，篇下分子目，使律典层次更加合理。《大明律》体例上的这种变化，标志着我国古代法典编纂技术的进步。故沈家本评价说：“千数百年之律书，至是面目为之一大变。”⑥

第二，法条简明扼要。早在吴元年（1367年）制定律令时，朱元璋就指出：“法贵简当，使人易晓，若条绪繁多，或一事两端，可轻可重，吏得因缘为奸，非法意也。”⑦ 这一思想也贯穿到《大明律》的整个制定过程中。故与唐律相比，《大明律》的条文更加简练，但涉及内容也更加广泛。明代立法者往往科学地将唐律中的数条并为一条，而且还继承元代法律和独创新法160多条，故其覆盖面远远超过唐律。

---

① 《元史·顺帝纪三》。

② ［元］吴澄：《大元通制条例纲目后序》，《草庐吴文正公全集》（卷19）。

③ 张晋藩主编：《中国法制史》，中国政法大学出版社2002年版，第206页。

④ 《明史·刑法志》。

⑤ 《明史·刑法志》。

⑥ 《寄簃文存》（卷6）《重刻明律序》。

⑦ 《明史·刑法志》。

第三，图文并茂，极具实用性。《大明律》卷首列有五刑图、狱具图和丧服图，使援用者更容易理解，也更方便使用。

第四，律例并举，创一代刑事法典编制体例之先河。明神宗万历十三年（1585 年），将《问刑条例》附于《大明律》，以“律为正文，例为附注”[①]，称为《大明律集解附例》。这种律例并行的法典编纂体例为其后的《大清律例》所继承。

《大明律》不仅在明代始终稳定、有效，而且直接为清代所继承，其影响还远及东亚邻国，如朝鲜李朝直接援用《大明律》；日本《在中御条目》《御刑法草书》《御刑法牒》等都以《大明律》为准据，直至明治时所编《假刑律》和《新律纲领》等，仍以《大明律》的体裁作为蓝本；安南阮朝法典的许多规定也是取自《大明律》。

（二）《大明令》的制定

《大明令》是明朝开国之初与《大明律》同时颁行、并行于世的重要法典。该令于明太祖朱元璋登基前一个月完成，洪武元年（1368 年）正月颁行天下。由此，《大明令》也成了明代建国后最早的法律文件。为了《大明令》的颁布，朱元璋还专门发布了诏书：“朕惟律令者，治天下法也，令以教之于先，律以齐之于后。”[②]

根据《续文献通考》的记载，《大明令》按六部分编，共 145 条，其中《吏令》20 条，《户令》24 条，《礼令》17 条，《兵令》11 条，《刑令》71 条，《工令》2 条，它对明朝的基本制度、诸司职掌和司法原则等作了较为全面的规定，在新朝初建、法制未详的情况下，实际上起到了临时治国总章程的作用。这是中国法制史上最后一部以“令”为名的法典，此后直至清朝灭亡，都不再制令。

（三）明《大诰》和《教民榜文》的颁布

大诰和榜文是朱元璋为贯彻“刑乱国用重典”的方针而特设的两种法律形式，也是朱元璋在位期间最重要的法律渊源。

洪武十八年（1385 年）至洪武二十年（1387 年），朱元璋采辑官民犯罪的重要案例，编成《大诰》四编相继颁行天下。四编《大诰》共有 236 个条目，分别为：《御制大诰》74 条、《大诰续编》87 条、《大诰三编》43 条、《大诰武臣》32 条，内容上包括典型案例、重刑法令和太祖对臣民的“训诫”三部分。

与《大明律》相比，《大诰》具有以下几个显著特点：第一，律外用刑，且多为酷刑。《大诰》中广泛适用族诛、凌迟、枭首、墨面文身、挑筋去膝盖、断手、刖足、阉割为奴等数十种《大明律》中没有的刑罚。第二，定罪量刑较《大明律》重。《大诰》作为朱元璋重典治国的产物，规定了许多《大明律》没有的罪名，如“诡寄田粮”“寰中士夫不为君用”等；即使是《大明律》已规定的同一罪名，《大诰》量刑也远比《大明律》重，如对“夏粮违限不纳”，《大明律》规定止杖一百，《大诰》则规定适用凌迟刑。第三，明确将贪官污吏作为打击对象。《大诰》80% 以上是针对官吏的，而其重点又是惩治贪官污吏。如“因公科敛”处以枭首，官吏“下乡扰民，罪在不赦”，“管私役部民”，死罪等。第四，空前普及。《大诰》颁行后，明政府采取了种种强制措施，要求家喻户

---

① 《明史·刑法志》。

② 《续文献通考》（卷 136）。

晓。朱元璋在颁行《大诰》时曾宣布："一切官民诸色人等，户户有此一本，若犯笞杖徒流罪名，每减一等；无者各加一等。"① 朱元璋还命令各级学校讲授《大诰》，科举考《大诰》，乡民集会也要宣讲《大诰》。

洪武三十年（1397 年），朱元璋选择《大诰》中重要条目 36 条列为《钦定律诰》，附于《大明律》后，统称《大明律诰》。此后，原《大诰》中的峻令基本废置不用。至成祖永乐十九年（1421 年），宣布废止四编《大诰》连同《律诰》中的 36 条。

《教民榜文》是明初又一重要法律形式。为处理民间细微纷争以及减少诉讼，洪武三十一年（1398 年），朱元璋又命户部制定颁行了《教民榜文》41 条，集中规定有关民事方面的内容，充实明代有关户婚、田土及乡村社会诉讼方面的内容。《教民榜文》和《大诰》一样，也是明初朱元璋所颁布的一种特别法规。

榜文是皇帝的谕旨或者经过皇帝批准的官府的告示、法令以及案例，朱元璋所发布的榜文包含了许多教育百姓遵纪守法的说教内容，故称《教民榜文》。明成祖也曾颁布一些榜文。终明一代，《教民榜文》长期通行，并对清代发生了重要影响，如清初就曾发布"顺治元年榜文"。榜文这一法律形式，被清朝沿用。②

（四）《问刑条例》的修订

明初的法律形式除了律、诰之外，还有条例。明朝的条例乃刑事方面的单行法规，它往往来自司法审判的真实案例。对某一具体案例的判决，经皇帝批准后，便可以作为以后同类案件的审判依据，故而上升为可以普遍适用的法律形式。由于《大明律》不可更改，条例则因其灵活性被广泛适用。条例与律的区别在于："律者万世之常法，例者一时之旨意。"③ 在明朝前一百多年中，条例虽然在司法实践中广泛适用，但其作用仅限于补充《大明律》的不足。然而，进入明朝中叶以后，条例日渐繁杂，"一事三四例者有之"，以例代律、以例破律现象也时有发生，因而朝廷中要求整理、删定条例的呼声越来越高。

孝宗弘治十一年（1498 年），下诏修订《问刑条例》，弘治十三年（1500 年）议定《问刑条例》297 条，作为律外定罪科刑的法规，与律并行，"通行天下，永为常法"。其后，正德、嘉靖、万历年间多次加以修订。万历《问刑条例》计 382 条，并以"律为正文，例为附注"的形式，与明律合编刻印。从此，条例在司法实践中起着更为重要的作用。

明在修订《问刑条例》的过程中，始终把握"立例以辅律，贵依律以定例"的原则，以《大明律》作为纂修条例的基础和出发点，根据社会形势的发展变化，补充、修正《大明律》的有关条款。如，明中叶官僚贵族为获取暴利倒卖盐引、盗掘矿产，《问刑条例》乃加强了对"兴贩官私盐引"、武装贩卖私盐和盗采金属矿藏等行为的打击；针对当时农民起义和民变次数增加的现实，《问刑条例》新增了有关加强防守城池、要地的条款，加强对强盗打劫、官吏捕获不力等行为的处罚。

《问刑条例》作为明朝中后期重要的立法活动，其历史价值不仅在于突破了祖宗成法不可更改的束缚，而且使刑事条例规范、划一，例与律的关系协调、统一，这对加强明例

---

① 《御制大诰·颁行大诰》。

② 杨一凡主编：《新编中国法制史》，社会科学文献出版社 2005 年版，第 153 页。

③ 《明史·刑法志》。

的统一适用和提高司法审判的准确与效率，起到了积极作用。

（五）《明会典》

《明会典》是仿《唐六典》和《元典章》等法律文献编修而成的行政法规汇编，其修纂始于英宗正统年间（1436—1449 年），完成于孝宗弘治十五年（1502 年），后正德、嘉靖、万历各朝都进行了增补修订。

《明会典》（通常指万历本）共 228 卷，体例上按官职分类，以宗人府、六部、都察院、六科以及寺、府、监、司为序列，分述各行政机构的职掌和事例、各衙门的编制和职掌以及相关的律例条文等，是一部记载明代基本法律制度特别是行政法规的珍贵文献，其名称和体例均为清代所继承。

九、清

公元 1644 年至 1840 年，是我国历史上最后一个封建王朝——清朝统治的前期。清政权在入关以前，多因时立法，没有形成系统的法典；入关后，为了适应形势的需要开始了大规模的立法活动，经过顺治到乾隆一百多年的努力，形成了一个以《大清律例》为主干，以《大清会典》为支系，并辅以特别法的完备的法律体系。

（一）入关前的立法概况

关外时期的立法活动，始于努尔哈赤的“定国政”，“夏六月……壬午，上始定国政，禁悖乱，戢盗贼，法制以立”[①]。1615 年后金政权建立以后，开始了由习惯法向成文法的过渡，努尔哈赤即“整顿围猎、用兵的规则，制定法令”[②]。但总的来说，此时法律十分简陋，文献称其“俗淳政简，所著为令，鞭扑斩决而已”[③]。进入辽沈地区后，针对当时各地“人民击杀八旗官兵”的严峻形势，努尔哈赤曾于 1621 年颁布《禁单身行路谕》的单行法令。

皇太极时期，总体上已经进入封建法制的创建阶段。[④] 天聪五年（1631 年），皇太极颁布《离主条例》，允许告发主子犯罪属实的奴隶离开原主获得自由；约于天聪六年（1632 年），皇太极派人前往蒙古诸国宣布“钦定法令”，人称《盛京定例》，这可能是关于蒙古地区的特别法令；崇德元年（1636 年），皇太极颁布《会典》52 条，这是对天聪朝重要谕令的汇编，内容包括礼制、官制、刑制、婚姻、诉讼、经济、宗教等方面，但都相当简单。[⑤]

总之，清人入关前法律制度极不完善，法律形式主要表现为君主谕令，没有有体例的成文法典。

（二）《大清律例》的制定

清人入关不久，即开始制定刑律。在“详译明律，参以国制”思想的指导下，修律官将明律译为满文，并对其略加修订，于顺治三年（1646 年）制定《大清律集解附例》，

---

① 《清太祖高皇帝实录》。
② 《满文老档·太祖》（卷 4）。
③ 《皇朝文献通考》。
④ 李交发、唐自斌主编：《中国法制史》，湖南大学出版社、湖南人民出版社 2001 年版，第 244 页。
⑤ 曾宪义主编：《中国法制史》，北京大学出版社、高等教育出版社 2000 年版，第 221 页。

次年颁行天下。这是清代第一部完整的成文法典，30 卷，459 条。由于其主体内容几乎全部照搬明律例，与清代社会现实相脱离，因而满汉官员均未认真贯彻执行。

圣祖在位时，于康熙十八年（1679 年）特谕刑部对清朝建国以来行用之例文进行全面刊定，次年编成《刑部现行则例》，与律分行为用，从此律、例关系开始发生变化，重例轻律、“有例则置其律”的原则开始形成。律例分行，弊端易生。从康熙二十八年（1689 年）起，又命大学士图纳、张玉书等为修律总裁，对现行则例进行较大的修订，并将其附入大清律内，这一工作完成于康熙四十六年（1707 年），但圣祖“留览未发”，没有正式颁行。

雍正即位后，命大学士朱轼等为总裁，对原有的大清律和顺治、康熙以来的新例进行统一修订，雍正三年（1725 年）完成，雍正五年（1727 年）颁行，此即大清朝第二部法典《大清律集解》，其中律文 436 条，附例 815 条（它将原顺治朝律例中收入的明至清初“累朝旧例”321 条称为“原例”，将康熙朝增加的现行则例 290 条称为“增例”，将雍正朝编入的“上谕及臣工条奏”204 条称为“钦定例”），仍然沿用明律以来 7 篇 30 门的体例。关于律、例效力，《大清律集解·凡例》规定：“刑官遇事引断，由钦定而增例，而原例，而正律。”即律例之法律效力由高至低依次为钦定例、增例、原例、律文。雍正五年（1727 年）之律实际上是大清律律文之定本，“自时厥后，虽屡经撰修，然仅续增附律之条例，而律文未之或改”①。

乾隆元年（1736 年），高宗又命三泰等人对《大清律集解》逐条考证，重加编辑，同时详校定例，折中损益，统名之为条例；又删除律后总注，增添小注，并经高宗亲自鉴定，于乾隆五年（1740 年）以《大清律例》为名，“刊布中外，永远遵行”。

《大清律例》在篇章结构上与《大明律》相同，共分为名例律、吏律、户律、礼律、兵律、刑律、工律 7 篇 30 门，律文 436 条，附例 1042 条。《大清律例》是乾隆朝以后清代的基本法，也是中国历史上最后一部以刑为主、诸法合体的封建法典。由于作为祖宗成法的律文自乾隆五年（1740 年）以后不再修改，而只用新例来弥补律文的不足，导致条例不断增加，效力不断提高。《清史稿·刑法志》说：“盖清代定例，一如宋时之编敕，有例不用律，律既多成空文，而例遂愈滋繁碎。”为了消除律、例之间的矛盾，乾隆十一年（1746 年）定制：“条例五年一小修，十年一大修。”例的这种灵活性，使它更能适应社会生活的发展变化，统治者也往往通过修例将其意志上升为国家法律。当然，在清代的法律体系中，律仍居于核心地位，例的制定和修改必须以律为指导。

总之，《大清律例》集中国古代封建法典之大成，是一部能够适应现实需要、调整各种社会关系的法典，《清史稿·刑法志》也评价它是一部“或隐含古义，或矫正前失”的优秀法典。

（三）《大清会典》的编纂

《大清会典》是清代的基本行政法典，其编纂经历了康熙、雍正、乾隆、嘉庆、光绪五朝。

康熙二十三年（1684 年），为了规范行政活动，提高行政效率，下诏仿《明会典》

---

① 《清史稿·刑法一》。

起草《大清会典》，历时六年完成，史称《康熙会典》。《康熙会典》162卷，如《明会典》一样，采取“以官统事，以事隶官”的编修体例，按照宗人府、内阁、六部、理藩院、都察院、通政使司、内务府以及其他寺、院、府、监等机构分目。每个机构之下，分列其机构建制、职官设置、职掌权限，这些“经久常行之制”构成了会典的正文；正文之后又附有与本机构相关的则例，作为正文的补充。

此后，雍正、乾隆、嘉庆、光绪四朝均修会典，与康熙朝所修统称《大清会典》，又称《五朝会典》。

《大清会典》详细记述了清代自开国到光绪朝各级行政机关的职掌、事例、活动原则与有关制度，典例互补，并辅以图说，涉猎极为广泛。到《光绪会典》时，其正文“典”已有100卷，事例1220卷，另有附图270卷，总计1590卷。《大清会典》是我国封建时代最完备的行政法典，是清朝立法活动的重要成果。①

（四）适用于少数民族聚居区的单行法规

清朝是一个疆域辽阔的统一的多民族国家，而居于统治地位的满族在人口数量上远远少于汉族，因此，注意调整民族关系、重视对少数民族聚居区的立法，成为清朝立法的重要特色。

在蒙古地区，清朝入关以前就制定有《盛京定例》《蒙古律书》。其中，《蒙古律书》在清朝入关后屡经修改，至乾隆五十四年（1789年）发展成为系统的《蒙古律例》。《蒙古律例》共有12卷，209条，分为官衔、户口差徭、朝贡、会盟行军、边境卡哨、盗贼、人命、首告、捕亡、杂犯、喇嘛例、断狱12门。

在青海地区，有《西宁番子治罪条例》，又称《番律》《番例》。雍正年间制定颁行，是在摘选清立国后陆续形成的蒙古例的基础上编纂而成，故内容与《蒙古律例》有些相同。青海、甘肃等地是回族、维吾尔族、藏族等少数民族杂居之处，清代统称为“番民”。《番律》对于协调稳定该地区的民族关系有很大作用，一直沿用到民国初年。在《番律》之前，主要有《青海善后事宜十三条》和《禁约青海十二事》等。

在西藏地区，主要是乾隆五十八年（1793年）制定颁行的《钦定西藏章程》29条，又称《西藏通制》。《西藏通制》是西藏地区的基本法，其核心是以法律形式确立了清朝中央对西藏地区的主权，规定中央政府驻藏大臣与达赖喇嘛共同处理西藏政务，但驻藏大臣拥有最终裁决权。

清朝民族立法的代表性法律是《理藩院则例》，它是嘉庆年间由理藩院奏请在《蒙古律例》的基础上编定而成，可谓集有清一代民族立法之大成。《理藩院则例》共有63门713条，适用于蒙古、青海、西藏，因而不只是理藩院机关的内部工作条例，还具有清朝统治蒙古等少数民族边疆地区“基本法”的性质，对于维护和巩固清朝多民族国家的统一和稳定发挥了积极作用。

在新疆地区，有《钦定回疆则例》，又称《回例》，嘉庆十九年（1814年）制定，道光二十二年（1842年）正式颁行。《回例》共8卷，汇集了乾隆时成立理藩院以来对西北民族事务的处理规则，实际上是一部适用于新疆地区维吾尔族、哈萨克族、柯尔克孜族

① 曾代伟主编：《中国法制史》，法律出版社2006年版，第212页。

等的专门民族法规，在民族立法史上具有与《理藩院则例》同等重要的地位。

在西南地区，主要适用《大清律例》。这一带居住着苗、瑶、壮、藏等少数民族，清时统称为“苗”。康、雍之际，朝廷在此推行“改土归流”政策，推行国家统一的法制，故而没有制定单行的“苗律”。但乾隆时，对“苗”族的立法相当多，如《苗疆善后事宜》《苗汉杂居章程》《湘苗事宜》《苗疆添兵设堡屯军事宜》《苗犯处分例》等。

第三节　主要法律形式

一、秦

秦统一前后，通过一系列的立法活动，基本上确立了以律、令、式等为主体的法律体系，形成了律、令、式、法律解释、廷行事等多种法律形式。

（一）律

律是国家正式制定、颁布的成文法，是秦最主要、最基本的法律形式，具有相对的稳定性和适用范围的广泛性。自从商鞅变法改法为律，确定了这种法律形式的名称后，在历代法律体系中，它始终处于“常经”地位，直至清末。

秦律种类繁多。云梦睡虎地秦简中共出土律三十余种，远远超过传世文献资料中关于秦律六篇的记载；云梦龙岗秦简也记载，秦律的调整范围已经涉及保护宫苑、禁止猎杀、禁行驰道、惩罚匿税匿田盗田以及追捕亡人等方面，几乎包括当时社会生活的方方面面。可见，在秦代，律作为基本法律形式的地位已经完全确立。

（二）令

令是律的重要补充形式，是国家针对一时之事发布的政策、命令，通常以国君的名义发布，如秦始皇十二年（公元前235年）发布的《籍门令》、三十四年（公元前213年）发布的《焚书令》等；有时则由中央高级官员代表国家发布，如商鞅变法时发布的《垦草令》《为田开阡陌令》等。秦始皇统一全国后，规定皇帝的命令有专称，“命曰制，令曰诏”，制以宣示百官，诏以布告天下，具有高于律的法律效力。

值得一提的是，秦代律、令之间并没有明确的界限划分，云梦秦简《语书》中经常将法、律、令三者并提，说“法律令已具”“修法律令”等，就是很好的证明。

（三）式

式是关于国家机关在某些专门工作中的程序、原则及有关公文程式的法律文件。《说文》：“式，法也。”云梦秦简中有《封诊式》，共98支竹简，内容涉及对官吏审理案件的要求、刑事案例以及关于审讯笔录、现场勘察笔录、查封笔录等法律文书的程式，这说明秦代的司法活动已经相当规范。

（四）法律解释

法律解释是秦统治者为了维护已颁行的法律的统一性，委任专门的司法官吏对现行律典作出的解释，与律文具有同等的法律效力。云梦秦简中的《法律答问》就属此种性质。它共计190条，以案例的方式对定罪量刑、适用原则、诉讼制度以及相关术语等许多方面作出了具体说明，因而既是对法律的具体解释，又是对法律的重要补充。《法律答问》对律令的解释，开启了后世以疏解律的先河。

（五）廷行事

廷行事是国家司法机构的“行事”成例，具有判例之意，相当于汉代的“决事比”。在云梦秦简中，廷行事多处出现。它是在秦成文法没有规定，或者虽有规定但需要变通或修改，或者为使法律规定更为具体等情况下适用的。据《法律答问》所记，廷行事在秦代已具有法律渊源的地位。

总之，秦代的法律形式多种多样，内容也十分丰富、详尽，虽远不如后世汉代的律、令、科、比及唐代的律、令、格、式那么整齐、简明，却也具备了它们的雏形，从而反映出秦代立法的高度发达。

二、两汉

经过大规模的制定和修订法律活动，两汉的法律形式趋于统一，形成了较为固定的法律形式，这就是律、令、科、比。

（一）律

律是汉代最主要的法律形式，主要有《九章律》《傍章律》《越宫律》《朝律》等60篇；另外，还有许多单行的律，如《左官律》《上计律》等。

根据1984年在湖北张家山汉墓出土的竹简可以得知，汉律还有很多篇目沿袭秦律，如《金布律》《徭律》《效律》《传食律》等。

值得注意的是，秦汉时期的律在内涵上与隋唐以后的律并不完全相同，后者的全部内容属于刑事法律，而前者除刑事法律外，还包括行政、经济、民事和军事、朝贺礼制等方面的内容，体系比较庞杂。

（二）令

令一般是皇帝颁布的诏令，也可以是皇帝根据需要颁布的单行法规，其效力往往高于律，可以补充、修正律，也可以取消、代替律。汉宣帝时，廷尉杜周面对“不循三尺法，专以人主意旨为狱”的指责，辩驳说：“三尺安出哉？前主所是著为律，后主所是疏为令；当时为是，何古之法乎？”[①] 这就说明，当时律令之间的差别主要在于制定者的不同，即前一个皇帝所颁布的令如果在他死后仍然被认定为具有法律效力，就上升为“律”；目前在位的皇帝所发布的一般都称之为“令”。[②]

由于令随时颁布，乃越积越多，“盈于几阁，典者不能遍睹”[③]。为便于检索，宣帝下令对它加以整理，编成“令甲”“令乙”“令丙”。

两汉诏令大都失传，但近年考古发掘屡有发现。山东临沂银雀山出土的汉简《守法守令十三篇》，涉及土地、赋税、市廛、库藏、守城、守令等方面；湖北张家山汉简则发现有《津关令》。这些考古发现无疑在一定程度上弥补了文献记载的不足。

---

① 《汉书·杜周传》。

② 叶孝信主编：《中国法制史》，复旦大学出版社2002年版，第98页。

③ 《汉书·刑法志》。

（三）科

科也是汉代应用较广的一种法律形式。科是依律断罪的单行法规，东汉刘熙《释名》："科，课也，谓其不如法者罪责之也。"《后汉书·桓谭传》则解释为："科谓事条。"《文选》将"金科玉律"解释为："科条，谓法令也。"以上说明，科是针对某类事的一个方面制定的单行法规，一般是律之外关于犯罪与刑罚的单行禁令，故有学者称其为律的"补充法和实施细则"①。

（四）比

比即比附，是指在律无正条的情况下，取典型案例作为司法审判的依据。汉高祖七年（公元前200年）下诏："廷尉所不能决，谨具为奏，附所当比律令以闻。"以后，比在司法实践中适用越来越广，数量日增。汉代的比一般称为"决事比"，"若今律，其有断事，皆依旧事断之。其无条，取比类以决之，故云决事比"②。董仲舒比附儒家经典进行断案，并编有《春秋决事比》。至东汉，将比加以系统汇编，计有《决事比》《辞讼比》《法比都目》《廷尉决事》《廷尉驳事》等。

三、三国两晋南北朝

三国两晋南北朝的法律形式在很大限度上继承了汉代的法律形式，但应用最广的是律和令，并且两者之间有了明确区分，律是"正罪名"的刑事法典，令是"存事制"的积极性规范，从此，令典与律典各自独立发展，中国律令法体系正式形成。③

科，也是这一时期适用很广的法律形式。三国时期，魏初定"甲子科"，蜀汉法律名为"蜀科"，孙吴有"科令"。但进入北朝，逐渐以格代科且不断提高格的地位，如东魏孝静帝兴和三年（541年）制定有《麟趾格》，并将其上升为主要法典，科的重要性不断下降；到了隋唐，科不再成为主要法律形式。

此外，式在这一时期有了很大发展。西魏大统十年（544年）颁布《大统式》作为国家的主要法典。这种以"式"作为国家法典的编纂方法是中国古代法律形式的一个重要发展。④

四、唐

进入唐朝，主要法律形式为律、令、格、式，且各种法律形式之间的区别更加明显。《唐六典·刑部》将其明确概括为："凡文法之名有四：一曰律，二曰令，三曰格，四曰式。凡律以正刑定罪，令以设范立制，格以禁违止邪，式以轨物程事。"⑤

---

① 任强：《中国古典文本中的法律形式》，《北京大学学报》2005年第4期。

② 《周礼·大司寇》注。

③ 中华法系又被称为律令法系。有关论述详见李玉生：《略论中国古代令的发展及其特点》，《中州学刊》1998年第6期；《魏晋律令分野的几个问题》，《法学研究》2003年第5期。

④ 也有观点认为，从《大统式》的篇幅看，它并非律典性质，而应是补充律典的单行法规。参见杨一凡主编：《新编中国法制史》，社会科学文献出版社2005年版，第149页。

⑤ 关于唐代律、令、格、式的性质，现代有学者认为，律是刑法典，令、格、式都是包含多种部门法规范的综合性法典。参见李玉生：《关于唐代律令格式的性质问题》，《金陵法律评论》2002年秋季卷。

（一）律

律即指《唐律疏议》，是封建国家最主要的法律形式，是规定犯罪与刑罚的刑法典，具有绝对的权威性和相对的稳定性。

（二）令

令是属于行政法性质的规范，包括国家各种制度，诸如尊卑贵贱之等级、机构组织、土地、赋税等。唐令主要有《武德令》《贞观令》《永徽令》《开元令》等，但早已散佚。日本学者仁井田陞辑有《唐令拾遗》一书，复原了715条唐令，使我们得以了解到唐令的概貌。

（三）格

格是皇帝临时颁布的各种单行敕令、指示的汇集，比律、令、式具有更高的权威和效力。唐格分为“留司格”和“散颁格”。留司格始颁于贞观年间，其内容可能是各司官吏的工作职责和制度，留本司行用。高宗时，又制定散颁格，它以定罪量刑为主要内容，是对律文的补充，同时也包括补充令文的内容。唐格大多散佚，现在从一些古籍和敦煌文书中尚可见到一二。英国伦敦博物院图书馆和法国巴黎图书馆分别藏有敦煌文书中的《散颁刑部格》残卷（编号分别为S. 4673和P. 3078）。

（四）式

式规定的是国家机关公文程式和活动细则，具有行政法规的性质。唐式主要有《武德式》《贞观式》《永徽式》《开元式》等，也已散佚，现在法国巴黎图书馆藏有敦煌文书中的《开元水部式》（编号P. 2507）。

五、宋元

宋元时期，法律形式发生了重要变化，宋代以“刑统”作为主要的法典形式，此外还有编敕、编例、条法事类等；元代作为第一个由少数民族建立的统一的封建王朝，其法律形式主要表现为诏制、条格、断例等。

（一）两宋

1. 刑统

即《宋刑统》，它以唐律为主干，是两宋最主要的刑法典。“刑统”的出现是宋代法律形式最大的变化，它以刑律为主，在律文之后附以经过选录的敕、令、格、式，再依律目分门别类汇编成书。这种法典编纂形式，打破了商鞅“改法为律”以来封建王朝主要法典称“律”的传统，使法典体例和名称发生了重大变化。

2. 敕与编敕

敕是指皇帝的敕令、命令。皇帝颁布的命令对于案件的审判具有直接的指导意义，通常取得高于律的效力。宋朝还将敕进行汇编，称为编敕。编敕是宋代最主要的立法活动，也是一种法律形式。宋代编敕很多，有《淳化编敕》《咸平编敕》等。

3. 例与编例

宋例即司法判例。宋代将对审判有指导意义的判例进行汇编而成为编例。与编敕一样，编例既是一种立法活动，也是一种法律形式。

4．条法事类

条法事类即以事为类，将敕、令、格、式汇编成册。它实际上是“以敕代律”传统的延续。现存《庆元条法事类》残本。

（二）元朝

元朝的法律形式极不规范，它从一开始就极力排斥汉族原有的法律体系，而代之以符合蒙古习惯的令、格、制、敕、例等多种法律形式，其中占绝对优势的是诏制、条格、断例三种。皇帝颁布的敕令为“诏制”，行政方面的诏令事例称为“条格”，司法方面的判例称为“断例”。

六、明清

明清时期是中国封建法制发展的最后阶段，其主要法律形式有律、例、会典等，其中尤以例的发展最为突出。

（一）律

律仍然是封建国家的主要法律形式，《大明律》是中华法系的又一经典之作，《大清律例》也是一部集中国古代刑律之大成的法典。由于专制统治的加强，明清律被赋予“不可变更”的特性，如朱元璋曾下令其子孙后代必须严格遵守他所制定的《大明律》，“群臣有稍议更改，即坐以变乱祖制之罪”①；《大清律》自乾隆五年（1740 年）正式颁行后，直至清末改制，其律文也没作修改。这一方面确保了律的稳定性，但另一方面也导致律的滞后性。

（二）例

由于律的“不可变更”性，例在明清两朝获得了极大发展，实际上成为超过律的最主要的法律形式。

明例又称条例，一般由司法机关根据案例拟订条文，经皇帝批准后颁行天下。太祖时期有《充军条例》《真犯杂犯死罪条例》等；孝宗弘治年间制定《问刑条例》，通行天下，永为常法；到明末，更是将《问刑条例》与《大明律》合编，称为《大明律集解附例》。明代制例的宗旨是以例补律、以例辅律，而制例必须符合律义。②

清例一般称为条例、则例、事例等。条例一般是由刑部就一些相似的案例先提出意见，报请皇帝批准之后实行，以作为律的补充。它通常经过“五年一小修，十年一大修”而纂入《大清律例》。则例是朝廷为特定机构和事务制定的部门性和行政性规章，种类繁多，如有中央六部则例、盛京各部则例、《理藩院则例》《大理寺则例》《八旗则例》《热河工程则例》等。事例是皇帝就某项事务发布的上谕，或经皇帝批准的各政府部门的建议，既有刑事方面的，也有行政方面的。事例积累后，刑事方面的一般编制为条例，行政方面的则编制为则例。③

---

①《明史·刑法志》。

② 关于明代的律例关系，详见杨一凡：《明代三部代表性法律文献与统治集团的立法思想》，载《法律史论集》（第 2 卷），法律出版社 1999 年版，第 587－591 页。

③ 苏亦工：《明清律典与条例》，中国政法大学出版社 2000 年版，第 42－44 页。

（三）会典

会典是以朝廷各职官机构为纲的法规汇编，其体例仿照《唐六典》和《元典章》。《明会典》228卷，历正统、弘治、正德、嘉靖、万历五朝而成。《大清会典》又称“五朝会典”，是我国封建时代最完备的行政法典。

小　结

战国至鸦片战争爆发前夕，是中国历史上的封建时代，也是中华法系从形成到发展到繁荣最后发生演变的重要时期。这一时期，从立法指导思想来看，它经历了由单纯运用法家思想治国——“缘法而治”“重刑轻罪”，到儒法合流——德主刑辅、德礼政刑综合为治的发展变化；在这一思想的指导下，各封建王朝先后开展了一系列立法活动，颁行了许多重要法典，使法典内容不断充实、法典体例不断严谨，其中《唐律疏议》作为中华法系的代表之作，不仅深深影响了以后宋、元、明、清各代的立法活动，而且对周边的朝鲜、日本、越南等国也产生了极大影响；通过这些立法活动，法律形式不断规范，形成了独具特色的律令体系，至明清两代，例更是获得极大发展，实际上成为超过律的最主要的法律形式，这种律例并用的“混合法”模式正是20世纪以来西方两大法系发展的共同趋势，对于当代中国的法制建设极具借鉴意义。

思考题

1. 试述西汉立法指导思想的变化。
2. 综述中国古代主要法典体例的变化和发展。
3. 试比较《开皇律》与《唐律疏议》。
4. 试述我国封建社会的主要法律形式。
5. 试述律的历史演变过程。
6. 我国封建法典是怎样实现引礼入律、礼法结合的？
7. 中国古代的法治思想对于今天的法制建设有何借鉴意义？

第六章　刑事法律制度

第一节　刑法原则

一、刑法基本原则

刑法基本原则是指贯穿于全部刑法规范，对于刑事立法和刑事司法整个过程具有指导和制约意义，体现国家政权刑事法制基本精神的准则。中国封建刑法有宗法原则、等级特权原则、罪刑法定原则和刑事类推原则四个基本原则。

（一）宗法原则

在中国封建社会，由于特定历史条件的制约，血缘关系的远近亲疏成了国家选拔任用官吏、组织政权机构的依据或标准，以血缘关系为纽带所形成的宗法制度成了国家和部族宗族的基本制度，对宗法等级关系进行规范、调整和维护的宗法成了国家法律的核心部分，以至于形成了对中国封建的刑事立法、刑事司法都具有支配作用的宗法原则。作为中国封建刑法基本原则之一的宗法原则主要包括以下内容：

1. “准五服以制罪”

“服制”是以丧服的粗细生熟和服丧时间的长短为标准来区分亲属关系的亲疏远近的。中国传统社会的“服制”分为五个等级，即斩衰、齐衰、大功、小功、缌麻等，因此“服制”又叫“五服”。首先，“五服”中最重的是“斩衰”，其服丧时间为三年，丧服由最粗的生麻布制成且下摆不缝，凡是子女为父母、嫡长孙为祖父、妻子为丈夫服丧都需穿这种丧服。其次是“齐衰”，其服丧时间为一年，丧服由稍粗的生麻布制成且缝下摆，凡孙为祖父母、夫为妻服丧都需穿这种丧服。再次是“大功”，其服丧时间为九个月，丧服由最粗的熟麻布制成，凡是本宗堂兄弟、未出嫁的堂姊妹、已出嫁的姑姊妹、已嫁女子为伯叔父、兄弟等服丧都需穿这种丧服。第四是“小功”，其服丧时间为五个月，丧服由稍粗的熟麻布制成，凡是为伯叔祖父母、堂叔祖父母、在室的祖姑、兄弟的妻子等服丧都需穿这种丧服。第五是“缌麻”，其服丧时间为三个月，丧服由最细的熟麻布制成，凡是为本宗高祖父母、曾伯叔祖父母、族伯叔父母、在室曾祖姑、出嫁的祖姑、堂姑、堂兄弟的妻子等服丧都需穿这种丧服。除“五服”之外，用来区分亲属关系的“服制”还包括“袒免”，其服丧时间没有要求，丧服则为服素服，即脱露左臂、尺布缠头，一般为高祖父的父亲是同一个人的亲属在服丧期间都要穿戴这种丧服。一般讲服制愈重，亲属关系就越亲近；服制愈轻，亲属关系就越疏远。“服制”在中国古代社会是确定宗族家庭成员地位及其权利义务的法律依据。

“准五服以制罪”是以五等丧服为依据对亲属相犯案件进行定罪量刑的。以“五服”为主要内容的“服制”，在商周时期可能已是民事婚姻家庭继承法律的基本原则和主要内容。春秋战国和秦朝时期，由于法家国家主义法律观的兴起及其对法制的影响，使得“服制”对国家法律的影响式微。西汉中期，随着董仲舒的新儒学成为国家政治法制的指导思想，“德主刑辅”“礼法结合”成为刑事立法、刑事司法的指导思想，“服制”在法律中作为主要内容和基本原则的地位逐渐得到恢复。三国两晋南北朝时期，随着引礼入法、礼律结合进程的向前推进，“服制”不仅成了“私法”即民事婚姻家庭继承法律的主要内容和基本原则，而且成了审判宗族家庭成员之间刑事相犯案件尤其是人身伤害案件的主要依据和定罪量刑的基本原则，即确立了“准五服以制罪”的原则。[①] 西晋对于亲属之间相互侵犯的行为，不仅继承了前朝法律按服制定罪的原则，而且在法典中专门规定了“亲节门”，明确将服制关系写进了法典，作为量刑适用的依据。以后随着礼律逐步走向合一，“准五服以制罪”一直成为封建刑事法律的主要内容和基本原则，尤其是明、清两代的基本法典《大明律》《大清律例》把其放置在《名例律》的前列。

“准五服以制罪”作为国家基本法典当然也是刑法典的基本原则规定在法律中，是从《晋律》开始的。“准五服以制罪”的含义，简单地讲就是亲属之间的刑事侵犯案件，要根据“服制”所确立的亲属之间远近亲疏的关系来审判案件和定罪量刑。“准五服以制罪”是审判亲属之间相犯案件时确定罪之有无、罪轻罪重、是否处刑以及刑罚轻重的基本依据，其具有原则性的要求是：服制愈重，以卑犯尊，应确定的罪行和刑罚与常人侵犯相比，则越重。如子孙谩骂和告发祖父母、父母，将构成“十恶”中的不孝罪。而以尊犯卑，应确定的罪行和刑罚与常人侵犯相比，则越轻。如尊长殴打卑幼非折伤者不论，折伤者将视具体情况减等处罚，尤其是传统刑法赋予父祖等家长对家庭成员拥有家罚权、送惩权。服制愈轻，以卑犯尊，应确定的罪行和刑罚，则相对变轻；而以尊犯卑，应确定的罪行和刑罚，则相对变重。

2. “亲亲得相首匿”和“同居有罪相为隐”

这是宗法原则在刑事诉讼上的要求和表现。意思是说，一定范围的亲属之间对于严重危害国家统治之外的犯罪行为不得告发，承担相互首谋藏匿犯罪行为的义务且不负刑事责任。这一法律规定的渊源应该是西周“礼治”的“亲亲”原则。到春秋末期儒家的创始人孔子则把其总结为“亲亲相隐”，即《论语·子路》中所说的“父为子隐，子为父隐，直在其中矣”。这里的“父为子隐”强调的是“父慈”，“子为父隐”要求的则是“子孝”。可见，“亲亲相隐”体现的是儒家的“仁爱”思想，弘扬的是中国古代的人道主义。随着董仲舒“罢黜百家，独尊儒术”建议的被采纳，儒家思想成为封建国家的指导思想，汉朝刑事法律正式确立了“亲亲得相首匿”的原则。“亲亲得相首匿”原则的内容如汉宣帝地节四年（公元前 66 年）诏中所说的：“父子之亲，夫妇之道，天性也。虽有祸患，犹蒙死而存之。诚爱结于心，仁厚之至也，岂能违之哉！自今子首匿父母，妻匿夫，孙匿大父母，皆勿坐。其父母匿子、夫匿妻、大父母匿孙，罪殊死，皆上请廷尉以闻。”[②] 由

---

① 《晋书·刑法志》。

② 《汉书·宣帝纪》。

此可知，汉代“亲亲首匿”的范围包括“大父母”（即祖父母）、父母、子孙、夫妻等四种三代人；法律后果是，卑幼为尊长首匿者，无论何罪均不负刑事责任，而尊长为卑幼首匿者，除死罪之外不负刑事责任，如为死罪则通过上请程序奏报皇帝减免刑事责任。

儒家“亲亲相隐”的思想在唐代刑事法律中的表现，是确立了“同居有罪相为隐”的法律原则。《唐律疏议·名例律》的规定为：“诸同居，若大功以上亲及外祖父母、外孙，若孙之妇、夫之兄弟及兄弟妻，有罪相为隐；部曲、奴婢为主隐：皆勿论。即漏露其事及擿语消息亦不坐。其小功以下相隐，减凡人三等。若犯谋叛以上者，不用此律。”由此可知，唐律关于相隐的范围已由汉律的四种三代人扩大为“同居”或者大功以上亲、外亲、有关亲属的配偶和丈夫的兄弟、部曲、奴婢为主隐，小功以下相隐等。其中的“同居”，按照疏议的解释为：“谓同财共居，不限籍（户籍）之同异，虽无服（指“五服”以外）者，并是。”关于相隐的法律后果，已由汉代的卑幼隐尊长不负责任、尊长隐卑幼除死刑外不负责任以及隐死刑适用上请，发展为唐代的“同居”或者大功以上亲、外亲、有关亲属的配偶和丈夫的兄弟相隐不负责任，奴婢为主隐不负责任，甚至故意泄露或传递捕抓的信息使罪犯脱逃都不负刑事责任，小功以下亲属相隐则减三等处罚等。关于相隐的限制，已由汉代的规定不明确发展到唐代的“犯谋叛以上者，不用此律”，之所以会有这样的规定，是因为“谓谋反、大逆及谋叛以上，皆为不臣，故子孙告亦无罪”①。唐律关于谋反、谋大逆、谋叛等严重危害封建国家统治的犯罪不得适用“同居有罪相为隐”原则的规定，说明唐律已将封建的法治和礼治很好地统一起来，做到了既巩固封建家长的统治地位，又维护封建政权的统治秩序。

（二）等级特权原则

中国古代社会是等级社会。从等级社会中产生并为等级社会服务的儒家“礼治”思想对于封建刑事立法、刑事司法指导的结果，就是在刑法上确立了等级特权原则。中国封建刑法所确立的等级特权原则有以下内容：

1. “八议”制度

“八议”起源于周朝的“八辟”。《周礼·小司寇》有“以八辟丽邦法，附刑罚”的记载。由此可知，周朝已有等级特权的刑事法律原则。汉朝对于贵族官僚则实行“有罪先请”② 制度。汉高祖刘邦规定：“令郎中有罪耐以上，请之。”③ 汉宣帝在位期间则下诏：“吏六百石位大夫，有罪先请。”④ 汉平帝统治期间也规定：“公、列侯嗣子有罪，耐以上先请。”⑤ 可见，汉代的“先请”是指对于贵族官僚的违法犯罪行为，一般的司法机关无权审理，必须先奏皇帝裁断，皇帝则根据犯罪者身份的贵贱、官职的大小、与皇室关系的远近，决定减免刑罚。曹魏制定《新律》时明确规定了“八议”，从而在封建刑法典中首次正式确立了“八议”制度和刑法原则。具有承前启后地位的《开皇律》继续规定了“八议”制度，完备的《唐律疏议》在此基础上予以完善，之后的历代封建刑法典相

① 《唐律疏议·斗讼律》。
② 《周礼·小司寇》郑玄注。
③ 《汉书·高帝纪》。
④ 《汉书·宣帝纪》。
⑤ 《汉书·平帝纪》。

沿不改。到20世纪初清末修律制定《大清新刑律》时才废除了这项制度，结束了“八议”制度的历史。

“八议”是指亲、故、贤、能、功、贵、勤、宾八种人在法律上公开享有特权，在违法犯罪时除“十恶”等严重罪行以外，依法或依律均可以减轻或免除其刑罚。贵族官僚违法犯罪享有减免刑罚优待的特权原则来源于奴隶社会的“刑不上大夫”的法律原则。现依据《唐律疏议·名例律》的规定，介绍“八议”制度的具体内容。

议亲之“亲”是指皇帝、太皇太后、皇太后、皇后的有关亲属。也就是说，议亲的对象是皇亲国戚。议亲的范围是：第一，皇帝的袒免以上亲。第二，太皇太后、皇太后的缌麻以上亲，即五服以内亲。第三，皇后小功以上亲。另外，皇帝、太皇太后、皇太后、皇后的内外诸亲有服者也包括在“亲”的范围之内。

议故之“故”指皇帝的故旧，《唐律疏议》疏文云：“谓宿得侍见，特蒙接遇历久者。”也就是说，议故的对象与范围是长期与皇帝交往相处或侍奉过皇帝的故旧。

议贤之“贤”指有大德行者。《唐律疏议》疏文云：“贤人君子，言行可为法则者。”议贤的对象和范围是有所谓封建德行的代表人物和为人楷模的“贤人君子”。

议能之“能”指有大才艺者。《唐律疏议》疏文云：“能整军旅，莅政事，盐梅帝道，师范人伦者。”王元亮《唐律释文》对“盐梅”二字解释道：“和羹用盐（味咸）梅（味酸），使其羹味好。取譬喻言贤人君子，佐辅帝王之道，使治道纯备，犹如羹味得盐梅也。”议能的对象和范围是治国治军和才学能力足以为人效法的杰出人才。

议功之“功”指有大功勋者。《唐律疏议》疏文云：“能斩将搴旗，摧锋万里，或率众归化，宁济一时，匡救艰难，铭功太常者。”议功的对象和范围是指能够在战场上斩杀敌军大将、拔去敌军旗帜而换上自己的军旗、摧毁敌军精锐所向无敌或者率领叛军归降、接济国家因天灾人祸所造成的一时极度困难等立有卓越功勋的人。

议贵之“贵”指职事官三品以上、散官二品以上及爵一品者。《唐律疏议》疏文云：“依《公式令》：‘有执掌者为职事官，无执掌者为散官。爵，谓国公以上。”据《旧唐书·职官志一》记载，唐令规定：职事官有在“京”、在“外”之分；散官有“文”“武”之别。议贵的对象和范围是封建贵族和大官僚。

议勤之“勤”指有大勤劳者。《唐律疏议》疏文云：“大将吏恪居官次，夙夜在公，若远使绝域，经涉险难者。”议勤的对象和范围是作为文官武吏能够在工作岗位上忠于职守履行职责、为封建国家日夜操劳、公而忘私或者作为外交使节能不畏艰难险阻、跋涉万水千山完成国家赋予的使命。

议宾之“宾”指承先代之后为国宾者。《唐律疏议》疏文云：“《礼》云：‘天子存二代之后，犹尊贤也。’昔武王克商，封夏后氏之后于杞，封殷氏之后于宋，若今周后介公，隋后酅公，并为国宾者。”议宾的对象和范围是指前二朝已去位和禅让退位的国君的后裔，他们是当朝君主的宾客而非臣吏。

据《唐律疏议·名例律》的规定，“八议”之人违法犯罪之后所享有的减免刑罚的特权是：“八议人犯死罪者，皆条所坐及应议之状，先奏请议，议定奏裁，流罪以下减一等，其犯十恶者不用此律。”也就是说，八议之人犯死罪者，一般的司法机关无权审理，必须把犯罪者的犯罪事实、所触犯的法律条文和属于“八议”的哪一种人搞清楚，向皇帝上奏请求集议并奏报皇帝决断；如所犯为应处流刑以下的罪行，则可由主管司法机关按照日常的程序审判并减一等量刑；如果所犯为“十恶”罪行，则不能适用“议”之程序，不得享有“奏裁”或“减一等”处断的优惠待遇。

2. “请”

“请”与汉代的“先请”之间是既有联系也有区别的关系。汉代的“先请”不够完善，原则也不够成熟，而隋唐“请”的规定比较具体，对象和范围也比较清楚。《唐律疏议·名例律》规定：“皇太子妃大功以上亲，应议者期以上亲及孙，若官爵五品以上，犯死罪者上请，流罪以下减一等。”也就是说，属于“请”的对象和范围是：皇太子妃大功以上亲；议者期以上亲及孙；官爵五品以上者。“请”之人违法犯罪之后依律所享有的减免刑罚的特权是：犯死罪者，由有关的司法机关把犯罪人的犯罪事实、属于“请”的哪一种人、应该处以斩或绞何种死刑等情况上请奏报皇帝并由其决定适用的刑罚，一般都能免予死刑；如果所犯的是应处以流刑以下的罪行，则由主管司法机关按照日常程序定罪并减一等处刑。“请”与“八议”的不同之处是：享有“请”之特权的人是“八议”之人的亲属和官阶稍低的官员；在刑罚上对于“八议”之人“不敢正言绞斩”，而对于“请”之人则能“正其刑名”；“请”的适用要受一定的限制：“其犯十恶，反逆缘坐，杀人，监守内奸、盗、略人、受财枉法者，不用此律。”①

3. “减”

“减”作为贵族官僚违法犯罪所享有的特权之一，也是在隋唐律中才有了明确的规定。《唐律疏议·名例律》规定：“诸七品以上之官及官爵得请者之祖父母、父母、兄弟、姊妹、妻、子孙，犯流罪以下，各从减一等之例。”属于“减”的对象和范围的人员是：七品以上官；五品以上官员的家属，包括祖父母、父母、兄弟、姊妹、妻、子孙等。“减”之人违法犯罪之后所享有的减免刑罚的特权是：所犯罪行为应处流刑以下刑罚者，可以减一等处罚；死罪则不能减免。

4. “赎”

“赎”作为贵族官僚违法犯罪所享有的特权之一，最早可追溯到夏朝的赎刑，到西周的《吕刑》则达到系统化的地步，但此时的赎刑只适用于“罪疑”的案件，即事实不清、证据不足的案件。到秦汉，法律里面仍有“赎”的规定，如秦律中的“赀赎”，汉律中的“女徒顾山”等。到隋唐的法律里面“赎”才成为贵族官僚的特权法制度和原则之一。

《唐律疏议·名例律》规定：“诸应议、请、减及九品以上之官，若官品得减者之祖父母、父母、妻、子孙，犯流罪以下，听赎。”属于“赎”的对象和范围的人员是：享有议、请、减特权的人；九品以上官员；七品以上官员的祖父母、父母、妻、子孙等。“赎”之人违法犯罪之后所享有的减免刑罚的特权是：所犯罪行为应处流刑以下刑罚者，可以用铜赎免其应处的刑罚；享有议、请、减特权之人犯罪后经议、请、减的特权程序减免刑罚后，还可按赎律赎免馀刑。事实上在唐代死罪也可以赎免刑罚。唐律规定，死刑不分斩、绞，皆为赎铜 120 斤。

5. “官当”

“官当”作为贵族官僚违法犯罪所享有的特权之一，最早可追溯到两晋南北朝时期。“官当”是指贵族官僚犯罪后，法律允许以其官职爵位抵当徒刑。《晋律》已有以官职抵

① 《唐律疏议·名例律》。

当劳役刑的规定："除名比三岁刑"，"免官比三岁刑，其无真官而应免者，正刑召还也"。[①] 北魏进一步扩大"官当"范围，明确规定了以爵位抵当劳役刑的制度。《后魏律·法例律》规定："五等列爵及在官品令从第五，以阶当刑二岁。"南朝《陈律》对于"官当"制度作了比较系统的规定："五岁四岁刑，若有官，准当二年，馀并居作。其三岁刑，若有官，准当二年，馀一年赎。若公坐过误，罚金。其二岁刑，有官者，赎论。一岁刑，无官亦赎论。"《开皇律》对于"官当"制度也作了规定："犯私罪以官当徒者，五品以上，一官当徒二年；九品以上，一官当徒一年；当流者，三流同比徒三年。若犯公罪者，徒各加一年，当流者各加一等。"[②] 在中国封建制法典的代表《唐律疏议》中则有更加系统的规定：一方面沿用了《开皇律》关于"官当"的上述规定。另一方面又作了新的规定，如流刑也可以官职折抵刑罚；一人同时兼两个及以上的职务者，则允许先以高者当，再以低者当；如果罪行小、刑罚轻而官职大，则允许赎罪之后继续当官；如果罪行大、刑罚重而官职小，则允许在用现任官职折抵刑罚之后，再用历任官职折抵刑罚，假如仍余有刑罚，允许交纳赎额免刑；如因"官当"失去官职者，则可在一年以后降原官职一等继续任职；等等。当然，在唐律中也仍然规定贵族官员如犯有"十恶"等严重的罪行，则不能适用"官当"的规定。以后的《宋刑统》沿用了唐律关于"官当"规定。可能是加强君主专制中央集权统治和注重吏治的原因，以后的元朝、明朝、清朝的刑律没有关于"官当"的规定。

从"八议""请""减""赎""官当"的规定中可以知道，封建社会的所有亲贵都包括在特权集团当中。如，亲者中，由于皇帝的地位最高，所以其亲族享有法定特权的范围就最大，包括了"五服"之外的"袒免"亲；皇太后、太皇太后是皇帝的母亲、祖母，在等级里面比皇帝地位稍低，因此，她们亲属享有法定特权的范围是"缌麻"以上亲，也就是"五服"之亲；皇后作为皇帝的正妻，在封建国家中的地位仅比皇帝、皇太后、太皇太后低，因此，其亲属享有法定特权的范围是"小功"以上亲；皇太子妃与皇后、皇太后、太皇太后相比，其地位更低了一些，因此其亲属不属于"议"之人，其范围只能是"大功"以上亲，享有的法定特权只能是"请"而不是"议"；至于在"请"中包括议者期以上亲及孙，在"减"中包括五品以上官员的祖父母、父母、兄弟、姊妹、妻、子孙，在"赎"中包括七品以上官员的祖父母、父母、妻、子孙，已经把所有官贵的直系亲属、配偶甚至最近的旁系亲属都包容在特权集团之中。又如，在贵者中，三品以上职事官、二品以上散官及一品爵者享有"议"的特权；五品以上官爵者享有"请"的特权；七品以上官享有"减"的特权；九品以上官享有"赎"的特权，可见从一品到九品的所有官员都是特权集团中的成员。这样，随着社会成员社会地位的等级化、亲贵特权的法定化，在中国传统社会就形成了一个特权阶层或者统治阶级、剥削阶级。他们不仅在政治经济上居于统治地位，而且在法制上拥有独特地位、享有法定特权，可以在国家与社会的各种生活中为所欲为甚至无恶不作而不受法律的任何约束和制裁。因此，我们认为中国传统刑法关于确立和维护贵族官僚等级特权的法律制度和原则是相当系统和全面的，集中反映了中国传统刑法等级特权的本质和特征。

---

① 《太平御览·刑法部十七》。

② 《隋书·刑法志》。

（三）罪刑法定原则

在中国封建社会的两千多年的时间里，在法律渊源尤其是刑事法律渊源方面，是以成文法著称于世的。如战国时期魏国的《法经》、韩国的《刑符》、赵国的《国律》、秦朝的《秦律》、汉朝的《九章律》、三国时期曹魏的《新律》、两晋的《泰始律》、南北朝的《北魏律》与《北齐律》、隋朝的《开皇律》与《大业律》、唐朝的《武德律》《贞观律》《永徽律》《开元律》、唐末的《大中刑律统类》、五代的《同光刑律统类》《显德刑律统类》、宋朝的《宋刑统》、明朝的《大明律》、清朝的《大清律例》等刑事法律或刑法典均是由国家制定的成文刑法。历代统治者制定公布成文刑法的动机和目的是预防或者限制罪刑擅断。

历代还在刑法典上设定条款，规定罪刑法定的原则。如，汉律规定："犯法者各以法时律令论之。"① 这里讲的虽然是一个以"从新"为内容的法律时效问题，但同时也表明汉代在法律上已规定了罪刑法定原则，即根据有效律令所规定的犯罪和刑罚来裁判案件，也就是说对于有效律令所规定的犯罪，才能处以有效律令所规定的刑罚；如果有效律令没有规定的犯罪，那么就不得处以有效律令所规定的刑罚。又如，《唐律疏议・断狱律》规定："诸制敕断罪，临时处分，不为永格者，不得引为后比。若辄引，致罪有出入者，以故失论"，"诸断罪皆须具引律、令、格、式正文，违者笞三十"。唐律是中国封建制法典的代表，它不仅是以前刑事立法、司法经验的总结，而且对于以后宋、元、明、清刑法典的制定都产生了直接的影响。因此，我们说在中国传统刑法中规定了罪刑法定原则。

由于历史和阶级的局限性，中国封建社会的罪刑法定也有其明显的特点：罪刑法定原则还处在较低的发展阶段和发展水平上；中国传统的罪刑法定原则，其宗旨虽然是为了限制和制约罪刑擅断的行为，维护国家和社会的法制秩序，但是，其实质只是对大臣官吏罪刑擅断行为的限制和制约，而对于国家最高统治者皇帝罪刑擅断的行为，要么不主张限制和制约，要么即使主张而实质上也难于限制和制约；中国传统罪刑法定之"法"是以社会本位为形式、以义务本位为特征、以维护君主统治为目的的，因而它在根本上忽视个人作为法律主体地位的存在，当然也不会确立和维护个人的权利和利益，这显然与以公民个人本位为形式、以权利本位为特征的现代罪刑法定之"法"是大不相同的；中国封建的罪刑法定原则与刑事类推原则之间是孪生兄弟的关系。

（四）刑事类推原则

所谓类推，是指在刑事法律没有明文规定的情况之下，可以比照最相类似的刑事法律条文审判案件和定罪量刑。战国末期具有总结性地位的思想家荀子就说："有法者以法行，无法者以类举，听之尽也。"② 荀子的这个"类"就含有类推的意思。又如，汉代一方面在法律上规定"犯法者各以法时律令论之"，实行一定的罪刑法定，另一方面又确立了"决事比"的法律渊源地位，而"其无条，取比类以决之，故云决事比"③ 的古人注释，已经说明汉代在法律没有明文规定的情况之下，是准予实行类推审判刑事案件的，并且实行类推审判案件的结果是形成了"决事比"的判例法渊源。再如，在中国法律史上

---

① 《汉书・孔光传》。

② 《荀子・王制》。

③ 《周礼・秋官・大司寇》注。

被人们称道的《唐律疏议》就规定和确立了刑事类推原则："诸断罪而律无正条，其应出罪者，则举重以明轻；其应入罪者，则举轻以明重。"① 意思是说，在审判刑事案件而法律又没有明确规定的情况之下，其刑事类推适用的原则为：如需要作出罪轻或无罪的判决而法律又没有明确规定者，可以最相类似的比较重的法律条文作为比照依据，来处理法律没有明文规定的比较轻的行为，如果法律明文规定的比较重的行为都可以作出罪轻或无罪的判决，那么法律没有明文规定的比较轻的行为就更应该作出罪轻或无罪的判决；如需要作出有罪或罪重的判决而法律又没有明确规定者，可以最相类似的比较轻的法律条文作为比照依据，来处理法律没有明文规定的比较重的行为，如果法律明文规定的比较轻的行为都可以作出有罪或罪重的判决，那么法律没有明文规定的比较重的行为就更应该作出有罪或罪重的判决。如，唐律规定"夜无故入人家者，……主人登时杀者，勿论"；如果主人将无缘无故到自己家里去的人，在"登时"折伤者，也不负刑事责任。这就叫"出罪""则举重以明轻"。如，唐律规定，殴打及谋杀祖父母、父母就构成恶逆罪，而现在的情况是不肖子孙已将祖父母、父母杀死，那么更构成了恶逆罪。这叫"入罪""则举轻以明重"。《唐律疏议》在中国法律史上是模本式法典，因此，以后宋、元、明、清的刑法典都承继了其刑事类推的规定。

二、定罪量刑原则

中国封建刑法除确立和规定了上述四个基本原则外，还有以下若干定罪量刑原则。

（一）刑事责任年龄原则

根据《睡虎地秦墓竹简》的记载，秦律中就有关于刑事责任年龄的规定，但与后来及现代不同的是以身高为标准确定刑事责任年龄。《睡虎地秦墓竹简·法律答问》中以身高为标准确定刑事责任年龄的规定有三处：一是"甲小未盈六尺，有马一匹自牧之，今马为人败，食人稼一石，问当论不当？不当论及偿稼。"身高不满六尺的甲在放马时，因马被人驱打吃了他人的一石庄稼，现在要问的问题是，对甲是否追究刑事责任？回答是，身高不满六尺的甲是未成年人，所以不追究刑事责任。二是"甲谋遣乙盗杀人，受分十钱，问乙高未盈六尺，甲何论？当磔。"大意是，甲教唆身高不满六尺的乙去实施"盗杀人"的行为，甲同时分得赃物十钱，现在要问的问题是，在身高不满六尺的乙不负刑事责任的情况下，是否追究成年人甲的刑事责任？回答是对教唆犯甲应处以割裂肢体的磔刑。三是"甲盗牛，盗牛时高六尺，系一岁，复丈，高六尺七寸，问甲何论？当完城旦。"意思是说，身高不满六尺的甲实施了盗牛的行为，而身高不满六尺的人在秦代不负刑事责任，当经过一年之后再对甲进行丈量的时候，甲身高已是六尺七寸了，问是否对甲处刑？回答是，应当对甲处以完城旦的刑罚。那么，这里提到的六尺、六尺七寸到底是多大年龄呢？秦律规定的负刑事责任的年龄到底是多大呢？《睡虎地秦墓竹简·仓律》"隶臣、城旦高不盈六尺五寸，隶妾、舂高不盈六尺二寸，皆为小"的记载，说明秦律以男子身高六尺五寸、女子身高六尺二寸作为成年与否以及是否负完全刑事责任的标准。贾公彦对《周礼·地官》的注疏说："七尺谓年二十，六尺谓年十五。"这是以男子为标准进行

① 《唐律疏议·名例律》。

解释的。据此我们就清楚了秦代负刑事责任的年龄，即男子身高六尺五寸、女子身高六尺二寸（可能是17~18岁）。这种以身高为标准确认刑事责任年龄的做法是由当时的历史条件决定的，在户籍制度不够健全的情况下具有一定的进步性，当然也具有不科学的地方。

汉朝的法律也有关于刑事责任年龄的规定。汉惠帝即位时下诏说："民年七十以上，若不满十岁，有罪当刑者，完之。"① 意思是说，不满十岁和七十岁以上者，如果犯罪应当处以肉刑的话，则改为较轻的完刑。完刑是只剃去鬓毛或胡须而不剃去头发的刑罚。对于不满十岁和七十岁以上者，实行的是减轻刑事责任。汉景帝后元三年（公元前141年）规定："年八十以上，八岁以下，及孕者未乳，师、侏儒当鞠系者，颂系之。"② 意思是说，在汉代八十岁以上、八岁以下、没有分娩的妇女、乐师和身体发育不全的侏儒等人，如果违法犯罪，在关押监禁时可以享有免戴刑具的优惠待遇。汉宣帝元康四年（公元前62年）诏："自今以来，诸年八十以上，非诬告杀伤人，它皆勿坐。"③ 年龄八十岁以上的老人只要犯的不是诬告罪和杀伤罪，均不负刑事责任。东汉光武帝刘秀也发布诏书说："男子八十以上，十岁以下，及妇人从坐者，自非不道，诏所名捕，皆不得系。"④ 这是规定除"不道"罪外，八十岁以上、八岁以下、连坐的妇女在违法犯罪之后，均可以免戴刑具。从这些诏令中可以知道，汉朝既有减轻刑事责任年龄的规定，又有免除刑事责任年龄的规定。

唐朝是我国封建社会发展的高峰，唐朝的刑事法律也发展到了完备的地步。唐律关于刑事责任年龄的规定与秦、汉相比更为完善和充分。《唐律疏议·名例律》规定："诸年七十以上，十五以下及废疾，犯流罪以下，收赎。八十岁以上，十岁以下及笃疾，犯反、逆、杀人应死者，上请；盗及伤人者，亦收赎，馀皆勿论。九十以上，七岁以下，虽有死罪，不加刑。"由此可知，唐律关于刑事责任年龄的规定可以分为以下几种情况：第一，十五岁以上、七十岁以下，属完全刑事责任年龄。此年龄阶段的人无论犯任何罪行都应当负完全的刑事责任。第二，已满十岁不满十五岁之间和已满七十岁不满八十岁之间，属减轻刑事责任年龄。此年龄阶段的人，对自己所犯的一切罪行都应当负刑事责任，但若犯应处流刑以下之罪行的，可以减轻处罚，实行"收赎"即交纳赎金后免刑。第三，已满七岁不满十岁之间和已满八十岁不满九十岁之间，属相对刑事责任年龄。此年龄阶段的人，如果犯谋反、谋大逆、杀人罪等应处死刑的罪行，则适用上请法，须将罪行奏报皇帝来决定应处的刑罚；如果犯强盗、窃盗、伤人等几种罪行，则减轻处罚，实行"收赎"即交纳金钱免刑；犯上述罪行以外的罪，则不负刑事责任。第四，不满七岁和已满九十岁的人，属无刑事责任年龄。在这个年龄阶段的人无论犯任何罪行，原则上不负刑事责任，不受任何刑罚处罚，即使构成死罪，也不加刑。但"缘坐应配没者"例外，就是说父祖构成谋反、谋大逆重罪时，即使不满七岁的子孙依据法律也应处"没官"之刑。这是封建株连原则在刑事责任年龄上的体现。唐律关于刑事责任年龄的规定，具有典型性和代表性，成为后来宋、元、明、清历代封建刑法典关于刑事责任年龄规定的渊源和楷模。

（二）区分故意与过失原则

战国、秦朝的法律中对于故意与过失就有规定。此时，一般将过失称之为"失""不

---

① 《汉书·惠帝纪》。
② 《汉书·刑法志》。
③ 《汉书·宣帝纪》。
④ 《后汉书·光武帝纪》。

端”“弗知”等，而将故意称之为“端”或“端为”。《墨子·号令》说：“其端失火以为乱者，车裂。”主张对于故意放火的人，要处以车裂的死刑。《睡虎地秦墓竹简·法律答问》也说：“甲盗钱以买丝、寄乙，乙受，弗知盗。乙论何也？毋论。”接受了赃款所购的物品，因为事先并不了解真实情况，所以不被追究刑事责任。《睡虎地秦墓竹简·法律答问》还说：“甲告乙盗牛若贼伤人，今乙不盗牛、不伤人，问甲何论？端为，为诬人；不端，为告不审。”甲告发乙犯了盗牛和杀伤人的罪行，司法部门受理后经过调查认为，所告与事实不符，对告发者如何处理呢？如果是故意诬告他人，则以诬告罪论处，实行诬告反坐的处罚原则；如果是过失，则以“告不审”论处。

在汉朝的法律中，将过失称为“过”“误”“过误”等，而将故意称为“故”。《后汉书·郭躬传》记载：汉明帝永平中，“有兄弟共杀人，而罪未有所归。帝以兄不训弟，故报兄重而减弟死。中常侍孙章宣诏，误言两报重，尚书奏章矫制，罪当腰斩。帝复召躬问之，躬对：章应罚金。帝曰：章矫诏杀人，何谓罚金？躬曰：法令有故、误。章传命之谬，于事为误。误者，其文则轻。”意思是说，汉明帝永平年间，有兄弟二人共同实施了杀人行为，经过很长时间的审理，对于其兄弟二人的刑事责任难以区分。皇帝认为，责任主要在兄长，因为他没有尽到教训兄弟的责任。因此判决的时候，对兄长判了死刑，而减了弟弟的死罪。在宣读皇帝诏书的时候，中常侍孙章因疏忽大意把一死一生的判决宣读为二死的判决。于是尚书向皇帝上奏说孙章犯了矫制罪，应该判处腰斩的死刑。对此皇帝向郭躬询问应该怎么办？郭躬说，应该对于孙章处以罚金刑。皇帝则说孙章犯了矫诏杀人的罪行，为何只处罚金？郭躬回答说，法律有故意与过失之分，孙章宣读诏书杀人，属于过失。根据汉律的规定，过失犯罪所处的刑罚也轻。

三国两晋南北朝时期，大多沿袭了汉律关于故意、过失的规定，所不同的是晋代律学家对于故意与过失的概念作了规范化的解释。如晋代张斐说：“其知而犯之谓之故，意以为然谓之失”，“不意误犯谓之过失”。[1]“其知而犯之谓之故”的意思是，有意实施某种危害行为，或明知某行为会造成危害，而有意实施。“意以为然”，是指已认识到抽象危险性，却认为能够避免危险的发生，类似过于自信（有认识）的过失或意外事故。“不意误犯”，即未意识到抽象危险性的过失，类于疏忽大意（无认识）过失或意外事故。这样就对于直接故意、过于自信的过失、疏忽大意的过失进行了相对科学的解释。

到唐、宋、元、明、清的时候，“故”与“误”“失”“过失”，“知”与“不知”，“知情”与“不知情”相对立，此外还有“忘”“错”“不觉”等词。“故”与“误”作为相对的称谓被普遍使用，而“失”一般仅适用于渎职犯罪。如《唐律疏议·职制律》：“诸贡举非其人及应贡举而不贡举，……失者，各减三等。”《唐律疏议·断狱律》：“诸制敕断罪，临时处分不为永格者，不得引为后比。若辄引，致罪有出入者，以故、失论。”

总之，中国封建刑法从战国到明清，都很重视行为人的主观心理状态，一直在行为人的主观心理状态方面注意区分故意与过失。这表明我国古代的刑法理论已发展到较高的水平；同时对于司法审判和定罪量刑也具有重要的意义。

（三）区分公罪、私罪原则

汉代已有“公坐”“公负”的说法：“泰山之贼，伦不能讨，是力不足以禁之，法当

[1] 《晋书·刑法志》。

公坐，故云‘公负’。”[①] 第五伦没有实力讨伐盗贼，按照汉代法律以“公坐”或“公负”论罪，也就是由于职务而没有个人目的所构成的犯罪。晋律对于公罪、私罪已有区分：“犯罪为公为私”。[②] 南朝《陈律》则规定对于“公坐过误”的行为，处以罚金刑。隋朝《开皇律》规定：“犯私罪以官当徒者，五品以上，一官当徒二年；九品以上，一官当徒一年；当流者，三流同比徒三年。若犯公罪者，徒各加一年，当流者各加一等。”[③] 隋朝不仅在法律上区分公罪、私罪，而且还明确规定了不同的法律责任。唐律在总结前代立法经验的基础上，明确提出了公罪与私罪的概念，并作了不同的处罚规定。据《唐律疏议·名例律》注释：“公罪，谓缘公事致罪而无私曲者”，“私罪，谓私自犯及对制诈不以实者，受请、枉法之类”。由此可知，公罪纯粹是由于职务原因构成的犯罪，而没有任何的私人原因和目的。私罪则是由于个人目的方面的犯罪，或者对待皇帝和上级的指示命令采取欺诈的方式所构成的犯罪，或者虽和职务有关但目的是中饱私囊方面的犯罪。《唐律疏议》对公罪和私罪采取了不同的处罚原则，如犯公罪者，五品以上，一官当徒三年；九品以上，一官当徒二年。而犯私罪，则各减一年。在官员考课时，私罪计其刑赎铜一斤为一负；公罪，则赎铜两斤为一负。各十负为一殿，公罪计负少，私罪多。负、殿是官吏在职期间过罪的记录，直接关系到他们的升迁、降黜、迁转等官运前程。唐律对公罪与私罪的严格区分以及在处罚上实行公罪轻、私罪重的量刑原则，目的是鼓励官吏恪尽职守地为封建国家效劳服务，以激发官吏的工作积极性和提高国家的行政效率。直到清律都沿用了公罪、私罪的规定。

（四）共同犯罪处刑原则

个人犯罪与共同犯罪，由于其主观恶性不一样，造成的社会危害后果也不一样，因此从中国古代的《秦律》开始就在法律上规定了共同犯罪的定罪量刑原则。《睡虎地秦墓竹简·法律答问》规定：“士伍甲盗……赃值过六百六十，……甲当黥为城旦”，“五人盗，赃一钱以上，斩左止，又黥以为城旦；不盈五人，盗过六百六十钱，黥劓以为城旦；不盈六百六十到二百廿钱，黥为城旦”。凡五人以上的集团犯罪，即使盗窃赃物价值仅一钱，即处以砍断左脚、面部刺字并服城旦劳役的刑罚；而不足五人盗窃赃物价值超过六百六十钱，仅处黥劓为城旦的刑罚，而一人盗窃赃物价值超过六百六十钱，才处黥为城旦的刑罚。可见，在秦代，2～4 人的共同犯罪所受到的刑罚比单个人犯罪所受到的刑罚重，而 5 人及其以上的集团犯罪所受到的刑罚比单个人的犯罪和 2～4 人的共同犯罪所受到的刑罚重。到汉律仍然沿用了秦律关于共同犯罪的规定，所不同的是在共同犯罪中已有了“造意”“首恶”的区分。淮南王刘安谋反案中的伍被就是由于“造意”而被处死。[④] 唐律关于共同犯罪的规定具有代表性并呈现出自己的特色。《唐律疏议·名例律》规定：“诸共犯罪者，以造意为首，随从者减一等。若家人共犯，止坐尊长；侵损于人者，以凡人首从论。即共监临主守为犯，虽造意，仍以监主为首，凡人以常从论。”唐律关于共同犯罪的规定具有如下内容和特点：一是区分首犯与从犯，从犯比首犯减一等量刑。区分首从的方

---

① 《后汉书·第五伦传》。
② 《晋书·刑法志》。
③ 《隋书·刑法志》。
④ 《汉书·伍被传》。

法，以“造意为首”，即以制造犯意者为首犯，馀并为从。二是一家人共同犯罪，不论由何人造意，均以尊长为首犯并只处罚尊长，而卑幼则不构成犯罪也不被处罚，这实际上加大了封建家长的责任。三是外人与监临主守官员共同犯罪，即使由外人造意，仍以监临主守官员为首犯，其余人为从犯减一等量刑。这是通过加大负有领导监督责任的人的刑事责任，来防止官吏内外结合，沆瀣一气，因缘为奸，以维护国家的统治秩序。

（五）正当防卫原则

汉代已有正当防卫的规定。郑玄注释《周礼》时引汉律说：“无故入人室宅庐舍，上人车船，牵引人欲犯法者，其时格杀之，无罪。”以后各代刑法中也都有“系猝遇强暴，情势危急，仓卒捍拒”[①] 的规定。总体看来，中国封建刑法中正当防卫基本包括对亲属利益、自己利益和夜间侵犯住宅以及对奸淫行为的防卫。

对亲属利益的防卫。唐律规定：“祖父母、父母为人所殴击者，子孙即殴击之，非折伤者，勿论。折伤者，减凡斗折伤三等。至死者，依常律。”[②] 从《唐律疏议》的规定来看，在唐代对于防卫强度、防卫主体、防卫对象是有一定限制的。明、清在继承唐律上述规定的基础上，又作了补充，即祖父母、父母为人所杀，而子孙擅杀行凶者，杖六十。其即时杀伤者，勿论。清律中更加强调了正当防卫的时间，同时排除了不属于正当防卫的情形。

为自己利益的防卫。《唐律疏议·斗讼律》“两相殴伤者论如律”条规定：“诸斗两相殴者，各随轻重，两论如律；后下手理直者，减二等。至死者，不减。”从律文中我们可以看出以下几点：“理直”说明正当防卫理由的正当性；“后下手”说明行为的防卫性；“减本罪二等”说明法律对正当防卫的处罚原则是减轻处罚；“至死者不减”说明法律对防卫过当的处理原则。

对夜间侵犯的防卫。《唐律疏议》规定：“夜无故入人家者，笞四十。主人登时杀者，勿论。若知非侵犯而杀伤者，减斗杀伤二等。其已就拘执而杀伤者，各以斗杀伤论，至死者加役流。”[③] 本条有两个方面的内容：一是凡是夜间无正当理由进入别人家宅的，处笞四十的刑罚。二是对这种犯罪实行正当犯卫的规定，是一种无限防卫权。但这种无限防卫权的行使须符合法定的条件，若明知其不是或不可能侵犯自己而将人杀伤的，便不得无罪，只能按斗殴杀伤减二等处刑。此后，清律为了防止这种“防卫”手段过宽，对防卫的时间、地点、情形进行了烦琐的区分，例如时间分为白天和黑夜，地点分为院内和院外，财物分为有无看守等。

对奸淫行为的防卫。《唐律疏议·捕亡律》“被殴击奸盗捕法”条规定：“诸被人殴击折伤以上，若盗及强奸，虽傍人，皆得捕杀，以送官司。”明律清律中都设有“杀死奸夫”的专条：“凡妻与妾与人奸通，而（本夫）于奸所亲获奸夫、奸妇，登时杀死者，勿论。若止杀死奸夫者，奸妇依（和奸）律断罪。”[④]

（六）涉外案件处理原则

秦代有《属邦律》，可能有关于处理“属邦”案件的法律规定。从国家基本法典——

① 《大清律例》卷28。
② 《唐律疏议·斗讼律》。
③ 《唐律疏议·贼盗律》。
④ 《大明律·刑律二》。

刑事法律的角度专门规定涉外案件的法律原则，这在中国法律史上尚属首次。唐朝是中国封建社会发展的高峰，与周边民族及外国有着广泛的联系和交往。当时的长安、洛阳、广州、扬州等城市外商云集，成为世界贸易的重要口岸。这样就不可避免地发生大量的涉外刑事与民事案件。因此，唐律适应需要规定了涉外案件的处理原则。《唐律疏议·名例律》规定："诸化外人同类自相犯者，各依本俗法；异类相犯者，以法律论。"也就是说，具有同一国籍的外国人在中国境内发生的互相侵犯的案件，按照其本国的法律审判。不同国籍的外国人在中国境内发生的互相侵犯的案件，或者外国人与中国人在中国境内发生的互相侵犯的案件，则依据《唐律疏议》进行审判。唐律规定的这一涉外案件的审判原则，反映出唐朝的经济繁荣和政治稳定，它既尊重了各国的法律和习惯，同时又维护了中国的司法主权，并且反映了唐律高超的立法技术水平。至明代，法律规定凡涉外案件都依明律定罪科刑："凡化外人犯罪者，并依律拟断。"①

（七）自首减免刑罚原则

秦律已有大体相当于今天所说的"自首"，叫"自出"。《睡虎地秦墓竹简·法律答问》说："把其假以亡，得及自出，当为盗不当？自出，以亡论。其得，坐赃为盗。"意思是说，携带借用的官物逃亡，如本人主动自首，仅以逃亡罪处理，而不以盗窃罪论处；若系被追捕擒获，则按赃数多少以盗窃罪重惩；倘以盗窃罪处刑轻于逃亡罪，则依逃亡罪从重论处。在秦代犯罪后如主动自首是可以减免刑罚的。

汉律中也有自首的规定，当时叫"自告"。据《汉书·淮南衡山济北王传》记载，衡山王刘赐的儿子刘孝，虽然参与了谋反，但由于向廷尉自首，而按照"律自告除其罪"的规定被免除刑罚。当然，在汉代"自告得减免刑罚"是有条件的，如为共同犯罪或集团犯罪的"造意"或"首恶"者，即使先自告也不能减免刑罚，并且在汉代还有只赦免自首之罪应处刑罚的规定。

唐朝关于自首的规定，与以前相比有了较为全面的发展。首先，明确了自首的法定概念，即"诸犯罪未发而自首者，原其罪"②。强调罪犯必须在案件未被官府或他人发觉之前主动向司法机关投案。其次，明确了自首的范围，本人亲自向官府交代所犯罪行，或者委托他人代为自首，或者依法得相容隐者为罪犯自首以及告发，或者犯盗窃、诈骗罪行因悔悟而向被害人承认罪行者，均以犯罪者本人自首论处。最后，规定了自首的处理原则：对于自首之罪免除刑罚；轻罪被发觉而能自首其重罪者，免除其所有刑罚；自首"不实""不尽"者，追究其"不实""不尽"之罪；犯死罪能自首者可减一等处刑；自首免罪之后，赃物必须如数退赔；已伤害或强奸良人、损坏或丢失了不可复原之物（如官印、旌旗、官文书）、私渡关津、私习天文等犯罪，不适用自首免罪的规定。

（八）累犯加重原则

《睡虎地秦墓竹简·法律答问》记载："当耐为隶臣，以司寇诬人，何论？当耐为隶臣，又系城旦六岁。"意思是说，犯罪应当判处"耐为隶臣"的刑罚，可又犯有"以司寇诬人"的罪行，对此，如何判刑呢？最后决定的刑罚是既"耐为隶臣"，同时又"系城旦

① 《大明律·名例律》。
② 《唐律疏议·名例律》。

六岁”。在秦代，司寇是二年的劳役刑，同时还实行诬告反坐的原则。之所以把本来应该判处二年刑罚的“以司寇诬人”罪判处了“系城旦六岁”的刑罚，是因为罪犯是累犯需要加重处罚。

唐代有更犯和累犯的规定和区别。更犯是指“诸犯罪已发及已配而更为罪者，各重其事”①。就是说，当犯罪事实已被告发或者案件已经判决执行，罪犯又犯有笞以上新罪者，就要加重处罚。在唐代累犯是指三次以上的犯罪，并且前二罪都已经被告发或者判决执行。如《唐律疏议·贼盗律》规定：“诸盗经断后，仍更行盗，前后三犯徒者，流二千里；三犯流者，绞。”由此可见，唐代实行的是更犯、累犯加重处刑的原则。

（九）数罪并罚原则

唐律把二种及以上的罪行被人告发并由司法机关受理称作“二罪以上俱发”。唐代对“二罪以上俱发”实行的处罚原则是“重罪吸收轻罪”的原则。《唐律疏议·名例律》规定：“诸二罪以上俱发，以重者论；等者，从一。若一罪先发，已经论决，余罪若等，勿论；重者，更论之，通计前罪，以充后数。”意思是说，一人犯有二种及以上的罪行时，只对其中的一个重罪处刑。二种及以上的罪行如相等，则取一罪处刑。如一罪先被告发，并已作出判决，而后又发现余罪，如新发现的罪行较前罪轻或者相等，则维持原判；如新发现的罪行较前罪重则予以改判，按新罪应处的刑罚执行刑罚，同时需要减去已执行的刑期。唐律关于数罪并罚原则的规定，体现了唐初“立法务在宽简”的指导思想。这与西方的简单相加和我们现代的限制加重都有所不同。

（十）诬告反坐原则

诬告反坐是一个确立于秦代并被以后历代封建王朝所沿用不改的量刑原则。诬告是指故意捏造事实以陷害他人的行为。诬告反坐是指对于诬告者处以其所诬告之罪应处的刑罚。据《睡虎地秦墓竹简·法律答问》记载，之所以把本来应该判处二年刑罚的“以司寇诬人”罪判处了“系城旦六岁”的刑罚，是因为罪犯既犯有诬告罪，同时又是累犯，所以加重处罚判处了强制服修城筑墙六年的劳役。应该指出的是，按秦律规定，诬告罪在主观上必须是故意才能构成，否则，如果主观上是过失，则按“告不审”处理。

（十一）连坐原则

对于犯罪者及其有关的亲属连带处罚，恐怕是进入阶级社会之后就有的现象。如，夏朝的刑罚“孥戮”、商朝的刑罚“劓殄”就是例证。然而，从法律上规定为一项量刑原则，恐怕是从在秦国变法的商鞅开始的。据说，商鞅创立的连坐就有什伍连坐、亲属连坐、职务连坐和军事连坐四种，并且在刑罚种类上明确规定了族刑，以贯彻连坐原则。以后，封建王朝对于“三谋”罪所规定的刑罚就是体现了连坐的刑罚原则。

（十二）“重其所重”“轻其所轻”原则

清代人薛允升在对唐律和明律中的犯罪与刑罚进行比较研究之后认为：“事关典礼及风俗、教化等事，唐律均较明律为重；贼、盗及有关币帑、钱粮等事，明律则又较唐律为重。”② 这就是法律史学界经常讲的明朝的刑事政策和明律的显著特点。

---

① 《唐律疏议·名例律》。

② 《唐明律合编》（卷9）。

所谓“重其所重”，是指凡是直接严重危害封建统治、封建君主的犯罪，明律与唐律相比加重了对“谋反”“谋大逆”等罪的处罚。明律规定：“凡谋反及大逆但共谋者，不分首从皆凌迟处死；祖父、父、子孙、兄弟及同居之人不分异姓，及伯叔父兄弟之子，不限籍之同异，年十六以上，不论笃疾废疾者，皆斩；其十五岁以下及母女、妻妾、姊妹、若子之妻妾，给付功臣之家为奴，财产入官。……知情故纵隐藏者斩。”明律与唐律相比较，一是加重了犯罪者本人及其亲属的刑罚。唐律对于反逆者本人不分首从处斩，明律则凌迟处死。唐律对反逆者之父和十六岁以上之子处绞刑，而明律则对十六岁以上的男性亲属处以斩刑。二是扩大了株连范围。唐律只对犯罪者十六岁以上的三代直系男子亲属实行株连处以死刑，而明律则把死刑范围扩大到犯罪者十六岁以上的父族、妻族、女婿、外祖父以及一切同居之人，甚至将十五岁以下的男子和所有的妇女家属沦为官奴隶。三是明律在处罚上不分情节皆处以凌迟刑或斩刑。而唐律则区分为“词理不能动众，威力不足率人者”“口陈欲反之言，心无真实之举者”等不同情况，分别处以斩刑、流二千里等刑罚。四是明律扩大了“十恶”重罪的范围。另外，明律还对臣下结党、内外官交结、官吏贪赃等犯罪加重了刑罚。

所谓“轻其所轻”，是指凡是有关风俗教化及民事关系方面的违法行为，明律较唐律减轻了处罚。如关于“子孙违犯教令”罪的规定，唐律规定徒二年，明律则降为杖一百。又如，祖父母、父母在世期间子孙不得别籍异财，违者，唐律规定徒三年，明律则降为杖一百。再如，闻父母丧匿不举哀，唐律流二千里，明律改为杖六十，徒一年。明律之所以对这些危害不大的“轻罪”从轻处罚，归根到底还是为了突出其“重其所重”的意图。

第二节 主要罪名

一、战国时期的罪名

战国时期虽然在变法的过程中各国都相继制定并公布了成文刑法，但我们至今只能看到如《七法》《国律》《刑符》《宪令》等法律名称，而法律内容则看到的很少。现依据《晋书·刑法志》《唐律疏议》、明代董说《七国考》引汉代桓谭《新论》对中国历史上第一部比较系统的封建成文法典《法经》的记述，谈一下战国时期的一些罪名。

（1）“盗”罪。首先，在“王者之政，莫急于盗贼”的思想指导下，《法经》在中国历史上首次把侵犯公私财产的犯罪和刑罚以《盗法》命名并专列一篇进行规定，以维护封建的经济基础。其次，明确规定了“盗”罪的表现形式：有“大盗”，可能是后世强盗罪的前身；有“盗心”，处罚盗的思想动机；有危害封建政权的“盗”如“盗符”和“盗玺”。

（2）“贼”罪。也是在中国历史上首次把侵犯人身安全和危害封建政治统治的犯罪和刑罚专列一篇进行规定并以《贼法》命名，以巩固封建政权。其次，明确规定了“贼”罪的内容，目前只能看到杀人罪的规定。

（3）淫乱罪。《法经》有“夫有一妻二妾”“夫有二妻”“妻有外夫”等破坏一夫一妻制和妻子与他人通奸等犯罪行为的规定。

（4）思想言论罪。如“窥宫者膑，拾遗者刖，曰为盗心焉”，就是在惩罚“盗”的思想动机；“议国法令者诛，籍其家，及其妻氏”的规定，就是禁止言论自由，实行思想文化专制，惩罚思想犯罪。

（5）翻越城池罪。规定对于“越城者”，从一人到十人分别处以死刑、族刑。这是镇压人民反抗斗争的规定。

（6）赌博罪。规定“博戏罚金三币。太子博戏则笞，不止，则特笞；不止，则更立。”这可能是后世惩治赌博罪的法律渊源。

（7）非法集会罪。规定“群相居一日则问，三日、四日、五日则诛”。三人曰群。三个及其以上的人们集会必须得到批准，否则集会在三日以上者将被处以死刑。这应该是中国法律发展史上惩治非法集会的先例。

（8）受贿罪。规定“丞相受金，左右伏诛；犀首以下受金，则诛；金自镒以下，罚不诛也”。“丞相受金”与“犀首以下受金”都是受贿，但刑罚不一样，说明从战国开始在废除宗法等级之后，新兴地主阶级在建立新的官僚等级制度。

（9）逾制罪。规定“大夫之家有侯物，自一以上者族”，说明仍然有贵族等级的阴影存在。

二、秦朝的罪名

（一）危害皇帝人身和权威尊严方面的犯罪

危害皇帝人身安全罪。《史记·秦始皇本纪》说，秦始皇二十九年（公元前 218 年），当东巡至博浪沙时遭到袭击，始皇帝于是“乃令天下大索十日”，以捕捉袭击者。这个案子始终没有破，为首的袭击者是后来作为刘邦智囊的张良。《史记·秦始皇本纪》还说：“行所幸，有言其处者，罪死。”这是秦律保护皇帝人身安全的法律规定。

侵犯皇帝权威罪。《史记·秦始皇本纪》记载，秦始皇三十六年（公元前 211 年），天降陨石，可能是六国的遗少们在上面刻了“始皇帝死而地分”几个字，于是秦始皇下令“尽取石旁居人诛之”。在君权神授的时代，这种对皇帝诽谤的言行，显然不利于皇权的维护，同时也可看到秦代刑罚的残酷。

不敬皇帝罪。指对皇帝有失尊敬、有所怠慢的行为。《睡虎地秦墓竹简·秦律杂抄》说：“听命书……不避席立，赀二甲，废。”听到皇帝的命令或接受皇帝的制书，必须恭恭敬敬，否则，不下席不站立，则构成犯罪，将被处以罚二甲的处罚，且撤销职务，永不叙用。

（二）危害国家政权罪

在秦代，对于危害国家政权的行为，法律都以谋反罪定罪并处以死刑。秦孝公死后，守旧势力就是以“谋反”的罪名对商鞅处以车裂的死刑并灭了他的全族。[①] 在秦代被以“谋反”的罪名处以死刑的还有与嬴政的母亲通奸的嫪毐、与赵高一起使二世篡权并被赵高处死的李斯等。

---

① 《史记·商君列传》。

（三）职官犯罪

任官方面的犯罪。秦律规定，必须根据人们的才能任命官职，否则，将构成犯罪；如果任用已被革职处罚的“废官”者，将被处以“赀二甲”的刑罚；① 对于拥有选拔官吏职权的官员实行连坐制度，即“任人而所任不善者，各以其罪罪之”②；官员升迁或转职时，不得任用旧僚作下属，否则治罪。

“废令”“犯令”罪。《睡虎地秦墓竹简·法律答问》记载：“令曰勿为，而为之，是谓‘犯令’；令曰为之，弗为，是谓‘废令’也。”设立“以奸为事”罪，督励官吏忠于职守。

挪用公款罪。秦律规定：“府中公金钱私贷用之，与盗同法。”③ 官府的资金，擅自作主挪作他用，构成挪用公款罪，按照盗窃罪处刑。

司法职官犯罪。“不直”罪，是指司法官吏在司法审判中罪当重而故意轻判或者罪应轻而故意重判的行为；“纵囚”罪，是指司法官吏在司法审判中应当论罪而故意不论罪，以及设法减轻案情，故意使案犯达不到定罪标准，从而判其无罪的行为；“失刑”罪，是指司法官吏因过失而量刑不当的行为；“不廉”罪，是指官吏知道别人犯罪而不敢论处的行为；“不胜任”，是指官吏对于所辖地区的犯罪不能及时发现的情况。

（四）侵犯财产罪

盗窃罪。《盐铁论》说：秦之法，“盗马者死，盗牛者加”。从《睡虎地秦墓竹简》的内容来看，秦代基本上是按照赃值的多少，对盗窃罪量刑。“士伍甲盗……赃值过六百六十，……甲当黥为城旦”，“五人盗，赃一钱以上，斩左止，又黥以为城旦；……不盈六百六十到二百廿钱，黥为城旦。”秦律对于我们现代人认为不可能构成犯罪的行为也规定了相当严厉的刑罚。如规定：“或盗采人桑叶，赃不盈一钱，何论？赀徭三旬。”④ 秦代还处罚盗窃未遂、盗窃意识等。

群盗罪。在秦代主要是对农民反抗、农民起义行为进行侮辱的称谓。《史记·叔孙通列传》记载：“陈胜起山东，使者以闻。二世召博士诸儒生问……叔孙通曰：‘此特群盗鼠窃狗盗耳，何足置之齿牙间’”。

“盗徙封”罪。《睡虎地秦墓竹简·法律答问》规定了“盗徙封”的罪名，是指私自移动田界所构成的犯罪，目的是维护公私土地所有权。

（五）危害人身安全罪

主要是指杀伤、斗殴等危害人身安全的行为。

杀伤罪。秦律中的杀伤罪包括杀人罪和伤害罪。其中，杀人罪包括贼杀、牧杀、盗杀、擅杀。贼杀人即故意杀人，秦律对贼杀人处刑极严；牧杀即谋杀，奴婢谋杀主人，谋杀未遂而被捕获仍以贼杀论处；盗杀，是指因盗而杀，兼有“盗”“贼”二罪，处刑亦重；所谓擅杀是指尊长杀卑幼，主子杀奴婢而言。此类杀人，限于尊卑等级名分，虽属故

---

① 《睡虎地秦墓竹简·秦律杂抄》。
② 《史记·范睢蔡泽列传》。
③ 《睡虎地秦墓竹简·法律答问》。
④ 《睡虎地秦墓竹简·法律答问》。

杀，但不以贼杀论处。

斗殴罪属一般性犯罪，又分为持械斗殴、不持械斗殴、夫妻相殴等，所处刑罚也有一定区别。

（六）思想言论方面的犯罪

“藏诗书”罪、“偶语诗书”罪、“以古非今”罪。秦始皇采纳了李斯的建议，于三十四年（公元前213年）下令：“非博士官所职，天下有敢藏《诗》《书》、百家语者，悉诣守、尉杂烧之。有敢偶语《诗》《书》者，弃市；以古非今者族；吏见知不举者，与同罪。令下三十日不烧，黥为城旦。所不去者，医药、卜筮、种树之书。”① 从上述内容看，此令规定有三个罪名：一是“藏诗书”罪，是收藏儒家经典《诗》《书》所构成的犯罪；二是“偶语诗书”罪，二人及其以上谈论儒家经典《诗》《书》的内容所构成的犯罪；三是“以古非今”罪，是指以尧、舜、禹、汤、文、武等人为政的德行政事为依据评判时政的行为所构成的犯罪。

诽谤妖言罪。指议论皇帝，私下发表不满皇帝专制独裁的言论。秦始皇三十五年（公元前212年），侯生、卢生等方士、儒生议论秦始皇独断专行，刑罚手段过于残酷，“乐以刑杀为威”，最后被秦始皇以“诽谤”“或为妖言以乱黔首”的罪名逮捕，并且“四百六十余人，皆坑之咸阳”。②

妄言罪。指反对或推翻秦朝君主专制统治的言论，犯此罪者要灭门九族。

非所宜言罪。臣下说了不应该说的话，或者说了皇帝忌讳厌恶的话，都可称为“非所宜言”，一律治罪。

投书罪。即投递有损害封建统治秩序，或陷无辜于罪以泄私愤的匿名信。秦律规定：“有投书，勿发，见辄燔之，能捕者购臣妾二人。”③

（七）逃避赋税及徭役的犯罪

逃避赋税罪。“弗傅”罪。据秦律规定，男年满十七岁到政府登记开始承担服役义务，六十岁方可“免老”，否则，如不登记将构成犯罪，被追究刑事责任。“擅徙”罪。为了把农民束缚在土地上，以满足国家对赋税和徭役的需要，秦朝继承了商鞅变法以来所实行的什伍制度，严禁农民私自迁徙，否则构成犯罪，受到刑罚。“匿户”罪，是指隐瞒全家户籍，不向政府申报，以逃避徭役和赋税的行为。“匿田”罪，是指农民不如实向政府申报登记所拥有的田地亩数，以逃避田赋的行为。

逃避徭役罪。“乏徭”罪，是指接到征发服役的法令而逃避服役的行为。“逋事”罪，是指到了服役地点又逃亡的行为。尤其到秦朝后期，徭役更多，刑罚更重。如《史记·陈涉世家》说：“失期者，当斩。”

（八）妨害婚姻家庭罪

“弃妻不书”罪。秦律规定：“弃妻不书，赀二甲。”看来秦代已有了休妻登记制度，

---

① 《史记·秦始皇本纪》。

② 《史记·秦始皇本纪》。

③ 《睡虎地秦墓竹简·法律答问》。

如果不登记，将被处以“赀二甲”的刑罚。[①]

“夫为寄豭”罪。秦始皇三十七年（公元前210年）会稽刻石记载：“夫为寄豭，杀之无罪。”[②] 意思是说，丈夫如与人通奸，秦律则允许妻子杀死丈夫而不负刑事责任。

三、汉朝的罪名

从刑事法制来讲，具有“汉承秦制”的特点。在盗窃罪、妄言罪、杀伤罪、不敬罪、诽谤妖言罪等方面，汉代的罪名大多继承秦制，但也增加了一些新的罪名。

（一）危害皇帝人身安全与权威尊严的犯罪

矫制矫诏罪。篡改、假传、诈称曰“矫”。制、诏，即皇帝的命令。矫制矫诏是指篡改皇帝命令的行为。传达皇帝诏书、诏令，进行篡改，是对皇帝权力的直接侵犯，如“矫诏大害”，则被处以腰斩或弃市的刑罚；如“矫诏不害”，则可减轻处罚，一般免官。

废格诏令罪。搁置为“废”。指阻止或拒不执行皇帝诏令的行为。据《史记·淮南衡山列传》记载：废格诏令者，将被处以弃市的死刑。

僭越罪。又称“逾制”罪。指享有了皇帝才能享有的特权所构成的犯罪。淮南王刘安被免为庶民的罪名之一，就是“不听天子诏，居处无度，为黄屋盖乘舆，出入拟于天子”。[③]

大不敬罪。指侵犯皇帝尊严所构成的犯罪。据《晋书·刑法志》称：“亏礼废节，谓之不敬。”此罪涉及的内容十分广泛，如对皇帝、皇室、皇帝使节、使用器物、用品、皇帝宗庙、陵寝等有不敬言行者，均构成不敬或大不敬罪，将被处以死刑或相当重的刑罚，目的是维护皇帝的绝对权威。

阑入和失阑罪。没有凭证擅自闯入叫“阑入”。凡阑入宫门者处以城旦刑；阑入殿门者，处以弃市刑。守卫宫殿门的官吏若对阑入者不加制止，即构成“失阑”罪，将被处以严厉的刑罚。

犯跸罪。跸是皇帝外出巡行时经过的地区所形成的戒严区。犯跸罪，是指皇帝出行时，冲撞皇帝的仪仗或车骑所构成的犯罪。《汉书·文帝纪》说，有一次文帝出行走到中渭桥时，有人回避不及，躲在桥下，无意中惊动皇帝马匹，导致马惊，汉文帝竟然要将犯跸者处死。

（二）危害中央集权制度的犯罪

汉朝建立之后，在实行皇帝制度、郡县制度的同时，在全国分封建立了9个刘姓诸侯国，企图起到屏藩皇室的作用。但事情的发展，与汉初统治者的愿望相反，当诸侯王的羽翼丰满之后，他们不但不维护皇帝的权威，而且以“清君侧”为名，发动了叛乱，即“吴楚七国之乱”。汉景帝在镇压了叛乱之后，明确规定：“令诸侯不得复治国，天子为置吏。”这样就剥夺了诸侯王在封地选任官吏的权力。武帝继位后继续采取一系列法律措施，削弱和打击危害中央集权制度的犯罪。

“左官”罪。没有中央任命而擅自在诸侯国担任官职或者诸侯王不经中央批准私自选任官吏所构成的犯罪。依据《左官律》的规定，犯“左官”罪者，将被处以重刑。

---

① 《睡虎地秦墓竹简·法律答问》。

② 《史记·秦始皇本纪》。

③ 《史记·淮南衡山列传》。

“阿党”“附益”罪。“阿党”罪，是指诸侯王国的官吏与诸侯王结成死党，对于诸侯王的罪行不向中央举奏所构成的犯罪。“附益”罪，是指朝廷大臣交结诸侯王，帮助诸侯王获得非法利益的行为所构成的犯罪。对于这些罪行严惩的结果，加强了中央的权威，维护了中央集权制度。这就是《汉书・高五王传》所说的：“自吴楚诛后，稍夺诸侯权，左官、附益、阿党之法设，其后诸侯唯得衣食租税，贫者或乘牛车。”

“出界”罪。诸侯王越出封国国界，必须得到中央批准，否则，诸侯王擅自越出其封国疆界即构成“出界”罪。犯此罪者，轻者耐为司寇，重者将遭诛杀。

“酎金”罪。西汉的诸侯王主要是汉高祖的兄弟子孙，因此有义务参加皇帝所组织和主持的祭祀活动。同时，诸侯王在参与祭祠宗庙时，必须贡献成色上乘的黄金，如以次充好，则构成“酎金”罪，将被处以削地废爵的处罚。

（三）危害封建统治的犯罪

谋反大逆罪。在汉代大多是指统治集团内部以暴力或阴谋推翻汉朝政权的犯罪。《汉书・高帝纪》：“淮阴侯韩信谋反长安，夷三族。”另外梁王彭越、景帝时的晁错等良将勋臣均被以反逆罪处死。当然有时也将农民聚众起义的情况称为谋反大逆。

首匿罪。指首谋隐藏造反农民的行为构成的犯罪。“首匿”罪，将被判处弃市或斩刑。

通行饮食罪。指为起义农民通风报信充当向导或提供饮食的行为所构成的犯罪。“通行饮食罪”一般被处以死刑。

“篡囚”罪。指组织攻打监狱救出在押犯的犯罪，犯此罪者，一律判处弃市的刑罚。

（四）官吏渎职罪

沈命罪。指郡守对于本辖区内的群盗没有及时发觉或者发觉而没有如数全部捕获的行为所构成的犯罪。颜师古注曰：“沈，没也。敢蔽匿盗贼者，没其命也。”① 即对胆敢不检举、不缉捕盗贼的，一律处死。汉代统治者制定《沈命法》，处罚沈命犯罪者是为了督促官吏严格履行职责。但事与愿违，郡守因为担心被诛而不予报告，最后造成了“盗贼并起”的局面，所以不久就废除了《沈命法》。

见知故纵罪。指治安官吏看见知道别人犯法（尤其是“贼盗”犯罪），不及时举报即构成犯罪。

（五）思想犯罪

汉代创设了腹诽罪。不管诽谤妖言还是非所宜言，都有言辞表现。而腹诽罪，则是语无微辞而心有异议所构成的犯罪，实际上是以表情、神态定罪。创设于汉武帝对大司农颜异的治罪。汉武帝元狩四年（公元前119年），颁布诏令“盗铸诸金钱罪皆死”。对此朝臣多有议论。“汤又与异有隙，及人有告异以它议，事下汤治。异与客语，客语初令下有不便者，异不应，微反唇。汤奏当异九卿见令不便，不入言而腹非，论死。自是后有腹非之法比，而公卿大夫多谄谀取容。”② 这样在中国历史上就以语无微词而心有异议的名义处罚犯罪，使对思想言论犯罪的规定进入了一个新阶段。

---

① 《汉书・酷吏传》注。

② 《汉书・食货志》。

（六）家庭伦常犯罪

不孝罪。《汉书·淮南衡山王传》记载：衡山王刘赐的长子“爽坐告王父不孝，皆弃市”。儿子告发父亲将被处以死刑，在中国法律发展史上是从来没有过的法律规定。汉律还规定，儿子殴打父母者，处以死刑；殴死父母者，处以枭首刑；居父母丧与人通奸者，处以死刑。

“禽兽行”。《汉书·荆燕吴传》记载：琅邪王刘泽的孙子刘定国与父亲的妾姬通奸，被认为是“禽兽行”，处以死刑。在汉代常人通奸需处三年徒刑，而与父王妾姬通奸则要被处以死刑，说明汉代大大加重了亲族内部通奸行为的惩处，目的是对纲常伦理的维护。

非正罪。汉代实行嫡长子继承制，如果非嫡系正宗继承爵位将构成“非正”罪，将被处以免爵除国的刑罚。

（七）财产、经济犯罪

私营盐铁罪。汉武帝时实行盐铁专营的政策，如果违背将构成犯罪，受到严刑。

盗窃罪。汉初“约法三章”就规定“伤人及盗抵罪”。《九章律》中也有《盗律》，对窃盗、强盗的犯罪进行处罚。甚至具有政治意义的盗窃将被处以严刑，如盗高祖陵园的器物被处以死刑。

盗卖盗买官田罪。汉代私田允许买卖，官田则不许买卖，否则以盗卖盗买官田治罪处刑。

取息过律罪。对于借贷关系，汉律重在保护债权人的利益。凡逾期不偿者，要追究其法律责任，因此，不少商贾和贵族官僚因放高利贷而大发横财。同时，为了缓和借贷矛盾，汉律明定利率，禁止高息借贷，如违犯者，将被处以刑罚。

四、三国两晋南北朝时期的罪名

这一时期罪名的重大发展是《北齐律》确立了“重罪十条”。[①]“重罪十条”是指对封建专制统治和纲常伦理造成十分危害的十种最严重的罪行，即反逆、大逆、叛、降、恶逆、不道、不敬、不孝、不义、内乱。这既是对秦、汉律以来罪名的总结，又是引礼入律的一个主要表现，为隋、唐律正式确立“十恶”大罪做了准备。

五、隋、唐时期的罪名

（一）十恶

隋朝《开皇律》在《北齐律》“重罪十条”的基础上确立了“十恶”罪名。“十恶”与“重罪十条”相比，有如下不同：第一，确立的法典不同，对以后的影响不同。确立的法典不同如前述。影响不同是指“重罪十条”为确立“十恶”做了准备，“十恶”一旦确立，以后的封建法典不再有“重罪十条”，而“十恶”则被以后历代封建刑法典所沿用，直到《大清现行刑律》中仍有“十恶”。第二，罪名有所不同。“十恶”为惩治犯罪意识和思想，将“重罪十条”中的“反逆”“大逆”“叛”改为“谋反”“谋大逆”“谋叛”。“十恶”将“重罪十条”中的“不敬”改为“大不敬”，同时取消了“重罪十条”

---

① 《隋书·刑法志》。

中“降”的罪名，并将其内容归到“谋叛”之中。“十恶”比“重罪十条”增加了“不睦”的罪名，以加强对家庭家族伦理犯罪的惩处。

《唐律疏议·名例律》：“五刑之中，十恶尤切，亏损名教，毁裂冠冕，特标篇首，以为明诫。其数甚恶者，事类有十，故称‘十恶’。”

一曰谋反，“谓谋危社稷”，是指企图以各种手段推翻以君主专制为核心的封建政权的行为。

二曰谋大逆，“谓谋毁宗庙、山陵及宫阙”，是指企图破坏皇帝的宗庙、陵墓、皇宫及宫门的行为，实际上是指企图危害皇帝的祖先、已故的皇帝和在任的皇帝的犯罪行为。

三曰谋叛，“谓谋背国从伪”，是指企图叛国、投降敌对政权的行为。

四曰恶逆，“谓殴及谋杀祖父母、父母，杀伯叔父母、姑、兄姊、外祖父母、夫、夫之祖父母、父母”。

五曰不道，“谓杀一家非死罪三人，及支解人，造畜蛊毒、魇魅”，疏议解释道：“谓一家之中，三人被杀，俱无死罪者。若三人之内，有一人合死及于数家各杀二人，唯合死刑，不入十恶。或杀一家三人，本条罪不至死，亦不入十恶。支解人者，谓杀人而支解，亦据本罪合死者。”“谓造合成蛊；虽非造合，乃传畜堪以害人者，皆是。即未成者，不入十恶。厌魅者，其事多端，不可具述，皆谓邪俗阴行不轨，欲令前人疾苦及死者。”不道是指用残忍的手段支解人及杀一家非死罪三人、使用蓄养的毒虫或者邪术害人。

六曰大不敬，“谓盗大祀神御之物、乘舆服御物；盗及伪造御宝；合和御药，误不如本方及封题误；若造御膳，误犯食禁；御幸舟船，误不牢固；指斥乘舆，情理切害及对捍制使，而无人臣之礼”。这是对皇帝及代表皇帝的制使不敬不恭的行为构成的犯罪，主观上分为故意和过失两个方面。

七曰不孝，“谓告言、诅詈祖父母、父母，及祖父母、父母在，别籍异财，若供养有阙；居父母丧，身自嫁娶，若作乐，释服从吉；闻祖父母、父母丧，匿不举哀；诈称祖父母、父母死”。

八曰不睦，“谓谋杀及卖缌麻以上亲，殴告夫及大功以上尊长、小功尊属”。指亲族内部的殴打、谋杀、略卖、告发行为。

九曰不义，“谓杀本属府主、刺史、县令、见受业师，吏卒杀本部五品以上官长；及闻夫丧匿不举哀，若作乐，释服从吉及改嫁”。指非血缘的下级、卑幼对于上级、尊长的侵犯行为。

十曰内乱，“谓奸小功以上亲、父祖妾及与和者。”指亲族内部的犯奸行为。

从“十恶”的内容来看，大致可以分为三类：一是直接危害以皇帝为核心的封建政权的行为，如谋反、谋大逆、谋叛、大不敬等。二是严重破坏封建统治秩序的行为，如不道。三是危害封建纲常伦理关系的行为，如恶逆、不孝、不睦、不义、内乱等。隋、唐刑律对“十恶”规定了严厉的刑罚，“为常赦所不原”，在法律上不得享有任何减免刑罚的优惠。

（二）危害人身安全的犯罪

唐代危害人身安全方面的犯罪包括杀人罪、伤害罪、诬告罪及其他危害人身安全的罪行。

杀人罪。唐高祖太原起兵制定的“约法十二条”中就有“杀人者死”的规定。唐律则将杀人罪总结概括后称为“六杀”，即谋杀、故杀、斗杀、戏杀、过失杀、误杀六种。谋杀，是指二人以上有共同杀人预谋的行为；故杀，是指事先没有预谋而临时决断故意杀害他人的行为；斗杀，是指当事人双方原本没有杀害对方的动机，而因互相斗殴造成一方死亡的行为；戏杀，是指当事人双方因互相嬉戏而造成一方死亡的行为；过失杀，是指因当事人的过失而造成他人死亡的行为；误杀，是指因事实上的认识错误，杀死了并非犯罪人想要杀死的人。“六杀”反映出唐朝刑事立法的较高水平。

伤害罪。唐律中的伤害罪，大多是指由斗殴造成的伤害。《唐律疏议·斗讼律》对“斗殴”解释道：“相争为斗，相击为殴。”据唐律的规定，“斗殴”即构成犯罪，即使没有造成伤害也要笞四十；造成伤害者，则根据情节及伤害程度并参考犯罪人的身份，分别处罚，一般最高刑为流三千里；如果伤害致死者，则“各以杀人论”。特别要提的是唐律规定了“保辜”制度。所谓“保辜”，是指行为人在殴伤人后，由官府检验伤之轻重，规定一定的观察期限，以确定行为人对被害人的死亡是否负有直接责任。期限则根据伤害情节确定，自十日至五十日不等，限内被伤害人死亡者，对伤害者以杀人论处；限外死亡者，一般以伤人论处。“保辜”制度是唐律的创设，其目的在于督促伤害者履行道德和法律的责任，以减少和避免死亡后果的发生。

唐代刑事法律中还有诬告、强奸、贩卖人口、压良为贱、以威力制缚人等罪名。

（三）侵犯官私财产的犯罪

唐律将侵犯官私财产的犯罪，主要称之为“盗”。《唐律疏议·贼盗律》将盗罪分为强盗与窃盗两种。它对于“强盗”罪的解释是：“谓以威若力而取其财，先强后盗，先盗后强等。若与人药酒及食，使狂乱取财，亦是。”这样，就和现代抢劫罪的以暴力、威胁和其他方法公然取得财物的特征比较接近了。它对“窃盗”罪的解释是：“窃盗人财，谓潜行隐面而取。”这也与当代刑法关于盗窃罪的特征相同。《唐律疏议·贼盗律》对于“强盗”罪的规定为：“诸强盗，不得财，徒二年；一尺徒三年，二匹加一等；十匹及伤人者，绞；杀人者，斩。”对于窃盗罪的规定为：“诸窃盗，不得财，笞五十；一尺杖六十，一匹加一等；五匹徒一年，五匹加一等，五十匹加役流。”唐律中还有一类特殊的“盗”罪即“监临主守盗”，也就是现在所说的贪污罪。唐律监守自盗与我们现代贪污罪的不同是，对于监守自盗规定了比我们现代重得多的刑罚。如《唐律疏议·贼盗律》规定：“诸监临主守自盗及盗所监临财物者，加凡盗二等，三十匹绞。”唐律对于财产犯罪的规定还有诈骗财物、劫持人质求赎财物、恐吓取人财物、私自挪用受寄财物、损毁官私财物、于他人土地内得物不还、遗失物不送官、错认奴婢财物等罪名。

（四）危害公共安全的犯罪

关于危害公共安全的犯罪，唐律主要规定了放火，决水，私藏兵器，为捕捉野兽而施设机关、坑阱，向城内及官私宅射箭、放弹、投掷瓦石，在城内街巷人多处驾车马奔驰，在市内及人多之处故意制造混乱等。

（五）妨害管理秩序的犯罪

这方面的犯罪主要规定在《唐律疏议·诈伪律》中。诈伪罪的内容包括伪造官文书、官印、符节、伪造皇帝玉玺、篡改皇帝制书、伪造或篡改身份出身、诈称疾病及已伤残等。

其他妨害社会管理秩序的行为，有擅自攀越城垣、非法偷渡关津、犯夜、夜无故入人家、侵占巷街阡陌、穿垣出秽污物、发冢、赌博、通奸等。

（六）官吏职务犯罪

“六赃”。唐律在对官吏贪污、受贿和其他谋取非法利益的行为进行总结后，概括性地提出了“六赃”的概念。对此，《唐律疏议·名例律》有记载：“在律‘正赃’唯有六色：强盗、窃盗、枉法、不枉法、受所监临及坐赃。自外诸条，皆约此‘六赃’为罪。”在“六赃”中除强盗赃、窃盗赃为一般性侵犯财物的犯罪外，其余如枉法赃、不枉法赃、受所监临赃、坐赃等均是专门为官吏所犯赃罪而设。

枉法赃，即今天所说的徇私枉法，指“受有事人财而为曲法处断者”。《唐律疏议·职制律》对枉法赃的规定是：“诸监临主司受财而枉法者，一尺杖一百，一匹加一等，十五匹绞。”即使事先没有得到许诺，而事后受财，只要该事枉法，即以枉法赃论。

不枉法赃，虽受当事人钱财，但在审判时并没有因此而曲法枉断，不枉法赃数额达三十匹者，即判处加役流的刑罚。

受所监临赃，是指监临主司官员收受所辖部内之人馈赠钱物的行为。

坐赃，指官吏或一般人利用不正当的手段获取利益。据《唐律疏议·杂律》疏议曰：“坐赃者，谓非监临主司，因事受财，而罪由此赃，故名‘坐赃致罪’。”坐赃主要打击的是监临主司之外的一般官吏。坐赃还广泛适用于民间的财产纠纷，如要求他人赔偿损失超过实际价值的部分，即以坐赃论；擅自使用、花费他人寄存的钱物，也以坐赃论减一等；债权人不经官方强取债务人财物，超过原欠额者，也以坐赃论等。

除“六赃”之外，官吏的职务犯罪还有擅权行为、失职行为、违纪行为和贪污受贿行为。擅权行为，是指官吏在从事职务活动时滥用与超越职权的行为。在唐代主要有署置过限、非法兴造、擅自兴造、非法赋敛、擅自改律令式、代署代判等罪行。失职行为，指官吏没有恪尽职守、依法办事的行为。如贡举非其人、稽误制书及官文书、上书奏事有误、事应奏而不奏、贻误公事、主司脱漏户口、部内田畦荒芜、不言或妄言灾害、违法授田课农桑、输课税违期、不修堤防桥梁等。违纪行为，指一般性违反官规官法的行为。主要表现为：泄露机密、私自拆看官文书、旷职、地方官私出自界、弃毁符节制书等。

六、宋元时期的罪名

宋代在罪名确立上，基本继承唐代立法传统，诸如十恶罪、杀人罪、盗窃罪、官吏贪赃罪等，不一一罗列。元代是蒙古族入主中原后建立的大一统封建王朝，在刑事立法上既继承唐宋立法的传统，又具有特色。一是在罪名内涵上的变化，如“十恶”中的“不义”罪，唐宋法律规定为：“不义”仅指对非血缘亲属的违反仁义原则的行为，既“礼之所遵，遵其义也。此条元非血属，本止以义相从，背义乖仁，故曰‘不义’”。具体指“杀本属府主、刺史、县令、见受业师”的行为。[1] 但元朝法律扩大了“不义”的范围，规定杀伤家庭成员如子女、妻和杀伤亲属如岳父母、伯叔父母等行为都以“不义”罪处刑。[2] 二是在唐宋立法基础上，针对某一类犯罪增加了罪名。如“潜形隐面”的盗窃罪方面，增加“同盗窃法”的“掏摸罪”“殴打抢摸罪”等罪名。“掏摸罪”，指掏摸别人身上的

① 《唐律疏议·名例律》。

② 参见《元典章·刑部》诸条文。

钱物的行为。《元史·刑法志》规定："诸掏摸人身上钱物者，初犯、再犯、三犯刺断、徒流，并同窃盗法。""殴打抢摸罪"，指"用拳打伤"人，"抢摸钞两"的行为。[①]

七、明朝的罪名

（一）"奸党"罪

为了加强和巩固皇权，明太祖朱元璋总结历代大臣交结朋党所造成的皇权削弱甚至政权灭亡的深刻教训，在《大明律》中创设了以前各代刑法所没有规定的"奸党"罪。《大明律·吏律·职制》对"奸党"罪的规定为："若在朝官员，交结朋党，紊乱朝政者，皆斩，妻子为奴，财产入官"；"若犯罪，律该处死，其大臣小官巧言谏免、暗邀人心者，亦斩"；"若刑部及大小各衙门官吏，不执法律，听从上司主使，使出入人罪者，罪亦如之"；"凡奸邪进谗言左使杀人者"，属奸党处斩刑。另外还有以"奸党"罪论处的多种情况："凡除授官职，须从朝廷选用。若大臣专擅选用者，斩；若大臣亲戚非奉特旨不许除授官职，违者，罪亦如之。"甚至衙门官吏和士庶人等"若有上言宰执大臣美政才德者，即是奸党，务要鞫问、穷究来历明白，犯人处斩，妻子为奴，财产入官"。"若宰执大臣知情与同罪"，"文官非有大功勋于国家，而所司朦胧奏请辄封侯爵者，当该官吏及受封之人皆斩"。从上述内容可以知道，明代的"奸党"罪并无固定确切的含义，它为统治者随意罗织罪名剪除异己，进行政治迫害提供了法律依据。洪武年间，胡惟庸与蓝玉两案案发后，朱元璋均以"奸党"罪名诛杀他们的所谓党徒数万人。因此造成了"公侯宿将坐奸党，先后丽法，稀得免者"的严重后果。[②]

（二）私盐、私茶罪

明朝初年，仍然实行食盐专卖制度，设"灶户"专门从事盐业的生产。商人如要从事食盐的销售经营，必须向官府缴纳一定的物资或银两，领取经营的凭证"盐引"才算合法，否则构成私盐罪。《大明律·户律五·课程·盐法条例》规定：凡贩私盐者，杖一百、徒三年；若有军器者，加一等；拒捕者，斩；引领牙人及窝藏寄顿者，杖九十、徒二年半；挑担驮载者，杖八十、徒二年；买食私盐者，杖一百；转卖者，杖一百、徒三年。

《大明律·户律五·课程·私茶条例》对于茶叶的经营也规定实行专卖，如经营必须领取"茶引"，否则构成私茶罪，需承担和私盐罪同样的刑事责任。

（三）"欺隐田粮"罪

在土地制度方面，明朝与以前不同的是不实行均田制，法律上也没有关于"占田过限"犯罪的规定。为了保证国家的田粮赋税收入，明律明确规定了"欺隐田粮"罪，对于犯罪的行为，处以笞刑、杖刑、没收田产的刑罚，并且必须补交所隐税粮。[③]

（四）思想言论罪

明朝思想言论罪的表现形式是"表笺祸"。明太祖朱元璋在世时，每逢吉庆喜事和各种庆典，富有才学的文官们都要撰写表章，以歌颂皇恩浩荡。由于朱元璋出身寒微，当过

---

① 参见《元典章·刑部·白昼殴打抢摸钞两》。

② 《明史·汤和传》。

③ 《大明律·户律二·田宅·欺隐田粮》。

和尚，还投奔过红巾军，所以对于“光”“亮”“秃”“贼”等字特别忌讳，以至于对歌功颂德、吹牛拍马而误犯忌讳者，以犯罪惩治，这就是“表笺祸”罪。据说有个叫徐一夔的由于在贺表中写有“光天之下，天生圣人，为世作则”的谀辞，而被朱元璋杀掉。朱元璋把“光”理解成秃头、“圣人”理解成僧人、“则”理解成贼。真是欲加之罪，何患无辞！

八、清朝的主要罪名

（一）反逆罪

“反”即谋反；“逆”即谋大逆。清朝经常谋反、谋大逆连用，因此有反逆罪名。《大清律例》仍然沿用唐、明律关于谋反、谋大逆的规定，同时也有自己的特点：一是加重了谋反、谋大逆犯罪的刑罚。《大清律例》规定，凡谋反、谋大逆者，不分首从，皆凌迟处死；其父子、祖孙、兄弟及同居之人，不分异姓及伯叔父、兄弟之子，不限籍之异同，年十六以上，不论笃疾、废疾皆斩；其男十五以下及母、女、妻、妾、姐妹、子之妻妾，给付功臣人家为奴，财产入官；即使子孙确不知情，年十一以上，也要阉割发往新疆给官为奴。二是扩大了反逆罪的范围。凡“上书奏事犯讳者”“奏疏不当者”，经常以“殊属丧心病狂”“妄议朝政”的罪名，按大逆律例治罪。把“倡立邪教、传徒、惑众、滋事”按谋反罪处罚。把异姓歃血结拜兄弟按谋反未行治罪。

（二）江洋大盗罪

“江洋大盗”是指在滨海或沿江行劫客船的行为所构成的犯罪。乾隆二十六年（1761年）条例首次规定江洋大盗罪，以后嘉庆六年、嘉庆七年的新条例补充规定均有此罪名。对于“江洋大盗”罪，规定了不分首从皆斩、立斩枭首、凌迟处死等酷刑。

（三）文字狱

文字狱是指因文字著述而构成的所谓犯罪。文字狱主要发生在康熙、雍正、乾隆三朝，有180多件。如庄廷鑨的《明史》案。庄廷鑨在编写有关明朝的史书时，因严格按照写史的要求，当写到努尔哈赤时只称其为建州都督而没有称清太祖，当写到南明政权时只写了南明的隆武、永历年号，因而被人告发。案发时，庄廷鑨已死，清朝仍下令开棺戮尸，并把庄廷鑨的兄弟、子侄和刻字者、读书者、藏书者等70余人连带处死。另外发生的文字狱还有“试题案”“赋诗案”等。清朝大兴文字狱造成的恶果之一，使当时的士人都把自己的精力用在训诂、考据的研究上，从而严重扼制和摧残了科学和文化的发展，同时也使思想言论罪的惩治达到了高峰。

第三节　刑罚体系

一、战国时期的刑罚

战国时期的刑罚，根据《法经》等法典和资料记载，主要有以下类型：

（1）死刑：包括诛杀、腰斩、斩刑、大辟、凿颠、镬烹、车裂、剖腹、体解、抽胁、囊扑、沈（沉河）等。

（2）肉刑：包括膑刑、刖刑、劓刑、黥刑、宫刑等。

（3）劳役刑及罚金刑：鬼薪、城旦、罚金、罚甲、罚赋等。

此外，还有籍家、夷乡、夷族、夷宗等连坐刑罚，笞刑、迁刑、流刑及赎黥、赎死等赎刑。总之，该时期的刑罚具有体系庞杂、种类繁多、方法多样、手段残酷、不够规范、新旧交替等特点。

二、秦朝的刑罚

（一）死刑

弃市。据《汉书·景帝纪》注引颜师古曰："弃市，杀之于市也。谓之弃市者，取刑人于市，与众弃之也。"在"市"即人口众多、比较繁华的地方，将罪犯处死，就叫弃市。戮，即先对犯人使用痛苦难堪的羞辱刑，然后斩杀；另外还有戮尸，即将罪犯处死之后，再对其尸体用刑。磔，即割裂其肢体而杀之。《睡虎地秦墓竹简·法律答问》："甲谋遣乙盗杀人，受分十钱，问乙高未盈六尺，甲何论？当磔。"具五刑，是一种对于罪犯连续处以数种刑罚之后才结束性命的刑罚，它由肉刑与死刑结合之后而形成，其方法为："先黥、劓，斩左右趾，笞杀之，枭其首，菹其骨肉于市，其诽谤詈诅者又先断其舌。"[①]族诛，即因一人犯罪而诛灭其亲族的刑罚。《史记·秦本纪》载秦文公二十年"初有三族之罪"，这是秦使用族诛最早的记载。枭首，即将犯人的头砍下，悬于木杆上示众的刑罚。腰斩，即将罪犯拦腰斩断，砍为两截的刑罚。囊扑，将受刑人装入囊中，扑打而死的刑罚。车裂，用车马将受刑人身体撕裂的刑罚。阬刑，就是活埋的刑罚。定杀，将患有疾病的罪犯投入水中或生埋处死的刑罚。凿颠，可能是对罪犯的头部进行钻凿之后致其于死的刑罚。抽胁，可能是抽肋，即将罪犯的肋骨抽去致其于死的刑罚。镬烹，水煮油炸的死刑。可见秦代的死刑执行方式数量多且惨不忍睹。

（二）肉刑

秦朝沿用了奴隶制的墨、劓、刵、宫等肉刑种类和处刑方法。但也有所不同：一是大多将墨刑叫黥刑、宫刑叫腐刑。如《史记·秦始皇本纪》说：秦始皇三十四年（公元前213年）发布的"焚书令"规定："令下三十日不烧，黥为城旦。"《睡虎地秦墓竹简·法律答问》说："其有腐罪，赎宫。"二是肉刑经常与劳役刑结合使用。如《睡虎地秦墓竹简》中有很多"黥为城旦""黥劓为城旦""斩左趾为城旦"的记载。

（三）徒刑

秦代的徒刑即劳役刑应该说形成了体系。城旦舂，古人的解释是："城旦者，旦起行治城；舂者，妇人不豫外徭，但舂作米。"[②]强制男罪犯服修城筑墙、女罪犯服舂米劳役的刑罚叫城旦舂。鬼薪白粲，古人的解释是："鬼薪者，男当为祠祀鬼神伐山之薪蒸也；女为白粲，以为祠祀择米也，皆作三岁。"[③]强制男罪犯为宗庙祭祀入山砍柴、女罪犯为

---

① 《汉书·刑法志》。

② 《汉书·惠帝纪》引注应劭语。

③ 《汉旧仪》。

宗庙祭祀择米叫鬼薪白粲。隶臣妾，即将罪犯及其家属罚为官奴婢，为封建国家服一定期限的劳役，男为隶臣，女为隶妾。司寇，即伺寇，意为伺察寇盗，是强制男罪犯到边防或其他重要的地方服观察敌情、了解案情一类的劳役，女罪犯与男罪犯一起从事后勤活动。候，即将罪犯发往边地充当斥候即瞭望哨兵一类的劳役。可见，秦代徒刑的名称往往与具体的劳役活动相联系，一方面说明徒刑起源于这些劳役活动，另一方面也说明刑罚的名称往往是对当时政治经济等社会活动的反映。

（四）流刑

秦代的流刑有迁、谪等。《睡虎地秦墓竹简·傅律》规定："百姓不当老，至老时不用请，敢为诈伪者……伍人，户一盾，皆迁之。"可见迁刑是把犯罪者迁到边远地区的刑罚。迁刑类似后世的流刑，但流刑重于徒刑，而迁刑在秦时轻于徒刑。秦时迁刑无道里远近之别。除本人之外，家属也多随迁。《史记·秦始皇本纪》说：秦始皇三十三年（公元前 214 年）"徙谪，实之初县"。谪刑类似于迁刑，不同的是，谪刑主要适用于违法失职的官吏。

（五）身份刑

秦代的身份刑主要有夺爵、废等。夺爵，就是剥夺有爵者爵位的一种刑罚。秦实行二十级爵制，爵位越高，官位也越高。夺爵实质上就意味着对政治、经济利益的剥夺。如《睡虎地秦墓竹简·秦律杂抄》："战死事不出，论其后，有（又）后察不死，夺后爵……。"废，就是终身剥夺充任官吏的政治权利，秦简对废的规定很详细。如《睡虎地秦墓竹简·法律答问》规定："廷行事吏为诈伪，赀盾以上，行其论，又废之。"则官吏凡是受到赀盾以上处分的，同时又要处以废刑。

（六）财产刑

秦代的财产刑主要有赀刑、赎刑等。赀刑，作为一种刑名，在秦国时早已使用，即强制罪犯向官府缴纳一定的财物或服一定的徭役的刑罚。秦律关于"赀"的规定有 100 多处，赀罚的名目很多，如有"赀一甲""赀一盾""赀布""赀徭三旬""赀戍一岁"，等等。赀刑是一种独立的刑罚种类。赎刑，秦代的赎刑也很多，如秦律规定有赎宫、赎黥、赎迁、役赎、赎耐等。秦代有关赎的标的物有金钱，有财物，还有劳役。赎刑与赀刑相比，显然不是一种独立的刑罚。

（七）身体刑

秦代的身体刑主要有笞刑、髡刑、耐刑等。笞刑，在《睡虎地秦墓竹简》中有不少"笞十""笞五十""笞人百"的记载。髡刑，秦代把罪犯的头发剃去叫髡刑。耐刑，耐是一种只刮去受刑者鬓须而保留头发完好的刑罚。在秦代髡刑、耐刑经常与劳役刑结合使用，如髡钳城旦舂、耐为隶臣等。

（八）训诫

类似于训诫的刑罚在秦代叫"谇"，是对官吏的轻微犯罪进行申斥责骂的刑罚。如《睡虎地秦墓竹简·法律答问》说："甲贼伤人，吏论以为斗伤人，吏当论不当？当谇。"

从秦朝的刑罚种类和处刑方法来看，它正处在新旧交替的历史时期，它既保留了奴隶制的刑罚体系和刑罚种类，如肉刑，又出现和逐步形成封建制的刑罚种类和体系，如有笞刑、徒刑、流刑、死刑等。当然，它仍然带有封建社会初期刑罚种类繁杂、行刑方法多样、手段异常残酷的色彩。

三、汉朝的刑罚

汉初进行刑罚制度改革之后，其刑罚制度的情况为：

（1）死刑：汉代又称殊死，执行的方法主要有枭首、腰斩、弃市三种。

（2）徒刑：髡钳城旦舂，五岁刑；完城旦舂，四岁刑；鬼薪白粲，三岁刑；司寇，二岁刑；罚作、复作，一岁刑。

（3）笞刑：文、景二帝改革以后，笞刑分为两等，即笞一百与笞二百，分别替代劓刑与斩左趾。

（4）徙边：汉代新出现的一种刑罚名称和种类。其是对死刑的减轻处罚，即把重刑犯迁徙到边远地区服苦役，其刑期不定，并且除特赦外，一般不得返回原籍。

（5）禁锢：禁止犯罪人及其一定范围之内的亲属终身不得做官的刑罚。主要适用于犯罪官吏及其亲族。这种刑罚最早开始于汉文帝，东汉时又扩大到子孙及亲属。主要适用于党派之争的官吏和亲属。

（6）赎刑：汉朝法律仍存在赎刑。赎刑的标的物既有钱、谷等金钱财物，又有劳役。如汉代就有一种叫“女徒顾山”的赎刑名称，即女人犯罪被判处徒刑后，不像男罪犯那样服劳役，而是允许女罪犯回家，其条件是每月需向政府交纳一定数量的金钱，由政府雇人从事砍伐山林一类的劳役。

四、三国两晋南北朝时期的刑罚

三国两晋南北朝时期继续了汉代刑罚制度改革的发展方向，使刑罚向体系规范化、简约化方面发展。其主要表现就是逐渐废止宫刑、缩小族刑连坐范围、劳役刑规范化、死刑种类逐步减少和确立流刑五等之制等，从而初步形成了封建制五刑。

（一）免除宫刑

汉文帝虽然在法律上废除了肉刑，但在实践中并没有完全废除肉刑，如汉武帝时曾对著名的史学家、思想家司马迁处以腐刑，并一直对肉刑的存废进行争论。主张恢复肉刑者的主要观点是，肉刑可以“去其为恶之具”①，能起到威慑犯罪的作用，具有一般预防的功能。反对恢复肉刑者的主要观点是，肉刑残酷，不符合德政要求，也“非悦民之道”。②斗争和争论的结果是最终废除了肉刑。西魏大统十三年（547 年）和北齐天统五年（569 年）分别下令，将应处宫刑者改处没为官奴婢。至此，宫刑被正式废除，并从来没有在法律上得到恢复。

（二）缩小缘坐范围

缘坐，是指一人犯罪而亲属被株连处罚的刑罚制度，是一种野蛮的酷刑，在中国沿用数千年之久，但其株连的范围各个时期大小不等。秦汉时代主要盛行夷三族的酷刑，尤其

---

① 《晋书·刑法志》。

② 《三国志·魏书·钟繇传》。

是妇女因父亲犯族刑要连坐受戮；而夫家犯族刑也要随之受刑，使妇女“一人之身，内外受辟”。曹魏制定《新律》时，缩小了缘坐从死的范围，规定凡大逆无道重罪，本人腰斩，家属从坐，但不诛及祖父母、孙子等隔代之辈。高贵乡公正元二年（255年），又改变以往已婚妇女同时受父母和丈夫家双方株连的状况，规定“在室之女从父母之诛，既醮之妇从夫家之罚”[①]，从而缩小了缘坐的范围。西晋《泰始律》还规定养子女及出嫁妇女犯弃市之罪不再株连亲生父母；晋怀帝也明确废除夷三族刑；南朝《梁律》则规定，凡谋反、叛降、大逆以上重罪，本人处斩，父子及同胞兄弟一律弃市，而妻妾、姊妹等妇女免死籍没为奴；北魏经过几代人则废除了门诛制度。

（三）确立流刑五等之制

汉文帝虽废除了肉刑，但造成了死刑太重（指将斩右趾入于弃市的死刑）、生刑太轻（指犯罪只判处笞一百、笞二百的刑罚）、徒刑与死刑之间缺少中间刑等刑罚体系不合理的弊端。北魏根据“赦死从流”的原则，将死刑因赦免减一等处罚定为流刑，使流刑成为法定刑，从而填补了死刑与徒刑之间的空白，为刑罚制度的完善奠定了坚实的基础。北周将流刑又分为五等，即以京师为准，发配四千五百里，称流藩服；四千里，称流镇服；三千五百里，称流荒服；三千里，称流要服；二千五百里，称流卫服。流刑五等之制的确立，为封建五刑制度的形成做了准备。

（四）初步确立封建五刑体系

封建五刑制度的初步形成是一个渐进的过程。曹魏《新律》首次提到新五刑制度的概念，包括死刑、髡刑、完刑、作刑、赎刑、罚金、杂抵罪等七种刑罚三十七等。其中的髡刑、完刑和作刑都相当于徒刑，肉刑已被劳役刑所取代。西晋《泰始律》的刑罚体系则为死刑、髡刑、赎刑、罚金、杂抵罪等五种刑罚二十余等。北魏将刑罚定为死、流、徒、鞭、杖五等。《北齐律》沿袭北魏五刑制度，规定了死、流、耐、鞭、杖的五刑。其中的耐刑为徒刑，鞭刑和杖刑也有了数目的规定。北周规定的刑罚则由轻至重排列，形成了杖、鞭、徒、流、死的五刑体系。其中明确规定杖刑自十至五十分五等，鞭刑自六十至一百分五等。由此可知，此时已经初步形成了封建五刑体系和制度。

五、隋、唐的刑罚

（一）《开皇律》确立封建五刑

隋文帝杨坚在“以轻代重，化死为生”[②]思想的指导下进行立法，其所制定的《开皇律》在刑罚制度方面继续进行改革，首先是废除了鞭刑、枭首、轘裂等酷刑，只保留斩、绞两种死刑；其次是确立了封建五刑制度：死刑法定为绞、斩二等；流刑为三等，即流一千里、流一千五百里、流二千里，分别服劳役二年、二年半、三年；徒刑为五等，即徒一年、徒一年半、徒二年、徒二年半、徒三年；杖刑为五等，即杖六十、杖七十、杖八十、杖九十、杖一百；笞刑为五等，即笞十、笞二十、笞三十、笞四十、笞五十。这样五种二十等的封建五刑体系和制度就最终形成和确立了，并被历代的刑法典所沿用。

---

① 《晋书·刑法志》。

② 《隋书·刑法志》。

（二）唐朝的刑罚

唐朝继承隋朝的五刑，并有所发展和完善。

1. 笞刑

笞刑是五刑中最轻的一种刑罚。《唐律疏议·名例律·五刑》疏议曰："笞者，击也，又训为耻。言人有小愆，法须惩戒，故加捶挞以耻之。汉时笞则用竹，今时则用楚。扑作教刑，即其义也。"可见，笞刑是耻辱加教育性的刑罚，主要对轻微犯罪行为进行惩罚。笞刑的刑具规格，据《唐六典·尚书刑部》引《狱官令》可知为"笞杖，大头二分，小头一分半，其决笞者，腿、臀分受。"唐律笞刑与隋律规定的等次、数量一样。

2. 杖刑

杖刑与笞刑的区别在于：一是刑具的大小不一样。唐代用的是"常行杖"，长三尺五寸，削去"节目"，大头二分七厘，小头一分七厘。二是决罚的部位不一样。笞刑是腿、臀；决杖是背、腿、臀分受。三是数量多少不一样。杖刑分为杖六十、杖七十、杖八十、杖九十、杖一百计五等，而笞刑则分为笞十、笞二十、笞三十、笞四十、笞五十计五等。

3. 徒刑

徒刑是在一定期间内剥夺犯人人身自由并强制其服劳役的刑罚。《唐律疏议》对徒刑所概括的特点为："徒者，奴也，盖奴辱之。"也就是说，徒刑是奴役性兼侮辱性的刑罚。徒刑也分为五等：徒一年、一年半、二年、二年半、三年。

4. 流刑

唐代的流刑与隋《开皇律》相比发生了一些变化。一是里程增加。唐律的流刑分为三等，即流二千里、二千五百里、三千里，每一等增加了一千里。二是减少了服劳役的期限，即三等流刑均服劳役一年。三是增加了加役流，作为死刑的减等刑罚。唐高祖曾将一部分死刑宽减为"斩右趾"，唐太宗即位后"哀其断毁肢体"，因此改为加役流，即流三千里，居作三年。

5. 死刑

《唐律疏议·名例律》疏议曰："绞、斩之坐，刑之极也。"从而继承并巩固了隋《开皇律》确立绞刑、斩刑二等死刑的成果。

唐朝还以二十等五刑为依据，系统规定了赎刑制度，即笞十赎额为一斤铜，笞二十到笞五十每增加一等赎额增加一斤铜，笞五十的赎额为五斤铜；杖六十到杖一百，其赎额在笞五十的基础上每增加一等则增加赎额一斤，即杖一百的赎额为铜十斤；徒一年到徒三年这五等刑罚，从徒一年赎额二十斤铜开始，到徒三年其赎额为六十斤铜，每一等徒刑的赎额等差为十斤铜；流二千里、流二千五百里、流三千里的赎额分别为铜八十斤、九十斤、一百斤；死刑则不分斩、绞，其赎额都是一百二十斤铜。唐律在赎刑的适用对象上具有浓厚的等级特权色彩，只有属于议、请、减特权的人，九品以上官员，七品以上官员的祖父母、父母、妻、子孙等在违法犯罪之后，才能适用赎刑的规定。

《唐律疏议》是封建法典的楷模，其完善的封建五刑制度被历代封建刑法典所沿用。

六、宋朝的刑罚

《宋刑统》沿用了《唐律疏议》的五刑制度。同时，宋朝的刑罚也有一定的变化。

（一）折杖法

宋太祖建隆四年（963年）颁布“折杖法”。所谓折杖法，就是把笞、杖、徒、流四种刑罚都折换成杖刑（臀杖和脊杖）作为代用刑，具体办法是：将笞杖刑折换为臀杖七下至二十下；将徒刑五种折换成脊杖十三至二十下；将流二千至三千分别折换成脊杖十七至二十下，配役一年；将加役流折换脊杖二十，配役三年。[①] 虽然，折杖法对反逆、强盗等罪并不适用，而且在执行中也有很多弊端，但总的来看，其减轻了刑罚，使“流罪得免远徙，徒罪得免役年，笞杖得减决数”。[②]

（二）刺配

刺配，刺即刺字，配即押送指定处所服役。这是对罪行严重的流刑罪犯的处罚。其中配是主刑，刺是附加刑，有时对于特别严重的还可附加杖刑，即通常所说的“既杖其脊，又配其人，而且刺其面，是一人之身，一事之犯，而兼受三刑也”[③]。刺配在两宋使用很多，规定也很详细。根据所服劳役不同，分为军役、劳役；配役的地区远近、放还时间也有不同；刺字的部位深浅也有区分。从整个刑罚制度的发展来看，刺配刑的使用是一种历史的倒退，尤其是刺字刑，更是对古代肉刑的复活。

（三）凌迟

凌迟又称“陵迟”，是一种源于五代，由宋朝在法律上确定，被明、清的律典明确规定的刑罚，是中国古代最残酷的死刑处刑方法。南宋的《庆元条法事类》把凌迟刑与斩、绞并列，成为法定的死刑。其处刑的方法，史籍多有记载。《宋史·刑法志》说：“凌迟者，先断其支体，乃抉其吭，当时之极法也。”《读律佩觿》则说：凌迟者，“其法乃寸而磔之，必至体无馀脔，然后为之割其势，女则幽其闭，剖其腹，出其脏腑以毕其命，仍为支分节解，菹其骨而后已”。可见，凌迟是千刀万剐并将受刑人的尸骨也砸碎成粉末的刑罚。

七、元朝的刑罚

（一）五刑体系的变化

元朝一方面沿用唐、宋的五刑制度，另一方面又保留了蒙古民族的一些传统，使刑罚制度发生了一定变化。

元朝的五刑有其特点，主要表现在：笞、杖刑以“七”为尾数，徒刑附加杖刑，流不分里数，死刑分凌迟、绞刑二等。

笞、杖刑。史籍记载：“世祖定天下之刑，笞杖徒流绞五等，笞杖罪既定，曰：‘天饶他一下，地饶他一下，我饶他一下’。自是合笞五十，止笞四十七，合杖一百十，止杖一百七。”[④] 这样，以《唐律疏议》的笞刑为基础，并结合蒙古民族的习俗，元朝的笞刑就分为七、十七、二十七、三十七、四十七、五十七，共六等。杖刑则定为六十七、七十

---

① 《宋史·刑法志》。

② ［元］马端临《文献通考·刑考七》。

③ 《大学衍义补》（卷105）。

④ 《草木子》（卷3下）《杂制篇》。

七、八十七、九十七、一百零七，共五等。之所以如此，世祖是为了标榜统治者的“用刑宽恕”之心，但在制定法律时则不仅没有减少笞杖刑的数量，反而增加了笞杖刑的执行数目和等次。

徒、流、死刑。对于徒刑，虽沿用了唐、宋律的五等刑罚，从一至三年、等差半年共分五等，但分别又附加了杖刑六十七、七十七、八十七、九十七、一百零七，从而加重了刑罚。其流刑也有特点，即不限里数，南人迁辽阳迤北之地，北人迁于南方湖广之乡。凌迟，成为惩治严重危及统治秩序犯罪的常刑。元朝的死刑，据《元史·刑法志》记载，分为斩与凌迟两种。当然据《草木子》（卷3下）《杂制篇》的说法，元朝的死刑只有绞刑一种。看来，元朝的死刑到底是有斩无绞还是有绞无斩是存在着争议的，但以凌迟为常刑则是不争的事实。凌迟主要适用于谋反罪的首犯及同情者，子孙杀死祖父母、父母，奸妇同奸夫亲手杀死本夫等案件。

（二）五刑之外设立黥、劓等肉刑

《元史·刑法志》记载，建元初期的至元年间，便有诏令规定：“强盗皆死，盗牛马者劓；盗驴骡者黥额，再犯者劓……劓后再犯者死；盗诸物者照其数估价。”可知，元代实际上已恢复了肉刑。在司法实践中，元朝的肉刑还有劓鼻、割舌、断手足、剥皮俎醢等十数种酷刑。

八、明朝的刑罚

明朝是中国封建社会后期的一个王朝。为了加强皇权、惩治犯罪、镇压人民反抗斗争的需要，明律一方面沿用了唐律以笞、杖、徒、流、死为内容的五刑制度，另一方面也规定了许多新的刑罚。

（一）充军

充军就是罚犯人到边远地区服军役的刑罚。犯人所从事的军役活动主要有屯种或充实军伍等。它是一种比死刑轻但比流刑重的刑罚。明朝的充军刑分极边、烟瘴、边远、边卫、沿海、附近六种，最远四千里，最近一千里。刑期有终身（本人终身充军）和永远（本人死后由子孙亲属接替）两种。充军的对象一开始是犯罪的军官军人，后来扩大到民人“贩卖私盐”“搅扰商税”，甚至放牧牲畜践踏庄田等案件。明初律文中充军条款46条，嘉靖以后多达213条。充军成为明朝普遍适用的一种很重要的刑罚。

（二）赎刑

明朝的赎刑分两种，一是以钱物赎，一是以役代刑即役赎，而盛行的则是役赎。明朝允许对从笞、杖到徒、流、死的各种刑罚适用赎刑，一般是以罚服劳役来赎罪抵刑。《明会典》对此记载道：“拘役囚人，国初，令罪人得以力役赎罪，死罪拘役终身，徒流照年限，笞杖计月日，满日疏放。或修造、或屯种、或煎盐炒钱，事例不一。”以役代刑制度，扩大了拘役罪范围和刑徒的工役种类、劳动场所，是明代赎刑发达的表现，也形成了明朝刑罚的时代特色。随着社会的发展，统治者看到囚犯从事劳役及其所创造的价值，对于加强专制统治有利无害，因而对以役代赎制颇为重视。这种制度与刑杀囚犯或单纯羁押监禁相比，无疑是一种时代的进步，也适应了封建社会晚期手工业和商品经济进一步发展的需要。它对我们现代也有一定启发，即对于故意杀人、伤害、抢劫、强奸、放火、投毒等严重危害社会的犯罪以外的其他犯罪，尤其是贪污、贿赂、挪用公款、偷盗等与经济有关的犯罪，要广泛地判处罚金或者适用易科罚金，以达到用经济制裁手段处罚犯罪、预防犯罪之目的，同时还可以避免死刑条数过多、刑罚严苛之弊端。

（三）枷号

枷号也叫枷示，指在罪犯颈项套枷，枷上标明犯人姓名、所犯罪状，令其在监外示众，备受羞辱痛苦的刑罚，是明代的常用刑。行刑的场所基本在监狱门口或指定的官衙门旁。与在狱内带枷的戒护性质不同，一般是采用朝枷夜放、昼施枷夜收监的方式执行。监外执行的期限一般比较短，分一个月、三个月或半年等几种，当然特殊的有永远枷号的情况。枷重有三十斤、五十斤等多种，但也有特殊的情况。据说明武宗时的太监刘瑾，为对付政敌，特创了“大枷”，重达一百五十斤之多，受刑人没几日即累死，受害者达到数千人，真是惨不忍睹。

明初，朱元璋实行“重典治国”，为了剪除异己分子和严惩与朝廷争利的不法豪强、贪官污吏，在《大诰》中还规定了诸如族诛、凌迟、剁指、断手、刖足、阉割、挦指、枷项游历等30余种律外刑名。另外，明朝还有梃棍、夹棍、脑箍、烙铁、一封书、鼠弹筝、拦马棍、燕儿飞、灌鼻等拷囚的方法。

（四）廷杖

明太祖及其子孙经常用来处罚大臣的一种特殊刑罚。在明朝是指在朝廷殿堂之上，由司礼监监刑，锦衣卫施杖，对冒犯皇帝权威尊严的大臣施以笞杖的处罚。这种处罚，轻者伤及肌肤，重者立毙杖下。正德年间，因谏武宗南巡，一次廷杖大臣146人，打死15人。嘉靖三年（1524年）因争大礼，廷杖大臣134人，杖死17人。廷杖施行的结果，使朝臣人人自危，噤若寒蝉，对明朝的政治造成了严重的危害。

九、清朝的刑罚

在刑罚制度上，基本上是清承明制。清朝前期刑罚的主要内容为：

一是沿用笞、杖、徒、流、死五种“正刑”。

二是将绞、斩死刑进一步分为绞立决、斩立决、绞监候、斩监候四种情况。“立决”是对罪情严重的罪犯判处死刑，不进行复审，立即执行刑罚，其中按绞的方法执行死刑的叫绞立决，按斩的方法执行死刑的叫斩立决；“监候”是对非直接严重危害封建统治的罪犯判处死刑，但不立即执行刑罚，等到每年的“秋审”“朝审”对案件进行复审后，再根据案件的不同情况分别处理，如判处的刑罚为绞刑则叫绞监候，如判处的刑罚为斩刑则叫斩监候。

三是在绞、斩死刑之外，设有凌迟、枭首、戮尸等残酷的刑罚。清朝的凌迟刑较之明朝在适用范围上明显扩大，除沿用明朝法律中与凌迟有关的十三条律例外，陆续增加了劫囚、发冢、谋杀人、杀一家三人、威逼人致死、谋杀本夫、殴伤业师、殴祖父母和父母、狱囚脱监等拟处凌迟之罪。凌迟罪犯在行刑前自然死亡，仍须戮尸。枭首的罪名，都规定于条例之中，起初只限于特别重大的罪犯，以后适用范围逐步扩大，唯女犯不适用枭首刑。

四是除沿用明朝的充军、枷号、刺字等刑罚外，还创设了发遣刑。发遣，是将罪犯发往边疆地区，为驻防官兵充当奴隶的刑罚。在刑罚轻重排列上，发遣通常比充军刑重，是次死一等的刑罚。

五是继续规定了赎刑。清朝赎刑的适用范围，原则上除犯十恶等重罪外，官绅权贵及富有者的一般犯罪行为，均可采取不同的赎刑形式，免受刑责。清朝的赎刑有三类：第一是纳赎，主要适用于公罪及生员以上所犯轻罪。第二是收赎，主要适用于老幼、废疾、妇女等人犯罪。第三是赎罪，主要适用于官员正妻、受皇帝诰封的妇女、过失杀人等犯罪。

小 结

封建刑法是中国封建法律的主体，形成了被世界所称道的“中华法系”。它以成文法为主要表现形式，在法典体例结构上由总则与分则组成且实体法与程序法不分，在内容上具有突出的血缘伦理法、特权法的特点。封建刑法确立了依据宗法确定罪行、等级特权、罪刑法定和刑事类推等基本原则，规定了刑事责任年龄、区分故意与过失、区分公罪与私罪、共同犯罪区分首从、正当防卫、涉外案件等定罪原则以及自首减免刑罚、累犯加重、数罪并罚、诬告反坐、连坐等量刑原则和“重其所重，轻其所轻”的刑事政策。封建刑法以“三纲五常”“德主刑辅”作为规定犯罪的指导思想和根本原则，以对封建统治秩序的危害性为标准，将犯罪分为以下几个方面：危害以皇帝为代表的国家政权和君主专制统治的犯罪；危害以皇帝为核心的国家安全和领土完整的犯罪；危害皇帝人身安全和权威尊严的犯罪；危害封建伦常关系的犯罪；危害社会管理秩序的犯罪；危害国家管理秩序的犯罪；危害人身安全和人身权利的犯罪；侵犯公私财产的犯罪；危害统治阶级意识形态的犯罪，等等。封建刑法经过春秋战国和秦朝的过渡，尤其是汉初刑罚制度改革和三国两晋南北朝时期刑罚制度的发展，到隋、唐确立并完善了以笞刑、杖刑、徒刑、流刑、死刑为刑种的刑罚体系及制度，由于这一体系被以后的宋、元、明、清等封建王朝的刑法典所沿用，所以称之为封建制五刑。封建刑罚除五刑之外，还有身份刑、财产刑、赎刑、身体刑、肉刑、族刑等种类。封建刑罚具有从繁杂、严苛、野蛮走向简约、宽宥、文明的发展趋势。

参考题

1. 试述封建刑法基本原则的内容。
2. 试述封建刑法的定罪量刑原则和刑事政策的基本内容。
3. 为什么说封建刑法是血缘伦理法和等级特权法?
4. 试述汉朝刑法关于危害中央集权制度方面的犯罪规定。
5. 试述“十恶”的基本内容。
6. 简述封建社会各个朝代的刑法关于犯罪的基本规定。
7. 简述秦朝的刑罚制度。
8. 三国两晋南北朝时期的刑罚制度都有哪些发展?
9. 试述封建五刑制度的基本内容。
10. 简述宋、元、明、清各朝代刑罚制度的基本内容。

第七章　民事经济法律制度

第一节　民事法律制度

一、秦朝的民事法律制度

（一）民事权利主体

秦朝的民事权利主体的权利能力因为其政治、经济、社会地位等不同而不同。

（1）皇帝拥有最完全的权利能力，是国家财富的所有者。有爵者、各级官吏和士伍等也有完全的人身权利、财产权利、婚姻权利和单独立户的权利。

（2）商贾、作务、赘婿、后父的权利能力受到限制。首先，他们本人及其子女均不得从政任官；其次，赘婿与后父还被剥夺了单独立户的权利。

（3）邦士、游士另享有拜爵、为官的权利。

（4）官私奴隶没有人身、财产、婚姻权，他们是民事关系的客体。

秦代时是否具有民事行为能力，也以身高为依据。男子六尺五寸，女子六尺二寸，达到此身高即具有民事行为能力。凡不具有行为能力的人的法律行为，需要经监护人同意并得到官方认可后才被视为有效。

（二）所有权

秦代的所有权主要有：国家所有权与私人所有权。国家所有权的客体包括土地、山脉、河川、荒原、牧场等。此外，国家还直接经营牧场、采矿、冶铁、铸钱、制盐、兵器等产业。私人所有权的客体包括土地、房屋、奴隶、牲畜、车辆、工具等。其中，土地私有是秦朝私人所有权的重要内容。在秦国时期，商鞅“改帝王之制，除井田，民得买卖”①，使土地私有制得到确立。到秦始皇统一天下时，“使黔首自实田”②，从而使土地私有制进一步在全国得到发展。

秦代对所有权的保护采取的民事措施有：确认所有权、返还原物、赔偿损失等。此外，对侵犯他人及国家所有权的行为予以刑事制裁。例如，规定了“盗徙封罪”。

（三）债

秦代债的种类主要有：买卖、借贷、雇佣、租借契约。其中，买卖与借贷相对比较发

---

① 《汉书·食货志》。

② 《史记集解·秦始皇本纪》引徐广语。

达。秦代的债务，就其担保而言，有以物担保者，即债务人或第三人将所有物作为担保；但更多的是经手人或第三人进行担保。人的担保可以是官方，也可以是私人。《金布律》："百姓假公器及有债未偿，其日足以收责之，而弗收责，其人死亡……令其官啬夫及吏主者代偿之"，即是官方担保。《工律》："公事馆舍，其假公，假而有死亡者，亦令其徒、舍人任其假"，即是私人担保。就债务的履行而言，秦代规定，债务人欠官府债务，无力偿还，可以以劳役抵偿。例如，《司空律》规定"有责（债）于公，以其令日问之，其弗能入及赏（偿），以令日居之，日居八钱。公食之，日居六钱"。同时，应当注意，秦代禁止债务人以人身抵押。

（四）婚姻与家庭

秦代婚姻成立采登记制。《睡虎地秦墓竹简·法律答问》："女子甲为人妻，去亡，得及自出，小未盈六尺，当论不当？已官，当论；未官，不当论。"即女未成年背夫逃亡，如系登记结婚，便以去夫亡论罪；没有登记，视为无效婚姻，不能治罪。秦代离婚也采登记制，否则，将构成"弃妻不书"罪，男女双方均要受到"赀二甲"[①] 的处罚。

就夫妻双方的权利与义务而言，秦律虽然也维护夫权，但是由于受儒家文化的影响较少，因此对妇女权利的维护相对于后世要强。如，秦律要求夫妻双方相互忠诚，规定"夫为寄豭"，妻"杀之无罪"[②]。《睡虎地秦墓竹简·法律答问》有："妻悍，夫殴治之，夬（决）其耳，若折支（肢）指、胅体，问夫可（何）论？当耐。"[③]

就父子之间的权利义务而言，秦代家长制与父权是合二为一的，家长享有对家内财产的支配权和对子女婚姻的主婚权。秦代为了维护父权，严惩子女的"不孝"行为，但同时也对父权进行一些必要的限制。如《睡虎地秦墓竹简·法律答问》规定"擅杀子，黥为城旦舂"。寡妇"弃子而嫁"，须依律治罪。

二、汉代的民事法律制度

汉代的民事法律制度与秦代比较，发生了一些变化，主要有：

（一）民事权利主体

商人的民事权利进一步受到限制。如，不许商人穿丝绸衣服，不许乘车或骑马。不许商人"名田"，即购买土地，凡土地和奴婢超过法定数额则没入官府。不许"推择为吏"，即不许商人及其子孙到官府做官。商人的人头税是一般人的两倍。

汉代没有近代意义上民法中行为能力的规定，只能从当时规定的承担徭役的年龄来推定。汉初，法律规定男子年"二十三始傅，五十六而免"[④]。即男子从二十三岁起便要在政府登记，开始为公家服徭役。到景帝时期，"令天下男子年二十始傅"[⑤]。

（二）所有权

到汉代，土地私有化得到进一步发展，为了保护封建社会的经济基础，汉武帝时期多

---

① 《睡虎地秦墓竹简》，文物出版社 1978 年版，第 224 页。

② 《史记·秦始皇本纪》。

③ 《睡虎地秦墓竹简》，文物出版社 1978 年版，第 185 页。

④ 《盐铁论·未通》。

⑤ 《汉书·景帝纪》。

次颁布“限田”“抑兼并”的诏令，但效果并不明显。汉代对土地所有权的保护一是打击盗卖土地的行为，二是保证“官田”和“私田”的租税收入。

同时，汉代对拾得遗失物也有明确规定：“得遗失物及放失六畜，持诣乡亭、县廷。大者公之，大物没入公家也；小者私之，小者自畀也。”① 意思是凡拾到遗失的财物及家禽六畜（六畜指马牛羊鸡狗猪），要送到乡亭或县廷，由地方官府招领；10 日内无人认领，贵重的物件由官府收为公有，小的物件则归拾得人。

（三）债

汉代债的种类主要有：买卖、借贷、租佃。其与秦代比较，重要变化是：既保护债权人的利益，规定违契不还，要承担法律责任，例如，河阳侯陈信，汉文帝四年（公元前176 年），“坐不偿人责（债）过六月，夺侯，国除”②，同时，也保护债务人的利益，规定“取息过律”也要承担法律责任。

（四）婚姻与家庭

在婚姻家庭与继承制度上，汉代不是沿袭秦代的传统，而是沿袭西周的传统，其总的精神与西周相同，只是在一些具体制度上有所变化。

在婚姻的成立上，提倡早婚。汉初惠帝六年（公元前 189 年），诏令“女子年十五以上至三十不嫁五算”③。这是汉初因秦末战乱人口减少而采取的一项重要措施。

在离婚上，除继承“七出”“三不去”之外，公婆在离婚权上拥有更大的权利。即使夫妻感情很好，如果公婆坚持要离，丈夫也只能服从。《孔雀东南飞》中焦仲卿与刘兰芝的悲剧，就是一例。关于离婚后财产问题，《礼记·杂记下》郑玄注引汉律云：“弃妻畀所赍。”意思是，由丈夫提出离婚，允许女方将出嫁时的嫁妆带走。

在家庭关系上极力维护父权与夫权。汉代把“齐家”看成是“治国”的前提。所谓“三纲居其二，五常居其中”，“欲治其国，先齐其家”④。汉代始终标榜以“孝”治天下。根据汉律，告发父母属于不孝，弃市；无论什么情况下殴打父母皆处死刑，殴死父母要枭首；杀父母以大逆论处，腰斩；甚至居父母丧期间与人通奸，也要处死。汉代为了维护家庭中丈夫的统治地位，还制造“夫为妻纲”的理论。许慎的《说文解字》说：“妇，服也”，“夫者，妇之天也”。妻子要无条件地服从、服侍丈夫。妻子只能“专心正色”，保守贞操。妻子死了，丈夫可以再娶；丈夫死了，妻子不能再嫁。因为“夫有再娶之义，妇无二适之文”⑤。儒家的理论也认为“夫有恶行，妻不得去”，“地无去天之义也”⑥。

在继承制度上，爵位与宗祧继承更加强调嫡长子继承，规定了“非正”罪与“非子”罪。在财产继承制度上，从汉代开始实行诸子均分的原则。此外，并不排除女子的财产继承权。在继承方式上也出现了遗嘱继承。

---

① 《周礼·秋官·朝士》郑玄注引汉律。
② 《史记·高祖功臣侯者年表》。
③ 《汉书·惠帝纪》。
④ 《礼记·杂记》。
⑤ 《后汉书·列女传》。
⑥ 《白虎通·嫁娶》。

三、三国、两晋、南北朝的民事法律制度

这一时期，民事法律制度最突出的变化，是在婚姻家庭制度上强调士庶有别、良贱不婚。士庶、良贱通婚，被视为“失类”，受讥评或法律制裁。北魏文成帝时期，明令皇族、王公侯伯及士民之家，不得与百工、伎巧、卑姓为婚。这种变化是士族豪门操纵国家政权、维护封建等级制度在婚姻关系上的必然反映。

四、唐朝的民事法律制度

(一) 所有权

唐律注重保护以封建土地所有制为核心的社会经济基础。凡破坏封建国家土地制度的行为，或者破坏封建私有土地制度的行为，都要受到法律的制裁。唐律严禁农民私卖“口分田”。凡“卖口分田者，一亩笞十，二十亩加一等，罪止杖一百；地还本主，财没不追”①。与此同时，唐律严禁各种妄认公私田与盗耕种公私田，违者要判处一年或二年徒刑。唐律还严厉禁止官吏凭借势力侵夺公私田以及占田过限等违法行为，违者判处笞杖徒刑不等。

在所有权问题上，唐律还对地下埋藏物、遗失物、漂流物、生产孳息物等所有权的归属，作了明确的规定。唐律令将埋藏物称为“宿藏物”。唐《杂令》规定：在他人土地发现埋藏物，发现人与土地所有人各得二分之一。不报告该土地所有人，按照坐赃罪减三等处刑。在国有土地内发现埋藏物，归发现人所有。如果埋藏物具有文物价值，则必须交官府，由官府给付报酬。

唐律令将遗失物称为“阑遗物”。唐《捕亡律》规定：拾得阑遗物，应立即送当地官府，公示 30 天无人认领，归官府保存。1 年以后无人认领，归官府所有。同时，拾得遗失物不送官府，按照坐赃罪减二等处刑。对于江河上的漂流物，按照唐《杂律》的规定，捞取人在公示后如有主人认领，可得五分之一至五分之二的奖赏；如公示 30 日后无人认领，则归捞取人。

生产孳息指马、牛等家畜繁殖带来的所有权问题。唐律规定，家畜被盗后的孳息归原主；但是家畜被盗后又被转卖他人，如不知情而购买者，孳息归买主；知情购买者则归原主。

(二) 债

唐代经济繁荣，所以唐代的契约形式种类繁多，主要有：买卖、借贷、租赁、雇佣、寄托。但隋唐对民间契约关系的规定并不多，唐朝主要依靠民间习惯调整契约关系。唐《杂令》对民间借贷计息也采不干涉原则。唐对契约关系的调整比较完善的是对债权的担保。首先，唐律令允许债权人在债务人不能清偿债务时扣押债务人的财产，称之为“牵掣”。但牵掣前必须向官府报告，经过批准后才可进行。《杂律》“负债强牵财物”条规定，未经官府批准强行牵掣债务人财产，超过债务原本者以坐赃论罪。其次，债务人确无财产可供扣押，则可“役身折酬”。即以劳役的形式抵偿债务。再次，如债务人逃亡或死

---

① 《唐律疏议·户婚律》。

亡，则由附署借贷契约的保人代为清偿。另外，唐律令允许债务人向债权人提交质押财产，称之为“收质”。《杂令》规定：如债务人不能按期清偿债务，利息累计已经与原本相等时，债权人应报告市司，传唤债务人到场，当面出卖质押物，卖价抵充债务本利后的余额应归还债务人。唐朝专业经营放债收质的“质库”业相当发达，收质的财物种类繁多。

（三）婚姻与家庭

唐代有关婚姻、家庭立法主要体现在《名例律》《户婚律》《户令》等法律之中。其内容大多是将礼教的原则和规范律条化，将有违礼教的民事行为刑罚化。

维护父权，确保尊长对卑幼的权威。唐代对尊长的权威的维护主要表现在：第一，它要求子孙必须“善事”祖父母、父母，“无违”祖父母、父母。十恶中“不孝”将子孙对父祖从生到死的许多违礼行为定为严重犯罪，予以严惩。它要求子孙在生时对父母、祖父母“事之以礼”，死时“祭之以礼”，“葬之以礼”。“无违”原则明确体现在子孙必须服从祖父母、父母的教令上。子孙对于父祖的责教，必须服从；即使责教无理，也不得有不满的表示。否则，“子孙违反教令者，徒二年”。[①] 第二，尊长全面掌握和处理家财。《户婚律》严禁祖父母、父母在而子孙“别籍异财”的行为，甚至父母已亡故，但在居丧期，兄弟“别籍异财”，也属于不孝。父母在世，子女的人身自己不能掌握，财产更当然归父母所有。未经父母尊长许可，动用家财，要按照数量，分别处笞十至杖一百。第三，确保尊长对卑幼的主婚权。《户婚律》规定：“诸卑幼在外……而卑幼自娶妻，已成者，婚如法；未成者，从尊长。违者，杖一百。”不仅如此，而且在对寡妇的再婚权上，规定夫死守丧期（3 年）内不许改嫁，“妇人夫丧服除，誓心守志，唯祖父母、父母得夺而嫁之”[②]。第四，尊长与卑幼相犯（无论相告、相殴、相杀），按照“准五服以制罪”的原则，同罪不同罚。如殴打，尊长殴卑幼，一般无罪；卑幼殴尊长，则关系愈亲，处罚愈重。殴打祖父母、父母，入十恶中的“恶逆”，有犯必斩。

维护夫权，确保男子对婚姻的控制权。这主要表现在结婚与离婚上。第一，在结婚方面，男方对女方的控制相当明显。唐律规定婚姻关系的成立要件有“报婚书”“有私约”和“受聘财”。所谓“报婚书”是指“男家致书礼请，女氏答书许讫”。“有私约”是指双方对情况有所了解后的默许或约定，包括女家事先知道男方有残疾、老、庶子等情况后的私约。“受聘财”是指女方家已收受男方作为聘礼的财物。女方尊长在已报婚书、已有私约或已受聘财后悔婚者，杖六十，婚约仍然有效。女方尊长若悔婚并将女儿另许他人，未成婚者处杖一百；已成婚者处徒一年半；后娶者知情处徒一年。未成婚者，后一个婚约无效，女方归先约男方；已成婚者，若先约男方愿意娶，女方追归先约男方；若不愿意娶，女方尊长退还聘财，后婚约有效。相反，男方悔婚无罪，只是失去已交付的聘财。

第二，从婚姻关系的解除看，夫对妻的特权尤为突出。唐代离婚的基本形式分为：离和断离。离又分为“出妻”（或休妻、弃妻）和“和离”。出妻仍然遵循“七出”和“三不去”的原则。和离即男女双方自愿协议解除婚姻关系。唐律令允许夫妻双方因为“不相安谐”而和离。和离与出妻都必须制作书面的“出妻书”（或“休书”）或“离婚书”，

---

① 《唐律疏议·斗讼律》。

② 《唐律疏议·户婚律》。

出妻书必须由丈夫亲手书写。女方有这些书面解除婚姻关系的证据，才可重新结婚。断离包括两种情况，一种是在“违律为婚”① 或“嫁娶违律”② 的情况下，由官府断离，并对关系人各处刑罚。另一种是“义绝”。义绝是指夫妻一方对另一方或者一定范围内的亲属有殴打、通奸、杀伤等情况，由官府强制解除婚姻关系，不离者处徒刑一年。《唐律疏议》引用礼教原则“夫妻义合，义绝则离”作为这项规定的依据。义绝原则的确立，表明女性的地位进一步下降。

完善了继承制度。唐代在宗祧继承上，法律确立了嫡长子继承原则。《户婚律》规定“嫡妻之长子为嫡子。不依此立，是名‘违法’，合徒一年”。同时，法律也规定了在“无嫡子及有罪、疾”时，可以依次“立嫡孙；无嫡孙，以次立嫡子同母弟；无母弟，立庶子；无庶子，立嫡孙同母弟；无母弟，立庶孙。曾、玄以下准此”。财产继承在沿袭两汉以来的“诸子均分”原则的基础上，作了更多的完善。唐《户令》规定：“诸应分田宅及财物，兄弟均分；妻家所得之财，不在分限。兄弟亡者，子承父分。兄弟俱亡，则诸子均分。其未娶妻者，别与聘财。姑姊妹在室者，减男聘财之半。寡妻妾无男者，承夫分。”

此外，唐代对死商钱物的继承与户绝资产的继承也作了具体的规定。唐《主客式》规定：商旅身死，勘问无家人亲属者，其所有财物，由官府收管。其后如有人认领，经查明确是其父兄子弟等，依数酬还。户绝资产，依据唐《丧葬令》的规定，“将营葬事及量营功德之外，馀财并与女。无女均入以次近亲，无亲戚者官为检校。若亡人在日，自有遗嘱处分，证验分明者，不用此令”③。

五、两宋民事法律制度的变化

（一）所有权制度上的变化

限田。宋朝初年的限田，主要是限制私人农田面积。仁宗元年（1022 年）下诏，规定私人所有土地，“公卿以下，毋过三十顷”。但该规定实施不久，因官僚们的反对而废止。宋代的限田措施更主要的是体现在限制官员之家的免役特权上。宋代官员享有免役特权，人们为了逃避赋役，伪立契约将田产“典卖”给官员之家。宋朝政府为了保证国家的财政收入，必须限制官员的占田数额。为此，徽宗政和初年（1111 年）下诏，限制官员之家的免役特权。限额依据官品逐级递减，一品官一百顷，九品官十顷；限外田产与一般民田一样承担赋役。南宋时期，各品官的限田数额为徽宗时期的一半，限外必须承担差役。

族产。族产是以宗族社团为所有权主体的产业，通常称为“义庄”。义庄出现于北宋，其财产主要来源于宗族中有势力者的捐献。南宋时期，户绝资产的 1/3 可捐给义庄，官府也可以将户绝资产判归义庄。族产义庄具有独立的民事权利，族产一般由“掌管人”依据“规矩”管理，族人不得横加干涉。族产收益用途主要有：祭祀祖先、赡济族众、

---

① “违律为婚”包括七种情况：同姓不得为婚；亲属不得为婚；良贱不得为婚；不得娶逃亡妇女；监临官不得娶所监临之女为妻妾；不得妄冒为婚；不得恐吓娶、强娶为婚。

② “嫁娶违律”，其一是居父母丧嫁娶，入不孝；居夫丧改嫁，入不义，各徒三年，婚姻离之。“知而共为婚姻者，各减五等论罪，不知者不坐。居期丧嫁娶者，杖一百”。其二是祖父母、父母犯死罪被囚禁而嫁娶者，徒一年半；若是流罪，杖一百。

③ 见《宋刑统·户婚》。

兴办教育，包括资助族人参加科举考试。族产的出现，为宗族族权提供了物质基础，对于宗族的存在与巩固具有重要的意义，对后世也产生了重大的影响。

著作权制度。两宋首创我国古代和世界上最早的著作权制度，可以从“牌记”得到证明。“牌记”是当时表明作者所享有的著作权不可侵犯的记录页，相当于现在的“版权页”，俗称“书牌”。标明版权的“书牌”一般附录于著作的末尾，内容包括出版者姓名或名称、出版日期、刻书人等，并写明“已申上司，不许复版”。例如，宋版书眉山程氏刊书《东都事略》的初刻本目录页上便有以下牌记云：“眉山程舍人宅刊行。已申上司，不许复版。”① 这是迄今可见的世界上最早的“版权声明”，比西方国家早几百年。到南宋时期则出现了保护版权的法律文件和法规。

（二）确定买卖、典卖契约的有效要件

这一时期契约制度的发展主要表现在对买卖与典卖的有效要件上。

买卖契约。宋规定不动产买卖成立的要件：第一，先问亲邻。即房亲、邻里对不动产有优先购买权。宋对询问亲邻的顺序也作了规定：“凡典卖物业，先问房亲；不买，次问四邻。其邻以东、南为上，西、北次之。上邻不买，递问次邻；四邻俱不售，乃外召钱主。”② 北宋后期又改为只问有亲之邻。如果不问亲邻而出典、出卖者，在3年之内可有赎回的权利。第二，“输钱印契”。即不动产买卖必须缴纳契税（输钱），并由官府在该契约上加盖官印（印契）方为有效。被加盖官印的契约称为“红契”“赤契”，具有一定的公证性质，是合法的产权证书。未缴纳契税、未加盖官印的“白契”，就有可能导致不动产所有权的丧失。第三，“过割赋税”，即须将附着在田宅上的赋税义务转移给新的业主。第四，原主离业，即订立不动产买卖契约后，卖方必须离开原有产业，即转移标的物的占有。以上四个要素影响很大，成为后世不动产买卖契约的基本内容。

典卖契约。典当大量出现在唐朝，典卖制度化是在宋朝。宋代的典当契约是一种附有赎回条件的特殊类型的买卖契约。典当与买卖的最重要的区别在于，出典人在契约约定的期限届满后的一段时间内，随时可用原价赎回典当的标的物。在典当契约关系中，其债务人称为“业主”，债权人称为“钱主”或“典主”。典当契约，依据宋代法律明文规定，必须采用画有骑缝记号的复本书面契约形式，即“合同契”，一式两份，钱主和业主各执一份，“在法，典田宅者皆为合同契，钱业各取其一。此天下所通行，常人所共晓”③。典当契约的成立要件，同于上述不动产买卖的成立要件。此外，宋代还对业主与钱主的权利作了详细的规定。业主的权利主要有二：一是得到钱主给付的典价；二是约定的期限届满后，在法定的30年待赎期内可以随时以原价赎回标的物。钱主的权利主要有：一是契约期限内的使用收益权；二是在业主欲出卖该田产时，享有优先于亲邻的先买权；三是在待赎期中的转典权；四是在待赎期届满后业主不赎回标的物时，钱主取得标的物的完全处分权。钱主的以上权利，统称为“典权”。

（三）完善了财产继承制度

养子的继承权。中国传统观念认为，生育的目的是延续宗祧（即继嗣，“承续香火”）

---

① 李交发、唐自斌主编：《中国法制史》，湖南大学出版社、湖南人民出版社2001年版，第179－180页。

② 《宋会要辑稿·食货·市场》。

③ 《名公书判清明集·户婚门·争业类上》。

和养儿防老。为此，没有亲子，就要收养一个拟制的亲子——养子。从血缘方面分析，养子可分为同宗与异姓（包括异宗同姓）两大类。同宗养子是指在本宗族中收养的拟制亲子。限在同宗子辈中选择，这是古代中国收纳养子的第一项基本原则。“无子者，听养同宗于昭穆相当者。”① 异姓养子是指在本宗族以外收养的拟制亲子，异宗同姓也视为异姓。但是，异姓儿童一旦被合法收养，必须改为养父之姓。宋代与唐代一样，一般禁止收养异姓人为养子，规定“养异姓男者，徒一年”。但收养遗弃的幼儿例外，因为“小儿三岁以下，本生父母遗弃，若不听收养，即性命将绝”②，所以规定“遗弃小儿三岁以下，虽异姓，听收养，即从其姓”③。从收继关系成立的时间分析，养子又可分为立继子与命继子两类。凡在养父母（至少一方）生存之时收养的养子，称为“立继子”。养父母双亡以后，由近亲尊长指定的养子，称为“命继子”。对于养子的继承权，宋代规定了“继绝亦同”的原则，即养子继承权与亲子完全一样。同时，又作了补充规定，命继子不适用“继绝亦同”原则，只能继承家产的1/3。“命继者，于诸无在室、归宗诸女，止得家财三分之一。”④

妇女的财产继承权。宋代对于妇女的财产继承权作了相当详细的规定。第一，守志寡妻是亡夫遗产的第一顺序继承人，也可以代位继承其亡夫的应得份额。第二，妾不能直接继承丈夫的遗产，她可以“所生母”的身份间接继承其亡夫的财产。如果夫亡之后，既无妻又无子女，只有妾存在，遗产甚至会被没收归公。第三，女儿的财产继承权主要体现在妆奁上。

按照《宋刑统·户婚》附《户令》规定，父母遗产分割时，未婚女儿（在室女）得到的妆奁只有儿子聘财数额的一半。在绝户的情况下，在室女与归宗女可以全份继承遗产。南宋时期，绝户如有在室女和继子，则在室女继承遗产的3/4，继子只能得遗产的1/4。绝户如有在室女和归宗女，则“诸户绝财产，尽给在室诸女，归宗者减半”⑤。即归宗女分得的财产为在室女的一半。如家中只有归宗女和命继子，按照南宋《户令》中的补充规定进行继承，“止有归宗诸女，依户绝法给外，即以其馀减半给之，馀没官”⑥。即归宗女得50%，命继子得41.5%，8.5%归国库。

遗嘱继承。唐代制定、宋代沿用的《丧葬令》是现存关于遗嘱继承的最早的法规。北宋仁宗天圣四年（1026年）提出了一个新的有关遗嘱继承的“户绝条贯”，即在“户绝”前提下，遗嘱继承优先于法定继承，能够以遗嘱剥夺女儿的一般法定继承权。这种情况到南宋的《户令》有了变化。南宋的《户令》与北宋的《丧葬令》及《户绝条贯》比较，其变化主要有：第一，规定的遗嘱继承人的范围缩小，仅限于内外缌麻以上的亲属。第二，遗嘱的前提，由原来的“身丧户绝”改为“财产无承分人”，由于女儿和儿子均属于“承分人”，这样，不但儿子的继承权得到了保障，女儿的一般法定继承权也得到了保障。第三，对遗嘱的确认，也由立遗嘱人死后的“证验分明”，改为立遗嘱当时的

① 《宋刑统·户婚·立嫡》疏文。
② 《宋刑统·户婚·立嫡》疏文。
③ 《宋刑统·户婚·立嫡》疏文。
④ 《名公书判清明集·户婚门·立继》。
⑤ 《名公书判清明集·户婚门·立继》。
⑥ 《名公书判清明集·户婚门·立继》。

"自陈，官给公凭"，"经官投印"。实际上是规定遗嘱必须由官府公证，这是遗嘱有效的一个条件。那些未经公证的遗嘱，被认为是"私家故纸"，不能用它"乱公朝之明法"[①]。在司法实践中，民间流行的族众见证与法律规定的"官给公凭"并驾齐驱，共同成为有效遗嘱的第一个要件。此外，立遗嘱人必须具有立遗嘱能力，即神志清楚，其遗嘱才能有效，这是有效遗嘱的第二个要件。关于有效遗嘱的两个要件的规定，不仅表明宋代法律规定严密，而且有利于防止和减少遗嘱纠纷。第四，对遗嘱的诉讼时效进行了明文规定。"遗嘱满十年而诉者，不得受理。"[②] 即与遗嘱有关的人在10年内不行使其权利，官府则不受理他们就此提起的诉讼。第五，对遗嘱继承人的继承数额也进行了限制，规定"其得遗嘱之人，依见行成法，止合三分给一"[③]，这个规定被称为"遗嘱财产条法"。

六、元朝民事法律制度的变化

不动产买卖契约的成立要件。元代不动产买卖的成立要件为："经官给据""先问亲邻""印契税契""过割赋税"。"经官给据"即买卖前必须先向官府报告，取得官府的书面许可。缔结契约由官府所设牙行为之接洽说合，议定价格。元代设有专门的官牙行，由牙人充当奴婢、牲畜等动产和田宅等不动产买卖双方的中介，履行议价的责任，牙行收取契价2%的牙钱。这两个特点均反映元朝官府对买卖契约干预的强化。此外，元朝对典当中回赎期没有明确规定，只要有契约在就可收赎。元代钱主由第一顺序先买权人降为继房亲、邻里之后的第三等先买权人。

婚姻家庭继承制度。在元朝存在收继婚制度，即未婚男性收娶家族中的寡妇为妻。蒙古"国俗，父死则妻其从母（指庶母），兄弟死则收其妻"[④]。元代建立后，收继婚的习俗也被带到中原。1271年，元世祖下诏"小娘（庶母）根底、阿嫂根底，收者么道"[⑤]，从此收继婚成为合法，小叔对寡嫂、儿子对寡母享有法定先娶权，这一规定也适用于汉人。但是，该制度也因中原礼教而有一些变化：第一，禁止"子收庶母"。第二，小叔的收继处分权，要在寡嫂服丧期终了后才能实现。第三，禁止强收守志妇人。

此外，元代严禁寡妇带产改嫁。元朝之前，不准带走亡夫的遗产，但允许改嫁者带走从娘家带来的妆奁。元代严禁寡妇带产改嫁的规定，为明清法律所沿用。

七、明清时期民事法律制度的变化

明朝在民事法律制度上与前代比较，变化比较大的是：

在所有权方面，强调先占原则，保护先占者的利益。明初太祖曾诏令所有因战乱弃置的土地，允许开垦者享有土地所有权；如果田主返回，则由官府另行拨田耕种。先占原则的立足点虽然是鼓励农民耕种土地，减少土地的抛荒，但也反映了私有权概念的深化。同样的精神也体现在遗失物与埋藏物所有权的归属上。《大明律·户律·钱债》"得遗失物"条规定："凡得遗失之物，限五日内送官，官物还官；私物召人识认，于内一半给予得物

---

① 《名公书判清明集·户婚门·争业下》。
② 《名公书判清明集·户婚门·争业下》。
③ 《名公书判清明集·户婚门·立继》。
④ 《元史·乌古孙良桢传》。
⑤ 《元典章·户部》（卷4）《不收断》。

人充赏，一半给还失物人。如三十日内无人识认者全给。”“若于官私地内，掘得埋藏之物者，并听收用。”只是“古器、钟鼎、符印、异常之物”必须送官。

在婚姻与家庭方面，进一步贯彻封建礼教的精神。明律规定，一般百姓40岁而没有子嗣，才可娶妾，违者笞四十。明朝严禁“中表婚”（姑舅、两姨表兄妹通婚）和“收继婚”。“若娶己之姑舅两姨姊妹者，杖八十，并离异。”① “若兄亡收嫂，弟亡收弟妇者，各绞。”② 明律加强了对父权与夫权的保护，妻子的法律地位进一步下降。明律规定“凡妇人犯罪，除犯奸及死罪收禁外，其馀杂犯，责付本夫收管”③，从而明确了丈夫对妻子的监护权。妻子与人通奸，丈夫“于奸所亲获奸夫、奸妇”，将他们“登时杀死者，勿论”。丈夫虐待妻子，妻子因而自杀者，丈夫无罪。如果奸夫杀死亲夫，即使妻子（奸妇）不知情也要被绞死。

确立直系卑亲属的财产继承权制度。明代财产继承人的范围局限于直系卑亲属。第一顺序是亲生子。包括：妻生子、妾生子、婢生子、奸生子。第二顺序是拟制血亲的嗣子。无子可收养同宗侄子立为嗣子。立嗣之后，如又生亲子，亲子与嗣子平分遗产。第三顺序是女儿。无子，又无“同宗应继之人”，由亲生女继承财产。无女儿，财产入官。妻子是特殊顺序的继承人：寡妻如有子，由寡妻掌管家产，并不发生析产问题；如无子守志，寡妻应与族长择同宗应继之人立为亡夫嗣子；如无子而招养老女婿（赘婿），必须为死者另立嗣子，家产由嗣子与赘婿均分。对于继承份额，明律采用“嫡庶无别，诸子均分”的原则。《大明令·户令》规定：“其分析家财田产，不问妻、妾、婢生，止以子数均分。奸生之子，依子量与半分。如别无子，立应继之人为嗣，与奸生子均分。无应继之人，方许承继全分。”从上述继承制度可看出，明代法律完全排斥了兄弟姐妹及其他亲属继承遗产的可能性，着重保护被继承人后代的继承权利，从而保证死者财产不致被其旁系亲属瓜分。这反映出明代财产私有权观念的进一步深化。

清代民事法律制度最突出的变化是在典权制度上。清代为了解决典、卖不分引起民事纠纷的问题，于乾隆十八年（1753年）定例：“嗣后民间置买产业，如系典契，务于契内注明回赎字样；如系卖契，亦于契内注明永不回赎字样。”并规定乾隆十八年（1753年）以前的旧有契约如果没有明确注明是否回赎，30年以内的可以回赎或由典权人再向原业主支付一次“找价”，所有权转归典权人；30年以上的，尽管没有写明是“绝卖”或注明回赎，仍不得再请求找价或回赎，从而明确了典、卖两种契约的区别。其后，又规定“凡民间活契典当田房，一概免其纳税”，即典当契约无需经过官府加盖官印、缴纳契税，同时也无需到官府税务部门“过割”赋税。此外，清代还明确了典当回赎权的年限。《户部则例》规定“民人典当田房，契载统以十年为率，限满听赎”。如果约定年限超过10年，即认定为买卖契约，必须缴纳契税。另外，如果10年后出典人无力赎回，“听典主执业、转典”。但是，清代的民间习俗与清代的制定法之间的差异很大。如清代民间俗谚有“一当千年在，卖字不回头”。

① 《大明律·户律·婚姻》。
② 《大明律·户律·婚姻》。
③ 《大明律·刑律·断狱》。

第二节　经济法律制度

一、秦朝的经济法律制度

在秦代，经济法律法规很多，如《田律》《厩苑律》《金布律》《工人程》《牛羊课》《仓律》等。秦代经济法规种类繁多，内容详备，成为秦律的一大特征。

（一）自然资源保护

秦简《田律》规定，春二月，不准砍伐树木，不得堵塞水道。但人死需伐木制棺，不受季节限制。不到夏天，不准烧草作肥料，不准采摘刚发芽的植物，不准捉取幼兽、幼鸟和鸟卵，不准毒杀鱼鳖，不准设置陷阱和网罟捕捉鸟兽等。到七月便解除禁令。可见，早在2000多年前的秦代，就在一定程度上认识到自然生态的规律，并采取了周密的法律措施加以保护。

（二）农牧业管理

秦代统治者对农牧业非常重视，早在商鞅变法时曾明令："僇力本业，耕织致粟帛多者复其身。"[①] 秦始皇即位后，继承了秦国重视农业的传统，并且通过法律对具体措施加以规定。如秦简《田律》规定，下了及时雨以及谷物抽穗，应尽快书面报告受雨、抽穗的顷数和已开垦而没有耕种的田地顷数。如果旱灾、暴风雨、涝灾、蝗虫等灾害损害了庄稼，也要报告受灾顷数。这样，便于朝廷及时、全面了解全国农作物生长情况，从而采取相应的措施。

秦代对畜牧业也相当重视，秦律对畜牧业的管理作了详细的规定。如《厩苑律》《牛羊课》规定：每年四、七、十、正月对牛的饲养进行检查评比，成绩优异者主管官员受奖，成绩很差的要受罚。此外，秦律还对牲畜的繁殖率及死亡率作出了明确限制。如规定饲养的成年母牛、母羊，十头牛六头无子，十头羊四头无子，其主管官员以及助手都要受罚。

（三）手工业管理

秦代手工业大部分为官营。为了加强管理，秦代对手工业产品规格、质量、生产定额等方面，都作了比较详细的规定。

关于产品规格，《工律》规定："为器同物者，其大小、短长、广亦必等"，即要求同一种器物，大小、长短、宽窄要一致，这样就使产品逐步规范化。

为了保证产品质量，秦建立了生产责任制和产品检查评比制。秦律规定，对手工业生产要定期检查评比，凡评比检查中被定为下等的，有关管理人员要受到处分。为追查产品生产责任，在器物上必须刻有制作官署或工匠的名称。秦始皇陵出土的陶俑衣襟等部位有印记和刻文，记载地名、官署及工匠名。这说明当时确实实行"物勒工名，以考其诚"[②]

---

① 《史记·商君列传》。

② 《礼记·月令》。

的制度。

此外，《工人程》与《均工律》对手工业工人的培养制度，对学徒工与熟练工、男工与女工以及不同工种的劳动定额作了具体的规定。

（四）市场贸易管理

为了维护正常的市场秩序，秦代制定了有关商品价格、货币比价、度量衡误差限度等方面的法令。如关于商品价格，《金布律》规定：在出售的商品上须系签标明价格，但价格不到一钱的小商品可不标价。关于货币比价，《金布律》规定“钱十一当一布”，并规定，“布袤八尺，幅宽二尺五寸。布恶，其广袤不如式者，不行”，从而保证了市场贸易的正常进行。此外，秦律还统一了度量衡的标准，对其误差作了严格的要求，并规定了检查校正制度。《工律》规定，对于度量衡器，有关官吏每年至少检查校正一次，衡器的误差只能在每石八两（约千分之四）以内，超过这一幅度，有关人员就要受罚。

二、汉代的经济法律制度

（一）赋税管理

田租。田租即田赋，是汉代赋税的一种。汉代初期，为恢复和发展生产，将秦朝十税一的田租，改为十五税一。后来文帝时又改为三十税一。并于公元前 167 年下令“其除田之租税”。历时十二年，至景帝前元二年（公元前 155 年）才恢复收取田租。从此，一直到西汉末年，三十税一之制未作变动。

口赋与算赋。口赋即未成年人（3 岁到 14 岁）的人头税，每人每年纳 20 钱供宫廷费用，汉武帝后改为 23 钱。算赋即成年人的人头税，征收对象从 15 岁到 56 岁，每人每年交纳 120 钱为一算。同时，算赋的征收因阶级、职业等的不同而有所区别。如，商人的算赋就是一般人的两倍。

关税。关税是对出入关口的财物所征收的通过税。关税最初是防止敌人或奸细出入的安全设施。大约在春秋时期开始兼收关税，后来历代统治者都把关税作为国家财政的重要来源之一，并逐步完善了关税制度。两汉的关税制度，按照《九章算术》卷六《均输篇》的记载，其内容主要有：关税的征收比例是十分取一；携带什么征收什么，是实物税；每出入一关征收一次。

（二）商业管理

盐铁酒专卖法。汉武帝时期，为了增加国家财政收入，抑制商人资本，将盐铁酒有关民生的产品，从煮制、冶炼、酿造直到销售，完全收归国家经营管理，制定法令严加限制私人经营。

均输法与平准法。均输与平准是汉武帝时封建国家运用行政手段干预市场、调剂物价的两项措施。均输是在中央大司农下设置均输令、丞统一负责征收、买卖和运输货物，同时在各郡设置均输官，凡地方上应向中央交纳的贡物，折价交给当地均输官，均输官以此为本钱，在地区之间移贵就贱，对物价进行调剂，从而减少了运输费用和劳力。平准是在中央大司农下设置平准令、丞，具体负责京师和大城市的物价平抑。根据物价行情，贱时国家收购，贵时国家平价卖出。均输与平准成为后世封建国家管理经济的手段之一。

（三）对外贸易管理

中国古代对外贸易，严格地说是从汉武帝时期开始的。在此之前虽然中国商品也传到国外，但由于与境外诸国的关系没有沟通，还谈不上对外贸易。汉武帝时期，不仅开通了闻名于世的丝绸之路，而且与东亚邻国如朝鲜、日本等国开展贸易往来。西汉政府为了把商业贸易纳入政府管辖之下，规定凡参与互市的私商，必须领取符传（贸易许可证），得到政府的许可，方准参与贸易。对境外贸易，参加者都是经汉政府准许的随使节同行的商队，不准私商随便输入输出。为确保对外贸易服从于政治的需要，汉律规定，不准以违禁物品，如铁、兵器、马匹、铜钱与匈奴互市，违者治罪。汉代还设立了专司外事的机构——大鸿胪，负责接待来汉朝进行贸易的使臣和商贾。

三、唐朝经济法律制度的发展

唐朝小农经济得以发展，随之出现比较完备的封建经济立法。这些法律不仅表现在《唐律疏议》中，还表现在众多的令中。其内容主要表现在以下几个方面：

（一）土地立法与赋税立法

唐代初年继续完善自北魏以来的均田制，规定男女初生称黄，4 岁为小，16 岁以上称中，21 岁以上为成丁，60 岁为老。男子 18 岁以上给田 100 亩（即 1 顷），其中 20 亩为永业田，80 亩为口分田。老男、残疾人给 40 亩，寡妻、妾给 30 亩；如是户主，辄给 50 亩。受田人身亡，永业田可以继承，口分田归官，另行分配。在均田制的基础上，制颁了租庸调法。规定每丁每年交粟二石给国家，称为租；服役 20 天，不服役者，可以绢或布替代，称为庸；纳一定数量的绢、布、麻，称为调。为了保障均田制与租庸调法的顺利进行，唐每年造一次人口账，每三年造一次户籍账，农村基层单位头领里正根据户籍具体办理授田以及课税事宜，州、县负责监督。唐律规定："诸里正，依令授人田，课农桑。若应受而不授，应还而不收，应课而不课，如此事类违法者，失一事，笞四十，三事加一等。县失十事，笞三十，二十事加一等。"① 规定官吏必须"以法赋敛"，不得法外"加益"，否则，"以坐赃论罪"，入私者，以枉法论罪。也规定百姓要按时如数缴纳赋税，如"百姓当户，应输课税，依期不充，即笞四十"②。自唐德宗以后，实行两税法。两税以户税、地税为主。户税即按户的资产分等纳税。唐时户税分为九等，上上等每户每年纳 4500 文，每低一等减 500 文，第九等纳 500 文。地税按照田亩的多少缴纳。行商按其资产三十税一。征收时间，夏季不过六月，秋季不过十一月。两税法的实行，简化了税制，削弱了大户的特权，在一定程度上缓和了阶级矛盾。

（二）商业管理

唐代由于封建经济的繁荣，带动了商事立法的发达，在市场、物价、度量衡器和商品质量、对外贸易管理等各个方面都制定了相关的法律法规。第一，设置管理市场的官吏——"市司"，其职责是公平合理地评议市场物价。如故意出入，便要受法律制裁："诸市司评物价不平者，计所贵贱，坐赃论。入己者，以盗论。其为罪人评赃不实，致罪有出

① 《唐律疏议·户婚律》。
② 《唐律疏议·户婚律》。

入者，以出入人罪论。”① 第二，严禁市场的垄断投机行为。对于一方强制另一方或买或卖的行为，商贩串通一气，哄抬卖价或压低买价的行为，都要依法“杖八十。已得赃重者，计利，准盗论”②。第三，严格市场的计量管理。唐代《关市令》规定，商贾所使用的度量衡器，必须由官府定期校准和印署。即“每年八月，诣太府寺平校，不在京者，诣所在州县平校并印署，然后听用”。同时，唐律也规定：“诸校斛斗秤度不平，杖七十。监校者不觉，减一等；知情，与同罪。”如果“私人自己制作，致有不平，而在市执用者，笞五十。因有增减者，计所增减，准盗论”③。第四，严格产品质量。唐律规定：“诸造器用之物及绢布之属，有行（不牢固）滥（不真实）、短狭（不符合长宽的标准）而卖者，各杖六十。”对于以次充好，“得利赃重者，计利，准盗论。贩卖者，亦如之。市及州、县司知情，各与同罪；不觉者，减二等”④。第五，严格对外贸易管理。唐代法律只许在官府监督之下的互市，即在边境定点设置若干互市监官职，使中外商人在其监督下进行以物易物的互市，蕃客以骆驼、马匹及其他畜产品换取中国的丝麻等商品，而禁止中外商人其他形式的贸易。中国派往外国或外国派来的公使，均不得顺带进行贸易。“共化外人私相交易，若取与者，一尺徒二年半，三匹加一等，十五匹加役流。”如属违禁物品“私度关者，坐赃论”。如属“私与禁兵器者，绞”⑤。唐朝对海路贸易颇为鼓励，允许外商来华自由贸易，世代定居中国从事海运贸易，特在通商城市划定地区，名为“蕃坊”，供外商居住、营业，并创建了市舶制度。到武则天时期，在广州设置市舶使，是我国首置的专职外贸官。

此外，唐代也十分重视农业与手工业管理，重视货币铸造和流通管理，制定了相当详细的法律。例如，所辖地域如有田地荒芜，主管官员要受处罚：“一分笞三十，一分加一等，罪止徒一年。”⑥ 所辖地区如遇灾情而不报告，或妄言灾情者，主管官吏应“杖七十”。如果官吏失修水利，也要追究其法律责任，“诸不修堤防及修而失时者，主司杖七十”⑦。钱币铸造只能由国家掌握，法律禁止百姓盗铸，“私铸钱者，流三千里；作具已备，未铸者，徒二年。作具未备者，杖一百”⑧。

四、宋朝的经济法律制度

（一）盐铁酒专卖法

食盐专卖法。宋代继承了汉唐以来的食盐专卖法，设有盐官统制各产盐区，统购食盐，然后实行专卖。食盐专卖称为“榷盐”。主要有两种：一是官府直接经营的“官鬻”，如“官般法”；一是商人承办的“工商”，如“折中法”。“官般法”又称“官般官卖法”，是由官府直接从事食盐专卖的制度，“般”即搬运，是指地方官府将官盐和收购的民制盐

① 《唐律疏议·杂律》。
② 《唐律疏议·杂律》。
③ 《唐律疏议·杂律》。
④ 《唐律疏议·杂律》。
⑤ 《唐律疏议·卫禁律》。
⑥ 《唐律疏议·厩库律》。
⑦ 《唐律疏议·杂律》。
⑧ 《唐律疏议·杂律》。

由产地“搬运”到销售地发卖。“折中法”是由“入中”商人承办食盐专卖的制度。宋初太宗年间，为了解决北方边境军需匮乏的问题，下令商人将粮草等军需输纳至边郡，称为“入中”。官府按照路途的远近以及货物的性质，优惠折酬发给商人特殊的有价证券“交引”，商人凭此到指定场所兑支现钱，亦可据此购买食盐、茶叶等贩运赢利。宋初的这两种食盐专卖法，后来被“盐钞法”和“引法”所取代。

盐钞法。这是由“入中”现钱的商人承办食盐专卖的制度，即商人先在边郡“入中”现钱获得“盐引”，再凭“盐引”向指定官盐场支取优质官盐，贩运获利。盐钞法于仁宗时期实行，终宋之世相沿不改。“引法”是由在京师缴纳现钱的盐商来承办食盐专卖的制度，盐商在京师缴纳现钱，官府发给“盐引”作为凭证，商人据此引支领官盐运往指定地区进行销售。“盐引”按照销售地区和时效的不同，有“长引”与“短引”之分。“长引”行销外路，有效期限一年；“短引”行销本路，有效期限一季。宋朝法律对触犯盐法构成的私盐罪，处罚极严，以斤两计算论罪。如宋太祖时期规定“禁地贸易至10斤，鬻碱盐至3斤者皆坐死”。

酒类专卖法。酒类专卖的对象包括酒与酒曲，统称为“榷酤”。宋代的榷酤比前代更严密。北宋规定：在三京（东京、西京、南京）地区均实行酒曲专卖，民间酿酒必须使用官制酒曲；诸州城内设置官营“造酒务”，由其垄断酒类的酿造销售；县、镇、乡、闾则并行两法：一是实行民酿而课其税，一是销售官酒。在宋代的酒类专卖法中，最常见的是官卖法，即酒类由官府酿造与销售，由各州的造酒务负责。买扑法，也是酒类专卖的办法之一。即由私人出价承包官营酒坊的办法，实质是包税制。具体办法是：官府于半年前张榜召人承买，愿买扑者，在2个月内向官府“买封投状”，提出买扑价格，至规定日期由官府开封验状，由出价最高者承买。承包期限为3年。推行此法，是为了弥补因经营不善的官府酒坊造成的酒税损失，增加政府的财政收入。宋代为了确保酒类专卖，法律对民间私自酿酒与酒曲或携带外地酒水进入本地，均判处劳役或徒刑，直至死刑。

茶叶专卖法。宋代规定除产茶较少的川陕、广南等路允许茶叶在本路自由贸易外，“天下茶皆禁”。全国茶叶专利由榷货务主掌。茶农专置户籍，称为“园户”。园户以茶叶纳税，剩余部分也交售给官府或专卖茶商，不得私卖。除官买官卖外，宋代先后实行的茶法主要有引交法、贴射法、茶引法等。

引交法。赋予购买茶引的茶商以茶叶专卖商地位的制度。茶商在京师或沿江向榷货务购买交引，取得茶叶专卖权，便可凭交引到指定地点提取茶叶进行贩卖。交引既是提货单兼专卖许可证，也是一种可以转让的有价证券。此法实施于宋代初年。

贴射法。这是茶商向官府贴纳官买官卖应得净利润后，由官府发给贴纳凭证，茶商凭证直接向园户购茶贩卖的办法。此法的好处在它保障了官府应得的茶利，又减少了官府买卖茶叶所出的费用。因茶商只买好茶，造成下等茶叶滞销，从而使官府茶利减少，故该法仅在仁宗时期实行了3年。

茶引法。茶引是茶商交纳茶税后，获得的纳税兼茶叶专卖的凭证，此法主要实行于北宋后期至南宋。宋神宗榷卖川茶时规定，茶商于官场买茶，须缴纳10%的引税，产茶州县发给茶引，茶商凭此引贩卖茶叶到指定地点时，可免除途中的过税（流通税）。

（二）市舶条法（海外贸易法）

两宋时期，国家积极鼓励海外贸易，市舶法律制度也得到了相当的发展。市舶是指海外贸易，市舶司为海外贸易的管理机构，有关市舶方面的法律制度总称为市舶条法。宋代有神宗时期修订的《广州市舶条法》以及大量的以敕、指挥等形式出现的法规，对商船的管理、进出口货物的管理、关税等进行详细的规定。

宋代对商船的管理比较严密。出海商船必须从官方指定的同一港口起航返航。商船出航前必须向所在州县官府呈报客商姓名、籍贯、船主、船上货物以及全船人员的姓名。开航前，须经州县地方与舶商无利害关系的官员检查，并由当地“物力户”（富户）3 人担保，然后再由市舶司发给出航凭证。

关于进口货物的管理，宋代政府采取的措施有：第一，征购禁榷物。北宋初，一切进口货物都属于禁榷范围，均由国家专买专卖。后来，禁榷物的范围有所缩小，如象牙、犀、宾铁、玛瑙、乳香等。第二，抽分，即由官府对一切进口货物都征收 10% 的实物税，抽分所得由各港口的市舶司解送京城。未经抽解，舶者不得私取货物，违者治罪。第三，博买（官市），即官府按定价征购部分舶货。官府通常采取低价征购所需的优质紧缺货物。宋代对进口货物实行的禁榷、抽解、博买制度反映了封建政府对海外贸易控制的严密，但过苛的榨取，大大损害了船商的利益，不利于社会经济的正常发展。

（三）赋役制度

宋代赋税名义上沿袭唐代末年的两税法，一般夏征钱帛，秋征米粟。但两税之外，附加杂税多如牛毛，如农田税、义仓税、人口税、资财税等。而且通过改变征收方法（“折变法”——将原征物变通改征其他物品与钱，“支移法”——即改变纳税地点）来多征多收。

宋代的役法除了徭役外，还有名目繁多的职役（又称差役）。如衙前：看管官仓、督催赋税、运送官物等，如有伤损，服役者须负赔偿之责；还有州县衙门役使的人力、库子、散从等为官府送信和打杂。名义上须由富户承担的职役，实际上仍落在农民的头上，宋代农民因此深受役法之苦。

五、明代的经济法律制度

（一）赋役制度的改革

明代初年，编制了记载各户户籍的“黄册”和记载土地状况的“鱼鳞图册”。在此基础上，按土地面积和土地等级征收 10% 的收获物作田赋；以人户为单位征发“职役”，轮流为官府征收田赋。清查户口，对 16 岁至 60 岁的男丁征发“均徭”；此外还有为官府提供的各种劳役称为“杂役”。该制度到明代万历年间被张居正的改革——“一条鞭法”所取代。

“一条鞭法”的主要内容有：第一，赋役合并。将田赋和各种名目的徭役合在一起征收，并将部分丁役负担摊入田亩。第二，以雇役制取代差役制，即“一岁之役，官为佥募”①，农民可以出钱代役，力差由官府雇人承担。第三，计亩征银。田赋除了政府所需的米麦以外，一切赋役均征收银两。第四，赋役征收的方法以“官收官解制”取代“民收民解制”，废除了过去通过粮长、里长办理征解的办法，民户直接向官府交纳。“一条

① 《明史·食货志》。

鞭法”是中国赋役制度史上的重大变革，其意义十分重大：其一是税收方式由实物税转为货币税，适应了社会经济的发展趋势，松弛了传统的人身依附关系。其二是由对人税改为对物税为主，使赋税负担趋于合理。

（二）市场管理法

建立平抑物价的法律制度。明“时估”条例规定，商品价格由官府职掌评估，按月颁布统一的物价标准，并申报上司备案。官民均应依时价进行交易。在京城与外府、州、县，专门设立市司作为市场管理机构，明确其平抑物价的法律责任。如市司任意增减物价，按《大明律》规定“凡诸物行人评估物价，或贵或贱，令价不平者，计所增减之价，坐赃论。入己者，准盗窃论，免刺”①。

实行牙行、埠头管理制度。这是明代的首创。牙行指中国旧时民间市场上为买卖双方说合磋商贸易，并收取佣金的店铺，经营这种店铺或单纯从事买卖的中介者，称为牙商、牙人。埠头指掌管码头交易的人。为了规范牙商、埠头这两类市场交易的中介人，《大明律》作了专门规定：牙商、埠头只能由有家业者充任，并须经官府批准，由官府发给有效期1年的凭证——牙贴。牙行、埠头应从官府领取印信文簿，如实登记客商船户的身份和经营情况，每月向官府呈报一次。未经官府批准私充牙商、埠头者，“杖六十，所得牙钱入官。官牙、埠头容隐者，笞五十，革去”②。

此外，明代对货币制度的规定比较严格。如规定货币分为钱（铜铸之钱）与钞（纸币，“大明通行宝钞”是明代发行的唯一纸钞）两种。规定了两者之间的换算比例，1贯等于铜钱1000文。在《大明律》的《刑律》中列有“私铸铜钱”专条，规定“凡私铸铜钱者，绞。匠人罪同。为从及知情买使者，各减一等”。明律对伪造宝钞的处罚更重：“凡伪造宝钞，不分首从，及窝主若知情行使者，皆斩。财产并入官。”③

六、清代的经济法律制度

（一）赋役制度

清朝入关后，首先废除了明代末年的三饷加派。三饷即“辽饷”“剿饷”“练饷”，它是明代借口筹集军费向人民加派的赋税，也是导致明末农民大起义的重要原因。到康熙五十一年（1712年）下诏宣布丁银总额以康熙五十年（1711年）为准（该年全国丁银总额335万两），永远固定，康熙五十年（1711年）以后成丁（满16岁的男子）不再加征丁银，这一举动被称为“盛世滋丁，永不加赋”。至雍正年间（1722—1735年），则实行“摊丁入亩”。即以省为单位，将已固定的丁银数额平摊至田赋银上，使丁银成为田赋银的附加税，丁银的征收与田赋的征收完全合一，总称“地丁银”。地丁合一制完成了唐两税法以来的赋役合并的演变，从制度上取消了无偿征发徭役与无地农民的人头税，对社会经济的发展具有一定的意义。不过地方官府仍然经常无偿征发农民服各种杂役，摊派各种苛捐杂税。

---

① 《大明律·户律·市廛》。

② 《大明律·户律·市廛》。

③ 《大明律·刑律·诈伪》。

（二）海外贸易管理制度

自明代开始，对民间海外贸易活动采取严格管制直到严禁的政策。从洪武元年（1368 年）发布第一个禁止民间海外贸易的法令，到隆庆元年（1567 年）宣布“弛禁”，200 年间明朝曾经数十次发布禁海令，禁止私人进行海外贸易。明代官方允许的对外贸易为“朝贡贸易”。这种受到严格限制的政治性贸易严重阻碍了海外贸易的发展。

清入关后更严厉地执行明朝有关海外贸易的制度，力图闭关自守。尤其是清朝初年，为了切断郑成功领导的海上反清武装与内地的联系，于顺治十三年（1656 年）颁布禁海令，严令“寸板不得下海”，凡有商民入海与郑氏贸易，一律奏闻论斩，家产付告发人充赏。于顺治十八年（1661 年），又颁布“迁海令”，强迫江南、浙江、福建、广东沿海居民内迁 30 里（以后扩大至 50 里），越界者立斩。至此，海外贸易完全断绝。收复台湾后的 1684 年宣布“开海”，允许人民回迁，但仍然严禁人民私自出海。欲出洋贸易者要得到地方官府批准，发给印票，取保登记。而且对商船的大小（500 石以下）、样式（限单桅船）以及水手的人数都有严格的限制。凡卖船给外国的，“造船人与卖船之人皆斩立决”①。

清朝在宣布开海的 1684 年，设立广东（广州）、福建（漳州）、浙江（宁波）、江南（云台山，今连云港）四个海关，负责征收关税，但没有统一的海关法规，税率也各不相同。海关主要管理国内沿海贸易，只有浙江海关与广州海关可以接待外国商船。到乾隆二十二年（1757 年）下令关闭三关，仅保留广州一个口岸对外通商（“一口通商”）。除了一口通商外，还对出口货物进行种类、数量的严格限制。凡马牛、军需、金、银、铜、铁、铅、锡、铜钱、硫黄、书籍、粮食等都不准出口。允许出口的丝绸、茶叶、大黄数量也有严格限制。同时，“一口通商”的广州，中外贸易必须通过由官方指定的俗称“十三行”的垄断代理商行来进行。

清朝的闭关政策并没有阻止列强的入侵。18 世纪末，欧美列强开始采用鸦片贸易来打开中国的市场。鸦片贸易主要以走私的方式进行。为了制止鸦片贸易，清朝政府于嘉庆十八年（1813 年）颁布了第一个禁烟法令，以后又曾多次下令禁止鸦片贸易，但是，清朝的门户仍被打开了。

（三）商业管理制度

清朝沿用明制，继续实行重要商品的官营制度，而且广设钞关（税卡），重征商税。乾隆二十六年（1761 年）至四十一年（1776 年）编制的《钦定户部则例》中，“关税”有五卷，“税则”二十九卷，占整个法典的 1/3 还多。它规定：凡偷越关卡，逃税漏税者，不仅惩罚本人，照律治罪，没收货物，地方官也一并议处；还特别规定“关税短缺，令现任官赔偿”。这促使各关卡税吏以增额课税掠夺为能事，肆意苛求。除关税外，还征收名目繁多的商税，如牙税、落地税、盐税、矿税、茶税、酒税等。《大清律例・户律・课程》规定：“不纳课程者，笞五十，物货一半入官。”这些规定及税吏法外肆意勒索，使商人视关卡为畏途，视商业为末途。

---

① 《清圣祖实录》（卷 271）。

（四）矿业管理制度

唐宋时期，法律对私人开矿是不禁止的，只要手续齐备，依法缴纳税收，就可以进行。到明代，法律明确禁止私人开采金、银、铜、铅、锡、水银矿。明律中特设“盗掘”罪名，凡“盗掘”上述各种矿砂，一律折合钱钞，准盗窃论罪。持杖拒捕，或聚众30人以上，或分矿砂30斤以上者，发边卫充军。虽然对铁矿及冶炼业不再采取官营垄断，但对私人采铁、冶铁的限制则极为严格。如雇工不得超过50人，也不得雇外地流民。每年开炉时间限于九月中旬至来年二月初旬的农闲季节等。

清代一段时间允许民间开矿，但至康熙四十年（1701年）则变为矿禁。清统治者认为：“开矿一事……人聚众多，为害甚巨。从来矿徒，率皆五方匪类，乌合于深山穷谷中。”① 因为惧怕人民聚集深山，以采矿为名进行反抗活动，因此对矿业开采和冶炼都严加管理和限制。对于贵金属的开采、冶炼由官府经营，私采者“正犯处以极刑，家口迁化外”；对铜矿采取“官借工本，官收铜斤”的政策，即由官府垄断铜的买卖，甚至强制以低价收买矿商生产的铜。如果商人私相买卖，一经查获，铜没入官，买卖者治罪。这种掠夺性的政策，使矿商非但不能积累资本，就是简单的再生产也难以维持。对铁矿业的管理很严，规定除征收铁税20%以外，凡采铁冶铁的地方，要将炉数、产量、工场主及矿工的姓名、履历等情况，详细呈报官府，发给执照才能生产；产品的出售也要呈报官府，由官府发给执照，过关时验单，严禁无照私自买卖铁，尤其严禁运铁器出海。在这样严密的控制和监督之下，矿冶业的发展十分艰难。

小　结

中国封建社会在民事法律关系上有伦理化不断强化的趋势，蔑视当事人的个体权益，个人的权益淹灭在家庭、家族、国家的集体利益之中。在经济立法上，重农抑商，官与民争利，国家对社会经济生活的控制和监管太严，商品经济的发展极为缓慢，从而阻碍了中国社会的发展，使中国近代社会转型极为艰难。

思考题

1. 试述中国封建社会婚姻家庭制度的发展变化及主要内容。
2. 试述唐代所有权制度与契约制度的内容及特点。
3. 试述中国封建社会赋役制度的发展变化及内容。
4. 试述明清法律对资本主义萌芽的限制。

① 《清世宗实录》（卷24）。

第八章　行政法律制度

第一节　行政机构

一、秦朝的行政机构

秦自商鞅变法起，至秦统一全国，为了适应专制主义中央集权统治的需要，颁布了一系列行政法规，创建了一整套行政管理体制。

（一）创立皇帝制度

秦统一以前，国家的最高统治者叫“王”。秦王嬴政灭掉六国之后，“自以为德兼三皇，功过五帝”，取三皇五帝之兼称，自封为“始皇帝”，从而确立了皇帝制度。从此一直到清末，皇帝制度在中国延续了2000多年。

“皇帝”是秦朝的最高统治者，拥有至高无上的权力，凡行政、司法、立法、军事等大权均由皇帝总揽。史书说“天下之事无小大皆决于上，上至以衡石量书，日夜有呈，不中呈不得休息”①。由于皇权独尊，因此，其命为“制”，其令为“诏”，自称为“朕”，臣民称皇帝为“陛下”，皇帝驾临曰“幸”，所在曰“行在所”，所居曰“禁中”，皇帝死曰“崩”。此外，在官文书中还建立了抬头与避讳制度。即遇到“皇帝”“始皇帝”等字样，要顶格书写，涉及皇帝名字需要避讳。

为了行使权力和发挥官僚辅政的作用，秦朝建立了朝议和朝会制度。凡涉及军国大事，均下议于群臣，实行朝议，最后由皇帝裁定。朝会制度则是指皇帝临朝听政大会群臣的制度，朝会有法定的日期。朝议制度有利于皇帝兼听，对于皇权起到一定的制约作用。

皇帝行使权力的凭证是玺、符、节。玺者印也，皇帝的印称为御玺，秦始皇的御玺上刻有“受命于天，既寿永昌”② 的字样，表示权力来源于天授，传之无穷。符是皇帝调兵遣将的凭证。节是付与臣的信证，表示授命出使。

（二）建立统一的行政管理体制

1. 中央机构

秦在中央建立三公九卿的行政管理体系，执掌全国政务，为专制主义中央集权统治服

---

① 《史记·秦始皇本纪》。

② 《史记·秦始皇本纪》。

务。三公指丞相、太尉和御史大夫。丞相或宰相是皇帝之下的最高行政长官，辅佐皇帝总理政务。太尉是掌管军事的最高官员。御史大夫为“副丞相”，具体负责转呈群臣奏章和下达皇帝的诏令，并兼理国家监察事务。由三公组成的三府，是秦朝发号施令的中枢。

三公之下设九卿，作为执行机构。包括：奉常，掌管宗庙礼仪；郎中令，掌管“宫殿掖门户”，统辖皇帝的侍从警卫；卫尉，掌管“宫门卫屯兵”，负责皇室警卫；太仆，掌管宫廷御马及全国的马政；廷尉，掌管刑狱；典客，掌管外交和国内少数民族事务；宗正，掌管皇室事务；治粟内史，掌管租税钱粮和财政收支；少府，掌管供皇室需用的“山海池泽之税”。九卿之中除廷尉、治粟内史和典客均为宫廷机关，其余六卿虽然不是宫廷机关，但也含有为皇室服务的职能，这反映了专制主义政治对国家机关的影响。

2. 地方机构

秦统一后，将郡县两级制推行至全国。“秦遂并兼四海，以为周制微弱，终为诸侯所丧，故不立尺土之封，分天下为郡县。”① 秦始皇二十六年（公元前221年）分天下为36郡，彻底废除奴隶制时代“分邦而治，分土而食”的采邑制度，建立了“海内为郡县”的一套地方行政机构。后来增加到41郡。

郡为最高一级地方行政机关，设郡守，执掌一郡全部政务。郡守之下设郡尉，掌管军政；设郡监，掌管郡内监察。郡下设县，置县令或县长，为县的行政长官并兼理司法。县令之下设县丞，协助县令掌管县内政务；设县尉，负责县内兵员的征召与军队训练。

县下有乡、里等基层行政组织。乡设三老，掌管教化；设有秩，掌管诉讼；设啬夫，掌管赋税；设游徼，负责缉查寇盗、维护治安。里为最小的地方行政管理单位，里内居民按什伍编制，设里典或里正负责里内的一切工作。

二、两汉行政机构的演变与发展

（一）皇帝的权力进一步法制化、神秘化

皇帝制度是封建社会的核心制度。到汉朝，皇帝制度得到进一步的巩固和发展，其重要表现就是皇帝至尊地位的法律化和皇权的神秘化。据蔡邕《独断》卷一记载：“汉天子正号曰皇帝，自称曰朕，臣民称之曰陛下。其言曰制诏，史官记事曰上。车马衣服器械百物曰乘舆，所在曰行在，所进曰御。其命令一曰策书，二曰制书，三曰诏书，四曰戒书。”同时，受董仲舒“天人感应”说的影响，皇帝被尊为“天子”，所谓“王者父天母地，为天之子也”，皇帝对国家的统治也被说成是“承天意以从事”②，是“天意之所予也”。一些儒家学者还把神权和父权沟通，鼓吹“陛下上为皇天子，下为黎庶父母”③，使皇权进一步膨胀。

（二）中央中枢机关的变化

汉初，皇帝之下仍设丞相、太尉和御史大夫。丞相权力极大，所谓“掌丞天子，助理万机”，与皇帝共商国事，负责一切政务的处理。至汉武帝时期，为了扩大皇权而蓄意削弱相权，从而逐渐有“中朝”官和“外朝”官之分。由侍从皇帝的宫廷机关构成“中

---

① 《汉书·地理志》。

② 《汉书·董仲舒传》。

③ ［汉］董仲舒：《春秋繁露》。

朝”，逐渐掌握了决策国家政务的实权。而以丞相为首的“外朝”，却退居到执行政务的地位。“中朝”官中最重要的是原属少府，掌管图书、秘籍、章奏的小官尚书。由于皇帝赋予他们以处理国家事务的权力，遂成为直接隶属于皇帝的最重要的宫廷政治机关，并且设官分职，建立尚书台。至东汉，尚书台的组织机构进一步扩大，在职权上也凌驾于“外朝”官之上，所谓“虽置三公，事归台阁”①。

除尚书台之外，东汉时宫廷中还设立有侍中、黄门侍郎等侍从官职，以及专由宦官担任的中常侍、小黄门等内廷侍从官。他们传达皇帝的口诏，阅览尚书进呈的文书、奏章，也逐渐握有实权，为皇帝听信的宦官竟然形成了指挥尚书、发号施令的特殊政治集团。在封建社会，皇帝之所亲重，便是权势之所由来，这是专制政治的重要特色。皇帝为了防范大权旁落，蓄意把管理权从朝廷移位于内廷，虽然限制了大臣擅权，却为宦官、外戚等内廷近臣窃权提供了条件。

此外，汉武帝以后，秦时创设的丞相、太尉、御史大夫的三公职位，遂逐渐为大司徒、大司马、大司空取而代之。

（三）地方行政体制的变化

西汉初期，地方郡县与封国并存。汉代初期，地方政权沿袭秦制，仍然实行郡县两级制度。郡仍然是地方最高一级政权，以郡守为长官，有二千石的俸禄，故通称郡守为“二千石”。县为地方基本行政单位。同时，汉高祖刘邦“惩戒亡秦孤立之败”，大量分封王侯，由此产生了王、侯国与地方郡县并存的行政体制。“七国之乱”后，采取了一系列“削藩”的措施，使得王国的辖区和权力实际上与郡同。王国主管行政的“相”同于“郡守”。侯国大体上同于县，侯国的“相”同于“县令”。终汉之世，封国虽然一直存在，但地方制度以郡县制为主。

汉代行政管理体制变化的另一个突出特点是：缩小郡的辖区，增加郡的建置，减少对中央政府的威胁。至汉代末期，郡国共达103个，县邑共达1314。

东汉时期沿用郡县两级制度，州只是监察区，不是一级地方政权。至东汉末年的汉灵帝，正式确立州为地方最高一级政权，形成了州、郡、县三级地方制度。并改州刺史为州牧，掌握地方行政、军事、监察、司法等大权，统辖郡县，镇抚地方。后来，州逐步演变成为割据一方的地方实力集团。

三、三国、两晋、南北朝时期行政机构的发展

三国、两晋、南北朝时期，从全国范围来看是封建割据的形势，但就某个王朝而言，仍然是专制主义中央集权的政体，皇帝拥有最高的统治权。这一时期行政机构的演变最大的特色是：

（一）中央三省制度形成

如前所述，至东汉，尚书已经发展成为事实上的最高国家行政机关。从曹魏起，尚书脱离少府而独立，变成皇帝领导下的全国最高行政管理机关。由皇帝指定亲信重臣兼理录

① 《西汉会要》（卷40）。

尚书事，“军国大事，总而裁决”[①]，是皇帝以下握有实权的最高官职，被正式称为“宰相”。但录尚书事并非常设，常设的是尚书令，尚书令也有“宰相”之称。尚书令以下设有协助其处理事务的左右仆射和具体执行政务的左右丞、各曹尚书以及其他属官。各曹是中央政府的重要行政管理机关，其中左民曹管理田土户籍，度支曹管理财政收入，客曹管理外交，武兵曹管理军政，三公曹和都官曹管理司法行政。随着组织机构的扩大，梁时正式改为尚书省，所属各曹定为六曹。

魏文帝时，为了牵制尚书令的权力，将原有的秘书监改为中书省，设立中书监、中书令。中书监、令在秦汉时期仅为掌管宫中书记的小官，多由宦官充任。到三国两晋南北朝时期，中书省发展成负责处理奏章、草拟诏书、掌管机要的决策机构。然而皇帝也唯恐中书省权势日盛，在魏晋时期便采用侍中参与大政的办法，来钳制中书省的职权。侍中在秦时只是侍从和备皇帝顾问的有关天象、文学、礼仪等事项的小官，至西汉中叶，职权逐渐提高。到晋代成立了以侍中为主管长官的门下省。凡属重要政令，皇帝要征求侍中的意见。门下省不仅有权弹劾百官，甚至可以封驳皇帝的诏令。侍中也被称为“宰相”，侍中以下有黄门侍郎、给事中等属官。

（二）地方州、郡、县三级制

魏承汉制，沿用州、郡、县地方三级行政制度。突出的变化：一是州、郡、县三级的长官大都由武官担任，体现这一时期战事频繁、武官当政的特色。二是郡县属吏增加，设有丞、尉、中正、主簿、功曹、金曹、贼曹、兵曹、吏曹等。

四、唐朝行政机构的完善

（一）中枢机构——三省六部

在唐朝的国家机关体系中，皇帝居于最高的支配地位，总揽全局。皇帝之下，设“三师”（太师、太傅、太保）、“三公”（太尉、司徒、司空），作为顾问军国大事的辅佐。地位虽高，但无实权，也没有官衔和僚属，实际上是对某些大臣的荣誉性的赠官。皇帝之下中央权力的中枢是三省六部。

中书省是唐朝的中枢决策和最高出令机关。中书令为长官，参与军国大事，负责审理尚书省及其他机关的奏章公文，根据皇帝的指示起草诏令及下行文书，送门下省审核、副署，付诸施行。中书令以下设中书侍郎、中书舍人、右散骑常侍、右补阙、右拾遗等官职。

门下省为审核驳正中书政令的机关，侍中为长官，地位与中书令相等，有权“参议朝政”，负责审查诏敕、纠正朝政得失和审阅各种上行文书，提出供皇帝裁决的意见，起着重要的参谋作用，所谓“佐天子而统大政者也”[②]。门下省在侍中之下设门下侍郎、给事中、左散骑常侍、谏议大夫、左补阙、左拾遗等官职。

中书省与门下省互相钳制，共同决策，以确保皇帝的诏旨更能符合国家的利益。门下省对于中书省草拟的诏令文书，如认为不当，可以封驳奏还。封驳制度从某种意义上制约了皇权的行使，同时也是加强专制主义中央集权的一个重要环节。“国家本置中书、门下

---

① 《魏书·北海王详传》。

② 《唐六典》（卷8）。

以相检察，中书诏敕或有差失，则门下当行驳正。人心所见，互有不同，苟论难往来，务求至当，舍己从人，亦复何伤。比来或护己之短，遂成怨隙，或苟避私怨，知非不正，顺一人之颜情，为兆民之深患，此乃亡国之政也。”①

尚书省是全国行政的总汇，为最高行政管理机关，以尚书令为长官，下设吏、户、礼、兵、刑、工六部二十四司。六部二十四司的行政管理机构和体制，从隋唐确立，一直到明清，1000 余年相沿未改，说明这一套机构适应封建国家行政管理的任务与要求，发挥了重要的作用。

唐以前，三省制度虽已形成，但职责不清，组织欠严密。至唐朝，三省职权有明确的划分，分工合作、相互牵制的关系进一步制度化、法律化。中书省与门下省的中书令与侍中被认为是正式宰相以后，由于承担的任务不同，时有争执，影响了行政效能的发挥。为此就设置了中书与门下长官共同议事的制度与办公机构——政事堂。政事堂最初设在门下省，唐朝中叶，中书令权势日重，遂移至中书省。开元十年铸有“中书门下”专印，成为宰相的联合办公机构。由于中书、门下合署办公，因此门下省的审核程序，多在共同议事中完成。尚书省执行最后的决定。

唐代初期，皇帝因三省长官名位太高，有意识地不予设置，而由副职或者其他官员兼理。高宗以后，赋予参加政事堂会议的官员以“同中书门下三品”，或“同中书门下平章事”等职衔，执行宰相的职务，有宰相之称。以致在唐朝执行宰相职务、有宰相之称的官员，经常有四五人，最多时达十余人。宰相权力的相互牵制与进一步分割，说明专制主义中央集权的进一步强化。

唐朝宰相权力的分割，还表现为唐中叶以后翰林学士院的设置。翰林学士院原设于宫中，由担当皇帝顾问的一批文人组成，并不涉及国家政事。高宗时，始设“翰林待诏”负责草拟诏敕。

开元二十六年（738 年），玄宗另设翰林学士院，负责草拟“内命”，包括“择免将相，号令征伐”等机密诏旨，因而有“内相”之称。代宗永泰元年（765 年），又设内枢密使，专用宦官，执掌机密章奏，传达诏旨，不仅参与朝政，而且往往兼握兵权。翰林学士院与内枢密使的设置，反映了皇权的加强和宰相权力进一步被分割。

此外，唐朝的中央政府还设立九寺、五监等管理行政事务的机关。九寺为太常、光禄、卫尉、宗正、太仆、大理、鸿胪、司农、太府。九寺来源于秦汉时期的九卿，但在朝廷中的地位已经较秦汉时期下降，只分管具体事务。九寺以卿和少卿为正副长官。五监，包括国子监、少府监、将作监、军器监、都水监。九寺五监，虽然形式上与六部无从属关系，但因其主管的职权范围，很难与六部截然分开，实际上成为尚书省六部的附属机关。

（二）州县两级地方体制的定型

隋唐实行地方州县两级制。州、县分别以刺史、县令为长官。县下有乡、里、村等基层组织。唐时地方州县长官以及重要属吏，均由中央任免，三年一任，不得久留。这是专制主义中央集权制度的一个重要发展。此外，在边塞地区设立都督府，以大都督为长官，掌军事。唐玄宗时，在沿边、沿海重地设立 8 个节度使，权已渐重。节度使原来由朝廷任

---

①《资治通鉴》（卷 191）。

命，其后权重坐大，遂自行转授或世袭其职，割据一方，是唐朝灭亡的重要原因之一。

五、宋朝的行政机构

宋朝在加强专制主义中央集权的基本国策指导下，建立起庞大的官僚机构，确定了新的行政管理体制。

（一）中央中枢机构的变化

保留三省形式，大力削弱相权，通过机构之间的分权、牵制进而强化皇帝对国家机构的操纵权和国家事务的决定权，是宋代改革行政管理体制的突出特点。宋初皇帝之下设两府三司共治国事。两府即中书门下与枢密院。中书门下是最高行政机构，其长官“中书门下平章事”行宰相事，无定员，一般设二三人。又设“参知政事”为副宰相，使参知政事牵制、削弱宰相职权。由于宋初已将军权和财权分别割归枢密院和三司行使，又设差遣院、审刑院、理检司、审官院、考课院等机构，进一步侵夺了宰相所经办的具体事务，宰相之权原已不及唐朝，“中书令、侍中、尚书不预朝政，侍郎、给事不领省职，谏议无言责，起居不记注”①。而即使是有关国家行政的具体问题，事无大小，皆必须请示皇帝，然后草诏施行。枢密院为最高军事行政机关，枢密院长官为枢密使，其品级相当于宰相，宋人称之为“二府”。枢密院直接听命于皇帝，军权被切实收归中央由皇帝独掌。“三司”是最高财政管理机构：盐铁司掌工商收入、兵器制造，度支司掌财政收支、粮食漕运，户部司掌户口、赋税、榷酒等。三司使为三司长官，“掌邦国财用之大计”②，待遇同于二府长官，故又称“计相”。

宋朝行政管理体制的变化，虽然加强了中央集权，但造成了机构重叠，职权分散，冗官充斥，行政效率低下的后果，这是专制主义中央集权体制所必然要付出的制度成本。

（二）地方行政机构

宋代地方行政机构的设置亦着眼于分散地方职权，加强中央对地方的控制与监管。宋代的地方机构分为路、州、县三级。路为地方最高一级政权，设四位长官，并使其权一分为四：设经略安抚使掌管军政；设转运使掌管财赋，其后转运使职权扩大，成为路一级的最高行政长官；设提点刑狱司掌管司法；设提举常平使掌管赈灾或盐铁专卖。上述四个机构互不统属，互相监督，各自对皇帝负责。

路之下设府、州、军、监为同级行政机关。知府、知州、知军、知监，由朝廷任命文官担任。规定三年一任，实行籍贯回避制。府、军、监为数不多，以州为主。各州设立通判以分知州之权，州内政令必须经通判联署，否则无效。通判又“事得专达”皇帝，使之监察知州，故有“监州”之称。州之下设县，仍设立知县、县尉等官职，负责一县之行政、司法等。县之下设都保、大保、保等基层组织。

宋朝中央和地方行政机构体制上的改革，虽然使皇权得以强化，但造成了机构重叠、人浮于事的结果。当时，“州县之地不广于前，而官五倍于旧”③。许多机构之间无隶属关系，而一统于皇帝，造成行政效率的低下。宋真宗时，有人建议裁减冗员，数目竟达195000余人。

---

① 《宋史·职官志》。

② 《宋史·职官志》。

③ ［宋］宋祁：《景文集》（卷26）。

六、元朝的行政机构

（一）中央中枢机构的变化

元朝一省制，即中书省取代过去的三省，中书令为长官。为防其擅权，此职常缺。如设置，则以皇太子兼领。中书令之下设左右丞相、平章政事等官职。由于中书令通常由太子兼领，并不到职视事，因此左右丞相等负责处理政务，统称为宰相。中书省下设吏、户、礼、兵、刑、工六部，各司其职。

继续设枢密院，掌军事。由皇太子兼枢密使，下设枢密副使、同知院事等官职。但枢密院同中书省不再是并列的“二府”，枢密院的法定地位要低于中书省。汉族官员在枢密院任职者，不得过问军事机密。

中央新设置的机构有：蒙古翰林院，掌管起草皇帝诏旨；通政院管理驿站；将作院管理工匠；集贤院管理学校事务；宣政院管理宗教和少数民族事务。

（二）地方行政机构

元朝地方行政机构基本上仿宋、金旧制。元世祖设置中书省时，以行中书省为中央临时派出机构，不久即以行省为固定的行政区域，大体形成了行省、路、府（州）、县四级制。行中书省设丞相，多由蒙古亲王、贵族充当，权力极大，军、民、财、政无所不掌。行中书省与行枢密院、行御史台是元朝代表中央分治地方军、政、监察的三大机关，显示了元朝十分重视中央对地方的控制，也是元朝民族矛盾与阶级矛盾进一步加剧在行政管理体制上的表现。

县以下建立村社、里甲等基层组织。凡五十家编为一社，二十家编为一甲。社长和甲主对居民拥有很高的权威。在村社派遣蒙古军队驻扎，甲主由蒙古人或色目人担任，军事镇压和民族压迫的色彩比较突出。

七、明朝的行政机构

（一）中央中枢机构的变化

明朝强化了君主专制中央集权的政治制度。洪武十一年（1378 年），针对丞相胡惟庸“总中书之政……专肆威福”，下令“禁六部奏事不得关白中书省”[①]，取消了丞相指挥六部的权力。至洪武十三年（1380 年），终于借左丞相胡惟庸谋反，诛杀胡党及功臣 15000 余人，乘机废除中书省，罢除丞相官职，将其权力收归皇帝独揽。中国历史上沿袭了 1000 多年的丞相制度和 700 余年的三省制度，至此结束。皇权与相权的矛盾，以皇帝的胜利而告终。

中书省废除后，六部成为分任朝政的中央最高一级行政机关。各部尚书直接对皇帝负责，执行皇帝的命令，不仅减弱了对皇权的威胁，而且保证了皇帝独裁权力的行使。此外，又将军事指挥权分别由前、后、左、右、中五军都督府掌管，将御史台扩大为都察院，并设通政使司统一收发各部与皇帝之间的章奏文件。六部尚书与通政使、左都御史、大理寺卿合称“九卿”，为中央最高级别官员。

---

① 《明会要》（卷 31）。

明朝政治制度将一切政务决策权集中于皇帝，但实际上皇帝不可能事事躬亲。因此，从明太祖开始，便形成由皇帝指定一些翰林学士为皇帝审阅奏章、草拟“圣旨”的惯例。翰林学士在宫廷“大内”办公，冠以“某某殿（阁）大学士”的官衔，简称“内阁”，逐步成为事实上的决策机构。但大学士的官阶仅为正五品，比地方知府的官阶（正四品）还低，以此来降低对皇权的威胁。首席大学士称“首辅”，有宰相之权无宰相之名。

（二）地方行政机构

明朝地方实行省、府、县三级制度。各省设立承宣布政使司，总管各省行政、民政、钱谷等事，是地方最高行政机构。设都指挥使司管辖本省卫所，负责军务，是地方最高军事机构。设提刑按察使司负责本省刑狱、监察，是地方最高司法机构。地方三司的设立，一方面使地方机关职权趋向专一化，加强统治效能；另一方面，由于三司地位平等，互不统属，直接受皇帝领导，因此，不仅分散了省级长官的职权，而且造成三机关的互相牵制，以便于皇帝操纵。省以下设府（直隶州），长官为知府（知州）。府以下设县（散州），长官为知县（知州）。

为了加强中央对地方的控制和监督，在省与府之间，设监察区“道”。一省分若干道，一道辖若干府。但道不是一级政权。同时，明代还仿汉代刺史制度，以省为单位，划分大监察区，派监察御史前往稽查。成祖永乐年间，在此基础上创设巡抚制度。代宗景泰年间，又创设总督制度。总督统辖几省的军权和监察权，加兵部尚书或侍郎衔及都御史名号。督、抚的地位和职权高于布政使。但终明一代，督抚在组织上不是省级最高行政长官。

综观明代行政体制的变化，其突出特点是专制主义中央集权进一步加强，集中的表现是宰相制、地方行省制的废除，中央监察机关的扩大和地方监察区的重叠设置。

八、清朝的行政机构

（一）中央中枢机构的变化

在清朝，一切国家机关的设置、职权的变动，都以加强皇权为原则。皇帝通过各个直接对他负责的机构，亲自指挥各种事务。由于清朝所处的历史条件，以及它所执行的集权和民族压迫政策，使得中枢体制发生了变化。

清初，由满洲贵族组成的议政王大臣会议是皇帝以下具有决策权的组织，有关军国大事，往往由议政王大臣会议拟议具奏，然后交六部执行。但是，议政王大臣决策国事的制度与皇帝的大权独揽是矛盾的，至乾隆五十六年（1791 年），正式取消该机构，诸王大臣议政传统至此结束。这个过程，也是皇帝集权的过程，而内阁、南书房、军机处的设立为皇帝集权提供了组织基础。

清朝的内阁起源于内三院，即内国史院、内秘书院、内弘文院。顺治十五年（1659年）仿照明制改内三院为内阁。由于把分散于内三院的权力集中于内阁，有利于皇帝集权，因而从康熙时期起内阁遂成定制，直到清末才最后被废除。清朝的内阁执掌“赞理机务、表率百寮”[①]，代拟批旨，呈进奏章等职责。从雍正时起，内阁大学士定为正一品，位列百官之首。清朝大学士虽然“勋高位极”，但是实权远不及明朝。一是由于皇帝亲自

① 《乾隆会典》（卷2）。

批答内外大臣奏折，“阁臣不得与闻，天子有诏则面授阁臣，退而具草以进，曰可，乃下”①。二是议政处、南书房等机构也牵制大学士职权的行使，特别是“雍正以后，承旨寄信有军机处，内阁宰辅名存而已”②。

南书房建于康熙时期的1677年。南书房除应制撰写文字外，也秉承皇帝意志，拟进诏旨，发布政令，一度成为中枢机要秘书机构。但军机处成立以后，南书房遂不再参与机密事务，而专司文辞书画等事。

军机处建于雍正时期。军机处承旨办理军国要务，任免官员，呈递奏章，起草谕旨，也参与重大案件的审办。军机处的设立，不仅侵夺了内阁对重大政务票拟批签的职权，而且军机处有权修改内阁的票拟。军机处起草的诏旨，“先下内阁，以次及于部院”，叫“明发”；不经内阁，而由驿传直达督抚，叫“廷寄”③。廷寄制度的建立，进一步加强了中央与地方的联系，使皇帝的诏旨能够不受阻碍地迅速直达地方。军机处在清朝国家机关体系中的特殊地位和权势，说明了它是皇权高度发展的产物。

中央行政管理机构，仍然沿袭明制，设立六部、九卿，其他院、寺、府、监有较大裁并。例如；九寺只剩下大理寺、太常寺、光禄寺、鸿胪寺、太仆寺五寺，五监只剩下国子监。同时，在六部之外增加了管理少数民族聚居区的理藩院，管理皇帝宗室事务的宗人府，管理宫廷事务的内务府等机构。

（二）地方行政机关

地方行政机构分为省、道、府、县四级。明代临时派遣的督抚已成为固定的省级长官，握有军政大权。布政使和按察使成为隶属于督抚的分理地方民财、刑狱的两个机关。省下设道。自乾隆时起专设“守道”与“巡道”，前者有固定辖区，主管钱谷政务；后者分巡某一地区，主要负责刑名案件。此外，还设有某些专门事务的道员。道下设府，以知府为长官。府下设县，以知县为长官。

第二节　官吏管理制度

一、秦朝的官吏管理制度

秦朝统治者懂得吏治在国家政治生活中的重要性，韩非子的“明主治吏不治民”，在秦朝统治者那里得到了充分的体现。为了加强吏治，秦法对官吏的选任、考核、奖惩等作出了严格的规定。

（一）任免制度

1. 任官的条件与限制

秦朝对官吏的选任有比较严格的道德和才能标准：

（1）道德方面。秦简《为吏之道》规定了官吏应具备的道德和行为标准，将其概括

---

① ［清］叶凤毛：《内阁小志·序》。

② 《清史稿·大学士年表序》。

③ ［清］昭梿：《啸亭杂录》（卷1）。

为“五善”“五失”。

所谓“五善”，“一曰中（忠）信敬上，二曰精（清）廉毋谤，三曰举事审当，四曰喜为善行，五曰龚（恭）敬多让”。所谓“五失”，“一曰夸以泄，二曰贵以大（泰），三曰擅裚割，四曰犯上弗智（知）害，五曰贱士而贵货贝”。

（2）明悉法律令。秦朝统治者强调以法治国，以吏为师，要求官员通晓法律，努力学习法律，并以是否明悉法律令作为区分“良吏”与“恶吏”的标准。

（3）限制条件。秦律虽然不像后世注重门第出身，但也有任官的限制条件：第一，不准任用“废官”，即不准任用不称职或不够条件的官吏。例如，不得保举被撤职永不叙用的官，不得任用因犯罪被司法机关判刑的人为官，等等。第二，官吏正式任命才能到任行使职权。第三，长官调任新职，不准带走原属佐吏。

2. 选任的方式

秦朝中央和地方的长吏皆由皇帝任免，长官可以自己选任下属，选任方式主要有荐举、征召、任子等。荐举，即具备封建德行和拥有一定财产者才能被推举为官。征召，朝廷对各地有名望的人士采取征召的方式任官。任子，即二千石以上的官保荐一子为郎官。

（二）考绩制度

在秦朝治吏中，考绩是一个重要的手段。秦对官吏的考绩称为“课”，根据课律，考核官吏的时间定为每年正月，考核的标准实行“最”“殿”制。“最”者为优，奖励择升；“殿”者为劣，实行笞惩。《厩苑律》《牛羊课》《军爵律》等中对主管畜牧业的官吏以及军人的考课作出了详细的规定。

秦朝官吏考核，不仅有较为明确的标准和必要的程序，而且继之以严明的赏罚，以此来督促勉励官吏勤于职守。《为吏之道》说：“五善”毕至，“必有大赏”；而“五失”中仅有“犯上”一失，就要身及于死。这些都体现了法家“严刑厚赏”的思想。

二、汉朝的职官管理制度

（一）任免制度

汉代选拔人才和任用官吏，大致有几种途径：郎选、征召、察举、辟举等。其中征召和察举是常用的形式。

征召分两种：一种是诏举，皇帝诏令各郡推举“贤良方正能直言极谏者”，经过皇帝面试（即“对策”）后，任用为官。但选荐的范围一般仅限于二千石以上的官僚或富豪子弟，不能广泛地选取国家所需要的人才和满足中小地主进入官场的欲望。另一种是辟书，是皇帝特招征用有特殊才能或德高望重之士的制度。皇帝所下的特招聘书，叫辟书，由皇帝派遣使者专程聘请。

察举。察举制始于西汉而盛于东汉。由于征召制的选官范围窄小，为此，汉武帝采纳董仲舒的建议，令郡国每年按20万人举1人的比例察举孝廉，由朝廷录用为官。到东汉时期，被举荐的比例进一步扩大，如和帝时诏令各边郡按户口数目分配孝廉名额，人口10万以上岁举孝廉1人，不满10万可2年举1人[①]。被举人的条件和选拔科目，往往因

① 《后汉书·和帝纪》。

时因事、随需要而定。汉代对察举选拔人才相当重视，在汉武帝时期颁发的“议不举孝廉者罪诏”中，明确提出“进贤受上赏，蔽贤蒙显戮”[1]。正因为如此，两汉以得人之盛著称，著名的董仲舒、晁错、张衡、鲍宣等，都是通过察举进入官场的。

此外，汉代还通过学校培养，在中央设立“太学”，招收贤俊好学者入学学习，经过考试成绩优良者，可以补官。

汉朝在官吏选任上实行回避制度。为此制定了《三互法》，规定“婚姻之家及两州之人，不得对相监临”。即“三互，谓婚姻之家及两州人士不得交互为官也”[2]。目的是防止在任官过程中，亲属之间互相庇护，结党营私。

（二）考绩制度

汉代官僚制度的发展，推动了考绩制度的法律化。汉代对官吏的考课主要考核其政绩。一般官吏，主要是按照法律考核其所担任的工作完成得如何，即课其职守，考其功效。对地方郡国守、相和县令的考核，仍实行上计制。上计的范围，包括户口赋税、盗贼狱讼、垦田农桑、钱谷出入、漕运水利、灾变疾疫等。对郡国的考核除上计制外，汉武帝时期设置的十三部刺史，也要按“六条”察郡国长官，岁末回京奏报，对郡国上计起核实作用。

汉代的考核就时间而言，一般每年一小考，称为常课，三年一大考，称为大课。由丞相、御史府共定考绩等级，以优者为“最”，劣者为“殿”，称为会课。考核采取公开评议形式，以防止偏私。考核结果逐级汇总，由县而郡，由郡而朝廷，最后丞相总其成上奏皇帝。皇帝根据《上计律》和考绩的最殿等级，有功则升，无功则退，官吏贪赃枉法或不称职，则分别予以制裁或罢免。

（三）致仕制度

中国古代官吏退休叫致仕，即还禄位于朝廷，告老回家。这一制度是随着官僚制的出现而产生的。依据汉制，官吏年七十，耳目不聪，腿脚不便，照例须致仕；或因疾病，亦可致仕。二千石以上的致仕官，可以享受原俸禄的1/3。平帝元年（公元1年）规定“天下吏比二千石以上年老致仕者，参分故禄，以一与之，终其身”[3]。其他的官员告老则不予俸禄。对高官显宦年七十致仕者，皇帝念其多年勤于国事，致仕时，还一次性给予很多的赏赐，以示养老尊贤。

致仕制度的推行，使得官员不断更新，减少了官场暮气，对于国家政治、经济等的发展具有一定的积极意义。同时，在官场上造成一种年老告退、以让贤路的风气，有利于提高统治效能。

三、三国、两晋、南北朝的职官管理制度

（一）任官制度

为了打破东汉中期以来世家大族把持选官大权、操纵朝政的局面，曹操曾经提出

---

① 《汉书·武帝纪》。
② 《后汉书·蔡邕传》。
③ 《汉书·平帝纪》。

“唯才是举”的口号。公元220年，魏文帝采纳陈群的建议，实行“九品官人法”。即在州、郡分别设立大中正、小中正，以有识鉴能力的贤达充任，主持选官事宜，故称九品中正制。中正评选所在地区的士人、官吏，根据其“簿伐”（家庭出身）、“状”（德才、行为、政绩）以及“品”（人品），写出“行状”（评语），确定其等级。所谓九品，包括上、中、下三等九级，品第高低是授官的依据。品第的评定有严格的程序：由小中正呈大中正，呈司徒，呈尚书省，经过层层申报、核实，然后由吏部任命。每三年“清定”一次，按其操行、政绩如何升降其品第。

九品中正制在人才学分类上是一大创新，它对于考核人才，劝导风俗，鼓励士人奋发向上有一定的积极意义。但该制度也存在一定的弊端：一是由于担任中正官的都是世家大族，以致品评人物首先以家世门第为标准，其次才是才德。到西晋则以家世作为唯一标准，凡列为一、二品者为上品，享有最优越的政治特权，从而造成“上品无寒门，下品无士族”① 的奇怪现象。二是中正官的权力太大，以致往往主观任意，任人唯亲，互为攀比。科举制度于是应运而生。

（二）考绩制度

三国两晋南北朝时期，从立法上看，考绩制度比较严格，但这一时期政治动荡，使得考绩制度很难得到有效的贯彻。

魏明帝时期，为了整顿吏治，命刘劭作《都官考课法》72条。现已失传。晋武帝时期，杜预奉命制定“黜陟之法”，杜预本着“去密就简，则简而易从也”② 的原则，对《都官考课法》进行了修改，得到了晋武帝的采纳。于泰始四年（268年）颁诏天下。规定每三年为一考核期，对考核的具体内容，从人品、工作作风、工作态度、政绩到执行国家政令的情况等，都有规定。南朝基本上沿袭晋制，没有太大建树。与南朝比较，北魏建立了一套严格的官吏考核制度。魏孝文帝太和十八年（494年）制定的《三等黜陟法》是其代表。它规定三年为一考核期，五品以上官吏和尚书省诸官和司法官，皇帝亲临朝堂主考。对司法官考课尤为严格，只有“心平性正，抑强哀弱，不避贵势，直情折狱者可为上等”③。

（三）品俸与致仕制度

秦汉时期，随着国家官僚体制的建立，相应的俸禄制度也逐步建立起来。无论中央或地方官吏，都按照品级的高低由国家统一发给俸禄。按照秦汉的规定，以“石”定秩次（官等），如“六百石”位，即县令一级的官位。以“斛”（粟谷为主）等俸额、俸禄的多少，是区分官职高低的标准。到曹魏时期，以九品定官级，开创了封建社会法定的官阶制度，一直沿袭到清末。北朝魏齐时又分出“正”“从”，形成了18等级。至于俸禄，曹魏沿袭汉制，仍以粟谷为主，辅之以钱。两晋官俸以职田为主，一品田50顷，每降一品减5顷，九品为10顷。除职田外，还有食谷、绢帛之俸。

致仕制度在这一时期的最大特点是，虽然规定七十而致仕，但致仕者常以帝命出任官职。致仕以后的经济待遇和政治待遇，视其致仕前的职位而定。一般“才非秀异，见在

---

① 《晋书·刘毅传》。
② 《晋书·杜预传》。
③ 《魏书·广陵王羽传》。

朝官”，致仕后“给本官半禄，以终其身”①。有特殊功勋的高官，可拿全俸，有时还赐宅第、钱物等表示宠耀。

四、唐朝的职官管理制度

（一）任官制度

首开科举取士之门的是隋文帝，唐朝全面确立了科举选官制度。唐科举大致分两类：常选（或贡举）和制举。常选每年进行，参加科举考试的是京师和地方各级学校的“生徒”，和经州县审核身份并初试合格的“乡贡”。考试由尚书省吏部考功员外郎主持。科举考试的科目繁多，主要有秀才、明经、进士、明法、明书、明算等。其中，明经和进士两科最受重视，是士人跻身官场的重要途径。进士科主要考诗赋和时务策。制举是皇帝的特招考试，科目、时间及场所均由皇帝临时指定。考取后可得高官厚禄，是唐朝网罗所谓非常人才的手段。此外，还有始于武则天时的“武举”，考步马武艺，为武官候选条件之一。

科举考中后，在隋朝一般即可任官。在唐朝只是取得做官资格，只有再经过吏部铨试，合格才授给官职。否则只能通过给大官当幕僚的途径，才能得到国家正式委任的官职。吏部铨试包括四个方面的内容：身、言、书、判。“择人有四事，一曰身，取其体貌丰伟；二曰言，取其言词辨正；三曰书，取其楷书遒美；四曰判，取其文理优长。四事皆可取，则先德行，德均以才，才均以劳。”② 文官经吏部考试合格后，即正式任用为官。对司法官的任用，吏部与刑部尚书共同研究决定，然后注拟。武官则由兵部授官。

实行科举制度开拓了中小地主参与政权的途径，成为笼络封建士大夫的一种有效手段。但是，必须看到，唐朝可以任官的资格并不限于科举。科举之外还有封爵、（皇帝）亲戚、勋庸、资荫等。资荫又称门荫、荫袭，唐太宗时曾就此作了明确规定③，原则是先人官爵高，得荫者的官品相应就高，荫及的范围也广。以上途径任官者约为科举出身的10余倍。科举制度实行中的另一个弊端是，科举取士与吏部任官之间脱节。士人科举及第后三试吏部不中，10年仍布衣者不乏其人，甚至有20年不获禄位者。

（二）考绩制度

唐朝的考绩制度进一步规范，无论是考绩的内容和程序都进一步完善。唐代四品以下官吏的考课由吏部考功司掌管，三品以上由皇帝亲自考核。考绩的年限，每年一小考，评定等第，称为“岁课”。每四年一大考，综合数年等级，实行升降赏罚，称为“定课”。

唐朝考核官吏的标准也相当规范，一至九品流内官，实行“四善二十七最”。“四善”属于品德范畴，是对官员的普遍要求。包括：德义有闻、清慎明著、公平可称、恪勤匪懈。“二十七最”属于才干和政绩范畴，为有关官员所应有。如铨衡人物，擢尽才良，为选司之最；扬清激浊，褒贬必当，为考校之最；推鞫得情，处断平允，为法官之最，等等。综合被考者得善、最，评为九等：“一最四善为上上，一最三善为上中，一最二善为

---

① 《魏书·肃宗纪》。

② 《通典·选举三》。

③ 《旧唐书·职官志》。

上下，无最二善为中上，无最一善为中中……”①。

流外官的考核分为四等：“清谨勤公，勘当明审为上；居官不怠，执事无私为中；不勤其职，数有愆犯为下；背公向私，贪浊有状为下下。”②

唐代考课与赏罚相连。依据《考课令》的规定，考课在中上以上者可升官、加禄，中中者守本禄，中下以下皆降官、夺禄，情节严重者罢官，或依律惩治。

五、宋朝的职官管理制度

（一）任官制度

到宋代，科举取士进一步完善。其主要表现：第一，为了防止考官舞弊，在考试方法上创立了“糊名考校法”（将考生的姓名等信息弥封）和“誊录试卷法”（考卷由别人抄写，考官改被抄录的副卷）和回避制度（试院官及试院馀官亲戚，并两相避）。该方法为明清时期所继承。第二，为了便于皇帝对科举的控制，宋代殿试制度化。每三年由皇帝亲自殿试考选。殿试合格者皆为“天子门生”，按照等第高低赐衔授官。第三，科举制度成为宋代选拔官吏的重要途径。以进士科为例，唐代进士及第每次不过二三十人。宋朝进士分为三等，一等称进士及第，二等称进士出身，三等称同进士出身，录取名额通常在二三百人左右，最多时达五六百人。宋代士人一经通过科举录取，即可任官。

宋代官制有官、职、差遣之别，史称差遣制度。宋代的官名仅用来表示品位高低和俸禄多少，称为正官、寄禄官，简称“官”。一部分文官还有学士、直阁等类头衔，并不担任相应的馆阁之职，仅作为荣誉衔，称为贴职，简称“职”。官员担任的实际职务，则由皇帝临时授予，同其“正官”名称不符，故称之为“差遣”，又称“职事”。实行这种官名与职务相分离的差遣制度的结果，使各国家机关的“正官”并不管理本机关的事务，本机关的事务倒要由皇帝派遣的他官来处理的混乱局面。“正官”如果没有得到皇帝的差遣，就成为只领取俸禄而不干事的闲官。差遣制度虽然适应了君主专制中央集权的需要，但其危害性显而易见：一是造成机构臃肿，人浮于事，体制混乱；二是加重国家财政的负担，加剧了统治者与被统治者的矛盾；三是加剧了统治者之间的内耗，为了能差遣，各种腐败行为盛行，体制的运行成本提高；四是使对官吏的考核流于形式，磨勘制度盛行。

（二）考绩制度

在考绩制度上，宋代设立主管考课官员的专门机关，审官院负责考课中央机构的官员，地方州县官员的考课由考课院承担。考核的项目与唐代基本相同，为“四善”，即德义、清慎、公平、恪勤，考核结果分为上、中、下三等。宋代考核的方法最明显的变化是“历纸”和“磨勘”。各部院长官平时记录所属官员政绩优劣的考状，称为“历纸”。凡由朝廷指定特殊官员或官署考核迁转官阶的寄禄官，或拟选入京朝官的功过，称为“磨勘”。虽然宋代磨勘之法规定详细，但宋朝士人一入仕途，不问政绩劳逸，只要无大过错，照例文官三年一升，武官五年一升。所谓“知县两任，例升通判；通判两任，例升

---

① 《唐律疏议·职制》。

② 《唐律疏议·职制》。

知州”，“贤愚同等，清浊一致”[①]。从而造成“不求有功，但求无过”的官场暮气。

此外，在致仕制度上，七十岁致仕并非硬性规定。宋代官员因贪图俸禄和权势，虽已老迈达致仕年龄，仍不退者甚多。为了鼓励百官按时致仕，“凡文武官致仕者，皆转一官，或加恩其子孙”[②]。

六、元朝的职官管理制度

（一）任官制度

从元世祖至元仁宗延祐元年（1314 年），停废了近半个世纪的科举考试得到恢复，并进一步完善。元代的科举，每三年举行一次，分为乡试、会试、殿试。乡试是地方考试，于八月举行，录取限额 300 人，蒙古人、色目人、汉人、南人各 75 人。考试程式与要求，蒙古人、色目人与汉人、南人不同。会试是礼部考试，于乡试翌年二月在礼部举行，赴考人为 300 名乡试合格者，考试科目与乡试相同，录取限额 100 人，蒙古人、色目人、汉人、南人各 25 人。殿试是最高一级考试，于会试同年三月初七在翰林国史院举行。中选者分为三甲：第一甲第一名，赐进士及第，从六品；第二名以下第二甲，赐进士出身，正七品；第三甲，赐同进士出身，正八品。元代的科举考试，结束了以诗赋取士的历史，首创以程朱理学为程式的经义取士制度，此制度一直沿袭至清代。

其次，在任官制度上，主要官职“非国姓不以授”。在元代，从中央到地方，各级政权的主要官吏皆由蒙古人担任。例如，掌握兵权的枢密院长官、中央最高行政长官、御史台长官、最高司法机构长官以及地方行省、路、府、州、县掌握司法审判权的监临官“达鲁花赤”，必须由蒙古人充任。

（二）考绩制度

元朝官员的考核，京都职官由中书省负责，外任官吏由吏部负责。考核的内容，根据元世祖时期颁布的《五事三等考课升殿法》进行。所谓五事：户口增、田野辟、诉讼简、盗贼息、赋役平。“凡五事全备者为上选，内三事成者为中选，五事俱不举者黜。”元朝虽然有考课法，但政事混乱，难以实行。

七、明朝的职官管理制度

（一）任官制度

明朝官吏的“选举之法，大略有四：曰学校，曰科目，曰荐举，曰铨选。学校以教育之，科目以登进之，荐举以旁招之，铨选以布列之，天下人才尽于是矣”[③]。但明代最基本的任官途径还是科举。只有官学的“监生”和“生员”（“秀才”）才可以参与科举考试。考试的程式基本上同于元朝。考试的内容在元代经义取士基础上进一步发展，到宪宗时，创设“八股”的格式。八股取士，是专制主义中央集权在思想文化领域的反映，目的是制造大批为专制制度服务的驯服工具。

---

① 《范文正公集》卷 8《天圣五年上执政书》。

② 《宋会要辑稿·职官》。

③ 《明史·选举一》。

科举任官之外，明朝还有捐官，即用钱粟等买官。捐官制度的实行，使官员的素质下降，从而加剧了官场的腐败。御史张稷揭露说“比来末流贱伎，妄厕公卿，屠狗贩缯，滥居清要。文职有未识一丁，武阶亦未挟一矢……自古以来，有如是之政令否也？”①

明代任用官吏实行回避制度。主要有亲族回避，按洪武元年令，“凡父兄伯叔任两京堂上官，其弟男子侄有任科道官者，对品改调”②。其二是籍贯回避，主要适用于地方官的任用上，严格实行“北人官南，南人官北”的南北互调之法。此外，还有职务回避。

（二）考绩制度

明朝的考绩制度更趋严密。明代的考核分为两类：第一类为“考查”，又分“京察”与“外察”（或大计）。京察是对京官的考绩，由都察院主持，每六年一次。外察或大计是对京外官员的考核，每三年一次，由各地上级官员对下级官员进行考核。考查的内容叫“八法”③，即考核官员的八项标准：贪、酷、浮躁、不及、老、病、疲、不谨。犯此八法，即上报皇帝分别处以降级调任、勒令致仕、闲住为民等处分，甚至送刑部判罪发落。第二类叫“考满”，即上级主管官员对任期届满的官员进行考查评定。无论内外官员，任职满三年为一考，六年再考，九年通考，每一阶段考绩完成，称为“考满”。考满分为三等：称职、平常、不称职，根据等次，确定黜陟。称职者升官，平常者复职或在同一级别内转任其他官职，不称职者降级调用。

明代官员致仕的年龄为六十岁。如老疾不能任事者，则随时强制致仕。致仕官员不得留住京师，即使宰相也不例外，以防止致仕官与现任官勾结。为了奖励官吏致仕还乡，准许官府专车送回，沿途接待。

八、清朝的职官管理制度

（一）任官制度

清朝选任职官的途径很多，如由皇帝直接任用的叫“特简”，由大臣推举任用的叫“会推”，但仍以科举作为“正途”。清朝的科举制度与明朝基本相同。科举制度在清朝的实行，为汉官铺设了一条参与政权的阶梯。满官极少有经过科举入仕的，满人做官主要靠特权，即荫生制度。荫生分为恩荫、难荫和特荫。恩荫是指文官在京四品、在外三品，武官二品以上，各送一子入国子监读书，期满根据父辈的品级授予官职。难荫是指殁于王事的官员，可荫一子入国子监读书，期满候选。特荫是指功臣子孙或无官职，或品级卑微，可以送部引见加恩赐官。根据《荫生授官法》的规定，一品官的荫生以五品缺用，二品官的荫生以六品缺用，三品官的荫生以七品缺用，四品官的荫生以八品缺用。袭荫的顺序：嫡长子孙、嫡次子孙、庶长子孙、庶次子孙、弟侄依次进行，“不依次序僭越袭荫者杖一百、徒三年，仍依次袭荫。”④ 此外，在清朝，捐官是入仕的异途。清代的捐官比明

① 《明史·王瑞传》。
② 《大明会典》（卷5）《改调》。
③ 《明史·选举志》。
④ 《大清律例·户律》。

朝更盛，也是导致吏治败坏的弊政。

在清朝，为了确保满族贵族的政治优势，实行官缺制度，规定某些特定的官职必须由特定民族的人员担任。朝廷六部各设满、汉尚书，满、汉左右侍郎。被认为是要害部门的理藩院、宗人府、内务府，以及掌管钱粮、兵器、火药等府库全部为满官缺，而地位卑微、迎来送往的驿丞，则全为汉官缺。

（二）考绩制度

清基本上沿用明的考核制度，实行京察和大计。无论是京察与大计，考核的标准统一为“四格六法”。所谓“四格”，是指才（长、平、短）、守（廉、平、贪）、政（勤、平、怠）、年（青、中、老）。“六法”是指六个方面参劾不称职的官员，即不谨、罢软无为、浮躁、财力不足、年老、有疾。其中不谨、罢软无为、浮躁、财力不足者或革职或降调，年老、有疾者勒令致仕。考绩优秀可以得到引见、升官、晋级与封赐。涉及贪、酷等治罪。清朝的考绩制度在清中叶以前，尤其是雍正时期执行得较好，中叶以后，考绩制度流于形式。

第三节 官吏监察制度

一、秦朝的监察制度

秦监察制度尚属发端时期，还没有设立专门的监察机关，监察职责由三公之一的御史大夫兼任。御史大夫监督法律法令的实施，对违法官员进行弹劾，参与重大案件的审判。御史大夫之下设监御史，或称监察史，负责巡视郡县，监督地方。秦时已有专门性的监察法规《语书》。《语书》具体规定了察吏的细则，如辨察良吏的标准有四：一是通晓法律法令，能办理分内一切事务；二是廉洁、忠诚、老实；三是公正，指导一曹事务不独断专行；四是能纠正自己的失误，与人合作不争功。监御史在行使监察权时，发现官员有严重过失的，记录在簿，通报全郡或县，以示警诫；如有吏民违法乱纪，而令、丞不认真查处的，就将令、丞上报京都治罪。

二、汉朝的监察制度

汉承秦制，以御史大夫为全国最高监察长官，其机构称御史府，又称御史大夫寺，别号“宪台”。汉代在完善中央御史府机构的基础上，还先后设立丞相司直和司隶校尉。司直系丞相属官，司隶则直属皇帝，这样中央监察机关一变为三，即御史府系统、丞相司直系统、司隶校尉系统。三大系统互相牵制、互不统属，共同对中央机关及其官员实施监察，以加强皇权。

在地方，汉代中期以后，建立起两级监察制度。汉武帝时将全国划分为 13 个监察区，称为州部，各州部均设刺史 1 名，直接听命于皇帝及中央御史府。这样，汉代监察单线垂直的独立体系遂告成形。刺史除每年年终到京师述职外，其余时间均在部内执行监察职责。汉武帝建立刺史制度后，又规定刺史以“六条问事”，行使监察职权。六条的范围是：“一条，强宗豪右田宅逾制，以强凌弱，以众暴寡。二条，二千石不奉诏书，遵承典制，倍公向私，旁诏守利，侵渔百姓，聚敛为奸。三条，二千石不恤疑狱，风厉杀人，怒则任刑，喜则淫赏，烦扰刻暴，剥截黎元，为百姓所疾，山崩石裂，袄祥讹言。四条，二千石选署不平，苟阿所爱，蔽贤宠顽。五条，二千石子弟恃怙荣势，请托所监。六条，二千石违公下比，阿附豪强，通行货赂，割损正令也。”① 从这些规定来看，监察的重点是郡国守相，主要是防止郡国守相与豪强地主勾结，形成地方割据势力，威胁中央集权的统治。

三、唐朝的监察制度

三国魏晋南北朝，监察制度经历了一个较低落的发展时期。进入隋唐，随着皇权的再次强化，发展到了一个鼎盛时期。唐代在中央设御史台，是独立于权力机关、行政机构之外的对中央和地方百官进行监察的专门机构。唐代中央监察机构不同于前代的是，在御史台之下设立三院，即台院、殿院和察院，三院分立，相互牵制，相互配合，形成一个完善严密的中央监察机制。这是唐代中央监察系统高度完备的重要标志。其中，台院是御史中地位较高的，设侍御史 6 人，负责对中央百官违法行为进行纠举、弹劾、推鞫。殿院的殿中侍御史掌管纠察朝仪及其他朝会等，维护皇帝尊严。察院的监察御史品级较低，但职掌广泛，权限不轻，负责巡按和监察地方各级行政官员。唐太宗贞观十八年（644 年），分全国为 10 道，各设按察使 1 人，以六条按察。唐玄宗时，增改全国为 15 道监察区，监察和纠弹地方官吏。

概括起来，唐朝御史的职责主要有：第一，推按狱讼。包括推问皇帝下达的案件即诏狱，审理普通百姓的案件，参与三司推事等。第二，劾奏犯罪。即对违法犯罪的官员进行纠举，弹劾其罪行，请求司法机构审判。第三，巡察内外。一是分察吏、户、礼、兵、刑、工六部，监督其行政行为，使其合法有效。二是巡察州县，以“六条”为察事内容。“一察官人善恶；二察户口流散、籍账隐没、赋役不均；三察不劝农桑、仓库耗减；四察奸猾盗贼扰民生业、蠹害百姓；五察德行孝悌、茂才异能、贤士隐居者；六察奸吏豪强兼并土地、暴虐百姓，贫弱冤苦之人不能申冤者。”② 第四，监督决囚。御史要与中书舍人、金吾将军一起莅临，如发现司法机构违法及犯人有冤者，予以纠举平冤。第五，监察录囚。

在唐朝，监察制度中还有一个重要的内容——谏议制度。唐朝谏官隶属于中书、门下两省，设有左右谏议大夫、左右拾遗、左右补缺等谏官。主要职责：第一，谏议。以皇帝为对象，皇帝的个人生活直至国家大政都在其谏议范围之内。第二，封驳。即封还皇帝失宜的诏命，驳正臣下有违误的奏章。第三，知起居事。即通过掌记天子言行，与宰臣入阁记事，对皇帝及其左右近臣进行监督。第四，知匭事。武则天时期，在朝堂设置匭（箱子）4 枚，接受臣民的投书。谏官在朝堂知掌匭事，受理诉状，每日所有投书，晚上一并奏报皇帝。

谏议制度的形成使中国封建社会的监察制度形成了以上察下和以下督上的双向监察系统。该制度是封建国家进行自我补救的一种有效手段，具有约束皇帝的恣意妄为、保证正

① 《汉书·百官公卿表》颜师古注引《汉官典职仪》。
② 《新唐书·百官三》。

常的统治秩序的作用。

四、宋元明清时期监察制度的变化

宋朝监察制度的突出变化有三：第一，台（御史台）谏（谏院）合一，谏官与台官都把百官作为监督的对象。第二，宋朝的台谏之官必须由皇帝亲自任命，允许风闻弹奏，不受任何限制。第三，加强了对地方的监察。这些变化反映出宋代皇帝企图强化专制主义中央集权的目的，但允许台谏官员风闻弹劾的结果，是使得该制度同时也成为权臣们专权和打击异己的工具。

元朝中央监察机关仍然是御史台，直属机构有殿中司、察院和内八道肃政廉访司。殿中司主管纠察朝会班列失序，在京百官到任告假违例，鉴别入内奏事大臣的资格等。察院“司耳目之寄，任刺举之事”，是侦察机关。内八道肃政廉访司是直属御史台统辖的八个肃政廉访司的合称。肃政廉访司，简称“廉访司”“宪司”，是巡视、督察地方行政、吏治的专职机构。其巡视的范围称为“道”，全国共分二十二道，分为“内道”“江南道”“陕西道”三大类。“内道”有八，“内八道”直属御史台；“江南道”有十，隶属江南行御史台；“陕西道”有四，隶属于陕西行御史台。行御史台本是中央御史台的派出机构，后演变成地方监察机关。

元朝的监察体系相当严密，监察职权也重。这是因为元代统治者既要任用汉官，又须严加防范。但元朝的监察制度实际上并没有收到很好的效果。

明代建国之初沿用唐宋旧制。到洪武十五年（1382 年），改御史台为都察院，设左右都御史为长官，下设左右副都御史、左右佥都御史等。都察院有权纠察弹劾全国的大小官员，并可参与重大疑难案件的审理和复查，监督法律的执行。都察院下还设监狱，可以对某些犯罪直接审讯并监禁囚犯。在地方设十三道监察御史 110 人，定期巡按地方。巡按御史作为“钦差大臣”，“代天子巡狩”，可以“大事奏裁，小事立断”。有时御史出巡，被皇帝特命兼管其他事务，兼管军事的叫“提督”，兼管行政、财政的叫“巡抚”，三者兼管的叫“总督”。总督和巡抚有“便宜从事”的权力。

明代御史位卑权高，御史官秩一般不过正七品，但权力很大，直接对皇帝负责。选任御史也相当严格，进士、举人出身者，还须经考选、试职后，才可最后任用。同时，对于号称“风宪衙门”的御史犯罪，则加重二等处理。

除都察院外，中央还设六科监察机关。朝廷六部每部设都给事中、左右给事中各一员，监察六部官吏。所有六部奏请皇帝的事项，都必须经过给事中审查，并且有权驳回。即使是六部奉旨执行之事，也必须在给事中处登记记录，以便于检查执行的情况。六科与都察院并列，直接向皇帝负责。

清朝的监察制度基本上沿袭明制。其变化只是将六科并入都察院，合称“科道”，使监察机构一体化。在地方，由省按察使派出的“分巡道”和省布政使派出的“分守道”，分别对府、州、县官员进行监察。

小 结

中国封建社会为了维护专制主义中央集权，不断削弱与牵制宰相的权力；不断变换官制官规，使官无定职，职无定守；不断缩小地方建制、扩大地方数目以及加强对地方的监察等。虽然皇权得以强化，但中央与地方无法形成一个有效、稳定的权力体系，且体制运行的成本极高。伴随着专制皇权的进一步发展，我国的监察机制也日趋完善。在监察权进一步扩张的同时，监察的主体与监察的对象也日趋多元，唐代一度出现了谏官制度，把皇权作为监督的对象，甚至在宋代还出现了监察监察官的官员。但监察制度最终因监督的目的和监督的重点（维护皇权）而使其在稳定社会与根治腐败的问题上很难发挥功效。随着专制主义中央集权的极端发展，封建社会正常的法制秩序遭到破坏，最终加速了封建王朝的灭亡。

思考题

1. 试述中国封建社会行政管理体制的变化及特点。
2. 试述中国封建社会职官管理制度的发展变化及特点。
3. 试述中国封建社会的监察体系及特点。

第九章　司法制度

第一节　司法机构

中国古代的司法机构与现代法制框架下的司法机构有着很大的不同。这主要表现在专门的司法机构很少，从事司法事务的官员也往往并非专门的司法官吏。当然这主要是指地方各级司法机构及其官吏，在中央一级还是有相对专业的司法机构和官吏的。而且，与中国封建君主专制中央集权的体制相适应，皇帝享有最高司法权，是全国的最高司法官，从理论上来说，所有的中央及地方司法机构和官员只不过是皇帝最高司法权的延伸而已。以下将依朝代顺序对中央和地方司法机构进行介绍。

一、中央司法机构

秦朝的建立标志着封建专制主义中央集权体制的建立，皇帝成为最高统治者，他掌控国家的一切最高权力，成为国家的最高司法官。对于秦始皇，历史曾有记载，说他“躬操文墨，昼断狱，夜理书，自程决事，日县石之一”[①]，这表明，审理案件是皇帝的日常事务之一。在皇帝之下，中央设有廷尉这一司法机关，其长官也称廷尉。廷尉职掌皇帝直接交办的案件，还对地方上报的重大疑难案件进行裁决。除廷尉之外，最高行政长官丞相及其副手御史大夫也分别掌握一定的司法审判权。

汉朝时期，皇帝是实际上的最高司法官。他拥有对重大疑难案件的最后裁决权，如汉高祖时明确规定：“廷尉所不能决，谨具为奏，傅所当比律令以闻。”[②] 不仅如此，皇帝还经常亲自审理案件。除皇帝外，中央主要由廷尉、尚书和御史大夫掌握司法权。廷尉掌刑狱，职掌皇帝交办的各种案件及地方上报的疑难案件，“掌平狱，奏当所应。凡郡国谳疑罪，皆处当以报”。[③] 其下属官有廷尉正、廷尉左右监、廷尉左右平等。廷尉为汉时九卿之一，任满后往往升迁至三公，地位较高。西汉成帝时，在尚书台中专设三公曹，“主断狱事”[④]，握有司法审判权。东汉光武帝时，则在尚书台下设二千石曹，“主辞讼”。[⑤] 御史大夫负责法律监督，西汉末，御史大夫改名为大司空，司法权改由其属下御史中丞掌

① 《汉书・刑法志》。

② 《汉书・刑法志》。

③ 《后汉书・百官志》。

④ 《后汉书・光武帝纪》注引《汉官仪》。

⑤ 《后汉书・百官志》注引蔡质《汉仪》。

握。在汉朝时，若遇到重大疑难案件，可由御史中丞、廷尉等组成特别法庭，联合进行审判，称为“杂治”。如“廷尉梁相与丞相长史、御史中丞及五二千石杂治东平王云狱”①。

三国两晋南北朝时期，司法机关的设置基本上沿袭汉制，但同时出现一些重要变化。此时，中央司法审判机关一般仍为廷尉，不过，孙吴政权改称大理，北齐改称大理寺，北周则改称秋官大司寇。这一时期，廷尉机构的地位与前朝相比有所下降。② 魏明帝时还根据卫觊的建议，在廷尉中首次增设律博士一人，教授法律知识，专司法律教育之责。西晋除继续在廷尉中设律博士外，还加设“明法掾”，进一步完善廷尉的司法职能。值得注意的是，此时尚书台逐渐发展成中央最高行政机构，其司法审判权力逐步扩大，而廷尉的司法审判权力则相应缩小。除廷尉之外，各朝均在尚书台下设有负责全国司法行政事务并兼理刑狱的机构，如三公曹、二千石曹、都官曹等。

隋唐时期中央司法机关为大理寺、刑部和御史台。大理寺是唐朝时期的中央最高审判机关，其编制相当庞大，设大理寺卿一人和少卿二人为正副长官，其下属官吏总数接近300人。其主要职责为：审理中央百官的犯罪以及京师徒刑以上的案件；重审刑部移送的地方死刑案件。但流、徒刑案件判决后须经刑部复核，死刑案件判决后还须奏报皇帝批准。刑部于隋朝正式建立，是中央司法行政机关，以尚书、侍郎各一人为正副长官，下属官吏总数近200人。其职责为：主管全国的司法行政事务，复核大理寺判决的流刑以下案件和州县判决的徒刑以上案件，即“掌律法，按复大理及天下奏谳”，同时兼管狱囚簿录、给养供应等事。③ 御史台是唐朝的中央监察机构，设御史大夫一人和御史中丞二人为正副长官，下设三院——台院、殿院、察院。其主要职责为：监督大理寺和刑部的司法审判活动，监察全国各级官吏，参与重大疑案的审判活动。

唐朝遇有重大案件，由大理寺、刑部和御史台长官会同审理的制度，称为“三司推事”。这种联合审判的制度是后世“三法司”审案的前身。对于地方重大案件，如不便解送中央的，则由大理寺评事、刑部员外郎、监察御史组成临时法庭，前往审理，这三者被称为“三司使”。由以上所述可见，唐朝已形成较规范的会审制度，对后世会审制度的发展和完善产生了重要影响。此外，唐朝又以御史大夫、中书、门下组成“三司”，为审理重大案件的特别法庭。

宋朝沿袭唐朝，中央设立大理寺、刑部和御史台为司法机关，此外还设有审刑院等机关。大理寺仍为中央审判机关，以大理寺卿和少卿为正副长官。少卿以下分为左断狱、右治狱两个系统。刑部设尚书、侍郎为正副长官，职权较唐代有所扩大，除掌管全国刑狱政令的司法行政权力之外，还享有比大理寺更高的审判权。御史台虽为监察机构，但也享有部分司法审判职能。值得注意的是审刑院，它又被称为“宫中审刑院”，是宋初的审判复核机关。在宋太宗淳化二年（991年）至宋神宗熙宁三年（1070年）间，刑部的职责被特设的审刑院所代替，所有大理寺审判的案件均须经由审刑院审核，“凡狱具上，先经大理，断谳既定，报审刑，然后知院与详议官定成文草，奏记上中书，中书以奏天子论

---

① 《汉书·王嘉传》。

② 参见李益强：《汉魏晋南北朝司法官员成分考析》，载叶孝信、郭建主编：《中国法律史研究》，学林出版社2003年版，第145页。

③ 《新唐书·职官志》。

决”[1]。此外，宋朝还设立了登闻鼓院、登闻检院、理检院三个受理向朝廷直诉案件的法定机关。

元代中央司法机关主要有大宗正府、刑部和宣政院。大宗正府是类似于前代大理寺的中央审判机关，世祖至元二年（1265 年）设置，以亲王为府长，断事官称“扎鲁花赤”，职掌蒙古王公贵族的犯罪案件以及大都、上都的汉人与蒙古、色目人的诉讼纠纷。刑部隶属中书省，兼司法行政与司法审判职能。以尚书、侍郎为正副长官，“掌天下刑名法律之政令”，具体为“大辟之按覆，系囚之详谳，孥收产没之籍，捕获功赏之式，冤讼疑罪之辨，狱具之制度，律令之拟议，悉以任之”[2]。宣政院是主持全国佛教事务和吐蕃地区军政、民政的中央机关，以国师总领院务，宣政院享有司法职能，可处理有关僧侣的民刑案件。

明代中央司法机关的名称、职掌与唐宋时相比，发生了较大变化。由于明朝君主专制主义中央集权的空前强化，中央司法机关得到了空前的扩张，主要有刑部、大理寺和都察院，通称“三法司”。三者职权有所不同，“刑部受天下刑名，都察院纠察，大理寺驳正”[3]。刑部为中央司法审判机关，以尚书和侍郎为正副官长，下设十三清吏司等，受理地方上诉案件，审核地方重案及审理中央百官和京师地区案件，可处决流刑以下案件，但定罪后须经大理寺复核。大理寺为复核机关，以大理寺卿为长官，凡刑部、都察院审理的案件均须经其复核。都察院是中央监察机关，有权监督刑部的审判和大理寺的复核。洪武十七年（1384 年）始，遇有重大疑难案件，由三法司联合审判，称“三司会审”，不过其判决仍须经皇帝批准。

明朝时期司法机关的一个重要特征是增设了特务司法机关。与高度发展的君主专制制度相适应，明朝皇帝设立了厂卫等特务组织。这些机构作为特殊的司法机关，往往凌驾于三法司之上。这些特务组织主要有锦衣卫、东厂、西厂。

锦衣卫本为直属皇帝指挥的亲军，因明太祖经常亲自审判案件，任用锦衣卫侦缉、预审刑事案件，其职权由此大为扩张。太祖末年曾下诏禁止锦衣卫插手审判，但自明成祖夺取帝位后，又恢复了锦衣卫司法职能，而且增设北镇抚司，专门负责审理皇帝交办的大案，称“诏狱”；原来的镇抚司则改称南镇抚司，只管辖本卫诉讼案件。从制度上讲，北司只具有预审的权限，预审后的案件应交由刑部判决。但实际上刑部等三法司对北司移送的案件只能按其拟定的判决意见宣判，刑部和大理寺官“洞见其情，不敢擅改一字，法司不敢平反”[4]，尤其是皇帝往往直接批准北司判决意见，不经过三法司就执行刑罚。

东厂、西厂和内行厂。东厂创自明成祖永乐十八年（1420 年），是宦官特务组织，负责刺探百官及民间情事，侦缉刑事案件，它存在于整个明代。明宪宗、明武宗时期又先后增设了性质相同的西厂和内行厂，皆为宦官特务组织。这些机构与锦衣卫合称“厂卫”，它们不但监视朝廷文武百官，而且监视三法司的司法审判活动，由于它们组织严密，机构庞大，因而往往滥用权力甚至践踏司法。后人对此批评说：“是数者，杀人至惨而不丽于

---

① 《宋史·职官志》。
② 《元史·百官志一》。
③ 《明史·刑法志》。
④ 《明史·胡献传》。

法。踵而行之，至末造而极。举朝野命，一听之武夫、宦竖之手，良可叹也。”①

清朝沿袭了明朝的中央司法机关的三法司制度。尽管废除了厂卫制度，但刑部的审判权力更大，地位更高。举凡外省上报的案件统由刑部复审，三法司会审亦由其主稿，故曰“部权特重”②。其规模庞大，拥有相当大的权限，主要有：1. 在皇帝之下，行使全国最高审判权；2. 司法行政职权；3. 立法职权，如其下设机构律例馆负责纂修律例。清朝时的大理寺主要是复核刑部拟判的死刑案件及参与部分司法审判活动。都察院号称“风宪衙门”，是监察机构，其司法职能主要为参与会谳及参加秋审和朝审。除此之外，清朝主管少数民族事务的理藩院也具有一定的司法职能，其下设理刑清吏司可从事司法审判，“掌蒙古、番、回刑狱、争讼”③。另外，清代还设有五城察院作为京师地方司法机构，即在京师东、西、南、北、中五城各设一衙门，以巡城御史为长官，负责审理管界内民刑案件。杖罪以下由巡城御史自行审结，徒罪以上则报刑部。

二、地方司法机构

在中国古代，除在中央一级有专门的司法机构之外，在地方并无专门的司法机构，地方行政机关与地方司法机关合而为一，行政官吏兼任司法官吏，这也是中国古代司法的重要特色之一。

秦的地方行政机构分郡、县两级，故地方司法机构也分为两级。郡守为一郡的司法长官，不但可直接审理案件，还可对县上报的案件进行复审并决定是否上报中央，其下有决曹掾等助手协助处理司法事务。县令或县长为一县的司法长官，④ 其下有县丞等属官，担负具体审理工作。此外，县以下的基层组织乡、里的负责人啬夫、游徼、里典，以及基层治安组织亭的负责人亭长，也有一定的司法管辖权，可以对一般的民事纠纷与轻微的刑事案件进行调解与裁决。

汉朝地方司法机构基本上是郡、县两级，但汉初郡县与封国并存，直至东汉末期，州成为一级政权，形成州、郡、县三级。郡县长官名称与秦相同，但其司法权力较大，一般案件均可自行处理，并握有部分死刑案件的处决权。⑤ 州牧掌握州一级司法大权，成为地方最高级别的司法官员。封国享有相对独立的审判权，由内史典狱。

三国两晋南北朝时期，地方司法机关采汉制，地方司法权分别由地方三级行政长官即县令、郡太守、州刺史掌握。不过，随着中央集权的发展，地方司法机关权力逐级缩小，仅限于民事案件及一般刑事案件的审处。此外，与当时分裂割据、战争频繁的局面相应，各朝代都曾在军队中设置审判机构，以军人主持司法。为免滥杀无辜，曹魏时曾设立理曹掾等职，专司刑狱。

隋文帝时，地方司法机关为州、郡、县三级，而隋炀帝时则为郡、县二级设置。唐朝地方司法机关则由州、县两级组成，由行政长官兼任司法长官，此外，州设法曹参军或司法参军受理刑事案件，设司户参军受理民事案件。县设司法佐、史等，协助县令处理民

---

① 《明史·刑法志》。

② 《清史稿·刑法志三》。

③ 《清史稿·职官志》。

④ 秦朝县的长官名称依该县的人口多寡而有不同，万户以上的县置县令，以下的县置县长。

⑤ 清人赵翼《陔余丛考》有“汉郡县守令皆有专杀权”“刺史县令杀人不待奏”条，对此进行了研究。

事、刑事案件。县以下乡官、里正、坊正、村正对民事案件有一定的司法权。此外，唐朝时期在京城长安设立京兆府，有权审理京师百官徒刑以下的案件以及辖内各类案件，兼具中央与地方司法机关的性质。

宋朝的地方司法机关较有特色，主要有提点刑狱司、州县和开封府等。提点刑狱司为路一级司法机构，由中央派出，简称“提刑司”，其长官称为“提点刑狱公事”，简称“提刑”。拥有对各州死刑案件的复核权，可对各州府人犯及案件审理情况进行监督。州以知州、通判为主审官和佐官。州有权判决流刑以下案件，流刑以上案件则须经提刑司上报大理寺、刑部。县则以县令为主审官，而以县丞为辅。县有权判决杖刑以下案件，对徒刑以上案件，则须将案情审理清楚，写出初步意见，报送州、府判决。此外，开封府是北宋时一个特殊的地方司法机构，管辖京畿地区的诉讼案件，接受皇帝交办的大案。但对刑事案件，仅有杖刑以下的终审权，徒刑以上者均须奏报皇帝决断。与此类似的还有南宋的临安府。

元代的地方司法机关依次为行省、路、府（州）、县。行省是“行中书省”之简称，设丞相为长官，下属司法职能机构为“理问所”，专治刑狱。“路”设总管府，总管一人为长官。“府”的长官为府尹，“州”为州尹，“县”为县尹。元代在路府州县皆置由蒙古人充任的“达鲁花赤”一人，为监临官，居于路府州县长官之上，掌握地方的司法审判权。

明代的地方司法机关有省、府、县三级。府县两级行政与司法机构合一，行政长官兼理司法，但在省一级则专设提刑按察使司，作为省级司法机关，其长官提刑按察使“掌一省刑名按劾之事”①，并为府县一审案件的上诉机关。另外，省行政机构承宣布政使司，也设有理问所，负责部分民事案件的审判。此外，明代还在乡间设有“申明亭”，负责调处民事纠纷，“凡民间应有词状，许耆老里长准受于本亭剖理”②。

清代地方司法机关可分为省督抚、省按察司、府、县（州、厅）四个层次。州县为第一审级，州县官可审决笞、杖刑案件，对于徒、流、死刑案件则只能进行初审。对于户婚田土类所谓“州县自理”案件，只需经州县官堂断之后，即可结案。府（直隶厅、直隶州）为第二审级，负责复核州县上报的刑事案件，再上报省按察司决定。直隶厅州也辖一审案件，因与府平级，故呈送道台为二审。省按察司（提刑按察使司）为第三审级，对徒刑案件进行复核，对军流、死刑案件及人犯进行复审，若无异议则上报督抚，有异议则发回重审。总督巡抚为第四审级。督抚可批复按察司复核无异议的徒刑案件，并决定执行；对军流刑案件予以复核，如无异议则报刑部，等候批复；对死刑案件必须进行复审，并向皇帝奏报。

此外，清朝旗人有特殊的司法管辖，其地方司法机构为各地驻防八旗军队中的理事厅、理事通判、理事同知。京城的步军统领衙门则为京师地区满族司法机构。宗人府和内务府中的慎刑司也对一定范围内的满人拥有司法管辖权。

---

① 《明史·职官志》。

② 《大明律·刑律·杂犯》。

第二节　诉讼制度

任何一种诉讼制度的根本目的皆在于解决纠纷，化解矛盾，古今中外皆然。与中国悠久深厚的法律文化相适应，中国古代的诉讼制度出现较早，而且非常完善，并已成功创造出一整套成熟发达的诉讼法律制度。① 诉讼亦称“狱讼”，“讼，谓以财货相告者；狱，谓相告以罪名者”②，这说明早在西周时期就已有民事和刑事诉讼之分。但无论怎样，诉讼的出现必然要求要有一整套用以解决纠纷和矛盾的程序与措施，由此，诸如起诉的形式和原则、诉讼中的调查勘验及诉讼证据等方面的制度也相应建立，而且随着时代的发展日益完善。

一、起诉形式

起诉是诉讼的启动环节，而起诉的形式则有很多，尽管在中国古代，并未严格区分“公诉”和“自诉”，但确实存在与此类似的一些起诉形式。我们可大致将起诉的形式区分为自诉、举告、自首和官纠举四种。③ 以下试逐一介绍。

（一）自诉

中国古代的自诉是指当事人或其亲属因本人利益遭受侵害，而向官府告发，从而提起诉讼，这是起诉的最主要形式之一。当个人的利益遭受损害时，当事人及其亲属对于纠纷的解决具有最强烈的动因，而随着国家机关权威的日益加强，尤其是中国封建社会专制主义中央集权的加强，当事人解决纠纷就大多只能通过公力救济这一途径了。《说文解字》亦称：“诉者，告也；讼者，争也。”此乃诉讼的基本含义。它说明诉讼首先是当事人告之于官府，即“两造到庭”，然后相互争辩，并最终由居中裁判的司法官作出裁决。

秦朝时，自诉制度已经相当完善了。按照秦朝的法律规定，自诉案件可分为两种：“公室告”与“非公室告”。《睡虎地秦墓竹简·法律答问》对此作了区分：“贼杀伤、盗他人为‘公室告’；子盗父母，父母擅杀、刑、髡子及奴妾，不为‘公室告’”；而“‘子告父母，臣妾告主，非公室告，勿听。’可（何）谓‘非公室告’？主擅杀、刑、髡其子、臣妾，是谓‘非公室告’，勿听。而行告，告者罪。告者罪已行，它人有（又）袭其告之，亦不当听。”④ 由此可见，所谓“公室告”是指控告他人的杀伤和盗窃行为；“非公室告”则是指父母对儿女盗窃自己财产的行为提出的控告及儿女对父母，奴妾对主人肆意加诸自己的刑罚提出的控告。凡属“公室告”的案件，官府应予受理，不得拒绝。凡属“非公室告”的案件，司法机关不予受理；如当事人坚持控告，则告者有罪。从《睡虎地秦墓竹简》中有关自诉的案例来看，其多数是以“爰书”即书面报告的形式提起的。

---

① 有学者认为，早在距今约5000年前的黄帝时代就出现了法律，而且在约4500年前的尧舜时期就产生了诉讼。参见茅彭年：《中国刑事司法制度》，法律出版社2001年版，第17页。

② 《周礼·秋官·大司寇》注。

③ 这四种划分形式参见李交发：《中国诉讼法史》，中国检察出版社2002年版，第34－51页。

④ 《睡虎地秦墓竹简》，文物出版社1978年版，第195－196页。

汉朝时期的起诉叫“告劾”，它既包括当事人或其亲属直接到官府的告发，即类似于今天所说的“自诉”；同时还包括官府及其官吏对于犯罪的主动查办，如“查举非法”“举劾犯罪”等，这则类似于今天的“公诉”。汉代的自诉既有书面形式也有口头形式，前者称“书告”，后者称“自言”。

唐代时自诉称“告诉”，是指当事人亲自到官府提起诉讼或当事人代为诉讼，“告诉”必须向官府递交“辞牒”（诉状）。在唐律中还专设“斗讼”篇，列有多条关于起诉的规定，甚至规定遭受侵害的人必须向司法机关提出控告，否则反受法律处罚。如果“当告而不告”的话，要处以“一日杖六十”的制裁。[①] 可见此时自诉制度已经发展得很成熟了。唐朝以后各朝关于自诉的规定大多仿效唐朝，变化不大。

（二）举告

举告是指被害人或其亲属以外的其他人向司法机关检举和告发犯罪人及其犯罪事实，要求司法机关予以惩处。举告制度大概自西周以后正式形成，这主要是由于当时对基层政权建设较为重视；到战国时期则有关于连坐的明确法律规定，如果基层百姓发现有犯罪则必须举告，否则就将受到连带处罚。据载，商鞅在秦国变法时，明确要求：“令民为什伍而相收司连坐，不告奸者，腰斩，告奸者与斩敌首同赏，匿奸者与降敌同罪。”[②] 秦朝时奖励告奸和实行连坐，所以四邻均有检举告发的义务，凡知奸不告者都要被治罪。在《睡虎地秦墓竹简·封诊式》中有很多这方面案例的记载，如：“某里士五（伍）甲、乙缚诣男子丙、丁及新钱百一十钱、容（镕）二合，告曰：‘丙盗铸此钱，丁佐铸。甲、乙捕索其室而得此钱、容（镕），来诣之。’”[③] 甚至是亲人犯罪也应予以告发，否则连坐其罪，如《睡虎地秦墓竹简·法律答问》中记载：“夫盗千钱，妻所匿三百，可（何）以论妻？妻智（知）夫盗而匿之，当以三百论为盗；不智（知），为收。”[④]

汉朝时奖励告奸，如武帝元鼎三年（公元前114年）十一月颁布《告缗令》，“令民告缗者以其半与之。”据此，凡是对自己的财产隐瞒不报或呈报不实者，被人告发后，罚戍边一年，财产没官，而其中一半赏给告发者，以资奖励。但另一方面，为了尽可能消除由告奸带来的不安定因素，汉代法律又严禁诬告，对诬告行为实行反坐。汉宣帝元康四年（公元前62年）下诏：“诸年八十以上，非诬告、杀伤人，它皆勿坐。”对八十岁以上的人犯其他罪都可不处罚，唯独诬告和杀伤人仍要追究其刑事责任。这一规定说明，诬告是被严加禁止的。

唐时法律明确规定举告犯罪为百姓的法律义务，如不履行，将受法律处罚，要求人们举告刑事犯罪。《唐律疏议·斗讼律》记载：“即同伍保内，在家有犯，知而不纠者，死罪，徒一年；流罪，杖一百；徒罪，杖七十。其家唯有妇女及男年十五以下者，皆勿论。”意即如果在保内五家中有人犯罪，知而不检举揭发的，除犯笞杖刑罪和家里只有妇女、十五岁以下的男孩两种情况外，都应予以不同程度的刑罚。唐律特别强调两种告发的犯罪：一是任何人必须告发谋反、谋大逆、谋叛罪，并且允许“密告附近官司”；二是对

---

① 详见《唐律疏议·斗讼律》。

② 《史记·商君列传》。

③ 《睡虎地秦墓竹简》，文物出版社1978年版，第252-253页。

④ 《睡虎地秦墓竹简》，文物出版社1978年版，第157页。

于重大冤情，允许“直诉”，即直接向中央司法机关和相关部门，甚至皇帝本人告发犯罪。

宋代时对于举告犯罪规定有三种形式：一是他人的“自愿告发”；二是官府给予告发犯罪的人以赏奖的“募告”；三是官府强迫人们对谋反、谋大逆、谋叛等重大犯罪的告发，对于这些犯罪如知而不举者，将连坐其罪。①

明朝时期，尽管仍然允许举告犯罪，但由于健讼之风日甚，统治者采取严厉措施来制裁诬告行为。虽然中国历代的法律都视诬告为严重犯罪，规定诬告者必须反坐，但明朝对诬告的处罚则比前朝更为严厉。如唐律仅是对诬告者处以反坐，而明律则规定对诬告者加等反坐，“凡诬告人笞罪者，加所诬罪二等；流、徒、杖罪，加所诬罪三等，各罪止杖一百、流三千里”②。为防止诬告，明朝法律还特别规定，“若各官员追呈实封诬告人，及风宪官挟私弹事不实者”③，也以诬告论，凡以隐匿姓名文书告发他人罪名者，处绞刑，被告发人无罪。为了打击诬告而鼓励告发真实犯罪，明律对如何处理告发与诬告的关系，作了极为详细的规定，令人慨叹。与严厉制裁诬告相关联的是，明朝还严禁越诉。尤其在明朝初期，为贯彻“重典治吏”原则，曾鼓励百姓赶赴京城直诉贪官污吏甚或可将之扭送京城，这使得赴京上告者众多，于是明太祖下令严禁越诉，“凡军民词讼，皆须自下而上陈告。若越本管官司辄赴上司称诉者，笞五十”④。

（三）自首

自首是指犯罪人在犯罪之后、被司法机关拿获之前，主动向司法机关投案并交代犯罪事实的行为。这种诉讼提起的形式起源较早，春秋战国时期就已出现。如春秋时期“石奢纵父案”中石奢在放纵自己杀人犯的父亲之后，将自己“自系”上朝。⑤ 除“自系”外，当时还有“自拘”的自首形式。⑥ 对此，有学者认为：“自拘、自系，相当于现在的自首。”⑦

秦朝时期，自首称为“自告”或“自出”。如《睡虎地秦墓竹简》中载有这么一个案例：“司寇盗百一十钱，先自告，可（何）论？当耐为隶臣，或曰赀二甲。”⑧ 这是关于司寇盗窃之后自首如何论罪的法律解释。汉朝时自首同样称为“自告”。如西汉时淮南王谋反案发后，由于自首而得免罪。⑨

唐朝时，关于自首的法律规定更加详细，既包括犯罪者本人在觉举前向司法机关的自首行为，也包括了犯罪者遣人代为自首的行为，还包括官吏的“自觉举”行为。⑩ 宋朝法律继承了唐朝法律又有所发展。如王安石变法时期实行“按问欲举首减”制度，意即在进入司法审判程序后能主动交代犯罪事实，亦可被视为自首，从而能相应地减免处罚。

---

① 李交发：《中国诉讼法史》，中国检察出版社 2002 年版，第 39 页。

② 参见怀效锋、李俊点校：《读律琐言》，法律出版社 2000 年版，第 407－408 页。

③ 《大明律·刑律·诉讼·诬告》。

④ 《大明律·刑律·诉讼·越诉》。

⑤ 《史记·循吏列传》。

⑥ 如《史记·循吏列传》中载：“李离者，晋文公之理也。过听杀人，自拘当死。”

⑦ 茅彭年：《中国刑事司法制度》，法律出版社 2001 年版，第 49 页。

⑧ 《睡虎地秦墓竹简》，文物出版社 1978 年版，第 154 页。

⑨ 《汉书·淮南王传》。

⑩ 李交发：《中国诉讼法史》，中国检察出版社 2002 年版，第 41 页。

"按《嘉祐编敕》：'应犯罪之人，因疑被执，赃证未明，或徒党就擒，未被指说，但诘问便承，皆从律按问欲举首减之科。若已经诘问，隐拒本罪，不在首减之例。'"① 唐宋以后的法律在自首方面的规定较多地沿用前朝，变化不大。

（四）官纠举

官纠举是指官府及官吏在发现犯罪时，代表国家提起诉讼的一种起诉形式。官纠举制形式源于西周，当时有负责起诉的机关或官吏：禁杀戮和禁暴氏。② 秦国时期商鞅变法失败后，其所谓的"谋反"案就是由其政敌公子虔等所提起的。③

秦朝时期，官府或官吏代表国家纠举犯罪的制度类似于今天的公诉。各级官府及其官吏，上至廷尉，下至基层小吏等均有维持社会治安、纠举犯罪之责。《睡虎地秦墓竹简·法律答问》曾载有这么一例："贼入甲室，贼伤甲，甲号寇，其四邻、典、老皆出不存，不闻号寇，问当论不当？审不存，不当论；典、老虽不存，当论。"④ 这说明即使是基层小吏如典、老等也有举告犯罪的义务，即便是不在家，若发生贼伤人事件时，也要负相应的法律责任。应当注意的是，历朝历代其实都有专门的监察机关负责纠举犯罪，只不过他们纠举的主要对象是国家官吏。

汉朝时，为了加强各级官吏纠举犯罪的责任，还曾专门颁布有关"见知故纵"之法。如汉武帝时曾命张汤、赵禹等"条定法令，作见知故纵、监临部主之法"⑤，此法令明确规定："见知人犯法不举告为故纵，而所监临部主有罪并连坐也。"⑥ 如果各级官吏"见知，而故不举劾，各与同罪；失不举劾，各以赎论"⑦。这就极大地强化了官吏纠举犯罪的主动性。司法机关及其官吏纠举犯罪一般称为"劾"，在《汉书》中有很多这方面的案例。

唐宋时，凡由国家机关及其官吏代表国家纠举犯罪，提起诉讼，称为"举劾"。这是他们的一种义务，若不履行的话，将要承担相应的法律责任。《唐律疏议》和《宋刑统》当中对此都规定得非常详细。《唐律疏议·斗讼律》记载："诸监临主司知所部有犯法，不举劾者，减罪人罪三等。纠弹之官，减二等。"意即统管某一地区或某一部门的官员，掌管处理某事的官员，以及基层里正、村正、坊正以上人员都有义务举劾犯罪，否则将被处以相应的刑罚。尤其是对负有"纠弹"职责的监察官员要求更高。宋承唐制，其关于纠举的法律规定更为全面，主要包括：1. 各级行政、司法、军事长官对所辖军民的犯罪必须举告；2. 采行官吏官司之间互纠犯罪；3. 由朝廷直接派员至地方的监司和通判对所监察地区内官吏犯罪提起诉讼。⑧

元代也非常重视官吏纠举犯罪，特别重视对司法官吏、监察官吏犯罪的举告。虽然其诉讼制度大体沿用宋代旧制，但有其独特之处：1. 更加重视监察机关的作用，如元朝御

---

① 《宋史·刑法志三》。
② 西周时期官名与机构名往往是相同的。
③ 《史记·商君列传》载："公子虔之徒告商君欲反，发吏捕商君。"
④ 《睡虎地秦墓竹简》，文物出版社1978年版，第193页。
⑤ 《汉书·刑法志》。
⑥ 《汉书·刑法志》颜注。
⑦ 《晋书·刑法志》。
⑧ 李交发：《中国诉讼法史》，中国检察出版社2002年版，第47－48页。

史台的地位得到较大提高，其品秩由唐代的正三品提高到从一品，其他监察官吏的品级也相应提高；2. 重视对经济犯罪的举告，如元代严禁私盐，对伪造“盐引”者，处以死刑，而且法律要求各级官吏对私盐行为都要严加禁止，及时举告，若有失察者，杖一百。

明清时期，官吏纠举制度更加详尽。清代时规定地方各级官吏对辖内犯罪必须起诉，如官吏对于讼师唆讼行为必须举告，否则将受严处；此外，清代还规定对于乡村田土、水利等民事纠纷，基层组织乡保拥有起诉权，据清例记载：“民间词讼细事，如田亩之界址、沟洫，亲属之远近、亲疏，许令乡保查明呈报。”① 除上所述情形之外，清代官纠举制度中，最具特色的当属监察机关和官吏的纠弹犯罪方面，其组织系统中的都察院制度、六科给事中制度、地方监察制度相当完备。

二、诉讼限制

中国古代对于诉讼往往持消极态度，就总体而言呈现出一种“无讼是求”的价值取向。为此，对于诉讼的提起存在着种种限制，即使在诉讼进行中，也有不少限制性的规定。这些限制性的规定与中国传统法律文化密切相关，极富中国特色。对于这些限制，我们可从诉讼主体、诉讼客体及对象和诉讼时间等几个方面来作一分析。②

（一）主体限制

诉讼主体必须符合一定的条件，这是诉讼得以产生和进行的必要前提，不同的国家、不同的时代都对诉讼主体的资格作了一定限制。具体到中国传统诉讼而言，由于深受中国悠久的传统法律文化的影响，这种主体限制又有着自身特色。

首先是对主体身体、年龄等的限制。目前可知最早的这方面的法律规定可见于唐律：“年八十以上、十岁以下及笃疾者，听告谋反、逆、叛、子孙不孝及同居之内为人侵犯者，馀并不得告。官司受而为理者，各减所理罪三等。”③ 意即八十岁以上和十岁以下之人以及身患严重残疾之人只能就谋反、谋大逆、谋叛、子孙不孝及同居相犯等犯罪提起诉讼，其他犯罪不得提起诉讼。按照其后疏议的解释，其立法原意在于因为这些老少笃疾之人即使犯法也得免罪，当他们诬告他人时，也同样可以免罪，为避免这些人滥用权利，肆意诬告，故对其诉讼主体的资格予以限制。宋代法律沿袭了这一规定，并有所修订。宋太祖乾德四年（966 年）曾下诏：“七十以上争讼婚田，并令家人陈状。”④ 这一规定出台之后被多次重申，故自宋太宗时期开始明确规定：“废疾者，不得投牒，并令人以家长代之。”唐宋以后历代也沿用了这些规定。元朝时规定：“诸老废笃疾，事须争诉，止令同居亲属深知本末者代之。若谋反、大逆、子孙不孝，为同居所侵侮，必须自陈者，听。”⑤ 这表明元朝统治者禁止老废笃疾者进行自诉，当然谋反等大罪除外。明朝法律规定：“其年八十以上、十岁以下及笃疾者若妇人，除谋反、逆、叛、子孙不孝或己身及同居之内为人盗、诈、侵夺财产及杀伤之类听告，馀并不得告。官司受而为理者笞五十。”⑥ 清朝法

---

① 《大清律例汇辑便览·刑律·诉讼·告状不受理》乾隆四十一年例。

② 关于诉讼限制可参见郭建、姚荣涛、王志强：《中国法制史》，上海人民出版社 2006 年版，第 380 - 382 页。

③ 《唐律疏议·斗讼律·被禁囚不得告举他事》。

④ 《宋会要辑稿·刑法》三之一零。

⑤ 《元史·刑法志》。

⑥ 《大明律·刑律·诉讼》。

律与此相同，但在乾隆九年（1744 年）还有一条例补充规定道："年老及笃疾之人，除告谋反、叛逆及子孙不孝，听自赴官陈告外，其馀公事，许令同居亲属通知所告事理的实之人代告。诬告者，罪坐代告之人。"①

其次可从诉讼主体的身份上来看。这主要是对囚犯、奴婢、妇女及笃疾之人的起诉均有所限制。②

秦朝时期奖励告发犯罪，允许在押囚犯的告诉，汉代法律亦允许在押囚犯告发谋反等大罪，但由于在押囚犯身陷困境，往往容易诬告他人，故魏晋时期开始对此有所限制。有学者认为，不允许囚犯控告的法律规定大致开始于北齐。③ 据载，齐文宣帝时，"乃敕八座议立案劾格，负罪不得告人事。于是挟奸者畏纠，乃先加诬讼，以拟当格，吏不能断。又妄相引，大狱动至千人，多移岁月"④。文宣帝认识到在押囚犯容易诬告这一情况，故特别规定囚犯不准告发的制度。唐律中亦规定："诸被囚禁，不得告举他事。其为狱官酷己者，听之。"该条律文后的疏议对什么是"囚禁"作了进一步的解释："即流囚在道，徒囚在役，身婴枷锁，或有援人，亦同被囚禁之色，不得告举他事。"⑤ 宋元明清等朝的规定与前述相似。

对于奴婢而言，中国传统诉讼中规定奴婢不得告主，否则告者有罪。因为，奴婢被视为主人的私有财产，不能成为诉讼中的主体。早在秦律中关于"非公室告"的规定中，就明确有："臣妾告主，非公室告，勿听。"⑥ 由此条款可见，对于主人对自己的"擅杀"等行为，奴婢不得告发，司法机关亦不得受理，如坚持要告，则告发之奴婢有罪。唐律则更有甚者，奴婢不但不能告发主人的犯罪行为，就连主人五服之内的亲属也不能告发，当然，对谋反、谋大逆、谋叛犯罪的告发例外。宋元明清同样规定奴婢不能告主，不过清朝法律还补充规定雇工也不能告主，否则雇工有罪："若雇工人告家长，及家长之亲者，各减奴婢罪一等。"⑦

对妇女而言，元朝法律曾规定："诸妇人辄代男子告辩争讼者，禁之。若果寡居及虽有子男为他故所妨，事须争讼者，不在禁例。"⑧ 这一规定对妇女从事诉讼的资格作了限制。此后各朝法律也都有相似规定。

（二）客体及对象限制

在中国传统诉讼中，除了主体方面有所限制外，对客体及对象也有一些限制性规定。在这方面最有特色的是"亲亲相隐"制度。

亲亲相隐又称同居相为隐、亲亲得相首匿等，是指在一定范围内，亲属之间可以相互隐瞒犯罪，法律不予制裁或可减轻处罚。早自西周时期开始，已有亲亲、尊尊的观念，并

---

① 《大清律例·刑律·诉讼》。

② 关于笃疾之人的诉讼限制已见上述，不再重复。

③ 李交发：《中国诉讼法史》，中国检察出版社 2002 年版，第 64 页。

④ 《隋书·刑法志》。

⑤ 《唐律疏议·斗讼律·被禁囚不得告举他事》。

⑥ 《睡虎地秦墓竹简》，文物出版社 1978 年版，第 196 页。

⑦ 《大清律例汇辑便览·刑律·诉讼·干名犯义》。

⑧ 《元史·刑法志》。

已确立子不得告父的制度，因为“父子将狱，是无上下”①。受此影响，儒家思想代表人物孔子发展出“父子相隐”的原则：“叶公语孔子曰：‘吾党有直躬者，其父攘羊，而子证之。’孔子曰：‘吾党之直者异于是。父为子隐，子为父隐，直在其中矣。’”② 叶公曾与孔子就何谓正直的为人标准进行讨论。叶公说在其家乡有一个正直的人，发现他的父亲偷了一只羊，便向官府告发。孔子则不以为然地说，我们家乡正直的人和你讲的不一样，父亲为儿子隐瞒，儿子为父亲隐瞒，正直就体现在其中了。此即所谓“亲亲相隐”。

汉宣帝时，正式在法律上确立了“亲亲得相首匿”的原则：“自今子首匿父母，妻匿夫，孙匿大父母，皆勿坐。其父母匿子，夫匿妻，大父母匿孙，罪殊死，皆上请廷尉以闻。”③ 这明确规定了直系亲属三代之内允许隐匿犯罪。这一原则自确立之后对后世法律产生了重要影响。受此影响，唐律中对此规定更为全面：“诸同居，若大功以上亲及外祖父母、外孙，若孙之妇、夫之兄弟及兄弟妻，有罪相为隐。”④ 与汉律相比，唐律中“亲亲相隐”的范围明显扩大，主要有：1. “同居”即共同生活的亲属、非亲属的奴婢与部曲，“大功以上亲及外祖父母、外孙、孙之妇、夫之兄弟及兄弟妻”三类皆包括在内。2. 相隐范围内的人相互隐瞒犯罪，“皆勿论”；小功以下亲属相隐亦可减轻处罚。3. 犯谋反、谋叛、谋大逆等罪，不得容隐。4. 相隐范围内的亲属告发，以自首论。

此后，宋元明清法律基本沿袭唐律关于“亲亲相隐”的法律规定。

（三）诉讼时间限制

除前述诉讼主体、诉讼客体及对象方面的限制外，在中国传统诉讼中还存在着诉讼时间上的严格限制。之所以如此，这是与中国传统诉讼法律文化有密切关系的。孔子称：“听讼，吾犹人也。必也使无讼乎。”⑤ 由于中国古代的人们认为人与宇宙从整体上应当是保持一致的，所以一直致力于追求人与自然的和谐、人与社会的和谐、人与人之间的和谐以及人自身的和谐。以这样的和谐思想适用于诉讼审判领域，必然体现为“无讼”的价值取向。“无讼”思想在诉讼中的突出表现之一就体现在诉讼时间的限制上。

一般来说，对于危害政权稳定及杀人、抢劫等重大刑事犯罪的诉讼在时间上不受限制，而对于户婚田土类的民事案件则从诉讼时间上作了种种限制，这类案件多被视为民间细故，故受到忽视。有学者认为，至迟自唐朝开始，就有明确的制度限定这些诉讼的起诉及受理时间。⑥ 唐《杂令》规定：“诉田宅、婚姻、债负，起十月一日，至三月三十日检校，以外不合。若先有文案、交相侵夺者，不在此例。”

特别值得一提的是，宋朝对民事诉讼规定了固定的案件诉讼时间，即所谓“务限”制度，这是宋代规定在农耕繁忙季节限制民事诉讼的制度。“务”指农务，规定每年二月初一起至九月三十日止的农务繁忙季节，属于“务限”期，在此期间地方州县官府停止受理田宅、婚姻、债务等民事案件。十月一日限满称为“务开”，方可受理审判上述民事案件，直到次年入务日为止。宋朝限定民事案件的诉讼时间，是为了保证农业生产的正常

① 《国语·周语》。
② 《论语·子路》。
③ 《汉书·宣帝纪》。
④ 《唐律疏议·名例律·同居相为隐》。
⑤ 《论语·颜渊》。
⑥ 郭建、姚荣涛、王志强：《中国法制史》，上海人民出版社 2006 年版，第 384 页。

进行，这种“务限法”，是中国历史上封建法典第一次出现的特别规定。不仅如此，宋朝还规定了民事诉讼的时效，超过时效的诉讼不予受理。如《宋刑统》规定，家长见证人死亡、契书毁乱的田地房屋分界纠纷，超过20年的，不再受理；债务人和保人逃亡的债务纠纷，过30年的，不再受理。

尽管明朝法律取消了前述关于“务限”的制度，但地方官府还自行规定了所谓“放告日”，或曰“词讼日”，在此特定日期内，当事人才能提起诉讼。多数地方官府都采用每三、五日放告一次的办法。①

清朝时期，对于诉讼时间的限制已经形成比较完善而且正式的制度。清朝律例规定：“每年自四月初一日至七月三十日，时正农忙，一切民词，除谋反、叛逆、盗贼、人命及贪赃坏法等重情，并奸牙、铺户骗劫客货查有确据者俱照常受理外，其一应户婚、田土等细事，一概不准受理。自八月初一日以后，方许听断。若农忙期内受理细事者，该督抚指名题参。”② 由此可见，每年四月初一至七月三十日，为“农忙止讼”，禁止就户婚田土类民事案件进行起诉，谋反、大逆等重大刑事案件除外，若有违反规定受理者，该官员将受惩处。即便在能够起诉的其余数月中，也非每天都能起诉，必须在所谓的“放告日”或“词讼日”才能起诉。清初词讼日多为每月的逢三、逢六、逢九日，清中期以后则多为每月逢三、逢八日，故称之为“三六九放告”或“三八放告”。

第三节　审判制度

中国传统诉讼中的审判制度，深受中国传统法律文化的影响，在几千年的发展过程中形成了一整套完善而复杂的制度规范，若能对此作一探究，即使是对今天的现代法治而言，也是颇具借鉴意义的。以下将主要从传统审判中的刑讯、会审制度、判决依据、司法官责任等几个方面作一介绍。

（一）刑讯制度

在中国的传统诉讼审判中，往往以被告人的口供作为定罪的最重要证据。当通过正常手段难以获取口供时，则以刑讯手段来逼取口供，而且这是得到法律认可的一种方式。

早自西周时期，刑讯制度就已产生，当时“以五刑听万民之狱讼”③。不仅如此，还对刑讯的时间及方法作了规定：“仲春之月，……命有司省囹圄、去桎梏、毋肆掠，止狱讼。”④ 意即在春天这万物生长的季节，应当尽量避免刑讯。

秦朝时期，已经开始将刑讯制度规范化了。秦简《封诊式》中专门有“治狱”和“讯狱”这两篇关于刑讯的内容。如对于“治狱”的规定：“治狱，能以书从迹其言，毋治（笞）谅（掠）而得人请（情）为上；治（笞）谅（掠）为下，有恐为败。”这就明确指出，审理案件，能根据记录的口供，进行追查，不用拷打而察得犯人的真情，是最好

---

① 杨雪峰：《明代的审判制度》，台湾黎明文化事业公司1978年版，第150页。

② ［清］吴坛：《大清律例通考》（卷30）《刑律・诉讼》“告状不受理”律条所附条例。

③ 《周礼・秋官・小司寇》。

④ 《礼记・月令》。

的；施行拷打，不好；恐吓犯人，是失败。[1] 另如对于“讯狱”的规定：“诘之极而数訑，更言不服，其律当治（笞）谅（掠）者，乃治（笞）谅（掠）。治（笞）谅（掠）之必书曰：爰书：以某数更言，毋（无）解辞，治（笞）讯某。”这是说，诘问到犯人词穷，多次欺骗，还改变口供，拒不服罪，依法应当拷打的，就施行拷打。拷打犯人必须记下：爰书：因某多次改变口供，无从辩解，对某拷打讯问。[2] 由此可见，秦朝时期不仅可以依法刑讯，而且还要求在刑讯之后必须作出完整而真实的刑讯记录。不过，我们应该注意到，尽管秦朝对刑讯有着严格要求，但在司法实践中肆意刑讯的例子却不鲜见。如秦朝丞相李斯被诬谋反，“赵高治斯，榜掠千馀，不胜痛，自诬服”[3]。

汉朝时，经过文景刑制改革，在除肉刑、定刑期的基础上进一步地减笞数、定《箠令》，由此对刑讯作了更加详细的规定。据《箠令》规定，笞板长五尺，根头一寸，末梢半寸，材料用竹制，皆削平竹节；笞打的部位是臀部；行刑时中途不得更换人。这就对笞刑的刑具规格、受刑部位及行刑程序等进行了规范。虽是如此，但在司法实践中，为了逼取口供，滥施刑讯的做法仍然相当普遍。如著名的楚王刘英谋反案，500 多人被捕入狱，在严刑拷打之下，死者大半，连坐者数千人。[4]

魏晋南北朝时，刑讯盛行，新的刑讯方法纷纷涌现。北魏时虽有《狱官令》对刑讯作了详细的程序规定，并对刑具的规格也有严格限制，但在司法实践中仍然非法刑讯，如以“重枷”逼供。每当案情事实无法查明导致司法官难以裁断时，则“乃为重枷，大几围；复以缒石悬于囚颈，伤内至骨；更使壮卒迭搏之。囚率不堪，因以诬服”[5]。北齐时，“时有司折狱，又皆酷法，讯囚则用车辐㺃杖，夹指压踝，又立之烧犁耳上，或使以臂贯烧车釭，既不胜其苦，皆致诬伏”[6]。不仅如此，南朝的梁和陈两朝还分别创立了“测罚”和“测立”这两种新的刑讯方法。

南梁武帝时首创“测罚”逼供法，对拒不招供者以饥饿“测罚”，“凡系狱者，不即答款，应加测罚……断食三日，听家人进粥二升，女及老小，一百五十刻乃与粥，满千刻而止”[7]。这是以饥饿来测度当事人，具体做法是对被囚禁的人，先断其饮食三天，然后才允许家人送粥二升。对于妇女、老人和小孩则略有不同，可以在一天半后送粥，测罚十天后停止。南陈则创立“测立”这样一种更加残酷的刑讯方法，主要适用对象是赃证明显而拒不招供者。即：“其有赃验显然而不款，则上测立。立测者，以土为垛，高一尺，上圆，劣容囚两足立。鞭二十，笞三十讫，著两械及杻，上垛。一上测七刻，日再上。三七日上测，七日一行鞭。凡经杖，合一百五十，得度不承者，免死。”[8] 每次测立时间为七刻，“三七日上测，七日一行鞭”。如此反复，直至鞭杖满一百五十不招供者才可免死。但如此酷刑，几乎无人能承受。因此，“枉者多”。

---

① 《睡虎地秦墓竹简》，文物出版社 1978 年版，第 245 - 246 页。

② 《睡虎地秦墓竹简》，文物出版社 1978 年版，第 246 - 247 页。

③ 《史记·李斯列传》。

④ 《后汉书·光武十王列传》。

⑤ 《魏书·刑罚志》。

⑥ 《隋书·刑法志》。

⑦ 《隋书·刑法志》。

⑧ 《隋书·刑法志》。

唐朝的刑讯制度甚为完善。若详加考察的话，其关于刑讯的法律规定主要有这些：

首先是拷讯的前提条件。刑讯之前必须要仔细审查案件事实，反复核验之后仍难以审决而确需讯问者，可施行拷讯，拷讯时相关司法官员必须在场。“应讯囚者，必先以情，审察辞理，反覆参验；犹未能决，事须讯问者，立案同判，然后拷讯。”①

其次是拷讯的对象。法律规定以下几种对象不得拷讯。“诸应议、请、减，若年七十以上，十五以下及废疾者，并不合拷讯，皆据众证定罪，违者以故失论。”② 即包括：1. 享有“议”“请”“减”等特权的贵族、官吏及其亲属；2. 无刑事责任能力的七十岁以上老人和十五岁以下的小孩；3. 肢体残疾等有废疾者。除此之外，还有暂缓刑讯的对象，即怀孕妇女和有“疮病”的囚犯。对于怀孕妇女须待其产后百日再行拷讯，而对于身患疮病的囚犯必须等其疮病痊愈后才能拷讯。

再次是拷讯的次数、间隔、刑具和受刑部位。对于拷讯的次数和间隔：“诸拷囚不得过三度，数总不得过二百，杖罪以下不得过所犯之数。”③ 意即拷讯次数不得超过三次，总数不超过二百，而且在两次拷讯之间要间隔二十天。拷讯的刑具为杖：“杖皆削去节目，长三尺五寸。讯囚杖，大头径三分二厘，小头二分二厘。常行杖，大头二分七厘，小头一分七厘。笞杖，大头二分，小头一分五厘。”④ 拷讯的部位则为背、腿和臀。

最后是反拷原告。对被告依法进行拷讯次数达三次，拷数达二百，仍然不招供者，称为“拷满不承”，在此情形下则“取保放之”，而且还要“反拷告人”。“诸拷囚限满而不首者，反拷告人。其被杀、被盗家人及亲属告者，不反拷。被水火损败者，亦同。拷满不首，取保并放。”⑤

宋袭唐制，但略有变化。主要是明确了刑讯过程中司法官回避的具体对象和时间。《宋刑统》明确规定：“诸令鞫狱官与被鞫人有五服内亲，及大功以上婚姻之家，并受业师，经为本部都督、刺史、县令，及有仇嫌者，皆须听换推。经为府佐、国官，于府主亦同。”不仅如此，还加重了司法官的刑讯责任。

元明清三朝关于刑讯的法律规定不如唐宋详细。不过在明朝时期的司法实践中，滥施刑讯的现象非常普遍。尤其是当时厂卫等特务机构盛行，使得当时的非法刑讯更加严重，“罪无轻重皆决杖”⑥。宦官刘瑾还广泛采用枷号这种刑讯方式以对付政敌，其所使用的大枷有的重达150斤，受害者多达数千人。清末时期则有所谓“站笼”，这是将被拷讯者放置于一个木笼当中，被拷讯者的颈部卡于木笼顶部中央的圆孔，将木笼的高度调节至迫使被拷讯者踮脚站立，如此一来，往往数日即被累死。据称，清末酷吏毓贤在曹州知州任上，曾打制十副站笼，仅仅两三个月就“站”死三百多人。⑦

（二）会审制度

会审制度是中国古代极富特色的一项审判制度，它主要体现于中央的司法审判活动

---

① 《唐律疏议·断狱律》。
② 《唐律疏议·断狱律》。
③ 《唐律疏议·断狱律》。
④ 《唐律疏议·断狱律》。
⑤ 《唐律疏议·断狱律》。
⑥ 《明史·刑法志》。
⑦ ［清］许指严：《十叶野闻》。

中。中国古代地方的司法审判一般而言多数是由独任制的司法官进行审讯和判决的，尽管判决的作出需要经过多个上级机构和官吏的复核，但在其审理的过程中主要还是由司法官个人作出判决的。但到中央则有所不同，由于提交中央司法机构进行审理或复核的案件往往是重大疑难案件，为避免错误和冤案的发生，就必须集中相关司法机构及官员会同审理，以最大限度地实现案件的正确审理。

两汉时期有所谓“杂治”之制。这是由御史中丞、廷尉等组成特别法庭，对重大疑难案件联合进行审判的一种制度。如“廷尉梁相与丞相长史、御史中丞及五二千石杂治东平王云狱”①。曹魏时，将“八议”入律。所谓“八议”是指法律规定的八种人犯罪，一般司法机关无权审判，必须奏请皇帝裁决，由皇帝根据其身份及具体情况减免刑罚的制度，这实际上也是由皇帝召集大臣会同审理从而作出判决的一种制度。唐朝时则有所谓“三司推事”，即遇有重大案件，由大理寺、刑部和御史台长官会同审理的制度。这种联合审判的制度是后世“三法司”审案的前身。唐朝的会审制度，对后世会审制度的发展和完善产生了重要影响。不过，会审制度真正制度化和经常化还是在明清时期，以下作一详细介绍。

明朝的会审制度相当完善，在会审案件的种类、会审参加主体等方面都有详细规定：

（1）三司会审。这是指由三法司长官即刑部尚书、大理寺卿和左都御史共同审理重大疑难案件，审决后再奏请皇帝裁决。

（2）圆审。这是指由大理寺卿、左都御史、通政使及六部尚书会同审理二次翻供不服的重大案件，然后再由皇帝审核批准的制度。因参加者为九位重臣，故又称为九卿会审。

（3）朝审。这是指在秋后处决犯人前，由朝廷重臣复审在押死囚罪犯的制度。该制始于明英宗天顺三年（1459 年）。由于“人命至重，死者不可复生”，故明英宗下旨规定：“每至霜降后，但有该决重囚，著三法司奏请，会多官人等，从实审录，庶不冤枉。永为定例。”② 朝审由刑部尚书主持，不但可审核死刑，还可对可疑可矜之案再予详审，最后奏请皇帝定夺。这可被视为清代朝审之前身。

（4）会官审录。洪武三十年（1397 年），明太祖命五军都督府、六部、都察院、六科、通政使、詹事府等，共同审理案件。死罪和冤案上奏皇帝，其他案件依律判决。

（5）热审。这是指在暑热季节来临前，对在押待决犯进行清理发落的制度。每到暑热季节，必须清理监狱，以防止发生狱疫瘐毙。该制始于明成祖永乐二年（1404 年），自每年小满后十余日起开始，至六月底结束。京城由司礼监太监、锦衣卫指挥会同三法司堂官，清理监狱囚犯。一般流、徒罪犯减等发落；笞杖罪犯即时行刑，刑毕释放；重囚可矜疑及枷号者，具奏定夺。③ 地方各省则由巡按御史会同三司清理省城在押犯。这一制度为清朝所沿用。

（6）大审。大审是由皇帝定期派出代表审录在押罪囚的制度，也是明朝独有的审

① 《汉书·王嘉传》。

② 《明史·刑法志》。

③ 张晋藩：《中国法制通史》（第 7 卷）（明），法律出版社 1999 年版，第 541 页。

判制度。明宪宗成化十七年（1480 年）定制，每隔 5 年由司礼太监一员代表皇帝，会同三法司堂上官于大理寺审录京城在押罪囚中累诉冤枉或死罪可疑可矜的待决囚犯。地方则由刑部、大理寺派出官员会同巡按御史审理。审理结果须及时上奏皇帝。清朝废除此制。

清朝进一步继承和发展了明朝的会审制度，尤其是形成了“秋审”“朝审”两大会审制度。

“秋审”号称清代国家大典，是由中央各部院长官于每年秋八月中下旬会同复审各省上报斩、绞监候案件的审判制度。该制始于顺治十五年（1658 年），系沿袭明代朝审制度而来。在秋审前，各省督抚先将省内所有斩、绞监候案件会同布政使、按察使进行复审，将之区分为“情实”（原称“情真”，后为避雍正之讳而改称，指案情属实，罪刑适当）、“缓决”（案情属实，但危害不大，可留待下年秋审再作决定）、“可矜可疑”（指罪犯情有可原或案情尚未完全搞清）、“留养”四类，然后将卷宗上报刑部，囚犯一般集中至省会关押。每年八月，由中央各部院长官会同复审，再报皇帝批准。如定为“情实”，则在霜降后、冬至前处死；如定为“缓决”，则关押等待下一年秋审，三次秋审定为“缓决”，罪犯可免一死，减等发落；如定为“可矜”也予以免死减等发落；如定为“可疑”，则驳回原审再加审理；如定为“留养”，即罪犯是独子而祖父母、父母年老无人奉养，则经皇帝批准，可以改判重杖一顿枷号示众三个月。

清朝朝审亦由明朝发展而来，是在秋审大典前一天，由中央各部院长官会同刑部复审京师在押斩、绞监候罪犯的审判制度。其程序与秋审大致相同，但需将囚犯押解至现场审录。审后拟定“情实”“缓决”“可矜”“留养承嗣”四种处理意见，报皇帝批准。秋审与朝审一般对大部分罪犯作出“情实”或“缓决”的处理意见，而“可矜”与“留养承嗣”则较少见。

明清两朝的会审制度具有鲜明的特色，不但会审的级别甚高，还广泛吸纳了监察机关参加。会审制度的施行还有利于法律的统一适用，并对防止冤狱的出现起了一定作用。从某种程度上来说，会审制度也体现了皇帝对自身最高司法权的全面掌控。

（三）判决依据

司法判决是审判制度中一个很重要的问题，它不仅关系和决定着定罪准确与否及科刑适当与否，还直接体现着法律的良善及司法官的素质高低等问题。在中国古代，它有一套不同于西方民族，也不同于某些东方国家的司法判决制度，尤其是中国传统诉讼审判的判决依据更是与中国传统诉讼法律文化相适应，具有多元的复杂特性，表现出其特殊的风格。在中国传统审判制度中，其判决依据主要包括法律条文、判例和情理等几个方面。

1. 依律判决

中国是一个具有悠久成文法传统的国家，在这样的国度里，司法判决的一个重要的原则必然是依法定罪、依律判决。此处所谓“律”，在成文法国家中，它是指通过国家制定和颁布的一种定罪科刑的法定依据，这是司法官进行司法审判时必须严格遵循的、不可随意解释和变通的判决依据。

依律判决在西周已经有明确要求。史载有：“上下比罪，无僭乱辞。勿用不行，惟察惟法，其审克之。”① 意即要对罪重者处以重刑，罪轻者处以轻刑，对于犯人的供词和决狱之词，都要力求与事实相符，不要发生差错，不要采用大赦的方法，一定要核实其罪情，并根据法律办事，根据事实进行审判。

受法家思想影响，秦朝的司法审判实践强调依律判决。秦简中有一案例可资为证：“或以赦前盗千钱，赦后尽用之而得，论可（何）殴（也）?”答曰：“毋论。”② 这是一宗严格依律判决的案例。不仅秦朝如此，即使是崇尚儒家学说的汉代也明确宣示：“犯法者，各以法（判决）时律令论之。”③

三国两晋南北朝时期，晋代律学家刘颂提出很先进的理论主张：“律法断罪，皆当以法律令正文，若无正文，依附名例断之。其正文、名例所不及，皆勿论。”④ 意为司法官判案，必须引用法律法令正文，如果没有明确的法律条文规定，应根据名例律（相当于近现代的刑法总则）的有关规定推理判断；如果法律、法令和名例都没有规定的，就应该作为无罪，释放被告。这是中国历史上最早提出的罪刑法定思想，体现了成文法国家重视以法断案的本质特点。刘颂提出这一主张后，紧接着又说：“如律之文，守法之官，唯当奉行律令。”也就是强调司法官在有法律明文规定时，必须严格依律断案，“以正所断，不得援求诸外，论随时之宜”⑤。

至唐，出现了号称中国封建法典最高峰的《唐律疏议》。其中明确规定：“诸断罪皆须具引律、令、格、式正文，违者，笞三十。若数罪共条，止引所犯罪者，听。”⑥ 唐律不仅要求司法官必须严格以法律明文规定为依据定罪科刑，而且要求法官在处理涉外案件时，也必须依律判决，或按属地原则或按属人原则，视情况不同而又有差异。具体规定为：“诸化外人，同类自相犯者，各依本俗法；异类相犯者，以法律论。”⑦ 有唐一代司法审判制度中依律断案的法律原则定型后，直接影响了宋元明清的诉讼审判制度。宋代在完全继承唐制的基础上有了新的发展，即实行“鞫谳分司”制。明代在唐宋法律规定基础上增加了在司法审判时不依旧律只“依新律拟断”的内容。清朝则在依律断狱时，变以往“具引律令”为“具引律例”。这些都体现了律判的基本精神。在此可以宋代的“鞫谳分司”制为例稍加分析。

宋代的鞫谳分司制度是两宋独特的刑事司法制度。鞫谳分司就是将审与判二者分离，由不同官员分别执掌。鞫，指审理犯罪事实；谳，指检法议刑。即专设司法官一人负责检详成文法律条文，且无权过问审判事宜，但可以在检法时提出对案件处理的意见，供狱司审判时参考。相反，审判案件的法官则无权检法断刑。二者相对独立又互相制约，以防作弊，从而减少或防止冤狱出现，这为依法定罪提供了比较可靠的制度和技术保证。

2. 依判例判决

以案例来判决的制度，也可以说是古代中国的“判例法”制度，它比较早地出现在

---

① 《尚书·吕刑》。

② 《睡虎地秦墓竹简·法律答问》，文物出版社 1978 年版，第 167 页。

③ 《汉书·孔光传》。

④ 《晋书·刑法志》。

⑤ 《晋书·刑法志》。

⑥ 《唐律疏议·断狱律》“断罪不具引律令格式”。

⑦ 《唐律疏议·名例律》“化外人相犯”。

殷周时期。当时，在出现疑难案件时，直接参照以往成案进行判决。西周时期周公曾对召公说过一段话："王先服殷御事，比介于我有周御事，节性，惟日其迈。王敬作所，不可不敬德。"[①] 此处"御事"就是"判例"。可见西周也存在以判例作为司法审判依据的事实。

秦律中有所谓"廷行事"，也是一种新创制的判例。"廷行事"在"莫不皆有法式"的秦朝仍然起了很重要的作用。如"廷行事吏为诅伪，赀盾以上，行其论，有（又）废之"[②]。强调如果官吏弄虚作假，依判例（廷行事）处以"赀盾以上"刑罚，同时还要撤其职并永不叙用。汉朝中叶以后又出现"春秋决狱"，强调以判例审判案件。这是董仲舒所开创的以儒家经义来审理案件的一种审判方式，由此所产生的判例对同类案件的判决有着指导作用。宋代"编例"活动频繁，它与"编敕"构成宋一代法制建设之特色。

随着时代的发展，明清两代判例又一次活跃在司法审判中。特别是在清代，例的作用更不可小视，且很有地位。不仅采用"律例合编"的形式，肯定例的普遍永久的法律效力，如《大清律例》在乾隆初年修订时，形成436个律条、1049条例的合编法典，而且在适用律和例时，往往重例轻律，重新例轻旧例："凡五刑之属三千著于律，律不尽者著于例……有例则置其律，例有新者则置其故者。"[③]

3. 依情（理）判决

在中国传统文化中，"情"有时说的是私情，但更主要的是指民情，或者是一种公情。它既可以指人的感情，也可以指儒家伦理之下的情义，还可指民情、世情以及"面子"等，是一个兼具多重含义的词。但在中国传统诉讼审判中它却是一种比法律更高的法律渊源，是一种模糊不清又无所不在的司法审判依据。它在司法官的判决书中较多地以事实和道德评判的面目出现，而且情理二字往往连用，由此，情理自然就成了法官最重要的裁判依据之一，尤其是自宋以来，依情理判决更显突出。

在《名公书判清明集》中载有许多这方面的例子，可举宋代司法官马光祖所判一起"无夫奸"案为例。有位穷书生与邻家处女成奸，对此案无非有两种结果：一种是按照法律规定，犯"无夫奸"罪，处徒刑一年半；[④] 另一种是以情从宽判决。结果这个马县令恰恰选择后者。审理中马县令即不引法条下判，而是依情而判。[⑤]

对于作为判决依据的"情"与"法"之间的关系，当时的司法官评价道："祖宗立法，参之情理，无不曲尽。倘拂乎情，违乎理，不可以为法于后世矣。"[⑥] "法意、人情，实同一体。徇人情而违法意，不可也；守法意而拂人情，亦不可也。权衡于二者之间，使

---

① 《尚书·召诰》。

② 《睡虎地秦墓竹简·法律答问》，文物出版社1978年版，第176页。

③ 《大清会典》（卷54）。

④ 《宋刑统·杂律·诸色犯奸》："和奸者，男女各徒一年半，有夫者，徒二年。"

⑤ 马光祖命一道"逾墙搂处子"题目，令书生作诗。书生接题后顿成诗一首："花柳平生债，风流一段愁；逾墙乘兴下，处子有心搂。谢砌应潜越，韩香计暗偷；有情还爱欲，无语强娇羞；不负秦楼约，安知漳狱囚；玉颜丽如此，何用读书求？"县令看罢此诗，即判一《减字木兰花》词云："多情多爱，还了平生花柳债；好个檀郎，室女为妻也不妨。杰才高作，聊赠青蚨三百索；烛影摇红，记取媒人是马公。"参见［明］蒋一葵：《尧山堂外纪》（卷62）。

⑥ ［宋］范西堂：《因奸射射》，载中国社科院历史所宋辽金元史研究室点校《名公书判清明集》，中华书局1987年版，第448页。

上不违于法意，下不拂于人情，则通行而无弊矣。”[①] 由此可见，中国传统的法律实践历来都非常重视情在司法审判中的作用。

（四）司法官责任

在中国传统诉讼审判过程中，司法官个人的智慧及能力起着至关重要的作用，其一言一行皆对审判的进行具有深远的影响。但是司法官并不是万能的，其有自身的局限性，道德水准也有高低之分。这就导致在司法过程中司法官容易发生各种错误，从而影响正确判决的作出。为规范司法官的不当行为，并促使其认真细致地审理案件，在中国传统诉讼中，对司法官的责任问题作了详细规定。以下将对此依诉讼过程先后顺序作一介绍。

1. 起诉环节的司法官责任

在起诉环节，主要涉及违法不受讼和受讼的问题。

根据法律规定，司法官若应受理诉讼而违法不受理的话，当承担相应法律责任。这早在西周时期就有明文规定：“凡伤人见血而不以告者、攘狱者、遏讼者，以告而诛之。”[②] 唐朝时期的法律对此有相当完善的规定：“若应合为受，推抑而不受者，笞五十；三条加一等，十条杖九十。”[③] 由此可见，对于本应受理的案件而故意推托不受理的，将对司法官处以笞杖之刑。宋元明清皆沿袭唐朝的法律规定，不过在具体处刑问题上略有不同。如明律详细规定道：“凡告谋反、逆、叛，官司不即受理掩捕者，杖一百，徒三年。……若告恶逆不受理者，杖一百。告杀人及强盗不受理者，杖八十。斗殴、婚姻、田宅等事，不受理者，各减犯人罪二等。”[④] 由这条规定可见，因不受理案件种类不同而对不受理者的处罚不同。

对于不应当受理的案件而予以受理的话，司法官同样要承担相应的法律责任。比如秦朝时期对于“非公室告”的案件，司法官不能受理，违者也要接受处罚。不过，自唐开始，关于违法受讼的法律规定才得以制度化和具体化。主要有以下几种情形：[⑤]

（1）受理越诉的法律责任。中国古代对于案件的逐级受理要求非常严格，若司法官有违反者，将要承担相应的责任。《唐律疏议·斗讼律·越诉》规定：“凡诸辞讼，皆从下始，自下至上，令有明文。谓应经县，而越向州、府、省之类，其越诉及官司受者，各笞四十。”此后各朝法律的规定大致相同，如《大明律·刑律·诉讼律·越诉》规定：“凡军民词讼，皆须自下而上陈告。若越本管官司，辄向上司称诉者，笞五十。”

（2）受理匿名信的法律责任。对于使用匿名信来告发犯罪的行为，中国古代历来是予以禁止的。早在秦简中就有规定：“有投书，勿发，见辄燔之。”[⑥]《唐律疏议·斗讼律·投匿名书告人罪》中亦有记载：“得书者，皆即焚之，若将送官司者，徒一年。官司受而为理者，加二等。被告者，不坐。辄上闻者，徒三年。”

（3）受理诉状格式不合要求的法律责任。《唐律疏议·斗讼律·告人罪须明注年月》

---

① ［宋］胡石壁：《典买田业合照当来交易或见钱或钱会中半收赎》，载《名公书判清明集》，中华书局 1987 年版，第 311 页。

② 《周礼·秋官·禁杀戮》。

③ 《唐律疏议·斗讼律·越诉》。

④ 《大明律·刑律·诉讼·告状不受理》。

⑤ 参见李交发：《中国诉讼法史》，中国检察出版社 2002 年版，第 207－208 页。

⑥ 《睡虎地秦墓竹简·法律答问》，文物出版社 1978 年版，第 174 页。

中规定："诸告人罪，皆须注明年、月，指陈实事，不得称疑。违者，笞五十。官司受而为理者，减所告罪一等。"由此可见，司法官若受理格式不合要求的诉状的话，将要承担相应责任。

2. 审理环节的法律责任

在审理过程中，司法官同样应当遵守各种法律规定，否则也要承担相应的法律责任。这主要体现在司法官回避和审理时限方面。①

唐代开始实行司法官回避制度，规定审判官吏与被审问人之间素有仇嫌或有亲属关系的，应该回避，换其他人审判，当时称为"换推"，"凡鞫狱官与被鞫人有亲属雠嫌者，皆听更之"②。唐以后各代因袭此制。《宋刑统·断狱》转引唐《狱官令》称："诸令鞫狱官与被鞫人有五服内亲，及大功以上婚姻之家，并受业师，经为本部都督、刺史、县令，及有仇嫌者，皆须听换推。经为府佐、国官，于府主亦同。"元代法律规定："诸职官听讼者，事关有服之亲，并婚姻之家及曾受业之师与所仇嫌之人，应回避而不回避者，各以其所犯坐之。有辄以官法临决尊长者，虽会赦，仍解职降叙。"③ 清律则称："凡官吏于诉讼人内关有服亲及婚姻之家，若受业师（或旧为上司与本籍官长有司）及素有仇隙之人，并听移文回避。违者（虽罪无增减）笞四十。若罪有增减者，以故出入人罪论。"④

关于审理时限问题，历代在法律上都强调及时审问、按期结案。秦《司空律》规定："所弗问而久系之，大啬夫、丞及官啬夫有罪。"⑤ 该律意指对羁押的囚犯，久不审讯，则司法官有罪。

唐朝时因为"天下刑狱苦于淹滞"，故对审判设定"程限"，根据涉案人数及罪名多少将案件区分为"大事、中事、小事"三类，司法官必须在规定期限内审决案件。⑥ 宋朝在唐朝基础上先后多次调整了审判时限，只不过其大中小案的划分是以卷宗的纸张数目为标准，"听狱之限，大事四十日，中事二十日，小事十日，不他逮捕而易决者，毋过三日"⑦，违反规定者准用《官书稽程律》处罚。

明律规定各司法机构在经过审讯搞清事实后的三日内必须进行判决，笞杖罪必须当日断决，徒流罪则应在十日内遣送。⑧ 清朝法律对此予以修改："直隶、各省审理命案定限六个月，盗案定限十个月，抢夺、发掘坟墓及一切杂案俱定限四个月。……按察司自理事件（徒刑案件）限一个月完结，府、州、县自理事件，俱限二十日审结。上司批审事件，限一个月审报。"⑨

---

① 郭建、姚荣涛、王志强：《中国法制史》，上海人民出版社 2006 年版，第 421－422 页。

② 《唐六典·刑部》。

③ 《大元通制·职制上》。

④ 《大清律例·刑律·诉讼·听讼回避》。

⑤ 《睡虎地秦墓竹简·秦律十八种·司空》，文物出版社 1978 年版，第 84 页。

⑥ 据《旧唐书·刑法志》载：长庆元年五月，御史中丞牛僧孺奏："天下刑狱，苦于淹滞，请立程限。大事，大理寺限三十五日详断毕，申刑部，限三十日闻奏。中事，大理寺三十日，刑部二十五日。小事，大理寺二十五日，刑部二十日。一状所犯十人以上，所断罪二十件以上，为大。所犯六人以上，所断罪十件以上，为中。所犯五人以下，所断罪十件以下，为小。其或所抵罪状并所结刑名并同者，则虽人数甚多，亦同一人之例。违者罪有差。"

⑦ 《宋史·刑法志》。

⑧ 《大明律·刑律·断狱·淹禁》。

⑨ 《大清律例·刑律·捕亡·盗贼捕限》。

3. 判决拟定环节的法律责任

在判决拟定阶段，司法官的法律责任主要体现在是否有故意或过失出入人罪的情形。对于案件判决的正确与否，司法官将承担直接责任，这也是中国传统诉讼审判中的一大特色。

早在西周时期，即有所谓“五过之疵”的法律规定：“五过之疵：惟官、惟反、惟内、惟货、惟来。其罪惟均。”[①] 司法官在司法审判中若有依仗权势、收受贿赂等影响而出入人罪的情况，都将“反坐其罪”。秦汉时期，司法官若有“失刑”“纵囚”“不直”等故意或过失出入人罪的情况，也要负相应的法律责任。如关于“不直”，秦简中有规定：“甲有罪，吏智（知）而端重若轻之，论可（何）殹（也）？为不直。”[②] 这是说，甲有罪，吏知道他的罪而故意从重或从轻判刑，应如何论处？以不公论处。汉代法律除规定有“不直”等罪名外，还进一步区分“故不直”及“纵出”。《汉书》中有记载：“出罪为故纵，入罪为故不直。”[③] 汉武帝时则“缓深故之罪，急纵出之诛”[④]。约在南北朝时期，正式形成“出入人罪”的罪名。

唐以后的法律对于出入人罪规定得非常详细。主要可分两大方面：故意出入人罪及过失出入人罪。

首先是故意出入人罪的责任。这又可细分为故意出人罪和故意入人罪两种。唐律称：“诸官司入人罪者，若入全罪，以全罪论；从轻入重，以所剩论；刑名易者，从笞入杖，从徒入流，亦以所剩论。从笞杖入徒流、从徒流入死罪，亦以全罪论。其出罪者，各如之。”[⑤] 由此可见，唐律中的入全罪则负全罪的责任，从轻入重则以所剩论处。

其次是过失出入人罪的责任。与故意出入人罪相比，过失出入人罪的处罚有所减轻。唐律规定：“即断罪失于入者，各减三等；失于出者，各减五等。若未决放及放而还获，若囚自死，各听减一等。”[⑥] 这是说，对于过失出入人罪，应分别全罪及所剩的不同情况比照故意对司法官减等处刑：过失入人罪的，减三等处刑；过失出人罪的，减五等处刑。

宋元明清各朝基本继承了唐朝的法律规定，不过略有变化。元朝规定：“诸有司故入人罪，若未决放者，及囚自死者，以所入罪减一等论。入人全罪者，以全罪论，若未决放，仍以减等论。”故出人罪也同样处理。明清律继承了这一规定，但对失出入人罪的职级连坐制度进行了修正：“若断罪失于入者，各减三等；失于出者，各减五等。并以吏典为首，首领官减吏典一等，佐贰官减首领官一等，长官减佐贰官一等科罪。若囚未决放及放而还获，若囚自死，各听减一等。”[⑦]

---

① 《尚书·吕刑》。

② 《睡虎地秦墓竹简·法律答问》，文物出版社1978年版，第166页。

③ 《汉书·景武昭宣元成功臣表》注。

④ 《汉书·刑法志》。

⑤ 《唐律疏议·断狱律·官司出入人罪》。

⑥ 《唐律疏议·断狱律·官司出入人罪》。

⑦ 《大明律·刑律·断狱·官司出入人罪》。

小　结

在中国封建社会，中央司法机构包括皇帝及其专门机构。皇帝是最高司法官。在皇帝之下，在中央一级设有专门的司法机构。秦汉时为廷尉，隋唐时期中央司法机关为大理寺、刑部和御史台。宋朝则增设有审刑院。元代为大宗正府、刑部和宣政院。明代有刑部、大理寺和都察院，通称“三法司”。此外，还增设了厂卫等特务司法机关。清朝沿袭了明朝的“三法司”制度，但刑部位高权重。在中国古代，地方并无专门的司法机构，地方行政机关与地方司法机关合而为一，行政官吏兼任司法官吏。秦汉时期的地方司法机构分郡、县两级。宋朝的地方司法机关较有特色，主要有提点刑狱司、州县和开封府等。元代的地方司法机关依次为行省、路、府（州）、县。明代的地方司法机关有省、府、县三级。清代地方司法机关可分为省督抚、省按察司、府、县（州、厅）四个层次。中国古代的起诉形式可区分为自诉、举告、自首和官纠举等四种。在中国古代的诉讼制度中，还存在许多诉讼限制。主要包括主体、客体及对象、时间等几个方面。在诉讼过程中，中国古代还发展出刑讯制度。以刑讯手段来逼取口供，这是得到法律认可的一种方式。唐朝法律对此规定甚为完善。在审判制度中，值得一提的是会审制度。会审制度是中国古代极富特色的一项审判制度，它主要体现于中央的司法审判活动中。会审制度真正制度化和经常化还是在明清时期。主要有三司会审、圆审、朝审、秋审等。审判的作出有其不同依据。在中国传统审判制度中，其判决依据主要包括法律条文、判例和情理等几个方面。其中尤以依情判决极具特色。为规范司法官的不当行为，在中国传统诉讼中，对司法官的责任问题从起诉、审理、判决拟定等各个环节作了详细规定。

思考题

1. 如何理解中国古代司法机构的地位与职权？
2. 为什么说中国古代有司法行政合一的传统？
3. 中国古代起诉的形式有哪些？
4. 中国古代诉讼的限制有哪些？
5. 在中国传统诉讼中为什么刑讯是合法的？
6. 中国古代会审制度对今天的借鉴有哪些？
7. 中国传统司法的判决依据有哪些，有什么特色？
8. 如何看待中国古代司法官的责任？

第十章　家族法

第一节　家法族规

“家国一体”“家国同态”的古代中国，建立在血缘关系基础上的宗法制、宗族组织、宗法观念根深蒂固，“人民最崇拜的是家族主义和宗族主义”①。因此，家法族规源远流长，影响甚巨。

一、源流

中国在很古的时期就产生了家庭和家族，甲骨文“家”作“”“”。“家”的初义，“是表示以维系血缘家族对祖宗崇拜的宗庙，然后引申为家族”②。“族者，凑也，聚也，谓恩爱相流凑也。生相亲爱，死相哀痛，有会聚之道，故谓之族。”③ 为了在家族内虔诚地崇祖拜宗、生相爱、死相哀，必须制定一套维护家族正常秩序的行为规范，用来约束家人族众，家法族规便产生了。

按理说，家族组织产生于原始社会的末期父系氏族社会，原始的家法族规也产生于此时期，但由于当时没有文字，后世也缺乏文献记载，至今很难明其庐山真面貌。但至迟在殷周时期，出现了调整家庭关系的“宗法”，将家庭区别为大宗与小宗，并规定了各自不同的权利和义务。如嫡长继承、庶子分封之制，以及同族不婚规定，等等。可见，此时的家法族规是以一种宗族法的形式出现，显得比较粗略。

汉晋时期，家法族规得以发展，主要表现在家长制定约束家人的“家约”“家训”。《史记・货殖列传》记载任公为当时世富，但为了使家人不奢侈，折节为俭，致力田畜，特立“家约”：“非田畜所出弗衣食，公事不毕则身不得饮酒食肉。”《晋书・孝友传》记载庾衮在战乱中“率其同族及庶姓”迁徙禹山之中以自保，乃立族规（严格说不是后世真正意义上的族规）七条：“无恃险、无怙乱、无暴邻、无抽屋、无樵采人所植、无谋非德、无犯非义，戮力一心，同恤危难。”即以族规约束族人不得乘乱取利、不得欺压邻居、不得破坏人家房屋、不得砍伐人家树木、不得做非德之事、不得为不义之事。历史上有名的《颜氏家训》为南北朝时期颜之推所立，都是告诫、规劝子孙后代如何做人、立

① 《孙中山选集》，人民出版社 1981 年版，第 147 页。

② 高光晶：《中国国家起源》，河南大学出版社 1989 年版，第 262 页。

③ 《白虎通・宗族》。

功、建业的内容。由此可见，在汉晋时期诸如任公、颜之推的所立家法都属“软性”家法，家法内容中没有对违反家规如何处罚的“刚性”规定。这是此时期立家法族规的一种主要形式。

同时，汉晋时期也开始了“刚性”家法族规的制定，标志着家法族规规范性、法律化程度的提高。《三国志·魏书·田畴传》记载田畴在东汉末年为避战祸，“率举宗族他附从数百人”，迁入徐无山中，几年间归之者甚多，增至五千多家，为了规范人们的行为，订立族法：“乃为约束相杀伤、犯盗、诤讼之法，法重者至死，其次抵罪，二十余条。又制为婚姻嫁娶之礼，兴举学校讲授之业，班行其众。”虽然田畴所立族法 20 余条，以及“婚姻嫁娶之礼”“学校讲授之业”的具体内容，目前不得而知，但可清楚地看到犯族规者，轻者“抵罪”，重者“至死”的规定，可见其族规制定已包括了对行为处罪的具体的刑罚措施了。

唐宋以降，家法族规正式进入规范化、法律化时期，并且愈后愈发达，已达炉火纯青境界。唐代时，成文的家法族规开始大量制定，但完好保留下来的很少，至今保存最早的成文家法族规可能要数江州德安县陈氏家法——《江州陈氏义门家法》，它订立于唐代昭宗大顺年间（890—891 年）。家法内容 35 个条文，其中有 12 个条文是关于家族机构设置的内容。由于该家族自南朝陈朝始，世代同居，人丁繁盛，到宋代仁宗时期，合家人丁达 3700 余口，所以需要建立一套比较适用和完善的家族管理机构：如设立掌握赏罚的库司、掌家内外诸事的主事、掌男女婚姻的开勘司，建立司家刑的刑杖厅和掌教育的书堂、学院等。其他条文规定了家族内人员的权利、义务和应遵守家法的规则，对违反家法的行为应处的刑罚，包括杖刑、剥落衣装、归役等。

宋元时期是成文家法族规的成熟时期。这时期聚族而居的家族组织更加普遍，理学家们极力主张：“管摄天下之心，收宗族，厚风俗，使人不忘本，须是明谱系世族与立宗子法。”[①] 而且主张建祠堂、修家谱和设族田相结合。因此，家族建祠修谱，订立家法族规、义庄规范十分普遍，特别在江南各地，尤其如此。北宋思想家司马光立《居家杂仪》，虽不以家法、家规、族法、族规命名，实质上却是一部具有典型意义的家法族规，在历史上影响很大。南宋时期思想家朱熹订立《朱子家礼》时，将《居家杂仪》内容尽收其内，内容多以训诫、规劝的形式要求子孙家人敬老爱幼、家人和睦、为人忠信仁义等。同时，又用四个条文规定了家内仆人违反行为规则要处以刑罚：男仆人对主人要忠信，能干家事，不能有欺诈、背公、徇私、盗窃的行为，做得好者“重其禄”，违反者“杖之”“逐之”；女仆人不能“两面二舌”“饰虚造谗”“离间骨肉”，犯者逐之，等等。

具有标本意义的浦江郑氏订立的家法族规，先后订立《规范》58 条，补充《规范》不足的《后录》70 条，《续录》50 多条，在明初合并而成《郑氏规范》168 条。内容包括家人族众忠于国家，孝敬家长；乐于助人，造福乡里；维护家族秩序，不乱男女之别；禁止奢侈淫佚，欺压乡邻。如有其犯，以责罚、鞭挞、削名、重箠、告官等手段惩处之。同时，特别值得一提的是，此时期还出现了一种范仲淹订立的家族法性质的《义庄规矩》，对家族法的发展起了重要作用。

明清时期是家法族规的普及时期。在宋元家法族规趋于成熟的基础上，社会普遍认识

① 《张载集·经学理窟·宗法》。

到："家之有规，犹国之有典也，国有典则赏罚以饬臣民，家有规寓劝惩以训子弟，其事殊，其理一也。"① 因此，家法族规进入寻常百姓家，特别是在明代中期嘉靖、万历以后。

清朝虽属少数民族入主立国，但很重视和学习汉文化，特别重视家法族规的齐家束族治世的巨大作用。因此，清初顺治皇帝学习明太祖朱元璋颁"圣谕"六条，为家法族规制定的指导思想和基本原则。紧接着康熙皇帝在"圣谕"六条的基础上，又颁布影响更大的"圣谕"十六条。由于最高统治者的提倡和重视，因此，掀起了清代家法族规制定的又一个高潮。无论旺族大宗或是寒门小姓，都制定自己的家法族规。而且家法族规形式多样，除大量综合性家法族规外，诸如祠堂祭祀的祭规、家族义学的塾（学）规、家族义庄的庄规，以及禁烟（鸦片）禁赌等单一性的家族法也大量出现。

二、制颁

（一）指导思想

在家国一体的中国传统社会，家法族规的作用自然被社会和统治阶级所认识和利用。"立宗法实伸国法"，因为"国与家无二理也，治国与治家无二法也，有国法而后家法之准以立，有家法而后国法之用以通"②。国家允许家长"尽可以家法处治"子孙，赋予族长"奉有官法，以纠察家族内之子弟"③。当家法族规的发展进入宋元以后，逐渐成文化，作为社会普遍制定的家法、家规、家训、族规、族约、宗规、宗约，在体例上很多都模仿或接近于国家制定法，包括正文、注疏、行为规范和相应的法律后果等。在内容上也与国家制定法有着广泛和直接的关系。家法族规俨然以"准法律"的面目出现，它的法律效力也越来越大。如果国家不加以指导、规范，家法族规与国家法律势必发生冲突。因此，家法族规在明清时期完成其规范化、法律化进程中，国家确立了制定家法族规的指导思想。

国家确立制定家法族规和进行家族司法的指导思想。明清时期一般由最高统治者皇帝以圣谕的形式表现，因而具有坚定不移性和神圣性。如明太祖朱元璋曾颁"上谕六条"：

孝顺父母，尊敬长上；
和睦乡里，教训子孙；
各安生理，无作非为。④

清朝开国君主顺治皇帝重申明太祖六条，康熙皇帝在六条基础上又颁"上谕十六条"：

敦孝弟以重人伦，笃宗族以昭雍睦；
和乡党以息争讼，重农桑以足衣食；
尚节俭以惜财用，隆学校以端士习；
黜异端以崇正学，讲律法以儆愚顽；
明礼让以厚风俗，务本业以定民志；

---

① 安徽《仙原东溪项氏族谱·祠规》引。
② 《桐城麻溪北氏族谱》。
③ ［清］陈宏谋：《增远堂偶存稿》（卷40）。
④ 《清朝文献通考》（卷21）《职役》。

训子弟以禁非为，息诬告以全良善；

诫窝逃以免株连，完钱粮以省催科；

联保甲以弭盗贼，解仇忿以重身命。①

为了使皇帝上谕深入人心，更好地落实家法族规的制定和家族司法的进行，各级地方政府和文人学子都纷纷宣读和解释它。如康熙时期贵州知府黄成龙在“每乡置乡约所、亭、屋，朔望讲解”，并强调说：“上谕十六条，所以劝人为善去恶也，至于查奸戢暴，出入守望，保甲之法更多倚赖焉……凡我属邑，勉力行之，以宣扬上宪德意，未必于地方风俗无裨益也。”② 又如《钦颁州县事宜》不厌其烦反复解释：“凡为州县者，父母斯民，首先教导。每遇朔望两期，务须率同教官佐贰杂职各员，亲至公所，齐集兵民，敬将《圣谕广训》逐条讲解，浅譬曲喻，使之通晓，并将所刊。律条亦为明白宣示，俾知凛惕。至于四外乡村不能分身兼到者，则遵照定例，在于大乡大村，设立讲约所，选举诚实堪信素无过犯之绅士充为约正，值月分讲。印官仍不时亲往查督，以重其事。”对于宣讲皇帝圣谕，不仅官吏勉之为之，而且后世皇帝也高度重视。如康熙“圣谕十六条”颁后，雍正也同样宣讲细解之，并告诫天下父母对子弟要严加训诫，而且要求全国“兵民其敬听之毋忽”③。这种自朝廷至地方各级政府宣讲圣谕的做法，为制定体现国家意志的家法族规，提供了可靠的保证和指导。为了忠实地在家法族规中体现这种指导思想，各地众多的家法族规还直接将圣谕作为具体内容纳入其中，体现在家长的庭训规诫里。如明朝大儒高攀龙将明太祖朱元璋的六条圣谕完整地录于家法中：“人失学不读书者，但守太祖高皇帝圣谕六言：‘孝顺父母，尊敬长上；和睦乡里，教训子孙；各安生理，无作非为。’时时在心上转一过，口中念一过，胜于诵经，自然生长善根，消沉罪过。”④

另外，还有一些家族法，不是具录圣谕全文，只是将圣谕精神体现在家法族规中，以一种让家人族众感觉更直接、更具体的形式出现。如安徽宣城《孙氏家乘·家规》规定十条：

尊祖敬宗，和家睦族，毋致因利害义，有伤风化；

祠宇整修，春秋祭祀，毋致失期废弛，有违祖训；

名宗坟墓，山林界止，毋致缺祀失管，有被占据；

读书尚礼，交财尚义，毋致骄慢啬吝，有玷家声；

富勿自骄，贫勿自贱，毋致恃富疾贫，有失大礼；

婚姻择配，朋友择交，毋致贪慕富豪，有辱宗亲；

周穷恤匮，济物利人，毋致悭吝不为，有乖礼体；

珍玩奇巧，丧家斧斤，毋致贪爱蓄藏，有遗后患；

冠婚讲礼，称家有无，毋致袭俗浮奢，有乖家礼；

房舍如式，服饰从俭，毋致僭侈繁华，有干例禁。

家法族规和诉讼的合法（国家法）性。家法族规和家族法诉讼本是与国家制定法、

① 《古今图书集成·明伦汇编·交谊典》。

② 《皇朝政典类纂》（卷30）《户役一·户丁中》，载《近代中国史料丛刊续辑》。

③ ［清］雍正：《圣谕广训》。

④ ［明］高攀龙：《高氏家训》。

国家法诉讼相对立和矛盾的。制定和运用家族法势必破坏国家法和诉讼的一体性和权威性，但在中国则是另一番景象。在中国古代社会，由于它具有国家法的有益弥补性（在家国一体体制下恰好具有这种功能），它能成为司法的依据，可能更重要原因还在于：当制定家族法进行诉讼的指导思想钦定后，便带来国家对家族法诉讼内容的认可和理解，这就使家族法直接成为一种合法的司法依据，家族法诉讼也就顺理成章了。这主要有两种途径：最高统治者的明言宣示。如孔子后裔在制定家族法、运用家族法时得到明太祖朱元璋的肯定，他对孔氏族长说："主令家务，教训子孙，永远遵守。"① 到明中期，山东曲阜孔氏家法又得嘉靖皇帝的认可，他对宗主孔尚贤赐令："令尔尚贤，督率族长、举事，管束族众……如有恃强挟长，朋谋为非，不守家法者，听尔同族长查明照家范发落，重则指名具奏，依法治罪，尔其钦承之。"② 可见，在封建社会，一些名门望族制定和运用家族法往往由皇帝出面予以肯定，其法律效力无疑非同一般，它成为司法的依据，就无人敢疑了。另外，一般家族的家法族规，为了获得国家的肯定，制定后主动送到地方官府批准后再施用。如明万历年间湖南长沙擅山陈氏家训送呈长沙府批准。受到地方官府肯定后的家法族规具有对家人族众的普遍法律效力。因而，家法族规理所当然地成为司法的依据。

（二）订立

家法族规的订立，形式多种多样，具体表现为以下几种主要方式。

1. 家、族长或尊长订立

一般来说，家规由家长个人订立，无论简约之家法或规范之成文家规。有代表性的简约家法如宋代包拯之遗训："后世子孙仕宦有犯赃滥者，不得放归本家。亡殁之后，不得葬于大茔之中。不从吾志，非吾子孙。"③ 规范性家法如魏晋南北朝时期的《颜氏家训》、明代著名的浦江《郑氏规范》。族规一般由族长，或族长与族内德高望重的尊长会同订立。如果由族长个人订立，族长定为族内势大望高、有较好文化修养的人，如清代道光年间由族长个人订立的西清王氏的《坟祠祭典条规》。

但这种情形不具普遍性，更多的是族长会同家长、房长共同订立，或是族长与族内致仕之人，或功名之人会同订立。因致仕之人曾在朝廷身居要职，甚至出将入相，他们是族内之荣光，德高望重；功名之人，通过读书中举（人）入贡（生），甚至是进士，他们属族之骄傲，谙熟文章。由他们参与立规，是最理想的人选。如清代官至都督、将军的施琅与官至户部侍郎的儿子施世纶，以其平定台湾有功（施琅）和清廉为官被誉为青天（施世纶）而有名，因此，施氏族长都会同施氏父子订立该族族规。另一种比较常见的立规形式，是族长会同族内地位高、受尊敬的尊长立规。如清代康熙年间，尤溪张氏的《祖茔禁约》，便是由族内尊长（多达80多人）共同议订而成。

2. 族人共同议订

清代中期以降，人们的民主意识提高，族人比较强烈地要求参与家法族规的制定，族长也基于增强家法族规的执行效力的考量，出现合族共同立规，便成自然之事。清代顺治年间，江苏梁津孙氏家族"统众公议"订立《大宗祠祭祀规例》，安徽宣城孙氏合族"公

---

① 《山东曲阜孔氏》大宗谱。转引自刘广安：《论明清的家法族规》，载《中国法学》1988年第1期。

② 《曲阜县志》（卷29）。

③ 《包拯集》，中华书局1963年版，第136页。

议”而成《公议附规》，等等。

3. 聘请族外之人代为订立

一些缺乏文化知识和人才的家族，为了家法族规质量更高，希望永久传之于世，往往聘请外族饱学之士代为制定。如明初浦江郑氏，原已分别在各个时期订立了郑氏《规范》《后录》《续录》三部族规，为了使郑氏族规更加规范，更有质量，聘请当时大儒宋濂帮助完成168条的《郑氏规范》，使之成为中国历史上家法族规的代表作。

（三）颁行

1. 族长公布实施

广西《唐氏族谱》中规定对子孙族众有犯不孝、不完粮纳税、好强逞凶、开场聚赌、不遵国法、败坏家风等行为的惩处性“法戒十七条”，即宣布为“以上法戒十七条，阖族老成公同议决，以垂□□，其理浅而易明，兹后世各宜遵照”。清朝光绪年间的《湖南善化黄氏义庄条规》订立后宣布：“凡章程逐条榜示庄所，俾众所悉。如有因时变通，或暂为更易办法，均宜明白标贴，有刊存者，分别刷发，以资遵守。”

2. 呈送官府批准后施行

一些家族为了加强家族法以及家族司法的权威性，往往将订立好的家法族规呈送当地县府衙门，得到官府肯准后颁布施行。如清代咸丰时期湖南湘阴狄氏制定家族法规16条呈送该县“陶批”后方施用。我们从该家族呈送家族法的呈词和县令的批语来看，便再清楚不过了。现将其呈词和批语录如下：

呈词：“为呈请钧示，赏赐教刑，以肃家规，以彰宪化事。窃惟治弼周官，刑章以佐典章之用；士遵祖训，家法以辅国法之行。故威著桁杨，奸民闻而改行；教宣夏楚，顽梗藉以回心。某族姓本单微，往多散漫，去县治百余里，合族属千余人。父兄之训以诗书，子弟之遵宜矩薙。第贤愚杂处，习气或且移人；道里迢遥，观感或难遽化。戢奸正宜杜渐，创恶尤在防微。用是恭请宪章，书登祖庙，以警奸盗，以惕凶顽。俾知家教难违，即是国威宜凛。初犯则系宗堂示罚，怙恶则送县署严惩。庶几君子怀刑，共仰廉明之治；细人守法，各安生业之常。为此具呈，须至呈者。”

县衙陶批：“阅呈《家规》十六则，均极周备，准悬示众人，共知观法。俾阖家子弟，咸兴礼让而远嚣陵，本县有厚望焉。”①

又，湖南上湘龚氏在清朝宣统时期订立一部内容18条37款的《族规》，也是由族呈县衙审批后生效施用的。该族规后附“县正堂申批”语：“据禀原为整顿族规起见，所拟规则十八条甚为妥善。该族人等自应遵行。倘有不法子弟不服族规，即行指名禀究。准如禀存案，可也。”②

三、主要内容

（一）隆祭祀

祭祀乃国之大事，亦为家族之大事，家族意识、崇祖观念实乃聚族之力量源泉。故各

① 《湘阴狄氏家谱·家规》。

② 《上湘龚氏支谱·族规》。

族必建祠堂，必设神位，以供祭祀之用。同时，祭祀要有仪式，且为最隆重的仪式，也为最复杂的程序。如有的家族法规定定期齐聚宗祠，一年两祭或三祭。祭祀中谁主祭，参祭人的限制规定（妇女、孩童禁入）、服装规定（着礼服、衣冠整齐等），祭时的秩序规定（肃默、恭敬），祭祀后的宴饮、享胙等规定，都详尽地见于家法族规中。有些家族则规定："思身所由来，则由吾父而祖，一一追溯，虽十世、百世固不得以为远也。……吾家自远祖以来所立家规：凡先世考妣生日、忌辰，家中必当设祭；冬至、中元则有合祭之礼；岁首、岁除、端午、中秋亦如之。新岁暨清明，必相率扫墓，各家无论老幼，必当亲诣墓前，行三叩首礼。虽大风雨雪，不得惮劳。"①

（二）慎婚姻

婚姻是"君子重之"的家族大事，家法族规规定甚详。婚姻原则：第一，坚持一夫一妻制，但允许纳妾。当男子在三十岁或四十岁后无子时可以纳妾。《白苧朱氏宗谱·奉先公家规》规定："吾家子孙非三十以上无子者，不许置偏房。"意为年三十以上无子可以纳妾。《馀姚江南徐氏宗谱·族谱宗范》规定："宗男三十以上无子，须娶妾以承宗祧。"而且予以奖励，"无子续娶，给钱五千"。甚至规定如遭到妻族阻难时，家族必须"断令择妻"②。《湘潭王氏家乘·家训》规定："族有年过三十无子者，则宜告之宗族及妇之父母兄弟，按律置妾。敢肆阻挠，即正以无子出、妒出之罪。"第二，同姓不婚。家族为了防止血缘关系的混乱，也出于生理学的认识，家法族规规定同姓为婚视为渎伦乱常，予以严格禁止，并给予严厉惩治。《宣统湘潭白沙陈氏支谱·家训》规定："夫妇合二姓之好，嗣续所系，私奔固属蔑礼，而同姓尤为渎伦。"湖南《沩宁水口先儒裔张氏七修谱》规定："同姓毋许开亲，恪守典礼，克重彝伦。"如有同姓为婚者，"六房协同，禀公惩戒"。③ 第三，不重财礼。家族多从家政族治出发，防止家族孝义、敦厚之弊出现，家法族规规定婚姻不论财。"以女适人者，勿贪货利"，"为子求昏（婚）者，勿计装奁"。"男女婚嫁……不许贪得财礼。""婚姻男女必须择温良有家法者，不可慕富贵以污择配之道。"④

婚姻缔结的要件。父母主婚、媒人说合是婚姻成立的首要条件之一。但值得注意的是，绝大多数的家法族规不作明确规定。从制定于1931年的《慈东方家堰方氏宗谱·家规》针对此时法律不禁婚姻自由，同时又出现自由婚姻离异率高的现状，重申"对于婚姻一节，仍以明媒正娶，遵父母之命、媒妁之言为是"的立场来看，足可为证。传统的婚姻六礼是婚姻成立的重要要件之一，但到家法族规逐渐成文化的宋代，自朱熹在《朱子家礼》中把传统的婚姻六礼概括为议婚、纳采、纳币、亲迎、见舅姑、庙见等几道仪式后，传统的六礼仪式开始其简化的进程，有的家族强调议亲、亲迎、见舅姑等仪式，有的家族则坚持纳采、纳币、亲迎等仪式。如湖南《中湘金霞山沙头郭氏八修族谱·昏礼》规定："男年十六至三十，女年十四至二十，皆可成婚，行纳采、纳币、亲迎之礼，乃子

---

① 《合江李氏族谱·族规》。

② 参见《醴邑·上湘、中湘乐氏四修支谱》《毗陵徐氏宗谱》等。

③ 《民国义门陈氏大同宗谱·训诫》。

④ 分别参见湖南《中湘黄氏四修族谱·家训》、江苏《长沟朱氏宗谱·族范祠规》《馀姚江南徐氏宗谱·族谱宗范》。

孙所当法也。”“纳采”是男家请媒人告诉女家纳采的日期，该日早晨男家具婚书告祖先后置于匣中，媒人和男家人奉书至女家，女家人也奉书告祖先，然后媒人及男家随从者又奉书复命男家，男家再次告于祖先。“纳币”是男家“具书备仪物”请媒人送于女家，女家“复书礼”于男家。“亲迎”是前一天女家派人送嫁礼至男家，第二天男子去女家迎亲，祭告祖先后，女子乘车，男子先行引导到家，婿妇交拜合卺。

婚姻解除条件。国家法律有解除婚姻的“七出”条件，家法族规无明确的“七出”规定，但有类似的具体内容。浦江郑氏《义门规范》规定：“诸妇必安详恭敬，奉舅姑以孝，事丈夫以礼……若有妒忌长舌者，姑诲之。诲之不悛，则出之。”《东阳上璜王氏宗谱·修谱条例》规定：婚嫁时，知而典娶者，各与同罪，并离异……不知者不坐，追还财礼，仍离异。安徽宣城《孙氏家乘·家规》规定“奸淫乱伦者，出”；“大不孝者，出”；“为盗贼者，出”。还有些家法族规虽无此明确规定，但有“妻有被黜”“以义绝也”“出母”等规定。

（三）明财产

家族内以一家一户为生产单位，实行家族财产共有制，家法族规是调整家族内部财产关系的重要依据。对于族人独立占有、使用的财产，一般情况下，不受家族的干涉，但当家族内族人财产在特殊情况下发生转移时，家族法规定了财产转移的原则：“先尽本房，次及族人。”只有在族中无人购买时，才可售给外族人。如果家族成员违反时，即使交易完成，也会被勒令赎回财产，并要受到家族法惩处。安徽桐城赵氏宗谱规定：“凡族人田宅如有卖者，先尽亲房，次及族人，族人不买，然后卖与外姓。”故很多家族统一买卖契约格式，买卖契约上要注有“先招房亲人等，各不愿受”字样，否则买卖无效。在田产典当中也坚持“先尽房亲伯叔，次尽邻人”的原则。

对于族产，规定只许买进不许卖出的单向财产转移原则。一般来说，家族拥有族产，包括家族公产的族田，其中又分为出租谷物用于祠堂祭祀的祭田，用于维修与祖墓祭祀的墓田，用于学校教育的学田，用于救济所需的义田等。家族法对于族产的买卖、租赁、借贷均有规定，有的家族还专设义庄进行管理，专颁义庄规条。族产实行买进不卖出原则，以期子孙永保族产，违犯者要受到族规的惩处。《上虞雁埠章氏家训·禁盗卖》规定：“忍将祖坟田地售诸他姓及被侵占乎？有此等事，呈官究治外，削谱革祭，吾族断不容恕。”

在财产继承上，家族法实行诸子均分，严格限制继承人的资格及对遗产的处分，特别在继承资格上，家族法尤为重视。乾隆六年（1741 年），萧山《沈氏续修宗谱·宗约》规定：“子孙立继，非应继者，务请族长并各房长、宗正齐集家庙，公议承立昭穆相当者，不得私相授受。违者议罚，改正。”

（四）设赈济

无论家族之大小，都有贫困者、孤寡残疾人，特别有天灾人祸时发生的不测事件。家族为了固族之目的，利用家族的集体力量，从物质和人力上赈贫济弱，渡过难关。因此，家族法普遍规定赈济措施。《光绪华容县志》卷十载：华容丁氏“置义田三百亩，以赡族之贫乏者”。《民国福建林氏四修支谱·族规》记载：“族中鳏寡孤独废疾，最为怜悯之人，日后广置祀田，除祭扫各项用费外，每岁酌量给赀，死则助葬。”

设赈济方面，特别值得一提的是，不少的家族设立义庄以赈济族人。中国历史上自宋代范仲淹首创义庄以来，历朝很多旺族势家仿效其举，普设义庄，订立单一的家族法——“义庄规条”，使家族法在固族睦众上起到特别重大的作用。义庄设立一般为两种形式，一是由族内一人或一家捐资设立，如宋代范仲淹所设之义庄，清代常熟丁氏丁凤池所设之义庄等。二是家族集体设立，汇合家族的集体力量，包括集中钱、财、力，往往设立规模较大、救济面较广的义庄。比较典型的义庄是清代湖南长沙黄姓所设立的义庄，其设置、管理，赈济对象、方法、数量及救济剥夺等都有极其详细的规定。

该义庄条规主要内容包括：第一，义庄资金来源：族内官宦之家捐资，文官从总督到差役分别捐银一千两到二两；武官从提督到委差（以次为单位），捐银二百两至一两；京官从大学士到主事，捐银二百两至十两；族田、族产（房屋）出租利息；经商（“行引盐”）所得；族内自愿捐赠，包括捐银千两、八钱，捐谷米百石、数升，捐田地房屋数亩、几间，以及捐衣物、器具、书籍等，一概不论。第二，加强义庄管理，设立管理机构：设置总理4人、帮总4人、分管8人、写算4人，以及名额不等的杂务数人的20至30人的管理班子。这些人员均按月领薪，从月三千文到六百文不等。第三，赈济的对象包括贫弱者、嫁娶生子之人、疾病丧葬之人、鳏寡孤独者、学艺读书助资、考试助资等。各类赈济对象均计口按人计算。如贫弱者，男、女丁口，每月济钱三百文，济米三斗，五岁以下减半。第四，借资营生，包括借钱学艺、借谷度贫等。第五，罚停规定，包括犯不孝不敬、斗殴构讼、慢师犯尊、奸淫赌博、盗窃邪教等十二种行为者，“罚停月支”。

（五）兴教育

家族为了培养忠君卫国、光宗耀祖的优秀人才，普遍重视兴教育、办学校。几乎所有的家法族规都有重视教育的专条、专章（节），甚至还订立单一的学规。湖南《湘潭黎氏三修家谱·家规十四则》“勤教读”明确规定：“学不可废，读书为身一。”因此，众多的家法族规都有类似规定，“子弟七岁，即入家塾”“子弟七岁入小学”。打好基础后，“渐长学文，择师课习”，继续进行深造，直到入县学、院学，参加乡试、会试，获取功名。即使不能中举人成进士，也都认识到学习也能使人敦人伦、存节义、尚廉耻、守礼法，达致“变化气质、陶镕德性”的目的。故有家法族规明确规定：“子孙无分聪明鲁钝，务须教以读书，俾知礼义。”[①]“凡子弟上智者，固当以读书成业；鲁钝者亦必读书数年，使稍知礼义，庶可闲其放逸，融其暴戾。”[②] 为此，家族异常重视积极创造条件，让子弟上学读书，富贵之家如此，即使是贫困之家，也在家族举力帮助下如此。历史上众多的家族设立的“义庄”“学田”，其中一个很重要的作用就是为贫困子弟读书创造受教育的机会。《湖南善化黄氏义庄条规》规定的“读书助资”是：“愿读书从师者，每名，月助修钱500至1000文；如系成才，查明从师月修，酌加至2000文止。入家塾者，另有章程。”该义庄条规还规定“考试助资”：参加县试和府试者，每名每场，助钱100文，居乡者再加100文；参加院试者，每名每场，助钱200文，居乡者再加200文；参加乡试者，每名每场，助钱3000文；举人进京参加会试，每名每次助银60两。该条规还规定了对考试优异、金榜题名者的“奖赏章程”：状元奖银500两，榜眼奖银400两，探花奖银200两，

① 《湘潭王氏三修家乘·家训》。
② 《中湘篁奇林贺氏三修谱·家训》。

进士奖银60两，举人奖银40两，拔贡、优贡奖银30两，廪生奖银10两。还特别规定，由府县第一名成绩入学者，加奖银5两，前十名者加奖银3两。

第二节 家族司法

一、司法机构

家族组织毕竟不同于国家组织，它纯粹以血缘亲族关系为纽带，父子兄弟等几代合为一家，数家合成一族。因此，家族司法，不需另外设置专门司法机构，家族组织就是司法机构。中国古代家族组织一般为三级设置：族、房和家，也就是中国古代家族司法机构的三级设置：族、房、家。

（一）族

族是最高家族机构，设族长。族之所以设族长，“尚尊也”，故族长为一族最高尊长，权力掌有者，地位很重要。正如《同治桐城高岭汪氏家谱·家训》所言：“族之有宗长（族长），犹国之有相臣。”但是，族长由全体族人选举产生，即实行“公举族长”的制度。被选举人一般应为族内年长有威望，而且品德高尚者担任。虽然在具体标准上，各地不尽相同，但基本的要求是一样的。如清代湖南地方家族选举族长的条件为“品行端正，身家殷实，办事干练”；湖南常德地区的孙氏族谱规定：“择族中之正大慷慨者，立一族总。”该族所立族总即族长。而福建省要求入选族长者必须具备的资格是：“或属族中殷实，或厕身庠序，或属明白事理。”[①] 又，《民国义门陈氏大同宗谱·彝陵分谱·家族组织章程》规定：“全族举族长一人……族长择族中齿德俱尊、品学兼备者充当之。”《民国濡须崔氏宗谱·祠记》强调：“族正为一族之主宰，柄赏罚之权衡，合族公举，更宜品行端方、老成练达者。”《民国泾川董氏宗谱·家规》则要求：“凡选举宗长，尤须兼择有才干者。既举为宗长，以一事权，族众即当奉为依归。倘族长不能称职，族众可以会议改选。”[②] 还有些地方则注意从致仕官吏或“年弥高则德弥劭”的人中公举族长。族长是族内最高权力掌握者，统管全族事务，包括家族行政权、经济权、立法权和司法权。在立法权方面，对家族法的制定、修改、增删，都由族长负责，其方式主要是由族长主持，组成一个“立法”班子，参加者一般是族内贤达、地位高等之人，制定后由族长公布，即使是由全族议决，也必须由族长签署，才能生效。

在司法方面，实施家族法，一般也由族长主持，包括处理族内民事纠纷或轻微刑事案件，或送官的严重刑事案件。

湖南新市《李氏宗规》说：“倘族人有家务相争，投明族长，族长议论是非，从公处分，必合于天理，当于人心，轻则晓喻，重则责罚。”族长实施族规，对违规者除晓谕道理令人改恶从善外，还包括实行各种体罚、笞打、绞死、沉塘、令其自杀等。对于族内不法匪徒，族长有权“捆送州县审办”。因此，族长犹如族内法官，对族内人员握有最高的

---

① 参见朱勇：《清代宗族法研究》，湖南教育出版社1987年版，第56页。

② 参见徐扬杰：《宋明家族制度史论》，中华书局1995年版，第16－17页。

惩罚之权。值得注意的是，有的地区在族长以下还设有“族副”和“察一族之是非”的“通纠”“宗纠”等，都是在族长总领下辅助族长或专司本族诉讼的司法官。

（二）房

族以下设房，房有房长。房长由房内“才德兼优”或“老成练达”者充任，掌管一房之事务，处理房内纠纷，审理房内案件，俨然相当于房内之法官。需要说明的是，房长位处族长与家长之间，其司法官角色既不如上之族长，也不如下之家长作用那样突出，但他毕竟作为家族内一级诉讼机构而存在（主要是参加族一级的审判）。但是，也有少数家族司法中的房一级担负着重要的司法任务，如制定于清朝光绪年间的湖南常德地区的《映雪堂孙氏续修族谱·家法补略》就非常重视房的司法地位和作用。该族规仅有六条，每条都明确规定了房长的家族司法地位与职责，又有五处作了单独规定：“族中子弟倘有游手好闲，不务正业，流入贼匪，其房长务须预为惩责”；族内“大乱风化”之事，一经察觉，“着房长鸣公责罚不贷”；子弟“忤逆父母，凌辱尊长”，其房长如见此等事，不待父母尊长投诉，便自行鸣集族长、各房房长，着真处治。又，广东《岭南冼氏宗谱》也很重视房的司法作用，族内“如有以强凌弱，以众暴寡……许投明绅耆，秉公理处”。“各房遇有以上各条（争嗣、争产等——笔者注），家长不能理处，许投知各房绅耆，依据宗法，集祠处断。”

（三）家

家作为家族中最基层的诉讼机构，地位极其重要。有学者认为家不构成一级“管理机构”①，此说似不妥，如果在家族法存在的古代社会，抽出了家的家族管理地位，何谈其作用？如果忽视其诉讼地位，又何谈家法族规的实施？同时此说也不符合历史实际。家同样是家族法诉讼的主体，是最基层的一级诉讼机构。② 家长虽是严格的血缘关系基础上的继承制，不是公举制产生，但他是一家之长，握有一家管理、教育、惩罚之大权，特别在家内诉讼方面尤为突出。家长对子女的惩罚权，形式多种多样。《宋史·儒林传·陆九韶》记载，在陆九韶家，家长拥有广泛的对子女的惩罚权，如果子弟不遵家训，犯有过错，“家长令诸子弟责而训之；不改，则鞭挞之；终不改，度不容，则言之官府，屏之远方焉”。从中可以见到在宋代的家中，家长对子弟有训斥权、执行体罚权、送官府惩处权。从执行第二项权力看，家长犹似国家诉讼机关的司法官实施笞杖刑一样。从执行第三项权力来看，家长有如国家司法中第一审级，将家法与国法相结合，把家刑与国刑相结合。

送官权是封建时代家长一项重要的司法权。表面来看，被送官府的子弟，在国家诉讼机关（州、县一级）依国法惩处其罪。尽管司法官可以进行调解（主要犯违反礼教罪方面），也可以执行较轻的刑罚（如笞杖刑），还可以处以重刑，体现了国家法的神圣性和

---

① 朱勇认为：“房下有家，但家是宗族社会的最小的血缘单位，不构成一级管理机构。”见《清代宗族法研究》第66页。

② 据安徽歙县环山《余氏家规》规定：“家规议立家长一人，昭穆名分有德者为之；家佐三人，以齿德众所推者为之；监视三人，以刚明公正者为之；每年掌事十人，二十以上五十以下子弟轮流为之。凡行家规事宜，家长主之，家佐辅之，监视裁决之，掌事奉行之，其馀家众毋得各执己见，拗众纷更者，倍罚。”像《余氏家规》审断违规子弟时，主审、副审、裁决、奉行齐全，又各司所职，俨然司法公堂。这为最典型的大家诉讼的例子。

权威性，但实际上是家长掌握施用刑罚的权力，家法起着重要作用。因为家长将犯法的子弟送官后，国家司法官执行刑罚是以家庭“司法官”的意见为准的：父母求免，皆免之；“父母欲杀，皆许之”①。像历史上西汉时期王莽、金日磾都依家法杀死自己的儿子，明末清初的魏禧还为家长操掌这种权力提供过理论依据：“父母即欲以非礼杀子，子不当怨，盖我本无身，因父母而后有，杀之，不过与未生一样。”② 依上所述，不难认识到古代中国家长的“司法官”身份和在家内诉讼的极大权威性。

二、司法运行机制

（一）司法程序

家族法是家人和族众必须遵守的行为规范，家人族众如有违犯，即构成违法犯罪行为，必受到家族法处罚。由于家族立法有如国家立法，同时，家法族规又不完全同于国家制定法，所以家法族规与国法既一体又有所不同。因此，在执行家族法的程序上也不可能完全套用国家法的规定，而往往是在国家程序法的影响下拟制出家族法的一套司法程序。

首先，家人违反家法，必先受到家法的处罚，由家长实施刑罚。据《嘉靖重修扬州府志》卷221记载：“泰州人，四世同居，每日家长坐堂上，卑幼各以序立，拱手听命，分任以事毕，则复命。其有怠惰者，辄鞭辱之。”这是家长对家人直接用家刑的例子。此类现象在历史上普遍存在，但要注意的是，因家为最小的家族组织，父母子女少则数人，多则三代四世几十人或上百人。因此，在家内施法，一般不需要以“告”的形式进行纠察和惩处违法行为，通常只在家长的直接管束中发现犯罪，随时惩处犯罪行为。但是，也有个别特殊之例，不是如上的那种简单式，还是类于族司法模式。主要存在数代同居、家口众多的有影响的大家。如江洲德安县太平乡的陈氏家族，在北宋时期“同居十余代”，人丁繁盛，为了管理好这样一个大家，在家长之下，“立主事一人，副二人，掌家内外诸事。内则敦睦九族、协和上下、束辖弟侄，必令各司其事，无相夺伦”。又“立库司二人，作一家之纲纪，为众人之仪表，握赏罚二柄，主公私两途，惩劝上下”。在家庭内处理家庭纠纷，有的由主事申报家长处理，即家内“稍有不遵禀者，具名上申，请家长处分科断”。有的则由主事处理，即家内“稍有乖仪，当行科断”。家内弟侄如犯家规有过，则刑责加身，并在专设的施刑地点“刑杖厅”进行。即如该家法所规定：“立刑杖厅一所，凡弟侄有过，必加刑责。等差列后：诸误失及酗酒而不干人者……然倘不行罚，无以惩劝。此等决杖五下，放。若恃酒干人及无礼妄触犯人者，各决杖十下，放。不遵家法，不从上命，妄作是非，逐诸赌博，斗争伤损，各决杖十五下，剥落合给衣装，归役一年。改则复之。妄使庄司钱谷，入于市廛，淫于酒色，行止耽滥，勾当败斗，各杖二十下，剥落合给衣装，归役三年。改则复之。右议于前，备录施用，奉判准事理，须至榜壁，各令知悉。”③ 虽然家长拥有惩戒权，但是，对于家人间发生民事纠纷或轻微刑事案件，大多数情况下，还是由家长禀申房族依规处置的多。

其次，告房处置。在家族司法中，房虽不如家、族两级司法地位重要，但毕竟作为一

---

① 《宋书·何承天传》。

② ［清］魏禧：《日录》。

③ 《西山陈氏家谱·义门家法》。

级家族司法机构，不可避免地也是理所当然地要承担家族司法任务。湖南《上湘龚氏支谱·族规类》规定：族内各房设房长，“房长襄理庶政，有调查、报告之责，如有违犯以上各条者，不得徇情隐讳”。“以上各条”是指该族规中所列的“越礼犯分”“酗酒讙呼”“放飘、结会、抢劫、窝窃、拐匿”“赌博”“磨媳、溺女”等行为。家族内如“有申诉事件，先报明房长，听候切实调查。不谐……由祠首传唤宗堂，秉公裁判”。《馀姚江南徐氏宗谱·族谱宗范》记载：“族中支派繁衍，似不可以一二人主之。每房各立房长，以听一房斗殴、争讼之事。其或与外房相论者，应管房长共理之。如两不服，方禀族长、宗子、家相，会族共议曲直而罚之。”（所谓“宗子”是指族中上承宗祀，下表宗族，治一家之事，是非曲直，得与家长一体治事的人。“家相”是设置于族内，与族长、宗子相抗，议辨曲直，似国家之谏官的人）该宗范还特别规定了增强房一级的司法权威的条文：对于兄弟间因“争铢两之利，或听妇人言，致伤孔怀之情”而引起纠纷处理不平，“许禀明房长剖断，自有公议”。如不服房一级裁决，虽然还可以申族裁断，但首先“不问是非，各笞数十，然后辨其曲直，而罚其曲者”。

再次，告族处置。在家族司法中，族是“真正意义”上的一级诉讼机构，族长是相对完全意义的一级法官，真正负责审理家族之中的犯法违规行为。而且，在审理犯罪时，往往模拟国家诉讼机关的形式，以“告”的方式提起诉讼、审理案件，并且还有固定的诉讼审判场所——祠堂。从众多的家法族规中可以看出，“告”的形式，大致为两种：一种是家人族众不服房一级的裁决，或者族人犯罪后不经裁决直接“告”于族。清朝浦江郑氏《义门规范》明文规定：“子孙倘有私置田产”等行为，首先必须言于家长，再由“家长率众告于祠堂，击鼓声罪”。乾隆年间彝陵陈氏《训诫》也强调：“合族中设有以卑凌尊，以下犯上，甚至辱骂斗殴，恃暴横行者，须当投明族长及各房宗正，在祠堂责罚示戒。”福建闽县《林氏族规》也有类似规定：“我族……有忤逆斁伦，凶横无忌之徒，该父兄投鸣户首族长，捆送入祠笞责。”《馀姚江南徐氏宗谱·族谱》规定，族人不服诸如斗殴、争讼、争利等行为的裁决，由房长“禀族长”。湖南《宁乡熊氏续修族谱·祠规》规定，对于“贪吃洋烟、吃斋茹素”的族人，由“该房长传亲属父兄捆送入祠”。这里所说的“禀”“率众告于祠堂”“投明族长”“投鸣户首族长”“捆送入祠”等都属一种“告”的形式。第二种是以书面的形式告于族。在一些家族司法中规定要提交诉状，即所谓的“书请族长”“书立字据，历数罪状，跪求族长”。湖南宁乡熊氏家族司法就是采行这种形式，虽然在其族谱中尚不清楚诉状的格式，但在安徽徽州地区的一些家族司法文书中保存了与国家司法诉状完全一样的“胡廷柯状纸”① 一份。兹录如次：

> 投状人胡廷柯，年八十，投为蔑法灭伦事。身男外趁二载，有媳李氏，遭侄胡元佑謪惑妇心，诞胎孕产，觅鸣族众等证。切思无法无伦，情同夷狄。投乞转呈，叩准究治，以正风化。
>
> 上投
>
> 族众施行　八月
>
> 被犯胡元佑　李氏

① 周绍泉、王钰欣主编：《徽州千年契约文书》（第4卷）《胡廷柯状纸》，花山文艺出版社1991年版。转引自杨一凡总主编：《中国法制史考证》丙编（第4卷），中国社会科学出版社，第58页。

干证 胡廷侯 胡期明 胡期大 胡期贵
胡期荣 胡尚元 胡尚德
崇祯拾陆年　八月　日投状　胡廷柯

甚至，有些家族法还严格禁止不经房一级直接向族起诉："凡遇有不守家规者，该先鸣本房房长理处。不合者，始鸣族长。如不由房长越鸣族长，族长仍仰房长理斥。"①

最后，送官府惩处。家族司法诉讼，家长、族长对民事纠纷和轻微刑事案件有独立的审断权，或调解之，或训斥之，甚至或处以决杖、罚苦役一年。② 但对于重大刑事案件或疑难案件，如反叛、人命等重案，牵连他族的复杂案件，则必须送官府审判。"送官惩治"权是家族司法中的一种普遍规定的权力，包括家长（父母）、房长、族长各自或共同"送官处治""送官究治""送官惩治"等权力。如《寿州龙氏宗谱·家规》规定：对三犯"恃强生事""与外姓斗殴"的族人"凭户长送官处治"。对"不务本业，以赌博作生涯"的族人，由"户长、族长同伊父兄，送官处治"。对"爱人财物，阴行偷窃"的族人，"凭户长、房长送官惩治"。如《光绪常熟席氏世谱》规定：对于家族之人中有不安本分，流入败类者，以"家法处治"；如果属"怙恶"者，则"送官究治"。《乾隆豫章黄城魏氏世谱》也规定：凡属偷鸡摸狗、窃菜盗果的族人，"拘赴祠重责三十板"；对穿壁大盗则"送官治罪"。还有族规规定对"奸淫盗窃""污乱伦常"的子弟，由"族长公送到官，尽法处死"③。这样，家族法诉讼就与国家司法紧紧地衔接成一体，便于家族法诉讼发挥更有效的作用。

（二）惩处手段

1. 斥责

家族法诉讼中经常使用的，也是最轻的一种处罚手段。又可分为两种方法：一是由家长对犯轻微过失行为的子弟予以训斥。如清朝张廷玉在《澄怀园语》中记载其家祖训："先公曾刻一印章曰：'马吊淫巧，万恶之门，纸牌入手，非吾子孙。'"这是张氏家长对有赌博行为的子孙的斥责，而且是一种极严厉的斥责。二是由族长或房长等人在祠堂上对有犯家法族规者当众斥责，令其悔过迁善，还包括有的家族对过失较重或有犯尊长者，采取一种更严厉的斥责方式——"鸣族共攻"。安徽《新安程氏阖族条规》规定：族内有"不孝不悌者，众执于祠，切责之"。《合江李氏族谱·族规》规定："凡属子孙，务必谦虚乐易，与人无争，不得恃血气以凌人，逞奸诈以滋事，徒害邻里，终累其身。若有不肖子弟，恃强恃诈，或倚仗族人之势，欺侮乡党者，长辈亟宜戒责。"

2. 辱名

主要使用于犯有轻微过失者，或对于读书不用功、有违学规者，用耻辱其名声的方法进行惩戒。如不少家族以缓行成人礼，使他们自惭形秽，恶名于族；还有家族则对不孝不恭者的家庭挂上"不孝之家"的黄牌警告匾额，使其人其家不耻于家族；或将犯者的姓

---

① 《宁乡熊氏续修族谱·祠规》。

② 《民国义门陈氏大同宗谱》（卷4）《义门家法》。其法规定：庄首庄副妄使钱谷，决杖二十，并罚苦役一年。子侄酗酒，笞五十；赌博、斗殴、淫于酒色，杖十五至二十，罚苦役一年。南海《霍渭厓家训》规定：子侄有过，在朔望日告于祠堂，抗慢、毁骂尊长打二十，私接宾客，私赴宴席打二十，等等。

③ 《民国濡须霍氏宗谱·家规》。

名和过错题写在祠堂内壁上，使举族皆晓，恶名于全族。《浦江郑氏义门规范》规定：子孙违礼犯规，“家长率众告于祠堂，击鼓声罪而榜于壁”。

3. 罚拜、罚跪

令犯者向家族尊长下拜请罪，即家长、族长以“会众罚拜”丑其名，辱其身。这种惩处方法表面看来很轻，其实很恐怖。如元代《郑氏家范》中规定对犯者“会众罚拜”时，凡是尊长年长犯者一岁就拜30次，如果有五位尊长在场，平均每人又都年长犯者20岁，那犯者就得罚拜3000次。如果在场尊长更多、年龄更大，那罚拜次数就更多，这简直不亚于一种残酷的折磨。湖南《宁乡熊氏续修族谱·祠规》规定：“家法拟责、跪、枷三条……跪分三等，自一炷香、二炷香、三炷香止。”“无故冒犯本支尊长者，责四十；辱詈外支尊长者，跪香三炷。恃尊欺压外支卑弱者，跪香一炷。”

4. 锁禁

将犯者禁闭于祠堂内专设的黑屋里，有如坐班房，限制其自由，让其闭门思过。锁禁时间，各地家族法规定不尽相同。有短至两个时辰（4个小时）到六个时辰（12个小时）的，也有长达1天者。

5. 罚停

这是一种从经济上予以制裁的手段，主要使有犯之人不能享受家族为族人提供的赈贫之钱、粮等物，或取消家族为族人提供的求学资助和机会。在中国传统社会后期，南方地区不少的家族拥有族产，设立义庄，对贫困族人补助钱粮，给赴考学子提供旅费；族人如果违犯家法族规，就在一定时期内或者长期不能享受这种待遇。有的家族还设有各类学校，犯者便没有免费入学读书的机会。《湖南善化黄氏义庄条规》规定对族人家境贫寒者“计口授食”，按月助米；对鳏寡孤独、节孝寡妇者，按月助米；对娶媳娶妻、生育儿女，照章给钱；对科举成名，升官就职，照章给奖（赏银）……凡此种种，以济贫弱，庆贺喜事，褒奖先进，目的在于和众睦族。但是，如果族人犯不敬祖宗、不孝父母、触犯伯叔、斗殴构讼、不完纳正供、奸淫、邪教、赌博等十二种行为，“罚停”3个月。又规定：“如有抱养他人子女，捏称自养，冒领钱文者，查出，将其本身月米停给半年，以示惩警。”同时还规定“犯窃盗”“败坏义庄章程”“溺毙婴孩”“甘作皂隶娼优”者，“永远停给”。

6. 革胙

族内定期举行隆重的祭祀活动，祭祀后或将大量的祭品分派给族众，或将祭品供族人会餐，犯者既不能分享祭品，也不能入席会餐。革胙时间以一年为起点，短则革胙一年、数年，长则十年以上，甚至还有永远革胙的处罚。

7. 罚钱

这是另一种经济处罚手段，对有犯家族公产，贪污义庄经费，损坏、盗卖宗谱者，罚犯者交纳银钱、粮物等，充为公有；或者罚请酒席，或者罚请唱戏，如无力出银钱，则以劳役代之，或出力修缮宗祠，或罚守祖坟墓地。

8. 记过

在家族法诉讼中以不同形式进行这种惩罚：一种方式是在家族中设“功过簿”，将过犯者的名字和劣迹记入功过簿；另一种方式是在宗祠内悬挂粉牌，把过犯者的姓名、过失书写其上；还有一种是在宗谱中削去过犯者的表字、行第，或者在姓名上缺笔少划、墨涂空写等，目的在于使其恶迹昭显于全族。如屡犯记过者，则给予更重的处罚。

9. 出族

犯者在宗谱上除名，族内削籍，赶走出族，不准居住在本族地方。这种惩罚方法多见于偏远地区。在自然经济和重宗法制的社会里，族人被逐赶出族，几近于国家实施的流刑。

10. 除位

犯者生前不准入祠祭祀和参加家族公共活动，死后不准入祖宗之神主牌位。

11. 送官究办

家族内重犯者，按照国家制定法规定或经族内共议后必须送官追究者，由家族组织执行。国家司法机关一般都依家族长的要求惩处犯者，包括处以死刑。

12. 处死

对犯者处以死刑不是普遍推行于家族司法中，只适用于少数家族，即家族对族人处死刑，包括对忤逆淫乱者活埋、沉塘、沉潭；对不贞妇女逼其自缢等。尽管如此，家族司法处以死刑，的确说明了家族司法的严酷，正如胡朴安《中华全国风俗志》所言："族中的规则极其严格，颇具自治的雏形。凡族人争吵沟洫等事，均取决于族中贤者长者。必是重大案件，族人调解不开，始诉官，官之判断，仍须参合族绅之意见。族中有不法而败坏一族之名誉者，族人得召集会议，于祠中处分之。或罚以金钱、酒席，或责之以杖，重且至于绞死。"

三、与国家司法之关系

从总的方面看，古代中国家国一体的政治和组织制度，决定了家国一体的司法制度，即家族法诉讼是国家司法的一部分和重要的内容，因而形成一套家族司法—国家地方司法—国家中央司法的完整体系。

其一，家族司法是中国传统国家和社会最基层的司法审级。古代中国按照法律规定形成三级（秦汉时期的县、郡和中央）或四级（宋代的县、州、路、中央）或五级（清代的县、府、省、督抚、中央）的司法等级制度。县或相当县一级的州等地方审级是第一审机构，受理和审判民、刑案件，拥有独立的民事审判权与不完全的刑事审判权。县（州）一级审判职能确定，自始至终，千年一制，未有改变。

在县以下虽有行政权力的延伸，设置乡、里、保、甲、村、亭，如秦汉时期在县以下设乡、里、什伍组织，还有县的派出机构亭；唐代以百户为里，五里为乡。两京及州县之郭内，分为坊，郊外为村。宋代十家为一保，选主户有干力者一人为保长；五十家为一大保，选一人为大保长；十大保为一都保，选为众所服者为都保正。明代以一百十户为一里，推丁粮多者十户为长，馀百户为十甲，甲凡十户，岁役里长一人、甲首一人，董一里一甲之事。清代初期，里甲与保甲制度并存；康熙以后，里甲制度逐渐废弛，保甲制度渐渐代替里甲制度。他们的职责主要是代表一种正式制度在地方基层社会维持治安、维护秩序、催粮交赋、教化民众。但是，代表正式制度的司法权力却空缺乏力。如果说在魏晋南北朝以前，县以下乡、里等机构还行使一定的司法权力的话①，那么，唐以后，国家正式

① 秦汉时期的乡设有"啬夫""游徼"等乡官，"啬夫"负责司法和税收，"游徼"维护社会治安、捉拿盗贼。"亭长"主求捕盗、承望都尉。魏晋南北朝时期，乡、里长也有征赋役、理诉讼之责。甚至至隋朝，五百家置乡正，百家设里长，以治其狱讼，事见王夫之《读通鉴论・隋文帝》。

制度的司法权力在退缩，并且最终于宋初“收回了乡里受理诉讼的权力，也没有把乡里列入行政机构范围”①。

古代中国是一个农耕大国，国家统辖的对象老百姓都散居在广大的农村，说得更直观些，作为国家正式制度设置的州、县直接管辖、治理的对象是广大的县以下的乡民，而州县衙门又设在治城，州县长官又缺少与乡民们的直接联系。州、县长官以行政管理、司法审判的手段管理社会，但在直接统治的广大农村则缺失乡村司法机构的设置，要有效地管理好一县一州，实乃难事。加之，作为国家正式制度的司法权只设置于州、县一级，无论民事诉讼还是刑事诉讼均由州县受理、审判、执行，一般来说，州、县长官既难理也难判，实难保证社会秩序的维持、社会和谐的实现。又由于古代交通不便，信息不通，州县一级正式权力的顺畅行使更难达至基层，特别是在边陲地带、偏僻地方，可谓天高皇帝远，国家正式权力鞭长莫及。

更为重要的是，身为州县官，事务繁杂，教化百姓，劝课农桑，兴修水利，防火弭盗，禁赌辟邪，无不责于一身。在司法方面，由于州县为最基层司法审级，受理、审判一县之民事和刑事案件，任务甚重。又由于州县一级司法，始终未建构一套完善、齐全的司法机构，无论刑事案件，还是民事案件，都需州、县长官躬亲断理，真是一人难理一县。虽然州县雇聘幕友、书吏、长随协助办案，但名微权轻，加之各种腐败、勒索行为不断，浪费有效的司法资源，使正式的司法制度供给不足。因此，“乡村和许多城镇都处在官府的直接监督之外”②，国家司法权几乎处于一种空缺乏力的状态。

在此条件下，家族司法作为一种最理想的补充形态，特别在家族组织与乡里组织合一的地方，具有特殊作用和占有特殊地位。这样，家族司法就演变成国家司法以外的实际上的第一级司法审级，恰好填补了县以下广大区域内司法机构虚置的空缺，由此构成实际上的家族——县——府——省——督抚——中央（清代）的司法诉讼体系。正如清代御史周作楫（道光时期人）所云：“每姓有族长绅士，凡遇族姓大小事件，均听族长绅士判断。”接着又说：“如有不法匪徒，许该姓族长绅士捆送州县审办。”③ 这样，家族与县州一级的司法关系犹如县州与府省一级的关系。家族听断族内“大小事件”，重大案件送交州县审判，犹如县衙审理一切民事案件，初审且向府呈送重大刑事案件。

甚至，家族在某种意义上还拥有比州县诉讼更大的权力，最能说明问题者就是国家谨慎地给予了家族司法死刑处置权。清朝雍正皇帝曾谕令：家长族正对于族内“从来凶悍之人，偷窃奸宄，怙恶不悛，以致伯叔兄弟，重受其累。本人所犯之罪，在国法虽未至于死，而其尊长族长，翦除凶恶，训诫子弟，治以家法，至于身死，亦是惩恶防患之道，使不法子弟所儆惧悛改，情非得已，不当按律拟以抵偿。嗣后凡遇凶恶不法之人……或以家法处治，至于身死，免其抵罪”。皇帝谕令后，刑部为了便于操作，特作三点明文规定：一是“倘族人不法，事起一时，合族公愤，不及鸣官，处以家法，以致身死，随即报官者，该地方官审明死者所犯劣迹，确有证据，取具里保甲长公结”。二是“或实有应死之罪，将为首者照罪人应死擅杀律，杖一百；若罪不至死，但素行为通族之所共恶，将为首

① 韦庆远、柏桦：《中国政治制度史》（第2版），中国人民大学出版社2005年版，第294页。

② 瞿同祖：《清代地方政府》，法律出版社2003年版，第253页。

③ 《清实录》道光十二月戊戌。

者照应得罪减一等，免其拟抵”。三是“倘宗族之人捏称怙恶，托名公愤，将族人殴毙者，该地方官审明致死实情，仍照本律科断”。①

由此可知，家族司法与国家司法有着统一的关系。有如前述，在高度一统的司法体制下，司法权只下达到州县一级，州县以下的广大公共领域缺乏正式制度的司法权力、司法机构，作为非正式制度的民间权力、民间机构、民间规范，包括宗教的、家族的权力、机构和规范，自然会适时成为州县以下广大公共领域解决矛盾、调处纠纷、惩治犯罪的非正式的制度规则。其中家法族规、家族司法便成为重要的也是主要的形态。这是古代中国区别于世界各国司法的独特之处，也是古代中国二元司法结构中的一道亮丽的风景。古代中国家族司法何以长期存在？又何以与国家司法的正式制度并行不悖且关联一体？由此还可认识到古代中国家族法诉讼为什么那样受到国家的重视：国家为其确立立法的指导思想，官府又批准其颁行的家族法内容，更承认其司法用刑的合法性。此等问题的真正原因即在这里。

其二，家族司法成为国家司法的延伸和重要补充。家族法虽然只限于本家族，而且无固定的立法模式和诉讼模式，但在古代中国宗法制国家里，家族法与国家制定法有天然的血缘关系：国家立法“一准乎礼”，家族立规也“以礼治尔”（江南宁国府太平县馆田《李氏家法》序言中语）。国家诉讼之目的是“安上治民”，家族法诉讼亦强调“佐国家，养民教民之原本也”。国家法诉讼的原则是“德主刑辅”“明刑弼教”；家族法诉讼也重视“犯者惩之，且能改者恕焉，亦明刑弼教之意也”②。由此便形成古代中国一个历代难变的共识：“欲明明德于天下者，先治其国；欲治其国者，先齐其家。”“资于治家以治国。”这样，家族法诉讼和国家法诉讼便浑然一体。为了说明该问题，我们再从刑罚适用上看看两者的紧密联系。

唐以前的家族法由于目前发现的还不多，所以其司法用罚方面尚不太清楚。但唐宋以降特别是明清两代的家法族规大量地被发现，从中可见罪名和刑罚趋于体系化，并且和国家法律规定的罪名与刑罚有着内在的联系。众所周知，自隋至清国家刑罚实行笞、杖、徒、流、死五刑二十等常刑制度；在家族法中也有清代南海《廖氏家规》中确立的“处罚制度分作四种十三等”。③ 从具体内容看，比较清代湖北麻城《鲍氏户规》与封建五刑的异同，可能更能说明问题。《鲍氏户规》共 48 条，除国家规定的徒刑和死刑外，其余三类笞刑、杖刑和流刑都有类似规定，并且也按封建五刑制度规定每种分为若干等差，如笞刑分为 20、30、40 和 70 四等；杖刑分为杖 20、30、40、80、90、100 和 200 七等；流刑不分等，一概定为“逐出族外”。④ 除此以外，封建国家在常刑以外还规定有众多的刑罚。如明清时期的“五军”刑、宋代的刺面刑、明代的廷杖刑……《鲍氏户规》中也有“公罚”“免祀”和“送官”等处罚方法。特别要注意的问题是家族法中的“送官治罪”规定相当普遍，送官治罪的处罚方法，实际上就将家族法之处罚措施与国家之五刑手段紧紧地衔接起来。如果我们称家族法规为“准国家法”，国家法规为“最高家族法”的话，

---

① 《钦定大清会典事例》（卷 811）《刑律·斗殴》。

② 江南宁国府太平县馆田《李氏家法》。转引自朱勇：《清代宗族法研究》附件 1，湖南教育出版社 1987 年版。

③ 参见朱勇：《清代宗族法研究》，湖南教育出版社 1987 年版，第 147 页。

④ 湖北麻城《鲍氏户规》。转引自朱勇：《清代宗族法研究》附件 2。严格地说，“逐出族外”类似“流刑”的处罚。

那么家法族规国法便组成了一个庞大的法律体系，家刑族刑国刑一体，构成一个既相重叠又相补充的庞大的刑罚体系。

第三节 地位作用

一、积极作用

其一，完赋役。封建国家的经济来源在农民，由于封建剥削的苛重，农民往往抗交粮，拒赋役，甚至发展到武装抗粮。尽管封建国家屡令急催，地方官府也往往无能为力。在此情况下，家族法的作用就非同一般，家族司法颇能见效。如《民国义门陈氏大同宗谱·义门家法》规定："公赋乃朝廷军国之急，义当乐输者，凡我子侄差粮，限及时上纳。"甚至还规定即使有困难，也要先纳国赋："凡家有产，必有赋税。须是先截留输纳之资，再将赢馀分给日用。岁入或薄，只得省用，不可侵支输纳之资。"[①] 如果族人不交、拒交钱粮，家族司法处置。如南海霍氏家训规定："玩慢粮赋，家长告于祠堂，初犯责司会计者，再犯责司货，再犯司货者送官惩治。"[②] 山阴吴氏家法规定："完纳钱粮，成家首务，必须预为经划，依期完纳。如有恃顽拖欠者，许该里举鸣祠中，即行分别责罚，以示惩戒，决不轻纵，致累呈扰。"《寿州龙氏宗谱·家规》"戒抗粮"条规定："凡我族人，有玩视国法、不急公完纳国税者，虽有官差，而户长亦宜勤加劝诫。倘惯行违抗，致差役追呼不已者，以家法责二十，并代追完。"在这里，家族司法的作用是国法难以比拟的，它以温情的伦理说教和恐怖的处罚措施相结合，较好地解决了家族内的抗粮拒役行为，形成了每岁国课"及时早完，毋俟催科追迫"的局面。由此可见家族司法常常轻而易举地调整了农民与国家的紧张关系，对稳定社会秩序起了积极作用。

其二，化解矛盾。家族犹如一个小社会，由个人至家至房至族形成一个小金字塔似的结构形式。在这个小金字塔结构内，形成了复杂的家内人际关系，房族内人际关系，族际间人际关系，各种矛盾并存于家族内。如何化解家族矛盾，是稳定基层社会的关键所在。家族法与家族司法从宣扬和维护封建伦理纲常出发，无不在家族内提倡、褒奖"敬祖宗""孝父母""睦兄弟"，禁止和处罚"乱伦常""犯尊长""相忿争"等行为。如彭泽王氏家规规定："闻族中某人有某善行，即对众称扬，兼书之纪善簿，以共相效法。又闻某人有某过，亦委曲开谕，令彼省悟改图。"[③] 这主要体现为一种正面教育的方法。另一种主要方法是对犯者实施处罚措施。对家人来说，如有家务事相争，便"会集本家亲众，议论是非，分别曲直，以公处分"[④]；如果家人无视家长权威，犯不肖行为，遽兴讼端，则"以不遵家法治之"。这样显然便于化解家内矛盾。

家内纠纷和矛盾解决得好，为族人间矛盾的解决奠定了基础。同时，加上严格的族规

---

① 《袁氏世范》，载《知不足斋丛书》第107册。

② 《霍渭厓家训》，载《涵芬楼秘笈》第12册。

③ ［明］王演畴：《讲宗约会规》，载《训俗遗规》（卷2）。

④ 《光绪旌德任氏宗谱·家范》。

调整，效果更好。如南昌黄城魏氏宗谱明确规定：家族内“凡涉及户婚田土、买卖继承、犯奸盗窃、伤害斗殴等方面的轻微案件，均得先家族处断，不得径往府县诳告滋蔓。如不经报族而妄告官府，先罚银一两入祠，方依理公断。”还有的地方当族人有过犯时，族长在祠堂“或责以杖，重且至于绞死”。①

家族法与家族司法还能够调整族际关系，解决族际矛盾。在古代广大的农村，基层社会最大的矛盾是族际矛盾，自“五服”制度形成后，亲不亲五服分，所以以“五服”为基本标准划线的房际间纠纷，以及与外姓的族际矛盾常灭常生，调整关系、化解矛盾的难度很大。但是，如果重视家法族规的调整，情况则异焉，因家族法调整的基本原则是重从内控制，不鼓励对外强服。如广西西林岑氏家族法规定：“若与他姓有争，除事情重大始禀官公断。倘止户婚田土闲气小忿，无论屈在本族，屈在他姓，亦以延请族党委曲调停于和息。”又见《训俗遗规》卷2《讲宗约会规》：“倘本族于外族有争，除事情重大，付之公断。若止户婚田土，闲气小忿，则宗长便询问所讼之家，与本族某人为亲，某人为友，就令其代为讲息。屈在本族，押之赔礼；屈在外姓，亦须委曲调停，禀官认罪求和。”这种委曲求和的化解矛盾之法，对防止族际矛盾的激化，特别在防止族际之间动辄械斗②、复仇，甚至在解决长年累月世代为敌方面，的确起了重要作用。

由于家族法与家族司法在广阔的基层社会有力地解决了家内矛盾、族内纠纷和族际争端，故为社会秩序的稳定提供了可靠的保证和基础。

其三，厚实封建统治的基础。封建统治成一个大金字塔的形态，以民为基础，以官为中腰，皇帝盘居顶尖，而巩固统治的基础则在民。在农业国家里，广大人民生活在农村，因此，农村基础巩固与否是决定国家统治稳定与否的关键。有如前述，广大农民被编织在农村家族的小金字塔结构中，也就是说，家族是决定国家统治的基石，家族的作用非同一般。统治阶级和思想家们都深谙一个至理：家族的正常运行只有靠家法族规才能得以实现，因而，通过家族法与家族司法调整家人族众种种关系就显得十分重要。如前所说的，以家族法调整赋役关系，农民抗粮、抗役的行为就在家族司法中解决了；以家族法与家族司法帮助巩固封建基层政权，调整农民与基层政权的对立关系，其作用尤为明显。因为在很多情况下，许多里正、甲首、村头实际上就是族长，国家政权基层组织即宗族组织，在基层政权组织缺乏法律手段来调整社会关系时，家法族规充当了地方性法律，并较理想地解决了农民的户婚、田土、财产等民事纠纷，以及赌博、斗殴、盗窃等轻微刑事案件。因此，这种以“保甲为经，宗法为纬”的治理方式一直被封建统治者奉为最理想的基层政权统治模式。

二、负面作用

古代中国人法律意识淡薄，特别是农民的法律意识更为淡薄，这是一个基本不争的事

① 《合肥风俗志》，载《中华全国风俗志》（下篇卷5）。

② 古代农村族际之间的械斗是触目惊心的，兹引几段资料说明之。据《潮州府志》载：“大族凌小族，强宗欺弱姓，结党树援，好勇斗狠，百十为群，持械相斗，期杀伤而后快。”又《民国紫江朱氏家谱》（卷4）说清朝道光年间械斗情况：“近时闽广多有因族大人众，祠堂多有蓄积，往往倚以为势，每与外族或因口角嫌疑，或在嫁娶不和，或因构讼不息，动辄鸣锣聚族，烧杀抢掳，至诉公庭。如或两姓势均力敌，遂聚众械斗，酿成人命案件，倾家破产，买人抵偿。仇家不服，上控翻案，仍将凶拟抵，至杀身亡家而不知悔。”

实。究其原因，一个重要的因素就是长期的家族法与家族司法造成的后果。

古代中国自古有畏讼、息讼的传统，从《易经》宣传“讼，惕，中吉，终凶”开始，经孔子“无讼”观的提出，到封建正统法律思想形成，人们意识中便形成了一个基本概念：“无争讼，便是天堂世界。”[①] 但是，道理不是这么简单，人们总是生活、生存在错综复杂的社会关系中，任何个人都不可能超然物外，与世无争，与人无争。特别在宋明以后，随着商品经济的长足发展，社会关系更趋复杂，人们诉讼意识也在强化。据《清代吏治丛谈》记载：不仅经济发达的江浙地方“民好讼”“讼益繁”[②]，连经济欠发达的山东也“民好讼”，如山东章邱县“民好讼，月收讼牒至二千余纸”[③]，甚至连穷乡僻壤的湖南宁远地区也“积逋而健讼”[④]。社会的好讼之风总是与儒家提倡的息讼主张相乖违。在统治阶级和思想家们那里，要实现理想的“天堂世界”，只能靠对无讼的大力宣扬和对诉讼的大力抑制和化解，要做到这一点，又无非使用三种手段：“第一是道德感化以绝讼源；第二是多方调解，以消讼意；第三是惩罚讼徒，以儆效尤。”[⑤] 而其中最有效的办法是“不能使民无讼，莫若劝民息讼”[⑥]。

在这方面，家族法与家族司法是成功的典范。虽然家族司法仿效国家法诉讼使用了不少刑罚手段，但是大量运用的还是调处和劝民息讼的办法。事实也是这样，各地家长族长都是首先强调家族内纠纷家族内解决，不准径自呈讼于官府。《民国濡须崔氏宗谱·祠规》规定：“族中小有不平之事，必须俟次日鸣诉族正、族长，孰曲孰直，自有理处。”《民国义门陈氏大同宗谱·家范》也说：“凡同宗有衅，无论事之大小，皆当先请族正、长来祠问明理处。万难解释，然后可白于官。倘未经评，率先控告，公同议罚。”族人“如有径赴呈词者，即为目无尊长，先为议处，而后评其是非”[⑦]。《寿州龙氏宗谱·家规》“戒争讼”专条规定：“是非有定论，何必到公廷。不管输，不管赢，银钱虚费先扰闷。忍了暂时气，免得破家门。若凭健讼以为能，结仇种怨多遗恨。凡我族人有好为兴讼、出入公廷者，乃健讼之徒。若与本族构讼，凭户长分别责惩。其与外人争讼，除万不得已外，依恃刀笔代人作词者，户长指名，送官究治。”这样，广大农民生活、生产、活动在狭小的宗族里；思想、意识局限在狭小的宗法组织内；事端、争讼解决在狭小的家族法诉讼里。总之，家族组织、家族法诉讼似如一张恢恢大网，罩盖着全体族众，束缚着人们的思想，其结果使人们头脑迟钝、神经麻木。正如马克思所说：“使人的头脑局限在极小的范围内，成为迷信的驯服工具，成为传统规则的奴隶，表现不出任何伟大和任何历史首创精神。”[⑧] 加之，在儒家思想的感化下，人们自觉或不自觉地“贱讼”，并崇尚“息讼”和“止讼”，形成“无讼”观，追求实现“片纸不入官府”、委曲求全、无争无讼的“天堂世界”。

---

① 《得一录·宗祠条规》。
② 《清代吏治丛谈》（卷2）。
③ 《清代吏治丛谈》（卷2）。
④ 《清代吏治丛谈》（卷2）。
⑤ 范忠信等：《情理法与中国人》，中国人民大学出版社1992年版，第185页。
⑥ 《福惠全书》（卷11）。
⑦ 《光绪永定邵氏世谱·祠规》。
⑧ 《马克思恩格斯选集》（第2卷），人民出版社1972年版，第67页。

小 结

中国是一个十分重视家族传统的国家，在家国一体、家国同态的政治组织结构和文化认同中，国家的治理、社会的稳定和秩序的和谐，既依靠国家法，也重视家族法的制定和实施。传统中国数千年，历史不断，文化相承，出现与世界其他几个文明古国不同的历史景观，其中一个不可忽视的原因，就是国家法与家族法、国家司法与家族司法的相互为补的社会法律的治理作用。有识于此，本章从家族法的制定、家族法的实施、家族法与国家法关系、家族司法与国家司法关系、家族法与家族司法的价值等方面逐一进行了客观的描述和初步的分析。

思考题

1. 家族法为何在中国历史上长期存在，且成为一种颇受重视的法律形式？
2. 怎样理解家族司法与国家司法的关系？
3. 家族法与家族司法有何历史作用？
4. 家族法是否具有中国法制建设的现代转换价值？

第十一章　重要法制改革

第一节　秦国商鞅变法

一、时代背景

公元前475年至公元前221年，是中国历史上的战国时期。这一时期，社会生产力得到极大发展，与旧有的生产关系逐渐不相适应。变革旧的生产关系和上层建筑，为社会生产力的进步和封建制度的建立开辟道路，已成为不可遏逆的历史大潮。同时，周王室已经衰落，周天子对于诸侯国的控制能力消失殆尽。诸侯相争以力胜，战争是称霸的主要手段，而赢得战争的关键是政治经济实力。因此，变法图强成为各诸侯国的首要任务。在这一背景下，各诸侯国相继掀起变法运动。从公元前五世纪中叶魏文侯任用李悝变法开始，到公元前四世纪中叶秦孝公任用商鞅变法止，各国变法持续了一个世纪左右。其中魏国李悝变法最早，为各国变法作出了榜样。而秦国商鞅变法是各国变法的大成，取得的成效最大，为秦国奠定了最后统一中国的基础。

与周初分封王室成员而形成的诸侯国不同，秦国与周王室并无血缘关系。秦国处于周王朝的西部边陲，这里曾经是一片莽莽荒原，人烟稀少，间有戎狄出没。据称秦人原为东夷民族，生活在山东沿海之地，可能在夏朝末年向西迁徙。西周建立后，秦人被驱赶至陇西天水一带，过着游牧生活。西周晚期国力衰微，为了抵御西北戎狄侵略，开始重用秦人，秦国遂得以发展。公元前770年，由于犬戎的入侵，周平王被迫东迁，秦襄公因护送周天子有功，被赐以岐西之地，受封诸侯，遂成为与齐、晋平等的诸侯国。在与西戎的战争中，秦国日益强大。公元前659年，秦穆公上台，多方收揽人才，重用百里奚，经数年战争，消灭了十二戎国，开地千里，独霸西戎。但是到秦献公时，秦国却日渐衰落。秦献公为强国进行了一系列的改革，可惜都没有收到明显成效。到秦孝公时，秦国更加落后，不仅被排斥于诸侯会盟之外，而且各国对秦“戎翟遇之”[①]，这使秦孝公感到“丑莫大焉”[②]。魏、楚两国变法取得一定成功的事实，先祖献公变革图强的意愿，坚定了他的决心。他下令求贤变法，“有能出奇计强秦者，吾且尊官，与之分土”[③]，商鞅遂闻令入秦。

---

① 《史记·秦本纪》。
② 《史记·秦本纪》。
③ 《史记·秦本纪》。

商鞅是卫国的庶出公子，氏公孙，名鞅。后因封於、商而称商鞅。他青年时曾在魏国担任中庶子，是一个管理宗族事务的小官。当时的魏相公叔座发现商鞅有奇才，公叔座病危时，就把商鞅推荐给魏王，请魏王重用他，并指出，若不用他，就将他处死。但魏王并没有重用商鞅，也未采纳公叔座的建议处死商鞅。当秦孝公发出求贤令后，商鞅便从魏国投奔到秦国，向秦孝公提出用“霸道”（即法家思想）治国，以实现富国强兵，孝公听得入迷，非常欣赏，遂任命商鞅为左庶长，实行变法。

二、基本内容

商鞅变法共进行了两次。第一次始于公元前359年，第二次始于公元前350年。关于商鞅变法的内容，在司马迁所著的《史记·商君列传》中是这样叙述的：“令民为什伍，而相牧司连坐。不告奸者腰斩，告奸者与斩敌首同赏，匿奸者与降敌同罚。民有二男以上不分异者，倍其赋。有军功者，各以率受上爵；为私斗者，各以轻重被刑大小。僇力本业，耕织致粟帛多者，复其身。事末利及怠而贫者，举以为收孥。宗室非有军功论，不得为属籍。明尊卑爵秩等级，各以差次名田宅，臣妾衣服以家次。有功者显荣，无功者虽富无所芬华。”具体而言，主要表现为以下方面：

（一）改法为律，订律六篇

奴隶制时代的法称为“刑”，如夏代的禹刑，商代的汤刑。至战国初李悝改刑为法，著为《法经》，至商鞅则改法为律。礼、法、刑，这三个概念是有区别的。“刑”，与“礼”相对，强调惩罚性，因此周有“礼不下庶人，刑不上大夫”的规矩。“法”，《说文》云：“灋（法），刑也。平之如水，从水。廌，所以触不直者去之，从去。”据说“廌”是古代的一种神兽，形状似牛一角，生性正直，能判明是非曲直，故古时断案以被触者为败诉，所以“法”的意义在“刑”的基础上扩展了，蕴含了公平正直的价值判断，不仅仅指一种惩罚手段。至于律，《尔雅·释诂》云：“律，常也，法也。”律有整齐划一之义。《说文》云：“律，均布也。”段玉裁注：“律者，所以范天下之不一而归于一，故曰均布也。”律字，本来用于乐律，其后度量衡又用律作为称量轻重长短的标准。可见，“法”强调法律的正义性，而“律”更强调法律的普遍性。商鞅改法为律，就是为了采用律作为衡量犯罪轻重大小的尺度，使定罪判刑得以整齐划一，而不容有所出入，以实现“刑无等级”“法不阿贵”的社会理想。

商鞅对秦国法律制度进行改革时，除了改法为律以外，还把李悝的《法经》六篇引入秦国，并根据秦国的具体情况加以充实和发展，制定秦律六篇。桓谭《新论》指出：“魏文侯师李悝著（法经）……商鞅受之，入相于秦。是以秦魏二国，深文峻法相近。”商鞅在魏国居住多年，耳闻目睹李悝变法的社会效果，他携《法经》入秦，制定的秦律，有一部分是得益于李悝的《法经》，故而秦国的法律与魏国的很相似。

（二）制定新律，推行农战

根据当时的具体情况，商鞅颁布了一系列新的法令，重要的有：废井田令、分户令，统一度量衡令、垦草令、军爵令等。这些法令废除了奴隶制的井田制度，在法律上承认土地私有和买卖；鼓励男耕女织，生产粮食和织布超出一般产量的，免除徭役和赋税，对弃农经商或因懒惰而贫穷的人，连同其家属罚作官奴；鼓励分户，凡一户有两个以上儿子到立户年龄而不分居的，加倍征收户口税，禁止父子兄弟（成年者）同室居住；由中央制定和颁布统一的度量衡标准，比如以“商鞅方升”作为当时的标准量器；招收逃亡奴隶成为编户民，开垦草地，实行自耕农耕战制度；废除奴隶主贵族的世卿世禄制度，取消宗室的特权，按军功的大小重新规定官爵的等级和待遇，爵位越高，相应的政治、经济特权越大。宗室、贵戚凡是没有军功的，不得列入宗室的属籍，不能享受贵族特权。取消分封制，推行郡县制，全国设31个县，官吏由中央直接任免。这些措施使秦国的社会状况发生了急剧的变化，社会风气大为好转。

（三）明法重刑，推行法治

商鞅“少好刑名之学”，深受法家思想影响，变法也以法家思想为指导。他特别注意明法，以取信于民。明法有两方面的含义：一是“燔《诗》《书》而明法令”，即取缔其他各家特别是儒家的礼治学说，用法家的法律法令来统一人们的思想；二是“为法必使明白易知”，使“万民皆知所避就”，注意对法律的宣传教育，使人民知法、守法。《史记·商君列传》载“徙木立信”的典故即说明了这一点。

同时，主张“以法治国”“明法重刑”，实行轻罪重刑。商鞅认为“重刑者，民不敢犯，故无刑也”①，“行罚重其轻者，轻其重者，轻者不至，重者不来，此谓以刑去刑”②，“刑重而必得，则民不敢试，故国无刑民”③。因此，在变法实践中，商鞅强调重刑轻罪、刑人必得，并主张不赦不宥，凡有罪者皆应受罚，同时颁布告奸连坐法，居民以五家为“伍”、十家为“什”，将什、伍作为基层行政单位。按照编制，登记并编入户籍，责令互相监督。一家有罪，九家必须纠举告发，若不告发，则十家同罪连坐。不告奸者腰斩，告发“奸人”者与斩敌同赏，匿奸者与降敌同罚。同时规定，旅店不能收留没有官府凭证者住宿，否则店主也要连坐。

三、历史影响与意义

商鞅变法是一次深刻的社会变革，在深度和广度上都超过了这一时期其他诸侯国的改革。这次变法不仅给秦国守旧势力以沉重打击，而且为秦国政治、经济的发展提供了强有力的法律保障，在当时即收到明显成效。《史记·商君列传》载：商鞅变法“行之十年，秦民大说，道不拾遗，山无盗贼，家给人足。民勇于公战，怯于私斗，乡邑大治”。

商鞅变法的成功令诸侯震惊、士民瞩目。《战国策》对此事的评论是：“商君治秦，法令至行，公平无私，罚不讳强大，赏不私亲近，法及太子，黥劓其傅。期年之后，道不拾遗，民不妄取，兵革大强，诸侯畏惧。”变法前被诸侯“戎翟遇之”，当作少数民族对待的秦国，经过商鞅变法实现了国富兵强。《史记》记载：“卫鞅西入秦，说孝公变法修刑，内务耕稼，外励战死之士，赏罚三年，百姓便之，天子致胙，诸侯毕贺也。获楚魏之师，举地千里，至今治强。”商鞅变法为秦国由弱变强盛，日后统一六国奠定了基础，立下了卓著功劳。

但是，商鞅变法也遭人诟病，稍晚于商鞅的荀子到秦国，认为“秦之所短”在于

---

①《商君书·画策》。

②《商君书·靳令》。

③《商君书·赏刑》。

"无儒"。[1] 而《荀子·议兵》云："秦人其生民也陿阸，其使民也酷烈，劫之以埶，隐之以阸，忸之以庆赏，鳍之以刑罚，使天下之民所以要利于上者，非斗无由也。"后人论及商鞅，也常指出其"虐戾"的特点。《盐铁论·非鞅》说："商鞅峭法盛刑，以虐戾为俗。"而《淮南子·泰族篇》则说其"为秦立相坐之法而百姓怨矣"，以至于商鞅被"惠王车裂之，而秦人不怜"。[2] 清代法学家沈家本也说："重刑之往事大可鉴也。世之用刑者，慎勿若秦之以刑杀为威，而深体唐虞钦恤之意也！"[3] 商鞅的重刑政策无疑给秦国人民带来了深重灾难，也为秦朝二世而亡埋下了祸根。

商鞅变法由于触动旧贵族利益，在秦孝公逝世、秦惠王上台后，商鞅即遭报复，被以谋反罪名处以车裂刑，但他的变法措施依旧被秦国贯彻，推动了历史发展。

第二节　西汉文、景刑制改革

一、时代背景

在中国古代刑罚发展史上，肉刑是夏、商、周三代以来广泛适用的刑罚。夏代已出现"五刑"以惩治罪犯。所谓"五刑"，即大辟、膑（刖）、宫、劓、墨（黥）五种刑罚。除"大辟"为死刑外，其余四种均为肉刑。墨是指在脸上刺字，劓指割鼻子，刖为断足，宫为毁伤生殖器。及至秦朝，劳役刑逐渐发达，但肉刑并没有被废除，反而更加滥施。肉刑往往与劳役刑合并使用，使犯人同时受身体残害与劳役之苦。据《汉旧仪》所载秦代刑制，凡判处腰斩的，先要具五刑，经过墨、刖、宫之后才行腰斩。而肉刑与徒刑结合使用的如"黥为城旦""斩左止为城旦"等在刑罚中广泛适用，这些刑罚原始、野蛮。及至西汉文帝、景帝时期，情况才发生改变。文景刑制改革使以肉刑为主的刑罚体系向新的刑罚体系转变，使刑罚向文明、人道的方向发展，是法制史上一个极为重要的转折点。

在汉文帝实施刑罚改革以前，汉代的刑罚制度按"汉承秦制"的体制格局，基本承袭了秦代的刑罚体系。而秦代的刑罚制度，不仅方法严酷，体系也比较混乱，肉刑、徒刑常结合使用，刑种之间的轻重等差亦不是很严格、固定，因而从整体上看显得既严且繁。秦亡之后，后人在总结评价秦代的政治得失时，一般均认为秦亡的重要原因之一即是刑罚严酷。以肉刑为代表的传统刑罚体系，背负着亡秦的恶名，也与西汉初年所奉行的强调"约法省刑"的黄老学说相悖，因而成为汉统治者改革的对象。

"缇萦救父"系汉文帝刑制改革的直接导火索。公元前 167 年，齐国的太仓令淳于公犯罪，依律应被处以肉刑，皇帝下诏将其押来京师长安。他的小女儿缇萦非常难过，陪同父亲到长安领罪，上书给皇帝说："我的父亲在齐国做官，大家都称赞他为官清廉公平，如今他犯法要被处刑。死者不能复生，被处肉刑的人肢体不能再恢复，变成了残废，即使罪人以后想改过自新也不可能了，这实在令人伤感。我愿意被收为官府的奴隶，以此来折

---

① 《荀子·强国篇》。
② 《战国策·秦策一》。
③ ［清末民初］沈家本著，张全民点校：《历代刑法考·刑制总考二》，中国检察出版社 2003 年版，第 18 页。

抵我父亲的罪过，让他有机会改过自新。”书奏皇帝，文帝看了非常感动，遂下令：“我听说尧舜时无肉刑，以特异的服饰象征五刑，以示耻辱，老百姓都不犯法，真是天下大治！如今法律规定了多种肉刑，仍然不能制止犯罪，这是谁的过错呢？这难道不是因为我的德行浅薄教化不明吗？因为我不能教化百姓而致使愚民陷入罪刑，我很惭愧。《诗经》上说君子是万民的父母，如今百姓犯法，我没有教化他们却先对他们处刑，即使他们想改过也不可能，我很可怜苍生。刑罚之酷以至于要斩断肢体、在肌肤上刻字，受刑者终身受苦受辱，这样的刑罚太残忍太痛苦，有伤仁德！这哪里是民之父母的本意！应当废除肉刑，用其他刑罚来替代。”① 文帝于是下令废除肉刑。

二、基本内容

据历史文献记载，汉文帝改制有两项内容：一是废除收孥相坐律令。孥，即奴；收孥，即籍没某些重大罪犯的父母妻子及兄弟姊妹为官奴婢。文帝二年（公元前 178 年）“尽除收孥相坐律令”，废除了收孥及与之有关的相坐法令。二是废除肉刑并规定相应劳役刑。肉刑是指实施的割裂肢体、残害肌肤的墨、劓、刖、宫四种酷刑。文帝十三年（公元前 167 年）缇萦上书之后，文帝诏令丞相张苍和御史大夫冯敬共同议定改制的方案：“诸当完者，完为城旦舂；当黥者，髡钳为城旦舂；当劓者，笞三百；当斩左止（趾）者，笞五百；当斩右止（趾），及杀人先自告，及吏坐受赇枉法、守县官财物而即盗之，已论命复有笞罪者，皆弃市。罪人狱已决，完为城旦舂满三岁，为鬼薪白粲；鬼薪白粲一岁，为隶臣妾；隶臣妾一岁，免为庶人；隶臣妾满二岁，为司寇；司寇一岁，及作如司寇二岁，皆免为庶人。其亡逃及有罪耐以上，不用此令。前令之刑城旦舂岁而非禁锢者，如完为城旦舂岁数以免。”②

改革之后，因缺乏实践经验，所定笞数太多，实际施行中经常杖人至死，因此被时人讥讽，如班固就说改革“外有轻刑之名，内实杀人”③。为此，继文帝之后，景帝又于公元前 156 年与公元前 144 年两次颁布诏令，减少笞数与修正笞具的规格，使笞刑规范化。《汉书·刑法志》载：将原来劓刑者笞三百改为笞二百并最终定为笞一百，斩左趾者笞五百改为笞三百并最终定为笞二百，大大减少了笞数。在第二次减笞数（公元前 144 年）的同时，景帝又颁布《箠令》，确定笞具、行刑方法。规定笞具为长五尺，手持的下部厚度为一寸，用以笞打的上部厚薄为半寸，并且竹节皆削平的竹条。行刑时只打臀部，中途不得换人。如此，“加笞与重罪无异，幸而不死，不可为人”的状况得以改变，“自是笞者得全”。至此，西汉文景刑制改革终告完成。

三、历史影响与意义

文景刑制改革未完全彻底地废除先秦以来形成的肉刑，如宫刑未见明确废除，同时，改革以后不久，斩右趾又恢复施行。尽管此次刑罚改革有其局限性，但是，它在中国法制改革中所作的贡献依然是巨大和明显的。

---

① 参见《汉书·刑法志》。

② 《汉书·刑法志》。

③ 《资治通鉴》（卷 15）。

（一）改制使刑罚从残酷逐渐走向文明

文景刑制改革，主要是用徒刑、死刑、笞刑取代墨刑、劓刑和刖刑，而且确定刑期、减轻苦役，使汉代刑罚制度总体上趋于简化，刑罚比过去人道文明，有利于教育和改造犯人，这是历史的一大进步。刑罚趋向轻缓，体现出此时西汉王朝的苛刑酷罚因受到儒家思想影响，趋向怀柔教化的一面，主宰法律的思想正在逐步由秦朝所遵行的法家过渡到儒家。至汉武帝时期，董仲舒“罢黜百家，独尊儒术”，儒学成为至尊，中国古代的政治法律制度吸收了儒家温和人道的一面，更有利于统治的巩固。

（二）刑制改革为奴隶制五刑向封建制五刑过渡创造了条件

文景刑制改革将已实行了1000多年的肉刑在法律上一举废除，从而为封建制五刑（笞、杖、徒、流、死）制度的确立奠定了基础。尽管奴隶制五刑向封建制五刑过渡的时间十分漫长，直到隋文帝《开皇律》才在法律上正式确定封建制五刑，但如果没有文景帝除肉刑这一关键性的一步，古代刑制就难以产生根本性的变化。因为文景刑制改革，中国古老的刑罚开始从战国以来的繁杂状态趋向规范系统，最终为隋唐时期新的封建制五刑制度的形成创造了良好的条件和坚实的基础，在中国法制史上占有极为重要的地位。

第三节　清朝法制改革

一、时代背景

1840年鸦片战争后，一系列不平等条约破坏了中国的主权独立和领土完整，中国逐渐沦入半殖民地的境地，内政外交为列强所控制，司法主权遭到前所未有的干预与践踏。为救亡图存，有志之士进行了艰难的探索。百日维新运动中，康有为、梁启超等提出变法，实行君主立宪，设议院，开国会，建立新法制。然而，以慈禧为首的保守势力将这场运动扼杀在摇篮中。1900年辛丑之乱，八国联军闯入北京，空前劫掠，涂炭京华，早已岌岌可危的清朝统治濒临绝境。义和团运动之后，各地人民反清斗争的浪潮汹涌澎湃，特别是孙中山领导资产阶级革命运动，以“驱除鞑虏，恢复中华，创立合众政府”为号令，发动反满武装起义。清王朝外有列强虎视眈眈，内有革命风起云涌，内忧外困中，亲手扼杀百日维新的主政者慈禧太后又拾起了变法维新的旗帜。

1901年1月29日，慈禧太后下诏变法，曰：“世有万古不变之常经，而无一成罔变之治法”，“欲求振作，须议更新”，要求臣下“各就现在情形，参酌中西政要，举凡朝政国故，吏治民生，学校科举，军政财政，当因当革，当省当并……如何而国势始兴，如何而人才始出，如何而度支始裕，如何而武备始修，各举所知，各抒己见，通限两个月，详悉条议以闻”①。这道上谕是晚清政策重大转变的表现。清政府走上了虽不情愿，却又不得已的变法之路。光绪二十八年（1902年）二月清廷再次下诏：“中国律例，自汉唐以来，代有增改。我朝《大清律例》一书，折中至当，备极精详。惟是为治之道，尤贵因

① 《义和团档案史料》（下册），中华书局1959年版，第915页。

时制宜，今昔情势不同，非参酌适中，不能推行尽善。况近来地利日兴，商务日广，如矿律、路律、商律等类，皆应妥议专条。著各出使大臣，查取各国通行律例，咨送外务部。并著责成袁世凯、刘坤一、张之洞慎选熟悉中西律例者，保送数员来京，听候简派，开馆编撰，请旨审定颁发。总期切实平允，中外通行，用示通变宜民之至意。”① 根据这道谕旨，袁世凯等人举荐沈家本、伍廷芳主持修律馆。不久，清廷便“著派沈家本、伍廷芳，将一切现行律例，按照交涉情形，参酌各国法律，细心考订，悉为拟议，务期中外通行，有裨治理”。② 从此，清末修律正式提上日程。

二、基本内容

自光绪二十八年（1902 年）四月，沈家本、伍廷芳奉命修律，启动晚清的法律改革开始，直至清朝统治结束，前后时间，正好十年。这十年，细而分之，可分为两段：从光绪二十八年（1902 年）起到光绪三十三年（1907 年）止，这是新政时代的改革；从光绪三十三年（1907 年）到宣统三年（1911 年），这是预备立宪时的立法。前一段，重在对旧律的改革；后一段，重在为实行宪政制定新法。

（一）修律宗旨与方法

“务期中外通行”是晚清修律的宗旨。为此，帝国主义列强对清末修律表示了支持。1902 年，英国与清政府签订的《通商行船条约》中规定：“中国深欲整顿本国律例，以期与各国律例改同一律，英国允愿尽力协助以成此举，一俟查悉中国律例情形及其审断办法，及一切相关事宜皆臻妥善，英国即允弃其治外法权。”③ 这一允诺并不见得就能兑现，但却激发了修律者的热情。修律大臣沈家本即表示：“中国修订法律，首先收回治外法权，实变法自强之枢纽。”具有爱国主义思想的官僚们，力图通过改良法律收回治外法权，这成为修律的一大动机，也是修律局限性之所在。

“务期中外通行”作为晚清修律的宗旨和指导思想，通过修律大臣沈家本等人的论证和实践，得到了落实。沈家本据此又提出了“参考古今，博稽中外”的方法，“专以折冲樽俎，模范列强为宗旨”。在立法实践中，“以中国法律与各国参考互证”，强调“我法之不善者当去之”，“彼法之善者当取之”。

沈家本作为任职最久的修律大臣，在清末修律中作出了历史性的贡献。沈家本长期任职刑部，谙悉中国古代法律。他指出：“当此法治时代，若但征之今而不考之古，但推崇西法而不探讨中法，则法学不全，又安能会而通之，以推行于世?”④ 同时沈家本也热心研读资本主义国家的法律，主张“有志之士当讨究治道之原，旁考各国制度，观其会通，庶几采撷精华，稍有补于当世”。他坚持采取“会通中西”的原则改革法制，本着“参考古今，博稽中外”的方法，他积极组织力量翻译资本主义国家的法律，建立法律学堂，派员出国考察并聘请资产阶级法学家参与立法工作。在他主持修律的短短几年里，不仅删改了《大清律》中的落后与野蛮的法律内容，而且制定出具有资本主义性质的法典法规。

---

① 《清德宗实录》（卷 495）。

② 《清德宗实录》（卷 495）。

③ 《光绪朝东华录》（五）。

④ 《寄簃文存・薛大司寇遗稿序》。

清末修律第一次打破了延续两千年的封建专制主义的法律体系，这在中国法制史上具有重要意义。

（二）修律过程

中国传统法律“以刑法为切要”，各朝律例均为刑事法典，沈家本在修律过程中着重于刑法改革。由对《大清律例》的局部修正，到制定过渡性质的《大清现行刑律》，再到《大清新刑律》的颁布，修订刑律是清末修律活动中的一条主线。

1. 修律准备

（1）翻译外国法律。沈家本认为“参酌各国法律，首重翻译”，“欲明西法之宗旨，必研究西人之学，尤必编译西人之书”。① 因此他奏请将刑部律例馆更名为修订法律馆，从事了大量的法律翻译工作。在他的支持下，到清朝廷统治结束，修订法律馆共翻译了十几个国家的几十种法律和法学著作。这些翻译的各国法律包括：《德意志刑法》《德意志裁判法》《俄罗斯刑法》《日本现行刑法》《日本改正刑法》《日本陆军刑法》《日本海军刑法》《日本刑事诉讼法》《日本监狱法》《法兰西刑法》《荷兰刑法》《意大利刑法》《法兰西印刷律》《日本商法》《德国海商法》《英国国籍法》《美国国籍法》《德国国籍法》《奥国国籍法》《法国国籍法》《葡萄牙国籍法》《各国人籍法异同考》《比较归化法》《日本民法》《德国民法》《法国民法》《奥国民法》《西班牙国籍法》《日本票据法》《美国破产法》《美国公司法论》《英国公司法论》《亲族法论》《日本加藤正治诉讼法》《日本刑法论》等，还包括《德国民法总则条文》《奥国亲属法条文》《法国民法总则条文》《法国民法身份条文》《法国民法失踪条文》《法国民法亲属条文》等。

（2）培养法律人才。沈家本认为：“法律为专门之学，非俗吏所能通晓，必有专门之人。”② 有了良法，却没有理解掌握良法之人，良法的施行必然阻碍重重。为了造就司法人才，为他日审判之预备，在光绪三十一年（1905 年），他与伍廷芳向朝廷提出在京师设法律学堂的建议，并于光绪三十二年（1906 年）正式设立了中国第一所法律学堂，聘请日本法学家冈田朝太郎、松冈义正等担任主讲，同时也派专人研讲旧律。《法律学堂章程·设学总义章》规定：“本学堂以造就已仕人员，研精中外法律，各具政治智识，足资应用为宗旨。并养成裁判人才，期收速效。”从光绪三十二年（1905 年）起到宣统三年（1911 年）止，京师法律学堂创办仅几年时间，“毕业者近千人，一时称盛”③，对于推动中国法学研究和司法的近代化起了积极作用。正如沈家本自己所总结的那样：“近今十年来，始有参用西法之议。余从事斯役，访集明达诸君，多司编辑，并延东方博士，相与讲求。复创设法律学堂，造就司法人才，为他日审判之预备。规模略具，中国法学，于焉萌芽。”④

（3）派员出国与聘请外国专家。沈家本认为，仅从译作中了解各国的法制，远远不够，要制定切合适用之法制，还必须进行实地考察。而日本与我国同洲同文，相距甚近，取资较易，特别是诉讼审判之法，“必亲赴其法衙狱舍，细心参考，方能穷其底蕴”。光

① 《寄簃文存·新译法规大全序》。

② 《寄簃文存·设律博士议》。

③ 《清史稿》（卷 443）《沈家本传》。

④ 《寄簃文存·法学会杂志序》。

绪三十二年（1906 年）四月，在沈家本的奏请下，董康、王守询、麦秩严赴日本考察，调查研究法制刑政事宜。不仅如此，修律过程中，还聘请外国法律专家参与，尤以日本为多。所聘请的日本法律专家，几乎参与了晚清各种新法的制定。受聘来华协助制定新律的日本专家，包括冈田朝太郎、松冈义正、志田钾太郎、小河滋次郎。他们不仅按照当时日本法律的模式，为中国草拟法律草案，同时还在京师法律学堂任教，立说著书，参与立法中的新旧论争，在晚清修律中起了重要作用。

2. 删改旧律

删改旧律的工作在清末修律之前就已进行，自道光二十年（1840 年）至同治九年（1870 年），共修订了四次，但都是简单的删修。修订法律馆成立后，沈家本在组织翻译外国法典的同时，也开始对《大清律例》进行删修。沈家本认为："现行律例内，死罪凡八百四十余条，较之顺治年间增十之七八，不惟为外人所骇闻，即中国数千年来，亦未有若斯之繁且重者"①，而"西国从前刑法，较中国尤为惨酷，近百数十年来，经律学家几经讨论，逐渐改而从轻，政治日臻美善"②。而刑法"中重而西轻者多"，也是列强以此攫取领事裁判权的借口。因此，改革封建旧律弊端是清末修律的重要一步。主要内容包括：

（1）废除酷刑，酌减死罪。光绪三十一年（1905 年），沈家本向清廷上《删除律例内重法折》，力主废除凌迟、枭首、戮尸、缘坐和刺字等酷刑。沈家本的建议得到了清廷的肯定，下谕"凡死罪至斩决而止，凌迟及枭首、戮尸三项，著即永远删除。所有现行律例内凌迟、枭首各条，俱改为斩决；其斩决各条，俱改为绞决；绞决各条，俱改为绞监候，入于秋审情实；斩监候各条，俱改为绞监候，与绞监候人犯仍入于秋审，分别实缓办理。至缘坐各条，除知情者仍治罪外，馀著悉以宽免。其刺字等项，亦著概行革除"③。

光绪三十二年（1906 年），沈家本上《虚拟死罪改为流徒折》，建议将清律中有死罪之名，而司法实践中并不执行死刑的虚文条目删除，分别改为流徒，并建议秘密行刑。①"戏杀改为徒罪，因斗误杀旁人并擅杀各项罪人，现律应拟绞候者，一律改为流罪。"改成徒、流以后，按照新章程，不再发配，收入各地罪犯习艺所，罚令工作。②误杀、擅杀中的"误杀其人之父母兄弟等项，并擅杀二命以上，及谋故、火器擅杀各项，不准一次减等者，酌加二年；如遇情有可原或情节较重者，应俟临时酌量办理。"③"戏杀、误杀并擅杀按例罪不至死者，均于本罪上递减一等。"

（2）禁革人口买卖。光绪三十二年（1906 年），沈家本向清政府上《禁革买卖人口变通旧例议》与《删除奴婢律例议》，批评了清朝"律文虽有买卖奴婢之禁，而条例复准立契价买"的买卖奴婢制度，建议删除奴婢律例。他在"参考中西"后，认定欧美各国，尊重人格，均无买卖人口之事，对于公开买卖人口的现象，他建议应予"永禁"，并拟定 11 条办法，酌定买卖人口罪名，如有违犯，"买者卖者，均照违制律治罪"。④

① 《寄簃文存·虚拟死罪改为流徒折》。
② 《寄簃文存·删除律例内重法折》。
③ 《清史稿·刑法志》。
④ 《寄簃文存·禁革买卖人口变通旧例议》。

《大清律例》的这些删修内容后来被吸收进《大清现行刑律》。《大清现行刑律》的公布是清末删改旧律活动的高峰。《大清现行刑律》共30篇398条，于1910年5月15日颁行，改变了旧律中按六部分类的办法，删去了吏、户、礼、兵、刑、工等各种律目；对旧律中纯属民事、商事的条款予以分出，不再处刑；对旧律中规定的笞刑、杖刑改用罚金代替；对旧律中的到外地服刑的徒刑和流刑，一般改在当地服刑；对凌迟、枭首、戮尸等酷刑予以废除，规定死刑只有绞刑和斩刑两种，同时废除了缘坐之法和刺字之法；对旧律中禁止同姓为婚、良贱为婚等过时的条文予以废除，增加了有关毁坏铁路罪、毁坏电讯罪、私铸银圆罪等条文，被作为新刑律颁布前的过渡性法律使用。

3．制定新律

1906年，清廷颁发上谕，宣布实行“预备立宪”，新刑律的制定作为“立宪”内容之一迅速铺开，其他法律也相继被制定出来，硕果累累。而此间围绕新律制定所展开的各派斗争亦陆续上演，惊心动魄，扣人心弦。制定的新式法律主要有：1906年奏进的《刑事民事诉讼法》，1907年奏呈的《大清新刑律草案》等。废止不合时宜的旧法是人心所向，而制定什么样的新法则难求一致。自新律编订之日起，新旧两派之间的斗争就一直不曾停歇。以地方督抚张之洞、劳乃宣为代表的礼教派和以修订法律大臣沈家本为代表的法理派围绕新法制定产生了诸多理论争执。

（1）礼法之争。清末修律过程中的礼法之争，主要集中在光绪三十二年（1906年）修订法律馆上奏《刑事民事诉讼法》及1907年奏呈《大清新刑律草案》之后。

1906年奏呈的《刑事民事诉讼法》草案，是修订法律馆上奏的第一部新法。沈家本选择制定诉讼法作为改变旧律、修订新法的第一步，主要是出于诉讼法为中国传统旧律所无，且不涉及实体利益，阻力较少的考虑。同时也与沈家本认为中国刑狱冤滥，皆因缺乏程序性保障和制约，遂使贪官污吏得以上下其手，出入人罪之故有关。他认为欲变旧律，以刑法为切要，而欲变刑法，须先从程序入手。《刑事民事诉讼法》草案吸收西方近代诉讼原则，并直接采纳西方部分诉讼制度，如平等、公正原则以及公开审判、陪审制、律师制，在一定程度上体现了个人人身保障和财产独立以及男女平等的精神。

该诉讼法草案上奏后，引来以张之洞为代表的地方督抚的反对意见，认为中国缺乏专门的法律人才，实行陪审制和律师制没有现实的基础。张之洞上《复议新编刑事民事诉讼法折》，认为该草案“袭西俗财产之制，坏中国名教之防，启男女平等之风，悖圣贤修齐之教”。他认为新法应当与中国国情民俗相适应，量为变通。而且以中国目前情势，自司法官以至律师、陪审员、证人等，皆缺乏专门道德，只会使“讼师奸谋得其尝试”，“到堂陪审者，非干预诉讼之劣绅，即横行乡曲之讼棍”，如不顾中国实际，则新法只能变为具文，无补于事。[①] 张之洞提出，中国应首先分类纂定刑法、民法，之后再根据实体法制定诉讼法，才能达到变法而不废法的效果。张之洞并在奏折的后半部分逐条批驳诉讼法滞碍难通行的各条款，提出修律虽应“博采东西诸国律法”，“而仍求合于国家政教大纲”。在一片反对声之下，中国历史上的第一部诉讼法草案最终被搁浅而成了废案。

1907年，《大清新刑律草案》完成，这部法律草案由沈家本主持，在日本法学博士冈田朝太郎考订下，三阅寒暑，易稿数次而编订完成。它直接参考日本刑律，间接学习德意

① 李政：《中国近代民事诉讼法探源》，载《法律科学》2000年第6期。

志刑律。在一些涉及纲常礼教的具体条文上作出了不同于旧刑律的规定，体现了法律与礼教相分离的精神。这部草案很快引来礼教派的非难。张之洞指斥它有悖于“因伦制礼，准理制刑”的原则，“败坏礼教”，要求凡属于“有伤伦理之处，应全行改正”，各省疆吏随即附和。清廷遂谕旨强调：“中国素重纲常，故于干名犯义条，立法特为严重”，命令沈家本等“务本此意”，对草案进行修改。于是，修订法律馆只得“于有关伦纪各条，恪遵谕旨，加重一等”，此后，法部又在正文之后增列五条附录。上述修改和补充，反映了两派的冲突和法理派的妥协。

1910 年，在“修正刑律草案”核定阶段，宪政编查馆参议、江苏提学使劳乃宣再次要求将“旧律有关伦纪礼教各条”统统直接“修入新律正文”，宣称：“礼教可废，则新刑律可行；礼教不可废，则新刑律必不可尽行。”法理派随之反击。双方争论的焦点，最后集中于“无夫奸”和“子孙违反教令”是否为罪的问题上。礼教派站在家族主义立场上，认为“法律不能与习惯相反”，子孙违反教令与无夫奸不加罪“不合吾国礼俗”。法理派则从国家主义立论，强调上述两种行为仅属风化及教育问题，不构成刑事犯罪，不必编入刑律。在资政院的会议上，双方各持己见。清政府虽公布了新刑律及暂行章程，但又说“俟明年资政院开会，仍可提议修正，具奏请旨”。之后不久，在礼教派的弹劾下，沈家本被迫辞去了修订法律大臣及资政院副总裁的职务。

清末修律中的礼法之争及其结局，说明了保守势力的强大以及清政府的顽固，但这场争论客观上也对传播近代法律思想和理论起到了一定的积极作用，对于此后的法制建设具有重要影响。

（2）修律成果。清末修律的成果表现在两方面，一是制定新法律、新法典。二是配合新法典的制定，逐渐改革了旧的司法体系和诉讼制度。

制定的新律主要有：《大清新刑律》，于 1911 年公布，这是中国历史上第一部近代意义的专门刑法典，这部法律抛弃了“诸法合体”的编纂形式，成为专门刑法典。它采用近代西方刑法典的体例，分总则与分则两部分，并确立了新的刑罚制度，将刑罚分主刑和从刑两种。同时采用了西方资产阶级的刑法原则和近代刑法学的通用术语。但是公布后不久清即灭亡，未正式施行。《大清民律草案》，于 1911 年完成，中国历史上第一部专门民法典草案，分总则、债权、物权、亲属、继承五篇，以“注重世界最普遍之法则”“后出最精确之法理”“求最适于中国民情之法则”为宗旨。前三编由日本法学家松冈义正草拟，后两篇由修订法律馆会同礼学馆起草。未及颁行，清朝即被推翻。《大清刑事民事诉讼法》，沈家本等人草拟，采用民事、刑事诉讼合一的体例，因遭各省督抚反对和礼教派的攻击未颁行。《大清刑事诉讼律草案》《大清民事诉讼律草案》，为沈家本在《大清刑事民事诉讼法》遭否决后仿照德国诉讼法起草，未及颁行。除此之外，还包括《大理院编制法》《各级审判厅试办章程》《法院编制法》《违警律草案》《大清商律草案》《国籍条例》和《禁烟条例》等。

通过修律，由刑法及相关法规、民法及相关法规、刑事诉讼法及相关法规、民事诉讼法及相关法规、行政法及相关法规连同以《宪法大纲》为核心的宪法性文件，组成了六法法律体系，标志着中国法律近代化的开端。

清末修律的另一个成果是：配合仿行宪政，进行官制改革，刑部改为法部，专任司法；大理寺改为大理院，专掌审判。审判机关实行四级三审制，四级为初级审判厅、地方审判厅、高等审判厅、大理院。凡自初级审判厅起诉的案件，不服可上诉到地方审判厅，直至高等审判厅，依此类推，三审结案。并设检察机关，分设初级、地方、高等检察厅与总检察厅实行监督，改革了旧有司法体制，并收到成效。

三、历史影响与意义

第一，清末修律标志着中华法系的解体。中国传统法律以儒家思想为指导，以诸法合体的编纂形式，集民法、刑法、行政法、诉讼法于一体，这一法律体系曾促进中国封建社会的发展，并影响周边各国，日本、朝鲜、越南等都以封建法律的代表作《唐律疏议》为蓝本不断修订自己本国的法律制度，形成了独具特色的“中华法系”。清末修律不仅对法律制度内容作了重大的修改，对法律体系也作出了重大的调整。清末修律大量引进西方的法律思想和原则，如罪刑法定、法律面前人人平等、司法独立等，极大地冲击了封建的专制主义和等级特权。修律中制定的许多独立的法典和单行法规，在一定程度上打破了中国传统的诸法合体、民刑不分以及实体法与程序法不分的旧格局。清末修律促使和加速了中华法系的解体，预示着一个旧法律体系时代的终结。

第二，清末修律标志着中国法制近代化的开端。清王朝统治结束，但晚清修律所开辟的道路，并没有被阻断，中国以后的法制建设，基本上是沿着其所确定的方向继续走下去的。晚清修律的成果成为以后南京临时政府、北洋政府、南京国民政府时期制定法律的基础和根据，甚至被直接援用。南京临时政府时期，根据司法总长伍廷芳的建议，参议院决定：“所有前清时规定之法院编制法、商律、违警律及宣统三年颁布之新刑律，刑事、民事诉讼律草案，并先后颁布之禁烟条例、国籍条例等，除与民主国体抵触之处，应行废止外，其馀均准暂时适用。惟民律草案，前清时并未公布，无从援用，嗣后凡关民事案件，应仍照前清现行律中规定各条办理。”① 袁世凯北洋政府时期同样沿袭了晚清立法的成果。南京国民政府时期的《中华民国民法》也是以《大清民律草案》为基础。晚清修律中所确立的立法原则和所创立的罪名，有些沿用至今。

因此，清末修律也是一个时代的开端，中国法律的发展因此改变了封闭状态，开始与世界法律的发展有了衔接。

小　结

本章讲述了中国历史上数次具有重要影响的法制变革。在法社会学家眼中，任何一种法律制度都是由经济与社会铸造而成，深刻地蕴涵在社会的结构之中，社会结构的调整与变迁也必然最终引发法律的调整与变化。

无论是商鞅变法，文景的刑制改革还是清末修律，都是法律适应社会变迁的典型范例。因为战国时期的政治、经济的发展，才有了商鞅变法；汉初在多年战乱后，约法省刑、休养生息的社会需要则推动了刑制改革；而清末饱受列强欺凌的社会现实促进了晚清修律自强。法律不是一个自足的王国，必然随着社会的变迁而发展变化。

---

① 《临时政府公报》1912 年 4 月 11 日。

同时，法制变革常常带动社会结构的调整与变迁，法律制度的每一次有效的变革与创新，都会给社会带来新的发展与飞跃。商鞅变法推动了秦的发展，为其统一大业奠定了基础；文景刑制改革废除了野蛮的肉刑，使刑罚逐步走向文明；清末修律使中华法系改变了封闭保守状态，与世界先进的法制文明接轨。

思考题

1. 谈谈你对商鞅变法的看法。
2. 试论文景刑制改革的意义。
3. 试论清末修律中的“礼法之争”。

第四编

清末民国法律制度

1840年，中国历史进入近代。古代中国经济上自给自足，文化上自成一体，其法律经过数千年发展，形成了独具特色的中华法系，为周边国家学习借鉴。但是到了19世纪中叶，相比于经过资产阶级革命洗礼的西方国家法制，中华法系明显落后了。1840年鸦片战争爆发，西方侵略者轰开了中国闭关自守的大门，并通过领事裁判权与会审公廨制度攫取了中国司法主权。随之而来的西方法律文化，动摇了中国相对封闭的传统法制的统治地位，中国法制与世界法系开始沟通，近代法律思想逐渐萌芽发生，中国法律发展史揭开了新的一页。

第十二章　法律思想与立法活动

第一节　法律思想

一、太平天国法律思想

1851年太平天国革命爆发，这次革命是鸦片战争后中国社会矛盾激化和发展的产物，持续17年，遍及17省，是历史上规模最大的一次农民革命运动，西方文化的传入使这次农民革命与历史上历次农民革命相比，具有一些特别之处。

（一）洪秀全西方宗教为表、中国传统为里的法律思想

太平天国运动的领导人洪秀全（1814—1864年）从基督教的布教书《劝世良言》中得到启发，创立了拜上帝会，开始革命活动。受西方基督教启发，拜上帝会教义的核心内容是：敬拜独一真神天父上主皇上帝，不拜邪神，不拜偶像；天下为一家，上帝是至高无上的家长，天下凡间都是上帝子女，因而人人都是兄弟姊妹；洪秀全是皇上帝次子，负有下凡收复上帝故国（中国）的使命；拜上帝者在人间上帝小天堂里荣耀无比，在天则入上帝大天堂享福无穷，不拜上帝者将被罚入地狱永远受苦。在这一思想指导下，太平天国作为上帝在人间的小天堂，是政教合一的政权，洪秀全作为上帝次子，成为兼教主与世俗政权主宰双重身份的领袖。虔诚信仰上帝天父是对太平天国将士的基本要求，并以法律的强制力加以推行，基督教的一些规范如每礼拜日听讲圣经，虔诚祭奠上帝等也被规定到天国立法之中。

但是披着上帝外衣的拜上帝教并不是真正的基督教，当时的西方传教士也指出洪秀全等不是真正的上帝信徒。可以说，太平天国法律思想是以基督教思想为表，以传统封建思想为里的，这表现在两个方面：

首先，将基督教世俗化和功利化。基督教的天堂是灵魂的去处，本在彼岸世界，上帝以天堂为赏赐的处所，人的灵魂可以在那里享受快乐和幸福，但这些快乐幸福都很抽象，而太平天国的拜上帝教义却在相当程度上把天堂人间物化了。洪秀全在把天堂和地狱作比较时说："天上无病地狱病，天上无苦地狱苦，天上无饿地狱饿，天上无丑地狱丑。"[①] 很显然，洪秀全将基督教教义具体化世俗化了，将基督教神学家所称的属灵的天堂作了形而

① 参见《太平天国》（第2册），上海人民出版社1957年版，第471页。

下的物质性理解。太平天国立国前后制定的忏悔书和祈祷文格式，都表明上帝可以对它的忠实信徒报以有衣有食、无灾无难、万事如意、大吉大利。这实际上是对民众消灾除病、趋吉避凶、求子求寿、功名利禄等现世而非来生的世俗渴望的一种积极允诺。这种关心民间疾苦的入世思想明显来源于中国传统文化。

其次，将封建的王权专制思想与基督教结合。太平天国对上帝的虔诚礼拜，把基督教观念作为立法的指导思想和具体规范，其本质并非为了确立基督教神权，而是为了确立世俗王权。洪秀全说："神国在天是上帝大天堂，天上三十三天是也；神国在地是上帝小天堂，天朝是也。天上大天堂是灵魂归荣上帝享福之天堂，凡间小天堂是肉身归荣上帝荣光之天堂。"① 洪秀全自命为上帝之子耶稣之弟，他大力宣传基督教，号召崇拜上帝，是要树立自己代表上帝统治中国的最高权威，为天王专制集权打下思想基础。宗教信仰只是太平天国运用的手段而非目的，太平天国法制也并不以维护宗教观念为内在的使命，宣扬宗教教义并把它作为外衣加盖在法律制度上，其目的最初在于发动群众广泛参与，其后是为树立革命领袖自身的权威，宣扬天命不可违实际是告知民众王命不可违。随着政权的建立，人间君王的权力借助法律与上帝的权威得到了巩固，封建王权丝丝缕缕地渗透在宗教观念的每一个细胞当中，在法律中表现得淋漓尽致，如王权至上、天王独断、婚姻制度等级分明、重刑主义等，这些都能表明太平天国的法律思想实际上是以西方宗教观念为外在表现形式，而以中国传统的封建专制集权和等级观念为其实质。②

（二）洪仁玕具有西方色彩的法律思想

太平天国的另一位领袖洪仁玕（1822—1864 年）的法律思想，就有着鲜明的近代政治改革思想的属性。面对太平天国后期法纪松弛、国运日衰的政治现状，洪仁玕论证了法制对于维护国家统治的重要性。洪仁玕认为中国不如西方国家先进，就是因为"毫无设法，修葺补理，以致全体闭塞，血脉不通，病其深矣。"③ 在《立法制喧谕》文告中，洪仁玕写道："国家以法制为先，法制以遵行为要，能遵行而后有法制，有法制而后有国家，此千秋不易之大经，而尤为今兹万不容已之急务也。"④ 力图从整顿法制入手重振纲纪，并把法制置于国家之上。这与西方法律史上的"法治"学说在学理上有近似之处，渗透着资产阶级法制观因素。

洪仁玕强调"治国必先立政"，立政的关键在于立法得当，"天条"与法律不能等量齐观，更不能以之替代法律。法律从根本原则上来讲具有权威性，但又随着客观形势的变化而变化。参与制定法律的人员，其素质应当有严格的要求，即"立法之人，必先经磨练，洞悉天下人性情，熟谙各国风教，大小上下，源委重轻，无不了然于胸中者，然后推而出之，乃能稳惬人情"⑤。洪仁玕提出要正确量刑，还主张罪及一身，不得株连其亲属朋友，认为"罪人不孥，若讯实同情者及之，无则善视抚慰之，以开其自新之路。若连累及之，是迫之使反也"⑥。还应当善待轻犯，"宜给以饮食号衣，使修街渠道路，练其一

① 参见《太平天国》（第 1 册），上海人民出版社 1957 年版，第 71 – 83 页。

② 郑志：《太平天国的刑法思想与刑法制度》，华东政法学院 2005 年学位论文，第 12 – 18 页。

③ 洪仁玕：《资政新篇》。

④ 洪仁玕：《立法制喧谕》。

⑤ 洪仁玕：《资政新篇》。

⑥ 洪仁玕：《资政新篇》。

足，使二三相连，以差人执鞭刃掌管。轻者移别县，重者移郡移省，期满释回。”[①] 对于案件的处理，要细致认真，重视调查研究，不能主观臆断冤枉无罪者。洪仁玕指出对作妄证者也要治罪，对待死刑犯，宜实施绞刑，反对过去所采用的诸如砍头、点天灯、剥皮、五马分尸等酷刑。

同时，洪仁玕强调法制监督。提出“兴各省新闻官”，这种“新闻官”制度已近似现代的监察、检查制度。这些要求革新政治、健全法制的主张表明，他虽还没有提出用西方的民主制度取代封建制度的方案，但已力图将资产阶级民主主义的精神灌注于革新政治中，明显带有资产阶级民主的色彩。

二、清末法律思想

（一）沈家本“会通中西”的修律思想

沈家本，光绪九年（1883 年）进士，留在刑部补官，专攻法律之学。他长期任职刑部，得以浏览历代法典王章、刑狱档案，谙悉中国古代法律。同时他所处的时代，是一个中西法文化激烈碰撞的时代。在沈家本的思想中，也形成了“会通中西”，将西法与中法结合的新观点。正如杨鸿烈在评价沈家本时说：“有清一代最伟大的法律专家不能不推沈家本了。他是集中国法系大成的一人，且深懂大陆英美法系，能取人之长，补我之短。”又说：“沈氏是深了解中国法系且明白欧美日本法律的一个近代大法学家；中国法系全在他手里承先启后，并且又是媒介东西方几大法系成为眷属的一个冰人。”[②]

所谓“会通”，就是对古今中外的法律进行全面研究，找出他们彼此相通之处，上升至理论，得出规律性的认识。沈家本指出，古今以至中西法制虽不同，但必有可通之处，“因民以为治，古今中外一也”[③]。讲究法制，“勿求之于形式，而求之于精神，勿淆群言，勿胶一是，化而裁之，推而行之，期变通尽利……古今中外之见，又必保存哉”[④]。他力图从理论的高度概括古今中外法制的共同精神，用以破除各执一是的成见与偏见。

一方面，沈家本认识到，中国社会的急剧变化与世界的发展使得中国旧有的法律已不是治国的善法，如果以守旧的“一国（中国）而与环球之国对抗，其伏细之数自不待智者而知之矣”[⑤]。他呼吁“取人长以补吾之短”，“彼法（西法）之善者，当取之，当取而不取是为愚”[⑥]。他对采用西方法律而使国富民强充满了信心。他举日本为例，“日本旧时制度，唐法为多。明治以后，采用欧法，不数十年，遂为强国。是岂徒慕欧之形式而能若是哉，其君臣上下同心同德，发愤为雄，不惜财力以编译西人之书，以研究西人之学，弃其糟粕而撷其英华，举全国之精神，皆贯注于法律之内，故国势日张，非偶然也”[⑦]。

另一方面，沈家本在研究中国旧律的基础上认为，外国的一些法律思想和法律制度，在中国古代已有萌芽，并非什么新鲜事物，因此我们完全没有理由妄自菲薄、崇洋媚外。

---

① 洪仁玕：《资政新篇》。
② 杨鸿烈：《中国法律发达史》第二十六章。
③ 《寄簃文存·裁判访问录序》。
④ 《寄簃文存·裁判访问录序》。
⑤ 《寄簃文存·重刻明律序》。
⑥ 《寄簃文存·监狱访问录序》。
⑦ 《寄簃文存·新译法规大全序》。

把自己的东西钻研深、钻研透，并结合实际应用到现实生活中，同样也能有温故而知新的实效。比如，所谓法治主义，他说，《管子》的立法以典民，以法治国，这与今天西方的学说流派颇相近，因此，“法治主义古人早有持此说者”，只不过宗旨不同罢了。所谓陪审员制，他说，《周礼·秋官》的三刺法，断狱治罪必询问万民，万民都以为可杀，然后施刑，与孟子“国人杀之”的宗旨吻合，因此，“陪审员之权舆……今东西各国行之，实与中国古法相近”①。西法与中国古代良法的诸多共通之处，大大缩小了学习西法的现实障碍。同时，沈家本通过对中西法学的比较，发现“中说多出于经验，西学多本于学理”，“不明学理，则经验者无以会其通，不习经验，则学理亦无从证其是。经验与学理，两正相需也”②。

为了在修律过程中贯彻会通中西思想，沈家本把翻译外国法典和法学著作提到了重要的高度。他主持法律馆后，首重各国法律的翻译，先后组织人员译出了西方各国刑法、民法、诉讼法、商法、国籍法、法院编制法、监狱法等。除大量翻译外国法律为制定新律提供参考外，他还与伍廷芳专折奏请派员赴日本调查法制刑政，搜集民、刑事审判法规及其他法规。沈家本还聘请日本法学家小河滋次郎等人作为修律的顾问，力图使中国法律与西方资本主义法律无大悬绝。

（二）“礼教派”的法律思想

围绕着晚清修律活动，曾产生一场被法史学界称之为“礼法之争”的论争，涌现的两派为法理派和礼教派。法理派以修律大臣沈家本为代表，礼教派的代表人物是张之洞和劳乃宣。

基于对晚清内外交困局面的清醒认识，礼教派与法理派一样，反对因循守旧，力主变法。张之洞是最早提出修律的地方实力派。在甲午战争失败后，张之洞提出：“夫不可变者，伦纪也，非法制也；王道也，非器械也；心术也，非工艺也。”③“遐稽德、法，考日本，其变法皆从改律入手。而其改律，皆运以精心，持之毅力，艰苦恒久而后成之。”④礼教派后期人物劳乃宣也支持变法。他说：“穷则变，变则通”，如“犹拘于成法以治之”，则“鲜不败矣”。故“法不得不变者，势也”⑤。

礼教派不反对变法，但是反对变法触动三纲五常封建礼义，提出修律“仍求合于国家政教大纲”。张之洞认为：“盖法律之设，所以纳民于轨物之中，而法律本质，实与经术相表里，其最著者为亲亲之义，男女之别，天经地义，万古不刊”，所以，修律首先要“正本”，保持“法律本质”，“窃维古昔圣王，因伦制礼，凡伦之轻重等差，一本乎伦之秩序，礼之节文，而合乎天理人情之至者也。《书》曰‘明五刑以弼五教’。《王制》曰‘凡听五刑之讼，必原父子之亲，立君臣之义以权之’。此我国立法之本也，大本不同，

① 沈家本：《进呈诉讼法拟请先行试办折》，转引自王沛：《我国人民陪审员制与美国陪审制度的比较研究》，《党史博采》2006年第9期。

② 《寄簃文存·法学通论讲义序》。

③ 张之洞：《劝学篇》，上海书店2002年版，转引自严文强：《清末礼教派法律思想的理性思考》，《江汉论坛》2007年第1期，第63－65页。

④ 袁世凯、刘坤一、张之洞：《会保熟悉中西律例人员沈家本等听候简用折》，载廖一中、罗真容主编：《袁世凯奏议》（上册），天津古籍出版社1987年版，第475页。

⑤ 劳乃宣：《桐乡劳先生遗稿·谈瀛漫录》。

故立法独异。我国以立纲为教，故无礼于君父者，罪罚至重。”“西国以平等立教，故父子可以同罪，叛逆可以不死，此各因其政教习俗而异，万不能以强合者也。”① 劳乃宣则认为新学是国家富强之根本，纲常礼教之道又是新学根本。在劳氏看来，礼教纲常是道，器则包括法律制度。“不变者道，而不能不变者，法也。”② 如果“修律而专主平等自由，尊卑之分，长幼之伦，男女之别一扫而空。不数年而三纲沦、九法败、纲纪法度荡然无存”。

“礼教派”强调保持社会的稳定、连续性，坚持审慎变法。张之洞认为中国变法修律，“必须将中国民情、风俗法令源流，通筹熟计，然后量为变通。庶免官民惶惑，无所适从”。主张从国情民俗出发，“运以精心，持以毅力”，再“期于民情风俗一无阻碍而后可”的渐进变法，反对“不察情势，贸然举行”“过于西制”的激进变革。劳乃宣也提出，虽不能“拘于成法以治之”，然而旧律基本精神、思想已深入人心，不可骤然改变。“欲举一世之法而悉变之”者，其意虽善，但偏激导致的危害甚于不变法。劳乃宣还从法律与道德之紧密联系的角度进一步论证法律“不可妄变”：“法律与道德诚非一事，然实相表里，必谓法律与道德教化毫不相关，实谬妄之论也。”“外国之俗重平等，而中国之俗重伦常，周孔之教，深入人心者，已数千年。所谓久则难变也。骤以外国平等之道施之，其凿枘也必矣。”他希望，不仅“刑律之修”而且“地方自治之规”“国民代表之制”皆能“次第发生”，“假以岁月”，国民爱国爱家之心“不期然而然”产生，变法修律根本宗旨也即达到。③

三、中华民国法律思想

（一）孙中山三民主义思想

孙中山在《民报》发刊词中，首次提出以民族主义、民权主义、民生主义为组成部分的“三民主义”学说。在革命形势推动下，旧三民主义发展为新三民主义。其主要内容是：

1. 民族主义

孙中山关于民族主义的理论，有一个形成、发展到成熟的过程。辛亥革命以前，孙中山坚决主张推翻清朝专制政府，代之以汉人政府，这一时期，孙中山的民族主义思想还局限在推翻清政府。辛亥革命以后，孙中山民族主义思想有了较大的发展，认识到民族统一的重要性。他在《临时大总统就职宣言》中提道：“合汉、满、蒙、回、藏诸地为一国，如合汉、满、蒙、回、藏诸族为一人，是曰民族之统一。”五四运动后，孙中山的民族主义思想达到一个新的最高境界。他在《国民政府建国大纲》中，提到民族主义应当是“对于国内之弱小民族，政府当扶植之，使之能自决自治。对于国外之侵略强权，政府当抵御之，并同时修改各国条约，以恢复我国际平等国家独立”④。即对内民族平等，对外反对帝国主义，实现民族独立。

---

① 《张文襄公全集·遵旨核议新编刑事民事诉讼法折》。

② 劳乃宣：《桐乡劳先生遗稿·新刑律修正案汇录序》。

③ 劳乃宣：《桐乡劳先生遗稿·新刑律修正案汇录序》。

④ 《孙中山选集》（下卷），人民出版社1956年版，第525－526页。

2. 民权主义

民权主义是孙中山三民主义学说及其宪政思想的核心。民权主义的目标就是推翻君主政体，实现民主共和，完成政治革命。孙中山的民权思想博大精深，体系完整，其主要内容，一是主权在民思想，这是孙中山民权主义思想的核心；二是直接民权思想，要求人民广泛享有选举权、罢免权、创制权和复决权；三是以“权能分治”为理论基础的“五权宪法”思想，是为宪政时期设计的国家根本大法，是孙中山法律思想中的重要内容；四是“建国三时期”思想，是关于建设民主共和国家的方法和步骤的构想；五是实行地方自治的思想，以培养人民的自治能力，造成真正的全民政治；六是“以党治国”的政党政治思想，主张一党制，以党义治国。

3. 民生主义

孙中山把民生主义归纳为土地问题和资本问题的解决。他曾指出：“国民党对民生主义定了两个办法，便可以解决中国的民生问题。”孙中山认为要取消地主对农民的剥削，必须改变土地私有制度，通过核定地价，按价收税，增价收归国有的办法，解决土地国有问题。在他的晚年，他还认识到使农民获得土地，是民主革命的任务之一，也是民生的关键问题，因此对平均地权作了新的解释，即实行“耕者有其田”。为了避免垄断资本主义的发生，他主张必须有国家对可能形成垄断的私人大资本予以限制，即“节制资本”。

三民主义是孙中山政治思想的主体和精华，孙中山逝世后，国民党继续发扬三民主义精神，强调立法必须坚守三民主义的精神和原则。“其立法方针，要把三民主义的精神，融会贯通于中国的法典之中。”三民主义成为以后南京国民政府立法的指导思想。

（二）五权宪法思想

孙中山的五权宪法学说是其法律思想中最重要的内容，也是其三民主义理论的核心——民权主义的集中表现。孙中山认为民权就是“以人民管理政事”①，就是人民所享有的选举、罢免、创制、复决权，这些权利可概括为“政权”。同时，孙中山引用三国时期蜀国皇帝刘禅有“权”无能与诸葛亮有“能”无权的关系，提出了“政权”与“治权”分离的理论：“政是众人之事，集合众人之事的大力量，便叫做政权；政权可以说是民权。治是管理众人之事，集合管理众人之事的大力量，便叫做治权；治权可以说就是政府权，所以政治之中，包含有两个力量：一个是政权，一个是治权。这两个力量，一个是管理政府的力量，一个是政府百身的力量。”②

政府的“治权”具体应如何设置，孙中山在考察欧美宪法，并在参酌中国古代考试制度和监察制度的基础上，形成了五权宪法理论。1906年11月，在《与（俄国社会革命党首领）该鲁学尼等的谈话》中，第一次提出了“五权分立”的思想：“希望在中国实施的共和政治，是除立法、司法、行政三权外还有考选权和纠察权的五权分立的共和政治。”③ 他认为西方国家的三权分立制度并不完善，立法机关兼掌监察的体例，会造成议会专权，所以监察机关要独立。对官吏选拔，因没有明确的考试制度，易导致“盲从滥选及任用私人”。虽然英美开始逐步效仿考选制度，“但是他们只能用于下级官吏，并且

---

① 《孙中山选集》（下卷），人民出版社1956年版，第662页。
② 《孙中山全集》（第1卷），中华书局1981年版，第319页。
③ 《孙中山全集》（第1卷），中华书局1981年版，第330页。

考选之权仍然在行政部之下，虽少有补救，也是不安全的”①。考选权“必须成了独立机关才得妥当”②。中国古代举行考试和监察的独立制度，有很好的成效。因此，孙中山在1906年12月的《民报》创刊周年纪念会上第一次提出了五权宪法的理论：“兄弟的意思，将来中华民国的宪法是要创一种新主义，叫做‘五权分立’。”这五权便是立法权、行政权、司法权、考试权和监察权，根据五权分立原则制定的宪法被称为“五权宪法”。

“权能分治”“五权宪法”的理论和学说，是孙中山政治法律思想中最引人注目之处。孙中山自己也认为：“五权分立，这不但是各国制度上所未有，便是学说上也不多见，可谓破天荒的政体。”五权分立学说的提出进一步充实了孙中山的“三民主义”理论。他在《宣传造成群力》一文中解释到：“五权宪法是根据三民主义的思想，用来组织国家的。……三民主义和五权宪法，都是建国的方略。”③

（三）训政保姆论

在建设民主共和国的方法和步骤等问题上，孙中山提出了“建国三时期”与“训政保姆论”等构想，后来成为南京国民政府致力于全国政权和法制建设的理论基础。

“训政保姆论”从“建国三时期”说发展而来，“建国三时期”思想又称革命程序论、民权建设三时期说。孙中山较早认识到民主共和国家的建立是一个渐进的过程，在1906年为同盟会制定《中国同盟会革命方略》时，孙中山就将建立共和国的程序分为“军法之治”“约法之治”和“宪法之治”三个阶段。在1914年制定《中华革命党总章》和1924年撰写《建国大纲》时，他把上述三个时期改称为“军政时期”“训政时期”“宪政时期”，其中第二时期由“约法之治”改称“训政时期”。在军政时期，一切制度悉隶于军政之下。政府一面用兵以扫除国内之障碍，一面宣传主义，以开化全国之人心，而促进国家之统一。在训政时期，政府当派曾经训练考试合格之人员，到各县调查户口，测量土地，办理警卫，修筑道路，训练国民，行使政权（即选举权、罢免权、创制权、复决权）。在宪政时期，中央政府设立五院，曰立法院、曰行政院、曰司法院、曰考试院、曰监察院。同时，由立法院本建国大纲及训政、宪政两时期之成绩，议定宪法草案。至全国有过半数省份完成自治，即召开国民大会，决定宪法而颁布之。“宪法颁布之日，即为宪政告成之时，而全国国民，则依宪法行全国大选举，国民政府则于选举完毕之后，三个月解职，而授政于民选之政府，这是建国之大功告成。”

在军政、训政、宪政三时期中，孙中山认为关键在于训政。他认为训政是实施宪政的过渡时期，是实现民权的必经途径。在孙中山看来，长期生活于旧制度下的中国人民，“大多数都是不知不觉的人”，对民主政治是陌生的，为使人民适应新的政治制度，必须训练，使其懂得民主政治，养成共和国国民应具备的资格。同时，孙中山经过考察欧美资本主义国家的历史和现状，结合中国传统与实际，借鉴了俄国布尔什维克党的经验后，提出了“以党治国”的理论。孙中山认为，西方资本主义国家的两党制或多党制有很大弊端，主张中国应像十月革命后的苏俄一样，实行一党制，由国民党来单独承担领导和治理中华民国的责任。他认为中国国民党是能担负起中华民国治理责任的唯一政党，革命者在

---

① 《孙中山全集》（第1卷），中华书局1981年版，第330页。

② 《孙中山全集》（第1卷），中华书局1981年版，第331页。

③ 《孙中山全集》（第1卷），中华书局1981年版，第563－564页。

取得政权建立政府以后，应以国民党为掌握政权之中枢，用三民主义统一国人的思想。孙中山特别强调了训政时期国民党的责任，提出了“训政保姆论”的主张，主张“训政”时期应由国民党担负起训导国民行使“政权”的责任。

南京国民政府发扬了孙中山的“训政保姆论”，将其作为立法的指导思想，其中心思想是以国民党主持政权，掌握国家政治、经济、军事等各项权力，同时以政治保姆的身份教育国民，训练其行使政权的能力。

第二节 立法活动

一、太平天国立法

（一）立法概况

1851 年 1 月金田起义，洪秀全便向全军发布五条纪律：“一遵条命，二别男行女行；三秋毫莫犯；四公心和傩，各遵头目约束；五同心合力，不得临阵退缩。”这是太平天国法制的开端。同年 9 月太平军攻克永安城（今广西蒙山县）后，洪秀全为建立新的社会秩序，颁布了早年他与冯云山共同制定的以拜上帝会教规为基础的《十款天条》。次年春天，又制定了用于加强军纪的《太平条规》。上述法纪为太平天国初期的法制。

1853 年太平天国定都天京后，在东王的主持下，建立中央和地方政权组织，健全各项制度，初步形成了一套自己的军政法度，其中最重要的是制定和颁布了《天朝田亩制度》和《太平刑律》。自此到公元 1856 年，是太平天国革命形势高涨时期，是太平天国法制发展和粗具规模的阶段。公元 1856 年天京事变后，虽然洪仁玕提出了著名的《资政新篇》等，但收效甚微，已无法挽救天朝法纪衰败的势头。

此外，天王颁布的诏书、诰谕、命令、条例等，也都具有法律效力，是太平天国法律的组成部分。

（二）立法特点

1. 宗教性

太平天国以拜上帝教作为革命理论，因此在法制中体现出强烈的宗教性，《十款天条》和《太平条规》作为太平天国革命早期最重要的戒律，被用以代替刑律约束将士。其中，《十款天条》格式仿“摩西十诫”，开宗明义说：“十款天条是皇上帝所设”，其中有四款直接体现宗教的根本要求：“第一天条崇拜皇上帝”，第二天条是“不好拜邪神”，第三天条是“不好妄题皇上帝之名”，第四天条要求教众“七日礼拜颂赞皇上帝恩德”，否则均是“犯天条”。与此相适应，主要作为军纪使用的《太平条规》也要求将士必须“恪遵天令”“熟识天条赞美诗朝晚礼拜感谢规矩”等。[①] 除此之外，太平天国还编纂了宗教法制读本《天父诗》《幼学诗》《天父下凡诏书》。

《天朝田亩制度》对官民遵守教义有基本规定：“凡天下官民，总遵守十款天条及遵

① 参见《太平天国》（第 1 册），上海人民出版社 1957 年版，第 311－326 页。

命令尽忠报国者则为忠，由卑升至高，世其官；官或违犯十款天条及逆命令受贿弄弊者则为奸，由高贬至卑，黜为农。"① 同时，约束和禁止在形式上信奉不力的行为，对违反宗教仪式的官吏课以重罚，"凡天下诸官，每礼拜日依职分虔诚设牲撰奠祭礼拜，颂赞天父上主皇上帝，讲圣书，有敢怠慢者黜为农"②。对于宗教仪式基本表现形式的听"讲道理"，更是有着严厉的刑法要求，内外官民每礼拜日要分成男行女行在礼拜堂听讲道理，而各中下层官员更要轮流到礼拜堂讲圣书教化民众，虔诚颂赞祭奠天父上主皇上帝。凡传令听讲道理，官员如有无故不到者枷七个礼拜，责打一千，再犯即斩首不留。

建都天京后，太平天国编制了较系统的刑事法规，后世总称为《太平刑律》。其中有14条直接反映宗教崇拜，或以上帝或天父的名义定立罪名。

2. 封建性

太平天国法制宗教色彩的外表下掩盖的是其封建性的实质。表现在三个方面，其一是维护君主专制制度。洪秀全东乡称王后，逐步建立起君主专制政权，并在法律上予以确认。他规定："天朝严肃地，咫尺凛天威，生杀由天子，诸官莫得违。"③ 违反天王诏旨，就要依法处以重刑："讲偏一句法当诛"，"有心逆旨要斩首"④，天王权力凌驾一切，任何臣民如有违反或破坏，就要受到刑法制裁，严惩不贷。其二是维护森严的等级制度。太平天国文件《太平礼制》对各王及其妻子、儿、女、各级官员，以及包括亲戚在内的称呼，都作了品秩严明的规定，如称呼幼主为万岁，称呼王长女臣下天长金，百姓将士须牢记在心，不得呼错，否则将招致严惩。同时对不同等级官兵的服饰、仪仗、卫队、舆马等也有规定，并要求严格执行。其三是严刑重罚，株连无辜。太平天国对农民起义内部的违法行为，动辄使用死刑，而且任意株连，一人宿娼，全家抄斩，一人叛变，全营斩首。这种做法严重破坏了内部团结。

3. 进步性

太平天国的《天朝田亩制度》是1853年定都天京后颁布的基本建国纲领。首先，它规划了以土地制度为核心的经济、政治以及社会改革方案，主张土地天父所有，平分农民耕种，设立圣库制度，平均分配劳动成果，以实现"天下一家，处处平均，人人饱暖"⑤的理想社会，体现了对封建土地所有制的根本否定。其次，太平天国后期法律提倡具有民主精神的诸多制度，如《资政新篇》为了消弭太平天国内部的宗派分裂活动，主张"禁朋党之弊"，"权归于一"；为了加强政权建设，提出必须严禁私门请谒、卖官鬻爵，推行地方自治；为了发扬公议，计划设立告密箱以及新闻官等。在社会改革方面，为了移风易俗，它认为必须禁止庙宇寺观；为了整顿风尚，它主张必须禁骄奢之习，禁溺杀子女，禁烟酒鸦片；为了人民安居乐业，消除疾苦，它提倡兴建医院，筹设跛盲聋哑院、筹设鳏寡孤独院等社会福利设施。在经济方面，造羚船；开设银行，兴办保险；奖励发明，保护专利，以及鼓励开矿、发展站政等。法制方面，它强调"宜立法以为准"，并主张改革刑罚，善待轻犯等。《资政新篇》是认真总结太平天国革命经验教训的结果，同时吸收了西

① 《太平天国》（第1册），上海人民出版社1957年版，第321－326页。
② 《太平天国》（第1册），上海人民出版社1957年版，第231－235页。
③ 《太平天国》（第1册），上海人民出版社1957年版，第231－235页。
④ 《太平天国》（第2册），上海人民出版社1957年版，第436－489页。
⑤ 《太平天国》（第1册），上海人民出版社1957年版，第321－332页。

方资本主义国家的经验，体现出资本主义倾向。再次，太平天国的婚姻立法一定程度上体现了男女平等理想。妇女可以参军，出任文武官职以至将帅；提倡一夫一妻制，反对买卖婚姻，准许结婚自主，允许寡妇再嫁；禁止纳妾、买卖奴婢、缠足，严禁娼妓。婚姻立法，在一定程度上维护了妇女权益。

二、清末立法

（一）立法概况

在宪法方面，1908 年 8 月 27 日，清廷颁行《钦定宪法大纲》。1908 年 7 月颁布《各省谘议局章程》及《谘议局议员选举章程》。1909 年 8 月颁布《资政院院章》。1911 年清廷将灭亡之际，又出台了以缩小皇帝权力、扩大国会和总理权力为内容的《宪法重大信条十九条》（简称《十九信条》），但《十九信条》不久便同清朝一起成为历史。在刑事立法方面，1910 年 5 月，作为推行新律基础的过渡性法典《大清现行刑律》公布施行，1911 年 1 月沈家本主持编纂的《大清新刑律》公布，未及施行，清廷即告覆亡。1908 年，清廷颁布《违警律》，与《大清新刑律》相辅而行，是我国第一部单行治安法规。在民商事立法方面，1911 年，修订法律馆与礼学馆完成《大清民律草案》，这是我国历史上第一部民法典。1904 年 1 月商部编定告成《钦定大清商律》，并奏准颁行，由《商人通例》与《公司律》组成，成为中国历史上第一部参酌西法制定的独立的商法典。1904 年至 1905 年间，商部还制定了《公司注册试办章程》《商标注册试办章程》《商标注册试办章程细目》与《破产律》。1907 年官制改革后，商事立法改由修订法律馆负责，1908 年，修订法律馆聘请日本法学博士志田钾太郎协助起草《大清商律草案》，但未及完稿，清廷便已覆亡。而这一时期未及颁行的商法草案还有《交易行草案》《破产律草案》《保险规则草案》《改定大清商律草案》等。此外，清廷已颁布的商事法规有《银行则例》《银行注册章程》《奖励华商公司章程》《大小轮船公司注册给照章程》等。在行政立法方面，1908 年 2 月制定《结社集会律》。1908 年 4 月颁布《违警律》。1909 年 2 月颁行《国籍条例》及实施细则。此外，主管民政、教育的清廷中央部门还先后颁布了《暂定京师调查户口规则》《户口管理规则》《调查户口执行法》《各学堂管理通则》等行政管理法规。在诉讼法与法院编制法方面，1906 年，沈家本、伍廷芳起草了《刑事民事诉讼法》。该法律草案吸收了西方的律师制度与陪审制度，是中国法律史上第一个单一的诉讼法规。但在张之洞为首的部院督抚大臣的反对下，这部诉讼法草案被搁置。后因仿行立宪的需要，又将诉讼法分为刑事、民事两种，重新编纂。于 1911 年初，完成了《刑事诉讼律草案》和《民事诉讼律草案》。由于拟成不久清朝即告灭亡，这两部诉讼草案均未审议颁行。1907 年编成《各级审判厅试办章程》，1909 年经宪政编查馆详核开始施行。1906 年在官制改革中，拟订颁行了《大理院审判编制法》。1910 年清廷颁行了中国第一部全国性的法院组织法《法院编制法》。

（二）立法特点

1. 建立了新的法律体系

由于中华法系“以刑为主，诸法合体”的特点，中国古代不存在调整不同法律对象的部门法。清末修律后，颁布了宪法，并将民法从刑法中独立开来。商部采用西方“民商分立”的体制，还制定了《大清商律草案》及《公司律》《票据法》《商人通例》等单行商事法规。1906年，《刑事民事诉讼法》编成，诉讼法也从实体法中分离出来，后来又以德、日等国诉讼法为蓝本，编成《刑事诉讼律草案》和《民事诉讼律草案》，刑事诉讼法与民事诉讼法有了各自独立的法典。这些立法成果，初步形成了后来被人们所概括的“六法”。诸法合体的传统法律体系被突破，一种新的法律结构模式出现了。

2. 师法大陆法系德日分支

清末修律的主要方法是立法移植，师法大陆法系德日分支来构建新的法律体系。不仅大量翻译大陆法系的法律文献，同时聘请日本法学专家培养法学人才，并参与立法工作。在各项法律的制定上，也广泛吸收德国与日本的立法成果。如在政治制度的立法方面，以日本宪政为依归，于1908年制定了《钦定宪法大纲》；在民商事的立法方面，清廷以“注重世界最普通之法规”“原本后出最精确之法理”为编纂指导思想，仿照《日本民法典》和《德国民法典》于1911年完成了《大清民律草案》；在刑事立法方面，聘请日本法学家冈田朝太郎帮同考订《大清新刑律》。清末修律最终选择师法德国与日本的法律有多方面的原因，一方面德日两国在社会情况与法律传统文化心理上近似，封建统治较长，仍保留帝制与很多传统。特别是日本，法律传统上与中国同出一源，同属中华法系。另一方面德日两国法律继承发扬了罗马法的精髓，是促使两国经济发展国力强盛的重要原因，因此，移植德国与日本的法律是历史的必然选择。而这种立法移植，奠定了近代法制各时期的发展方向，使中国法制走上了大陆法系的道路。

3. 立法具有妥协性、不彻底性

立法过程中，新旧派冲突激烈，礼教派论争及清廷的压制，使得许多体现西方先进法治思想的内容难以通过。如1906年的《刑事民事诉讼法草案》，摒弃了传统的礼法合一的思想，对法律与道德的界限作了区分，但由于礼教派的强烈反对而被搁置。以后诸法的修订，无不与这样的情况相伴相随，鉴于统治者的需要及其同传统礼教派的妥协，修律者不得不一再修改法律，保留了相当一部分封建时代的立法内容。法理念上也未真正完成法治主义的思想转变。比如说，《钦定宪法大纲》制定的目的并不是限制王权，恰恰相反是维护王权，这与现代的宪政思想以及法律至上观念背道而驰；而平等也是有限的平等，立法仍确认了许多不平等关系，如规定嫡庶有别、妻为限制行为能力人等。同时，尽管法律从礼中独立出来，摆脱了礼法结合的传统，但法中仍有礼的不少成分。这些都说明了清末立法的妥协性与不彻底性。

三、中华民国南京临时政府立法

（一）立法概况

1. 宪法

1911年10月10日武昌起义成功，10月11日，中华民国湖北军政府成立，随即公布并实施了由宋教仁起草的《鄂州临时约法》，这是中国资产阶级拟定的第一个具有宪法性质的地区性重要文件。同一时期相似的立法还有《江西省临时约法》《江苏军政府临时约法》《浙江军政府临时约法》《蜀军政府政纲》《贵州宪法大纲》等，各省纷纷订立临时约法，响应武昌起义。同年12月2日，在汉口召开的各省代表会上，推选江苏代表雷奋、马君武、湖北代表王正廷三人为起草委员，拟定《中华民国临时政府组织大纲草案》。同月 3 日《中华民国临时政府组织大纲》在汉口通过。这部法律还只是一个政府组织法，但是起着临时宪法的作用。1912 年元旦，中华民国南京临时政府宣告成立，同年 3 月 11 日，公布《中华民国临时约法》，这是中国历史上唯一的资产阶级共和性质的宪法性文件。同年 4 月 1 日，孙中山公布《中华民国参议院法》。

2. 其他立法活动

南京临时政府从 1912 年元旦成立，到 4 月上旬北迁为止的短短三个多月中，还先后颁布了一系列法律、法令、条例、章程。

这一时期的行政性法规主要有：政府组织法规，包括《中华民国临时政府中央行政各部及其权限》《各部官制通则》；整顿吏治的法规，有《令内务部总长慎重用人文》《严禁官吏违法令》；整饬军纪的法规，有《维持地方治安临时军律》《禁止私自招兵募饷文》《陆军部通饬各军队严禁军人冶游聚赌文》等。社会性法规主要有《命内务部晓示人民一律剪辫令》《令内务部通饬各省劝禁缠足文》等革除社会陋习的法规；有《严禁鸦片通令》《令内务部通饬禁烟文》和内务部发布的禁烟禁赌的法规；有教育部发布的《普通教育暂行办法》《普通教育暂行课程标准》和《教育部禁用前清各书通告各省电文》等改革发展教育的法规；有《关于满蒙回藏各旗待遇之条件》等和睦民族关系的法规。临时政府同时颁布了一系列保障人权的法规，如《令内务司法两部通饬所属禁止刑讯文》《司法部咨各省都督禁止刑讯文》《令内务部禁止买卖人口文》《令外交部妥筹禁绝贩卖“猪仔”及保护华侨办法文》《令广东都督严禁贩卖“猪仔”文》《令内务部通令蛋户惰民等一律享有公权私权文》《保护人民财产令》等。临时政府还颁布了发展经济的法规。如在兴办和保护实业方面，有《令内务部通饬各省慎重农事文》及为数众多的兴办和保护实业的法令和规章。财政金融方面，有《暂行印花税法》《中华民国军需公债章程》《中国银行则例》《金库则例》《会计法草案》等，其中《暂行印花税法》是当时完成立法程序的第一部税法。

（二）立法特点

1. 具有资本主义制度的特征

中华民国南京临时政府作为中国历史上第一个资产阶级共和制的国家政权，在资产阶级自由、平等、博爱思想的指导下，以“建设共和，倾覆专制”为其立法的基本原则。《中华民国临时约法》以国家宪法的形式确定了中华民国的国体和政体，按照西方资产阶级“三权分立”原则，在中国建立实行议会制和责任内阁制的资产阶级共和国。这从政体上扫除了数千年封建专制政治，实现了向民主共和政治的伟大进步。随后颁布的大量经济法规，以振兴实业、发展民族资本主义经济为目的，如制定了数量较多的银行法，又参照西方国家有关法规拟定《商业注册章程》，这些法规具有资本主义制度特征，有利于中国资本主义的发展和巩固。

2. 立法成果显著，但缺乏体系化

中华民国南京临时政府虽然仅仅存在了三个月（1912 年 1 月至 4 月），但以孙中山为首的革命党人对法制建设却高度重视，并且取得了显著成果。在孙中山督促下，作为大总统直辖的重要立法机构的法制局很快成立，投入了工作。在宋教仁主持下，草拟、审核了许多法律法规，据不完全统计，南京临时政府共制定了上百项涉及政治、经济、军事、文教等有利于资产阶级民主政治和资本主义发展的法律法规。但是，立法的计划性不强，法制缺乏体系性。南京临时政府对民刑法典和诉讼法均未制定颁行，因而采取了临时措施，即沿用清末部分法律。这些产生于清末的法典、法规虽然具有某些资本主义的法律特征，但旨在维护地主阶级利益与封建礼教，与资产阶级革命精神背道而驰，而禁烟、禁止贩卖人口、禁止体罚等规范，均以大总统饬令的形式发出，其约束力不强，具体操作也有一定困难。

四、中华民国北京政府立法

（一）立法概况

1. 宪法

1913 年《中华民国宪法草案》完成，又称《天坛宪草》。这部宪法坚持了《中华民国临时约法》的精神实质，但是由于阻碍了袁世凯专制独裁，被袁世凯破坏。1914 年 5 月，袁世凯授意和操纵下的《中华民国约法》出台，被称为“袁记约法”。1923 年 10 月，在直系军阀首领曹锟的威逼利诱之下，国会选举曹锟为大总统。其后，不到一周时间内，完成《中华民国宪法》的制定，同年 10 月 10 日正式公布实施，被称为“贿选宪法”。该宪法以《天坛宪草》为基础增删而成，是北京政府时期唯一一部正式颁布的宪法，也是中国第一部正式“宪法”。

2. 其他立法活动

在刑事法律方面，中华民国北京政府 1912 年将《大清新刑律》加以删修，更名为《暂行新刑律》，作为中华民国的刑律颁布执行。1914 年，实施《暂行新刑律补充条例》。以后又拟定了 1915 年《刑法第一次修正案》和 1919 年《刑法第二次修正案》。同时，颁布了大量的单行刑事法规，包括《官吏犯赃治罪条例》《徒刑改遣条例》《易笞条例》《惩治盗匪法》《陆军惩罚令》《陆军刑事条例》等。在民商事法律方面，1914 年，法律编查会以《大清民律草案》为基础，结合各省民商事习惯，参照各国最新法例，开始修订民律。1926 年完成民事总则、债、物权、亲属、继承五编草案，史称《民律第二次草案》。但不久后段祺瑞政府垮台，未能正式通过。另外，根据社会实际需要，北京政府颁行了许多民事单行法，如《著作权法》《商标法》等。在商事法规方面，最初依据的仍旧是清末《公司律》和《公司注册试办章程》，后于 1914 年 1 月由北京政府正式颁布实行《公司条例》。其他商事法包括：《商人通例》《商会法》《商标法》《破产法草案》《公司法草案》《票据法草案》《海船法草案》《保险契约法草案》等。在行政法方面，北京政府在行政管理方面的立法主要有：《戒严法》《官吏服务令》《治安警察法》《出版法》《司法官惩戒法》《违警罚法》等。在诉讼法上，北京政府初期适用前清法律，在清末《刑事诉讼律草案》与《民事诉讼律草案》基础上修订《刑事诉讼条例》与《民事诉讼条例》，在行政诉讼立法上，1914 年 7 月颁行《行政诉讼法》，这是中国历史上首部行政诉讼法。

（二）立法特点

1. 大量援用前清法律

北京政府时期，大量援用清末颁布或草拟的法律。1912 年 3 月 10 日，袁世凯在北京就职当天，就以大总统名义发布了《暂准援用新刑律令》，规定除与民国国体抵触各条应失效力外，清末修律的成果均暂行援用。因此，《大清新刑律》被改名为《暂行新刑律》，稍加删修予以公布。民事案件仍照前清《大清现行刑律》中的民事部分处理。在诉讼程序方面，司法部于1912年、1915年、1919年三次以部令要求各级审判厅援用前清《民事诉讼律草案》关于管辖、回避的规定，同时先后多次呈准政府暂援用前清《刑事诉讼律草案》关于管辖、再理、执行及回避各编的规定。此外，前清颁布《法院编制法》《商律》《违警律》《禁烟条例》《国籍条例》等，均被北京政府援用。

2．法律渊源繁多，导致法律适用上的复杂

北京政府时期，除援用清末部分法律外，还制定大量的单行法规，包括行政立法方面的《国务院官制》《中央行政官官等法》《文职任用令》《文官高等考试法》《纠弹法》《文官惩戒条例》等；刑事方面包括《官吏犯赃治罪条例》《徒刑改遣条例》《易笞条例》《惩治盗匪法》《惩办国贼条例》等；诉讼法方面有《民事非常上告条例》《民事诉讼条例》《民事简易程序暂行条例》《刑事诉讼条例》《刑事简易程序暂行条例》《行政诉讼法》等。对法无明文规定的事项，援用民间习惯、大理院判例、解释例、近代法理、法律草案甚至外国法律，作为裁决的依据。诸多法律渊源在一定程度上弥补了制定法对社会关系涵盖面上的不足，也导致法律适用上的复杂多变及判决结果的不统一。

3．强调“隆礼”与“重刑”

北京政府一方面“以礼教号召天下”，另一方面“以重典胁服人心”。维护封建的伦理纲常，始终是北京政府立法的重要原则，因此，《暂行新刑律》完全保留了《大清新刑律》中有关礼教的内容，而此后的《暂行新刑律补充条例》和第一次《修正刑法草案》又重新吸收了《大清新刑律》中“亲属相犯”的内容，并增加“亲族加重”一章，规定卑幼对直系亲属犯罪加刑二等，对旁系尊亲属犯罪加刑一等，并不得对尊亲属使用“正当防卫”。北京政府以严刑峻法镇压人民反抗，颁布不少特别法，如《私盐治罪法》《惩治盗匪法》《陆军刑事条例》等，充分暴露出其反动性。

五、中华民国国民政府立法

（一）立法概况

中华民国国民政府划分为前后两个阶段：前一阶段是1925年7月该政府在广州成立（1927年因北伐战争而迁址至武汉）至1927年7月汪精卫背叛革命。这一时期的国民政府是由经孙中山先生改组的国民党，在共产党帮助下以孙中山于1923年建立的大元帅府为基础成立起来的，史称广州、武汉国民政府。后一阶段始于1927年，以蒋介石为代表的国民党右派势力发动“四·一二”反革命政变，同年4月8日在南京另建所谓“国民政府”，至1949年中华人民共和国成立后，迁至台湾。

1．广州、武汉国民政府立法概况

孙中山重新解释了三民主义，在“联俄、联共、扶助农工”新思想的指导下，广州、武汉国民政府在劳动立法、土地立法以及刑事立法上取得很多成果。在劳动立法方面，1922年通过立法程序，制定了中国第一个工会法《暂行工会条例》，1924年公布实施了《修正工会条例》；在土地立法方面，1924年7月正式颁布《农民协会章程》，1927年拟订《农民运动委员会组织大纲》，1926年10月确定实行“二五减租”政策，1927年5月又颁布《保护佃农法》10条；在刑事立法方面，1925年公布《陆军刑律》，1926年公布

《党员背誓罪条例》，1927 年公布《国民政府反革命罪条例》以及《处分逆产条例》。

2. 南京国民政府立法概况

在宪法方面，1928 年 10 月，国民党中央常务会议通过具有宪法性质的《训政纲领》，1931 年 6 月公布《训政时期约法》，1936 年 5 月完成《中华民国宪法草案》，即《五五宪草》。由于抗日战争爆发，此宪草草案没有成为正式宪法。1947 年 1 月 1 日公布《中华民国宪法草案》，并于 12 月 25 日正式施行。国民政府还制定了宪法类特别法，包括《戡乱总动员令》《动员戡乱完成宪政实施纲要》《动员戡乱时期临时条款》等。在刑事立法方面，1928 年 3 月 10 日公布南京国民政府的第一部刑法典，即《二八刑法》，1935 年 1 月 1 日公布南京国民政府第二部刑法典，即《三五刑法》。还制定通过了《惩治盗匪暂行条例》《暂行反革命治罪法》《惩治绑匪条例》《海陆空军刑法》《陆海空军惩罚法》《危害国民紧急治罪法》《维持治安紧急办法》《惩治汉奸条例》《妨害兵役治罪条例》《国家总动员法》《惩治盗匪条例》等单行刑法。在民事立法方面，1929—1931 年间依次颁行了民法典。之后，又分别颁布了各编的施行法。此外，南京国民政府还公布了很多民商事单行法规，包括《公司法》《票据法》《海商法》《船舶法》《交易所法》《保险法》等。在诉讼法方面，1928 年在北京政府《刑事诉讼条例》的基础上，拟定了《刑事诉讼法》草案，同年 7 月公布，是国民政府第一个刑事诉讼法。1935 年 1 月公布了修正后的第二部《刑事诉讼法》。南京国民政府还颁布了很多单行条例，包括将《共产党人自首法》《提审法》《公设辩护人条例》作为补充。1931 年 2 月完成并公布第一部《民事诉讼法》，1935 年 2 月正式公布了第二个《民事诉讼法》。制定了《破产法》《强制执行法》等法规。在行政法方面，南京国民政府制定公布了大量行政法规，包括内政、财政、经济方面。如《国籍法》《工会法》《渔会法》《银行法》《矿业法》等。

以上宪法、刑法、民法、刑事诉讼法、民事诉讼法、行政法统称六法，“六法”及相关的单行法律、法规的汇编，被称为《六法全书》。

（二）立法特点

1. 正式建立了“六法”体系

南京国民政府一建立就宣布援用以前的一切法律，它的基本法典法规是在清末和北京政府法律的基础上，大量增加资本主义法律条文而形成的，同时又搬用了 20 世纪二三十年代德、意、日国家某些法律原则和规范，完成了自清末以来按照西方国家法律模式建立现代法律体系的过程，正式颁布了中国历史上最接近西方国家文明的各种基本法典，建立了“六法”体系。“六法”体系的建立标志着自清末修律开始的中国法律近代化进程的初步完成。这一进程，以清末修律为肇端，但清朝政权的覆灭使其无法完成这一历史任务，而北洋政府政局动荡，中央政权更迭频繁，法制近代化进程时断时续，南京国民政府的立法者完成了这一工作，将近代法制推向了最为完备的阶段。

2. 吸收世界上先进的经验与保留民族传统相结合

南京国民政府“六法”体系的确立，很大程度上吸收了西方各国在法制建设上的经验，同时也保留了中国固有法律的传统。以民法典为例，这部法典的制定于 1929 年 1 月启动，历时近一年，在 1929 年 11 月通过并公布。民法典各编的起草，以大陆法系各国民法为主要参考，尤其参照德国民法、瑞士民法中的多项制度和条文。同时，也参考了法国、日本及苏联的民法规定。20 世纪后西方国家民事立法在私法原则方面出现了一系列变化和调整，比如对所有权无限制原则进行修正，而这一点被《中华民国民法》吸收，将《大清民律草案》中吸收的绝对所有权原则改为相对所有权原则。同时，民法典也接受了当时较先进的法学理论的影响，如在当时世界上较先进的法社会学理论的影响下，在立法准备工作中进行了广泛的民事习惯调查，在立法宗旨及法典条文中，强化了对“私法社会化”精神的把握和采纳。同时，民法典也保留了很多固有传统，如在《物权篇》保留典权制度，在《亲属篇》设“家”一章。这些都表明在如何结合西方经验与民族传统的问题上，南京国民政府有了进一步的探索。

3. 特别刑法占有特殊地位

南京国民政府颁布了名目繁多的特别刑法，其效力高于普通法律，这些特别法尤以刑事特别法居多，如 1927 年的《惩治盗匪暂行条例》、1928 年的《反革命治罪法》、1931 年的《危害民国紧急治罪法》、1936 年的《维持治安紧急办法》、1947 年的《戡乱总动员令》、1948 年的《特种刑事法庭组织条例》，这些法律大都是以消灭共产党和解放区，镇压各阶层人民为目的，是其专制思想法律化的具体表现。

小 结

中国的法制近代化是一个在内忧外患之下，伴随着激烈社会变革的法律变化过程。在这一过程中，以皇权为中心，以重刑轻民为表征的古老的中华法系逐渐式微。西方法制文化的东渐与冲击，使一部分优秀的中国人在比较中看到中国法制的落后和资本主义法制的优越，从而怀疑、否定、反叛封建法统和观念。以农民为主体的太平天国政权，反对封建纲常礼教，追求处处均匀、人人饱暖的理想，领导层还提出了资本主义色彩的纲领性法律文件《资政新篇》。迫于内外压力，清政府启动清末修律，以国家法律的形式对社会变化作出调整。《大清新刑律》以及《大清民律草案》的修订，打破了中国固有的诸法合体、民刑不分的立法形式，出现了许多独立的部门法，标志着封建法系进一步解体。清末所订的法律，虽大都因清朝的迅速灭亡而未及实行，但却为后来的北洋政府所沿用。孙中山领导的资产阶级革命彻底推翻帝制，使中国法制进入新的历史时期，其后经过数次立法，南京国民政府最终确立了师法德国、日本的“六法”体系。

思考题

1. 试论西方法律文化对中国法制近代化的影响。
2. 试论洪仁玕的法律思想。
3. 试论孙中山的法律思想。
4. 试论法理派与礼教派变法思想的差异。
5. 试列举近代中国的宪法及宪法性文件。
6. 思考近代中国法制为何最终走上大陆法系的道路。

第十三章　立宪活动与宪法制度

第一节　清末的“预备立宪”与宪法制度

一、清末“预备立宪”的背景与活动

（一）清末“预备立宪”的背景

已发生变化的经济、文化、社会组织结构，是清末“预备立宪”发生的社会条件；轰轰烈烈的太平天国运动、义和团运动和资产阶级革命运动，动摇了清朝政权的根基，对清末“预备立宪”的发生具有重大的政治影响；资产阶级立宪运动的发展和清朝统治集团内部君主立宪势力的活动，促进了清末“预备立宪”的发生；1840 年以来，列强发动的一系列侵略战争及其逼迫清政府签订的各个不平等条约，是清末“预备立宪”发生的外在条件；1905 年，君主立宪的日本战胜君主专制的沙俄的日俄战争结果，是清末“预备立宪”发生的催化剂。

（二）清末“预备立宪”的活动

在各种矛盾交织的内外交困局面下，清朝政治统治已走到了再也不能照旧统治下去的地步。为了稳定政权、维护统治，清末统治者打出了“仿行宪政”的旗帜，开展了一系列“预备立宪”活动。

（1）1905 年派载泽、戴鸿慈、徐世昌、端方等五大臣考察欧美日各国政治。来年回国后，他们向清廷所上的奏折论述了立宪的必要性：“观于今日，国无强弱，无大小，先后一揆，全出宪法一途，天下之计，居可知矣。”“窃维宪法者，所以安宇内，御外侮，固邦基，而保人民者也。环球大势如彼，宪法可行如此，保邦致治，非此莫由。”同时指出：“凡国之内政外交、军备财政、赏罚黜陟、生杀予夺，以及操纵议会，君主皆有权以统治之。论其君权之完全严密而无有丝毫下移，盖有过于中国者矣。”立宪对于君主专制不仅没有危害，反而可使“皇位永固”“外患渐轻”“内乱可弭”。①

1907 年再次派达寿、于式枚分别考察日本、德国宪政，为将要确立的宪政模式和制定公布的宪法大纲做准备。

（2）1906 年 9 月 1 日发布《宣示预备立宪上谕》。考察欧美日大臣的奏折尤其是立宪

① 《辛亥革命》（第 4 册），第 28 – 29 页。

的三大好处，从根本上解除了清廷最高统治者对于实施宪法政治的疑虑和担心。1906 年 9 月 1 日，清廷发布了《宣示预备立宪上谕》："时处今日，惟有及时详晰甄核，仿行宪政，大权统于朝廷，庶政公诸舆论，以立国家万年有道之基。但目前规制未备，民智未开，若操切从事，徒饰空文，何以对国民而昭大信。故廓清积弊，明定责成，必从官制入手，亟应先将官制分别议定，次第更张。并将各项法律，详慎厘订。而又广兴教育，清理财政，整顿武备，普设巡警，使绅民明悉国政，以预备立宪基础。……俟数年后规模初具，查看情形，参用各国成法，妥议立宪实行期限，再行宣布天下。"① 上谕规定了"仿行宪政"的基本原则和预备立宪的方法、步骤，但对预备立宪的期限没有作明确承诺。

（3）1907 年诏令在中央筹设资政院，在地方各省设立谘议局。1908 年颁布《各省谘议局章程》《谘议局议员选举章程》，到 1909 年秋天全国除新疆外各省谘议局陆续设立。1909 年颁布《资政院院章》，该院于 1910 年 10 开院议事。中央资政院和地方各省谘议局的设立，是在为以后实施立宪政治时设立正式的中央和地方的议院探索道路和积累经验。

（4）1908 年 8 月颁布《钦定宪法大纲》，规定了制定正式宪法的基本原则和国家的基本政治体制，在中国历史上第一次由宪法规定君主的政治权力和臣民的权利义务。同年，颁布《议院法要领》，规定了制定议院法的原则。同年，制定《钦定行政纲目》，明确规定了君主立宪政体的行政原则和议院、政府、法院分别辅助君主行使立法权、行政权、司法权的政权体制。同年，确定预备立宪以九年为期，即 1908 年到 1916 年为立宪预备期间，从 1917 年开始正式实施立宪政治。

（5）1908 年，由宪政编查馆和资政院共同起草《逐年筹备（宪政）事宜清单》。该清单从"仿行宪政"的需要出发，规定起草、制定和公布《大清现行刑律》《大清新刑律》《大清民律草案》《钦定大清商律》《大清商律草案》《大清刑事民事诉讼法》《大清刑事诉讼律草案》《大清民事诉讼律草案》《大理院审判编制法》《各级审判厅试办章程》《法院编制法》《城镇乡地方自治章程》等法律规章，以建立新的法律体系。同时，该清单也确立了司法独立、地方自治、实行官制改革、兴办新式教育普及文化知识等项原则。

（6）1911 年 11 月 3 日，清廷公布了《宪法重大信条十九条》（简称《十九信条》）。

二、清末的宪法制度

（一）《钦定宪法大纲》

1908 年 8 月 27 日公布的《钦定宪法大纲》共有 23 条，分为"君上大权"14 条和"臣民权利义务"9 条两部分。《钦定宪法大纲》的主要内容有：

1. 贯彻"大权统于朝廷"的预备立宪原则，以宪法的形式确定了皇帝的广泛权力

规定"大清皇帝统治大清帝国，万世一系，永永尊戴。""君上神圣尊严，不可侵犯。"皇帝享有颁行法律、发交议案、召集及解散议院、设官制禄、黜陟百司、统率陆海军、编定军制、宣战媾和、订立条约、派遣与认受使臣、爵赏及恩赦、宣告戒严、总揽司法、审判官委任、发布命令之权，议院不得干预的用人之权，在议院闭会时遇有紧急事项得发布代法律之诏令权，议院不得干预的一切军事权，不付议院议决的国交权，等等。

① 《清末筹备立宪档案材料》（上册），第 44 页。

同时，对皇帝的权力也进行了一定的限制。首先，君权法定本身就是对封建社会无限君权的限制；其次，设立议院、审判衙门以限制君主的立法、司法权；第三，审判衙门以颁布的法律为审判依据，皇帝不以诏令随时更改法律；第四，皇帝以发布命令的方式行使最高行政权，但不以命令更改和废止法律。

2. 确立了以“三权分立”为雏形的君主立宪制度

《钦定宪法大纲》规定：议院有议决法律权，经君主批准颁布实行（第3条）；大臣有辅弼君主行使用人权（第5条）；君主总揽司法权并设置审判衙门和委任法官代行司法，依据钦定法律审判案件，皇帝不以诏令随时更改，免涉分歧（第10条）；法律为君上实行司法权之用，命令为君上实行行政权之用，两权分立，故不以命令改废法律（第11条）。第3条表明设立议院，在皇帝的制约下行使议决法律的立法权力。第5条表明皇帝掌握和行使行政用人权要受大臣制约。第10条表明司法行政权由皇帝掌握和行使，司法审判权由审判机构及其法官代替皇帝并依据法律独立行使，皇帝保证不以行政干预审判。第11条表明实行权力分立，由审判机关依据议院议决的法律审判案件，皇帝则通过发布命令的形式行使行政管理权，皇帝既不以命令更改和废止法律，也不以行政命令干涉司法权的行使。

3. 以根本法规定了人民的权利和义务

《钦定宪法大纲》规定的人民的权利有：担任文武官吏和议员的权利；言论、著作、出版、集会、结社的权利；非按照法律规定不受逮捕、监禁、处罚的权利；诉讼权利；财产及居住不受无故侵扰的权利。人民承担的义务有：纳税的义务；当兵的义务；遵守国家法律的义务。应当指出，《钦定宪法大纲》还有“当紧急时，得以诏令限制臣民之自由”的规定。

（二）《资政院院章》与《谘议局章程》

1. 《资政院院章》

清政府于1907年诏令在中央筹设资政院，于1909年8月颁布《资政院院章》，该院于1910年10开院议事。《资政院院章》的主要内容有：

第一，规定了资政院的宗旨、组成。第1条规定：“资政院钦遵谕旨，以取决公论，预立上下议院基础为宗旨。”第2条规定：“资政院设总裁二人，总理资政院事务，以王公大臣著有勋劳通达治体者，由特旨简充。”第3条规定：“资政院设副总裁二人，佐理全院事务，以三品以上大员著有才望学识者，由特旨简充。”资政院议员由钦选和民选两种组成。钦选议员由皇帝指定，包括以下七类人：宗室王公世爵、满汉世爵、外藩（蒙藏回）王公世爵、宗室觉罗、各部院衙门官四品以下七品以上者（审判官、检察官、巡警官不在其列）、硕学通儒、纳税多额者。民选议员由各省谘议局议员互相推选产生，最后由该省督抚“圈定”。钦选议员与互选议员各占议员总数的一半。

第二，规定了资政院的职权。制定各项法典及修改各项法律的立法权；对国家财政预、决算的议决权；对政府公债的议决权；其余奉旨交议事件；对行政机构的监督权（对于内阁会议、政务处议决事件，如有疑问，得由总裁、副总裁咨请答复）；对于违背法律、侵夺资政院权限的军机大臣或各部行政大臣，有权奏请皇帝处理。应当指出，资政院行使上述职权作出决议后，还须由总裁、副总裁分别会同军机大臣或各部行政大臣向皇帝具奏，由皇帝下旨裁决。

另外还规定了资政院议员的言论和司法豁免权：资政院议员于本院议事范围内所发言论，不受院外之诘责；议员除现行犯罪外，于会期内非得本院承诺，不得逮捕。

第三，《资政院院章》还就资政院会议的召开、停会、解散，会议形式（常年会、临时会），议案的提出和表决，会议旁听，议员回避等作了规定。

2. 《谘议局章程》

1907 年诏令在地方各省设立谘议局，1908 年颁布《各省谘议局章程》《谘议局议员选举章程》，到 1909 年秋天全国除新疆外各省谘议局陆续设立。《谘议局章程》的主要内容：

第一，规定了谘议局的宗旨、组成。《谘议局章程》第一条规定："谘议局钦遵谕旨为各省采取舆论之所，以指陈通省利病、筹计地方治安为宗旨。"谘议局设议长一人，副议长二人，常驻议员若干名（数额为该省议员总数的十分之二），议长、副议长、常驻议员均由议员互选产生。议员由州、县复选产生（即先由选举人选出若干选举议员人，再由选举议员人投票选出谘议局议员）。谘议局由议长总理全局事务，副议长协理全局事务。

第二，规定了谘议局的职权。议决本省应兴、应革事项；议决本省财政预算、决算与公债；制定或修改本省单行法规、章程；接受本省自治会和人民的陈请与建议；选举资政院议员。应当指出，谘议局行使上述职权作出决议后，若总督巡抚同意，则由总督巡抚公布施行；若总督巡抚不同意，则令谘议局复议；复议后若仍执前议，则总督巡抚将全案谘送资政院核议。

谘议局对本省行政机构还行使有限的监督权（对于本省行政事件如有疑问，可呈请督抚批答）；对于侵夺谘议局权限或违背法律的督抚，有呈请资政院核办权；对于受贿或违法之官绅，有呈候督抚查办权。

另外还规定了谘议局议员的言论和司法豁免权：议员于谘议局议事范围内所发言论，不受局外之诘责；议员除现行犯罪外，于会期内非谘议局承诺，不得逮捕。

第三，规定了议员选举权和被选举权。议员选举权。属于本省籍贯之男子，年满 25 岁以上，具有下列条件之一者，有选举谘议局议员之权：曾在本省地方办理学务及其他公益事务满 3 年以上，著有成绩者；曾在本国或外国中学堂及与中学同等或中等以上之学堂毕业得有文凭者；有举贡生员以上之出身者；曾任实缺职官文七品、武五品以上未被参革者；在本省地方有 5000 元以上之营业资本或不动产者。非本省籍贯之男子，年满 25 岁，寄居本省十年以上，在寄居地有 10000 元以上之营业资本或不动产者，亦得有选举谘议局议员之权。

议员被选举权。属于本省籍贯或寄居本省十年以上之男子，年满 30 岁以上者，得被选举为谘议局议员。

有下列情形之一者，不得有选举权和被选举权：品行悖谬，营私武断者；曾处监禁以上之刑者；营业不正者；破产失信、被人控实尚未清结者；吸食鸦片者；精神失常、身家不清白者；文盲之人。下列之人停止其选举权及被选举权：本省官吏或幕友；常备和后备军人；巡警官吏；僧道及其他宗教师；各学堂肄业生。现任小学堂教员，停止其被选举权。

第四，总督巡抚对各省谘议局会议拥有召集、停会、解散的权力。同时还对会议形式

（常年会、临时会），议案的提出和表决，会议旁听，议员回避等作了规定。

（三）《宪法重大信条十九条》（《十九信条》）

在武昌起义、辛亥革命的隆隆炮声中和京畿新军的强大压力下，为挽救败局，清廷于1911年11月3日公布了《宪法重大信条十九条》，其主要内容和特点如下：

（1）扩大了立法机关的权力。《十九信条》规定的立法机关的权力有：资政院有起草议决宪法权；国会有宪法改正提案权；国会有公举、弹劾总理大臣权，议决皇帝对内调遣使用军队特别条件权，国际条约缔结批准权，对外宣战媾和的批准或追认权，制定官制官规权，预算案议决权，皇室经费议决权，组织国家裁判机关权，各种事项议决权等。

（2）与《钦定宪法大纲》相比，缩小了皇帝的权力。《十九信条》虽然仍规定了“大清帝国皇统万世不易”“皇帝神圣不可侵犯”等条文，但对皇权则作了诸多限制：皇帝之权以宪法所规定者为限；皇位继承顺序由宪法规定；宪法由资政院起草议决，改“钦定”为“民定”；皇帝须依国会议决之特别条件对内调遣使用军队；不得以命令代替法律；皇帝之权以执行法律及法律所委任者为限；皇帝须依国会议决的特别条件发布紧急命令；宣战媾和须经国会的批准或追认；皇帝不得有固定或非常财政之权；皇帝不得有皇室经费的确定和增减权。

（3）确定了一定意义上的责任内阁制。《十九信条》有关内阁制的规定主要有：总理大臣由国会公举，皇帝任命；总理大臣有推举国务大臣的权力；总理大臣受国会弹劾时有解散国会的权力，但一届内阁不得为二次解散国会之权。与《钦定宪法大纲》相比，依据《十九信条》，皇帝丧失了设官制禄、黜陟百司的独立用人权；内阁总理则拥有了用人权、与立法权相制衡的解散国会权。从1911年11月8日成立的由袁世凯任总理的内阁来看，《十九信条》规定的是责任内阁制。

（4）没有规定任何人民的权利。

三、对清末“预备立宪”及其宪法制度的评价

在各种矛盾交织的内外交困局面下，清政府再也不能照旧统治下去了。作为“仿行宪政”组成部分和前置程序的清末“预备立宪”，与清末修律一样，是清政府被迫开展的一场将国家核心政治制度由君主专制改造成为君主立宪制度的政治自救运动，目的是通过为实施宪政准备条件，在中国建立君主立宪的政治制度，以最终维护清朝的立宪君主统治。清末“预备立宪”，虽然有其讨好帝国主义列强、拉拢资产阶级立宪派、抵制资产阶级革命运动、欺骗人民群众、维护皇权统治的一面，但它毕竟是中国人救亡图存的一种选择，从而促使了中国人的民主意识开始觉醒，使宪法至高无上的地位也为社会所接受，并导致了中华法系趋于解体，为近代新型法律体系的确立开辟了道路。清末“预备立宪”所确立的宪法制度，虽然由于清王朝的速亡，大部分没有实施，但它为以后中华民国各个时期的立宪和宪法制度提供了宝贵的经验教训，奠定了法律文本的基础。

《钦定宪法大纲》虽然贯彻“大权统于朝廷”的预备立宪原则，以宪法的形式确定了皇帝的广泛权力，但同时对皇权也进行了一定的限制，确立了以“三权分立”为雏形的君主立宪制度，在中国历史上第一次以根本法规定了人民的权利，从而挑战了“君权神授”、皇权至上的法理传统，开始确立君权法定的法律观念。这正如著名的宪法学专家许崇德先生所作的评价：《钦定宪法大纲》既“具有浓重的封建主义特色”，“又在某种程度

上带有资产阶级民主主义的色彩，……它已经基本上是一个资产阶级的宪法性文件了。”①

《十九信条》虽然是在辛亥革命的隆隆炮声中和京畿新军的强大压力下公布的宪法性文件，是为了挽救清朝的灭亡，但它扩大立法机关的权力、缩小和限制皇帝的权力、确定一定意义上的责任内阁制，则促进了中国宪政建设的进程。这正如著名法律史专家张晋藩先生对《十九信条》所作的评价：“三者之间的相互制衡，是资产阶级三权分立学说的具体体现，是保证实施宪政，防止专制复辟的体制保障，因此比起《钦定宪法大纲》无疑前进了一步。”②

清末的资政院、谘议局，虽然“以取决公论，预立上下议院基础为宗旨”或者为“采取舆论之所，以指陈通省利病，筹计地方治安为宗旨”，其职权的行使多受军机大臣、各部行政大臣或者各省督抚的掣肘，其通过的议案也须得到皇帝或者督抚的批准才能付诸实施，它们基本上是皇权控制下的御用机构或者各省督抚的咨询机构。但是，它们作为预备立宪而设立的机构，本身就是作为传统政治体制的异己力量而出现的，是对君主专制制度的冲击。资政院在其通过的许多议案中，都是把矛头直接指向清廷及其专制体制的，如“速开国会案”迫使清廷把预备立宪期限由九年改为五年，又如“弹劾军机大臣案”则以掌握行政权力的中枢机构为攻击目标，这样就从不同方面形成了对皇权的挑战。

第二节　中华民国临时政府的立宪活动与宪法制度

一、《中华民国临时政府组织大纲》

（一）“各省都督府代表联合会”的召开与《中华民国临时政府组织大纲》的制定

清朝政府推行的自绝于人民的顽固、保守、反动的政策，导致了次数频繁、形式多样的人民群众自发斗争的发生。1911 年 10 月 10 日爆发的武昌起义，拉开了辛亥革命的序幕，致使清王朝的统治处于土崩瓦解之中。在当时内地的 18 个省中就有 14 个省和首屈一指的大都市——上海宣布脱离清政府而独立，它们同时成立了各地方的军政府。

为了协调独立各省的行动，统一军政指挥，将辛亥革命引向深入发展并最终夺取胜利，辛亥革命首义地区的湖北军政府和江苏、浙江、上海的都督府分别向全国发出通电，倡议召开各省都督府代表会议，成立中央临时政府。“各省都督府代表联合会”于 1911 年 11 月 15 日在上海召开，之后，先后移往汉口、南京举行会议，并于同年 12 月 31 日结束。“各省都督府代表联合会”虽然成员构成复杂，内部充满着斗争和妥协，但它基本上是武昌起义爆发之后中华民国临时政府成立之前的资产阶级革命的最高指挥机关和临时立法机关。

“各省都督府代表联合会”议决有以下主要事项：第一，在临时政府未成立前，承认湖北军政府为民国中央军政府，推请湖北军政府都督黎元洪为中央军政府大都督，执行中央政务。第二，确定了南北和谈条件，并议决“如果袁世凯反正，当公举为临时大总

① 许崇德：《中华人民共和国宪法史》，福建人民出版社 2003 年版，第 9－10 页。

② 张晋藩：《中国近代社会与法制文明》，中国政法大学出版社 2003 年版，第 241 页。

统”。第三，先后制定和修正了《中华民国临时政府组织大纲》。第四，选举资产阶级革命领袖孙中山先生为中华民国临时大总统。

《中华民国临时政府组织大纲》是由雷奋、马君武、王正廷起草，谭人凤为议长的各省都督府代表联合会于1911年12月3日正式通过并宣布实行的。之后因为形势的变化曾对它进行了三次修改，主要是增设“临时副总统”“临时副总统于大总统因故去职时，得升任之；如临时大总统有故障不能视事时，得受大总统之委任，代行其职权”等方面的内容。①

（二）《中华民国临时政府组织大纲》的主要内容

《中华民国临时政府组织大纲》共四章二十一条。

（1）规定了临时大总统、副总统的产生办法和职权。临时大总统、副总统由各省代表选举产生，以得票满三分之二以上者当选。代表投票权每省以一票为限。（第1条）

临时大总统的职权为，“有统帅全国之权”（第2条）；“有统帅海陆军之权”（第3条）；得参议院之同意，有宣战、媾和及缔结条约之权（第4条）；得制定官制、官规、任免文武职员，但制定官制暨任免国务各员及外交专使，须参议院之同意（第5条）；得参议院之同意，有设立临时中央审判所之权（第6条）。

临时副总统的职权如前述修正《中华民国临时政府组织大纲》增设的内容（第7条）。

（2）议员的产生、参议院的组成及职权。“参议院以各省都督府所派之参议员组织之”（第8条）。“参议员每省以三人为限”（第9条），在参议院开会时，各参议员有一票表决权（第10条）。参议院置议长一人主持会务。议长“由参议员用记名投票法互选之，以得票满投票总数之半者为当选”（第15条）。参议院的议事方法，一般议案“以到会参议员过半数之所决为准”，但关于宣战、媾和及缔约之方案“非有到会参议员三分之二之同意不得决议”（第12条）。

参议院的职权为议决暂行法律和临时政府之预算、出纳、税法、币制、发行公债，议决临时大总统交议事件和答复临时大总统咨询事件以及前述对于临时大总统行使诸项权力时的同意权。

（3）行政各部及其地位和职权。行政各部是在临时大总统之下设立的行政机关。各部设总长一人为国务员，辅佐临时大总统办理各部事务（第18条），各部总长经参议院同意由临时大总统任免。各部所属职员之编制及其权限，由总长规定，经临时大总统核准施行（第19条）。根据临时政府于1912年元月公布的《中央行政各部及其权限》可以知道，当时设立的中央行政各部有陆军部、海军部、外交部、司法部、财政部、内务部、教育部、实业部、交通部等，分别行使管理国家各项事务的职权。

（4）临时中央审判所的设立及职权。临时中央审判所由临时大总统得参议院之同意设立（第6条），为中华民国临时政府行使司法权的机关。对于从中央到地方各级司法机关的组织机构及其活动原则，《中华民国临时政府组织大纲》没有作任何规定。

（5）《中华民国临时政府组织大纲》的施行期限。《中华民国临时政府组织大纲》的

---

① 谢振民编著、张知本校订：《中华民国立法史》（上册），中国政法大学出版社2000年版，第303页。

施行期限，以中华民国宪法成立之日为止（第21条）。

（三）《中华民国临时政府组织大纲》的特点和意义

《中华民国临时政府组织大纲》的特点主要有以下几个方面：第一，模仿美国的政治制度，确立了总统制共和政体。第二，依照资产阶级的三权分立原则，划分并规定了临时政府的中央国家机关及其职能。第三，设立参议院行使立法权，确立一院制的议会制度。

《中华民国临时政府组织大纲》存在各种缺点和不足：一是由各省都督府的代表而非人民的代表制定，也没有规定人民的任何权利，具有明显的民意缺陷；二是临时政府成立后六个月之内由临时大总统召集国民会议的规定（第20条），与当时的实际情况相脱节，是不可能实际兑现的；三是主要规定了行使行政权和立法权的国家机关及其职能，基本上是二权分立的政权组织模式，而对于分权制衡具有重要意义的司法权，仅仅规定得参议院之同意大总统有设立临时中央审判所之权，对于司法机关的组织机构和活动原则尚没有作任何规定。这一缺陷对于日后行政权与立法权所发生纠纷的非司法方式、非宪政途径的解决产生了深远的影响。但是，我们应该看到《中华民国临时政府组织大纲》仍然具有重大的历史意义：这部具有临时宪法性质的中央政府组织法，以法律的形式肯定了辛亥革命推翻封建帝制的胜利成果，用资产阶级民主共和制度代替了封建君主专制制度；它为孙中山先生当选为临时大总统和中华民国临时政府的建立提供了法律依据，树立起了革命法统；它以具体的形式在人民群众面前树立了一个资产阶级共和国的形象，从而解放了人们的思想，使民主共和国的观念开始深入人心。

二、《中华民国临时约法》

（一）《中华民国临时约法》产生的历史背景及其制定和公布

《中华民国临时约法》（以下简称《临时约法》）产生的历史背景：1912年1月1日中华民国临时政府的成立，标志着中国资产阶级的民主革命已经发展到制定公布宪法和法律、进行政权建设、巩固民主共和制度的新阶段。然而，“南北议和”正在进行，“各省都督府代表联合会”于1911年12月2日已通过了“如果袁世凯反正，当举为临时大总统”的决议；同时，《中华民国临时政府组织大纲》作为临时宪法性的中央政府组织法律也有如前所述不能令人满意的情况；随着南北议和协议的将要达成，在清帝即将退位、孙中山也将被迫交出政权、袁世凯很快就要攫取军政实权之时，资产阶级革命派、立宪派同旧军阀官僚势力之间围绕着政权问题展开了相当尖锐复杂的斗争。《临时约法》就是在这样的历史背景下，由中华民国临时政府制定和公布的。

1912年1月5日至2月27日就已进行《临时约法》的制定工作。当时代理参议院行使立法权的“各省都督府代表联合会”决定成立了以景耀月、张一鹏、吕志伊、王有兰、马君武为成员的起草小组，他们负责起草了《中华民国临时约法草案》；同时又决定成立了以林森等9人为成员的审查小组，负责对《临时约法草案》进行审查。1912年1月28日南京参议院成立后，将《中华民国临时约法草案》在《申报》上连续刊登公布，之后完成三读程序，于3月8日全案通过了《临时约法》。1912年3月10日，袁世凯在北京就任中华民国临时大总统并宣誓“谨守约法”。1912年3月11日，孙中山以临时大总统名义在南京公布了《临时约法》。

（二）《中华民国临时约法》的主要内容

《临时约法》共7章56条。7章依次为总纲、人民、参议院、临时大总统副总统、国务员、法院、附则。

1. 确定中华民国的性质为资产阶级民主共和国

《临时约法》“总纲”明确规定：“中华民国由中华人民组织之”（第1条），“中华民国之主权属于国民全体”（第2条）。这样就以根本法的形式确立了“主权在民”的法律原则，宣告“帝制自为”为非法的观念，从根本上否定了“主权在君”的原则；同时也批判了“开明专制”“君民共主”的谬论和主张。“人民”“国民”是一个历史的范畴。由于《临时约法》是以孙中山为代表的民族资产阶级及其支持它的各个阶级意志和利益的体现与反映，因而这里的“人民”“国民”显然是指民族资产阶级以及支持它的各个阶级，所以我们说《临时约法》所确定的中华民国的国家性质为资产阶级民主共和国。

2. 以“三权分立”为原则，规定了中华民国的政治制度

《临时约法》“总纲”规定：“中华民国以参议院、临时大总统、国务员、法院，行使其统治权。”（第4条）

首先，介绍参议院的组成、职权和会议制度。参议院的组成、参议员和参议院议长的产生：参议院为行使立法权的机关（第16条），由各地方所选派之参议员组成（第17条）。参议员，每行省，内蒙古，外蒙古，西藏，各选派五人，青海选派一人，其选派方法，由各地方自定之。参议院会议时，每位参议员有一表决权（第18条）。参议院议长由参议员用记名投票法互相选举产生，以得票满投票总数之半者为当选（第24条）。

参议院的职权（主要在第19条作了规定）：议决一切法律；议决临时政府的预算、决算；议决全国的税法、币制及度量衡的准则；议决公债的募集及国库有负担的契约；对于临时大总统任命国务员及外交大使公使、宣战、媾和、缔结条约及宣告大赦有同意权；答复临时政府咨询事件；受理人民请愿；得以关于法律及其他事件之意见建议于政府；得提出质问书于国务院，并要求其出席答复；得咨请政府查办官吏纳贿违法事件；对于临时大总统，认为有谋叛行为时得以总员五分之四以上之出席，出席员三分之二以上之可决，弹劾之。第47条规定，对于失职和违法的国务员，参议院有弹劾权。

参议院的会议制度：参议院自行集会、开会、闭会（第20条）。参议院之会议，须公开之；但有国务员之要求，或出席参议员过半数之可决者，得秘密之（第21条）参议院议决事件，咨由临时大总统公布施行（第22条）。临时大总统对于参议院议决事件，如否认时，得于咨达后十日内，声明理由，咨院复议。但参议院对于复议事件，如有到会参议员三分之二以上仍执前议时，仍照第22条办理（第23条）。

参议员保障制度：参议院议员于院内之议论及表决，对于院外不负责任（第25条）。参议院议员，除现行犯及关于内乱外患之犯罪外，会期中非得本院许可，不得逮捕（第26条）。

其次，介绍临时大总统、副总统的产生和职权以及国务员的职权。临时大总统、副总统、国务员为行使行政权的机关。

临时大总统、副总统的产生和职权：临时大总统、副总统由参议院选举之，以总员四分之三以上之出席，得票满投票总数三分之二以上者为当选（第29条）。临时大总统的

职权有：代表临时政府，总揽政务，公布法律；为执行法律或基于法律之委任，得发布命令，并得使发布之；统帅全国海陆军队；制定官制官规，但得提交参议院议决；任免文武职员，但任命国务员及外交大使公使，须得参议院之同意；经参议院之同意，得宣战、媾和及缔结条约；得依法律宣告戒严；代表全国接受外国之大使公使；得提出法律案于参议院；得颁给勋章并其他荣典；得宣告大赦、特赦、减刑、复权，但大赦须经参议院之同意。（第 30 ~40 条）临时副总统的职权为：于临时大总统因故去职或不能视事时，得代行其职权（第 42 条）。

国务员的职权：国务总理及各部总长，均称国务员；辅佐临时大总统负其责任；于临时大总统提出法律案、公布法律及发布命令时，须副署之；得出席参议院会议并发言。（第 43 ~46 条）

最后，介绍法院的组成、职能、活动原则以及法官保障制度。法院为行使司法权的机关。法院以临时大总统及司法总长分别任命之法官组织之，其编制及法官之资格，以法律定之；依法律审判民事诉讼及刑事诉讼，但关于行政诉讼及其他特别诉讼，别以法律定之；法院之审判，须公开之，但有认为妨害安宁秩序者，得秘密之；法官独立审判，不受上级官厅之干涉；法官在任中不得减俸或转职，非依法律受刑罚宣告或应免职之惩戒处分，不得解职，惩戒条规以法律定之。（第 48 ~52 条）最高法院审判官互选九人组织特别法庭，审判受参议院弹劾之临时大总统（第 41 条）。

《临时约法》所确立的政治制度，与《中华民国临时政府组织大纲》相比，虽然都以“三权分立”为原则，但仍有其显著的特点：一是增设“国务员”专章，设置国务总理一职，明确规定国务总理和各部总长均称国务员，对于临时大总统提出法律案、公布法律及发布命令时行使副署权。这样就因内阁副署权的规定，使得政权组织形式由总统制改变为责任内阁制。二是明确规定参议院对于临时大总统和国务员拥有弹劾权，最高法院对于受弹劾之大总统拥有审判权。这样在制度上加强了立法机关、司法机关对临时大总统行政权力的制约。三是明确将国家的审判机关称之为法院，并具体规定了法院的组成、职能、活动原则以及法官保障制度。

3. 以列举的方式规定了中华民国的领土范围

《临时约法》“总纲”规定：“中华民国领土，为二十二行省，内外蒙古、西藏、青海。”（第 3 条）这一列举性的规定，在中国历史上第一次以根本法的形式明确了中国的领土范围；对于粉碎帝国主义列强企图瓜分中国的阴谋、扼制外蒙古和西藏地区的上层反动分子蓄谋制造的分裂祖国的罪恶行径，具有重大的现实意义；体现了孙中山倡导的以“五族共和”为内容的民族团结精神，维护了多民族国家的领土完整和主权独立。

4. 确立了平等、自由和保护私有财产的原则，规定了人民的权利和义务

关于平等的原则，《临时约法》规定：“中华民国人民，一律平等，无种族、阶级、宗教之区别。”（第 5 条）

《临时约法》第 6 条规定了人民所享有的自由权利：人民之身体，非依法律不得逮捕、拘禁、审问和处罚；人民之家宅，非依法律不得侵入和搜索；人民保有财产及营业之自由；人民有议论、著作、刊行、集会、结社、书信秘密、居住迁徙、信教之自由。同时还规定：人民有请愿权；人民有陈诉于行政官署、法院、平政院之权利；人民有任官考试权、选举与被选举权。（第 7 ~12 条）对于上述权利的行使，《临时约法》作了但书：“本

章所载人民之权利，有认为增进公益、维持治安或非常紧急必要时，得以法律限制之。”（第15条）

《临时约法》规定，人民依法有纳税、服兵役之义务。（第13、14条）

《临时约法》所确立的平等、自由原则和规定的各项权利义务，在当时的历史条件下具有鲜明的资产阶级性质，它体现了资产阶级“自由、平等、博爱”的精神，对于否定封建等级制度和消除封建等级观念具有深远的历史意义。尤其需要指出的是，“人民有保有财产及营业之自由”的规定，从法律上宣布了自由经营资本主义的合法性，对于保护资产阶级的私有财产和发展中国的民族资本主义工商业具有重要的意义。

（三）《中华民国临时约法》的特点和评价

1.《中华民国临时约法》的特点

中华民国临时政府制定《临时约法》的目的和历史背景，决定了《临时约法》本身所具有的特点。

（1）从体例和内容上体现了“主权在民”的原则。“主权在民”是《临时约法》确立的最根本原则。它既是对封建君主专制制度的否定，又与清末制定公布的《钦定宪法大纲》《宪法重大信条十九条》所确立和维护的国家根本政治制度有质的不同，同时也与《中华民国临时政府组织大纲》关于民主制度的规定有所不同。与《中华民国临时政府组织大纲》相比，《临时约法》关于民主制度的规定所具有的特色在于：一是在中国历史上第一次以根本法的形式明确规定了“主权在民”原则。二是列有“人民”专章，排列在“总纲”之后和“参议院”“临时大总统副总统”“国务员”“法院”“附则”等章之前，在编纂体例上体现了“主权在民”的精神和对人民平等自由权利的重视。这在中国宪法史上还是第一次。三是在内容上第一次比较系统地规定了人民所拥有的各种自由权利和平等地位。

（2）预防和限制袁世凯独裁，捍卫民主共和制度。出卖光绪帝、镇压戊戌维新运动的袁世凯，在武昌起义爆发之后，本来是受清廷之命率领当时近代化程度最高的北洋军队南下镇压辛亥革命，但其率领的军队在攻占了汉口、汉阳之后，不但没有过江攻占武昌，而且驻足不前地与南方革命力量进行了所谓“议和”，从而暴露了他倚重实力再次搞政治投机的反革命真实面目。他为了摆脱“共和成立，吾辈无噍类”的厄运，[①] 攫取中华民国临时政府的军政实权，不得不表面上应诺定都南京、到南京就职和宣誓遵守约法，但其骨子里并非愿意拥护民主共和制度和遵守《临时约法》（以后他上演的洪宪帝制和对临时约法的毁弃更证明了这一点）。对袁世凯的真实面目，资产阶级革命家孙中山先生看得是清清楚楚的：“北方将士以袁世凯为首领，与予议和。夫北方将士与革命军相距于汉阳，明明为反对民国者，今虽曰服从民国，安能保其心之无他？故予奉临时约法而使之服从。盖以服从约法为服从民国之证据。予犹虑其不足信，故必令袁世凯宣誓遵守约法，矢忠不二，然后许其和议。故临时约法者，南北统一之条件，而民国所由构成也。”[②] 因此，由资产阶级革命派占主导制定的《临时约法》，从巩固辛亥革命的胜利成果、捍卫民主共和制度出发，就不能不在根本法上设定条款，以预防和限制即将担任临时大总统职务的袁世

① 朱勇主编：《中国法制通史》（第9卷），法律出版社1999年版，第353页。

② 《中国之革命》，载《中山丛书》（一），太平洋书店1927年版，第31页。

凯的可能独裁行为。《临时约法》设定的对临时大总统的权力进行限制的内容主要包括：一是规定国务员拥有副署权和辅佐临时大总统时“负其责任”，将政权体制由总统制改为责任内阁制；二是扩大参议院的职权与临时大总统相抗衡，赋予参议院对于临时大总统和国务员拥有弹劾权，最高法院对于受弹劾之大总统拥有审判权；三是规定了严格的修改程序，预防袁世凯轻而易举地修改和废止《临时约法》。即该法第55条的规定：“本约法由参议员三分之二以上或临时大总统之提议，经参议员五分之四以上之出席、出席员四分之三之可决，得增修之。”

（3）从政权建设出发，规定了法院的组成、职能、活动原则以及法官保障制度。与以往宪法性文件相比，《临时约法》对司法权的规定有以下特点：一是从权力的分立制衡出发，列有“法院”专章对司法权作了明确规定；二是初步确立了行政审判机构与民事审判和刑事审判机构分立的体制；三是第一次以根本法的形式确立了公开审判原则；四是第一次从根本法上规定了法官独立审判制度以及法官终身制度和法官保障制度。

2. 对《中华民国临时约法》的评价

毛泽东《关于中华人民共和国宪法草案》的报告对《临时约法》作了一个恰如其分的评价：“民国元年的《中华民国临时约法》，在那个时期是一个比较好的东西；当然，是不完全的、有缺点的，是资产阶级性的，但它带有革命性、民主性。”[①]

《临时约法》在正式宪法施行以前，与宪法具有同等的效力（第54条），具有中华民国临时宪法的性质，是中国宪政史上唯一一部资产阶级民主共和国宪法性的文献。它肯定了辛亥革命的成果，规定了资产阶级民主共和国的政治制度，宣判了清朝的死刑，以根本法的形式废除了在中国延续两千余年的封建君主专制制度；它确立了“主权在民”的原则，宣布了“帝制自为”观念的非法，使民主共和的观念深入人心，为日后人们反复辟反专制、捍卫民主共和制度的斗争提供了锐利武器；它确立了平等、自由和保护私有财产的原则，以根本法的形式否定了封建的等级制度和财产制度，对于中国近代资产阶级民主自由制度的发展和民族资本主义经济的保护具有重要的意义；它启发了人们的爱国主义热情，维护了多民族国家的团结统一、领土完整、主权独立；它在中国历史上第一次以根本法的形式确立了司法独立的原则，对于近代中国司法制度建设具有重要的意义。

《临时约法》虽然具有上述历史意义，但由于阶级、历史的局限性所决定，使其不可避免地存在一些不足之处：对列强诸国的侵略本性认识不清，没有从正面提出反帝的任务；对广大农民急迫需求土地的愿望认识不足，没有关于彻底反封建的明确规定；由各省都督府指派的代表组成的南京参议院通过，虽代表了各省但无法代表全国，缺乏一定的民意基础；只考虑到对即将就任临时大总统的袁世凯权力的限制和约束，扩大立法机关的职权，而忽视了行政机关与立法机关之间权力的相互制约，这对中华民国初期政治制度的发展产生了不良的影响。[②]

---

① 《建国以来毛泽东文稿》（第4册），中央文献出版社1990年版，第502页。

② 参见朱勇：《论民国初期议会政治失败的原因》；音正权：《〈中华民国临时约法〉的主要缺陷》，载张晋藩主编：《20世纪中国法制回顾与前瞻》，中国政法大学出版社2002年版，第182－186页、第286－292页。

第三节　中华民国北京政府的立宪活动和宪法制度

一、"天坛宪草"

依据《中华民国临时约法》的规定，参议院制定了《中华民国国会组织法》，于1912年8月10日公布。《中华民国国会组织法》的主要内容：第一，规定了国会的组成及其职权、议员的产生办法及任期。国会实行两院制，由参议院和众议院组成。参议院议员由各省议会选出，计274名。众议院议员由各省按人口比例选出，计576名。参议院议员和众议院议员任期分别为六年和三年。宪法制定公布之前，临时约法所定参议院之职权为国会两院之职权。第二，规定了宪法起草和议定程序。由两院分别从议员内选出同数委员组成宪法起草委员会起草宪法。由两院会合会议定宪法；议定宪法的两院会合会，非两院各有总议员三分之二以上之出席，不得开议，非出席议员四分之三以上之同意不得议决。《中华民国国会组织法》的公布为国会两院议员的选举和宪法的起草及议定提供了法律依据。

按照《中华民国临时约法》的规定，在临时约法颁行之后的十个月内就必须召开国会。因此，1912年底至1913年初，举行了国会议员选举。选举结果，国民党获得两院议员的392席，占两院议员总数的46%，成了国会的第一大党。1913年4月8日，中华民国第一届国会在北京正式召开。会议成立宪法起草委员会从事宪法起草工作。

对于将要起草的新宪法，各派政治势力意见不一，分歧很大。作为国会第一大党的国民党在国会宪法起草委员会中自然也居于了主导地位。国民党不满意于临时约法欠完善的地方，主张制定一部对于膨胀的总统权力能够有效抑制的规定责任内阁制的宪法，而尤其在"二次革命"失败之后，迫切需要制定一部完备的宪法，进行"法律倒袁"，以合法的手段与袁世凯开展斗争并进而约束他的总统权力，以维护辛亥革命的成果，保证民主共和制度的健康发展。以小站练兵出身并善于投机钻营的袁世凯，从来都是以攫取军政实权为目的，他虽然表面宣誓遵守临时约法，拥护民主共和制度，但在骨子里则是总统专制的崇拜者，早就对临时约法关于责任内阁制和国会权力的规定恨得咬牙切齿了。起草制定宪法，正好是袁世凯贯彻其专制意图、扩张其总统权力、巩固其总统专制地位的绝好机会。袁世凯对国会制宪采取了以下措施：一是派人暗杀了主张责任内阁制的宋教仁，以阻止国民党内阁的成立；二是镇压国民党发动的"二次革命"，以增强其与国民党、与国会相对抗的信心；三是改变先制定宪法后选举总统的程序为先选举总统后制定宪法，并迫使国会于1913年10月10日选举自己为正式大总统；四是派施愚等8位政府委员出席宪法起草会议以企图影响制宪；五是通电各省军政长官，恶毒地攻击国民党、国会和宪法草案。国民党与袁世凯围绕着宪法起草展开了激烈的斗争。

1913年10月31日，国会宪法起草委员会三读通过《中华民国宪法草案》，并提交国会两院会合会审议、通过。因为在天坛祈年殿起草，故称"天坛宪草"。11月4日，袁世凯下令解散国民党，取消国会参、众两院内国民党籍议员的资格，致使国会达不到法定人数无法开会，也无法审议和通过宪法草案。1914年1月10日，袁世凯下令解散国会，

“天坛宪草”随之流产。

“天坛宪草”共11章，113条。“天坛宪草”，体现了在国会及宪法起草委员会中居于主导地位的国民党的权力分立、相互制衡的立宪方针和以“法律制袁”的政治意图。其主要表现为：第一，继续沿用临时约法确定的立法、行政、司法三权分立的政权组织形式。第二，坚持并完善责任内阁制。规定：国务总理之任命，须经众议院之同意；国务员赞襄大总统，对于众议院负责任；国会议员可以兼任国务员，以密切议员与国务员之关系。第三，设立国会委员会作为常设机构，在国会闭会期间行使国会部分权力，以防止袁世凯总统通过行使法定紧急处分权建立个人专制统治。第四，设立审计长由国会选举产生的审计院，以对国家财政决算案行使审核权，对国家行政机构的财政支付命令行使核准权。第五，总统任期为五年，只能连选连任一次。“天坛宪草”虽然没有成为生效宪法，但它在巩固民主共和政体、完善权力分立制衡体制方面的规定，则是对临时约法的发展，并且对以后中华民国的历次制宪活动产生了较大影响。

二、《中华民国约法》（“袁记约法”）

（一）《中华民国约法》的制定背景

（1）《中华民国约法》是在袁世凯完全废弃了临时约法的背景下制定的。责任内阁制和扩大国会权力是《中华民国临时约法》确立的两项基本政治制度。袁世凯通过不经内阁总理副署擅自改任王芝祥的任命而破坏了内阁副署权；又通过派人暗杀宋教仁，阻止了国民党责任内阁的成立。这样就破坏了责任内阁制。袁世凯对民主共和象征的国会，采取了利用加解散的策略。利用国会修改大总统选举法，强迫国会选举自己当上了中华民国的正式大总统；伪造国民党籍议员与反袁的二次革命有联系的所谓证据，收缴国民党籍议员的证书、证章并取消其议员资格，以至于解散了国民党和国会。作为国家根本法的临时约法已经成为具文而被袁世凯所废弃了。

（2）《中华民国约法》是在秉承袁世凯的旨意下起草、通过的。袁世凯解散国会后，以自己的亲信组成中央政治会议，以此作为立法机关。中央政治会议议定了《约法会议组织条例》，袁世凯依此条例设立了“约法会议”。1914年3月18日，以“改造民国国家之根本法”为宗旨的“约法会议”开幕。3月20日，袁世凯向“约法会议”提出增修《临时约法》咨文，要求扩大总统权力。“约法会议”秉承袁世凯总统《修改约法大纲七条》的精神，起草、通过了《中华民国约法》，并于1914年5月1日正式公布。由于《中华民国约法》是秉承袁世凯的旨意起草、通过的，因此称之为“袁记约法”。

（二）《中华民国约法》的主要内容和特点

《中华民国约法》共10章，68条。其主要内容和特点表现为以下几个方面：

（1）取消责任内阁制，确立总统制。规定：大总统为国之元首，总揽统治权；有召集立法院开会、停会、闭会权，经参议院之同意有解散立法院之权；为海陆军大元帅，统帅全国海陆军；对立法院有法律及预算提案权；有发布命令、教令权；有制定官制官规和任免文武官职权；有宣告开战媾和缔结条约权；有接受外国大使公使权；有宣告戒严权；有颁给爵位勋章并其他荣典权；有宣告大赦、特赦、减刑、复权之权；等等。同时规定：大总统为最高行政首长，置国务卿一人赞襄之；大总统有任命法官，组织法院，行使司法行政权。这样，大总统就把立法、行政、司法、军事、财政、外交等一切大权都攫取到了自己手中。《中华民国约法》就把《钦定宪法大纲》所规定的皇帝权力完全赋予了袁世凯大总统。于此，责任内阁制被取消了。

（2）立法机构实行一院制，设立纯属大总统咨询机构的参政院。《中华民国约法》取消了《中华民国国会组织法》规定的两院制国会，规定立法机构实行一院制，设立立法院行使立法权。《中华民国约法》一方面规定：立法院有议决法律、预算、募集公债、提出法律案、政治上疑义权；对于有谋叛行为之大总统有提起弹劾权。另一方面又规定：大总统对于立法院拥有召集开会、停会、闭会之权，经参政院同意有解散立法院之权；立法院议决之法律案，由大总统公布施行；立法院对被大总统否认的法律案可以复议，复议时立法院即使以出席议员的三分之二以上仍执前议，大总统也可以该法律案于内治外交有重大危害或执行有重大障碍为理由，经参政院同意，不予公布。这样立法院就成了一个立法权有瑕疵的立法机构。

《中华民国约法》还规定设立“应大总统之咨询，审议重要政务”的参政院；在立法院成立之前，由参政院代行其职权。依《参政院组织法》的规定，由大总统任命院长、副院长、参政组成参政院。可事实上，终袁之世也没有设立立法院，而由参政院实际行使立法权。这样，由袁世凯总统任命成员组成的参政院就控制了立法权。国会制实际上被取消了。

（3）从限制和否定出发规定了一系列人民的自由和权利。袁世凯虽然拥有了形同封建帝王一样的大权，但他毕竟名誉上是中华民国的大总统，因此《中华民国约法》在继续规定“主权在民”原则的同时，仍然规定了一系列人民的自由和权利：人民之身体，非依法律，不得逮捕拘禁审问处罚；人民之住宅，非依法律，不得侵入或搜索；人民于法律范围内有保有财产及营业之自由、有言论著作刊行及集会结社之自由、有书信秘密之自由、有居住迁徙之自由、有信教之自由、有请愿诉讼诉愿之权利、有任官考试及从事公务之权利、有选举被选举之权利。从上述规定可知，人民自由权利的享有和行使，《中华民国约法》无一例外地设定了“于法律范围内”或“依法律所定”的前提条件。由于袁世凯大总统掌握了立法权、宣告戒严权和拥有发布与法律同等效力之教令的权力，因而“袁记约法”规定的各项人民自由权利等同虚设。

总之，《中华民国约法》取消了《中华民国临时约法》所确立的责任内阁制、国会制，从限制和否定出发规定了一系列人民的自由和权利，确立了袁世凯的总统制，否定了资产阶级的三权分立原则，为袁世凯的总统专制、洪宪帝制架设了一座桥梁。

三、《中华民国宪法》（“贿选宪法”）

（一）《中华民国宪法》的制定背景

袁世凯于 1916 年 6 月 6 日死后，中华民国北京政府就像走马灯一样在北洋军阀各派之间轮换着统治者，与此同时，北洋政府的历任统治者也一再围绕着临时约法与中华民国第一届国会的复废开展着制宪活动。最先控制北京政府的是继任总统黎元洪、国务总理段祺瑞，他们在恢复临时约法和国会的同时，开展了制宪活动。在对德宣战案上“府院之争”激化，导致张勋复辟帝制丑剧的上演，国会和临时约法也被解散和废除。1917 年，段祺瑞凭借武力控制北京政府之后，以“再造民国”自居，虽然恢复了临时约法，但是拒绝恢复第一届国会，而是炮制“安福国会”，在把冯国璋赶下台的同时将北洋元老徐世昌选为大总统，政府实权则由国务总理段祺瑞控制。在1920年爆发的直皖战争和1922年爆发的直奉战争中获胜的直系军阀曹锟、吴佩孚控制了北京政权，为利用“法统”达到政治目的，他们一方面宣布恢复《临时约法》，重开第一届国会，继续进行制宪；另一方面则初捧黎元洪担任总统，继而制造借口逼黎下台。结果随着黎元洪离职赴沪，在京议员也纷纷南下，致使国会不足法定人数无法召开制宪会议。曹锟为使自己当上总统，采用武力胁迫和高价收买并施的手段，于1923年10月5日“当选”为大总统。对此，民众讥称国会为“猪仔国会”，所选总统为“贿选总统”。国会议员为了掩盖受贿丑行，于是在“贿选总统”的授意下用了不到一周的时间，就完成了《中华民国宪法》的制定，于10月10日正式公布实施。这部宪法又叫“贿选宪法”。这是我国近代史上公布的第一部以“宪法”命名的正式宪法。

（二）《中华民国宪法》的主要内容

《中华民国宪法》共分国体、主权、国土、国民、国权、国会、大总统、国务院、法院、法律、会计、地方制度、宪法之修正解释及效力等13章141条。其主要内容有：

（1）关于国家体制的规定。该宪法规定：中华民国永远为统一民主国；中华民国主权属于国民全体；国体不得为修正之议题。这些规定既是对袁世凯、张勋复辟帝制沉痛教训的吸取，又是对军阀混战南北割据局面的批判。

（2）关于政府体制的规定。该宪法规定了责任内阁制的政府体制：中央政府设大总统和国务院；大总统不再“总揽政务”，由国务员（国务总理及各部总长）协助大总统行使最高行政权，对众议院负责而不再对大总统负责；国务总理的任命，须经众议院同意；众议院可以对包括国务总理在内的国务员作出不信任的决议；大总统对于国务员受不信任之决议时，或免去国务员的职务，或经参议院的同意解散众议院；大总统所发布命令及其他关系国务之文书，非经国务员之副署，不生效力。这样就把大总统集权制改为责任内阁制，从而完善了“天坛宪草”有关责任内阁制的规定。

（3）关于国家结构形式的规定。统一的多民族国家结构形式是中华民族五千年文明的重要组成部分。清末以来虽然由于新旧内外上下矛盾的作用，使得国家的分裂与统一问题成为人们关注的焦点，但是坚持统一反对分裂仍然是最广大中国人民和地方利益群体的根本要求。《中华民国宪法》从历史传统和国家现实出发，增加了“国权”和“地方制度”两章，对中央权力和地方权力作了明确划分，从而规定了赋予地方较大自治权的单一制国家结构形式。该宪法规定：“中华民国之国权，属于国家事项，依本宪法之规定行使之；属于地方事项，依本宪法及各省自治法之规定行使之。”属于国家事项者主要包括：外交、国防、国籍、基本法律制定、监狱制度、度量衡标准、币制及国立银行、基本税收、划定统一税率、邮政电报、航空铁路国道等国有交通、国债、专卖等。属于地方事项主要包括：本省教育实业交通、财产之经营处分、水利及工程、田赋、契税、警察、保安、省债、银行、下级自治等。同时还规定：各省之间不得缔结政治盟约，省不得自置常备军，不得设立军官学校及军械制造厂；省自治法不得与本宪法及国家法律抵触，否则无效；省自治行政机关执行国家行政有违法令时，国家得依法惩戒之。总之，地方自治权力之行使必须以服从中央政府为前提。

（4）关于司法体制的规定。《中华民国宪法》确立了司法独立原则：法官独立审判，无论任何人不得干预。为保障法官独立审判，该宪法规定了法官保障制度：非依法律，不得对在任法官实施停职、转职处理，不得减少其薪俸；在任法官非受刑罚宣告或惩戒处分，不得对其免职。同时还确立了司法审查权：当中央权力与地方权力发生争议而宪法或法律均未有明确规定时，由最高法院裁决；当省法律与国家法律是否抵触难发生疑义时，由最高法院作出解释；等等。

总之，《中华民国宪法》虽然有金钱贿赂之嫌，对于曹、吴的军阀专制独裁统治也有一定的粉饰作用，但是，它关于统一民主国体、责任内阁制政体、赋予地方较大自治权的单一制国家结构形式和司法独立原则的规定，是对西方权力分立制衡理论与中国十年民主共和历史政治实践相结合的产物，具有一定的历史意义。

第四节　中华民国南京国民政府的宪法和宪法性文件

一、《训政纲领》与《中华民国训政时期约法》

（一）《训政纲领》

1928 年，以张学良在东北“易帜”为标志，蒋介石国民党取得了所谓北伐成功，得到了各派军阀的承认，形式上取得了对全国的统治权。为了欺世盗名，蒋介石在建国施政方面，搬出了孙中山早年提出“建国三时期”“权能分治”“五权宪法”等学说作为理论根据，并宣布“军政时期”结束，“训政时期”开始。同年 10 月 3 日，国民党召开中央常务会议，制定并通过了《训政纲领》六条，企图作“训政时期”的根本大法。

《训政纲领》的主要内容有：第一，选举、罢免、创制、复决四项政权，在训政时期，由国民党全国代表大会代表国民大会行使，在国民党全国代表大会闭会期间，由国民党中央执行委员会行使。第二，行政、立法、司法、考试、监察五项治权，由国民政府在国民党中央政治会议的指导和监督下施行。第三，国民政府组织法的修改和解释权，由国民党中央政治会议行使。《训政纲领》的实质是确立了国民党一党专政、蒋介石个人独裁的政治制度。

（二）《中华民国训政时期约法》的制定和主要内容

1.《中华民国训政时期约法》的制定

《训政纲领》公布后，中国共产党和全国人民予以强烈反对，许多自由主义名流学者也起来抨击。国民党统治集团内部的非蒋系集团、政客也趁机抓住把柄，对蒋介石发动诛罚战争和政治斗争。汪精卫的“改组派”、谢持为首的“西山会议派”联合阎锡山、冯玉祥等军阀以“护党救国”“遵循总理遗教”为名，在北平召开了国民党中央执行委员会扩大会议，成立了与南京国民政府相对立的“国民政府”，拟定了《中华民国训政时期约法草案》（即“太原扩大会议约法草案”），抢先树起“法统”旗帜，与蒋介石争夺正统地位。在这种形势下，蒋介石为了堵塞反对派的口实，缓和各派系之间的矛盾，谋求党内统一，决定召开“国民会议”，制定《中华民国训政时期约法》。经过一番紧张的准备之后，1931 年 5 月 5 日“国民会议”如开。5 月 12 日三读通过《中华民国训政时期约法》，同年6月1日由国民政府公布施行。

2.《中华民国训政时期约法》的主要内容

《中华民国训政时期约法》由总则、人民之权利与义务、训政纲领、国民生计、国民教育、中央与地方之权限、政府之组织、附则等8章组成，计89条。其主要内容如下：

（1）以《训政纲领》为指导，继续以根本法形式规定国民党一党专政、蒋介石个人独裁的政治制度。它一方面规定：中华民国主权属于国民全体，永为统一共和国。另一方面又规定：中央统治权由国民党全国代表大会或其中央执行委员会代表国民大会行使；由国民党训练人民行使政权；由国民政府行使治权。同时还在第七章“政府之组织”中明确规定：国民政府主席对内对外代表国民政府；各院院长及各部长以国民政府主席之提请，由国民政府依法任免之；公布法律、发布命令，由国民政府主席依法署名行之。这样在国民党党魁蒋介石身兼国民政府主席的情况下，实际上就以一党专政、个人独裁的内核否定了国民政府民主共和的形式。

（2）虚伪地规定了人民的民主自由权利。中华民国国民，无性别、种族、宗教、阶级之区别，在法律上平等，享有选举、罢免、创制、复决、请愿、诉愿、诉讼、应考、服从公务、继承财产等项权利，有信仰、迁徙、通讯、结社、集会、言论、出版等自由，人民之人身非依法律不得逮捕拘禁审问和处罚，人民之住所、财产非依法律不得任意搜索及查封，等等。这些民主自由权利，在表面上看很堂皇，但仔细观察一下，在各条之中都加上了“依法律限制”的条件，实际上是以法律限制和剥夺人民的民主自由权利。而选举、罢免、创制、复决四项政治权力的行使，须在完全实行自治之县的人民始得享有，因而是对人民开的一张空头支票。

（3）保护以四大家族为首的官僚资本对于国民经济的垄断地位。第四章“国民生计”规定：国家应积极设立农业金融机构；国家应兴办煤、油、金、铁等矿业及航空业；工商业之专利专卖特许权属于中央。这样就以法律形式确认了四大家族对于国民经济的垄断地位，并为官僚垄断资本主义挤垮民族工商业提供了法律依据。

《中华民国训政时期约法》是国民政府训政时期的根本法，体现了国民党“以党治国”的立法原则。它是中华民国，同时也是南京国民政府实施时间最长的一部宪法性文件。

二、“五五宪草”和《中华民国宪法》

（一）“五五宪草”

“五五宪草”的全称为《中华民国宪法草案》。它是国民党政府在中华民族面临亡种亡国危险和中国共产党领导的人民革命斗争不断深入发展的形势下，为了敷衍国民党内部主张结束训政、召开国民大会、制定宪法的要求，为了欺骗人民、重新稳定岌岌可危的国民党统治的需要，被迫于1936年5月5日公布的。因为该宪法草案公布的日期是5月5日，所以称为“五五宪草”。

《中华民国宪法草案》共8章148条。它的体例结构、基本原则、基本内容都是对《训政时期约法》的继承，同时也是国民政府制定1946年《中华民国宪法》的蓝本。其特点如下：国民政府主席改称中华民国总统；总统既是国家元首又是政府首脑，实行总统独裁体制；设立国民大会，作为国家最高权力机关，其代表由选举产生；根据《中华民国国民政府组织法》的规定，国民党中央执行委员会、监察委员会的委员、候补委员为当然国民大会代表；在国家结构形式上，实行中央集权制度，省长不实行民选而由中央政府任免；规定了平均地权与节制资本的经济制度内容；取消训政，还政于民，实施宪政。

公布“五五宪草”后，抗战全面爆发，不具备召开国民大会的条件，因而未能议决颁行。

（二）《中华民国宪法》

1.《中华民国宪法》的制定

抗战胜利后，民族矛盾得到了暂时缓解，而国内阶级矛盾则上升到了主要矛盾的地位。这时，中国共产党为建立一个无产阶级领导的人民大众的新民主主义国家而奋斗，而国民党反动派依然坚持建立地主买办官僚资产阶级专政的国家，并且继续玩弄假和谈、真内战，假制宪、真独裁的把戏。在中国共产党的努力下，国共两党举行了重庆谈判，最后签订了“双十协定”。根据协定，1946 年 1 月 10 日，在重庆召开了政治协商会议，该会议就召开国民大会、改组国民党政府、拟定宪法草案等达成了协议。政协的“宪法草案”确定了修改“五五宪草”的原则：国会制、内阁制、省自治、少数民族自治、以宪法保障人民自由权利。同时规定由政协制定“五五宪草”修正案，以提交以后召开的国民大会。

当国民党反动派自认为内战准备完毕的情况下，就公然撕毁了“双十协定”“停战协定”“政协协议”，向解放区发动了全面的军事进攻，并于 1946 年 11 月 15 日单方面召开了没有共产党员、民主党派和无党派人士参加的国民大会。12 月 25 日，所谓“国民大会”通过了以“五五宪草”为蓝本的《中华民国宪法》。1947 年 1 月 1 日公布，同年 12 月 25 日实施。这是中国历史上最后一部反动宪法。

2.《中华民国宪法》的主要内容和特点

《中华民国宪法》包括总纲、人民权利义务、国民大会、总统、行政、立法、司法、考试、监察、中央与地方之权限、地方制度、选举罢免创制复决、基本国策、宪法之施行与修改等 14 章，计 175 条。其主要内容和特点如下：

（1）关于国家体制的规定。宪法规定：“中华民国基于三民主义，为民有民治民享之民主共和国”，“中华民国之主权属于国民全体”。但由于当时的社会性质是半殖民地半封建社会，因而这里的“人民”或“国民”只能是指地主、买办阶级及其代言人国民党。因此，这部宪法所说的民主国体、主权在民，只能是地主买办阶级专政的代名词。

（2）关于政府体制的规定。形式上实行国会制和责任内阁制，实际上是总统独裁制。宪法规定：国民大会代表全国国民行使政权。总统为国家元首，对外代表中华民国，统率全国陆海空军，总统提名任命行政院长须经立法院同意，提名任命司法与考试两院院长、副院长、大法官、考试委员须经监察院同意。行政院为国家最高行政机关，对立法院负责，行政院长由总统提名经立法院同意任命，行政院院长及有关部会首长对于总统行使公布法律、发布命令职权时有副署权，行政院对于立法院通过之决议案、法律案、预算案、条约案有异议者有移请立法院复议权。立法院为国家最高立法机关，代表人民行使立法权，有议决法律案、预算案、戒严案、大赦案、宣战案、媾和案、条约案及国家其他重要事项之权，对于行政院移请复议的决议案和法律案经出席会议的三分之二立法委员同意有维持原案权。立法委员、监察委员由选举产生，立法院与监察院的院长、副院长均由本院委员互选产生。由此可见，这部宪法对于政府体制好像规定的是国会制、责任内阁制，总统只是形式上的国家元首，国民大会也只是代表国民行使政权的机关而已。

但实际上这部宪法规定的政府体制并非如此。宪法规定：国民大会的复决权只限于“复决立法院所提之宪法修正案”，国民大会的创制权仅限于“修改宪法”，这样，国民大会就只剩下选举总统、副总统的权力了，而罢免总统、副总统的权力，在当时的条件下是不可能行使的。同时，国民大会每六年才召开一次，平时又没有常设机关开展日常工作，因而对总统权力是起不了任何制约作用的。宪法规定：总统对于院与院间之争执，得召集有关各院院长会商解决之。这种会商解决权，实际上使总统具有凌驾于五院之上的最高主宰地位。宪法规定：行政院对于立法院之决议和各案行使移请复议权时，须经总统“核可”。这种核可权，既是对国家最高行政机关行使复议权的批准权，也是对国家最高立法机关行使立法权的复议权和决议议案批准权。更不用说，宪法赋予总统拥有统帅三军、宣布戒严、宣战媾和、大赦特赦减刑、任免文武官吏、发布紧急命令等项权力。至于，国家最高行政机关和国家最高立法机关对于总统行使有关职权时的副署权和同意权，以及由选举产生的立法院、监察院的院长、副院长、委员等，在国民政府实行“以党治国”的形势下，对于总统权力的行使是难以起到什么制约作用的。因此，我们说《中华民国宪法》关于政府体制的规定，形式上实行的是国会制、责任内阁制，实际上实行的是总统独裁制。

（3）关于国家结构形式的规定。宪法规定：省、县只能根据国民政府制定的《省县自治通则》制定《省自治法》《县自治法》。省自治法须送司法院进行审查，如违宪者则将有关条文宣布无效；省法规不得与国家法律有抵触，如就有无抵触疑义时，由司法院解释；省自治法在施行中如因某条发生重大障碍者，则由司法院长主持召开的且由各院院长组成的委员会提出方案解决之。由此可见，《中华民国宪法》关于国家结构形式的规定，并没有按其标榜的采取孙中山均权主义的立法原则，规定省、县实行自治，而是在中央与地方的权限划分上，以集权主义为出发点；在中央集权与地方自治的关系上，以中央集权为原则。因此，《中华民国宪法》有关国家结构形式的规定，是以地方自治为名，实行中央集权为实。

（4）关于人民权利义务的规定。宪法规定：中华民国人民，无分男女、宗教、种族、阶级、党派，在法律上一律平等；人民有人身、居住与迁徙、言论、讲学、著作、出版、秘密通讯、信仰宗教、集会、结社等自由；享有生存权、工作权、财产权、请愿诉愿诉讼权、考试权、选举罢免创制复决权、受国民教育权。但宪法同时又规定：凡为防止妨碍他人自由、避免紧急危难、维持社会秩序、增进公共利益时，得以法律限制之；人民的选举、罢免、创制、复决四项政权，由国民大会代行。这样，人民依据宪法所享有的自由和权利就大打了折扣，剩下的就只有纳税、服兵役的义务了。

（5）关于基本国策的规定。《中华民国宪法》专设“基本国策”一章，冠冕堂皇地宣称：国民经济应以民生主义为基本原则，实施平均地权，节制资本，以谋国计民生之均足。但实际中，它却以此为幌子，保护封建土地所有制和地主剥削，保护四大家族的地位和官僚资本主义对民族工商业的摧残。它规定：人民依法取得之土地所有权，应受法律之保障和限制。表面上看这条规定对谁都使用，实际上在占人口不到10%的地主却占有全国耕地70%的旧中国，只能保护地主的土地所有权，保护地主依仗土地对于贫苦农民的封建剥削。它还规定：矿藏及其他经济上可供利用之天然力属于国家所有；公有事业及其他独占性之企业，以公营为原则；金融机关依法应受国家之管理，等等。表面上看这些规定是“节制资本”，实际上在四大家族把持的国家政权垄断了金融事业、工商业和其他企业的情况下，这种规定只能保护四大家族的经济垄断地位，只能使官僚垄断资本摧残民族工商业取得法律依据。

总之，《中华民国宪法》作为国民党政府制定公布的第一部正式宪法，体现了地主买办阶级的意志，实行的是形式上的国会制、责任内阁制和实际上的总统独裁制，它以地方自治为名实行中央集权为实，限制和剥夺了人民的民主自由权利，维护了大地主大资产阶级的政治、经济秩序。

小　结

清政府从救亡图存出发进行了“预备立宪”：派人考察欧美宪政，确立“大权统于朝廷，庶政公诸舆论”的基本原则，公布《钦定宪法大纲》，颁行《资政院院章》《谘议局章程》《宪法重大信条十九条》，构建实施宪政的法律体系和国家机构体系的雏形。其目的是企图在中国建立君主立宪的政治制度，以维护清朝立宪君主的统治。“预备立宪”所确立的宪法制度，由于清廷速亡大部分没有实施，但却为以后立宪奠定了法律文本的基础。中华民国南京临时政府在短暂的时间里，制定、颁行了《中华民国临时政府组织大纲》《中华民国临时约法》，在奠定政权根本法基础的同时，确立了中华民国的政权组织原则和法统。中华民国北京政府的历任统治者，围绕着《中华民国临时约法》和第一届国会的存废开展了立宪活动：国会宪法起草委员会通过了“天坛宪草”，袁世凯炮制公布了《中华民国约法》，曹锟制定公布了《中华民国宪法》。它的宪法或宪法性文件，在有关国体、政体、国家结构形式、人民自由权利的规定上，虽然有所变化甚至发展，但实质都是为其军阀独裁统治服务的。中华民国南京国民政府在“以党治国”方针指导下，虽然通过了《训政纲领》、公布了“五五宪草”、颁行了《中华民国训政时期约法》《中华民国宪法》，构建了“五权分立”的国家政权机构体系，但中央集权、地方无权、人民无权的政治格局却始终没有变化，其立宪活动和宪法制度的实质是确立和维护国民党一党专政、蒋介石个人独裁的政治统治。清朝晚期、中华民国的立宪活动和宪法制度，留下了许多可以汲取的教训和总结的经验，值得后人深思和借鉴。

思考题

1. 简述清末的立宪活动。
2.《钦定宪法大纲》的主要内容有哪些？请略作评价。
3. 简述《中华民国临时政府组织大纲》的主要内容和意义。
4. 简述“天坛宪草”的制定背景和特点。
5. 试比较《中华民国约法》与《中华民国临时约法》之异同并略作分析。
6. 简述1923年《中华民国宪法》的主要内容。
7. 试述1946年《中华民国宪法》的制度背景、主要内容和特点。

第十四章　刑事法律制度

第一节　刑法原则

一、清末刑法原则的变革

（一）罪刑法定原则

中国传统法制存在的“比附援引”（即类推）根深蒂固，流弊深远。清末修律引进并确立了“法无明文规定不为罪”的刑法原则。《大清新刑律》规定：“凡律例无正条者，不论何种行为，不得为罪。”这是西方罪刑法定原则在中国刑事立法上的第一次体现。为了贯彻这一原则，在第一条中还肯定了法律不溯及既往：“本律于凡犯罪在本律颁布以后者，适用之。”此外还规定，未满12岁人及精神病人之行为、非故意之行为、正当防卫，及避不能抗拒之危难而不得已之行为，均不为罪。《违警律》也规定：“凡本律所未载者，不得比附援引。”沈家本指出：“一切犯罪须有正条乃为成立，即刑律不比附援引之大原则。”① 此即罪刑法定原则。

（二）罪刑相适应原则

《大清新刑律》关于法律适应的主体平等，刑罚等级的设定，以及针对特定的犯罪主体，或不加刑，或适应不同的刑罚等，都体现了罪刑相适应原则。如《大清新刑律》规定：“凡未满十二岁人之行为与精神病人之行为不为罪”；“聋哑人或未满十六岁人，或满八十岁人犯罪者，得减本刑一等或二等”。

（三）人道主义原则

在清末修律的过程中，西方法律人道主义思想对中国法制产生了很大影响。沈家本《删除律例内重法折》提出废除凌迟、枭首、戮尸等酷刑得到清政府的批准。《大清新律例》将死刑执行方式一律改用绞，并将《大清律例》规定的840多条死罪减少到约40条。此外，还对数罪并罚制度采取“限制加重主义”原则，对法定刑事责任年龄以下的青少年犯罪实行感化教育，并使用缓刑、假释、时效等新制度，对特殊的社会弱势群体犯罪，免减其刑；“刑法与监狱相为表里”②，在刑罚改重为轻的同时也要改良监狱。为此，

---

① 故宫博物院明清档案部编：《清末筹备立宪档案史料》（下），中华书局1979年版，第848页。

② 故宫博物院明清档案部编：《清末筹备立宪档案史料》（下），中华书局1979年版，第831页。

沈家本大量翻译西方监狱法规，仿效西方人道精神制定新律，大力培养新型监狱管理人才，在监狱实行新的管理教育制度，设立罪犯习艺所，使监狱变成感化人之场所。这些改革都体现了人道主义。

（四）适用上的从新原则和属地原则

关于新刑律的适用范围与时效问题。新刑律规定适用于在国内之犯罪者，不论何人；除适用于颁行后的犯罪行为外，其颁行以前未经确定审判者，亦适用之，但颁行以前之法律不以为罪者，不在其例。

（五）礼法分治，法律面前人人平等的原则

中国古代治国礼法结合，礼具有法的效力，尤其是体现等级身份的礼法条文更是具有行政法的性质，“礼也就成为法的一种特殊形式”。清末修律基本上贯彻了礼法分离的原则，礼逐步丧失对法的支配作用。《大清新刑律》强调法律适应的主体平等，其第2条规定：“本律与凡在帝国境内犯罪者，不问何人适应之。”这是对封建旧律中公开的等级特权的否定，以至于总督刘廷琛上奏说：“新刑律其不合吾国礼俗者不胜枚举，而最悖谬者莫如子孙违反教令及无夫奸不加罪数条。”① 他的不满也表明中国法律有了现代意义上的自觉，逐渐摆脱礼的束缚和传统的法律的立法等差、良贱有别、同罪异罚的特征。与此同时，西方资产阶级的法律平等观念被贯彻到新律之中。“夫宪法者，国家之根本法也，为君民所共守，自天子以至于庶人，皆当率循，不容逾越。”② 这种改革在某种程度上终结了以“三纲”为灵魂的中华法系的传统，导入了以“法治”为灵魂的新式法制文明。③

综上所述，《大清新刑律》一方面大量地采用了西方资产阶级的刑法原则和近现代刑法学的通用术语。如采用了罪行法定主义原则，删除了旧律中的比附制度；采用了近代的法律面前人人平等原则，取消了因官秩、良贱、服制而在刑律适用上形成的差别与沿用数千年的“八议”制度；采用了缓刑、假释、正当防卫、紧急避险、对幼年犯惩治教育等制度和术语。另一方面，《大清新刑律》保留了部分封建法律制度。尽管《大清新刑律》仿效日本、德国刑法，吸取了大量资产阶级刑法原则和制度，从结构到内容都突破了封建法律体系保守封闭的藩篱，标志着中国已经初步建立起新型的近代刑法体系。但是，由于清政府的封建专制主义本质，以及固守传统礼教的守旧势力的阻止和抵制，新刑律仍然保留了一些封建法律内容。首先，新刑律继承封建法律“首重尊王”的宗旨，确认皇帝神圣不可侵犯，凡危害皇帝的各种预谋和行为一律予以严惩；对皇室的太庙、陵墓、宫殿、禁苑都予以特别的保护。其次，新刑律虽然规定在犯罪处罚上实行满汉同一，良贱平等，但对旧律以人的身份等级确定罪责轻重原则的摒弃并不彻底。它不仅继续将确定行为人身份关系，即行为人与被害人亲疏关系的“服制图”置于律首，而且律文中关于藏匿罪人及湮灭证据罪、杀伤罪、遗弃罪、略诱及和诱罪、私滥逮捕监禁罪等，都保留了依犯罪人与被害人身份关系的亲疏远近而加减刑罚的规定。附于新刑律之后的《暂行章程》，更以维护封建礼教为宗旨。它规定，《大清律例》中十恶、亲

① 故宫博物院明清档案部编：《清末筹备立宪档案史料》（下），中华书局1979年版，第88页。
② 《大清法规大全·宪政部》（卷4）。
③ 范忠信：《沈家本与新刑律草案的伦理革命》，载《政法论坛》2004第1期。

属相隐、干名犯义、存留养亲、亲属相盗、相殴以及发冢、犯奸各条，有关伦常纲纪，不能蔑弃，犯此罪者仍按旧律科刑；危害乘舆、内乱、外患及对尊亲属有犯应处死刑者，仍用斩刑；卑幼对尊亲属不能使用正当防卫之法；与无夫妇女通奸属犯罪行为等，充满了浓厚的封建色彩。这种正文与附则并存而又互相矛盾的奇怪现象，正是清朝刑事立法的半殖民地半封建特色的反映。

二、北洋政府刑法原则的变化

（一）维护伦常、礼教秩序的原则

尽管《暂行新刑律》采用了一些西方的近代法律原则，但《暂行新刑律》所依据的《大清新刑律》毕竟是在封建政权内部形成的法典，近代法律理论和法律原则对它的影响仅仅是起步，传统法律中的消极因素对其仍存在重大影响。中国传统的伦常原则在《暂行新刑律》中仍然具有重要地位。如《暂行新刑律》中，亲属相隐作为一项制度已被废除，但该原则在某些具体制度上仍为有效。《暂行新刑律》有“藏匿罪人及湮灭证据罪”的规定：藏匿脱逃犯和逃犯，湮灭刑事被告证据及伪造或行使伪证者，处四等以下徒刑。但犯罪人或脱逃人之亲属为犯罪人或脱逃人利益而犯本章之罪者，免除其刑。另外，对于尊亲属有犯加重处罚的原则也在《暂行新刑律》中被普遍采纳。对尊亲属犯杀人、伤害、匿告、遗弃、私擅逮捕监禁、妨害安全信用名誉、毁损尸体等罪，均较普通犯罪加重处罚。《暂行新刑律补充条例》更是全面贯彻袁世凯提出的“以礼教号召天下”的精神，加强对伦常、礼教秩序的维护，进一步明确尊卑长幼亲疏男女的等级身份。其中包括：扩大亲属相隐的范围，对于亲属之间犯藏匿刑事暂保释人或为藏匿而顶替、自首罪者，免除其刑；将尊亲属划入适用正当防卫范围之外；扩大和奸罪范围，对和奸良家无夫妇女作了处罚规定；尊亲属伤害卑亲属，减轻处罚，情节轻微者，可免除刑事责任；相反，卑幼伤害尊亲属者，即使情节轻微，也要处三等至五等有期徒刑；父母惩戒其子，可请求法院施以六个月以下监禁等。

（二）“治乱世用重典”的原则

首先，在刑法典《暂行新刑律》中设“内乱罪”专章。规定：“凡意图颠覆政府，僭越土地及其他紊乱国宪而起暴动者”即为内乱罪。为首者处死刑或无期徒刑；执行事务者处死刑或无期徒刑或一等有期徒刑；预备或阴谋犯内乱罪者，处一至三等有期徒刑；凡意图内乱，聚众夺取武器、舰船、钱粮及其他军需品，占据城乡军事要地者，均以“内乱既遂”论处。《暂行新刑律》把“从事同一业务之人同盟罢工”“聚众为强暴胁迫”和利用文书、图画、演说等方法进行宣传反对北洋军阀统治的行为，定为“妨害秩序罪”，并对首犯、从犯都要处以重刑。1913 年“二次革命”被镇压后，袁世凯的地位得到进一步巩固。为加强对社会的控制，原有的《暂行新刑律》已不能满足需要。为此，北洋政府在筹备起草刑法草案的同时，作为权宜之计，制定了《暂行新刑律补充条例》（以下简称《补充条例》）。《补充条例》全面贯彻袁世凯提出的“重典胁服人心”的原则，加重对“内乱罪”“外患罪”等重大犯罪的处罚，体现所谓“治乱世用重典”的精神。

其次，北洋政府特别重视特别法，尤其是刑事特别法的制定和运用。这些刑事特别法主要有：《戒严法》（1912 年 12 月）、《治安警察条例》（1914 年 3 月）、《预戒条例》

（1914年3月）、《惩治盗匪法》（1914年11月）、《私盐治罪法》（1914年12月）等。此外，还有《陆军惩罚令》等军事刑事特别法以及《徒刑改遣条例》《易笞条例》等。这些刑事特别法一方面钳制人民思想，限制人民民主自由权利。例如《预戒条例》规定，行政官署可以对“无一定职业，常有狂暴之言论行为”的人实行预戒令，受预戒令的人三年内的行动自由要受到警察官署的监视。这实际是对北洋政府认为有可能妨害其统治秩序的人，限制行动及言论自由。又如，北洋政府时期内战频繁，绝大部分地区常常适用《戒严法》，基本处于军事戒严状态，人民的各项民主自由权利也就被剥夺了。《戒严法》规定，遇有战争及其他非常事变，大总统可以宣布全国或某一地区实行戒严；地方司令官可宣布所在地区临时戒严，并有权停止集会、结社或新闻、杂志、图画等，有权禁止输出可供军需的民用物品，有权拆邮信电报、检查出入船舶及其他物品，有权停止海陆交通。可见，北洋政府用以标榜其统治的“合法性”与“民主性”的频繁制宪，实际上只是一种虚假的政治手腕。

另一方面北洋政府加强刑事镇压的恐怖性。主要是采取重刑主义，并恣意扩大一些罪名的适用范围。如在《惩治盗匪法》中，“强盗罪”与“匪徒罪”的适用范围远比《暂行新刑律》广泛得多。如《惩治盗匪法》规定：凡意图扰乱公安而制造、收藏或携带爆烈物者；聚众掠夺公署之兵器、弹药、船舰、钱粮及其他军需品，或公然占据都市、城寨及其他军用之地者；掳人勒赎者，适用“匪徒罪”，均处以死刑。量刑也大大加重，不但一律处死，并且“案关重要时”允许“临阵格杀”。其打击锋芒主要指向人民群众反抗军阀统治的行为。而对于军队内部的反抗行为，更要严厉打击。如《陆军军事条例》《海军军事条例》《戒严法》等，都为北洋政府军事独裁统治提供了法律依据。这种用刑事特别法取代普通刑法典，加强刑事司法镇压的方法，也被后来的南京国民政府所承袭。

（三）法与社会相适应的原则

北洋政府的立法机构能适应当时的社会实际状况而对法律作出一定的调整。例如，由于《暂行新刑律》对于妾的地位未作规定，致使民国初年司法机关在处理涉及妻妾关系、妾与家长的关系、妾与家庭其他成员关系的案件时，都面临着无法可依的局面。各地司法机关处理涉及妾的案件，标准也不一。为此，《补充条例》增加对“妾”的规定，明确妾的法律身份以及妾与家长、与家庭其他成员的关系。① 以此为基础，大理院通过判例、解释例，逐渐形成解决涉及妾案件的法律标准。妾制作为一种落后的婚姻制度，包含着男尊女卑、等级身份的内容，与近代社会妇女解放、人人平等的原则格格不入。但民国初年的社会现实是，妾的存在，仍具有普遍性。既有清末大量的遗存，又有新体制下对旧习惯的延续。对于“妾”而言，否定其现实的存在，远比否定其制度上的存在更加艰难；在时间上，前者需要更长的过程。法律作为调整现实社会关系的手段，应该适应这一渐变的过程，防止出现法律空白、无法可依的现象。《补充条例》增加对“妾”的规定，在确认现实的社会关系、解决司法审判中无法可依的方面，有其积极作用。

---

① 《暂行新刑律补充条例》第12条规定，在《暂行新刑律》中涉及亲属关系、法律身份等方面，“妾”准用“妻”的相关规定。

三、南京国民政府刑法原则的变化

（一）确定了资产阶级近现代刑法的三大原则，即罪刑法定主义、罪刑等价主义以及刑罚人道主义原则

依据罪刑法定主义，犯罪与刑罚均须由法律明文规定；法律无明文规定者，任何行为不得处罚。罪刑等价主义要求同罪同罚，定罪与量刑，不得因行为人的身份、地位、性别、种族等而区别对待。刑罚人道主义则主张废除肉刑，建立以自由刑为中心的刑罚体系，同时改良监狱管理，给犯人以人道主义待遇。[①]《三五刑法》第1条规定："行为之处罚，以行为时之法律有明文规定者为限。"将清末修律以来开始采用的罪刑法定主义列为基本原则之一。第2条以罪刑法定主义为基础确定了从新、从轻原则："行为后法律有变更者，适用行为时之法律；但裁判前之法律有利于行为人者，适用最有利于行为人之法律。"对于中国古代因当事人的身份、地位不同而实施同罪异罚的等级法律制度以及以身体刑为主的刑罚体系，多依据罪刑等价主义和刑罚人道主义原则作了彻底的变革。

（二）刑事立法的法西斯性

国民政府统治时期除了制定颁布两部刑法典之外，在刑法发展方面的另一重要表现，就是为了强化其一党专政的政权，镇压人民革命及异己政治力量的反抗，最大限度发挥刑法的惩罚效能，制定颁行了大量单行刑事特别法规。其中较重要的有《惩治盗匪暂行条例》《暂行反革命治罪法》《惩治绑匪条例》《陆海空军刑法》《陆海空军惩罚法》《危害民国紧急治罪法》《妨害国币惩治暂行条例》《惩治汉奸条例》《非常时期维持治安紧急办法》《妨害国家总动员惩罚暂行条例》《惩治贪污条例》《妨害兵役治罪条例》《戡乱时期危害国家紧急治罪法》《违反粮食管理治罪条例》《惩治叛乱条例》《惩治走私条例》《戒严法》《监狱行刑法》等。在这些刑事特别法中，设立了诸如反革命罪、危害民国罪、叛乱罪、妨害国家总动员罪等罪名。在法律适用方面，《三五刑法》规定了特别法优于普通法的原则，其第11条规定："本法总则于其他法令有刑罚之规定者，亦适用之。但其他法令有特别规定者，不在此限。"刑事特别法的大量制定和频繁变更，使法律在更大程度上作为国民党的"党治"工具而存在，体现了政治上的反动性；同时，它也使法律体系处于经常的变动之中，直接影响了法律在维持社会秩序、规范公民行为方面的功能，表现了立法技术上的落后性。[②]

（三）保留中国刑法中固有的重宗法伦理原则

在法律规定的范围内，实行对侵害直系血亲尊亲属的犯罪行为加重处罚与容隐，以及对某些轻罪的亲属减轻处罚的原则。根据《三五刑法》，对于直系尊亲属实施伤害、诬告、遗弃、妨害自由等犯罪行为者，采取加重处罚原则，比侵犯常人加重刑罚1/2；配偶、五亲等以内血亲或三亲等以内姻亲，如纵放、藏匿应依法逮捕、拘禁之人，或湮灭刑事证据，顶替、隐蔽犯人罪行，可以减轻或免除刑罚。这些规定是"准五服以制罪"、亲属相为容隐等原则的遗存，表现出中国传统伦理观念对新刑法的影响。

---

① 参见张晋藩总主编：《中国法制通史》（第9卷）《清末·中华民国》，法律出版社1999年版，第653页。

② 参见张晋藩总主编：《中国法制通史》（第9卷）《清末·中华民国》，法律出版社1999年版，第654页。

另外，从立法精神看，《三五刑法》基于“参酌最近外国立法例”的立法宗旨，由“客观人格主义”改而“侧重于主观人格主义”，即强调以犯罪人行为的性质，而不是客观后果为依据来定罪量刑；由“报应主义”改为“侧重于防卫社会主义”，即强调发挥刑法的“保全与教育机能”，从而改进了保安处分制度。从刑法的效力范围看，在时间效力上，实行原则上的“从新从轻主义”、保安处分的“从新主义”以及裁判确定后执行的“附条件从新主义”。在空间效力上，以属地主义为原则，以属人主义作补充，兼采特定犯罪（内乱、外患、伪造货币或有价证券或文书印文，鸦片犯罪、妨害自由、海盗）的保护主义和世界主义。

第二节　罪名

一、清末

（一）《大清现行刑律》规定的罪名

清末删改旧律中内容最大的是宣统二年（1910 年）公布的《大清现行刑律》。罪名方面的规定有如下特点：

（1）把旧律中的继承、分产、婚姻、田宅、典卖、钱债等纯属民事内容的条款分出，不再定罪科刑，以示民刑有别。但是，抢夺婚姻、奸占、违例、嫁娶、盗卖强占田宅等行为，仍按现行刑律科罪。

（2）删除近来已解禁或与“新政”不相符合的规定，如民人出海、开矿及结社集会发行报纸之类，“良贱相殴”“良贱相奸”等，并将“奴婢”改为“雇工人”，打破良贱相异的惯例，取消奴婢在法律上的不平等地位，同时废止维护满人特权的有关条款。并且，根据社会经济的变化，增设若干新的罪名，如毁坏电讯、毁坏铁路、私铸银元、妨害国交等罪名。

（3）仍然保留维护封建的纲常礼教的规定，如“十恶”中的恶逆、不孝、不睦、不义以及立嫡违法、妻妾殴夫、殴祖父母父母、干名犯义、子孙违犯教令罪等，并放在律首，处以重刑。对于“盗制书”“盗大祀神御物”“擅入宫殿门”“越皇城”“收藏修整乘舆服御物不如法”等侵犯皇帝尊严和人身安全的行为仍沿袭旧律的治罪规定。

（二）《大清新刑律》规定的罪名

公布于宣统三年（1911 年）的《大清新刑律》，体例分为总则和分则两编，“总则为全编之纲领，分则为各项之事例”①，并附《暂行章程》5 条。

（1）以罪名为线索，规定各种犯罪类型。沈家本认为：“分则者，所以定各种犯罪成立之要件，然必待总则所定普通要件完备之后，始可论罪。各国立法，例俱规定各罪分为数大类。”② 分则规定的罪名包括：侵犯帝室罪、内乱罪、外患罪、妨害国交罪、漏泄机

---

① 《修订法律大臣沈家本等奏进呈刑律分则草案折》，《大清法规大全・法律部》（卷 12）。

② 《大清法规大全・法律部》法典草案一，总第 1978 页。

密罪、渎职罪、妨害公务罪、妨害选举罪、骚扰罪、逮捕监禁脱逃罪、藏匿罪人及湮灭证据罪、伪证及诬告罪、放火决水及妨害水利罪、危险物罪、妨害交通罪、妨害秩序罪、伪造货币罪、伪造文书印信罪、伪造度量衡罪、亵渎祀典及发掘坟墓罪、鸦片烟罪、赌博罪、奸非及重婚罪、妨害饮料水罪、妨害卫生罪、杀伤罪、堕胎罪、遗弃罪、私擅逮捕监禁罪、略诱及和诱罪、妨害安全信用名誉及秘密罪、窃盗及强盗罪、诈欺取财罪、侵占罪、赃物罪、毁弃罪等。

(2) 在罪名方面具有如下特点：在体例上将各种刑事违法行为概括为40多种罪名，列述罪状，规定相应的刑罚。对于犯罪的分类，新刑律首先贯彻民刑分离的原则，删除了旧律中有关民事法律行为的规定，同时，放弃旧律按六部分类的方法。在罪名的确定上，放弃旧律中传统的名称和概念，而代之以近代刑法的新名称、新概念，反映了当时半殖民地半封建中国社会经济关系和阶级关系的变化。关于确定罪名的方法，放弃过去一事一例、律例合编的做法，或概括地对某一罪名下定义，或列举某一罪名的主要罪状，避免了律文的繁琐，正如沈家本所说，是“事增于前，文省于后”[①]。在内容上增加妨害选举、交通、通讯、卫生等一些应社会所需的新罪名，同时继续规定了妨害国交罪这一保护帝国主义侵华权益的罪名；与此同时，也保留了一些维护君主专制统治和传统礼教精神的刑法内容，如分则规定了侵犯皇室罪、内乱罪等罪名。所附五条《暂行章程》进一步规定：侵犯皇室罪、内乱罪、外患罪、杀伤尊亲属罪等适用死刑者仍用斩刑；无夫妇女通奸仍定为犯罪；对尊亲属不适用正当防卫；对卑幼伤害尊长、妻子伤害丈夫等罪加重刑罚，而对尊长伤害卑幼、丈夫伤害妻子等罪则减轻刑罚等。

二、南京临时政府

南京临时政府由于其存在时间短暂，来不及进行系统的刑事立法，但还是颁布了若干具有刑法性质的法令和军律，其中规定了种种受处罚或须禁止的犯罪行为。

（一）买卖人口罪

在半殖民地半封建的旧中国，买卖人口的现象非常严重，尤其在沿海各省经常发生将华人作为商品和廉价劳动力贩卖到国外牟取暴利的事件。据不完全统计，在1845年至1875年30年间，被贩卖的华人至少有60万人。针对上述情况，南京临时政府发布了《大总统令内务部禁止买卖人口文》和《禁止贩卖华工和保护华侨令》，特令内务部：迅即编定暂行条例，通饬所属，嗣后不得再有买卖人口情事，违者罚之。在《大总统令广东都督严行禁止贩卖“猪仔”文》和《大总统令外交部妥筹禁绝贩卖“猪仔”及保护华侨文》中，特令广东都督严行禁止“猪仔”出口，并令外交部制定禁绝贩卖“猪仔”和保护华侨具体办法，“务使奸人绝迹以尊重人权，保全国体”，“务使博爱平等之义，实力推行”。[②]

（二）赌博罪

赌博是封建社会遗留的一种陋习，对家庭和社会都有较大的危害。为了禁绝赌博之

---

① 《修订法律大臣沈家本等奏进呈刑律分则草案折》，《大清法规大全·法律部》(卷12)。

② 中国社会科学院近代史研究所史料编译组编辑：《辛亥革命资料》，中华书局1961年版，第311－312页。

风，南京临时政府颁布了《内务部报告禁赌呈》，明确规定：赌博陋习，最为社会之害，律法在所必禁。要求各部、各省都督、南京巡警总监、南京府知事切实执行以下规定：无论何项赌博，一律禁除；凡人民宴会游饮集合各场所，一概不准重蹈赌博旧习；其店铺中有售卖各种赌具者，即着自行销毁，嗣后永远不准出售；各该地方巡警要严密稽查。倘有违犯，各按现行刑律科罪。以绝赌风，而肃民纪。

（三）种吸鸦片罪

南京临时政府在《大总统令禁烟文》中痛陈鸦片对社会的危害性，指出：“鸦片流毒中国，垂及百年，沉溺通于贵贱，流行遍于全国，失业废时，耗财殒身，浸淫不止，种姓沦亡。”同时申告天下，严禁种植和吸食鸦片，再有饮鸩自安，沉湎忘返者，不可为共和之民。当咨行参议院于立法时剥夺其选举被选举一切公权。还要求内务部转行各省都督通饬所属官署，重申种吸各禁，勿任废弛。据此，内务部先后发布《内务部咨各省都督及卫戍总督禁止鸦片文》《内务部令南京巡警总监移交禁烟公所文》《内务部咨各部及卫戍总督查明有无吸食鸦片人员文》，由大总统委任石英为总理，具体负责禁烟事宜，并大力查禁吸食鸦片的国家公职人员，专门设立禁烟公所，革除吸食鸦片恶习，达到振奋民族精神、强国保种的目的。

（四）《临时军律》规定的各罪

1912 年元月，南京临时政府陆军部制定《临时军律》12 条，规定处死刑的罪有任意掳掠、强奸、焚杀良民、擅封民屋财产、硬搬良民箱笼及银钱等。处以“论情抵罪”和“罚”的罪有勒索强买、私斗杀伤人，私入良民家宅、行窃、赌博、纵酒行凶等。

三、北洋政府

（一）《中华民国暂行新刑律》规定的罪名

《中华民国暂行新刑律》的分则以罪名分章，共 35 章。由于《中华民国暂行新刑律》是清末《大清新刑律》稍作修正而成，因此，除删去旧律中的“侵犯皇室罪”12 条和《暂行章程》5 条外，基本沿用旧律之规定罪名。包括：内乱罪、外患罪、妨害国交罪、漏泄机务罪、渎职罪、妨害公务罪、妨害选举罪、骚扰罪、逮捕监禁脱逃罪、藏匿罪人及湮灭证据罪、伪证及诬告罪、放火决水及妨害水利罪、危险物罪、妨害交通罪、妨害秩序罪、伪造货币罪、伪造文书印信罪、伪造度量衡罪、亵渎祀典及发掘坟墓罪、鸦片烟罪、赌博罪、奸非及重婚罪、妨害饮料水罪、妨害卫生罪、杀伤罪、堕胎罪、遗弃罪、私擅逮捕监禁罪、略诱及和诱罪、妨害安全信用名誉及秘密罪、窃盗及强盗罪、诈欺取财罪、侵占罪、赃物罪、毁弃罪。从分则的内容来看，它所列举的一些罪名，反映了中国近代社会的变迁，但也应看到，在中国社会没有完成近代转型的历史背景下这些规定与社会现实还有一些距离，实施中会遇到一些不可克服的困难。

（二）两部“刑法修正案”规定的罪名

第一部“刑法修正案”是袁世凯执政期间由“法律编查会”拟订的，历时八个月于 1915 年完成。它迎合袁世凯加快复辟帝制步伐的需要，其内容进一步发展《暂行新刑律补充条例》的精神，增加了“侵犯大总统罪”“私盐罪”“奸通无夫之妇”罪等。其中的“侵犯大总统罪”，就是《大清新刑律》中“侵犯皇室罪”的翻版，因而是民国以来刑法史上的又一次倒退。

1918 年段祺瑞政府执政期间，为了改善袁世凯复辟帝制在国人心目中造成的丑恶形象，北洋政府又拟定第二次“刑法修正案”。该修正案删除了“私盐罪”，并将“侵犯大总统罪”由原来的特别犯罪行为主义改为通常犯罪行为主义，且只以侵犯大总统生命、身体、自由及名誉为限。这次更多地吸取了一些西方资产阶级刑法原则和条文，使第一次“刑法修正案”中强化军阀专制和封建礼教的内容得到调整。两部“刑法修正案”都没有正式颁布实施，但第二部“刑法修正案”成为后来南京国民政府制定刑法典的蓝本，在我国近代刑法发展史上占有一定地位。

四、南京国民政府

南京国民政府先后制定、实施了两部刑法典，即 1928 年制定、颁布的《二八刑法》与 1935 年制定、颁布的《三五刑法》。《二八刑法》作为南京国民政府的第一部刑法典，以北洋政府 1919 年的第二次“刑法修正案”为基础，稍加修改，即于 1928 年匆匆颁布。内容变化也不大，主要是删除了“侵犯大总统罪”一章。施行不久，即感觉其诸多内容既不甚符合国情，又未能吸收各国最新立法经验，立法院遂于 1931 年 12 月成立刑法起草委员会，开始新刑法典的起草，终于在 1935 年 1 月 1 日正式公布《三五刑法》。《三五刑法》分则共 258 条，共规定了 35 类罪名：内乱罪、外患罪、妨害国交罪、渎职罪、妨害公务罪、妨害投票罪、妨害秩序罪、脱逃罪、藏匿人犯及湮灭证据罪、伪证及诬告罪、公共危险罪、伪造货币罪、伪造有价证券罪、伪造度量衡罪、伪造文书印文罪、妨害风化罪、妨害婚姻及家庭罪、亵渎祀典及侵害坟墓尸体罪、妨害农工商罪、鸦片罪、赌博罪、杀人罪、伤害罪、堕胎罪、遗弃罪、妨害自由罪、妨害名誉及信用罪、妨害秘密罪、窃盗罪、抢夺强盗及海盗罪、侵占罪、诈欺背信及重利罪、恐吓及掳人勒赎罪、赃物罪、毁弃损坏罪等。与《二八刑法》相比，增加了伪造有价证券罪 1 章，另有 3 章名称被修改。罪名的设立，既有适应社会进步、经济发展的因素，也有基于一些固有法律传统的考虑。另外，在陆续颁布的刑事特别法中，还增加了一些新的罪名，诸如反革命罪、危害民国罪、叛乱罪、妨害国家总动员罪等。

第三节　刑罚体系

一、清末刑罚体系改革

（一）《大清现行刑律》产生过渡性刑罚体系

1910 年公布的《大清现行刑律》是一部过渡性法典。在此前清廷删改旧律的活动中，已改充军为安置，军、流、徒为工艺，笞、杖为罚金，虚拟死罪为徒、流，满汉同一刑制，例缓人施免于秋审，禁止刑讯，废除奴婢，变通枷号，废止站笼刑罚等。《大清现行刑律》更是“更定刑名”，将笞、杖、徒、流、死五刑以及外遣、充军等刑名删改，改为罚金、徒刑、流刑、遣刑、死刑五种；罚金自银五钱至十五两分为十等，徒刑自一年至三年分为五等，流刑分二千里、二千五百里、三千里三等，遣刑分为极边及烟瘴地方安置和新疆当差两种，死刑分斩、绞两种，废除已奏请停用的凌迟、枭首和戮尸等酷刑，刺字、缘坐等酷刑亦从律中删去。

（二）《大清新刑律》确立近代主从刑刑罚体系

《大清新刑律》是在沈家本主持下，聘请日本法学家冈田朝太郎等人起草的一部新刑法典。由于它采用了近代资产阶级的刑法原则和刑法体例，因而是旧中国制定颁布的第一部近代意义的专门刑法典。

1．刑种

《大清新刑律》采用近代资产阶级的刑罚体系，将刑罚分为主刑和从刑两大类。主刑包括5种，刑名由重到轻排列：死刑、无期徒刑、有期徒刑、拘留、罚金。其中，有期徒刑分为五等：一等有期徒刑为15年以下10年以上；但加重及并科时以20年为最高刑期；二等有期徒刑为10年未满5年以上；三等有期徒刑为5年未满3年以上；四等有期徒刑为3年未满1年以上；五等有期徒刑为1年未满1月以上，罚金为银一钱以上。从刑的种类包括两种：褫夺公权和没收。①

2．刑罚制度

（1）未遂罪。未遂罪减既遂罪之刑一等或二等。犯罪已着手而因己意中止，准未遂论，得免除或减轻本刑。

（2）累犯。已受徒刑之执行，更犯徒刑以上之罪名者，如再犯，加本刑一等。三犯以上者，加本刑二等。

（3）俱发罪（数罪并罚）。确定审判前犯数罪者，为俱发罪，各科其刑。但科死刑者，不执行他刑；科无期徒刑者，不执行他刑；科多数之有期徒刑者，于各刑合并之刑期以下，定其刑期，但不得逾二十年；科多数之拘役与科多数之罚金者，准此定其刑期。褫夺公权及没收并合执行之。连续犯罪者以一罪论。

（4）共犯罪。二人以上共同实施犯罪之行为者，皆为正犯，各科其刑。帮助正犯实施犯罪行为，准正犯论。教唆他人犯罪，为造意犯，准正犯论处。于实施犯罪行为前协助正犯，为从犯，得减正犯之刑一等或二等。在过失罪中，有共同过失者，也以共犯论。

（5）自首减刑。犯罪未发觉而自首于官接受审判者，得减本刑一等。

（6）宥减。聋哑人、未满十六岁人或满八十岁人犯罪者，得减本刑一等或二等。

（7）缓刑。凡被判处四等以下有期徒刑，或拘役者，此前未曾受拘役以上之刑者，或虽受三等至五等有期徒刑，但已执行完毕，或免除后逾七年，或前受拘役执行完毕，或免除后逾三年，有一定之住所及职业者，有亲属故旧监督缓刑期内之品行者，可以缓刑。缓刑期五年以下三年以上，但在缓刑期内更犯拘役以上罪，或丧失住所及职业者，得撤销其缓刑。

（8）假释。受徒刑之执行而有悛悔实据者，无期徒刑逾十年后，有期徒刑逾刑期二分之一后，由监狱官申递法部得假释出狱。但于假释期内更犯拘役以上罪者，撤销其假释。

（9）刑罚的执行。死刑经法部复准回报，于狱内用绞执行。徒刑于监内执行，并服

---

① 周密：《中国刑法史纲》，北京大学出版社1998年版，第361页。

法定劳役。拘役也于监内执行，一般服劳役。被处五等有期徒刑或拘役之刑者，得以一日折算一元易以罚金。罚金于审判确定后，一月以内完纳，逾期不完纳者，或强制完纳，或以一元折算一日易以监禁。监禁于狱内监禁所执行，不得逾三年。褫夺公权即终身褫夺其为官员、为选举人、膺封赐勋章职衔出身、入军籍、为学堂监督职员教习、为律师之资格，根据情节或褫夺以上资格之全部，或一部。没收之物，包括违禁私有物、供犯罪所用及预备犯罪之物、因犯罪所得物。

另外，《大清新刑律》还删除八议、请、减、赎、十恶、存留养亲等封建刑法内容。

二、北洋政府的刑罚制度

北洋政府时期的刑事基本法《暂行新刑律》是在《大清新刑律》的基础上稍加修改而成，其刑罚体系也完全继承了《大清新刑律》的体系，刑罚分为主刑和从刑。但《暂行新刑律》对于某些犯罪的处刑幅度自轻至重，有较大的范围，而对于确定具体刑罚又缺少法定标准或法定情节的规定，因而使法官审断案件缺少可操作的统一标准，同时也为法官擅断提供了合法理由。

北洋政府时期，除适用《暂行新刑律》外，对于清朝法律的其他内容，也通过不同方式，加以适用。如 1916 年 3 月 3 日，司法部发布第 244 号通饬，要求对于犯轻罪的妇女人犯，不依当时生效的《暂行新刑律》科处刑罚，而是根据清朝法律，对其加以宽免，包括责其丈夫保释。1920 年 10 月 28 日，司法部颁布第 746 号命令，要求对犯罪自首者，不得援引《暂行新刑律》关于自首减等的相关条款，而是以《大清律例・名例・犯罪自首》条规定为依据。

1912 年 9 月 12 日，北洋政府还颁行了《暂行新刑律施行细则》，以解决新刑律实施前后司法实践中的若干具体问题。这样，清末法律改革中采纳的有进步意义的资产阶级刑法原则，在北洋政府时期得以贯彻实施。两年以后，即 1914 年 12 月 24 日，为加强对人民的镇压及适应袁世凯复辟帝制的需要，北洋政府又颁布施行了《暂行新刑律补充条例》，仿照《钦定大清刑律》后所附《暂行章程》的规定，加重了对卑幼伤害尊亲属、无夫妇女通奸等违背封建礼教行为的定罪量刑，并恢复了一些已被取消的封建刑法原则。这是我国刑法发展史上的一次倒退。当然，《暂行新刑律补充条例》的某些内容，也体现了立法机构适应当时的社会实际状况而对《暂行新刑律》缺陷的一定补救。其中，增加对轮奸罪的规定，加重对强奸杀人罪的处罚，对于打击恶性犯罪有积极意义。《暂行新刑律补充条例》还加重亲属之间的监督义务和监护义务。对于监护人强卖、和卖被监护人，亲属之间强制卖奸或强制为娼等，均加重处罚。

不仅如此，北洋政府还于 1914 年颁布《徒刑改遣条例》《易笞条例》，恢复了具有浓厚传统色彩的笞刑和发遣刑。《徒刑改遣条例》首先恢复了清朝的“发遣”刑，将无期徒刑及犯“内乱”“外患”“妨害国交”“强盗”等十几种重罪而被判五年以上有期徒刑者改为发遣，发往吉林、黑龙江、新疆、甘肃、川边、云南、贵州、广西等边远地区。《易笞条例》恢复了古代的笞刑，规定犯有“奸非罪”“和诱罪”“盗窃罪”“诈欺取财罪”“赃物罪”等而判处三个月有期徒刑以下刑罚者，可改处笞刑，刑期一日折笞刑二下；但《易笞条例》不适用于“曾充或现充官员或有相当身份者”。可见，这种对封建旧刑罚的恢复，主要是针对普通民众的。在此基础上，北京政府吸收了上述补充条例的立法经验，制定了刑法修正案，在总则编内增加“亲属加重”一章，规定对尊亲属犯罪者加重本刑一至二等，且许加至死刑；在直系尊亲属内加入外祖父母一项；限制对尊亲属相犯实施正当防卫等。

1914 年 3 月公布的《预警条例》《治安警察条例》和 1915 年 11 月颁行的《违警罚法》，还赋予行政官署对妨害安宁、秩序、公务、交通、风俗、卫生、他人身体、财产及伪证、湮没证据者，分别处以拘留、罚金、训诫三种主罚和没收、停止营业、勒令歇业三种从罚的权利。

三、南京国民政府刑罚制度的变化

（一）在法定刑种方面，规定了主刑和从刑

主刑五种：死刑、无期徒刑、有期徒刑、拘役、罚金。从刑二种：褫夺公权、没收。其中，有期徒刑为 2 月以上，15 年以下；高可加至 20 年，低可减至 2 月未满。拘役期限为 1 日以上，2 月未满，高可加至 4 个月。罚金为 1 元以上。褫夺公民权为在一定期限内剥夺犯人在公法上的一定资格，包括：第一，为公务员的资格；第二，公职候选人的资格；第三，行使选举、罢免、创制、复决四权的资格。没收的对象可包括：第一，违禁物；第二，供犯罪所用或供犯罪预备之物；第三，因犯罪所得之物。作为对刑种的补充，刑法设立了刑罚易科制度。对于一些轻微犯罪，虽然依法作出刑罚判决，但由于存在某些特定原因，对于罪犯不执行刑罚更为适当时，可根据刑罚易科制，而改以其他方式替代刑罚的执行。《三五刑法》规定了刑罚易科的三种方式：易科罚金、易服劳役、易以训戒。对于适用易科罚金等项制度，法律规定了具体的条件。第一，所犯之罪须为最重本刑三年以下有期徒刑之罪；第二，被宣告判处六个月以下有期徒刑或拘役之刑；第三，受刑人因身体、教育、职业或家庭等关系，执行刑罚明显有困难者。例如，犯人身体不好，若执行刑罚，有可能导致健康恶化；在校学生临近毕业，若执行刑罚，则影响毕业；犯人为家庭生计主要负担人，若入狱服刑，其家庭生活即无着落等。易科罚金的方法为：计受刑人被宣告的刑期，按每日 13 元的标准折算为罚金，由受刑人缴纳。受刑人无力缴纳罚金者，可易服劳役。对于受拘役或罚金之宣告者，若罪犯的犯罪动机在社会公益或道德上明显可给予宥恕者，可易以训诫。

（二）在刑事制裁政策上，实行重刑主义

同《二八刑法》相比，《三五刑法》对普通刑事犯罪降低量刑幅度，而将打击的锋芒集中于“内乱”“外患”“妨害国交”“杀人”“强盗”等严重危及国民党政权及其社会秩序的犯罪行为。不但对其加重处罚，而且将严惩的范围扩及于“预备犯”与“未遂犯”。如刑法典对“内乱罪”的规定是“意图破坏国体，窃据国土，或以非法之方法变更国宪，颠覆政府，而着手实行者，处七年以上有期徒刑，首谋者处无期徒刑”。但特别法《戡乱时期危害国家紧急治罪条例》则规定，不问首从，一律处死刑或无期徒刑。

南京国民政府还继承北洋政府的特别法传统，制定了大量刑事特别法进行刑事镇压。主要包括第二次国内革命战争时期的《惩治盗匪暂行条例》《暂行反革命治罪法》《共产党人自首法》《危害民国紧急治罪条例》《维持治安紧急办法》等；抗日战争时期的《共产党问题处置办法》《防止异常活动办法》《非常时期维持治安紧急办法》《惩治盗匪条

例》等；1946 年以后制定的《维持社会秩序临时办法》《后方共产党处置办法》《戡乱时期危害国家紧急治罪法》《戒严法》《惩治叛乱条例》等。这些刑事特别法可以不受刑法典法律原则的约束，便于规定普通法不便规定的内容。如对共产党人和革命群众实行保安处分制度。南京国民政府设有反省院，是专门拘禁共产党人、革命群众和爱国民主人士的监狱。按《共产党人自首法》规定，共产党人即使自首，“受免除其刑或缓刑之宣告，或免执行其刑之全部者，法院得许保释或移送反省院；受减轻其刑之宣告者，得移送反省院以代执行”，仍要限制其人身自由把他们与社会隔离开来。另外，国民党还借助行政法规的掩护加强对民众的控制。如 1929 年 10 月 30 日内政部呈准公布《邻右连坐暂行办法》，要求各县清查户口、发贴门牌时，按邻“取具连坐切结”，由户主签名画押；如隐匿或失察邻户为匪、通匪、窝匪情事，即治以庇纵之罪①，公然复活封建邻里连坐之法。

南京国民政府制定的刑事特别法数量之多，范围之广，效力之高，决定了它在南京国民政府刑法中的特殊地位。事实表明，在南京国民政府的刑事镇压中，主要依靠的是刑事特别法。从这个意义上讲，与形式上较为完备的刑法典相比，其刑事特别法实际上起着更大、更重要的作用。

（三）在刑事制裁制度上，设立保安处分

南京国民政府吸取了当时最先进的外国刑事立法思想，“由客观主义而侧重于主观主义，由报应而侧重于社会防卫主义”，并基于社会责任论与社会防卫主义刑罚思想而采取了目的刑与教育刑主义理论，在刑罚之外增加了保安处分，作为刑罚的补充，实行刑罚与保安处分二元主义刑事制裁制度。

所谓保安处分，是对有犯罪行为或有犯罪嫌疑、妨害社会秩序嫌疑的人采取的社会防卫制度，是用以补充或代替刑罚的措施。保安处分制度的依据，是西方学者提出的社会防卫主义理论。持这种主张者认为，社会上有一部分人，由于先天（父母遗传）或后天（家庭环境影响）的原因，必然会给社会带来危害。因此，对这些人应当在其未给社会造成危害前，就采取措施进行防卫，一般以限制其人身自由为主要手段。换言之，在没有具体犯罪行为的情况下，司法机关就可以对特定的人施以刑罚。其主旨是基于国家或社会本位主义，即为了国家或社会利益，可以限制、侵犯甚至剥夺个人的合法权利。19 世纪末至 20 世纪初，西方各国为进一步防止犯罪，稳定社会秩序，以巩固政权统治，不断探讨以刑罚以外的方法协助加强对社会的控制，保安处分制度应运而生。1893 年的瑞士刑法草案首先确定保安处分作为刑事制裁的一种。20 世纪初三大刑法草案（1908 年瑞士刑法草案，1909 年奥地利刑法改正草案及德国刑法改正草案）均采纳保安处分。1935 年的《中华民国刑法》即采用了这种制度，其规定的保安处分有以下七种：

（1）感化教育处分。适用于未满 14 岁而不罚的有违法行为者，或因未满 18 岁犯罪而减轻其刑罚者。感化教育一般在感化教育处所执行，但对未满 14 岁的人也可采用家庭方式进行感化教育，其期限不得超过 3 年。

（2）监护处分。适用于“因心神丧失而不罚”的犯罪者和“因精神耗弱或喑哑而减轻其刑”的犯罪者，对于后者一般于刑罚执行完毕或赦免后，送于指定的精神病院、医

① 参见中国第二历史档案馆编：《国民党政府政治制度档案史料选编》（下），第 628－629 页。

院或慈善团体、最近亲属及其他适当处所予以监护，监护期限为3年以下。

（3）禁戒处分。适用于犯吸食鸦片、施打吗啡或使用高根、海洛因或其他化合质料之罪者和因酗酒而犯罪者。对前者于原判刑罚执行前执行禁戒处分，期限为6个月以下；对后者于原判刑罚执行完毕后或赦免后执行禁戒处分，期限为3个月以下。

（4）强制工作处分。适用于有犯罪习惯或以犯罪为常业或因游荡或懒惰成习而犯罪者。对这些人可在刑罚执行完毕或赦免后，令入劳动场所强制工作，期限为3年以下。

（5）强制治疗处分。适用于犯传染花柳病、麻风病罪者，在原判刑罚执行前送入相当处所，强制治疗至治愈为止。

（6）保护管束。适用于被宣告处以感化教育处分、监护处分、禁戒处分、强制工作处分者。在实施上述处分前，可根据情形施以3年以下保护管束处分，以代替原宣告处分，还适用于受缓刑宣告及获准假释者，在缓刑及假释期内施以保护管束。

（7）驱逐出境处分。适用于被判处有期徒刑以上刑罚的外国人，在原判刑罚执行完毕或被赦免后，可将其驱逐出境。

保安处分一般应在裁判时宣告，但因假释或刑罚赦免后的保安处分者，可不受限制，其执行时效为3年。保安处分既不是正式的刑事处罚，也不是一般意义上的行政处分。它是由法院对于特定的人或特定的犯罪所作的一种司法处分。就法律条文而言，保安处分重在对于某些具有特定情形的犯罪和罪犯给予特别处理，以弥补普通刑罚所不能达到的保护社会、预防犯罪的功能，有其积极意义。客观上讲，将少年犯、精神失常者、吸毒者、酗酒者、习惯犯、常业犯、游荡懒惰者、传染性病者以及外国犯人列为保安处分的实施对象，对这些确有危害社会可能的人予以一定的监护，有一定的合理性。但国民党在实践中并未严格按刑法典中限定的实施对象执行保安处分制度，对于实行保安处分制度所需的各项配套措施多未能及时确立，包括对于在实行保安处分制度中有决定作用的法官自由裁量权的训练，保安处分实施场所的规范化管理等。尤其值得一提的是，它通过制定刑事特别法，将共产党人及不满国民党统治的群众列为保安处分的实施对象，将保安处分作为镇压革命运动、镇压共产党的工具。这对于作为刑法典根本原则的罪刑法定原则，无疑是极大的破坏。

小　结

1840年鸦片战争后，清政府为收回其领事裁判权，适应当时急剧变化的各种情况，被迫推行变法修律活动。在变法修律中，清末吸取西方的刑法理念和刑法制度，先后制定了《大清现行刑律》和《大清新刑律》，开创了中国近代刑法的新纪元。中华民国时期，历届政府始终把刑事法作为其法治的重点。南京临时政府在来不及制定刑法典及单行刑法的情况下，也颁布了若干具有刑法性质的法令来推进资产阶级民主与法制的进程，并以彻底废除清朝的封建刑法，引入并初步贯彻实施资产阶级刑法原则为特色。北洋政府在刑事立法方面，无重大建树。其一方面继承《大清新刑律》，改名为《暂行新刑律》予以颁布实施；另一方面又制颁一系列单行法规，体现其隆礼、重典的观念。南京国民政府时期制定和颁布了两部刑法典，在刑法的理论观念、技术体系及原则制度诸方面都体现了近代刑法改革的积极成果。北洋政府和南京国民政府，都充分重视刑法的镇压功能，不断强化刑事立法，颁布了大量的单行特别刑事法规，建立起完整的刑法体系。

思考题

1. 简述中国近代刑法罪名的沿革。
2. 简述《大清新刑律》的刑法原则。
3. 简评《大清新刑律》确立的刑罚体系。
4. 简述《三五刑法》规定的保安处分制度。

第十五章　民事经济法律制度

第一节　民事法律制度

一、主要立法活动

“民刑不分，诸法合体”是中国封建社会法律在形式上表现出的特点。自鸦片战争后，中国社会因受到西方文化的冲击，而开始追求社会近代化，法律亦迈出改革步伐。但这一过程并不是一蹴而就的，事实上，在很长一段时间内，社会保留了原有的社会关系调整方式。其中很多领域的状况，前面的章节已经较为详细地论及，受篇幅所限，在本节仅以《大清现行刑律》《大清民律草案》、民国《民律草案》、中华民国《民法》等具有现代法律因素的法典为限叙述其中有关民法制度规定的基本情况。综观清末民国时期民事立法活动，举其要者，有以下几个立法活动：

（一）《大清现行刑律》的制定

清朝后期，为适应中国社会当时的特别要求，在“折中各国大同之良规，兼采近世最新之学说，而仍不戾乎我国世代相沿之礼教民情”的宗旨下，决定对《大清律例》加以修改，至宣统二年四月初七日（1910 年 5 月 15 日）正式颁布《大清现行刑律》。该律典在删改《大清律例》的基础上完成，虽然名称仍沿用刑律，但它取消了《大清律例》的六部编目体系，对法律规范依照社会关系类型进行了粗略的分类，改为 30 门，对田宅、婚姻、继承、钱债等民事规范作了独立的规定，并对这些领域轻微违法行为不再科处刑罚，从而使该律典具有了一定意义的现代法典的性质，突破了以往民刑不分的法典编纂体系，在中国开创了现代意义的民事规范独立编纂的体例，因而对于中国现代民法的最终定型和发展提供了有益经验。清朝覆亡后，民国早期仍在司法中适用该律的民事部分。①

（二）《大清民律草案》的编订

清廷于 1901 年下诏变法，任命沈家本、伍廷芳为修订法律大臣，组织修订法律馆。1907 年，民政部奏请厘定民律，清廷派沈家本、俞廉三、英瑞为修订法律大臣，着手编纂民律。对各省习惯，各国成例，都分别派员或咨请出使大臣调查。确定拟定民律的宗旨

① 参见谢振民编著：《中华民国立法史》（下），中国政法大学出版社 2000 年版，第 741 - 742 页。

是："注重世界最普通之法则"；"原本后出最精之法理"；"求最适于中国民情之法则"；"期于改进上最有利益之法则"。[①]

开始起草民律的工作后，由日本学者松冈义正、志田钾太郎主持起草总则、债权、物权三编，亲属、继承两编考虑到其中的中国因素比较多，则由编修法律馆商同礼学馆编订，章宗元、朱献文主编亲属法，高种、陈录主编继承法。1911 年 8 月草案全部完成，即为《大清民律草案》，共 5 编，36 章，1569 条。第一编总则，8 章 323 条，规定了法例、人、法人、物、法律行为、期间及期日、时效、权利之行使及担保等方面的内容。第二编债权，8 章 654 条。规定通则（即债法总论）、契约、广告、发行指示证券、发行无记名证券、管理事务（即无因管理）、不当得利、侵权行为等内容。第三编物权，7 章 339 条，规定了通则、所有权、地上权、永佃权、地役权、抵押权、质权、典权、占有。第四编亲属，7 章 143 条，包括通则、家制、婚姻、亲子、监护、亲属会、抚养之义务等内容。第五编继承，6 章 110 条，包括通则、继承、遗嘱、特留财产、无人承认之继承、债权人或受遗人之权利等内容。

（三）民国《民律草案》的出台

民国建立后就设法典编纂会，从事民法、商法、民事刑事诉讼法的草拟。1914 年 2 月改设立法律编查会。1915 年初，法律编查会拟定"民律亲属编"草案 7 章。1921 年，北洋政府的修订法律馆着手编纂民法典。1922 年春季，民国北京政府的代表王宠惠在华盛顿会议上提出收回领事裁判权，大会决定派各国代表组成的调查团来华考查司法，然后根据考察结果决定是否撤废领事裁判权。于是，民国北京政府责成修订法律馆迅速编纂民刑各法典。修订法律馆即组织调查各省民商事习惯，汇集国内著名的民法学家，起草民法典。参加起草的有，大理院院长余棨昌起草民法总则，修订法律馆副总裁应时、总纂梁敬錞共同起草债编，北京大学教授黄右昌教授起草物权编，亲属、继承两编由修订法律馆高种起草。至 1925 年法权会议召开之前完成了总则、债编、物权编，1926 年完成亲属编、继承编，全法典称《民律草案》，学者称其为"第二次民律草案"。草案分总则、债、物权、亲属、继承五编，1522 条，是以《大清民律草案》为基础编纂而成。但有变化，主要是根据时代的变迁，适应社会提出的要求作了一些价值取向的调整，在吸收借鉴外国法方面表现得比《大清民律草案》更为成熟，不仅借鉴了外国法，也注重采纳本国固有法，比如对典权作了专门规定。

（四）中华民国《民法典》的颁行

1927 年 6 月，国民政府法制局认为关于亲属、继承方面的规定沿袭数千年的宗法观念，与男女平等的宪政精神相违背，决定首先起草民法亲属编、继承编，其他三编的规范暂时由民事习惯和民初大理院历年民事判例供各级司法机关援用。并由燕树棠起草亲属编，罗鼎起草继承编，1928 年 10 月相继完成。

对于民法典其他编的编纂，民国政府同时在进行。1928 年 10 月撤销法制局，同年 12 月 5 日成立立法院，民国政府的立法工作均交由立法院负责。1929 年 1 月成立由傅秉常等 5 人组成的民法起草委员会，并聘司法院院长王宠惠、考试院院长戴传贤等为顾问。民

---

① 参见谢振民编著：《中华民国立法史》（下），中国政法大学出版社 2000 年版，第 743－745 页。

法起草前，首先由国民党中央政治会议议决通过各编立法原则，起草委员会按照国民党政治会议颁布的立法原则，着手编纂民法典。

实际上民国民法典各编是分别颁布的，1929 年 5 月 23 日公布民法总则编，并自同年 10 月 10 日起实施；1929 年 11 月 22 日公布民法债编，同年 11 月 30 日公布民法物权，两编均于 1930 年 5 月 5 日起实施；1930 年 12 月 6 日公布民法亲属编，1930 年 12 月 26 日公布民法继承编，两编均于 1931 年 5 月 5 日实施。这是中国第一部正式颁行的民法典。之后还颁布了各编的施行法。

该法典体现了当时的社会趋势，规定有一定社会化取向，并采用了民商合一的立法体例。

二、民法渊源

1840 年后的清代，中国社会虽然受到了西方文明的冲击，先贤在法律的变革上也作出了各种努力，但由于政治和社会等方面的因素，民法的外在形式仍没有急剧的变化，社会的基本观念不可能即刻发生实质转变。当时《大清律例》是其基本规范，只是它的调整方式是通过对违反民事规范的行为处以刑罚达到的。但律例所涉及的民事关系的领域都是相当宽泛的，但又不能事无巨细都以刑事方式处理，就导致很多具体的民事关系都留给了社会自身去调整，甚至说是更小的群体比如家族等组织通过习惯自我调节。《大清现行刑律》的颁布虽然确立了民事法律的特殊性，迈出了民法现代化的步成，但习惯亦为很重要的民法渊源。《大清民律草案》并未正式颁行，而其对中国民法的意义是值得重视的，它规定民法的渊源有三类，即法律、习惯、法理。

至民国初，一方面对前清法律与民国国体不抵触的仍认可其效力，《大清现行刑律》中的民事部分为其民法渊源之一。另一方面加紧自我立法，民国《民律草案》拟定后尽管没有正式颁行，在司法实践中却是重要法律依据，1926 年民国北京政府司法部通令以其作为条例加以适用。另外，由于民法典编纂工作进展缓慢，社会变迁相对较快，民国北京政府时期，法官在司法实践中，运用大量判例和解释例来解决民事诉讼案件。习惯亦是当时的民法渊源。

民国南京政府时期，正式颁行的《民法》规定调整民事关系的法律渊源为三类：法律、习惯、法理。而民国政府最高法院定期颁发案例讨论，它们不仅是学术研究不可忽视的资料，也成为法院法官解释法律的很有分量的依据，在一定程度上构成了实际的民法渊源。从理论上观之，大凡两类：

（一）制定法

制定法包括：

（1）法律，谓国家立法机关依立法程序所制定的成文法。以民法而论，自然有民法典、特别民事法规。

（2）法令，谓行政机关依照法律或立法机关的授权制定的法规，其中有关民事法律关系的规范系民法的渊源之一。

（3）条约，国家依法定程序与外国签订的条约中的有关民事法律关系的规范是民法的渊源之一。

（4）自治法，即自治团体依法制定的规束该组织的规范，有关民事法律关系的规范为民法渊源。

（二）非制定法

非制定法包括：

（1）习惯，是对一些事务处理中，长期形成的一些较为惯常的行为方式，在遇到这个领域的争议时，可以按照惯常行为方式判断法律关系的具体内容。

（2）判例，是法院在审理具体案件中形成的对此类法律关系的规范。判例虽不是民法典规定的一种规范，但是，事实上已经成为民国时期法院处理有关案件的一种依据。

（3）法理，需要特别说明的是，内地法学界部分学者认为此法理是指法学理论研究的权威观点，这是对此规定的误解。这里的法理是指由法律内在逻辑得出的处理具体法律关系的规范，类似于《瑞士民法典》第一条第二款规定的：如本法无相应规定，法院应依据惯例裁判；如亦无惯例，法院应依据自己作为立法者所制定的规则裁判[①]。

三、人法

清末社会在人法的规定上大凡一仍其旧，《大清律例》适用了相当时间。尽管官方律例对社会关系的主要方面进行了规范，但朝廷及地方政府能规束的范围很有限，主要是兵马、财政、户婚、田土及重大犯罪的惩处等方面。民事的大部分领域如：钱债、户婚、田土方面的民事关系大都留给社会自己调处。个人的法律地位是依赖其宗族关系表达的，当时没有明确的个人之权利能力这一概念，大多数民事行为都需征得家长的同意，个人的意义更多是宗族的，而不是独立的。个人的权利要通过宗族来实现，宗族建立了一系列的组织，以保障族内秩序的维护，族有族长，族内支派为房，设房长等。宗族自行维持秩序，抵抗外敌，调处内部纠纷；并设有宗族公有财产以保障实现济贫寒孤寡、子弟教育、资助、奖励科举等目的。还有对宗族成员的仇怨容忍共同复仇，并对复仇中的伤亡给予资助。这些机制中都可看出个人对于宗族的依赖，而宗族本身又自觉承担了这样一种义务。《大清现行刑律》的规定与《大清律例》的精神相似，体例虽然有变化但没有突出规定人法。

《大清民律草案》的拟定是在西方现代民法学理论的指导下进行的，在制度建构和体系编排方面均突破了固有法，对人法的规定借鉴了西方国家民法典的经验，进行了现代意义的建构。草案在总则编分两章规定了人（自然人）和法人。规定人自完全出生时起具有权利能力，20 岁为成年人，具有行为能力，胎儿出生为活体的才能享有出生前之权利能力。同时保留了封建性的特点，规定妻子的行为能力受到限制，除日常家事之行为外须经夫允许。还用四条规定了责任能力，其内容包括：侵权行为责任负担的一般情况和限制责任的情况即未成年（未满七岁的完全不负责任，满七岁的以实施侵权行为时是否有识别力决定其责任）、精神异常（在心神丧失中为侵权行为者不负责任，但若精神异常因故意或过失发生的不在此限，如酗酒）。规定了失踪人宣告死亡制度，下落不明满十年或危难情况消弭后下落不明满三年可宣告死亡。法人分为社团法人和财团法人，社团法人分有经济目的、兼有非经济目的和完全非经济目的三种。草案规定的主要是完全非经济目的法

---

① 参见 Swiss Civil Code，载 https：//www. admin. ch/opc/en/classified－compilation/19070042/index. html#fn－#a1－1.

人的条款。（其他的由单行法规定）规定了法人成立之申请、批准、经营机构、经营事务、破产清理等，法人的成立仅在完全非经济目的之法人条规定须经主管衙门允许，其他法人成立依特别法规定为之。财团法人是由捐助财产构成的机构，其是为一定公益，并不具有经济目的。财团法人的设立具有相当的独立性，设立程序开始后而未完成时，设立人死亡的，利害关系人或检察官可申请审判衙门确定法人名称、事务所、任免董事之方法等事宜。设立人死亡后才获批准的，其生前捐助财产视为有效捐助。以遗嘱设立的，继承人或遗嘱执行人有义务提出设立允许之申请。财团法人解散后，财产归属于规条（即章程）指定的权利人，无指定者，董事会得经主管衙门允许，择其与法人目的相类之事业处置之。均不能处置的归国库。足见其财产具有独立于捐助人的性质。

民国《民律草案》关于人法的规定在体例上有所改进，在同一章里规定了人（自然人）和法人。对人的权利能力开始、胎儿权利、宣告死亡的时间、成年年龄、未成年人责任的年龄阶段等规定与《大清民律草案》相同，所改进的是在某些方面的规定更为细致，譬如宣告死亡中规定了七十岁以上老人失踪得于生死不明满五年后为亡故宣告；规定了死亡时间推定制度（同时遭难之人，推定其为同时死亡）；规定七十岁以上老人的责任能力与七岁以上未成年人相同；规定了宣示禁治产制度。法入同样分为财团法人和社团法人。关于法人的成立，仅规定以公益为目的之社团及财团，以得主管官署之许可，取得人格；非以公益为目的之社团及财团，以订立章程发表成立团体之意思，取得人格；以营利为目的之社团取得人格的制度由特别法规定。规定了社团法人主要机关和有关人员之间的权利义务关系，如总会的权力、董事的选任、董事的代表权、社员的退出和开除中的权利关系等。法人的解散有法定事由：“（1）章程内所定之解散事由发生；（2）目的事业已成就或不能成就；（3）社员仅存一人；（4）破产。”法定事由出现，法律上当然解散。另可依公益性请求解散，即“社团法人之目的或其行为，违反法律或有伤风化或法人为目的外之事业者，法院得依主管官署、检察官或利害关系人之诉，宣示解散”。财团法人亦有捐助即可成立，但捐助人的继承人得据撤销赠与之原因撤销捐助，较《大清民律草案》注重个人权利之保护。规定了财团法人的监督、目的变更、破产等，但没有规定清算后财产的归属。规定除法定事由解散外，还可由主管官署、地方团体、检察官或利害关系人本着财团法人之目的违反法律或有伤风化诉请法院宣示解散。规定了外国法人的法律适用。

中华民国《民法》关于人法规定的体例如民国《民律草案》，在“人”一章下规定了自然人和法人，法典明确了自然人之称。不同的是，失踪人宣告死亡的失踪时间为七年，八十岁以上者为三年，特别灾难中发生者自终结后满一年。法人仍分为社团法人和财团法人两类。在法人的成立方面仅规定依法成立。社团法人有营利性和公益性两种，前者的成立由特别法规定，后者的设立须经主管机关许可并进行登记。规定了社团法人的基本组织、权力的行使、社员的权利等。财团法人的规定较前各草案更为简单，仅用七条规定。其成立应得主管机关之许可。并规定了财团的监督、变更和解散，但是对解散后财产的归属没有规定。

四、债法

关于债法的规定，《大清现行刑律》尚未对债权债务关系的调整做系统的民事规范，仅于卷十一规定钱债关系、费用受寄财产和得遗失物等方面的调整。钱债方面，规定钱债及典当财物每月取利，不得过三分。年月虽多，不过一本一利。违者以余利作为量刑依据。违约金额分五两、五十两、二百两三等处理。还禁止豪势之人强行索债，否则要受刑罚处罚，多得之利仍要返还原主。

费用受寄财产（包括典铺）方面，规定了财物的保管和遗失时的责任。寄存物不可使用，否则治罪；如诈言死失，按盗窃治罪。如果是水火、盗贼导致的损失及牲畜病死，有证据的，可以不追究责任。对典铺自行失火、邻铺失火导致典物灭失，米麦、豆石、棉花等灭失，杂铺被焚等情形，规定了不同的计赔方式。典铺失窃按当本银一两，再赔一两；被劫者，按照当银一两，再赔五钱。原物找回后原主不得回赎。

得遗失物，限五日内送官。官物还官。私物招领，一半归主人，一半归拾得人。三十日内无人认领的，全归拾得人。五日内未送官的，拾得官物，按坐赃论；私物减二等，一半入官，一半给拾得人。挖得地下埋藏物，一般情况归得主所有，但是古器、钟鼎、符印、异常之物，限三十日内送官，否则治罪，物品入官。可见对拾得遗失物的制度规定比较细致。

至《大清民律草案》，按照现代民法的体例建构了债法体系，这里对其后的主要法典草案和法典予以简略介绍。

（一）债之发生

《大清民律草案》没有专节规定债之发生。民国《民律草案》规定债之发生的依据有契约、侵权行为、不当得利。中华民国《民法》规定债之发生的根据有契约、代理权之授予、无因管理、不当得利、侵权行为，较前者规定更为完备。

（二）债之标的

《大清民律草案》第二编《债权》之第一章《通则》关于债之标的规定中，涉及特定物之债中物的保管义务，种类之债中物之品质确定，货币之债币种之确定，债务利息的确定及息转本（当事人不能预先约定到期利息转为本金，仅于债务人不偿利息愈一年尚可），规定最详者为选择之债的选择机制，盖此等争议最大。

民国《民律草案》规定债之标的为给付，且不限于有财产价格者，不作为亦为给付。给付物分为特定物和不特定物。规定了非特定物在给付中特定化的时间界限："给付物非特定者，债务人就其物所为之交付必要行为完结时，其物即为特定给付物"①。还规定了金钱债中货币种类确定的方式及利率确定方式，若未约定利率认定为周年利率5%，超过15%者债务人经过一年可随时清偿原本，不得超过30%，否则法院应酌减至30%以下。对滚息作本，跟《大清民律草案》相似，规定预约无效。此外还规定了损害赔偿责任及确定的基本规则，以恢复原状为基本原则，在损失扩大时根据受损人是否有过失确定责任。违约金被视为损失的补偿方式。中华民国《民法》的规定与之相似，修改不多，如规定约定利率过12%，一年后，债务人可清偿原本，但规定滚息入本可遵照习惯等。

① 杨立新点校：《中华民国〈民律草案〉》，吉林人民出版社2002年版，第287条。

（三）债之效力

《大清民律草案》规定债务人应当完全履行债务，还规定了第三人履行、履行地、费用承担、债务人的对抗、给付不能、给付迟延、损害责任、债的保全等。民国《民律草案》的规定体系与之相似，仅在具体内容上有完善。中华民国《民法》分别从给付、迟延、保全、契约等方面规定了债的效力。

（四）债之转移

债权之转移有债权转让和债务承担两个方面。《大清民律草案》、民国《民律草案》以及中华民国《民法》对此均有规定，但规定的名称不同，大清草案分节规定了“债权之让与”和“债权之责任”，民国草案用一节规定“债之让与及承担”，民国民法典统一规定为“债之转移”。

债之转让是债权人以契约将债权让与他人。上列三法典的规定总体结构上没有多大变化，规定了限制转让的债权，债权人、受让人、债务人三方的权利义务关系。

债之承担是第三人与债权人或债务人订结契约承受债务，与债务人订结契约的需经债权人之同意。

（五）债之消灭

对债之消灭的规定，民国时期的草案和法典均在通则部分规定债消灭时从属权利亦消灭和债务人涂消字据的权利。大清草案没有规定。

债之消灭，债法规定的事由大清草案中有：清偿、提存、抵消、更改、免除、混同，民国草案及民国民法典均无“更改”一项。通观民法总体，债之消灭事由还可因给付不能、契约解除或终止、法律行为之撤销、解除条件之成就、当事人间订立债之关系废止之契约等均可达致，这些形式规定在其他章节。

（六）契约之债

契约之债是债法规定最多的，之所以如此安排，一方面是因为契约之债种类繁多，每类契约之下当事人的权利义务存在差异；另一方面因为契约之中当事人的意志体现最为完全，最具有积极债权之意义，因而需要规范的内容就多。

《大清民律草案》规定的契约类型有：买卖、互易、赠与、使用赁贷借（即以使用为目的的租赁）、用益赁贷借（即以收益为目的的租赁）、使用借贷、消费贷借、雇用、承揽、居间、委任、寄托、合伙、隐名合伙、终身定期金、博戏及赌事、和解、债务约束及债务认诺、保证等。从其规定的类型来看，对于契约关系的整合都是按现代民法体系进行的，对德国民法典的借鉴尤显彻底，其契约类型与德国民法典的规定很接近。民国《民律草案》规定的体系与其一致，仅个别契约名称改动，如前者规定的“博戏与赌事”，后者为“赌博”等，不一一列举。

中华民国《民法》对此有较大变动，增列：交互计算（这是为满足经常往来的商人之间的需要规定的，其中当事人间之债权债务定期计算，仅支付其余额）、出版、经理人及代办商、行纪（以自己名义，为他人之计算，为动产之买卖或其他商业上之交易而受报酬之营业）、仓库、运送（包括货物运送和旅客运送）、承揽运送（以自己之名义，为他人之计算，使运送人运送物品而受报酬为营业之人）、指示证券和无记名证券（此二者大清草案和民国草案都分章独立规定）等。

五、物法

（一）通则

1. 物的概念

《大清现行刑律》没有明确的物权的概念，仅就当时最重要的财产田宅作了规定，因而没有给物规定一个综合的概念。

《大清民律草案》规定："称物者，谓有体物。"民国《民律草案》规定有体物外，还规定："能受法律支配之天然力，视为有体物。"中华民国《民法》没有对物权下一个总的概念，一般认为物包括了无形财产。

对物作现代意义的分类是从《大清民律草案》开始的。其中将物进行了几种分类：动产与不动产，主物与从物，特定物与种类物，消费物与不消费物，原物与孳息。民国《民律草案》和中华民国《民法》对物的分类相同。《大清民律草案》和中华民国《民法》明确规定了物权法定原则：物权，除本法典和其他法律有规定外，不得创设。

2. 物权之变动

（1）不动产物权之变动。不动产物权的变动在《大清现行刑律》中没有系统规定，其变动遵循习惯，不需要有特别的登记程序，只要双方达成协议，交付即可生效。但《大清民律草案》对不动产的变动采登记要件主义，即"依法律行为而有不动产物权之得、丧及变更者，非经登记，不生效力"。民国《民律草案》的基本规定相同，但另外规定因继承、强制执行等取得的不动产物权可不经登记，但其处分须经登记。中华民国《民法》的规定相似，并规定了不动产物权的变动须以书面为之。

（2）动产物权之变动。从《大清民律草案》开始才对动产物权的变动的规定具有了现代民法体系的特征。其中规定让与动产经交付财产才生效，且规定转让动产时受让人已经占有财产的达成合意时生效。并规定了交付的代替方式：占有改定和返还请求权之让与。民国《民律草案》和中华民国《民法》的规定相同，但后两者规定了物权之由法律行为取得者，须订立物权契约。对物权契约作出明确规定是一个特点，是《德国民法典》最紧密追随者。

（二）所有权

1. 一般规定

自《大清民律草案》始，中国法律对物的所有权作了现代民法体例的规定。其所有权的概念为：所有人于法令之限制内，自由使用、收益、处分其所有物之权能。从其概念视之，学者一般认为其为自由主义类型。至民国《民律草案》规定为：所有人于不违反法令或第三人权利之限度内，得任意处置其物，并排除他人干涉之权能。较前者突出了对所有人权能限制的范围。中华民国《民法》规定与《大清民律草案》同。三法典对所有权都分别按不动产、动产和共有规定。

三法典都规定了对所有权的限制，限制主要来自公益的和私益的。如《大清民律草案》规定了公路修建的限制，但明确规定对损害要支付偿金，还有军事、公共卫生的需要等。私益的限制有危险之防范、通水、管线通过等情形。

在不动产所有权部分，三法典都规定了相邻关系，如界限确定的方式、排水、污染防治、树木等方面的关系，其中规定果树的果实落至邻地视为该地之果实等规定较详细，且与中国习惯有很多相似，如土地界限的划定方式用栽竹的办法是民间常用的。所改动者，主要是用现代法律的术语表达了社会现实的一些做法。

2. 所有权的取得

《大清现行刑律》没有专门规定物权，对所有权的取得自无专节规定，但对拾得遗失物和发现埋藏物做了规定：要求拾得人五日内报官府，官物还官，私物招领，一半给得物人充赏，一半给还失物人；如三十日无人认领全给得物人。埋藏物发现者可拥有财产，但古器、钟鼎、符印等除外。但事实上中国传统社会仍存在社会认可的所有权取得方式，如原始取得的制造等，继受取得的买卖、继承等。《大清民律草案》对所有权的取得方式主要限于契约。民国《民律草案》和中华民国《民法》的规定相似，不动产所有权的取得除契约之外还有时效取得，动产所有权的取得有契约、时效取得、即时取得、先占、拾得遗失物、埋藏物发现、添附、物之成分及天然孳息之取得。可见其立法已充分借鉴了西方现代民法理论。

依民国时期的法律规定，所有权可因出卖、抛弃、物的消灭等原因而丧失。

（三）他物权

《大清民律草案》规定的他物权仅有地上权、永佃权、地役权、担保物权（包括抵押权、土地债务、不动产质权、动产质权）。民国《民律草案》和中华民国《民法》规定有地上权、永佃权、地役权、抵押权、质权、典权，但两者有所区别，前者的质权包括动产质权、不动产质权、权利质权，后者的质权中没有规定不动产质权，盖认为典权的规定已涵盖不动产质权，便未作规定。较有特色者在于对典权的规定，这是中国社会形成的一种担保性质的他物权，《大清现行刑律》对典权亦有规定，现代民法典对其规定可谓是对中国传统法律继承的重要标志。

六、亲属法

尽管清末中国社会受到了来自外域的文化冲击，在制度方面谋求仿列强立新法，但在亲属法领域着力不多。不独中国如此，即便西方国家法律现代化的过程中，最初对封建民事法律改动最大的亦是物权和债权，其中亲属法的改动是最小的，其他法域的状况也大致相似，如伊斯兰法律各国在法律寻求学习西方法律时，在亲属法和继承法领域基本都保持了自己固有法的特点。之所以如此，盖因这些领域非常私人化，当事人的自我意识很强，有更强的自治要求，对家庭的观念受传统文化的影响比较深远，且不易被很快驱除；另一方面，此领域受到社会经济、政治结构变化的直接冲击相对要小，也可能是立法者的一种政策选择，让这些对政治、经济结构转型阻力较小的领域暂时较多地保持原状，以免法律改革树立的敌对面太广，从而使法律改革的努力付诸东流。《大清现行刑律》没有对亲属法进行现代民法体系的编纂，至《大清民律草案》始为之。这里仅就《大清民律草案》、民国《民律草案》和中华民国《民法》三者规定的变化作个概述。

（一）亲属及家制

关于亲属的概念，大清草案和民国草案的规定相同，以列举的形式规定四类：四亲等内之宗族、夫妻、三亲等内之外亲、二亲等内之妻亲。民国民法典则没有如此列举，仅抽象规定直系血亲和旁系血亲的概念。

直系血亲亲等的计算，三部法案规定相同。旁系血亲亲等的计算，前两者规定相同，计算亲等之人分别数至共同祖先，世数相同的用一方世数定亲等，不同者，以多者定亲等；民国民法典则由己身数至共同祖先，再由共同祖先数至被计算者，以总数定亲等。

前两者规定了家制，大清草案规定条文不多，视隶于一户籍者为一家，父母在别立户籍，须经父母同意。家政统于家长。家属以自己名义所获之财产为其特别财产。家长家属互负扶养义务。民国草案规定的条文较多，但基本精神与前者一致，仅在具体问题上规定更详细，较详地规定了出籍入籍的程序，还规定了具有家庭公益性的家产制及其设立程序管理。

民国民法典也规定了家制，但封建性趋弱。

（二）婚姻

1．婚姻之成立

关于婚姻成立之要件，大清草案与民国草案相同，结婚年龄都是男满18岁，女满16岁；同宗者不得结婚；法律规定的亲等内之亲属不能结婚，但外亲或妻亲之旁系血亲中的同辈者不在限制内，这是中国传统的中表婚；限制离婚妇女的再婚，再婚须经十个月，但十月内分娩者不限，盖为考虑出生孩子之生父的确定。未满30岁的人结婚，还需经家长和父母许可。

民国民法典规定的结婚年龄与前两者相同，但不否定未成年人结婚，只是须经父母同意。此外还规定了不能结婚的亲属和监护关系当事人。三者都规定了违反有关规定时申请撤销的程序。

2．婚姻之效力

（1）人身关系。从三法典规定的夫妻权利关系来看，民国民法典中妻的地位最高，最具独立性。

关于妻的姓氏，大清草案没有单独的规定。民国草案规定妻应于本姓前冠称夫家姓。民国民法典则规定可以选择冠称对方姓，并可随时回复本姓。

前两法典都规定了妻与夫同居的义务，民国民法典规定夫妻互负同居义务。

前两者规定妻于日常家务，视为夫之代理人。民国民法典规定夫妻互为代理人。

民国草案规定妻的财产由夫管理。妻的行为不属于日常家务者，须经夫允许，即使夫未成年也要经行亲权人或监护人同意后由夫允许。

（2）夫妻财产制。大清草案仅用两条规定夫妻财产制。规定夫妇可于婚前约定财产状况，且于登记婚姻时登记。另规定了妻的特有财产，即成婚时妻所有的财产及婚前所得之财产。

民国草案规定了约定财产制和法定财产制，但以法定财产制为主。仅有两条专门规定约定财产制，且法定财产制于婚后不能改变，约定财产制可变为法定财产制。

夫妇共有财产共同管理，管理一方管理失当或者受破产宣示时可请求分析。

法定财产制规定的是财产管理制度。婚姻所产生的费用由夫负担，夫无力负担者，由妻负担。妻的特有财产来源与大清草案同。夫得管理妻之财产，并负有相应义务，并得为妻诉讼代理人，有必要时妻得向夫请求提供相当之担保。若妻能证明处分自己财产的行为于己有利，可对抗夫之反对。夫妻财产制于结婚后不得变更（法律规定的情形除外）。

民国国民法典的规定更体现男女平等之精神。规定婚前婚后夫妻都可以契约变更财产制。为保护配偶双方利益，任一方被破产宣示时，都可申请改用分别财产制。该法典规定的夫妻财产制为：

A. 法定财产制。即联合财产制。无论结婚之时或之后，都可有联合财产。联合财产包括个人原有财产和共有原有财产。夫对妻的原有财产享有管理收益的权利，并规定了法定财产制下财产的管理、债务承担、夫妻相互义务等内容。

B. 约定财产制。即夫妻以契约选定民法规定的下列几种财产制的一种作为处理其财产关系的方式：

a. 共同财产制：即夫妻将其财产合并而成夫妻共同共有，仍可有一般共同财产制和所得共同财产制。共同财产由夫管理，费用以共同财产负担，其处分由双方共同为之。法典还规定了分别由夫或妻负债的情形，以明共同财产之责任。家庭生活费用由共同财产负担。一方依法负担对方债务的，享有补偿请求权。共同财产的分割原因有二：夫妻一方死亡和共同财产关系消灭。

b. 分别财产制：指夫妻各保有其财产所有权、管理权及使用收益权。各自在婚前婚后所负债务各自负担，但妻因日常家务所负之债由夫负担。家庭生活由夫负担。

3. 离婚

三法典都规定可两愿离婚，但大清草案规定男未满 30 岁女未满 25 岁者须经父母许可，民国草案规定未满 30 岁者须经家长及父母许可，民国民法典则没有这种要求。

起诉离婚的理由，前两者规定相同，有九项，如重婚、妻与人通奸、谋杀另一方、重大虐待或侮辱等。民国民法典的规定变化不大，如规定生死不明满三年、一方犯罪确定六个月刑期以上等可为离婚理由。

4. 父母子女

《大清民律草案》和民国《民律草案》较强地体现了中国固有法中的家庭关系，规定了亲权、嫡子、嗣子、私生子。民国草案还规定了养子。民国《民法》则依现代民法规定了婚生子女、非婚生子女和养子女。

七、继承法

（一）继承概述

继承发生的原因，大清草案和民国民法典均规定为被继承人死亡。民国草案规定为：亡故和出家，被继承人入佛门亦为继承开始的理由。

三者都规定了胎儿的继承权。

大清草案和民国民法典均为限定继承。被继承人的债务以遗产承担。民国草案规定继承人可以选择有限继承与无限继承，规定期限内不选者视为无限继承。无限继承者不仅继承财产还继承债务。

民国草案专用一章规定宗祧继承。这是一种身份继承，也包含财产继承的关系。财产继承中引用了该部分的规定。民国草案的继承重在身份继承，财产继承也是以身份继承为基础的，仅是身份继承的附属制度。

（二）继承人

大清草案和民国草案关于继承人的一般规定是相同的，第一顺序是直系卑属，并以近者为先，且妇人夫亡无子守志者可代夫取得财产份额并为管理，待立继后归继子。无前列继承人的，继承顺序依次为：第一为妻；第二为直系尊属；第三为亲兄弟；第四为家长；第五为亲女。

民国民法典规定配偶是特殊的继承人，与其他继承人共同继承。除配偶外，其他继承人的顺序是：一、直系血亲卑亲属；二、父母；三、兄弟姊妹；四、祖父母。

除一般规定外，民国草案还规定了亲女的继承权。可见其规定之直系卑属仅指男性，女性仅限于女儿一辈。被继承人之妻仅可提取生活所需的遗产，而妇女的遗产则由夫继承，无夫才由其他法定继承人继承。

关于非婚生子女的地位，大清草案与民国草案的规定相同，应继承份额为婚生子的一半，即使仅有非婚生子，也与嗣子均分。无应继之人时方许可私生子承继全分。民国民法典规定经认领的非婚生子视为婚生子。

大清草案和民国民法典规定了代位继承，民国草案对遗产继承没有规定代位继承，仅规定妇人夫亡守志者承其夫份，管理财产，立继后由嗣子继承。盖因在严格的宗祧继承制度下，不可能出现代位继承的现象，再规定代位继承已无必要。

（三）遗嘱

1. 立遗嘱人

三者均规定，年满 16 岁的有行为能力人可立遗嘱，限制行为能力人，可独自立遗嘱，禁治产人所立遗嘱于禁治产撤销后视为有效。

2. 遗嘱之方法

遗嘱之方法，大清草案规定有书面和口头两种。书面遗嘱的涂改、添注须注明字数。口头遗嘱得指定两名证人，于公证人前口授，证人笔记。

民国草案规定有：自立证书、公证证书、代笔证书、口授证书四种。自立证书即自立书面遗嘱。公证证书即指定两名证人在公证人前口述，公证人笔记，宣读讲解，经遗嘱人认可后由公证人、证人及本人签名并记年、月、日。代笔证书是在紧急情况下，指定官员或相关人员两人以上为证人，遗嘱人口授，证人之一作成笔记，经遗嘱人认可后，证人一并签字，并由证人将其所立遗嘱提出于亲属会或相关机关。遗嘱人于紧急情形下，临终时不能立代笔遗嘱的，可口授立遗嘱，但需指定官吏或相关人员一人为证人，证人作成笔记提交亲属会或相关机关认可。

民国民法典规定的遗嘱方式有：自书遗嘱、公证遗嘱、密封遗嘱、代笔遗嘱、口授遗嘱五种。其增列者为密封遗嘱，即立遗嘱签名后，将其密封并在密封处签名，指定两人以上见证，向公证人提出，陈述其为自己所立遗嘱。若非本人书写，则须陈述缮写人之姓名、住所，由公证人于封面记明有关事项，并与遗嘱人、见证人共同签名。此种遗嘱仅于形式上证明该遗嘱系自己所立，内容可不为他人知晓，更有保密性。其他方式的规定与民国草案相似。

三者还规定了遗嘱的效力和遗嘱的执行等制度，这里不再作一般性的陈述，仅就其特别的特留财产制度作简单介绍。

3. 特留份

继承中的特留财产制度是针对遗嘱规定的，是为防止被继承人以遗嘱处理其全部财产而损害有继承权之人的利益。大清草案和民国草案称作特留份。

大清草案规定，被继承人以其财产之半，作为特留财产给继承人。无继承人，给夫或妻，或直系尊属。计算方法是：（现有财产 + 赠与财产之价值 - 负债）/2 = 特留财产。但赠与系六个月前已为之，且无恶意则不能计入。

民国草案规定，被继人以其财产之半，作为特留财产给予直系卑属。无者，给予夫或妻，再次给予直系尊属。其特留财产额的计算方法是：（所有财产 + 赠与财产价值 - 债务 - 丧葬费用 - 遗产费用 - 需扶养者扶养费 - 宗祧继承费用 - 有志妇人或管理人的生活费 - 其他遗产费用）/2 = 特留财产。

民国民法典分别规定了不同继承人之特留份。直系卑属、父母、配偶为其应继份之1/2，兄弟姊妹、祖父母为其应继份之1/3。

计算遗产的对象包括被继承人死亡时所有财产和继承开始前对继承人所为之赠与。特留份的多少视不同情况确定。与前两者不同，这里是以各自应继份确定各自的特留份，而不是以总数计。

特留份的效力在于被继承人生前为赠与或遗嘱时，若使得继承人所得少于特留份的数额时，继承人有权请求从遗嘱继承人或受遗赠人所受财产中得到补偿。

第二节 经济法律制度

清末时期，中国社会的状况促使各界人士谋求兴国之道，其中经济发展是一个必不可少的领域。在谋求经济发展中，出现了一系列新的社会关系，不能用固有法规进行调整，需另立规范。但经济是一个很活跃的因素，面临众多的经济领域，很难用一部完整的法典调整所有关系。到目前为止，除前捷克斯洛伐克曾颁布经济法典外，其他国家都不曾颁布统一的经济法典，而是用单行立法的形式对各领域的关系进行调整，因而其法律的状况很复杂。这里仅就其主要方面进行概述介绍，并考虑到目前经济法理论的研究状况，一些通常被认为是商法领域的规范，也在这里阐述。

一、立法背景

首先，鸦片战争后，中国在受到外来武装侵略冲击的同时，社会经济的运作结构也受到了巨大冲击。最先谋求自强的动机刺激了一批新式企业的产生并带动了众多领域里新式生产方式的出现，而其运作方式与中国传统的商业运作方式相去甚远，仅有中国传统的商事习惯不足以调整一系列的新型经济形式下的社会关系。此类新型生产方式在中国的出现又具有外来性和发展迅速的特点。内生的商事规则虽可产生，但从商事规则产生的机制来看，这需要较长的时间和稳步发展的社会环境，在当时中国的情势下，商业规则内生的逻辑和进度，根本无法满足迅速发展的商业经济的需要。面对新型生产方式的出现以及在此领域的一些混乱，政府不能视而不见，亦会采取措施，规范新型生产方式朝着积极的方向发展。几个方面的综合力量，促使政府积极制定一系列适合现代经济发展需要的法律规范。

其次，新型生产方式的出现，势必打乱中国社会的传统经济结构。原有占支配地位的生产方式受到来自其他方面的挑战。在原有生产方式的领域亦要求有新的规范调整。

最后，为谋求中国社会经济的现代化，或者说谋求经济的富强，无论是政府还是自觉的社会人士，都希望通过政府的立法，引导社会经济正常发展，实现法律制度的发展，同时实现通过法律确认和保护经济发展成果。

基于以上一些需求，清政府在经济领域采取了一系列立法的措施。

二、主要立法活动

《大清现行刑律》中有一部分关于市场管理等经济领域的规定，但其规范形式与传统的经济管理领域的规定相似，这里不再涉及。本节仅述及具有现代意义国家对于经济干预性质的法律。

（一）清末时期的经济立法

清政府为争取商业贸易领域改变相对于西方国家的弱势，对传统经济体制进行了变革，提出了农工商并重的改革，于光绪二十九年（1903 年）七月十六日设立商部，积极开展了商业和经济方面的立法。从 1902 年到 1911 年，清政府拟定的各种经济法规有 60 余种。

1. 商业政策方面的立法

中国传统的经济观视商业为末业，在国门开禁后，面对国际商业竞争，国内需有特别的商业激励措施，以应对强国商业的挑战。基于这种考虑，清政府颁行《奖励华商公司章程》，规定依公司所集股份规模，分不同等级给予不同品级的顶戴或顾问官、顾问仪官等爵号。在中国当时的社会中，这类给予商人的官阶品位尽管是虚衔，却是商人追求的社会身份，是一种官方对其身份予以认可的符号，必然会刺激商人的积极性，客观上也可以看到，这样的政策对当时的商业发展起到很大的激励作用。

又于光绪三十二年（1906 年）颁布《奖给商勋章程》，条文仅 8 条，依各领域创新和运用性，分等授予顶戴及一至五级商勋。商人勋等的独立设置预示了商人地位的提高。光绪三十三年（1907 年）颁行《华商办理实业爵赏章程》《改订奖励华商公司章程》等。这些频繁立法反映了清政府当局对新兴工商业发展的关注和激励政策，从精神上给了人们投资商业的动力，促进了新兴商业的迅速发展。

2. 关于商事主体的立法

商事主体是商业活动的承担者，主体的规范对于商业的正常发展具有特别的意义，而清末的商事主体立法，主体部分与商法典的编纂结合在一起。清政府于光绪二十九年（1903 年）三月二十五日指派戴振、伍廷芳、袁世凯拟定综合性商律。但因商律涉猎宽广，内容庞杂，一时难以完成，为应对社会商业发展的急需，策略性地先拟定《公司律》，并将《商人通例》置于前面，即构成了《钦定大清商律》，内容主要仿自英、日公司法和商法。《商人通例》9 条，为商律总论，规定："凡经营商务、贸易、买卖、贩运货物者均为商人"，对商人的界定较为抽象和宽泛。《公司律》131 条，内容包括公司分类及创办呈报法、股份、股东权利各事宜、董事、查账人、董事会议、众股东会议、账目、更张公司章程、停用、罚例 11 节。规定经股东凑集资本共营贸易者为公司，分为合资、合资有限、股份、股份有限四类，以及各类公司的组成条件和注册事宜。公司的股份为记名股份，其转让需到公司总部注册方有效。股东大会听取董事会的各项汇报，并规定了董事和查账人的资格及任期、公司账目、公积金等制度。公司停闭的情形有五种：经股东大会决议停闭；公司股本亏蚀过半；公司期满；股东不及七人；与其他公司合并。

此外，还有《公司注册试办章程》，由商部拟定，光绪三十年五月（1904 年 6 月）奏准颁行。以及《公司试办章程》和《公司注册试办章程细目》等规范。

修订法律馆聘请日本法学博士志田钾太郎编纂《大清商律》自宣统元年（1909 年）陆续脱稿，几乎全盘照搬日本商法，主要内容有：第一编总则，大幅扩充了《商人通例》，有 9 章 103 条；第二章商行为，分 8 章共 236 条。编纂《公司法草案》的制度建构比《公司律》更加详尽，共有六编：总则、合名公司、资合公司、股钩公司、股份合资公司、罚则。宣统二年十一月（1911 年），为改变《大清商律》照搬日本商法的现象，农工商部拟定《改订大清商律草案》奏交资政院审议，该草案分两编，第一编《商法总则》7 章 84 条，第二编《公司律》6 章 334 条。

光绪三十二年（1906 年）颁布《破产律》，共 9 节，69 条。内容有：呈报破产、选举董事、债主会议、清算账目、处分财产、有心倒骗、清偿展期、呈报销案、附则等内容，涵盖了破产的重要方面，个人因债务破产的亦可比照适用。宣统元年还完成了由日本法学学士松冈义正起草的《破产律草案》。

为改变中国传统商业中相互隔阂的状态，加强工商企业的联合，有关人士纷纷主张设商会和西方进行商战。商部成立后，政府对此有所认识，意识到商战的取胜得力于商会，便颁布了《商会简明章程》。规定：商会总理、协理有保商振商之责，有代商人向地方官“秉公申诉之权”。同时还颁布《商部接见商会董事章程》，给予商会董事向商部禀告重要事宜的特权。

3. 交通运输立法

甲午战争后，为抵御西方国家在路矿方面扩大侵蚀的趋势，开始允许民间办路矿。于 1898 年 10 月颁布《矿务铁路公共章程》，允许民间集股兴办路矿，奖励独立出资 50 万两以上的，并限制洋商投资，规定“凡办路矿，无论洋款洋股，其办理一切权柄，总应操自华商，以归自主”。

光绪二十九年（1903 年），为改变铁路建设标准不一和管理混乱的局面，商部通过调查后，编订颁行了《铁路简明章程》24 条。奖励、支持华商申办铁路，规定：“集股总以华股占多数为主，不得已而附搭洋股，则以不逾华股之数为限。”

宣统二年八月（1910 年 9 月）农工商部起草的《运送章程》奏交资政院，于同年十二月颁行。

4. 矿藏资源立法

清末关于矿藏的立法主要是以鼓励华商采矿以抵制外来侵略为目的。前已介绍的有《矿务铁路公共章程》。1904 年 3 月，商务部拟定《矿务暂行章程》38 条，明确规定以华股为主，必须附搭洋股的，洋股不得超过华股。1907 年农工商部会同外务部，拟定《大清国矿务正章》，计 15 章 74 款，规定了总要、管理、矿质分类、地权、以地作股、请领执照、矿税、外人合股等内容，亦规定了对外商在此方面投资的限制。

5. 金融市场立法

银行业是现代商业经济发展的基础行业之一，也是国家财政的有力调节器。1897 年 5 月，清政府批准第一家商业银行开办，并着手筹建中央银行。1904 年户部草拟《试办银行章程》，共 32 条。规定户部银行额定股本为库平银 400 万两，户部认股半数，其余准私人自由入股。外国人不得入股，户部银行经营商业银行的部分业务（如收存出放款项、买卖荒金荒银、汇兑划拨公私款项、折收未满限期票及代人收存紧要物件，也行使中央银行职权，如铸造货币，代理国库，发行纸币等。1908 年，户部改名为度支部，户部银行更名为大清银行，并拟定《大清银行则例》24 条，规定其八大职能是：短期拆息、各种期票之贴现或卖出、买卖生金生银、汇兑划拨公私款项及货物押汇、代为收取公私银行商界所发票据、收存各种款项及保管紧要贵重物件、放出款项、发行各种票据。

为规范发展起来的银行业，度支部于 1908 年奏准颁发《银行通行则例》15 条，规定原有官私银号、票号、钱庄、钱局等均为普通银行，须遵守该则例，并规定了创立银行的资本、注册等制度。1909 年 2 月颁布了加强银行业发行纸币管理的《通用银钱票暂行章程》20 条，规定了发行银钱票的互保条件和准备金制度。另为规范币制，于 1910 年 4 月颁布《奏定币制规则》24 条。规定以元为单位，定银元为国币，将铸币权收归中央。

6. 票据立法

修订法律馆聘请日本法学博士志田钾太郎，以德、日票据法为蓝本，拟《票据法草案》三编 15 章 94 条。总则篇有法例、通则二章，汇票篇有汇票之发行及款式、票背签名、承诺、代人承诺、保证、满期日、付款、拒绝承诺及拒绝付款之场合执票人之请求偿还数、代人付款、副票及草票、汇票之伪造及遗失、时效。期票篇仅一章。但该草案未及颁行，清廷即覆亡。

7. 海商立法

口岸通商后，为调整海上贸易法律关系，修订法律馆聘请日本学者志田钾太郎参酌德、日《海商法》进行中国的海商立法，于宣统元年（1909 年）完成《海船法草案》共六编 263 条。第一编总则，包括法例、通则二章；第二编海船关系人，分所有者和海员（包括总长、船长、船员）二章；第三编海船契约，分运送货物契约（包括佣船契约、搭载契约、载货契约）、运送旅客契约、保险契约三章；第四编海损，分共同海损与海船之冲突二章；第五编海难救助；第六编海船契权之担保，分法定质权与抵当权。该草案未及颁行清朝即亡。

（二）民国经济立法

民国政府也很重视经济领域的立法，从 1912 年到 1949 年其经济立法活动没有间断。因为所涉立法数量较为庞大，内容也比较繁杂，这里很多立法仅列举法律法规名称，而不能作内容的介绍，这虽然是一种遗憾，但是，仅仅是名称的罗列，对于一部极其简要的法律史概述也是非常重要的，这样的一个立法路径，反映了当时民国政府对各个方面进行规制的努力，而这也是值得现代学人思考的大的方向。

1. 经济主体立法

经济主体的立法主要体现在公司等商事主体方面，民国时期的立法也是清末商事立法的延续。为规范经济主体的经营，明确其地位和权利义务，1914 年初民国政府将清朝 1911 年《商律草案》的公司部分改称《公司条例》，将《商法总则》编改称《商人通例》，公布实施，奠定了经济主体立法的基础，以后围绕这两部法律展开了深细立法。

《公司条例》在修正、调整前清《公司律》的基础上完成，共 251 条，分总纲、无限公司、两合公司、股份有限公司、股份两合公司、罚例6章。在公司分类和公司的法理方面都显更为接近西方公司法，与现代公司立法的国际水准接近。此后以《公司条例》为中心，颁布了《公司条例施行细则》《公司注册规则》《公司注册规则施行细则》等文件，初显民国早期的公司法律体系。

《商人通例》是对自然人商人和企业的制度规范，以其为中心颁布了《商人通例施行细则》《商业注册规则》《商业注册规则施行细则》。

为规范商会的活动，民国初年颁布《商会法》。该法确认商会的纯粹民间性质。工商界选出的代表或独立工商业者都可入会。商会的职权是：沟通政府和工商企业的关系、修订商业法规、调查统计工商业状况、调解工商纠纷、维持正常的市场秩序等。在各商会设商事公断处，处理工商纠纷，且制定《商事公断处章程》明确其程序等事宜。

2. 财政税收立法

财政税收是国家收入的主要来源，也是国家调控经济的重要手段。民国政府颁布的财政税收法规主要有：1932年的《预算法》；1934年的《营业税法》《印花税法》《海关缉私条例》；1935年的《会计法》；1938年的《决算法》《公库法》；1940年的《契税条例》；1943年的《所得税法》；1945年的《使用牌照税法》；1946年的《货物税条例》《证券交易税条例》；1948年的《财政紧急处分令》《金元券发行办法》《人民币所有金银外币处理办法》《中华民国人民存放国外外汇资产登记管理办法》《管理财政及加强管制经济办法》等。

3. 自然资源立法

民国时期对自然资源的开发和利用，给予了充分重视。立法文件主要有：资源开发类的《矿业条例》《国有荒地承垦条例》（1914年）；林业类的《森林法》《造林奖励条例》；渔业类的《公海渔业奖励条例》《渔业技术传习所章程》《定海渔业技术传习所传习规程》《定海渔业技术传习所办事细则》等。

4. 农业立法

中国传统经济的状况和社会结构形态使得民国政府也不能忽视农业立法。1914年4月颁布《植棉制糖牧羊奖励条例》，奖励扩充和改良农产、畜牧。又颁布该条例的实行细则。

为促进病虫害防治的发展，1914年3月农商部发布《征集植物病害及害虫规则》；1923年颁布《农作物病虫害防除规则》；为保证农作物品种的规范性，1924年8月公布《农作物选种规则》。

为规范农业社团，1912年9月公布《农会暂行规程》《农会调查规程》；1923年5月19日公布《修正农会规程》及其实行细则。

三、经济立法的特点

清末民国时期，中国受到外来势力的影响，从被迫追求强国到自觉寻找现代化并图自强的过程，这样一些努力在经济建设领域得到了充分体现。追求经济自强是强国的重要组成部分，这一时期的经济立法的特点主要表现在：

（一）被动之中有主动，立法的动机直接以追求经济独立、自强为目的

清末在企业立法方面的努力就表达了开明人士追求经济自强以抵御外来侵略的呼声。

最早的立法意图就在于意识到现代商业的建立和巩固对于提高中国在国际贸易中的竞争力的意义，寄希望通过颁布商业法规，鼓励私人在商业领域的投资，并建立商业的联合引导商会，以与外国商业势力形成抗衡力量。在其他一些经济领域的立法都表明了这样一种追求。

（二）知识人士对立法的启动和法律内容具有相当程度的影响

清末在追求建立现代商业制度时，其立法活动开始之前都有有关知识人士关于立法建制的必要性的讨论。比如，在经济立法中占有重要地位的张謇就针对不同领域的立法提出自己的认识。尽管其特殊身份使其意见发挥的作用较为特殊，但同时作为知识人士，其意见可以说是众多良知人士针对中国现状提出的代表性认识，他们在公司和民营企业的政策取向上都有明确的认识。还有陈炽等对企业官办与商办优劣的讨论，何启、胡礼垣对于清政府关于铁路官督商办的政策对民权侵犯的指责，胡燏棻对发展民间工商业的大力提倡等都表明了知识人士对经济立法的参与，且在立法中起到了非常大的作用。

（三）经济立法注重以新型工商业为代表的经济体制的建构，立法涉及领域广泛，且重视农业的改造

无论是清末政府还是民国政府，在调整经济领域方面都很重视以增强本国经济的国际竞争力为目的的工商业立法。比如注重对工商领域等经济主体规范的制定与及时调整，同时又注重在自然资源利用、金融、证券等现代工商业领域行为规范的制定，此外也关注对农业的改造，如对新品种的选用等方面的立法。

（四）吸收西方国家立法经验的同时，注重中国自己固有规范的整理，并根据实际情况调整立法内容

追求经济现代化中，以西方经济模型作为典范，这是近代中国经济转型的动力，也是一个方向。在经济领域的立法中，也体现了对西方现代相关法理的继受，例如工商业及其相关领域的立法，对于中国当时的社会来说是相当陌生的，即便是在西方社会中，公司的出现也是生产社会化达到一定程度，提出巨大资本需求的条件下产生的，在中国清末社会的条件下，制定《公司律》的经验更是十分缺乏，其立法体系很多需要借鉴国外立法。尽管如此，清末和民国在立法的过程中，也很重视固有规范的整理。在商业法方面，清末民国时期都曾进行民商事习惯调查，并对其立法产生了深刻的影响。有的法律颁布实施后，出现与国情不符情况时，及时作了调整。如清末时颁布的《破产律》，便受到来自商界的广泛批评，之后，清政府便采取了一些措施调整，最后停止适用。不过其对中国商界的影响是存在的，在停止适用后，现实中存在不同程度的采用。

（五）民国经济立法对清末经济立法的成就继承较多

民国时期的经济立法大都是在清末立法的基础上开展的，清末时期所编纂的法典或草案，很多内容被直接采纳，所作的改变大多是针对那些经过实践后发现的具体问题进行的，有的体现了民国时期法学理论研究更为成熟，因而在立法上表现得更为完善。例如《公司律》的前后变动就反映了这种情况。

小　结

清末、民国时期的民商经济立法是在被动的情况下作出的，但在实际立法过程中，通过各方面的努力，主动性越发明确，立法技术也达到了一定水平，表现了中国固有法和西方现代法学理论的结合。这段立法史是中国法律发展的一个重要阶段，对这段立法史的深入学习，可以为理解当今立法提供一些背景知识。

思考题

1. 试述清末、民国时期民事立法的关系，及其对当代立法的启示。
2. 近代中国三部民法草案和法典关于人法规定的异同。
3. 试评述清末、民国时期民事立法中亲属和继承立法的特点。
4. 试分析清末、民国时期经济立法的特点。
5. 试论述民国民法规定的法律渊源中的法理。

第十六章　行政法律制度

第一节　行政机构

一、清末官制改革与内阁改组

（一）总理各国事务衙门的设立

鸦片战争以后，清廷的“天朝”地位受到冲击，外国侵略者也不甘以“外夷”身份与清廷交往，因此，行政机构的最先改革是在外交事务上。咸丰十年（1860年）于各部院之外设立“总理各国事务衙门”，主管外交及与外国有关的财政、军事、教育、矿务、交通、通讯等事务；下属机构有同文馆、海关总税务司署，还管辖南、北洋通商大臣，并负责选派出国公使等事务。《光绪会典》规定，由皇帝特简的亲王郡王贝勒统领，下设大臣（无定员，由军机大臣兼领或由特简）、大臣上行走（亦无定员，由内阁部院满汉堂官内特简）、总办章京（满、汉各二人）、帮办章京（满、汉各一人）、章京（满、汉各十人）、额外章京（满、汉各八人）等职；“分五股以理各国交涉事务。曰俄国股，日本附焉；曰英国股，奥斯马加附焉；曰美国股，德意志、秘鲁、意大利亚、瑞典、堀威、比利时、丹麻尔、葡萄牙附焉；曰法国股，荷兰、日斯巴尼亚、巴西附焉；曰海防股”①。凡涉外事务，大事奏请朝廷，小事自行处理。光绪二十七年（1901年），又将总理各国事务衙门改为外务部，专管外交事务。

（二）责任内阁的建立

改革官制是清廷推行预备立宪的重要环节。早在1901年决定推行“新政”时，清廷就对官制进行了一些改革。到光绪三十二年（1906年）开始预备立宪后，又设立编制馆，指派载泽等十四人为编纂大臣，命令各总督选派司道人员到京随同参议，谕派庆亲王奕劻、文渊阁大学士孙家鼐、军机大臣翟鸿禨总司核定，进一步改革中央和地方官制。

改革中央官制的关键，在于是否取消军机处，建立责任内阁。奕劻、袁世凯、戴鸿慈等人主张取消军机处，设立西方立宪国家的责任内阁。但清廷担心丧失君上大权，遂于光绪三十二年九月二十日（1906年11月6日）颁布《预备立宪先行厘定官制谕》，否决了这一提议。它指出：“军机处为行政总汇，雍正年间本由内阁分设，取其近接内庭，每日

---

① 《光绪会典》（卷9）。

入值奉旨，办事较为密速，相承至今，尚无流弊，自毋庸复改。内阁军机处一切规制，著照旧行。”[①] 御前会议也提出军机处、内务府、八旗、翰林院、太监事五不议的原则。同月，清廷公布中央官制，即清政府宪政编制馆拟定的《内阁官制草案》，这是中国近代第一部具有现代行政法意味的规范性文件。编查馆在向清朝最高当局呈递的《厘定中央各衙官制缮单进呈折》中，以“立法、行政、司法三权并峙，各有专属，相辅而行”为原则，拟设置民政部、度支部、法部、农工商部、陆军部、理藩部、邮传部、吏部、礼部、外务部、学部等中央 11 部，保留军机处和内阁。并规定“行政之事专属内阁各部大臣”。[②] 之后，编制馆先后拟定了内阁、外务部、民政部、陆军部、海军部、农工商部、邮传部、吏部、法部、学部、理藩部等官制草案，其中以内阁官制草案最为重要，这些官制草案大多虽未正式颁行，但却是近代中国最早的具有现代意义的行政组织法规。此后在宣统年间，又增设海军部，改礼部为典礼院。光绪二十九年（1903 年），设立了商部，掌管工商事务。光绪三十一年（1905 年），设立了学部和巡警部，分别掌管教育考试和警察事务。光绪三十二年（1906 年），设度支部和邮传部，分别管理财政和交通、邮政、电信事务；同时改兵部为陆军部，掌管军政；改刑部为法部，掌管司法行政；改大理寺为大理院，专管审判；改商部为农工商部，全面负责农、工、商各政；关于农工商部，该部章程规定，其职掌为“管理全国农工商政暨森林、水产、矿务、河防、水利，以及商标、专利，权衡度量等各项事宜，并综核各直省农工商政、河道各官及农工商各项公司、学堂、局厂”[③]；部内设农务、工务、商务、庶务四司，各司设郎中十二员、员外郎十六员、主事十八员，分理农、工、商各政及部内事务；部下设商标局、商律馆、商报馆、公司注册局、京师实业堂、京师艺徒学堂、工艺局、京师劝工陈列所、绣工科、农事试验场等，分别办理各项专门事务及从事有关事业。改巡警部为民政部，掌管警察和户籍等事务；改理藩院为理藩部，仍掌管蒙、藏、回等民族事务。宣统元年（1909 年），又设立了海军部，专管海军事务。宣统三年（1911 年），设军谘府，为军事参谋机关。经调整后，原来的六部中只剩下吏、礼两部，中央行政机关的面目发生了很大变化。

清廷在这次改革中声称，任命各部官员“不分满汉”。但实际上却将原来各部大臣满汉平分变成满七汉三，而且外务、陆军、度支、农工商等一些重要部都控制在满人手中，使满州贵族在中央占据绝对优势，实现了排挤汉族官僚、加强中央集权和满州贵族统治地位的目的。

这次官制改革，丝毫没有触动清廷专制统治的实质，只是进一步加深了满州贵族和汉族地主官僚之间的对立，加剧了清廷的统治危机。尤其军机处的保留，使汉族地方督抚大为恼火。因此，在风起云涌的国会请愿运动中，他们大都采取了支持态度，最终逼迫清廷放弃顽固立场，提前组建责任内阁；并于宣统二年十一月五日（1910 年 12 月 6 日），命宪政编制馆修订预备立宪筹备方案；十一月二十四日（12 月 25 日），又下令草拟内阁官制。经过一个多月的紧张筹划，宣统二年十二月十七日（1911 年 1 月 17 日），预备立宪筹备方案修正完毕，得到清廷批准。新方案重新规定了预备立宪的进程。其中最重要的

---

① 故宫博物院明清档案部编：《清末筹备立宪档案史料》（上册），中华书局 1979 年版，第 471 页。

② 故宫博物院明清档案部编：《清末筹备立宪档案史料》（上册），中华书局 1979 年版，第 463 页。

③《大清光绪新法令》（第 3 册），商务印书馆 1910 年铅印本，第 84 页。

是：宣统二年，厘定内阁官制；三年，颁布内阁官制，设立内阁；五年，开设议院。① 根据这一方案，宣统三年四月十日（1911 年 5 月 8 日），清廷批准并颁布了宪政编制馆与会议政务处拟定的《内阁官制暨内阁办事暂行章程》。该章程共 15 条，基本按照责任内阁的模式规定了内阁及各部的组成和职权，是近代中国第一部正式生效的现代行政组织法规。该章程裁撤军机处，把有名无权的旧内阁改组为责任内阁，任命了第一届责任内阁的组成人员。它由十三名国务大臣组成，设总理大臣一人、协理大臣二人、各部大臣十人。其中汉族官僚仅有四名，满族贵族则占九名，而皇族宗室就有六名。所以，当时的资产阶级立宪派和革命派都把这个责任内阁称为“皇族内阁”。不过，军机处的裁撤和责任内阁的成立，削弱了各省督抚和各部院长官的权力，对中央权力由皇帝转向内阁打下了基础。

（三）地方机构改革

地方机构也进行调整，其改革主要有三方面，一是行政与司法分离，分别设立专门的行政机构和司法机构。二是根据社会的变化增设一些新的行政机构。《各省官制通则》规定，一省或数省设总督一员，总理该地方各方面事宜；每省设巡抚一员，总理该地方行政、统辖文武官吏；各省置布政、提学、提法三司，分管该省行政、教育、司法；设劝业、巡警二道，分管该省实业和警务；省下设府（直隶州、直隶厅）、州（县）二级行政机关，以知府、知州、知县统辖之；各省还可根据地方情形，设立府厅县议事会、董事会等。光绪三十二年（1907 年），清廷又公布了地方官制，将各省督抚的军权、财权分别收归陆军部和度支部。同时，采用明升暗降的手段，将最有权势的汉族督抚袁世凯、张之洞调入中央，担任有名无实的军机大臣，以减少削除地方督抚实权的阻力。三是实行地方自治，建立自治组织。清末行政法就地方自治的范围、组织、自治方式、自治规则作了规定。由于清朝覆亡，地方机构的改革没有完成。

二、南京临时政府的行政机构

1911 年 10 月武昌起义后，湖北军政府颁布了《中华民国军政府暂行条例》，共 6 章 24 条，旋即又修订为《中华民国鄂军政府改定暂行条例》（4 章 15 条）。同年 12 月，各省代表会集武昌制定了带有宪法性质的行政组织法典《中华民国临时政府组织大纲》（4 章 21 条），规定行政机关设外交、内务、财政、军务、交通五部。1912 年 1 月 1 日，中华民国成立。为了健全政府管理，统一官制，南京临时政府先后制定了《中华民国临时政府中央行政各部及其权限》《各部官制通则》等，设陆军、海军、外交、司法、财政、内务、教育、实业、交通九部，并制定了外交、内务、陆军、交通、教育等部官制，对中央行政机关的组成和职权作了规定，作为设置中央政府各机构的依据。1912 年 3 月，南京临时参议院又制定了《中华民国临时约法》（7 章 56 条），该约法虽系宪法性质，但有关行政机构的产生和职权的规定，是这个时期基本的行政组织规范。该约法规定临时大总统和国务员行使国家行政权，在政府组织形式上采取内阁制，即内阁负实际行政责任。

三、北洋政府的行政机构

北洋政府初期实行《中华民国临时约法》所规定的行政制度，中央以国务院为最高

---

① 故宫博物院明清档案部编：《清末筹备立宪档案史料》（上册），中华书局 1979 年版，第 90－92 页。

行政机关，国务总理为行政首脑。其下设行政各部门及直属各局，部下设司，各部设总长、次长及下属各司司长等。至 1914 年 5 月公布《中华民国约法》，袁世凯废除了责任内阁制，代之以总统制，行政机构也相应地发生变化。国务院被撤销，于总统府内设立政事堂。政事堂设国务卿一人，协助大总统监督政务，其下设左右丞，辅助国务卿。同时对各部实行调整，各部设总长一人，负责部务，受大总统直接领导。军队的领导体制亦有变化，设立陆海军大元帅统帅办事处，作为最高军事行政机关。后为恢复帝制，袁世凯又对行政机关进行调整。公布《文官官秩令》，实行上、中、下卿，上、中、下大夫，上、中、下士三级九等文官制度；地方取消自治，恢复封建官制，各省民政长改称巡按，都督称将军，观察使称道尹，县长称知事。此外，还增加了巡阅使、经略使等。

袁世凯之后，北洋政府的行政体制略有变化。中央设大总统，下设国务卿以为辅助，行政事务分别由外交、内务、财政、陆军、海军、司法、教育、农商、交通等各部负责管理。地方分为省、县两级，省设省长、参事会，其下设教育、实业等厅；县仍设知事，有个别县将知事改为县长。

总之，北洋政府时期的政府组织形式上有内阁制，制有《国务院官制》；也有总统制，颁有《大总统府政事堂组织令》；还有集行政、立法、军事大权为一体的临时政府制，实施《中华民国临时政府制》；甚至还有号称北洋王朝"末代皇帝"的海陆军大元帅制，准行《中华民国军政府组织令》。北洋政府时期南方政权在政府组织形式上也较为杂乱，有总统制、元帅制，还有总裁合议制（相当于委员会制）。

四、南京国民政府的行政机构

南京国民政府 1928 年 10 月公布五院制的《中华民国国民政府组织法》（48 条），设有内政、外交、军政、财政、农矿、工商、教育、交通、铁道、卫生等 10 部。1947 年《中华民国宪法》公布，规定行政院为国家最高行政机关。到 1948 年 5 月止，《中华民国国民政府组织法》先后进行了 13 次修改。与此同时，还相继制定了内政、外交、财政、教育、交通、实业、铁道等各部组织法。1948 年 5 月，"行宪"后又公布了总统制的《中华民国总统府组织法》。严格地说，《国民政府组织法》等，并非专门的行政组织法规。所谓"政府"并非专指行政机构，实际上是包括行政机构在内的所有国家机构。而 1947 年 3 月制定、同年 12 月修正的《行政院组织法》则是比较典型的行政组织法规。这是根据五权宪法的原理，把国家机构分为立法院、行政院、监察院、司法院、考试院五个部分。立法院是国家的最高立法机关，设院长、副院长各一人，立法委员若干人。其职权是议决法律案、预算案、大赦案、宣战媾和案等。行政院是国家的最高行政机关，设院长、副院长各一人。下设各部，分掌行政职权。其职权是向立法院提出法律、预算、大赦、宣战媾和案，推荐职官的任免等。监察院是国家最高监察机关，设院长、副院长各一人，监察委员若干人。其职权是掌弹劾权和审计权等。司法院是国家最高司法机关，设院长、副院长各一人，下设各审判机关，职掌司法审判、法律解释、司法行政、官吏惩戒等。考试院是国家最高考试机关，设院长、副院长各一人，职掌官吏的考试、选拔等。《行政院组织法》经六次修正，形成八部二会。依照《行政院组织法》第 3 条和第 5 条的规定，行政院设有 8 个部（内政、外交、国防、财政、教育、法务、经济、交通）、2 个会（蒙藏以及侨务）、1 个处（主计处）、1 个局（新闻局）。根据该法第 6 条以及其他相关法令的规定，行政院还另外设有3个署（卫生、环境保护、海岸巡防），21个委员会，以及人事行政局、中央银行和故宫博物院。行政院为中华民国的最高行政组织机关，对立法院负责。

第二节　官吏管理制度

一、清末

在选官制度方面，清政府于光绪三十一年（1905年）因袁世凯、张之洞等所请，宣布所有乡、会试及各省岁科考试一律停止，改从留学生和新式学堂的毕业生中选拔官员，从而废除了在中国相沿已久的科举取士制度。《游学毕业生廷试录用章程》规定了废除科举考试后选拔和任用官吏的一些办法。其规定，凡在外国高等以上各学堂毕业的学生，经学部考验合格并奏请皇帝批准后，可赏给进士、举人出身；凡获得此类出身者，每年在保和殿举行一次廷试，每人作经义一篇，科学论说一篇，其医、工、格致、农等科毕业生及各种高等实业学堂毕业生可免作经义，只作科学论说即可，科学论说可用外文书写；考后按其出身和成绩分别授以翰林主事、内阁中书、知县等职。

《吏部期满誊录奖叙办法》规定了对官吏进行考核和奖惩的办法。其规定，凡担任誊录的吏员，三年考核一次，根据其平日当差之勤惰、书法之工拙，分为三等，最优等留部任用，优等发充外官，中等给予外官，低等给予外官候选。吏部订《禁烟考成议叙议处条例》规定，各省地方官在任内依限完成禁烟任务者，从第二年起，每年晋升一级；在一年内将栽种罂粟地亩、膏土各店及吸烟人数减至十分之三以上且无骚扰情事者，于其就任期满时照异常劳绩升格从优任用；于应行查禁各条限期未经禁绝者，照奉行不力例，降二级调用；其未经查禁而提称禁绝者，照蒙混私罪例革职；于其境内栽种罂粟地亩、膏土各店及吸烟人数统计一年内递减数目不及八分之一者，照奉行不力例降三级调用。

二、南京临时政府

以科举制为核心的中国古代文官制度尽管有其悠久的历史和较为规范的管理，但近代中国具有现代意义的行政立法却始于南京临时政府时期。孙中山在批复《内务部请颁文官试验令》中指出："今当民国建立伊始，计非参酌中外，询事言考，不足以网罗天下英才。"① 法制局拟定了《文官考试委员官职令》《外交官及领事官考试令》等关于官员考试的法规，由大总统咨送参议院议决。由于临时政府存在时间短，仅发布过《临时大总统关于慎重用人令》等指令，尚未有系统的人事行政立法。

南京临时政府还改革了旧官场习俗。《大总统令内务部通知各官署革除前清官厅称呼文》和《内务部咨各省革除前清官厅称呼文》规定，官厅为治事机关，职员为人民公仆，本非特殊阶级，嗣后官厅人员不得再称大人、老爷等，而以官职相称，民间则以先生或君相称。②

---

① 中国第二历史档案馆编：《中华民国档案资料汇编》（第2辑），江苏人民出版社1981年版，第28页。

② 中国社会科学院近代史研究所史料编译组编辑：《辛亥革命资料》，中华书局1961年版，第216页。

三、北洋政府

关于官员的分类，1912 年 10 月 16 日公布的《中央行政官官等法》，将行政官按品位分为特任、简任、荐任、委任四级；并根据文官所从事的职事类别，将文官分为行政官、外交官、技术官、征收官、审计官、法院书记官、监所官等类别。

关于官员考试，1913—1917 年先后颁布了《文官高等考试法》《文官普通考试法》《外交领事官考试法》《司法官考试法》《文官高等考试令实施细则》《文官普通考试法实施细则》等，较详尽地规定了文官考试的资格、考试机关、考试科目、考试程序和录用范围。另外，分别实行的文官考试法规其实施目的与文官职位分类法相适应，以实现“各效专长，冀无用非所学之弊”①。

关于官员的任用，1913 年起先后颁布的《文官任用法草案》《文职任用令》《文官任用法》《文官甄用令》《文官任免执行令》等，对文官任用的标准、资格、程序作了专门规定。北京政府的官员任用，根据行政、司法、外交等不同类别，每一类别都有其特定的操作规章，详细规定本类官员的任用资格及考试录用程序等。例如，高等文官的任用有特任、简任、荐任；普通文官的任用有委任。特任官主要为国务卿、左右丞、各部总长；简任官有秘书长、法制局长、机要局长等；荐任官有佥事、编译司长等；委任官有主事、办事员等。

在考试之外，还有所谓甄用，是指不经过考试，通过查验文凭、调查经历、检验成绩等，经大总统批准任用官吏的方式。北洋政府规定，“当文化递壇之会，学术、经验，两难偏废”，应“不惜设例以待非常之士”。②

关于官员的惩戒，北京政府 1913—1918 年先后颁布《文官惩戒委员会编制令》《文官惩戒法草案》《纠弹法》《官吏犯罪特别管辖令》《官吏违法惩罚令》《司法官惩戒法》《审计官惩戒法》《文宣惩戒条例》《官吏犯赃治罪条例》等，对不同部门官员的违法、违规行为，规定了具体的惩罚办法。这些法规规定文官惩戒机关为文官高等惩戒委员会和文官普通惩戒委员会，对文官的惩戒在程序上主要采用行政程序而非司法程序。惩戒的方法主要有：第一，褫夺公权，主要针对较为严重的收受贿赂、侵占公款等职务犯罪；第二，刑事处分，主要针对较为严重的收受贿赂、侵占公款及其他职务犯罪，一般都要附加褫夺公权；第三，罚金，北京政府的行政处罚，都要附加罚金；第四，没收赃款，凡官员收受贿赂、侵占公款及其他职务犯罪，一般都要没收非法所得。对违法官员的行政处分主要有：夺职、降等、减俸、申诫四种。其程序是，先由本部门长官审查，然后交惩戒委员会作出决定；司法官和审计官的惩戒，由司法总长负责调查，呈交大总统，再由大总统交惩戒委员会作出决议，呈大总统批准，交司法部执行。

关于官员的待遇、保障。1913 年颁布的《中央行政官官俸法》《外交领事官官等官俸令》《文官保障法草案》，1915 年颁布的《文官恤金令》等，大致规定了文官的薪俸待遇、法律保障和抚恤制度。

---

① 《政府公报》，1915 年 10 月 1 日。

② 《政府公报》，1915 年 10 月 1 日。

四、南京国民政府

南京国民政府建立后，在南京临时政府、北洋政府行政立法的基础上，继续进行行政立法活动，其重点是建立公务员制度。

第一，关于公务员考试和管理的机构。《考试院组织法》（1928 年 10 月 8 日）、《考选委员会组织法》（1929 年 8 月 2 日）、《检叙部组织法》（1929 年 8 月 2 日）、《典试委员会组织法》（1929 年 8 月 2 日）、《考绩委员会组织通则》（1935 年 11 月 1 日）等法规明确规定了公务员的考试由考试院设置考选委员会、典试委员会、襄试处、试务处进行，考试期间典试委员会、襄试处、试务处全部人员回避。公务员的管理由铨叙部负责，铨叙部掌管全国文官、法官、外交官及其他公务员及考取人员之铨叙（管理）事项。

第二，关于公务员的考试和任用。《公务人员考试法》（1929 年 8 月 1 日）、《公务人员考试法实施细则》（1930 年 2 月 23 日）、《典试规程》（1930 年 12 月 30 日）、《典试法》（1935 年 7 月 31 日）、《襄试法》（1930 年 11 月 26 日）、《监试法》（1930 年 11 月 25 日）、《特种考试法》（1931 年 3 月 21 日）等法规规定，通过相关考试是公务员任职的先决条件。公务员的考试因资格和用途的不同分为普通、高等和特种考试三种，并较为明确地规定了公务员考试的时间（一般每年或每两年举行一次，但也可临时举行）、地点、科目、录取人数、考试形式及考试程序。

《公务员任用法》（1933 年 3 月 13 日）、《非常时期公务员任用补充法》（1942 年 11 月 6 日）、《现行公务员甄别审查条例》（1933 年 3 月 13 日）、《公务员登记条例》（1934 年 4 月 23 日）、《暂行文官官等官俸表》（1933 年 9 月 25 日）等规定公务员的任用有四种，即特任、简任、荐任、委任。与北京政府官员任命不同的是，上述四种官员任命方式，不是事先规定好的，而是根据考试成绩的优劣，决定其取得何种任职资格。特种考试，甲等成绩获得者，取得简任资格；乙等成绩获得者，取得荐任资格；通过普通考试，取得委任资格。公务员的升迁，也必须以通过考试为条件。国民政府将公务员分为三等九阶三十六级。其中，简任分三阶九级，荐任分三阶十二级，委任分三阶十五级。其待遇也以此为标准执行。

第三，关于公务员的考核。根据《公务员考绩法》（1935 年 8 月 15 日）的规定，考核依工作、操行、学识、才能四个方面进行。形式上有年终、平时、专案三种。年终考核结果有甲、乙、丙、丁四等，不予任何奖励，但也不受任何处分；六十分以下为丁等，予以免职。荐任公务员连续三年考核优良者，可破格升迁。平时考核由各机关自行进行，根据考核成绩作出奖励或处分的决定。奖励有嘉奖、记功、记大功；处分有申诫、记过、记大过。专案考核主要用于公务员有重大功过者，是一种特别的考核程序。根据需要而进行，没有固定的时间。若公务员一次记两大功者，晋俸一级，并给予相当于一个月俸禄的奖励；一次记两大过者，给予降职的行政处分。

第四，关于公务员的惩戒。1936 年，国民政府颁布了《公务员惩戒法》（1933 年 12 月 1 日）。该法对公务员的失职行为、违法行为和职务犯罪，作了较为详细的规定，并规定了六种行政处罚方式。第一，撤职。除撤销现有职务外，在一定期限之内，不得担任公职。第二，休职。撤销现有职务，经过一段时间，考察合格后，恢复原有职务。在此期间，不得在其他机关担任公职。第三，降级。在现有职务的基础上，降一级或二级使用。

两年后，可重新晋级。第四，减俸。一般而言，减现有月俸的百分之二十到百分之三十，时间不得少于一个月。第五，记过。若公务员有失职行为，记过一次，自记过之日起，一年之内不得升迁。第六，申诫。若公务员有失职行为原则予以批评、申斥。申诫有书面申诫和口头申诫两种。申诫一般由隶属司法院的惩戒委员会执行，其他任何机关不得干涉。惩戒委员会所作决定，与法院判决有同等法律效力。

另外，《公务员退休法》（1947 年 6 月 26 日）、《公务员恤金条例》（1934 年 3 月 27 日）等法规详尽规定了公务员的退休与抚恤等问题。

小　结

中国具有近代意义的行政立法始于清末法制改革，在其后的 40 余年间，晚清政府、南京临时政府、北洋政府、南京国民政府制定和颁布了数以百计的行政法律法规。这些行政法规是中国近代整个法律体系的重要组成部分，也是中国传统行政法律迈向现代行政法律的开端。在行政法律制度上逐渐与世界接轨，对中国现代国家机构的设置和规范国家行政管理提供了法律依据，也使当时中国的国家机构设置、行政管理、人事制度、行政监督与行政诉讼逐步近代化，其时代意义不应忽略。但由于受半殖民地半封建社会性质以及近代中国政局动荡的特殊社会政治环境的影响，中国近代行政法规所体现的时代特点和局限也是十分明显的。

思考题

1. 简述清末官制改革的主要内容。
2. 简述中华民国北京政府的官吏管理制度。
3. 简述南京国民政府的公务员制度。

第十七章　司法制度

第一节　司法机构

一、清末的司法机构改革

（一）司法行政机关

清朝的最高司法审判机关为刑部，以司法审判为主，同时兼理部分司法行政，如管理狱政，考核司法官吏等。光绪三十二年（1906 年），清廷进行官制改革，将刑部改为法部，专门负责司法行政工作，主要管理监狱、执行刑罚、监督各级审判机构和检察厅的工作。同时兼有部分司法审判职能，如复核大理院和高等审判厅判决的死刑案件，核定秋审、朝审案件等。法部设承政、参议两厅总理部务，设审录、制勘、编置、宥恤、举叙、典狱、会计、都事掌管具体事务。次年，又开始改地方各省的提刑按察使司为提法司，管理各省司法行政事务，并监督审判、调度检察等事务。

（二）司法审判机关

大理院的前身是大理寺。清承明制，“刑部受天下刑名”，而“大理寺驳正”，大理寺本无独立的审判权。官制改革时，清末通过制定与颁行《大理院审判编制法》《各级审判厅试办章程》《法院编制法》等法律，对各级司法审判机关进行了改革。中央大理寺改为大理院，为全国最高审判机关。京师和地方各省设高等审判厅，京师、直隶府和直隶州各设一所地方审判厅，各县设初级审判厅，全国实行四级三审制。

大理院设院长。下设民刑庭，置推事和庭长。并由推事和庭长组成合议庭进行审判。除审判事务外，大理院有权统一解释法令，其解释对全国各级审判厅具有约束力。高等审判厅设厅丞，下设民、刑审判庭，审判实行合议制。初级审判厅实行独审制。

（三）检察机关

在司法机关的改革过程中，分别在地方各级审判厅内设立同级检察厅，大理院设立总检察厅，实行审检合署制。各级检察厅的职权，是对刑事案件进行侦查、提起公诉、实行审判监督，充当民事案件的诉讼当事人或公益代表人。其中初级检察厅设检察员，地方及高等检察厅设检察长及检察官，总检察厅设厅丞及检察官。清末的检察机构虽然尚未完全独立于审判系统，但作为一种司法审判的监督、制约机关，它的出现和存在，具有积极和进步的意义。

（四）监狱机关

清朝监狱原属刑部提牢厅管理。光绪三十二年（1906年）改革官制时，改刑部为法部，专设典狱司，置郎中3人，员外、主事各4人，分管直省监狱、警察、习艺所以及罪犯名册、衣粮费用和编纂监狱法规及统计书表等事务。

光绪二十八年（1902年），山西巡抚赵尔巽奏准设立罪犯习艺所，收受被判处充军、流刑、徒刑等人犯，使他们接受农业、手工业等职业训练。这是建立罪犯劳动农场或工场的开始。次年，刑部仿照赵尔巽的做法进行监狱改良，开始在各地设立习艺所，比较著名的有顺天府习艺所和江苏省习艺所。习艺所设教习官、教诲师、技师、看守等。有些习艺所还专设拘押女囚的女监，有的习艺所则主要收容轻犯或无业平民，类似于近代资本主义国家执行保安处分的场所。习艺所的设立，开辟了我国改造罪犯的新途径，后来的监狱制度多所沿用。

光绪二十九年（1903年），清廷还批准按照西方近代国家的监狱，新建京师模范监狱。该监狱建筑新颖，管理严明，设有监狱办公楼、杂居监、分房监、工场、女监、病监等场所，大大改善了囚犯的待遇，是我国建立近代化监狱的开端。由于这种监狱更加便于监管犯人，很快得到广泛推广，各省纷纷按照这一形式筹建新式监狱，中国旧式监狱得到了一定程度的改良。

1910年，为配合刑律、诉讼律的实施，修订法律馆大臣沈家本聘请日本监狱学家小河滋次郎，起草了《大清监狱律草案》。该草案规定：监狱是执行自由刑、限制受刑人自由，使受教化、服国法而后复归社会的场所。监狱分男监、女监和少监。该草案虽因清亡未及颁行，但对改进监管仍有意义，并成为民国制定监狱法蓝本，对中国近代监狱制度的改良具有重要意义。

二、南京临时政府的司法机构

（一）普通司法机关

根据《中华民国临时政府组织大纲》和《修正中华民国临时政府组织大纲》的规定，南京临时政府设立临时中央审判所，作为民事和刑事诉讼的最高审判机构。但实际上，南京临时政府直至《中华民国临时约法》公布时，始终没有设立临时中央审判所，实际上由司法部负责，并明确规定司法部管理民事刑事诉讼、户籍、监狱、保护出狱人员，并负责管理其他司法行政事务，监督法官。

（二）军事司法机关

军事司法机关负责审理有关侵犯军事利益的犯罪案件。湖北军政府成立之初就于军务部内设执法课，“掌军事裁判事项，凡关于犯罪事项应军法会议议决施行，但都督有特赦命令者”[①]，不在此限。后军政府内设部，执法课亦随之改为执法处。执法处内设轻重两所，凡俘虏旗民与汉奸、间谍皆于重所锢之；凡关于他案人犯，则于轻所拘留。军务部、政事部成立后，执法处专属司法机关，隶属于军务部，定名称执法科，一切案件均秉承军

① 中国社会科学院近代史研究所：《武昌起义档案资料选编》（下卷），湖北人民出版社1981年版，第641－644页。

务部长意见办理，主要审理事关军务的间谍、汉奸、贻误战机、土匪等案件。

南京临时政府将执法科改编为军法局，内设编叙、裁折两科。陆军司法由陆军部负责审理，具体管理军事教育、军事司法等事宜。实际上陆军部拥有了自己的军事司法机关即“军法会议”。卫戍总督设执法处、监察处，各地方总督之下一般也设立军事执法处（科）。

三、北洋政府司法机关

北洋政府时期，司法机关名目繁多，体系不一。其中司法部掌司法行政权，大理院及各级审判厅掌司法审判权。在普通法院体系之外，还有兼理司法衙门、军事审判机关、行政法院等机构。

（一）普通法院系统

清末修律时，在沈家本的主持下，曾制定一系列法院组织法性质的法规，试图建立一套以司法独立原则为前提的近代审判机关系统，以实现审判权同行政权的分离。但是，这些法规并未能付诸实施。到北洋政府时期，才将清末设计的四级三审制法院体系变为现实。

北洋政府标榜三权分立，司法独立，设中央司法部及省司法筹备处掌司法行政权（后省司法行政划归高等审判厅或高等检察厅兼管或会同办理），设中央大理院及各级审判厅组成的普通法院掌司法审判权。根据清末《法院编制法》重新修订，1915 年正式颁布的《中华民国暂行法院编制法》规定，北洋政府全国的普通法院组织由（中央）大理院、（省）高等审判厅、（较大商埠或中心县）地方审判厅及（州、县）初级审判厅四级组成。

与各级审判机关相应，平行设置四级检察机关，即设总检察厅、高等检察厅、地方检察厅、初级检察厅。负责侦查、公诉和监督判决等职权。独立行使检察权，其行为对上级检察机关负责，不受同级审判机关和行政长官的干预。事实上，全国设立的各级“新式法院”屈指可数。特别是袁世凯加紧复辟帝制时，曾下令废止初级审判厅及部分地方审判厅。袁世凯下台后，各级审判厅也没有完全恢复起来。

（二）兼理司法衙门

上述各层级的普通法院中，有的实际上并未完全成立。北洋政府由于财政拮据，下令撤销初级审判厅，改为在有地方审判厅的县，厅内设置简易厅，办理初级审判厅的事务。1914 年 4 月，袁世凯恢复封建旧制，裁撤全国 2/3 的地方审判厅和检察厅，取消全部初级审判厅及检察厅。在未设的县，改由地方行政长官县知事兼理民刑案件，以承审员助理之，称兼理司法法院。于是，县行政长官重掌司法权，形成了兼理司法衙门。这实际是中国古代长期实行的地方行政权与司法权合一传统的延续，因而是司法制度的倒退。段祺瑞上台后，在县增设地方审判厅分厅，或地方审判厅民刑简易庭，或县司法公署，管辖原来初级审判厅承办案件，在体制上向行政、司法分离，在实现司法独立的道路上前进了一步。

（三）特别法院系统

特别法院是相对于普通法院而言的。特别法院系统分军事审判机关和地方特别审判机关两类。前者依《海军审判条例》《陆军审判条例》，海陆军分设高等军法会审、军法会审、临时军法会审三种组织，审理军人犯罪案件。按照普通法律规定，在正常情况下，军事审判机关只能受理以军人为被告或直接与军事有关的案件。但据《戒严法》等特别法规定，在宣布戒严或交战地区，普通案件也归军事审判机关管辖。而在北洋政府统治时期，大部分地区在大部分情况下处于戒严状态。因此，在各级各类法院系统中，军事审判机关一直居于主导支配地位。

后者是临时在少数民族地区或特别区域设立的司法组织，即特区法院。如热河都统署、归绥都统署、察哈尔各旗群翼等，设审判处，但不用检察制度。又如东三省特别区，在哈尔滨设高等审判厅及地方分庭，并相应设主任检察官。

（四）平政院

平政院成立于 1914 年，是专门审理行政诉讼案件的法院。《平政院编制令》规定：平政院察理行政官吏的违法不正行为，就行政诉讼及纠弹事件行使审判权。平政院设院长 1 人，评事 15 人。平政院成立初期还设肃政厅，置都肃政史 1 人，肃政史 16 人，独立行使职权，纠察、弹劾行政官吏的违宪违纪事件，并提起行政诉讼，监视平政院裁决的执行，是个兼具监察与检察性质的机关。1916 年，肃政厅撤销，平政院依然保留。南京国民政府时期，改平政院为行政法院。

四、南京国民政府司法机关

（一）普通司法机关

1. 中央司法机关

司法院为最高司法机关，下设最高法院、行政法院及官吏惩戒委员会（1947 年后改称公务员惩戒委员会）。最高法院设于国民政府所在地，管辖不服高等法院及其分院判决而上诉的案件和非常上诉案件，对于民刑诉讼案件拥有最高审判权。行政法院于 1933 年成立，掌理全国行政诉讼审判。行政法院设立数庭，每庭设庭长一人，评事五人，实行五人评事合议制。行政法院设于中央政府所在地，地方不设行政法院。官吏惩戒委员会掌理文官、法官惩戒事宜。自 1928 年 11 月起，南京国民政府还在司法院下设司法行政部，综理司法行政事务。1943 年 1 月以后，司法行政部脱离司法院而隶属于行政院系统。

2. 地方司法机关

高等法院。设于首都、省会、行政院直辖市和特别区域。其区域辽阔者，设高等法院分院。高等法院管辖关于内乱罪、外患罪及妨害国交罪等刑事第一审诉讼案件，不服地方法院及其分院判决而上诉的案件，不服地方法院及其分院裁定而抗告的案件。

地方法院。设于县或市（区域狭小者，数县市合设；区域辽阔者，得设立分院），管辖第一审刑事、民事案件和非讼事件。未设地方法院的县市的审判事务，在 1936 年前由县长兼理，1936 年后由县司法处审理。

南京国民政府成立初期，曾沿用北洋政府时的法院组织体系，实行四级三审制。不设法院的各县仍由县长兼理司法；唯将其分立的各级审判厅和检察厅合并为法院，使检察机关附设于法院内。这一体制一直延续至 1935 年《法院组织法》施行。1935 年《法院组织法》施行后，改为三级三审制，即中央设最高法院，各省或特别区设高等法院，县或市设地方法院。但是，由于地方财政拮据，司法人才短缺，多数县级地方法院并未建立起来，而由县司法处兼理司法事务。自1936年始，先后公布《县司法处组织条例》《县司法处办理诉讼补充条例》《县司法处刑事案件复判条例》等法规，对司法处进行规范。司法处设在县政府内，根据1944年9月公布的《县司法处组织条例》，县司法处设立审判官、司法警察等司法人员，由审判官掌刑事、民事案件的审判，而由县长兼理检察职能。直到南京国民政府退出大陆，地方法院也未在全国完全建立，因此，司法处兼理地方司法成为当时司法制度的一个显著特点。

（二）特殊司法机关

1. 特种刑事法庭

南京国民政府将威胁其政权的刑事案件列为“特别刑事案件”，主要是指共产党人和革命群众反抗中外反动势力的案件，由特种刑事法庭进行审理，采取不同于一般案件的特别诉讼程序。第一次国内革命战争时期，这种法庭称为特种刑事临时法庭，分为中央和地方两级，主要依据1927年12月颁布的《特种刑事临时法庭组织条例》。根据该条例，国民政府于1928年在各省、市设立“特种刑事地方临时法庭”，在南京设立“特种刑事中央临时法庭”，分别审理反革命犯罪和土豪劣绅罪的第一审案和上诉审案。次年11月，特种刑事临时法庭撤销，其职能转由军法机关行使。1948年4月，国民政府颁布《特种刑事法庭组织条例》，重新恢复特种刑事法庭。根据该条例，南京成立了“中央特种刑事法庭”，隶属于司法院；在行政院指定地点设立高等特种刑事法庭”与普通高等法院地位相等。高等特种刑事法庭负责审理《戡乱时期危害国家紧急治罪条例》所规定的犯罪案件。

2. 军事审判机关

主要审理军人违法犯罪案件，但必要时也插手非军人的普通刑事案件，尤其是政治性案件。

南京国民政府的军事审判机关有：（1）军法会审。根据《陆海空军审判法》，军法会审机关分为简易军法会审、普通军法会审和高等军法会审三种，分别审判尉官以下、校官和将官及同等军人犯罪的案件。（2）普通军事机关。在一定条件下，一般军事机关亦有审判权。如1931年颁布的《危害民国紧急治罪法》第7条规定：“犯本法所定各罪者，在戒严区域内，由该区域最高军事机关审判之。”1937年9月修正公布的《危害民国紧急治罪法》规定，犯该法所定各罪，由该区域最高军事机关审判。而在战争状态下，军事司法机关可以根据军事需要接管战区内的一切民刑案件。根据1948年5月公布的《戒严法》，戒严期接战区内的军人犯罪案件和非军人所犯的内乱罪、外患罪等刑法规定的十种犯罪案件，由该区域内的最高军事机关审判；接战区内无法或与其管辖法院交通断绝时，所有刑事、民事案件均由该区最高军事机关审判。（3）县长或地方行政长官兼理。根据1938年5月军事委员会颁布的《县长及地方行政长官兼理军法暂行办法》的规定，凡依法令应归军法审判的案件，得由县长或地方行政长官兼理。

（三）司法行政机关

南京国民政府的司法行政机关，在五院成立以前为司法部，直属国民政府；1928年11月五院成立时隶属司法院，更名为司法行政部；1931年12月，改属行政院，为行政机关；1934 年 10 月，仍隶属司法院；1942 年 12 月，重隶属行政院。

司法行政部的职能非常广泛。根据《司法行政部组织法》，司法行政部管理全国的司法行政事务。关于该部对司法活动的监督，《法院组织法》规定，“司法行政部部长监督最高法院所设之检察署及高等法院以下各级法院及其分院”，并有权对被监督人依《公务员惩戒法》办理。关于该部对各地方最高级行政长官执行司法行政事务的监督，《司法行政部组织法》规定：“司法行政部就主管事务对于各地方最高级行政长官之命令或处分，认为有违背法令或逾越权限者，得提经行政院会议议决后，停止或撤销之。”关于死刑的执行，《刑事诉讼法》规定，司法行政部有死刑复核权。

（四）检察机关

检察机关也是司法机关的重要组成部分。南京国民政府实行“审检合署制”，即检察机关设置于同级普通审判机关中，独立行使职权。最高法院设检察署，置检察官若干人，以一人为检察长；高等法院和地方法院只设检察官若干人，以一人为首席检察官。检察机关实行垂直领导，各级检察官受司法行政部部长监督。检察官有权对刑事案件作出侦查或不侦查、提起或不提起公诉的决定，刑事案件判决后的执行也由检察官指挥并监督实施。因此，在刑事案件的整个诉讼过程中，检察官起着重要的作用。

第二节　诉讼审判制度

一、清末诉讼审判制度的改革与领事裁判权

（一）确立司法独立原则

光绪三十二年十月（1906 年 12 月）颁布的《大理院审判编制法》规定：“自大理院以下及本院直辖各审判厅局，关于司法裁判全不受行政衙门干涉，以重国家司法独立大权而保护人民身体财产。”[①] 明确阐释并规定了司法独立原则。光绪三十三年八月二日（1907 年 9 月 9 日），沈家本将其拟定的《法院编制法（草案）》上奏清廷，在奏折中表达了同样的主张：“东西各国宪政之萌芽，俱本于司法之独立。”[②] 宪政编查馆编纂的《核定法院编制法并另拟各项暂行章程折》重申这一原则，并将其贯彻于《法院编制法》中。宣统元年十二月（1910 年 2 月），宪政编查馆将核定后的《法院编制法》上奏朝廷，在奏折中重申了司法独立原则，并得到清廷照准。其上谕明令指出：“立宪政体必使司法、行政各官权限分明，责任乃无诿卸，亦不得互越范围。自此颁布《法院编制法》后，所有司法之行政事务，著法部认真督理，审判事务著大理院以下各审判衙门，各按国家法律审理。从前部、院权限未清之处，即著照此次奏定各节，切实划分。”“嗣后各审判衙门，朝廷既予以独立执法之权，行政各官即不准违法干涉。”[③] 这就以清廷上谕的形式，正式确立了司法独立原则。虽然在当时的君主专制制度下，不可能实现真正的司法独立，但这

① 《大清光绪新法令》（第 15 册），商务印书馆 1910 年铅印本，第 107 页。

② 故宫博物院明清档案部编：《清末筹备立宪档案史料》（下册），中华书局 1979 年版，第 843 页。

③ 《宣统政纪》（卷 28）。

一规定毕竟是对以皇帝为首的各级行政官员总揽司法大权的否定，在中国司法制度史上是一个重大进步。

（二）区分民事与刑事诉讼

《大理院审判编制法》规定，大理院及所属法院要分设刑庭、民庭，分别审判刑事、民事案件；《各级审判厅试办章程》规定："凡审判案件，分别刑事民事二项。"区别是：凡因诉讼而审定罪之有无者属刑事案件，凡因诉讼而审定理之曲直者属民事案件。这些规定结束了以往中央审判衙门以审判重大刑事案件为主，而地方审判衙门刑、民审判不分的历史，是中国司法制度开始走向近代化的又一表现。

（三）建立律师（辩护）制度

强调律师辩护，重视发挥律师在审判中的作用，是中国近代有识之士抨击传统审判方式的弊端时提出的一项重要主张。严复曾主张摒弃中国传统的刑讯逼供等审判方式，代之以西方近代先进的审判方式，其中就包括运用律师辩护制度。"夫泰西之所以能无刑讯而情得者，非徒司法折狱之有术，而无情者不得尽其辞也，有辩护律师，有公听之助理，抵瓋蹈隙，曲证旁搜，盖数听之余，其狱之情，靡不得者。"① 光绪三十二年（1906年），沈家本、伍廷芳在上奏《大清刑事民事诉讼法草案》的奏折中，也极力主张建立律师辩护制度。他们认为："盖人因讼对簿公庭，惶悚之下，言词每多失措，故用律师代理一切质问、对诘、复问各事宜。""中国近来通商各埠，已准外国律师辩案，甚至公署间亦引诸顾问之列。夫以华人讼案，借外人辩护，已觉扞格不通，即使遇有交涉事件，请其申诉，亦断无助他人而抑其同类之理，且领事治外之权因之更形滋蔓，后患何堪设想。"② 因此，中国必须尽快施行律师制度。为此，1906年的《大清刑事民事诉讼法草案》首次确定了律师辩护制度。如第54与58条规定，原告、被告都可聘用律师出庭，"承审官应准被告或所延聘，得向原告当堂对诘"；"被告或所延律师，均准向原告各证人对诘"。③ 第199条规定，双方律师都可以在庭审中依法行使辩护权，"凡律师俱准在各公堂为人辩案"。第204条还规定了双方律师进行辩护的程序，"被告或其律师向堂上申辩后，原告律师可将被告或其律师所申辩之理由，详细向堂上解释辩驳"④。这是中国法律对律师及辩护制度的首次规定，但由于守旧势力的反对，该草案未及颁布施行。次年，沈家本主持制定《法院编制法》，再次规定了这一制度。如第64条规定："律师在法庭代理诉讼或辩护案件，其言语举动如有不当，审判长得禁止其代理辩护；其非律师而为诉讼代理人或辩护人者亦同。"第68条规定，律师出庭时，"应服一定服制"⑤。此后中国开始有律师制度。

（四）审判权、检察权分立

古代监察机关御史台或都察院，职权主要是"纠弹百官"，同时享有对疑难重案的审判参与权，实质上是监察、审判权兼有。

---

① 孟德斯鸠：《法意》（上册），严复译，商务印书馆1981年版，第419页"案语"。

② 丁贤俊、喻作凤编：《伍廷芳集》（上册），中华书局1993年版，第280页。

③ 《大清光绪新法令》（第19册），商务印书馆1910年铅印本，第7页。

④ 《大清光绪新法令》（第19册），商务印书馆1910年铅印本，第19–21页。

⑤ 《大清宣统新法令》（第15册），商务印书馆1910年铅印本，第12页。

1906 年 11 月，清廷改组司法机构，明确规定总检察厅专司监督之责，使检察权与审判权分立。《大理院审判编制法》规定："凡大理院以下审判厅局均须设有检察官。其检察局附属该衙署之内。检察首于刑事有提起公诉之责。检察官可请求用正当之法律。"《各级审判厅试办章程》和《法院编制法》还明确规定了检察机关依刑事诉讼律及其他法令，有搜查处分、提起公诉、实行公诉、监察判决执行等权力。依民事诉讼律及其他法令，对民事案件有为诉讼当事人或公益代表人行特定事宜之权。从此，资产阶级检察制度开始在中国逐步建立。

（五）领事裁判权与会审公廨

领事裁判权是指外国侵略者强迫中国缔结的不平等条约中的一种非法特权。据此，凡在中国享有领事裁判权的国家，其在中国的侨民不受中国法律的管辖，不论其发生任何违背中国法律的违法犯罪行为，或成为民事诉讼或刑事诉讼的当事人时，中国司法机关都无权裁判，只能由该国的领事等人员或设在中国的司法机构依据其本国法律裁判。领事裁判权的确立，始于 1843 年 7 月 22 日在香港公布的《中英五口通商章程》和同年 10 月 8 日签订的《中英五口通商附粘善后条款》（《虎门条约》）。前者规定领事裁判权的使用范围仅限于五个通商口岸，后者则将其扩大到了内地。而 1844 年订立的《中美五口贸易章程》（《望厦条约》）则将起初五口扩大到各个港口，同时亦不限于在中国的美国侨民与中国人之间，或美国侨民之间的民刑事案件，还包括了美国侨民与其他外国侨民之间的诉讼。此后，法国、俄国、德国、日本等国也援例先后取得这一特权。

1858 年，在第二次鸦片战争中，俄、美、英、法等国强迫清政府分别订立《天津条约》，强行确定了中国官员与外国领事的"会审制度"。对于中国人与外国侨民之间发生的争讼，在调解不成时，即由中国地方官与领事官"会同审断"。1864 年清政府与英、美、法三国驻上海领事协议在租界内设立会审公廨这一审判机关，并于 1868 年订立《上海洋泾浜设馆会审章程》。规定凡涉及外国人的案件必须由领事官员参加会审；凡中国人与外国人间诉讼，若被告系有约国人，须由其本国领事裁判，若被告为无约国人，须由其本国领事陪审。所谓会审，空有其名，最后甚至租界内纯粹中国人之间的诉讼也须经由外国领事观审操纵判决，是领事裁判权在华的延伸。按照章程，会审公廨的组织办法和管辖权限如下：（1）公廨组织：原理事衙门改为会审公廨，又称"会审公堂"，由上海道遴委同知一名主持。（2）诉讼管辖范围：华人与无约国侨民为被告的民、刑案件。审判权限："限于钱债、斗殴、窃盗、词讼"等案件。刑事案件限于发落枷杖以下罪民。判流放罪以上的案件由上海县审断，倘有命案，亦归上海县审理。（3）审判方法：涉及洋人的案件由领事或领事派陪审官会审；凡为外国服役及洋人延请之华民涉讼，亦得由陪审官会审，如案件中并不涉及洋人，陪审官不得干预；纯粹华人之间的案件，领事不得干涉。（4）提传办法：租界内的中国人犯，由捕员差人提审，不必经用巡捕；受雇于外人的中国人，由领事传达到堂；为领事服务的华人，须经领事同意才能拿捕。（5）上诉程序：华洋互控案件，如不服公廨判决，可向上海道和外国领事控告复审。

二、南京临时政府的诉讼审判制度

（一）禁止刑讯、废止体罚

1912 年 3 月南京临时政府先后颁布《大总统令内务司法两部通饬所属禁止刑讯文》

和《司法部咨各省都督禁止刑讯文》，批判了威吓报复、苛暴残酷的旧刑罚，指出“本大总统提倡人道，注意民生”，规定“从前不法刑具，悉令焚毁”，对于犯人不准实行非人道待遇。明令“不论行政司法官署，及何种案件，一概不准刑讯”，而改科罚金、拘留。主张“鞫狱当视证据之充实与否，不当偏重口供”①；并且明文宣布上级官府“不时派员巡视，如有不肖官司，日久故智复萌，重煽亡清遗毒者，除褫夺官职外，付所司治以应得之罪”②。指出刑事立法的根本原则是“维持国权、保护公安”。“国家之所以惩创罪人者，非快私人报复之私，亦非以示惩创，使后来相戒，盖非此不足以保持国家之生存，而成人道之均平也。”③ 因而，反对报复主义和威胁主义，这是刑罚制度的重要改革。

另外，南京临时政府还提出“罪责自负，反对株连”的法制原则，并在个案处理中充分履行。同时反对以思想定罪，规定如有过激意见，但“未见于行动者，自不必深究”。④

（二）审判公开及陪审制

南京临时政府还采用公开审判制度与陪审制度。《中华民国临时约法》第50条规定：“法院之审判，须公开之，但有认为妨害安宁秩序者，得秘密之。”充分表明南京临时政府为实现司法公正不懈追求的精神。同时引进西方资产阶级的陪审制度，选拔有识之士参与陪审，以提高案件的透明度。如南京临时政府对江苏山阴县令姚泽荣擅杀案进行的审理，司法总长伍廷芳就力排众议，力主试行上述审判制度。该案由司法部派出精通中外法律的官员承审，由知名人士陪审，允许律师辩护，并公开审判，显示了南京临时政府严谨的法制精神。

（三）司法独立

司法独立作为资产阶级法治国家的一项基本制度，早在辛亥革命时期就成为革命党人追求的目标之一。湖北军政府《江夏临时裁判所暂行条例》明确申明“本所为图司法独立”而设，其宪法性文件《中华民国鄂州约法》对司法独立的保障作了初步的规定：法司以鄂州政府之名，依法律审判民事诉讼及刑事诉讼。“法司之编制及法司之资格，以法律定之。”“法官非依法律受刑罚宣布或应免职之惩戒宣告，不得免职。”在案件的审理过程中，为了保证司法独立切实不受干扰，湖北军政府规定：“审判阶级虽有上下之分，而审判权限各相分立，虽上级审判，亦不能干涉下级，其他更不待言。”“非审判官自违法理，虽司法部不能干涉。”“如各部科局人员干涉诉讼，即当酌于惩罚。”这些是中国资产阶级以法律、法规的形式对司法独立原则作出的最早宣告。

《中华民国临时约法》第51条及第52条对司法独立有了进一步保障和发扬：“法官独立审判，不受上级官厅之干涉。”“法官在任中不得减俸或转职，非依法律受刑罚宣告，或应免职之惩戒处分，不得解职。惩戒条规。以法律定之。”南京临时政府即完全按照西方资本主义国家模式，把国家统治权分为立法权（参议院）、行政权（临时大总统）、司法权（法院），一个西方式的三权分立民主共和政体得以确立。但在南京临时政府时期的

---

① 中国社会科学院近代史研究所史料编译组编辑：《辛亥革命资料》，中华书局1961年版，第216页。
② 中国社会科学院近代史研究所史料编译组编辑：《辛亥革命资料》，中华书局1961年版，第215－216页。
③ 中国第二历史档案馆编：《中华民国史档案资料汇编》（第2辑），江苏人民出版社1981年版，第30页。
④ 中国社会科学院近代史研究所史料编译组编辑：《辛亥革命资料》，中华书局1961年版，第7页。

特定时代背景下，由于财政经费的短缺，行政权对司法权的钳制，军事对司法的干扰以及国民（包括政要）法律意识的极其淡薄，严重破坏了法律的权威性，司法独立仅停留在制度层面上。

（四）律师与法官考试制度

南京临时政府颁行了一系列单行诉讼法规，其中有《临时中央裁判所官职令草案》《法官考试委员会官职令》《法官考试令》《律师法草案》等。在司法审判实践中，南京临时政府恪守律师辩护这一法制原则，为了在更大限度上保护被告人诉讼权利，最大限度地利用辩护律师的诉讼权利牵制司法权，预防司法专横和司法腐败。1912 年 3 月，孙中山在《律师法草案》上批文指出："查律师制度与司法独立相辅为用，夙为文明各国通行，现各处既纷纷设立律师公会，尤应亟定法律，俾资依据。"辩护制度的推行无疑确认了当事人应有的诉讼权利，保护了当事人的合法权益。

实行严格的法官考试制度是现代司法审判制度的有力衔接环节，南京临时政府颁布了若干条法令以规制法官任用资格。法令规定法官是国家的司法人员，必须由精通法律且有高尚修养，能主持正义与公道，没有劣迹和刑罚处分的人担任。南京临时政府颁布的法官资格令相当程度上是出于司法独立的考虑，一国若想真正实现司法独立，无高尚的法官是万万不可能的。可见，南京临时政府在司法审判制度建构中的周全设计，对后来民国政府的法制建设也起到极好的借鉴作用。

（五）罪人不孥，反却株连

这一原则在南京临时政府处理具体案件时得到了充分的体现。1912 年 2 月 3 日，内务部发布《保护人民财产令》5 条。在法令执行过程中，绅士梁尚忠就保护人民财产令有疑问之处请告内务部："反对民国之本人财产一律查抄，其该官吏之伯叔兄弟之私产，是照罪人不孥仍归伯叔兄弟享有，抑亦一体查抄?"两天后，内务部明确解释：按"罪人不孥"原则办。应被查抄官吏之伯叔兄弟，若与同谋，或确系该官吏之财产而冒托为该伯叔兄弟所有，借以为掩护者，仍应查抄；其果属该伯叔兄弟之财产，而该伯叔兄弟又未尝助该官吏反对民国者，其所有财产，自应一律保护。

总之，南京临时政府司法制度改革具有历史的进步意义，进一步体现了以孙中山为代表的资产阶级革命派的法制思想，是中国近代法制史上光辉的一页。它始终以建立资产阶级民主共和国为政治目标，在诉讼法制上以资产阶级的"自由""平等"和"保障人权"的思想为价值取向和依归，并且在司法实践中真正得以贯彻实行，从而使司法诉讼民主观念深入人心。同时也应注意，南京临时政府存在的三个多月中，号令不出百里，各省实权控制在各路都督手中，而大多数府县等地方政权更受制于前清旧官吏，故其一些法令难免沦为具文。尽管南京临时政府的各项尝试对当时的法制产生的实际影响有限，但却开创了近代法制的新纪元。它所确立的一系列近代法制原则，也影响到后来的整个民国时期。

三、北洋政府的诉讼审判制度

（一）普通法院实行形式上的四级三审制

初级审判厅为普通民事刑事案件的第一审机关。地方审判厅，为普通民事刑事案件的第二审机关和特别案件的第一审机关。高等审判厅，为普通民事刑事案件的第三审（终审）机关和特别案件的第二审机关。大理院为依法令属于大理院特别权限的案件的初审亦即终审机关，亦为不服高等审判厅判决的案件的第三审（终审）机关。北洋政府普通司法机关实行四级三审制，而军事审判机关则实行一审终审制，当事人没有上诉权。鉴于当时军事审判机关在司法体系中占主导地位，所以，这一时期实行的只是形式上的四级三审制。

（二）军人直接干预司法

北洋政府作为军阀政权，决定了无司法独立和司法公正可言。北洋政府设立的各级军事审判机关，按规定平日管辖军人案件，战时或戒严期间负责审理普通案件。然而，北洋政府统治时期，军阀连年混战，常处于战争与戒严状态之中。因此，军事审判机关实际上经常代理普通司法审判，军法适用范围广为扩大。在整个北洋政府统治时期，军事审判范围不断扩大，实际已成为最主要的诉讼形式。平民“犯法”往往通过军法会审，按军法论处。法律和普通法院反而居于从属地位。1923 年“二七”惨案中的施洋大律师，1927 年共产党的创始人之一李大钊等，就是经“军法审判”“军法会审”而被杀害的。

军事审判的程序又是特别程序，如不得控诉及上告、不准选请辩护人，一切服从于军事长官的意志，比起普通法院的司法审判更为专横武断，反映了封建军阀专制的时代特点。军事法庭剥夺当事人一切诉讼权利，往往秘密审判，不准律师出庭辩护，动辄“立即枪决”，即使国家官吏也难幸免。例如：山东高等审判厅厅长张志，1925 年 12 月，被该省军政长官以通敌嫌疑下令逮捕，第二天早晨未经审判即被枪决；著名记者邵飘萍和林白水，也是被军阀未经任何审判而处死。连当时的“调查法权委员会”也承认：“现在中国普通法律之施行，其重要之障碍，军人干涉政府机关，其一端也。”① 可见当时军事审判的专横武断。

（三）实行审检分立制度

北洋政府实行审判权与检察权分立制度，在各级普通审判机关中设立相应级别的检察厅，行使检察权。各级检察厅由检察官若干人组成，其中 1 名资深检察官为首席检察官；规模较小的初级审判厅只设检察官 1 至 2 人，不设首席检察官。检察厅虽设在审判厅内，检察官却是独立行使检察权，只对上级检察厅负责，不受同级审判厅及行政长官的干预。

（四）广泛引用判例与解释例作为审判依据

北洋政府为了更有效、灵活、及时地镇压人民反抗，维护自身统治，还大量引用大理院的判例和解释例，作为判决案件的法律依据，成为主要法典法规的必要补充。据不完全统计，从 1912—1927 年，北洋政府大理院汇编的判例约有 390 件，公布的法律解释例多达 2000 多件，它们同样具有法律效力。这些“不成文法”成为成文法的重要补充，弥补了立法滞后的某些不足。但是，这种制度也导致某些法官借机上下其手，故意出入人罪，成为中国古代以例代律、以例破律的司法专横作风的延续和发展。

---

① “法权会议报告书”，见《东方杂志》（第 24 卷），第 2 号，第 158 – 159 页。

（五）县知事兼理司法审判

按规定，初级审判厅审理一审案件。而实际上却未实行，仍由县知事这一行政长官兼理民刑事案件，实际上恢复了封建时代行政与司法合一、行政长官干预司法的审判制度，从而造成重大弊端。“县知事具有法律智识者寥寥无几，一旦得缺，贤者尚能悉心研究，而不肖者将藉法权蹂躏人民，故各县人民，其蒙受痛苦者莫过诉讼。”[①] 毛泽东在1927年《湖南农民运动考察报告》中揭露县知事兼理司法的黑暗，指出：“湖南的司法制度，还是知事兼理司法，承审员县知事审案。知事及其僚佐要发财，全靠经手钱粮捐派，办兵差和在民刑诉讼上敲诈这几件事，尤以后一件为经常可靠的财源。”

（六）行政诉讼相对独立

北洋政府采取欧洲大陆司法制度，把行政诉讼与普通民事、刑事诉讼分开，于1914—1923年期间，公布实施了《平政院编制法》《行政诉讼法》《诉愿法》与《纠弹法》，在京师设立了平政院。其职权是：①纠弹。凡政府官员有违宪犯法、行贿受贿、营私舞弊、溺职殃民等行为者，由行政院提出纠弹。②行政诉讼。凡各级官署作出违法的处分，损害了人民权利，经人民提出陈述者，由平政院裁决。平政院实行一级一审终审制，缺乏制约机制。平政院隶属于大总统，也易受行政干扰，独立行使职权难以保证。

（七）通过特别法简化审判、执行程序

袁世凯统治时期，为打击革命力量，于1914年颁布《惩治盗匪法》，简化对强盗、匪徒罪的审判、执行程序。它规定：统帅军队的高级军官基于路途较远或时间紧迫等原因，亦可行使审判权；对于犯强盗、匪徒罪应处死刑者，由该管区审判厅或兼理司法事务的县知事审实后，附具全案，报高等审判厅厅长或司法筹备处处长，并转报巡按使，复准后即可执行；军事机关审判的强盗匪徒死刑案件则由管辖该军队的最高级长官核办、复准。以后，《惩治盗匪法执行法》对上述程序进一步简化，将上报候准的死刑案件全宗，只需以电报方式“摘叙犯罪事实”，核准后即可执行。另外还规定，对于强盗、匪徒案件，一经判决，即为终审。当事人即使不服，也不得上诉。

就司法活动本身而言，《惩治盗匪法》的实施，带来了直接的副作用。一方面，对死刑案件复核程序的简化，直接导致冤案、错案的增多。另一方面，由军队行使对平民案件的审判，使军队干预司法合法化，并造成军队与地方普通司法机构在司法管辖上的冲突。

四、南京国民政府的诉讼审判制度

（一）标榜司法独立

1947年《中华民国宪法》规定，“法官须超出党派之外，依据法律独立审判，不受任何干涉”，把司法独立作为其国家体制和司法制度的一项基本原则。为保障法官独立行使审判权，还规定：“法官为终身制，非接受刑事或惩戒处分，不得免职。非依法律不得停职、转任或减俸。”此外，《法院组织法》也规定，法官对审判权的行使，不受任何干涉；

---

① 江古怀：《为关于滇省司法前途与全国司法制度敬陈管见》，1916年，南京：中国第二历史档案馆藏，242－49－10。

检察官独立行使其职权；上级法院对下级法院为监督关系而非隶属关系，不得影响其司法审判权的独立行使。各级法院院长只负责全院行政事务，而不能指挥所属法官的审判。但是上述规定只是一种掩饰。在国民党一党专政和蒋介石的控制之下，其表现是：司法院长及大法官，由总统提名任命；地方各级法院的院长及推事，由司法行政部提名任免，并受其监督；国民党及国民政府的军队、警察、宪兵、特务组织和各级党部，不仅直接参加案件侦查，还有权干预司法审判。因此，国民政府的司法机关根本不可能超脱于国民党之外，而只能是对国民党唯命是从的工具，所标榜的司法独立难以落到实处。

（二）设置繁琐、复杂的诉讼程序

南京国民政府的刑事诉讼法和民事诉讼法对诉讼程序作了极为繁琐的规定。比如在案件管辖方面，虽然民事诉讼法原则上是规定诉讼由被告住所地的法院管辖，但同时又对法人、住所不明之人、受雇人、军人、海员、有事务所营业所之人、船舶所有人、公司不动产涉讼、债权担保、契约、票据、财产管理、海难救助、登记涉讼、继承、共同诉讼等二十几种诉讼规定了具体不同的管辖范围。在诉讼程序的规定上，根据《民事诉讼法》的规定，民事诉讼有第一审程序、上诉程序、抗告程序、再审程序、督促程序、保全程序、公示催告程序、人事诉讼等九种；其中，每一种程序又包括若干子程序，如第一审程序包括通常诉讼程序和简易诉讼程序；上诉程序有第二审程序和第三审程序；人事诉讼程序包括婚姻时间程序、亲子关系程序、禁治产事件程序、宣告死亡事件程序。另外，在民事诉讼的起诉阶段，实行“一告九不理”的原则，即凡管辖不合不受理、当事人不适格不受理、未经合法代理不受理、起诉不合程式者不受理、不缴纳诉讼费不受理、一事不再理、不告不理、已经成立和解者不受理、“非以违背法令为理由，最高法院不受理”。如此繁复的诉讼程序，极大地限制了广大劳动人民的诉讼权利。

（三）实行“不干涉主义”原则

所谓“不干涉主义”，又称为“当事人进行主义”，是指在民事诉讼程序中，审判活动原则上以当事人自己的意思为准，法院一般不作职权上的主动干预。这种态度虽利于当事人自由处分其实体与诉讼权利，使法官处于较为公正的立场，但却容易造成不同能力当事人之间诉讼权利的事实上不平等。实际上，在司法实践中，国民政府法院始终都是诉讼主体，掌握着认定事实、适用法律的决定权，掌握着案件的最后判决权。因此，不干涉主义实质上是国民政府法律偏袒有产者的一面之词。

（四）采取秘密侦查制度

南京国民政府行使侦查职权的人员，由高及低分为三种，即检察官、司法警察官（包括区域司法警察官和司法警察官①）以及司法警察②。他们组成一个庞大的侦查队伍，形成包括检、政、警、宪、特，散布在社会各个角落，对革命者和广大人民群众实行严密的侦查活动。在检察官行使侦查权时，《刑事诉讼法》赋予其相当大的权力，包括直接指

---

① 区域司法警察官，即地方县市长、警察厅长、警务处长或公安局长、宪兵队长等，他们在其管辖区域内协助检察官侦查犯罪。司法警察官，如警察官长、宪兵官长、军士和依法“关于特定事项，得行司法警察官之职权者”，他们在检察官指挥下侦查犯罪。

② 由警察、宪兵和“依法令关于特定事项，得行司法警察之职权者”组成，他们受检察官及司法警察官命令侦查犯罪。

挥司法警察官和司法警察进行侦查，而且他认为情况急迫时，还可命令在场或附近的人为之辅助；必要时，“并得请附近军事长官派遣军队辅助”；在急迫情形时，也可对不属其管辖的“犯罪嫌疑”作出“必要之处分”。总之，他们可以动用一切想要动用的力量（甚至可以请军队协助），可以侦查或处分一切想要侦查或处分的人或事。在南京国民政府的利益面前，宪法赋予人民的种种权利与自由，包括人身自由、不受军事审判之自由、生存权、通信秘密、住宅秘密等，都被随意剥夺和践踏。

（五）采取“自由心证”的诉讼证据原则

南京国民政府的刑事民事诉讼法都规定了这个原则。所谓“自由心证”，即诉讼中证据的证明力及其是否被采用，不是由法律预先规定，而是由法官的“内心信念”自由判断和取舍。1935 年《刑事诉讼法》规定：“法院为判决时，应斟酌全辩论意旨及调查证据之结果，依自由心证，判断事实真伪。但别有规定者，不在此限。”其时最高法院院长夏勤对此明确解释为：“无论何项证据，审判官以为可信则信之，以为可舍则舍之。证据力之强弱，悉凭审判官之心理判断。”

应该说，自由心证原则较之封建时代的法定证据原则来说，是一种历史的进步。但自由心证带有很强的唯心主义色彩，只有在严格的司法独立与成熟的法官制度予以配合的情况下，才能在一定程度上保障该制度的公平、公正。可是在南京国民政府五院分而不立的体制下，在大量国民党人充任法官的情况下，由于国民党法官的社会地位和阶级偏见，决定了他们的世界观和法律意识，从而使他们在审判活动中的自由心证必然带有明显的倾向性。所以，自由心证原则的实际作用在于：它为国民党法官不以事实作为判断和取舍证据的标准，而是根据其所代表的阶级意志来判断、确认证据及证明力的大小，以保护他们所代表的阶级的各项利益，提供了法律依据，进而助长国民政府的司法专横。

（六）实行秘密审判和陪审制度

南京国民政府害怕革命者利用法庭作讲坛，向国民宣传革命道理，故其《法院组织法》规定：对于“妨害公共秩序”案件，即政治案件，实行秘密审判。这也有利于法院躲避社会舆论监督，更加肆无忌惮地镇压革命者。为了直接操纵对共产党人的审判，1929 年 12 月 31 日，南京国民政府修正公布并实施了《反革命案件陪审暂行法》，赋予国民党党部上诉权。它规定，国民党地方最高级党部，对于法院所判“反革命案件”的第一审判决不服的，可于上诉期间内，要求检察官上诉于最高法院。同时，当该案发回重审时，由国民党员组成“陪审团”，对该案作出“有罪”“无罪”或“犯罪嫌疑初步能证明”的答复，法院必须根据这个答复作出判决。这种国民党员陪审制，是国民党一党专政在诉讼制度上的明显反映，也是对南京国民政府标榜的司法独立的莫大嘲讽。

（七）扩大和强化军事和军法机关审判权

国民党政府为了适应军事专政的需要，在诉讼制度方面不断扩大和强化军事和军法机关的审判，触犯刑事特别法的“犯罪”，多由军事机关、军法机关或特种刑事法庭审理。第二次国内革命战争时的《惩治盗匪暂行条例》规定，违犯该条例的案件，在戒严区域内，依《戒严条例》之规定办理，也就是说，在接战地域内，与军事有关的民事和刑事案件由总司令部政务局军法处会同裁判；在无法院或与其管辖法院交通断绝时，与军事无关系的民事和刑事案件，也由总司令部政务局军法处裁判。抗日战争时期，违反《修正危害民国紧急治罪法》的案件，由该区域最高军事机关审判之；违反《妨害国家总动员惩罚暂行条例》的案件，由有军法审判权的机关审判，呈于中央最高军事机关核准执行。第三次国内革命战争时期修正公布的《戒严法》规定：在戒严时期，在接战地域内，不但地方司法事务归该地最高司令官掌管，司法官受该地最高司令官指挥，而且刑法上的“内乱罪”“妨害秩序罪”“公共危险罪”“抢夺强盗及海盗罪”等以及违犯其特别刑法规定之罪者，军事机关得自行审判；在无法院或与管辖的法院交通断绝时，其他刑事和民事案件，由该地军事机关审判。《戡乱时期危害国家紧急治罪条例》也规定，犯本条例之罪者，军人由军法机关审判，非军人由特种刑事法庭审判。这些规定，不仅使军事机关直接参与司法镇压，而且实际上使司法机关直接处于军事机关的操纵之下，成为法西斯军事专政的组成部分。1944 年 10 月，南京国民政府又公布《军法人员转任司法官条例》，规定军法人员在一定条件下可转任为不同级别的法官或检察官。

（八）公开维护帝国主义在华军队的特权

1946 年 6 月，南京国民政府曾下令延长抗日战争时期颁行的《处理在华美军人员刑事案件条例》的效力，规定在华美军在中国境内所犯刑事案件归美军军事法庭及军事当局裁判。这就从诉讼程序上为美国军队在中国犯罪开脱罪责提供了可能，成为外国在华领事裁判权的一种延伸。

（九）特务机关法外司法

国民党政府为了维护其反动统治，为了严厉镇压人民群众的革命活动，除依靠司法制裁外，还以多种形式的法外特务机关维持其统治，其中最重要的是中统局（“国民党中央调查统计局”，简称“中统”）和军统局（“国民党军事委员会调查统计局”，简称“军统”）。同时，在“军统”方面还有“中美特种技术合作所”，即“中美合作所”。该组织戴笠任主任，副主任为美国海军部情报署代表梅尔斯，其任务是帮助蒋介石训练军统特务和装备军统特务组织，使军统美式化。这些特务组织搜罗党棍、汉奸、地痞、无赖等各种社会渣滓，并将其成员派遣到政府各个部门和社会各个角落，建立起一个自成体系的侦查网和审判机构。他们对凡是不满美蒋反动统治的人及所谓有“嫌疑”的人，不需任何法律手续，就可以秘密地逮捕、秘密监视、审讯、绑架，甚至残酷杀害，其矛头直指共产党人、革命者和爱国进步人士。他们在重庆、上饶、息烽、西安、天水等地设置了许多公开的监狱和秘密的集中营，在这些人间的魔窟里对成千上万的共产党人和革命群众施行惨无人道的酷刑，如“水火夹攻”“老虎凳”、钉指甲等。这种由特务机关行使审判权，广泛采用法外制裁的做法，充分暴露了其宪法关于人民自由权利条文的虚伪性，成为南京国民政府司法制度法西斯化的一个标志。

南京国民政府的民事诉讼法和刑事诉讼法，在一定程度上体现了尊重权利、保护当事人利益的精神，从程序方面保证民法与刑法的实施，并且补充了实体法的不足。但遗憾的是，诉讼法典并未成为南京国民政府诉讼制度的主要依据。与完备的诉讼法体系形成鲜明对比的，是特别法的侵蚀、军法机关的操纵以及国民党的监控，使其诉讼制度呈现出更多武断专横的特点。

小　结

鸦片战争后，帝国主义列强通过炮舰政策，强迫中国接受不平等条约，强行获取在华领事裁判权；进而又强迫中国在被其无理强占的“租界”内设立会审公廨，获得在中国法庭的观审权、会审权乃至主审权。领事裁判权及会审公廨的出现，破坏了中国的司法主权。为收回领事裁判权，中国的司法制度从清末开始就进行了向近代的变革，改革司法机构，引进西方的诉讼审判原则和制度，经过清末、南京临时政府、北洋政府的努力，到南京国民政府时，近代的司法制度已初步建立，加之中国国际地位的逐渐提高，终于在1943年收回领事裁判权，重新恢复了司法主权。

思考题

1. 简述清末司法制度的变化。
2. 试述领事裁判权制度的形成及废除。
3. 简述北洋政府时期诉讼审判制度的特点。
4. 简述南京国民政府时期的司法机构体系。

第五编

中华人民共和国法律制度

中华人民共和国成立以后，在马列主义、毛泽东思想的引导下，立法者在革命根据地立法与法制实践的基础上，同时又注意借鉴苏联的立法成果，迅速地制定了一系列法律，使得中华人民共和国的法制建设不因废除国民党的“六法全书”而陷于难以运行的境况，并初步形成了一套社会主义的法律体系，创立了许多适合我国国情的法律制度。但是，由于马克思主义关于法律是阶级压迫的工具这一理论在建国初期受到了狭隘的解释。到“文化大革命”时，法律几乎被废置。“文化大革命”之后，中共中央作出了正确的决策，抛弃了“以阶级斗争为纲”的错误做法。随着拨乱反正工作与改革开放政策的出台，国家才真正逐步走上了依法治国的道路。此外，西方的一些法治理念也不断被引介进来，马克思主义的法律思想也得到了符合逻辑的解释，这使得我国的法治建设逐渐趋向健全与完善。

第十八章　法律思想与立法活动

第一节　法律思想

一、马克思、恩格斯的主要法律思想

（一）马克思、恩格斯关于法律起源的思想

马克思、恩格斯认为原始社会没有监狱、诉讼和法律。文明社会的法律是在有了经济强制之后产生的，法律的产生有一个渐进的过程。

马克思曾说："法的关系正如国家的形式一样，既不能从它们本身来理解，也不能从所谓人类精神的一般发展来理解，相反，它们根源于物质生活关系。"① "先有交易，后来才由交易发展为法制。……这种通过交换和在交换中产生的实际关系，后来获得了契约这样的法的形式。"② 1873 年 1 月在《论住宅问题》中，恩格斯在批判拉萨尔、蒲鲁东及其追随者关于法权起源于意志概念和永恒公平的观点时，以罗马法的产生为例，第一次高度概括了法律产生的一般规律。他说："在社会发展的某个很早的阶段，产生了这样的需要：把每天重复着的生产、分配和交换产品的行为用一个共同规则概括起来，设法使个人服从生产和交换的一般条件。这个规则首先表现为习惯，后来便成了法律。随着法律的产生，就必然产生出以维护法律为职责的机关——公共权力，即国家。"③ 恩格斯认为，国家一方面是采取部分的改造氏族机关的办法，另一方面是采取用设置新机关来不断排挤掉旧的机关，最后再以全部真正的国家权力机关来取代氏族机关。④ 新的法律规范产生与旧的氏族社会习俗相互交替是个此消彼长的过程。

（二）马克思、恩格斯的立法思想

马克思、恩格斯认为，第一，立法是为人的行为设定权利义务的活动。他们认为，立法是国家有权机关通过相应的形式为人们的行为设定权利和义务的活动。但是，从来就"没有无义务的权利，也没有无权利的义务"⑤。法律调整的对象应该是人的行为，因为

---

① 《马克思恩格斯选集》（第 2 卷），人民出版社 1972 年版，第 32 页。

② 《马克思恩格斯全集》（第 19 卷），人民出版社 1956 年版，第 422 – 423 页。

③ 《马克思恩格斯全集》（第 18 卷），人民出版社 1956 年版，第 309 页。

④ 周长龄：《法律的起源》，中国人民公安大学出版社 1997 年版，第 93 页。

⑤ 《马克思恩格斯全集》（第 16 卷），人民出版社 1956 年版，第 16 页。

“我只是由于表现自己，只是由于踏入现实的领域，我才进入受立法者支配的范围。对于法律来说，除了我的行为以外，我是根本不存在的，我根本不是法律的对象。”① 法律不应该干涉人的私生活领域，马克思认为粗暴地干涉私生活领域的立法是最残酷的法律。第二，立法是以经济基础为基础的。马克思说过：“社会上占统治地位的那部分人的利益，总是要把现状作为法律加以神圣化，并且要把习惯和传统对现状造成的各种限制，用法律固定下来。”② 社会物质生活条件决定立法的内容。“君主们在任何时候都不得不服从经济条件，并且从来不能向经济条件发号施令。无论是政治的立法或是市民的立法，都只是表明和记载经济关系的要求而已。”③ 第三，立法机关应由选举产生并对选民负责。在马克思、恩格斯看来，根据人民主权原则，人民都有权参与国家事务，参加国家和社会生活的管理。但不可能让每个人都参与讨论国家事务，而只能是选举一些人代表人民参与包括立法在内的国家事务。马克思在《法兰西内战》中曾说：“普选权在此前一直被滥用，或者被当作以议会方式批准神圣国家政权的工具，或者被当作统治阶级手中的玩物……而现在，普选权已被应用于它的真正目的：由各公社选举他们的行政的和创制法律的公职人员。”④ 第四，立法还要注意继承传统与借鉴国外经验。因为任何立法都是特定社会条件的反映，作为一种历史现象，它或多或少都要反映社会的发展规律，因而总具有一定的科学性和真理性的成分。法律的这种科学性，是立法应继承或借鉴国外和历史经验的基础。《拿破仑法典》之所以在欧洲那些曾遭拿破仑蹂躏的国家也具有极大的影响，就是因为它反映了当时社会发展的要求，具有一定的客观性。⑤

（三）马克思、恩格斯的司法思想

马克思、恩格斯的司法思想主要有：第一，国家的司法机关应有适当分工。法官一身兼数职，很难对案件形成公正的判断和裁决。恩格斯曾说司法权和行政权的混合势必导致混乱。⑥ 第二，法官独立审判，唯法律是从。假如法官审判不独立的话，审判工作的公正性及效率就很差。“法官除了法律没有别的上司。”⑦ 但并非法官的权力就不受监督与限制，他们应该由选举产生，对选民负责，并且可以被撤换。“法官的职责是当法运用到个别场合时，根据他对法律的诚挚的理解来解释法律。”⑧ 第三，陪审员应具备独立品格。在马克思、恩格斯生活的时代，西欧国家都普遍建立了陪审制度，恩格斯认为，陪审制度之所以必要是因为司法权是国民的直接所有物，所以，国民通过自己的陪审员来实现这一权力，积极参与和监督司法活动。但陪审员必须拥有独立的品格，才能免遭被政权机关利用的命运。

---

① 《马克思恩格斯全集》（第1卷），人民出版社1956年版，第16－17页。
② 《马克思恩格斯全集》（第25卷），人民出版社1956年版，第894页。
③ 《马克思恩格斯全集》（第4卷），人民出版社1956年版，第121－122页。
④ 《马克思恩格斯全集》（第17卷），人民出版社1956年版，第589页。
⑤ 薛伦倬主编：《马克思主义法学新探》，重庆出版社1992年版，第268页。
⑥ 薛伦倬主编：《马克思主义法学新探》，重庆出版社1992年版，第278页。
⑦ 《马克思恩格斯全集》（第1卷），人民出版社1972年版，第76页。
⑧ 《马克思恩格斯全集》（第1卷），人民出版社1972年版，第76页。

二、毛泽东的法律思想

（一）毛泽东的立法思想

制定法律是法律制度的前提与基础，也是法制建设的中心环节。“以事实为根据，以法律为准绳”是当今中国司法实践奉行的基本原则之一，它充分体现了制定法律的重要性。提倡科学而系统地制定法律是毛泽东法律思想中首要又核心的内容。他认为科学而全面地制定法律应遵循以下原则：

第一，民主原则与社会主义原则。人民民主专政的国家制度和法律，是以马克思列宁主义为指导的社会主义意识形态和上层建筑的重要基础，它们对于我国社会主义改造的胜利完成和社会主义组织的建立起了积极的推动作用，所以，在制定法律时，我们必须坚持社会主义方向，以为社会主义的经济基础和生产关系服务为出发点。民主原则历来是我党党内的组织原则与党内活动的主要原则，当然作为执政党的中国共产党应该把该原则也作为制定法律时应该遵行的原则。这样制定的法律才能反映客观形势的要求，也才能保护人民的利益。

第二，群众路线原则。毛泽东认为制定法律应广泛发动群众进行讨论，充分听取群众意见，并根据群众实践经验加以修改和补充。例如：1954 年中华人民共和国第一部宪法草案的初稿出台后，党和政府就曾组织过全国范围的大讨论。国家制定的法律只有得到人民的拥护，才具有真正的生命力；否则人民会采用各种办法来规避法律，或对法律失去信任。

第三，立足国情与借鉴经验相结合的原则。建国初期，党和国家政府带领全国人民彻底打碎了旧的国家机器，同时也废除了代表国民党立法最高成就的、以“六法全书”为代表的法律制度。但废除旧法制并非就是对历史上的一切法律文化、思想和制度的抛弃或否定。毛泽东认为，应该以“古为今用，洋为中用”的方针，批判地继承、借鉴其中有益的经验。他曾指出 1954 年的宪法草案搞得比较成功的原因之一就是总结了经验，“我们这个宪法草案，主要是总结了我国的革命经验和建设经验，同时它也是本国经验和国际经验的结合”。①

（二）毛泽东的司法思想

毛泽东提倡的司法思想主要有：第一，坦白从宽，抗拒从严。建国初期，为适应对反革命势力斗争的需要，毛泽东曾以罗瑞卿的名义提出“首恶必办，胁从不问，坦白从宽，抗拒从严，立功折罪，立大功受奖”② 的刑事政策，在当时起了很大的作用并对以后产生了深远影响。第二，重证据而不轻信口供。毛泽东一贯强调执法机关在执行时必须认真负责，坚持以事实为根据，以法律为准绳。早在抗日战争时期他就指出：“对任何犯人，应坚决废止肉刑，重证据而不轻信口供。”③ 第三，反对刑讯逼供。在抗日战争时期毛泽东就明确指出，逮捕犯人不准施以侮辱、殴打及刑讯逼供，也不能强迫其自首；在建国初期，他提醒广大干部和工作人员无论“三反”“五反”，均不得采用肉刑逼供方法。第四，反对株连。毛泽东极力反对株连，在《论政策》一文中他写道：坚决镇压汉奸分子和反

① 《毛泽东文集》（第 6 卷），人民出版社 1999 年版，第 326 页。
② 罗瑞卿：《我国肃反斗争的主要情况和若干经验》，载《人民日报》1956 年 9 月 20 日。
③ 《毛泽东选集》（第 2 卷），人民出版社 1991 年版，第 767 页。

共分子，“但是决不可多杀人，决不可牵涉到任何无辜的分子”[1]。在建国初镇压反革命分子时，他又强调不得株连未积极参与反革命活动的家属，对“三反”中被揪出的贪污犯的追赃也是“凡能追出者必须一律坚决追出，惟不得，累及无辜家属”[2]。第五，慎用死刑。毛泽东强调要少杀人，在死刑的运用上必须慎重，“一颗脑袋落地，历史证明是接不起来的，也不像韭菜那样，割了一次还可以长起来，割错了，想改正错误也没有办法”[3]。他还创造性地提出了死刑缓期两年执行的政策，“凡应杀分子，只杀有血债者，有引起群众愤恨的其他重大罪行例如强奸许多妇女、掠夺许多财产者，以及最严重地损害国家利益者；其余，一律采取判处死刑缓期两年执行、在缓刑期内强制劳动，以观后效”[4]。

第二节　立法活动

一、宪法方面的成就

早在革命根据地时期，中国共产党就制定过一些宪法性文件；中华人民共和国建立后到目前为止，我国一共制定了四部宪法。此外，建国前夕制定并通过的宪法性文件——《中国人民政治协商会议共同纲领》在建国之初也曾起过宪法的作用。

（一）革命根据地时期的宪法性文件简述

在工农民主政权时期，1931 年，中华苏维埃第一次全国代表大会通过了《中华苏维埃共和国宪法大纲》，确立了苏维埃共和国的性质及其基本的政治制度。规定“中华苏维埃所建立的是工人和农民的民主专政的国家”，“中华苏维埃共和国之最高政权为全国工农兵会议（苏维埃）的大会，在大会闭会的期间，全国苏维埃临时中央执行委员会为最高政权机关，中央执行委员会下组织人民委员会，处理日常政务，发布一切法令和决议案”。另外，该《大纲》还确认了工农劳动群众的民主自由权利。在抗日民主政权时期，1941 年，陕甘宁边区第二届参议会通过了《陕甘宁边区施政纲领》，规定抗日民主政权的总任务是团结一切可以团结的力量，调动一切积极因素，为打败日本帝国主义，保卫边区，保卫中国而奋斗。边区政权实行“三三制”原则，即在民意机关和政府机构的工作人员中，共产党员占三分之一，党外人士占三分之二。保证一切抗日人民的民主自由权利，确定抗日民主政权的各项方针政策。在解放区人民民主政权时期，1946 年陕甘宁边区第三届参议会制定了《陕甘宁边区宪法原则》，确定人民代表会议制度为人民民主政权的基本政治制度，人民代表会议为人民管理政权的机关。各级代表会议选举产生各级政府，政府对选举它的代表会议负责。还规定了民族区域自治原则、司法机关独立行使司法权等。[5]

---

① 《毛泽东选集》（第 2 卷），人民出版社 1991 年版，第 767 页。

② 《毛泽东文集》（第 6 卷），人民出版社 1999 年版，第 202 页。

③ 《毛泽东文集》（第 6 卷），人民出版社 1999 年版，第 202 页。

④ 《毛泽东文集》（第 6 卷），人民出版社 1999 年版，第 38 页。

⑤ 详见韩延龙主编：《中华人民共和国法制通史》，中央党校出版社 1998 年版，第 5－7 页。

（二）《中华人民共和国宪法》的制定

1949 年 9 月 29 日，中国人民政治协商会议第一次全体会议一致通过了《中国人民政治协商会议共同纲领》，全文共8000 余字，由序言、总纲、政权机关、军事制度、经济制度、文化教育政策、民族政策及外交政策等 7 章共 60 条组成。

1954 年 9 月 20 日，第一届全国人民代表大会第一次会议通过了《中华人民共和国宪法》，即“五四宪法”。这是新中国的第一部正式宪法。但它还不是完全社会主义的宪法，而是一个过渡时期的宪法。[①] 因为它是在社会主义改造期间颁布的。这部宪法的颁布，基本上解决了国家建立之初一些亟待面对的政治法律问题，也正是这部宪法的颁行，标志着中华人民共和国的法制建设逐步走向正轨，同时它也指导着其他法律文件的制定与颁布。

“五四宪法”颁布以后，中国的“革命”形势发展很快，最高领导人的意志逐渐取代了根本大法的作用。“文化大革命”的发动，并终将宪法废置不用。[②] “文革”期间，国家机构已经与宪法规定相去甚远。1975 年 1 月第四届全国人民代表大会上通过了这部新宪法，“七五宪法”由序言与 4 章组成，共 30 条。内容简单，条文粗陋。带有明显的“文化大革命”的烙印。

“文革”之后，中共中央痛定思痛，迅速调整大政方针，法制建设逐步走向正轨。新的宪法也必须制定。1978 年 3 月第五届全国人民代表大会一次会议通过了新宪法，即“七八宪法”。共 4 章，60 条。

由于“七八宪法”带有后“文化大革命”的痕迹，而这与十一届三中全会之后的中国形势不太协调，很有必要制定一部全新的能适应形势发展需要的新宪法。经过两年多的时间，新宪法在 1982 年经第五届全国人民代表大会五次会议审议通过，即“八二宪法”，亦即现行宪法。由序言与总纲、公民的基本权利与义务、国家机构、国旗国徽首都 4 章组成，共 138 条。“八二宪法”经过几次修改之后，依然作为现行宪法在发挥着重要的作用，引领着我国在法治道路上不断前进。

二、刑事法律的成就

（一）革命根据地时期的刑事立法简述

革命根据地时期的刑事立法主要有 1934 年的《中华苏维埃共和国惩治反革命条例》、1939 年的《陕甘宁边区抗战时期惩治汉奸条例》、1942 年的《晋察冀边区破坏坚壁财物惩治办法》、1947 年的《中国人民解放军宣言》等。这些刑事立法规定了一些刑法原则与刑罚制度及罪名，特别是规定了反革命罪，对建国以后的刑事立法影响很大。

（二）1957 年以前的刑事法律法规

这一时期尚没有颁布一部通行全国的刑法典，首先颁行了一些针对性很强的单行法规，《惩治反革命条例》即其代表。中华人民共和国建立之初，许多仍然潜藏在大陆的国民党军警特务分子勾结土匪、恶霸及反动会道门头子等四处发动反动阴谋，杀害了党军政人员与一般群众，使得许多民众对新成立的政府不敢有亲近感。为了打击反动分子的破坏

① 韩延龙主编：《中华人民共和国法制通史》，中央党校出版社 1998 年版，第 195 页。
② 韩延龙主编：《中华人民共和国法制通史》，中央党校出版社 1998 年版，第 623 – 628 页。

行为，中共中央在《中国人民政治协商会议共同纲领》的指导下，于1951年2月21日颁布了《惩治反革命条例》，由21条组成。首先规定了反革命罪的概念，又规定了该罪重点打击的对象，从轻、减轻或免予处刑的条件及刑罚的种类和数罪并罚的原则；还规定了该罪可以溯及既往并适用类推，这一规定对后来影响很大。此外，还附带性地制定了《关于没收战犯、汉奸、官僚资本家及反革命分子财产的指示》，对官僚资本及反革命分子的财产进行合法没收。又制定了《管制反革命分子的暂行办法》《中华人民共和国劳动改造条例》《中华人民共和国惩治贪污条例》《严禁鸦片烟毒的通令》《劳动改造：罪犯刑满释放及安置就业暂时处理办法》及《关于处理在押日本侵略中国战争犯罪分子的决定》等。

1954年，中共中央就开始着手刑法典的制定工作，经过两年多的努力，于1957年制定了《中华人民共和国刑法草案》第二十二稿，它已经达到刑事立法的比较系统、比较完备的水平。[①] 此后对刑法草案的修改工作仍继续了一段时间，但由于国内政治局势的迅速发展，刑法的修订工作被迫中断。

（三）“七九刑法”的制定

1978年，全国人大常委会法制工作委员会在“文革”前制定的刑法第三十三稿的基础上进一步修改完善，于1979年7月经五届人大二次会议通过了“七九刑法”，它由总则与分则两编组成，共192条。

“七九刑法”规定：刑法的指导思想是马列主义、毛泽东思想，以宪法为依归，遵循惩办与宽大相结合的政策；刑罚体系由主刑与附加刑组成，主刑是管制、拘役、有期徒刑、无期徒刑及死刑，附加刑有罚金、剥夺政治权利及没收财产；还规定了缓刑、减刑和假释等刑罚执行制度等。分则对各罪的构成与法定刑都作了规定，罪名有148个，处死刑的有15个罪，对反革命罪等的规定比较模糊，对“妨害社会管理秩序罪”的规定最多，反映了国家对维持社会稳定的关注，对婚姻方面的犯罪也非常关注。由于改革开放以后，新的犯罪层出不穷，“七九刑法”虽经几次修改，但依然难以满足新形势的需要，于是新刑法的制定势在必行。

（四）“九七刑法”的制定

1997年3月，第八届全国人大五次会议通过了新的刑法，即“九七刑法”，亦即现行刑法。由总则、分则、附则三部分组成，共452条。

该刑法开宗明义地规定了刑法的基本原则，即罪刑法定原则、刑法面前人人平等原则、罪刑相适应原则等；对犯罪与其刑事责任及一些特殊犯罪形态进行了界定；刑罚体系一仍“七九刑法”之旧，进一步完善了自首与立功的规定，对假释、减刑制度作了严格规范；分则部分增加了不少新罪名，将反革命罪改为危害国家安全罪，将军人违反职责罪纳入刑法，合并贪污与贿赂罪为一章，将妨害婚姻罪纳入侵犯公民人身权利罪一章，把一些已不合时宜的罪名如投机倒把罪、流氓罪等废除，冠以新名。

新刑法的颁布，引进了世界刑法的先进理念，顺应了形势发展的需要，可谓我国刑事立法的里程碑，必将对我国的依法治国产生重要的影响，发挥重大的作用。

---

① 周振想、邵景春主编：《新中国法制建设40年要览》，群众出版社1990年版，第200页。

三、民事法律的成就

（一）革命根据地时期的民事立法简述

革命根据地时期的民事立法当以婚姻法方面数量为最多，如1931年的《中华苏维埃共和国婚姻条例》、1934年的《中华苏维埃共和国婚姻法》、1939年的《陕甘宁边区婚姻条例》、1943年的《晋察冀边区婚姻条例》、1941年的《晋冀鲁豫边区婚姻暂行条例》、1949年的《华北人民政府司法部关于婚姻问题的解答》等。这些婚姻立法的主要内容是：规定婚姻制度的基本原则、规定结婚与离婚的条件和手续、保护妇女和儿童的特殊利益等。①

在经济立法方面，1929年赣西苏维埃曾制定《抗债条例》，1930年全国苏维埃代表大会通过《劳动保护法》，1931年中央工农民主政府颁布《中华苏维埃共和国工商暂行条例》，1932年又颁布《中华苏维埃共和国工商业投资暂行条例》《中华苏维埃共和国暂行财政条例》《中华苏维埃共和国借贷暂行条例》及《合作社暂行组织条例》等。抗日战争时期，1941年陕甘宁边区颁布《商业税暂行条例》《货物税修正暂行条例》《巩固金融法》等，晋西北边区颁布了《工厂劳动暂行条例》《矿工劳动暂行条例》等，晋冀鲁豫边区也先后制定了《劳工保护暂行条例》《统一累进税暂行税则》等。解放战争时期，1948年，中共中央先后发布了《关于目前党的政策中的几个重要问题》与《关于工商业政策》的指示、《关于蒋匪货币改革的指示》，1949年又发布《关于新解放城市职工工资薪水问题的条例》《关于对外贸易方针的指示》《关于私营企业中劳资纠纷问题的指示》等法规。

在土地立法方面，早在1928年毛泽东就在井冈山主持制定了《土地法》。到1930年，全国苏维埃代表大会通过了《土地暂行法》，规定无偿没收一切地主及其出租剥削的土地。同年，中国革命军事委员会公布《苏维埃土地法》，规定没收一切私人、团体的土地。1931年，中华工农兵苏维埃第一次全国代表大会通过了《中华苏维埃共和国土地法》，规定没收一切地主、富农、反革命分子及农村公共土地，并宣布没收一切地主豪绅、军阀的动产、不动产。1935年，毛泽东发布《关于改变对富农策略》的命令，从而纠正了先前在对富农分田地政策方面的错误。

在劳动立法方面，1931年，中华苏维埃工农兵第一次全国代表大会正式通过了《中华苏维埃共和国劳动法》，并于1933年对其进行过修订。在抗日战争时期，各边区政府也重视劳动法的制定，先后制定有《晋冀鲁豫劳工保护暂行条例》《陕甘宁边区战时公营工厂集体合同准则》及晋察冀边区的《关于保护农村雇工的决定》等。在解放战争时期，1948年召开的第六次全国劳动大会通过了《中华全国总工会章程》，华北人民政府于1949年发布了《关于在国营、公营工厂企业中建立工厂管理委员会与工厂职工代表会议的实施条例》，全国总工会还于1949年通过了《劳资关系暂行处理办法》《劳资争议解决程序的暂行规定》《关于私营工商业劳资双方订立集体合同的暂行办法》三个文件。

（二）《中华人民共和国土地改革法》的制定

实现耕者有其田一直以来都是我党的政策方针，土地革命时期与解放战争时期，对根

---

① 韩延龙主编：《中华人民共和国法制通史》，中央党校出版社1998年版，第11－12页。

据地与解放区的土地进行重新分配都是党的重要工作所在。建国初期，《中国人民政治协商会议共同纲领》就明确把进行土地改革规定为中华人民共和国成立初期党的首要任务之一。制定一部专门的法律势在必行，1950 年 6 月，中央人民政府委员会第八次会议讨论通过了《中华人民共和国土地改革法》，共 6 章，40 条。

（三）《婚姻法》的制定

建国初期在民事法律的制定中成就最突出的是婚姻法。在借鉴根据地时期的一些婚姻法规的基础上，经过一年多的制定，《中华人民共和国婚姻法》于 1950 年 4 月公布。它确定了实行男女婚姻自由、一夫一妻制、男女权利平等等原则，并对结婚的条件和手续、男女结婚的法定年龄、男女必须无禁止结婚的血亲关系和禁止结婚的疾病、男女双方必须执行结婚手续等进行规定。对家庭中的夫妻及其与子女的关系、离婚及其后果进行规范。特别强调对军婚进行保护。《中华人民共和国婚姻法》的颁行，一扫旧社会在婚姻问题上的陈腐落后，尤其是对妇女的婚姻地位的确立，使得受压迫几千年的女性的正当权益得到保护。

改革开放以后，新的形势使得婚姻法有必要进行改革。1980 年 9 月 10 日，第五届全国人大第三次会议审议通过了新的《中华人民共和国婚姻法》，并于 1981 年 1 月 1 日起施行。新的婚姻法由 5 章 37 条组成，有总则、结婚、家庭关系、离婚与附则五部分。它基本上继承了旧婚姻法的原则，把一些新时期婚姻关系需要调整的问题作了规定，比如，把基本国策计划生育制度规定为指导婚姻家庭关系的原则；保护老年人的合法权益；将法定婚龄被提高到男 22 周岁、女 20 周岁；把原来五代以内除兄弟姊妹外的其他旁系血亲间禁止结婚从习惯规定改为禁止三代以内旁系血亲结婚，等等。

2001 年第九届全国人大常委会第二十一次会议又通过了《中华人民共和国婚姻法》（修正案）。由 6 章 51 条组成，包括总则、结婚、家庭关系、离婚、救助措施与法律责任及附则。与前法相比，增加了禁止婚外同居、禁止家庭暴力及无效婚姻与可撤销的婚姻、离婚后的父母对子女的探视权、子女不得干涉父母再婚及离婚的过错赔偿等内容，对夫妻财产关系、离婚条件等也作了重大修订，使这些内容的规定更加合理科学。

（四）《民法通则》的制定

建国以后，为了调整复杂的民事关系，制定《民法典》的工作一直在断断续续地开展，并且曾在 1964 年完成了《民法典》的拟定稿。但随着“文革”的开始，后续工作中断了。1979 年后，民法起草工作重新启动，1986 年 4 月 12 日，《中华人民共和国民法通则》在第六届全国人大四次会议上审议通过，并于 1987 年 1 月 1 日起施行。《民法通则》由 9 章 156 条组成。

此外，在民事法律领域，建国至今还制定了一些相关的法规政策，像在专利法方面，1950 年就制定了《保障发明权与专利权暂行条例》，1954 年又制定了《有关生产的发明、技术改进及合理化建议奖励暂行条例》，到了 1984 年 3 月 12 日最终通过了《中华人民共和国专利法》，此后又对其进行了修改。又如在劳动法方面，1954 年就开始起草，经过多年的努力，终于在 1994 年 1 月通过了《中华人民共和国劳动法》。从这些法律出台的坎坷经历可以看出，我国的法律制定受政局动荡的影响太大，制定出来之后又往往随着形势的巨大变化陷于常常被修改的泥淖。虽然民事法律方面显得有些零散，尤其是在中华人民共和国成立之初，但是事关民事方面的一切领域都被涉及了；虽说有些规定是以政策指示之类的文件性质发布的，但是它们是顺应当时的客观情况的，所以其作用也是不可低估的。

四、经济法律的成就

经济建设是事关国家综合国力水平的重心所在，历来就受中央政府的重视。为了能使经济建设顺利进行，建国之初，政务院就于1950年通过了《机关、国营企业、合作社签订合同契约暂行办法》。1981年12月，第五届全国人大第四次会议通过并颁布了《中华人民共和国经济合同法》，它对于保护经济合同当事人的合法权益，维护社会经济秩序，促进社会主义商品经济发展等方面起了重要作用。1985年3月第六届全国人大常委会十次会议又通过了《中华人民共和国涉外经济合同法》，对事关涉外经济合同方面的问题进行了详细规定。此外，《民法通则》中也有些关于合同方面的规定。这种混乱的立法状态需要调整，于是在1999年3月第九届全国人大二次会议通过了《中华人民共和国合同法》，它由总则、分则与附则组成，共428条。总则详细规定了合同的订立、效力、履行、变更与转让及合同的权利义务终止，违约责任等问题；分则则对15种具体的合同模式进行了规定。

此外，在工商农林方面也制定了一些法规，如1987年的《中华人民共和国价格管理条例》，1997年的《中华人民共和国价格法》，1993年的《中华人民共和国产品质量法》，1986年的《中华人民共和国矿产资源法》，1979年的《中华人民共和国森林法》，1985年的《中华人民共和国草原法》，1986年的《中华人民共和国土地管理法》等。在企业法、税法、统计法、财政法等方面也制定了不少法律法规，尤其是金融法方面，1995年相继出台了《中华人民共和国银行法》《中华人民共和国商业银行法》与《中华人民共和国保险法》，这些法规的出台，使得金融领域有法可依，秩序井然。

五、诉讼法律的成就

在诉讼法律方面，革命根据地的立法有1932年的《中华苏维埃共和国裁判部暂行组织及裁判条例》，1934年的《中华苏维埃共和国司法程序》，1943年的《陕甘宁边区军民诉讼暂行条例》，1944年的《晋察冀边区关于改进司法制度的决定》，1949年的《中共中央关于废除国民党六法全书与确定解放区的司法原则的指示》等。规定的主要诉讼制度有：群众公审制度、调解制度、人民陪审制度、公开审判制度、就地审判制度、巡回审判制度、回避制度、辩护制度、上诉制度及复核制度等。这些制度的形成，对保证各级司法机关准确、及时、合理地查明和处理案情，保护当事人合法权益，巩固根据地的发展发挥了重要作用，也为中华人民共和国的诉讼法律制度建设打下坚实的基础。①

中华人民共和国成立后，在刑事诉讼方面，1954年9月召开的第一届全国人民代表大会第一次会议通过了《中华人民共和国人民法院组织法》。对法院的审判权、审判制度、辩护制度、人民陪审员制度、合议制度、审判委员会制度、回避制度和审判监督制度等进行了规定。同时制定了《中华人民共和国人民检察院组织法》《中华人民共和国逮捕

---

① 详见韩延龙主编：《中华人民共和国法制通史》，中央党校出版社1998年版，第13－16页。

拘留条例》，对相关问题进行了规范。在此基础上，全国人大常委会于1956年开始着手制定《刑事诉讼法》，翌年完成了草案初稿，但是由于形势突变，没有成功。1979年第五届全国人大第二次会议通过了《中华人民共和国刑事诉讼法》，1996年又通过了它的“修正案”，进一步健全了刑事诉讼制度。“修正案”的主要内容包括：（1）基本的原则与制度：人民法院与检察院独立行使职权；以事实为依据，以法律为准绳；对一切公民适用法律时要平等；审判公开和辩护原则；设立人民陪审制度；两审终审制原则等。（2）证据制度：对证据种类进行了明确划分。（3）诉讼程序：由普通程序与特殊程序组成。

就民事诉讼方面而言，建国初期主要根据的是《人民法院暂行组织条例》《宪法》和《人民法院组织法》。之后，最高人民法院于1956年10月发布试行过《各级人民法院民事案件审判程序总结》。[①] 使民事审判开始与刑事审判分开来处理，并对民事审判的程序进行了一些基本的规定，影响很大。1991年4月，《中华人民共和国民事诉讼法》开始施行。它由四编29章共270条组成，主要内容包括：民事诉讼的原则、管辖、审判组织、回避、诉讼参加人、证据、期间送达、法院调解、财产保全和先予执行、对妨碍民事诉讼的强制措施、诉讼费用、审判程序、执行程序、涉外民事诉讼等。

六、一些特别法规的制定

（一）民族区域自治立法

中华人民共和国成立以后，实现了对除西藏、台湾及外国殖民地以外的中国全部领土的统一。而在历史上，边疆少数民族聚集地与中央政府的关系是比较松散的，这就给企图分离中国领土的外国侵略者与民族分裂分子以可乘之机，近代史上的一些血淋淋的事实已经说明了一切。针对这种情况，中共中央在解放战争期间就不断寻求好的解决途径。李维汉提出的民族区域自治制度得到了中央的认可，并被写入《中国人民政治协商会议共同纲领》。形势的发展需要一部专门的法规来规范民族区域自治问题，于是在1952年颁布了《中华人民共和国民族区域自治实施纲要》，推动了民族区域自治工作的开展。1984年国家颁布了《民族区域自治法》，它的颁布标志着我国民族区域自治制度法制化时代的来临。它由7章67条组成，主要内容是：自治机关的组织原则、民族自治地方的建立和自治机关的组成、自治机关的自治权、民族自治地方的人民法院和人民检察院、民族自治地方内的民族关系、上级国家机关的领导和帮助等。

（二）中华人民共和国特别行政区法规

香港、澳门历来就是中国的领土，历史上由于帝国主义的殖民侵略，被割离祖国很长时间。经过中英双方与中葡双方的长期谈判，中国政府决定在这两个地方设立隶属于中央人民政府的特别行政区，并先后于1990年4月4日第七届全国人民代表大会第三次会议通过了《中华人民共和国香港特别行政区基本法》，已于1997年7月1日香港回归祖国时开始施行；1993年3月31日经全国人民代表大会八届一次会议审议通过了《中华人民共和国澳门特别行政区基本法》，已于1999年12月20日澳门回归祖国时开始施行。两个特别行政区是中国的领土，两个特别行政区基本法是中国的法律，但是由于它们的特殊性，

---

① 韩延龙主编：《中华人民共和国法制通史》，中央党校出版社1998年版，第310页。

与其他地区法律相比，它们显得与众不同。

（三）军事法规

建国之初，在军事法规方面，曾于1955年颁布了第一部《兵役法》，接着又颁行了《军官服役条例》《革命烈士家属革命军人家属优待暂行条例》《革命残废军人优待抚恤暂行条例》《革命军人牺牲、病故褒恤暂行条例》等，使得军事法规初具规模，并稳定了军民人心。

改革开放以后，国家又制定了一些军事法规，如1978年颁布的《中国人民解放军干部服役条例》，1983年颁布的《中国人民解放军志愿兵退出现役安置暂行办法》，1984年通过的《中华人民共和国兵役法》，1990年颁布的《中华人民共和国军事设施保护法》等，特别是于1997年第八届全国人大第五次会议通过的《中华人民共和国国防法》，使国防被纳入法制的轨道，意义重大。

小　结

中华人民共和国是以马列主义、毛泽东思想为指导建立的国家，在法律的指导思想中，马克思、恩格斯与毛泽东三位马克思主义的经典作家关于法律的思想无疑是处于主导地位的。他们关于法的论述，关于立法、司法的理念对我国的法律产生了不可估量的影响。在这些重要思想的引导下，我国的立法活动取得了丰硕的成果。但是需要注意的是，由于政治运动的冲击，我国的法治进程在建国之初的蓬勃发展被迫中断达20年左右。这是难以估量的损失，也是沉痛的教训，它反证了国家重视法治的重要性与必要性。经过严格程序制定的法律，尤其是国家根本大法的宪法必须被严格遵守，否则法律制定得再完备也难有效果。中华人民共和国成立以来，我国在继承革命根据地时期立法的基础上，在宪法、刑法、民法、经济法以及军事法、民族区域自治法规等方面都取得了很大的立法成就。特别行政区基本法是对中国历史上遗留下来的殖民地问题进行解决的最佳方案，是香港特别行政区与澳门特别行政区的宪法性文件。

思考题

1. 简述马克思主义关于法律起源的理论。
2. 简述毛泽东的司法思想的内容。
3. 简述中华人民共和国在宪法领域的成就。
4. 简述建国之初婚姻法的主要内容。

第十九章　宪法与行政法律制度

第一节　宪法制度

一、革命根据地时期的宪法性文件

（一）1931 年《中华苏维埃共和国宪法大纲》

《中华苏维埃共和国宪法大纲》（简称《宪法大纲》）由 1931 年 11 月第一次全国工农兵代表大会通过，1934 年 1 月在第二次全国工农兵代表大会上作了修改，其中主要是增添了“同中农巩固地联合”的原则性条文，扩大了工农政权的社会基础。此外还有几十处文字上的修改。《宪法大纲》共有 17 条，其主要内容是：（1）阐明中华苏维埃共和国的基本任务；（2）确认革命政权的性质是工农民主专政；（3）规定工农兵代表大会是政权的组织形式，其组织活动原则是民主集中制；（4）规定中华苏维埃共和国公民的民主权利；（5）确定政权的各项基本制度和方针政策。

《宪法大纲》是中国历史上由人民代表机关正式通过并公布施行的第一部人民的宪法性文件。虽然它的内容还不够完备，体例也不够健全，还存在照搬苏联模式的缺陷，然而不容否认，它的颁布和实施，激发了根据地人民的革命积极性，并进一步推动了全国人民的革命斗争，为以后的民主建设和制宪工作提供了宝贵的历史经验。

（二）1941 年《陕甘宁边区施政纲领》

抗战期间，实现了第二次国共合作，建立了抗日民族统一战线，中国共产党针对当时的社会形势，及时调整了政策与纲领。1941 年 11 月，陕甘宁边区第二届参议会通过了《陕甘宁边区施政纲领》（简称《施政纲领》）。《施政纲领》由序言和 21 条组成，规定了抗日民主政权的任务和抗日人民的各项权利和自由，并且确认了抗日政权的更为广泛的民主基础，确认了著名的“三三制”原则，即由根据地人民选举产生的各级参议会和由各级参议会选举产生的各级政府委员会，共产党人、党外进步分子和中间派（包括中等资产阶级和开明士绅）各占三分之一。此外，还规定了确保人权的原则，制定了保障人权条例。这些内容对革命根据地的政权建设和法制建设都具有重大意义。

（三）1946 年《陕甘宁边区宪法原则》

1946 年 4 月，在延安召开的第三届边区参议会第一次会议上通过了《陕甘宁边区宪法原则》（简称《宪法原则》），它反映了当时中国面临两种前途与命运的形势，体现了中国共产党提出的建立一个自由、民主、独立的新民主主义国家的原则。它共有 5 个部分，内容包括政权组织、人民权利、司法、经济、文化等。值得注意的是，《宪法原则》首次以专章将司法作为重要内容加以规定。“各级司法机关独立行使职权，除服从法律外，不受任何干涉”，从而确立了司法机关的地位和独立审判原则。

二、《中国人民政治协商会议共同纲领》

1949 年 9 月 21 日，中国人民政治协商会议第一届全体会议在北平召开。会议经过协商讨论，于 9 月 29 日一致通过了《中国人民政治协商会议共同纲领》（简称《共同纲领》），这是代表全国人民共同利益的一个建国纲领，在中华人民共和国建立初期，起到了临时宪法的作用。

在总纲中，《共同纲领》确定了中华人民共和国的性质是“新民主主义即人民民主主义的国家，实行工人阶级领导的，以工农联盟为基础的，团结各民主阶级和国内各民族的人民民主专政”。其任务是：“反对帝国主义、封建主义和官僚资本主义，为中国的独立、民主、和平、统一和富强而奋斗。”

在政权机关一章中，《共同纲领》规定国家的政体是人民代表大会制。“中华人民共和国的权力属于人民。人民行使国家权力的机关为各级人民代表大会和各级人民政府。”“国家最高权力机关为全国人民代表大会。全国人民代表大会闭会期间，中央人民政府为行使国家政权的最高机关。”各级政权机关一律实行民主集中制的组织原则。

在军事制度一章中，规定：“中华人民共和国建立统一的军队，即人民解放军和人民公安部队，受中央人民政府人民革命军事委员会统帅。”

在经济政策一章中，《共同纲领》规定了国家经济建设的根本方针是：“以公私兼顾、劳资两利、城乡互助、内外交流的政府，达到发展生产、繁荣经济之目的。”国家实行调剂国家经济、合作社经济、农民和手工业者的个体经济、私人资本主义经济和国家资本主义经济的政策，使各种经济成分在国营经济占主导地位的格局下，分工合作，各得其所，以促进整个社会经济的发展。

在文化教育一章中，《共同纲领》规定新民主主义文化教育的方针和任务，即“中华人民共和国的文化教育为新民主主义的即民族的科学的大众的文化教育。人民政府的文化教育工作，应以提高人民的文化水平，培养国家建设人才，肃清封建的、买办的、法西斯主义的思想，发展为人民服务的思想为主要任务”。

在民族政策一章中，《共同领纲》规定：“中华人民共和国境内各民族一律平等，反对大民族主义和狭隘民族主义，禁止民族间的歧视、压迫和分裂各民族团结的行为。”少数民族的聚居地实行民族区域自治。

在外交政策一章中，《共同纲领》规定了中华人民共和国外交政策的原则是：“为保障本国独立、自由和领土主权的完整，拥护国际的持久和平和各国人民间的友好合作，反对帝国主义的侵略政策和战争政策。”中华人民共和国愿在平等互利互相尊重领土主权的基础上，同各国建立外交关系，并与各国政府发展经济贸易。国家保护华侨的正当权益。

《共同领纲》以根本大法的形式确认了中国共产党领导全国人民进行革命斗争的成果，确立了国家性质和政权形式，为新中国的政治、经济、文化等各项事业的发展指明了方向，并提供了法律依据和保障，为新中国的法制建设奠定了一个良好的基础。这些规定后来也成为制定1954年宪法的基础。可以说，《共同纲领》的颁布是中华人民共和国法制建设开端的标志。

三、“五四宪法"

1953年1月13日，中央人民政府成立了以毛泽东同志为首的中华人民共和国宪法起草委员会，负责宪法起草工作。1954年9月15日，第一届全国人民代表大会第一次会议在北京隆重开幕。毛泽东致开幕词，刘少奇代表宪法起草委员会向大会作了《关于中华人民共和国宪法草案的报告》，与会代表对宪法草案和刘少奇的报告进行了热烈讨论。同年9月20日，第一届全国人民代表大会第一次会议庄严通过了《中华人民共和国宪法》，同日，由会议主席团向全国公布。这是我国第一部社会主义类型的宪法，也是中华人民共和国第一部正式的宪法。

1954年宪法由序言和4章组成，共106条。宪法在序言部分宣告中华人民共和国是人民民主专政的国家，奉行人民民主制度即新民主主义制度，保证通过和平的道路消灭剥削和贫困，建成繁荣幸福的社会主义社会。

第一章总纲规定了国体、政体和各项基本国策。宪法第1条规定：“中华人民共和国是工人阶级领导的、以工农联盟为基础的人民民主国家。”第2条规定：“中华人民共和国的一切权力属于人民。人民行使权力的机关是全国人民代表大会和地方各级人民代表大会。”这种政治制度，在共同纲领中就已确定，现在宪法又重申和作出了更加完备的规定。第2条第2款还规定：“全国人民代表大会、地方各级人民代表大会和其他国家机关，一律实行民主集中制。”总纲规定，中华人民共和国是统一的多民族的国家，各民族一律平等，各少数民族聚居的地方实行区域自治。总纲最后规定，武装力量属于人民，其任务是保卫革命和建设的成果，保卫国家主权、领土完整和安全。

第二章国家机构，共六节。它们分别是：全国人民代表大会、中华人民共和国主席、国务院、地方各级人民代表大会和地方各级人民委员会、民族自治地方的自治机关、人民法院和人民检察院。该章对人民共和国的国家机关做了全面系统的规定，并以相应的专门法律加以具体化，从而奠定了我国的政权结构模式。

第三章为公民的基本权利和义务。其主要内容包括：对公民政治权利的保护，如宪法规定公民有言论、出版、集会、结社、游行、示威的自由，公民有宗教信仰的自由，公民在法律上一律平等，等等；对公民人身权利的保护，如宪法规定公民的人身自由不受侵犯，公民有居住和迁徙的自由，任何公民非经法律规定和检察院批准不受逮捕等等；对社会权利的保护，如宪法规定公民有劳动的权利等，宪法还规定了公民的受教育权以及保障公民进行科学研究、文学艺术创作和其他文化活动的自由；宪法对妇女的合法权益也给予了保护。

第四章规定国旗是五星红旗，首都是北京。

四、“七五宪法”

1975年1月13日至17日，第四届全国人民代表大会第一次会议通过了新修改的《中华人民共和国宪法》。这是新中国成立后制定的第二部宪法，带有明显的“文化大革命”特色。与1954年宪法相比，1975年宪法从形式到内容均发生了重大变化：

首先，内容简单，条文粗陋。1975年宪法由序言和4章组成，共30条，比1954年宪法的106条整整少了76条。其内容也比较粗陋。例如，关于国务院的条款只有两条，规定得比较简单。关于国务院的地位，只规定："国务院即中央人民政府"，既没写明国务院是国家最高权力机关的执行机关，也没写明国务院是国家最高行政机关。

其次，以宪法的形式肯定了"文化大革命"的理论和做法。例如，宪法序言中写道："社会主义社会是一个相当长的历史阶段。在这个历史阶段中，始终存在着阶级、阶级矛盾和阶级斗争，存在着社会主义同资本主义两条道路的斗争，存在着资本主义复辟的危险性，存在着帝国主义、社会帝国主义进行颠覆和侵略的危险。这些矛盾，只能靠无产阶级专政下继续革命的理论实践来解决。"这段话是按照毛泽东1962年提出的关于社会主义时期阶级斗争的看法写进宪法的，是发动"文化大革命"的理论依据。第十三条规定："大鸣、大放、大辩论、大字报，是人民群众创造的社会主义革命的新形式。国家保障人民群众运用这种形式。"类似的条文还有不少，这些都是"文化大革命"中的做法和说法。

再次，国家机构的变动。如取消了国家主席的设置，改地方各级人民委员会为地方各级革命委员会，取消了人民检察院，检察机关的职权改由公安机关行使。

五、"七八宪法"

1976年10月，江青"四人帮"反革命集团被粉碎，中国人民终于从"文化大革命"的十年浩劫中走出。痛定思痛，全国人民强烈要求国家实行民主与法治。正是在这种历史背景下，第五届全国人民代表大会第一次会议于1978年3月5日通过了我国的第三部宪法，即1978年宪法，或称"七八宪法"。这部宪法在结构上与1954年宪法和1975年宪法相同，除序言外，共4章，60条。在内容方面主要有：（1）确认国家在新的历史时期的总任务，即在20世纪内实现工业、农业、国防和科技的社会主义现代化；（2）强调要充分发扬社会主义民主，加强社会主义法制，恢复设置人民检察院，加强法律监督职能；（3）重视科学、教育事业，规定大力发展科学、教育事业的基本方针和政策；（4）取消1975年宪法中某些错误规定，如"全面专政"等，恢复1954年宪法中曾经规定而被1975年宪法所取消的某些国家机关及其职权。

1978年宪法的历史功绩是以国家根本法的形式确认了中国共产党第十一次全国代表大会制定的路线、方针、政策，从而激发了广大人民建设社会主义的积极性。但是，由于1978年宪法是在粉碎"四人帮"后不久和党的十一届三中全会召开之前的特定历史条件下颁布的，还存在着明显的错误观点和条文，如在序言中仍然肯定"文化大革命"的"成就"，仍然坚持"以阶级斗争为纲"的错误指导思想等。

六、"八二宪法"

1980年，邓小平在《党和国家领导制度的改革》的讲话中指出："中央将向五届人大三次会议提出修改宪法的建议。要使我们的宪法更加完备、周密、准确，能够切实保证人民真正享有管理国家各级组织和各项企业事业的权利，享有充分的公民权利，要使各少数民族聚居的地方真正实行民族区域自治，要改善各级人民代表大会制度，等等。关于不允许权力过分集中的原则，也将在宪法上表现出来。"① 在这个讲话中，邓小平有两个极其

① 《邓小平文选》（第2卷），人民出版社1994年版，第339页。

精辟的观点，对修改宪法有直接指导意义：

一是要实行法治，二是要党政分开。同年9月，五届全国人大三次会议，接受中共中央的修宪建议，决定成立宪法修改委员会。宪法修改委员会在广泛听取干部、群众、机关、团体、专家、学者意见的基础上，先后五易修宪初稿，交付全国各族人民讨论，经过周密调查研究，历时两年零三个月，“八二宪法”终于经五届全国人大五次会议审议通过并公布实施。

（1）关于国家的根本任务。宪法序言规定：“今后国家的根本任务是集中力量进行社会主义现代化建设，逐步实现工业、农业、国防和科学技术的现代化，把我国建设成为高度文明、高度民主的社会主义国家。”

（2）关于国家性质，即国体。宪法规定：“中华人民共和国是工人阶级领导的、以工农联盟为基础的人民民主专政的社会主义国家。”这既不同于1978年宪法的提法，也不完全同于1954年宪法的提法。

（3）关于我国的社会制度。宪法规定：“社会主义制度是中华人民共和国的根本制度。禁止任何组织或个人破坏社会主义制度。”

（4）关于我国的政治制度。宪法规定我国的一切权力属于人民，“人民行使国家权力的机关是全国人民代表大会和地方各级人民代表大会”。“人民依照法律规定，通过各种途径和形式，管理国家事务，管理经济和文化事业，管理社会事务。”新宪法进一步完善了人民代表大会制度。

（5）关于我国的经济制度。宪法规定：“中华人民共和国的社会主义经济制度的基础是生产资料的社会主义公有制，即全民所有制和劳动群众集体所有制。”规定“国营经济是社会主义全民所有制经济，是国民经济的主导力量”。

（6）关于社会主义精神文明。宪法规定：“国家通过普及理想教育、道德教育、文化教育、纪律和法制教育，通过在城乡不同范围的群众中制定和执行各种守则、公约，加强社会主义精神文明建设。”

（7）关于国家的统一和民族团结。宪法的序言指出：“台湾是中华人民共和国的神圣领土的一部分。完成统一祖国的大业是包括台湾同胞在内的全中国人民的神圣职责。”考虑到和平统一后，台湾这种特殊情况的需要以及我国在对香港恢复行使主权后的需要，宪法第31条规定：“国家在必要时得设立特别行政区。在特别行政区内实行的制度按照具体情况由全国人民代表大会以法律规定。”

关于加强民族团结。宪法序言指出：“中华人民共和国是全国各民族人民共同缔造的统一多民族国家。平等、团结、互助的社会主义民族关系已经确立，并将继续加强。在维护民族团结的斗争中，要反对大民族主义，主要是大汉族主义，也要反对地方民族主义。”总纲规定，我国各民族一律平等。各少数民族自治地方都是我国不可分离的部分。在第三章国家机构中，还将民族自治区地方的自治机关专列一章予以规定。

（8）关于国家机构。新宪法对国家机构作了许多重要的新规定，恢复设立国家主席和副主席；国家设立中央军事委员会；国务院实行总理负责制；加强地方政权的建设；改变农村人民公社的政社合一的体制，设立乡政权；取消了实际上存在的国家领导职务的终身制等。宪法第31条还规定了设立特别行政区。

（9）关于公民的基本权利和义务。新宪法关于公民基本权利的规定，一是恢复了

1954 年宪法的内容，如公民在法律面前一律平等的规定；二是增加了新的内容，如公民的人格尊严不受侵犯；三是比 1954 年宪法规定得更加切实、明确、具体，如关于公民的人身自由，宗教信仰自由，公民的住宅不受侵犯，通讯自由和通信秘密受法律保护，有依照法律规定取得赔偿的权利，等等。

（10）关于独立自主的对外政策。宪法序言规定：“中国坚持独立自主的对外政策，坚持互相尊重主权和领土完整、互不侵犯、互不干涉内政、平等互利、和平共处的五项原则，发展同各国的外交关系和经济、交化的交流；坚持反对帝国主义、霸权主义、殖民主义，加强同世界各国人民的团结，支持被压迫民族和发展中国家争取和维护民族独立、发展民族经济的正义斗争，为维护世界和平促进人类进步事业而努力。”

（11）明确规定了我国宪法的法律地位。宪法序言指出，本宪法是国家的根本法，具有最高的法律效力。第五条第二款规定，一切法律、行政法规和地方性法规都不得同宪法相抵触。序言明确指出：“全国各族人民、一切国家机关和武装力量、各政党和各社会团体、各企业事业组织，都必须以宪法为根本的活动准则，并且负有维护宪法尊严、保证宪法实施的职责。”

总之，“八二宪法”是一部具有中国特色的社会主义宪法。它以四项基本原则作为总的指导思想，确认了我国社会主义初级阶段的基本路线，即以经济建设为中心，坚持四项基本原则，坚持改革开放；它规定人民民主专政的国体、人民代表大会制的政体、统一的多民族的国家结构三部分组成的国家根本制度；规定社会主义经济制度，其特征是以生产资料公有制为主体，多种经济成分并存，以按劳分配为主体，多种分配形式并存；规定建设社会主义精神文明；赋予公民广泛真实的权利自由与必要的义务。

“八二宪法”对发展社会主义民主、完善社会主义法制作出了很多新的重要规定，如强化人民代表大会制度，完善国家机关民主集中制原则，规定国家机关领导职务的限任制，扩大公民基本权利，确立宪法的最高权威，改革我国立法体制等。其重要意义是，加速推进我国进入一个走向民主、法治国家的新阶段。

七、“八二宪法”的四次修改

1982 年宪法实施后，直至今日，被普遍认为是我国目前最成功的宪法，但随着历史条件的变化，为适应改革不断发展的形势，对其局部修正已达四次之多，形成宪法修正案 31 条。

第一次修正。1988 年 4 月，七届全国人大一次会议对现行宪法第 10 条和第 11 条进行修改，规定“国家允许私营经济在法律规定的范围内存在和发展。私营经济是社会主义公有制经济的补充。国家保护私营经济的合法权利和利益，对私营经济实行引导、监督和管理”。以及“土地的使用权可以依照法律的规定转让”。此次修正是基于改革开放后私营经济迅速发展与土地使用权需要转让的客观要求作出的。

1982 年宪法颁布实施后，改革开放逐步深入展开，家庭联产承包为主的责任制在全国农村迅速推行，人民公社制度已不再存在。由于农村经济体制的改变，解放出来了大批劳动力，从而有可能转移到工业、商业和其他产业中去。在改革开放大好形势下，集体的、个体的、私营的乡镇企业大量涌现。1984 年 10 月，党的十二届三中全会通过《关于经济体制改革的决定》，进一步推动了改革浪潮。在坚持公有制经济为主导的基础上，多种经济成分得到较快发展，因而使经济制度的结构发生了变化：在全国的工业总产值中，全民所有制企业的产值有相当的增长，但其比重则有所下降，特别是个体经济、私营经济等其他的非公有制经济成分由改革开放前的几乎为零上升到了5.6%。而与经济成分变化相对应，非公有制经济中的个体经济和“三资企业”早在1982宪法中就获得了明确的法律地位，而私营企业在宪法上则并没有任何规定，即私营企业的法律地位是不明确的。随着私营经济在城市和乡村的发展，很快就引出了一系列法律问题：究竟法律是否允许私营企业存在发展？私营企业的正当权益是否能受到法律的保护？是应该让私营企业无序地自由发展还是应该依法加以引导、监督和管理？为了适应客观需要，诸如此类的问题都要求国家制定有关法律予以明确，然而立法首先要有宪法依据，所以为了从源头上解决问题，修改宪法便是必要的了。1988年4月12日，第七届全国人民代表大会第一次会议通过了两条宪法修正案。

如上文，宪法修正案对第11条的修改，使私营经济获得了作为“社会主义公有制经济补充”的法律地位。确认非公有制经济成分的合法存在并保障其发展，改变原来那种与生产力发展的要求不相适应的单一公有制结构，调动了各方面的积极性，从而促进了社会经济的发展。宪法修正案第10条的修改把土地的使用权出让合法化了。通过这一修正，宪法把土地的使用权和所有权分离开来，明确规定土地的使用权可以转让，符合改革开放的需要。实践证明，修正案的通过对社会主义中国由计划经济向商品经济的发展起到了推动作用。

第二次修正。1993年3月，八届全国人大一次会议对现行宪法的部分条文作出重要修改，主要是增加了“我国正处于社会主义初级阶段”“建设有中国特色的社会主义的理论”“中国共产党领导的多党合作和政治协商制度将长期存在和发展”“坚持改革开放”“国家实行社会主义市场经济”等9条。

第一次修正案的公布极大地推动了社会主义商品经济的发展，在这一形势下，邓小平于1992年1月18日至2月21日巡视南方数省期间发表了著名的讲话。南巡讲话以抓住时机，加快改革开放的步伐，迅速发展我国经济为基本思想，科学地阐述了关于社会主义的本质问题、关于计划经济和市场经济的关系，明确地回答了多年来一直束缚和困扰人们思想的若干重大认识问题。他说：“计划多一点还是市场多一点，不是社会主义和资本主义的本质区别。计划经济不等于社会主义，资本主义也有计划；市场经济不是资本主义，社会主义也有市场。”他还在讲话中提出“三个有利于”标准以及“改革也是解放生产力”原理、“基本路线一百年不动摇”等精神。此次南巡讲话消除了人们思想上存在的姓“资”姓“社”的顾虑，对于推进中国的改革开放和社会主义现代化建设，具有重要意义。正是基于这次讲话，中共中央向第七届全国人民代表大会常委会提交了《关于修改宪法部分内容的建议》。全国人大八届一次会议1993年3月29日通过了《中华人民共和国宪法修正案》作出了上文的修正。

该修正案的颁布和施行具有重大意义：首先，将社会主义初级阶段理论写入宪法，使国家总任务的规定更加适应中国特色社会主义的发展，使我们终于找准了制定国策的基准点，找准了制定国家根本任务的出发点。因此，宪法序言在规定国家根本任务时，便加入了“根据建设中国特色社会主义的理论”，“坚持改革开放”，并把“高度文明、高度民主”修改为建设“富强、民主、文明”的社会主义国家。这些表述都是认清了社会主义初级阶段的理论的必然结果。其次，确立中国共产党领导的多党合作和政治协商制度的宪法地位。它是中国共产党对马克思主义的应用和发展，对于发展社会主义政治，巩固人民民主专政，推动改革开放，都具有非常重要的意义。再次，修正案进一步明确了全民所有制和集体所有制的经济形式，把“国营企业”的提法一律改为“国有经济”和“国有企业”，突出了国有企业的自主权和自主性。同时删去“人民公社、农业生产合作社和其他”，规定为：“农村中的家庭联产承包为主的责任制”是社会主义集体所有制经济，这是符合实际的。最后，引入社会主义市场经济这一概念是质的变化，我国长期实行的计划经济在中华人民共和国成立初期的确起到了稳定市场、促进国民经济发展的作用，但随着商品经济的发展，体制严谨但缺乏灵活性的计划经济无法起到良好的调节作用，越来越不适应社会发展。邓小平南巡讲话的精神解放了人们的思想，为社会主义市场经济体制的建立奠定了理论基础。为了进一步解放思想，使宪法的规定有利于我国经济体制改革目标的实现，修正案把“实行计划经济”改为“实行社会主义市场经济”，是一种质的飞跃。

第三次修正。1999 年 3 月 15 日第九届全国人民代表大会第二次会议通过，把宪法序言第七自然段中“我国正处于社会主义初级阶段”修改为“我国将长期处于社会主义初级阶段”；规定邓小平理论载入宪法；宪法第 5 条增加一款，规定：“中华人民共和国实行依法治国，建设社会主义法治国家”；把中华人民共和国的社会主义经济制度的基础是生产资料的社会主义公有制，修改为“国家在社会主义初级阶段，坚持公有制为主体、多种所有制经济共同发展的基本经济制度，坚持按劳分配为主体，多种分配方式并存的分配制度”。“在法律规定范围内的个体经济、私营经济等非公有制经济，是社会主义市场经济的重要组成部分”，“国家保护个体经济、私营经济合法的权益和利益，国家对个体经济、私营经济实行引导、监督和管理”等。

此次宪法修改，主要在于邓小平理论、依法治国、所有制、非公有经济地位的修改：首先，宪法的指导思想是制定宪法所依据的基本理论和原则，是宪法的灵魂。将邓小平理论写入序言，说明邓小平理论不仅是载入党章的思想，而且是规定在宪法中的宪法指导思想，具有国家指导思想的法律地位。邓小平理论坚持解放思想，实事求是，科学地回答了什么是社会主义与怎样建设社会主义这两个根本问题；正确地分析了时代特征与国际形势，并据此确定了党的指导路线和国际战略，形成了建设有中国特色社会主义理论的科学体系，指导我党制定了社会主义初级阶段的基本路线。其次，摒弃人治，依法治国，是“八二宪法”第三次修正的又一核心。我国经历了两千多年的封建社会，长期实行人治。共和国成立后，虽然情况有根本的改变，但人治的影响、权大于法的问题并未很好解决。第三次修宪以党的十五大精神为依据，将依法治国写入宪法，具有深远意义。将依法治国写入宪法，标志着我国从此摒弃人治，走入法治，这是我国法制建设的一个新的里程碑。再次，宪法修正案对经济制度的规定是随着我国经济的不断发展和人们对经济制度不断深化的认识而不断完善的，对各种所有制经济在宪法中的地位和作用的认识也是逐步加深的。有什么样的生产力就需要什么相适应的经济体制，我国多元的生产力决定了所有制不能简单地一刀切。宪法修正案的第 14、15 条就是在这种情况下通过的。最后，宪法修正案第 16 条的核心内容是确认非公有制经济的重要性，明确规定了“法律规定范围内的个体经济、私营经济等非公有制经济，是社会主义市场经济的重要组成部分”的提法，对已经日益发展并且强大起来的非公有制经济给予了明确的宪法定位，这正确反映了改革开放的成果和要求，并完全适应客观的实际情况。

第四次修正案。2004 年 3 月全国人大第十届二次会议通过了“八二宪法”的第四次修正案。与前三次相比，第四次修改无论在法条修改数量还是质量上都较前几次有重大飞跃。这次修改主要集中在第 18 ~31 条间。下面将对其中几条具有重要意义的修改加以分析：

第 18 条宪法序言第七自然段中“在马克思列宁主义、毛泽东思想、邓小平理论指引下”修改为“在马克思列宁主义、毛泽东思想、邓小平理论和‘三个代表’重要思想指引下”；“沿着建设有中国特色社会主义的道路”修改为“沿着中国特色社会主义道路”，“推动物质文明、政治文明和精神文明协调发展”。把“三个代表”重要思想同马克思列宁主义、毛泽东思想、邓小平理论一道写入宪法，确立其在国家政治和社会生活中的指导地位，反映了全党全国各族人民的共同意愿，体现了党的主张和人民意志的统一，为全党全国各族人民在新世纪新阶段继续团结奋斗提供了共同的思想基础。

第 20 条宪法第 10 条第 3 款“国家为了公共利益的需要，可以依照法律规定对土地实行征用”，修改为：“国家为了公共利益的需要，可以依照法律规定对土地实行征收或者征用并给予补偿。”征收和征用既有区别又有联系，共同之处在于为了公共利益的需要，都要经过法律法定程序，都要依法给予补偿。不同之处在于，征收主要是所有权的改变，征用则是使用权的改变。此次修宪重点突出强调了对公民合法权益的保护，有偿征收、征用公民财产的制度。

第 22 条宪法第 13 条中“国家保护公民的合法的收入、储蓄、房屋和其他合法财产的所有权”，“国家依照法律规定保护公民的私有财产的继承权”，修改为：“公民的合法的私有财产不受侵犯。”“国家依照法律规定保护公民的私有财产权和继承权”。“国家为了公共利益的需要，可以依照法律规定对公民的私有财产实行征收和征用并给予补偿”。我国改革开放以来，随着经济的发展和人民生活水平的提高，公民拥有的私人财产普遍有了不同程度的增加，特别是越来越多的公民有了私人的生产资料，群众对于法律保护自己的财产有了更加迫切的要求。同时我国几部现行法律根据不同情况已经作出了征收和征用的规定，在宪法中增加规定对私有财产的征收、征用制度，有利于正确处理私有财产保护和公共利益需要的关系。

第 23 条宪法第 14 条增加一款，作为第 4 款：“国家建立健全同经济发展水平相适应的社会保障制度。”社会保障直接关系广大人民群众的切身利益。建立健全同经济发展水平相适应的社会保障制度，是深化经济体制改革、完善社会主义市场经济体制的重要内容，是发展社会主义市场经济的客观要求，是社会稳定和国家长治久安的重要保证。

第 24 条宪法第 33 条增加一款，作为第 3 款：“国家尊重和保障人权。”第 3 款相应的改为第 4 款。该条款主要基于两点考虑：一是尊重和保障人权是我们党和国家的一贯方针，这次把它写入宪法，可以进一步为这一方针的贯彻执行提供宪法保障。二是在宪法中作出尊重和保障人权的宣示，体现了社会主义制度的本质要求，有利于推进我国社会主义人权事业的发展，有利于我们在国际人权事业中进行交流与合作。

以保障人权和公民的私有财产权为主要内容的第四次宪法修正体现了党和国家建立和谐社会、法制社会的宏伟目标。“三个代表”重要思想的入宪进一步完善统一了思想基础，为解决新问题提供了有力武器。总之，此次修宪是成功的，它突出强调了公民的合法权益，体现了宪法作为权利法案的本质特征，是中国法制建设划时代的一大步。

第二节　行政法制度

一、革命根据地时期的行政立法

（一）工农民主政权时期行政立法的初创

这一时期又分为两个阶段。第一阶段从1927年10月井冈山革命根据地创建，到1931年11月中华苏维埃临时中央政府的成立。这时，统一的中央革命政权未建立，各地工农民主政府根据政权初创时期的需要，从本地实际情况出发，相继制定了各自的行政管理法规。其特点是：第一，法规带有较多的地方色彩，其效力只及于该革命根据地苏维埃政府的管辖区域。第二，各地工农民主政府虽然也颁布了若干有关军事、经济、民政、治安、文化教育等方面的单行管理法规，但大量的行政管理法律规范散见于其他法律文件之中，特别是集中地反映在政权机构组织法规之中。其中主要有：《江西苏维埃临时组织法》《闽西苏维埃政权组织法》《修正闽西苏维埃政权组织法》《湖南省工农兵苏维埃政府暂行组织法》《鄂豫皖区苏维埃临时组织大纲》等。第三，这些政权组织法一方面规定了各级工农兵苏维埃代表大会的性质、组织和职权，另一方面也对行政机关的组织机构、行政管辖、人员编制和工作方式作出了规定。虽然这些规定尚欠周密和具体，但各地工农民主政府在创建之初就重视行政立法，注意用法律手段调整行政管理活动，未尝不是有益的探索。①

第二阶段是中华苏维埃共和国成立后，总结和吸收了各地工农民主政府的行政立法经验，开展了频繁的行政立法活动，先后颁布了一系列适用于各苏维埃辖境的行政法规。主要有：第一，政府管理体制的法规。如1931年11月27日，中华苏维埃中央执行委员会第一次全体会议通过的中华苏维埃共和国《划分行政区域暂行条例》和《苏维埃地方政府暂行组织条例》。第二，中央各部委及其所属机构的单行组织章程。如1934年2月17日颁布的《中华苏维埃共和国中央苏维埃组织法》。中央人民委员会或由它授权的各部委也制定了所属机构的若干单行组织章程，如《各级国民经济部暂行组织纲要》《各级劳动部暂行组织纲要》《财政部暂行组织纲要》《教育部暂行组织纲要》《省、县、市、区土地部暂行组织纲要》，以及《工农检查部控告局组织纲要》《国有企业管理局简章》《贸易局简章》《粮食调剂局简章》等。第三，有关军事、民政、财经、文教、卫生等行政管理法规。这方面的法规在当时颁布的法律文件中占有相当的比重，广泛地调整各个领域中的行政法律关系。如《中国工农红军优待条例》《关于优待红军家属的决定》《工商业投资暂行条例》《合作社暂行组织条例》《苏维埃国有工厂管理条例》《国库暂行条例》，等等。②

（二）抗日民主政权时期的行政立法

抗日战争时期是根据地人民民主法制基本形成并不断向前发展的重要历史时期。与这

① 张希坡主编：《革命根据地法制史》，法律出版社1994年版，第182页。

② 参见张希坡主编：《革命根据地法制史》，法律出版社1994年版，第183－184页。

个时期法制建设总情况相适应，抗日民主政权的行政立法也取得了很大的发展，无论立法内容还是法律形式都呈现出日臻健全和完善的趋势。抗日民主政权坚持抗日民族统一战线的总政策，以“服务战争”“便于发动群众”为原则，先后制定和颁布了许多行政法规。据不完全统计，抗日战争时期，各根据地发布的法律文件共约1150余件，其中行政法规文件所占比例最大，涉及行政管理的各个方面。其内容大体划分为：（1）战勤法规，包括壮丁、牲畜的服役和物资的征用。这类法规调整军事行政管理活动，直接服务于抗日战争，是当时行政法规非常重要的组成部分。（2）民政法规，包括优抚、抚恤、褒奖、农村救灾和社会救济。这类法规调整军民关系和社会关系，对支援前线和根据地的社会稳定都起了重要作用。（3）治安管理法规，包括违警处罚、户籍管理、交通管理、枪支登记、警察服务规程、禁烟禁毒以及防奸防特等。这类法规在调整和管理社会秩序，保卫和巩固政权方面都发挥了重要作用。（4）经济管理法规，包括财政经济、工业、农业、商业、交通运输。这类法规数量大，内容相当丰富，对于实现经济的法律调整具有重要的意义。（5）文教卫生法规，包括干部教育、学校教育、社会教育、医疗卫生、防疫保健。这类法规，对于提高干部和人民的政治文化水平，增强身体素质起了很好的作用。[①]

（三）解放区人民民主政权时期的行政立法

随着新民主主义革命的胜利，这个时期的行政立法繁多，行政管理不断规范。主要体现在以下几个方面：[②]

第一，关于行政机关的组织和职权。第三次国内革命战争时期，解放区的行政区划变动较大。在各大区行政区划调整的基础上，各解放区人民代表大会（会议）都通过了大区人民政府组织法。如1948年8月16日《华北人民政府组织大纲》、1949年3月《中原临时人民政府组织大纲》和同年4月9日《陕甘宁边区政府暂行组织规程》等，都对解放区人民政府的组织机构和职权作了具体的规定。

第二，关于行政机关的办事通则。随着大区人民政府及省（市）体制的建立，先后制定颁行了行政机关的办事通则，以保证解放区政权朝着正规化、法制化的方向发展。在公文程式和公文处理规程方面，虽然各解放区在这方面的做法不太一致，但又大同小异，其中有华北、松江、北平三种类型。在办公制度与行政纪律方面，各地办事通则对办公制度及行政纪律都作了较为严格的规定。在报告制度方面，根据党中央《关于建立报告制度》和《关于建立报告制度的补充指示》的要求，各解放区政府发布了不少关于健全和厉行报告制度的指示和训令。

第三，关于行政干部管理制度。在行政干部的基本条件方面，解放战争时期选任行政干部仍贯彻“任人唯贤”的干部路线与“德才兼备”的原则，同时，又根据各地区实际情况作出具体规定。在干部的任免、考核与奖惩方面，随着战争的胜利发展和大行政区政府建立，任免干部的权能呈现出集中的趋势，主要干部任免权归属于大行政区政府，这是解放战争后期行政权日益集中的重要标志。对干部的考核与奖惩制很大部分是实行抗战时期的制度，而重视司法干部的考核与奖惩，是这时期干部工作的一大特点。1948年8月《关于地区司法工作人员奖惩条例》的制定即为例证。这有效地保证了新民主主义政策、

① 参见张希坡主编：《革命根据地法制史》，法律出版社1994年版，第358页。

② 参见张希坡主编：《革命根据地法制史》，法律出版社1994年版，第610－617页。

法律、法令的贯彻实施，对加强司法队伍的建设，培养一支忠实于人民利益、严于执法的司法干部队伍有着重要的意义。

二、中华人民共和国行政法律主要制度

（一）行政机关组织法

行政机关组织法在国家行政管理中具有重要作用。我国的行政机关组织法体系，根据国家行政机关的构成，包括中央行政机关组织和地方行政机关组织两级。十一届三中全会以来，我国的行政组织立法取得了长足进展，先后制定和颁布了一些重要的法律法规。1979 年 7 月 1 日，全国人大五届二次会议通过了《中华人民共和国地方各级人民代表大会及地方各级人民政府组织法》；1982 年 12 月 10 日全国人大五次会议通过了《中华人民共和国全国人民代表大会组织法》和《中华人民共和国国务院组织法》。这就基本确定了我国各级行政机关的职责、权限、组成等，为行政机关进行行政管理提供了法律依据。随着改革开放的深入及政治体制改革对政府机构改革提出的新要求，根据新宪法，全国人大又先后于 1982 年 12 月和 1986 年 12 月及 1995 年 2 月对《中华人民共和国地方各级人民代表大会和地方各级人民政府组织法》进行了三次修改和补充，从而使我国的行政机关层次结构、职责权限更加适应政治经济发展的需要。此外，根据“一国两制”的思想，全国人大分别于 1990 年 4 月 4 日和 1993 年 3 月 11 日通过了《香港特别行政区基本法》和《澳门特别行政区基本法》，这为我国的行政组织法体系开拓了新的领域。

1998 年 11 月 4 日第九届全国人民代表大会常务委员会第五次会议通过《中华人民共和国村民委员会组织法》。2010 年 10 月 28 日第十一届全国人民代表大会常务委员会第十七次会议修订。这是一部牵涉到 10 亿农民根本利益的重要法律，对于发展社会主义民主，加强农村基层组织建设，密切党群和干群关系，促进农村物质文明、政治文明和精神文明建设，具有重要作用。

为进一步推进司法改革，实现全面依法治国，2018 年 10 月 26 日《中华人民共和国人民法院组织法》和《中华人民共和国人民检察院组织法》由中华人民共和国第十三届全国人民代表大会常务委员会第六次会议修订通过，并于 2019 年 1 月 1 日起施行。

（二）公务员法

我国的公务员法是随着干部人事制度改革和国家公务员制度的逐步确立而制颁出来的。党的十三大报告中曾明确指出：“当前干部人事制度改革的关键是建立国家公务员制度。”党的十四大报告中再次强调要“尽快推行国家公务员制度”。1993 年 8 月 14 日，国务院正式颁布了《国家公务员暂行条例》。《国家公务员暂行条例》共分 18 章，除总则、附则阐述公务员制度的原则及效力外，其余章节分别规定了公务员的义务与权利、职位分类、录用、考核、奖励、纪律、职务升降、职务任免、培训、交流、回避、工资福利、辞职辞退、退休、申诉控告等。这标志着我国开始正式建立公务员制度，也为我国公务员法律规范开创一个良好开端。随着公务员制度在全国范围内的全面推广，有关公务员制度的法律法规也在不断制定和完善。继《国家公务员暂行条例》外，国务院及人事部门相继制定的行政法规主要有：1994 年 1 月 11 日发布的《国家公务员职位分类工作实施办法》，1994 年 3 月 8 日发布的《国家公务员考核暂行规定》，1995 年 7 月 3 日发布的《国家公务

员奖励暂行规定》，1995 年 7 月 18 日发布的《国家公务员辞职辞退暂行规定》，1995 年 8 月 11 日发布的《国家公务员申诉控告暂行规定》，1995 年 9 月 21 日发布的《国家公务员出国培训暂行规定》，1996 年 1 月 29 日发布的《国家公务员职务升降暂行规定》，1996 年 5 月 27 日发布的《国家公务员任职回避和公务回避暂行办法》，等等。有了前述一系列法律法规的准备，2005 年 4 月 27 日下午，受人瞩目的《公务员法》草案于十届全国人大常委会第十五次会议顺利通过。这部从 2006 年 1 月 1 日起施行的重要法律，是建国 50 多年来我国第一部干部人事管理的综合性法律，里程碑意义不言而喻。这部法律体现了有中国特色的干部人事管理制度，“本法所称公务员，是指依法履行公职，纳入国家行政编制，由国家财政负担工资福利的工作人员”。公务员法中这条备受推敲的规定，首次明确了列入公务员范围得同时具备三个条件：即依法履行公职，纳入国家行政编制，由国家财政负担工资福利。这意味着，今后公务员不再局限于政府机关工作人员，将扩大至符合上述 3 个条件的所有工作人员。同时规定：服从和执行上级依法作出的决定和命令是公务员的基本义务，并规定不得拒绝执行上级依法作出的决定或者命令，是公务员的纪律。意味着对上级的错误，下级可以说“不”，极大地保障了行政决策的民主性与科学性。对于违反了法律和行政纪律的公务员引入了公务员引咎辞职和责令辞职制，强化了公务员的责任感。公务员工资实行定期调整制、聘任制公务员竞聘上岗等规定有利于公务员之间的良好竞争，提高人员素质。公务员权益保障有力体现了新形势下建立和谐社会、保障公民合法权益的要求。公务员法的制定和颁布规范了我国人事任免制度，进一步促进了法治建设，通过“法管人”实现“法治代替人治”。

（三）行政程序法

行政程序法在行政法律体系中占有非常重要的地位，它与授权法、行政诉讼法共同组成行政法的整体体系，是行政法的重要内容。自中华人民共和国建立至十一届三中全会前，我国的行政程序立法比较分散，虽然制定了大量的行政法规和规章，但对多数行政法律行为的实施没有规定行政程序法。1982 年宪法首次确立了行政程序法的基本原则和基本制度，从而为行政程序法律化提供了依据。《宪法》第 2 章第 3 款规定：“人民按照法律规定，通过各种途径和形式，管理国家事务，管理经济和文化事业，管理社会事务。”在这些原则的指导下，一批集中规定行政程序的法律文件相继出台，如：1987 年 2 月 18 日的《国家行政机关公文处理办法》，1987 年 4 月 21 日的《行政法规制定程序暂行条例》，1990 年 12 月 24 日发布并于 1994 年 10 月 9 日修改的《行政复议条例》，1996 年 3 月 17 日的《行政处罚法》，等等。

《中华人民共和国行政复议法》于 1999 年 4 月 29 日第九届全国人民代表大会常务委员会第九次会议上通过，自 1999 年 10 月 1 日起实施，共计 7 章，43 条。2007 年，为了进一步发挥行政复议制度在解决行政争议、建设法治政府、构建社会主义和谐社会中的作用，根据行政复议法制定了《中华人民共和国行政复议法实施条例》，并于 2007 年 8 月 1 日施行。

1996 年 3 月 17 日中华人民共和国第八届全国人民代表大会第四次会议通过《中华人民共和国行政处罚法》是规范政府行为的一部重要法律，也是我国关于行政处罚制度的第一部统一的通则性法典。该法共 8 章，包括总则、行政处罚的种类和设定、行政处罚的实施机关、行政处罚的管辖和适用、行政处罚的决定、行政处罚的执行、法律执行、附则等。它所确立的行政处罚设定权制度、实施行政处罚的主体资格制度、相对集中行政处罚制度、听证制度、罚款决定与罚款收缴相分离制度、政府对行政处罚的监督制度等是对我国现行行政处罚制度的重大改革，对改革政府机构、转变政府职能、加强政府法制建设都将产生深刻影响。

随着改革开放以来外来文化的涌入，社会治安问题开始显现。为了稳定社会秩序，保障人民生命和财产安全，1987 年 1 月开始实施的《治安管理处罚条例》在改革开放之初起到了良好的效果。但由于《治安处罚条例》自身的固有缺陷，特别是人权运动的兴起，单方面的处罚已无法遏制治安环境的被破坏，在这部法律实施了 17 年之后，在《刑法》重新修订、《行政许可法》已颁布实施的背景下，《治安管理处罚法（草案）》被提交全国人大常委会审议。与原来的《治安管理处罚条例》相比，新的《治安管理处罚法》在处罚种类、处罚程序和治安管理强制措施方面都作出了重大的改动。在保证违反治安管理行为受到必要惩处的同时，非常注重尊重和保障人权，保护公民、法人和其他组织的合法权益不受侵犯，并进一步规范警察权力的行使。这无疑成为治安管理处罚法引人注目的亮点。

（四）行政赔偿责任制度

我国的行政赔偿责任制度的发展经历了一个曲折的发展过程。1954 年宪法第 97 条规定："中华人民共和国公民对于任何违法失职的国家机关工作人员，有向各级国家机关提出书面控告或者口头控告的权利，由于国家机关工作人员侵犯公民权利而受到损失的人，有取得赔偿的权利。"这是我国较早地在国家根本大法中明确规定的国家赔偿原则。但事实上，由于社会主义法制不健全，这一宪法原则长期没有真正付诸实施。

1982 年宪法再次肯定了 1954 年宪法的上述规定，在随后颁布的一些法律法规中，明确规定了国家行政机关及其工作人员，因执行职务违法造成相对人损害的，应负赔偿责任。1989 年《行政诉讼法》的颁布，是我国行政赔偿制度发展史上的重大飞跃。因为该法专设了"侵权赔偿责任"专章，并对行政侵权赔偿责任、责任主体、请求赔偿责任程序、赔偿费用来源等作了规定。1994 年 5 月 12 日第八届全国人大常委会第七次会议通过了《中华人民共和国国家赔偿法》，这是我国国家赔偿制度走向完备的标志。该法分 6 章共 35 条，在行政诉讼法有关行政赔偿的规定的基础上，对行政赔偿范围、赔偿程序、赔偿标准作了具体规定，并且增加了刑事赔偿的内容。它的颁布，对于保障公民、法人和其他组织享有依法取得国家赔偿的权利，促进国家行政职权完善，推动廉政建设，维护社会安定都将发挥巨大作用。

三、行政法律的主要特点

改革开放以后的行政立法，逐渐走向规范化，其内容囊括了行政立法制度、行政许可法律制度、行政处罚法律制度、行政复议法律制度、行政监察法律制度、行政强制法律制度、国家公务员法律制度、行政赔偿法律制度、政府采购法律制度，等等。这些行政立法的巨大成就表明了国家管理的原则、理念和方式都在法治化、规范化、科学化的轨道上健康发展，体现了"依法行政"原则在我国的逐步确立和全面实施。行政法律的主要特点集中在以下几个方面：

第一，确立依法行政、建设法治政府的原则与观念，建立健全相关制度。首先，《行政复议法》的颁布实施，使行政监督和行政救济制度在原有的基础之上又有了深入的发展，拓展了公民权利保护和行政权受监督的范围。其次，2003 年颁布的《行政许可法》，是继《国家赔偿法》《行政处罚法》和《行政复议法》后又一部规范政府行为的重要法律，被誉为“中国社会主义法制建设中的里程碑”。该法基于行政许可制度所确立和引申出的若干行政法律制度，充分体现了诚信政府和服务政府的理念，是我国推行行政法治原则实践经验的总结。最后，制定了《公务员法》，完善了人事管理制度，使我国公务员管理走向规范化、科学化、专业化。

第二，强化行政监督和责任。随着《行政复议法》及其实施条例的制定和公布，许多违法或者不当的具体行政行为得到纠正，及时化解了大量复杂的行政争议，有效维护了人民群众的合法权益。2001 年，国务院公布了《行政法规制定程序条例》和《规章制定程序条例》，完善了行政立法制度，而行政立法是行政行为的依据，行政立法制度的健全与完善，对于规范行政行为具有重要的意义。

第三，适应时代发展的需要，体现出行政法制建设的先进性。《政府信息公开条例》及其司法解释的公布，表明我国的行政立法适应了信息化时代与互联网时代背景下要求政府信息公开、建设阳光政府的社会需求，并且呈现出科学性、先进性和与时俱进的精神。改革开放以来，我国的行政法制建设确实取得了巨大的成绩，而且在未来一定会有更大的发展与成就。

小　结

新民主主义革命时期，是中国人民争取民主宪政的新时期。各革命根据地先后建立起民主政权，相继颁布了若干宪法性文件，其中最重要的有《中华苏维埃共和国宪法大纲》《陕甘宁边区施政纲领》和《陕甘宁边区宪法原则》。新民主主义的宪政实践赋予中国宪政运动以崭新内容，也对中华人民共和国的宪政和宪法运动产生渊源性影响。《共同纲领》是中国共产党领导的长期革命斗争的经验总结，是新民主主义宪政运动的硕果，为中华人民共和国的法律建设奠定了一个良好的基础，也成为制定 1954 年宪法的基础。“五四宪法”是我国第一部社会主义类型的宪法，也是中华人民共和国第一部正式的宪法，在中国宪法史上闪耀着光辉。它确定了建设社会主义制度的道路和目标，在国家生活和社会生活中起了显著作用，大大促进了社会主义事业的发展。1975 年宪法是一部极不完善的宪法，其内容有悖于民主宪政的基本要求，在中华人民共和国的宪法史上是一个大倒退。1978 年宪法在结构上与 1954 年宪法和 1975 年宪法相同，反映了粉碎“四人帮”后不久和党的十一届三中全会召开之前的特定历史条件，还存在着明显的错误观点和条文。1982 年宪法总结了建国以来社会主义建设的经验和教训，对我国社会主义现代化事业的发展发挥了巨大的推动作用，是一部具有中国特色的社会主义宪法。1982 年宪法经过了五次修改，增强了宪法的适应性和生命力，有利于宪法的功能发挥。

行政立法是新民主主义时期法制建设的重要组成部分，它经历了一个形成和发展的过程，对新中国的行政立法同样产生了渊源性的影响。中华人民共和国的行政立法继续发展。行政机关组织法和行政编制在国家行政管理中发挥了重要作用。《公务员法》的制定颁布规范了我国人事任免制度，进一步促进了法治建设。行政程序法在行政法律体系中占有非常重要的地位，它与授权法、行政诉讼法共同组成行政法的整体体系，是行政法的重要内容。我国的行政赔偿责任制度的发展经历了一个曲折的发展过程。1994 年《中华人民共和国国家赔偿法》的颁布是我国国家赔偿制度走向完备的标志。

思考题

1. 为什么说新民主主义时期的宪法性文件对中华人民共和国的宪制建设产生了渊源性的影响?
2. 为什么说“五四宪法”是我国第一部社会主义宪法?
3. “八二宪法”的第四次修正具有什么重大意义?
4. 我国在行政立法方面有哪些重大进步?

第二十章　刑事法律制度

第一节　刑法原则

一、革命根据地时期的刑法原则

（一）刑法面前人人平等原则

这一原则适用于当时中国共产党所控制的区域，军、民，官、兵犯罪后在刑法面前一视同仁。1937 年，延安发生了红军干部黄克功因逼婚枪杀刘茜一案。对此，毛泽东在《致雷经天》的信中明确指出必须依据被告人犯罪行为的危害大小，作为定罪科刑的主要依据，果断地摒弃了有功绩者犯罪享受减免刑罚的特权，体现了法律面前人人平等的原则。① 这实际上否定了在“左”倾路线影响下制定的 1934 年《中华苏维埃共和国惩治反革命条例》中确立的“唯成分论”和“唯功绩论”的刑事指导原则。后来在各根据地的立法中都充分体现了这一原则。

（二）罪刑法定主义与刑事类推相结合的原则

1934 年制定的《中华苏维埃共和国惩治反革命条例》第 38 条规定：“凡本条例所未包括的反革命犯罪行为，得按照本条例相类似的条文处罚之。”即有法律规定者，按法律规定执行；无法律规定者，实行比照类推的原则。罪刑法定主义的刑法原则在革命根据地的立法中得到了基本确认，但是由于革命形势的严峻性，类推原则仍被长期保留，这在革命根据地时期是必要的。

（三）镇压与宽大相结合的原则

1940 年，毛泽东在《论政策》一文中指出：“关于锄奸政策，应该坚决地镇压那些坚决的汉奸分子和坚决的反共分子，非此不足以保卫抗日的革命势力，但是决不可多杀人，决不可牵涉到任何无辜的分子。对于反动派中的动摇分子和胁从分子，应有宽大的处理。”② 1942 年，中共中央在《关于宽大政策的解释》中明确指出：“对于敌人、汉奸及其他一切破坏分子等，在被俘被捕后……予以自新之路……对于绝对坚决不愿悔改者，是除外于宽大政策的，这就是镇压政策。这里同时提示的两个政策，是完全正确的，必须坚

---

① 张希坡、韩延龙主编：《中国革命法制史》，中国社会科学出版社 1992 年版，第 329 页。

② 《毛泽东选集》（第 2 卷），人民出版社 1991 年版，第 767 页。

决实行的。”这一政策对以后的刑事司法产生了很大的影响。

（四）群众路线原则

群众路线是中国共产党的根本政治路线和组织路线，执行刑法也必须坚持这一路线。革命根据地时期著名的“马锡五审判方式”之所以取得了很大的成功并被推而广之，就是因为马锡五同志在审判中坚持走群众路线，设身处地地体会群众的感情与要求，向当事人言情说理，消解对立双方的敌对情绪。这样作出的判决自然合情合理合法，能够得到群众的认同。

二、中华人民共和国的刑法原则

（一）惩办与宽大相结合原则

惩办与宽大相结合原则，是我们党长期以来刑事政策的基础，也是对待违法和犯罪分子的一贯方针。宽大是为了更好地改造犯罪，使之弃恶从善；宽大是人道主义原则在刑法中的体现。[①]

早在建国之初修订的刑法第二十二稿中就确立了这一原则。这一原则的主要内容是：首恶必办，胁从不问，坦白从宽，抗拒从严，立功折罪。它主要的目的是惩办少数，改造多数，讲究策略，区别对待。这项政策是根据当时反革命罪的设立而确立的。1979 年颁布的《刑法》对其进行了肯定。它的具体适用是：一般在处理罪犯之时，要注意区分主犯与从犯，对主犯从重处罚，从犯从轻或减轻处罚；对累犯与惯犯从重处罚，偶犯从宽处罚；抗拒从严，自首立功从宽；教唆未成年人犯罪从严，未成年人因此犯罪从宽处罚；罪犯在服刑期间有立功或确有悔改表现者，可以获得减刑、假释等。1997 年《刑法》颁布以后，该原则虽然没有被明确地与罪刑法定原则等列在刑法原则之中，但是仍然不能就此忽略其原则性规定的地位，它仍然作为我国刑事法领域的重要原则，在许多方面发挥着指导作用。

（二）类推原则

类推原则即对法律无明文规定的同类案件，凡应减轻处罚的，则列举重罪处罚规定，比照以解决轻案；凡应加重处罚的罪案，则列举轻罪处罚规定，比照以解决重案。这一原则在中国产生很早，1975 年在湖北云梦睡虎地发现的秦简中就有这方面的记载，经过几百年的发展，到唐朝时这一原则已经被运用纯熟，现存的《唐律疏议》载：“诸断罪而无正条，其应出罪者则举重以明轻；其应入罪者，则举轻以明重。”[②] 意思是对法律没有明确规定的违法行为，如果不应处罚或轻罚，则可援引类似的重罪条来处罚，若重罪者都被处罚很轻甚至不处罚，那比它轻的就更应处罚得轻或不被处罚了；反之，若应被处罚或重罚，那么援引类似的轻罪条的处罚，比它重的行为就更应该处罚甚至重罚了。这是古代对类推原则的最权威的解释。此后一直被封建法典所沿用。在 1997 年《刑法》公布之前，我国刑法中也沿用这一原则。1997 年《刑法》颁布以后，由于受西方刑法理念的影响确立了“罪刑法定原则”，与之相比就把“类推原则”称为了“有罪推定原则”，并且把它

---

① 韩延龙主编：《中华人民共和国法制通史》，中央党校出版社 1998 年版，第 487 页。

② 刘俊文点校：《唐律疏议》第 50 条“断罪无正条”，中华书局 1983 年版，第 134 页。

视为落后与罪刑擅断的表现。这似乎有欠公允。古人曾言："法之设文有限，民之犯罪无穷。为法立文，不能网罗诸罪；民之所犯，不必正与法同，自然有危疑之理。"[①] 类推原则可谓古代中国在刑罚领域的一大发明，解决了由于立法不周时的刑罚如何执行的问题，不能因为它在实践中被曲解、被歪曲、被利用，就连它本身也否定掉，假若如此的话，在实践中经常被歪曲的《唐律疏议》也应该被否定。我们更不应该以西方人的取舍来决定我们对我国传统文明的态度。

（三）罪刑法定原则

罪刑法定原则是18世纪新兴的资产阶级反对封建社会的罪刑擅断，以保障人权的口号而提出来的。学术界一般认为，最先明确倡导罪刑法定刑法思想的是意大利著名的刑法学家贝卡利亚，而使之法典化的则是德国著名刑法学者冯·费尔巴哈。作为现代刑法的首要原则，罪刑法定原则以人权保障为核心内容，对于不利于被告人、犯罪嫌疑人的制度如类推定罪、重法有溯及既往的效力、不定期刑、习惯法、模糊用语等，均绝对排斥。由于中国1979年《刑法》规定有类推制度，且受当时"宜粗不宜细"的立法思想影响，诸多条文含糊不清，而在有关单行刑法中，还设置了处刑较重的新法即重法具有溯及力的规定。这就极大地削弱了刑法对人权的保障，特别是对被告人、犯罪嫌疑人权利的保护作用。中国1997年《刑法》毅然摒弃了类推制度、重法有溯及力等一系列不利于人权保障的规定，其第3条明确规定："法律明文规定为犯罪行为的，依照法律定罪处刑；法律没有明文规定为犯罪行为的，不得定罪处刑。"从而在刑法中确立了罪刑法定的原则。它要求刑法法定化、实定化和条文明确化，即罪刑之间的关系必须用条文予以明确规定，且这种规定必须意思明确、文字清晰、不易混淆。为贯彻该原则，1997年《刑法》明确规定犯罪的概念以及各种犯罪的构成条件和一系列担负刑事责任的原则；还对刑种、罪名，各个刑种如何适用，以及各种具体罪的具体量刑幅度进行了详细规定。这些规定对于正确区分罪与非罪、重罪与轻罪、此罪与彼罪，正确适用刑罚，有效打击违法犯罪行为，保护国家和人民的人身与财产安全意义重大。罪刑法定原则的确立，被认为是中国刑法改革进程中的一个里程碑，表明中国刑法由偏重对社会整体利益的保护向保护社会整体利益与保障个人权利并重的价值取向转变，从而对刑法规范的完备和科学，对刑事司法的改善和强化，乃至对于提高全社会的法治意识，均至关重要和大有助益，也为我国刑法及刑事法治的现代化奠定了良好的基础。

（四）罪刑相适应原则

罪刑相适应原则就是指刑罚的轻重，应当与犯罪分子所犯罪行和所应承担的刑事责任相适应，不重罪轻刑，更不轻罪重刑。罪刑相适应原则中的罪与刑两者之间是一种关联关系，有罪才有刑，刑由罪定。这种关联关系确定的前提条件是要求"罪"必须具有真实性，"刑"必须具有公正性。在确定罪责上应是多方位的综合认定，就是说不应该仅从犯罪侵害程度的一点论来进行平衡，应多方位来确定罪责的轻重程度，以与法定刑罚相适应。新的某些理论，如犯罪构成理论，责任阻却或违法阻却以及刑罚的加重、减轻、免除和罪数的论定等理论都是为贯彻罪刑相适应原则而出现或加强的。

---

① 《左传》昭公六年孔颖达疏语。转引自刘俊文：《唐律疏议笺解》，中华书局1996年版，第487页。

罪刑相适应原则应包括以下内容：

第一，刑罚的性质和强度要与犯罪的性质和严重程度相适应，轻罪轻刑，重罪重刑，罪刑相称，罚当其罪。首先，这一精神反映在立法上，刑法分则在确定具体犯罪的法定刑时，根据罪行和刑事责任的轻重确定轻重有别的法定刑。犯罪形式是多种多样的，其危害也有轻有重。因此，在立法时，各个法律条文要统一平衡，不能罪重的量刑比罪轻的轻，也不能罪轻的量刑比罪重的重。其次，在刑法总则中确定某些情况的处理原则时，也须贯彻罪刑相适应的原则。例如，对预备犯、未遂犯、中止犯的处理原则，对自首、立功、累犯的处理原则以及数罪并罚的原则，都是罪刑相适应原则的体现。

第二，刑罚的性质和强度要与刑事责任的轻重相适应。在对具体犯罪裁量刑罚时，不仅考虑犯罪行为本身的轻重，而且还应考虑犯罪分子应承担刑事责任的轻重。刑事责任的轻重实际上是一种综合评价指标，不单纯指犯罪行为所造成的可测量的确定的某种危害结果，而是犯罪的客观的、主观的和主体的诸方面因素的结合。刑事立法中，对各种具体犯罪的法定刑都规定有一定的幅度，以便司法部门在适用时能根据罪责的轻重作出选择。影响刑事责任轻重的因素主要有：行为的性质、行为的方式、行为的后果、行为的原因、罪过的形式、动机、目的等。对负有刑事责任的人判处刑罚时，其刑罚的严厉程度不能超过其应负刑事责任的程度。

贯彻罪刑相适应原则，无论对刑事立法还是对刑事司法，都具有重要的意义。首先，刑事立法贯彻罪刑相适应原则，能协调各种犯罪与刑罚的关系，确定刑法打击的锋芒和重点，起到震慑犯罪分子、预防犯罪的作用；其次，刑事司法工作中贯彻罪刑相适应原则，能防止刑事审判中畸轻畸重的罪刑失衡现象，不但能有效地惩罚犯罪，而且能防止社会上的不稳定分子以身试法，以达到刑罚的特殊预防和一般预防的目的。

（五）主观与客观相一致原则

主观与客观相一致原则，是指对犯罪的认定和追究刑事责任，必须保持主客观相一致。认定一个人的行为是否犯罪，应该是主观上有罪过，客观上有危害行为，并且必须是这种主观上的罪过和客观上的危害行为和结果之间有必然的因果关系。主观上的罪过是危害社会的行为和结果的原因，而这个行为必须是主观上的罪过的必然结果。客观上危害社会的行为和主观上的故意或过失的统一，是构成犯罪的基本标志。

马克思主义认为，世界上的一切事物都是受因果性支配的。作为客观世界组成部分的人类，同样受因果性的制约。人的意识和意志作为心理现象，是由客观现实决定的，是对客观现实的反映。而人的行为，包括犯罪行为，则是由人的意识和意志支配的，是意识和意志的客观化的外部表现。可见人的意识、意志是有自觉能动性的。相对的，意志自由是人的行为的直接决定者、支配者。人的行为是个人意识自由选择的外在表现和结果。一个人形成了犯罪意识，选择了犯罪道路，实施了犯罪行为，他就必然要承担刑事责任。这就是主客观相一致的刑事责任原则的马克思主义理论根据。正如恩格斯所讲："如果不谈所谓自由意志、人的责任、必然和自由的关系等问题，就不能很好地讨论道德和法的问题。"①

① 《马克思恩格斯全集》（第20卷），人民出版社1956年版，第124页。

主客观相一致的刑事责任原则是马克思主义刑法的内在生命，是刑事立法、司法的一条贯穿始终的中心线。坚持这一原则，有助于理解社会主义刑法体系，防止以偏概全、唯行为论、唯后果论、唯手段论等错误的发生，克服主观归罪和客观归罪。我国刑法在总则、分则和刑罚上都贯彻和体现了主客观相一致的刑事责任原则，对犯罪、故意、过失、意外事件、责任年龄、责任能力和正当防卫等的规定，对刑罚中从重、从轻、减轻等情节的规定等，都体现了主客观相一致的刑事责任原则。

（六）适用刑法人人平等原则

适用刑法人人平等原则，是法律至上原则所要求的法律面前人人平等之法治一般原则在刑法中的具体化，它是罪刑法定原则所必然要求的。我国现行刑法典第 4 条规定：“对任何人犯罪，在适用法律上一律平等。不允许任何人有超越法律的特权。”根据这一规定，适用刑法人人平等，就是对犯罪公民适用刑法时的平等。其人权保障的意义在于：任何人犯罪均应当平等地承担刑事义务，并平等地享有刑法所规定的刑事权利。所谓平等地承担刑事义务，包括两方面的含义：一是要求对犯罪者严格以罪论刑，绝不允许因犯罪者的社会地位、受教育程度、财产、性别、种族等不同而加重或减轻刑罚或不予处罚；二是要求不得因受害者的社会地位、受教育程度、财产、性别、种族等不同而对犯罪者加重或者减轻刑罚或不予处罚。所谓平等地享有刑事权利，是指每一个犯罪者依法享有法定的刑事权利，只要符合法定条件，不论个人地位、受教育程度、财产、性别、种族状况如何，就应让其享受某种刑事权利。例如，中国现行刑法典中规定有各种法定从轻、减轻或免除刑罚的情节，只要犯罪者具有法定从轻、减轻或免除刑罚的情节，其便依法享有获得从轻、减轻或免除刑罚的刑事权利，司法机关不能以其社会地位、受教育程度、财产、性别、种族以及任何其他理由剥夺其刑事权利。

第二节　罪名

一、革命根据地时期的主要罪名

（一）反革命罪

1931 年 12 月中央执行委员会发布的第六号训令，初步系统地提出了“反革命”罪。1934 年公布的《中华苏维埃共和国惩治反革命条例》对反革命罪的解释是：“凡一切图谋推翻或破坏苏维埃政府及工农民主革命所得到的权利，意图保持或恢复豪绅地主资产阶级的统治者，不论用何种方法，都是反革命行为。”而且针对反革命罪的危害程度把它划分为 28 种，并确定了不同的量刑标准。[①] 从此，反革命罪被作为革命根据地时期及中华人民共和国建立后的重罪，长期是刑事法律打击的重点对象。

（二）汉奸罪（叛国罪）

1937 年 10 月，陕甘宁边区政府、保安司令部联合发布的《陕甘宁边区锄奸委员会组

---

① 参见张希坡、韩延龙主编：《中国革命法制史》，中国社会科学出版社 1992 年版，第 306 – 308 页。

织条例》中，首次提出了汉奸罪并列举了汉奸罪的十大罪行。1939年，陕甘宁边区政府正式制定了《抗战时期惩治汉奸条例（草案）》，具体规定了对汉奸罪的处刑办法。其他的各地抗日民主政府也陆续制定了惩治汉奸条例。《抗战时期惩治汉奸条例（草案）》中列举的汉奸罪行主要有：企图颠覆抗日政府、阴谋建立傀儡政权、破坏人民抗日运动、进行间谍特务活动、藏运军火图谋叛乱或组织领导叛变、携枪投敌、施放信号显示敌人轰炸或射击目标、杀害革命干部或毒害人民、以粮食军器资送敌人、破坏交通或扰乱金融、以文字图画宣传破坏抗日、有意放纵汉奸分子逃跑或诬陷别人为汉奸等。①

（三）发动战争罪

1947年10月10日发布的《中国人民解放军宣言》指出："本军对于蒋方人员，并不一概排斥，而是采取分别对待的方针。这就是首恶者必办，胁从者不问，立功者受奖。"同时指出"逮捕、审判和惩办以蒋介石为首的内战罪犯"。把对战争罪犯的处罚从反革命罪中分解出来，进行特别的规定。并把"惩治战争罪犯"列为和平谈判的条件之一。1948年11月1日发布的《惩处战争罪犯》的命令，具体规定了以战犯论处的各项罪行及其惩处办法。但对于参加起义和有悔改表现的前国民党军政人员，给以宽大处理；对于那些怙恶不悛的反动分子，即按战争罪或反革命罪予以追捕法办。

（四）贪污罪

为了惩治贪污行为，早在1930年闽西第一次工农兵代表大会上就通过了《政府工作人员惩办条例》。1932年，中央执行委员会《关于惩治贪污浪费行为》的训令中规定：凡苏维埃机关、国营企业及公共团体的工作人员，利用自己地位贪污公款，以图私利，依据贪污款数，分别判处各种刑罚。同时规定："凡挪用公款为私人营利者，以贪污论罪。"②到抗日战争时期，各根据地先后立法严肃贪污之风，如1938年陕甘宁边区政府制定《惩治贪污暂行条例（草案）》，还有1940年的《山东省惩治贪污暂行条例》、1941年的《晋西北惩治贪污暂行条例》、1942年的《晋冀鲁豫边区惩治贪污暂行办法》及《晋察冀边区惩治贪污条例》等。解放战争时期，又陆续公布了一些惩贪法规，如1947年的《东北解放区惩治贪污暂行条例》、1948年的《晋冀鲁豫边区惩治贪污条例》、1949年的《苏北区奖励节约惩治贪污暂行条例》等。这些法规的制定，充分体现了中国共产党对贪污罪的惩治力度。

（五）侵犯人身权利罪

在革命根据地里，每个公民的生命安全、人身健康、民主权利、人格名誉等，都应受到革命政权的确实保障。一切非法侵害，必然受到法律的制裁。这方面的罪行主要包括：故意杀人罪、买卖人口罪、强奸罪、非法拘禁罪、堕胎溺婴罪、诬陷罪、伪证罪等。

二、中华人民共和国刑法规定的罪名

（一）危害国家安全罪

"七九刑法"及以前的刑事法规有反革命罪的设置，随着国家政治经济制度的发展，

① 张希坡、韩延龙主编：《中国革命法制史》，中国社会科学出版社1992年版，第330－331页。

② 张希坡、韩延龙主编：《中国革命法制史》，中国社会科学出版社1992年版，第311页。

它已不适应客观形势的需要，“九七刑法”将其改为危害国家安全罪。危害国家安全罪是指故意危害中华人民共和国国家安全的行为，“九七刑法”规定它主要包括12个罪名：背叛国家罪，分裂国家罪，煽动分裂国家罪，武装叛乱、暴乱罪，颠覆国家政权罪，煽动颠覆国家政权罪，资助危害国家安全犯罪活动罪，投敌叛变罪，叛逃罪，间谍罪，为境外窃取、刺探、收买、非法提供国家秘密、情报罪，资敌罪。

（二）危害公共安全罪

危害公共安全罪，是指故意或过失地实施危害不特定多数人的生命、健康或者重大公私财产安全的行为。由于其社会危害性大，因此也是重点打击的对象。“九七刑法”规定它包括42个罪名，可以分成六大类：

（1）用危险方法危害公共安全罪，如放火罪、失火罪、决水罪、爆炸罪、投毒罪等；

（2）危害交通运输安全的犯罪，如破坏或过失毁坏交通工具罪、破坏或过失毁坏交通设施罪、劫持航空器罪、劫持船只或汽车罪等；

（3）破坏重要公共设备危害公共安全的犯罪，如破坏或过失毁坏易燃易爆设备罪、破坏传播或通讯设施罪等；

（4）有关枪支、弹药、爆炸物及核材料的犯罪，如非法制造、买卖、运输、邮寄、储存枪支、弹药、爆炸物罪，非法买卖、运输核材料罪，非法持有、私藏枪支、弹药罪，丢失枪支不报罪等；

（5）重大责任事故的犯罪，如重大责任事故罪，工程或教育设施重大责任事故罪，消防责任事故罪等；

（6）其他危害公共安全的犯罪，如组织、领导、参加恐怖活动组织罪，非法携带枪支罪等。

（三）破坏社会主义市场经济秩序罪

破坏社会主义市场经济秩序罪，是指违反国家市场经济管理法规，干扰国家对市场经济的管理活动，破坏社会主义市场经济秩序，使国民经济发展遭受严重损害的行为。“九七刑法”规定其有94个具体罪名，主要包括有八大类：

（1）生产、销售伪劣商品罪；

（2）走私罪；

（3）妨害对公司、企业的管理秩序罪；

（4）破坏金融管理秩序罪；

（5）金融诈骗罪；

（6）危害税收征管罪；

（7）侵犯知识产权罪；

（8）扰乱市场秩序罪等。

（四）侵犯公民人身权利、民主权利罪

侵犯公民人身权利、民主权利罪，是指故意或过失地侵犯公民的人身权利、与人身直接有关的其他权利以及民主权利，依法应受到刑罚处罚的行为。“九七刑法”规定其有38个具体罪名，可以归纳为以下几种：

（1）侵犯公民生命权利的犯罪。如故意杀人罪和过失致人死亡罪。

（2）侵犯公民身体权利的犯罪。如故意伤害罪和过失重伤罪。

（3）侵犯公民性的自由权利或健康权利的犯罪。如强奸妇女罪，奸淫幼女罪，强制猥亵、侮辱妇女罪，猥亵儿童罪。

（4）侵犯公民人身自由权利的犯罪。如非法拘禁罪，绑架勒索罪，拐卖妇女、儿童罪，非法搜查罪等。

（5）侵犯公民其他自由权利的犯罪。如侵犯通信自由罪、非法侵入住宅罪、非法剥夺宗教信仰自由罪等。

（6）侵犯公民人格权、名誉权的犯罪。如诬告陷害罪、侮辱罪、诽谤罪等。

（7）司法工作人员侵犯公民权利的犯罪。如刑讯逼供罪、暴力逼证罪等。

（8）侵犯少数民族有关权利的犯罪。如煽动民族仇恨、民族歧视罪，侵犯少数民族风俗习惯罪等。

（9）侵犯公民民主权利的犯罪。如报复陷害罪，打击报复会计、统计人员罪，破坏选举罪等。

（10）侵犯公民婚姻家庭权利的犯罪。如暴力干涉婚姻自由罪、重婚罪、破坏军婚罪、遗弃罪、拐骗儿童罪等。

（五）侵犯财产罪

侵犯财产罪，是指故意非法占有公私财物，或者故意破坏生产经营，毁坏公私财物的行为。此种犯罪主要包括：抢劫罪、盗窃罪、诈骗罪、抢夺罪、聚众哄抢罪、侵占罪、职务侵占罪、挪用资金罪、挪用特定款物罪、敲诈勒索罪、故意毁坏公私财物罪及以泄愤或其他目的破坏生产经营罪等。

（六）妨害社会管理秩序罪

妨害社会管理秩序罪，是指妨害国家机关对社会的管理活动，破坏社会秩序，情节严重的行为。包括 9 个方面共 119 种具体犯罪，即：

（1）扰乱公共秩序罪；

（2）妨害司法罪；

（3）妨害国（边）境管理罪；

（4）妨害文物管理罪；

（5）危害公共卫生罪；

（6）破坏环境资源保护罪；

（7）走私、贩卖、运输、制造毒品罪；

（8）组织、强迫、引诱、容留、介绍卖淫罪；

（9）制作、贩卖、传播淫秽物品罪等。

（七）危害国防利益罪

危害国防利益罪，是指危害作战和军事行动，危害国防建设，危害国防管理秩序，拒绝或者逃避履行国防义务的犯罪行为。共包括 12 种具体犯罪，主要的是：阻碍军人执行职务罪，阻碍军事行动罪，破坏武器装备、军事设施、军事通信罪，冒充军人招摇撞骗罪和接送不合格兵员罪等。

（八）贪污贿赂罪

贪污贿赂罪，是指国家工作人员利用职务上的便利贪污、受贿，或者拥有不能说明与合法收入差额巨大的财产或者支出的合法来源，或者私分国有资产或罚没财物，以及其他人员行贿、介绍贿赂的行为。共包括10个罪名，即：贪污罪、挪用公款罪、受贿罪、单位受贿罪、行贿罪、向单位行贿罪、单位行贿罪、介绍贿赂罪、巨额财产来源不明罪、隐瞒境外存款罪、私分国有资产罪及私分罚没财物罪等。

（九）渎职罪

渎职罪，是指国家机关工作人员滥用职权、玩忽职守或者徇私舞弊，妨害国家机关的正常活动，致使公共财产或者国家和人民利益遭受重大损失的行为。共包括34种具体犯罪，主要有：滥用职权罪，玩忽职守罪，泄露国家秘密罪，非法批准征用占用土地罪，招收公务员、学生舞弊罪，还包括一些必须具备特殊身份才能实施的犯罪，如刑事司法徇私枉法罪，私放刑事在押人员罪，非法减刑、假释、监外执行罪，非法批准公司设立、登记申请罪，税务工作人员徇私舞弊罪，海关人员放纵走私罪，向犯罪分子通风报信、提供便利罪等。

（十）军人违反职责罪

军人违反职责罪，是指中国人民解放军的现役军人、执行军事任务的预备役人员以及执行军事任务的其他人员违反职责，危害国家军事利益，依照法律应当受刑罚处罚的行为。共包括32个具体罪名，主要有：违抗命令罪，临阵脱逃罪，军人叛逃罪，泄露军事秘密罪，逃离部队罪，武器装备肇事罪，盗窃武器装备、军用物资罪以及非法出卖、转让武器装备罪等。

第三节　刑罚体系

一、革命根据地时期的刑罚体系

（一）主刑

1. 死刑

1934年颁布的《中华苏维埃共和国惩治反革命条例》中列举的27种反革命罪中有26种规定对情节严重的主要罪犯处以死刑。抗日战争时期各根据地对一些罪大恶极、社会危害性大的犯罪分子规定处以死刑。另外，太岳革命根据地规定了“死刑保留”制度，即对应判处死刑而认为有可能改造者，可判处“死刑保留”。保留期间长短，根据具体情节可定为一年至五年。在保留期间，如果重犯前罪或另犯他种更大罪行者，经法庭重新讨论决定，即执行枪决；如经过保留期间不再犯罪，其“死刑保留”即为失效。这种制度可被看作“死刑缓期两年执行”制度的滥觞。

2. 无期徒刑

抗日战争以前的根据地一般没有无期徒刑的规定，有的地方短期内存在过永远监禁制度。抗日民主政权时期，陕甘宁边区曾经废止过无期徒刑。但在其他抗日根据地的刑事法规中，如《晋察冀边区破坏坚壁财物惩治办法》《晋冀鲁豫边区危害军队及妨害军事工作治罪暂行条例》《山东省惩治盗匪暂行条例》等法规中都规定了无期徒刑。

3. 监禁（有期徒刑）

《赣东北特区苏维埃暂行刑律》规定“有期徒刑”最高刑为五年，最低为一个月，由五个等级组成。中华苏维埃共和国成立后，将“有期徒刑”改称“监禁”，并取消刑期等级的划分，而在法律条文中直接规定刑期。《中华苏维埃共和国惩治反革命条例》规定监禁“以十年为最高限度”，最低为六个月。在抗日民主政权时期，陕甘宁边区规定有期徒刑为五年，最低为六个月，后来又改成最高十年。解放区人民民主政权时期有的地方最高刑期为十五年，并科的有期徒刑不得超过二十年；最低刑期一般为六个月，也有三个月的。

4. 拘役、强迫劳动（或罚苦工）

如《赣东北特区苏维埃暂行刑律》规定拘役为一月未满，一日以上。1933 年发布的《对裁判机关工作的指示》规定：判处强迫劳动（苦工），不得超过一年，不准判处长苦工。抗日民主政权时期，拘役一般规定为一天至两个月，也有规定为六个月以下的，用于处罚轻微犯罪。宣判后给予必要教育后，分遣到有关单位服劳役；敌后根据地判处者，以回村服役为原则。解放区人民民主政权时期，回村服劳役制度被取消。

5. 管制

它是解放区人民民主政权时期新创立的一种主刑，主要适用于反革命分子。1948 年 11 月 15 日《中共中央关于军事管制问题的指示》规定：解散国民党、三青团、民社党、青年党及南京政府系统下的一切反动派和团体，对登记后的少数反动分子实行管制（每日或每星期须向指定的机关报告其行动）。可见，管制就是对某些反革命分子，在向政府登记后，不予关押，在政法机关指导下交由当地政府与群众加以监督改造。其间，剥夺政治权利，限制人身自由。视其改造表现，予以不同的对待，或取消管制，或延长管制，或逮捕另判。

（二）附加刑

1. 褫夺公权

《赣东北特区苏维埃暂行刑律》规定褫夺公权中的“公权”包括：参加政权的资格、参加一切群众组织的资格、选举资格、充当红军的资格，被规定褫夺公权适用于科处徒刑以上的罪犯。《中华苏维埃共和国惩治反革命条例》规定：凡犯本条例所列各罪之一者，并得剥夺其公民权一部或全部。抗日民主政权时期少有褫夺公权的处罚方式，只适用于汉奸、吸毒等少数犯罪行为。解放区人民民主政权时期，一些根据地的规定指出：被褫夺的公权应该是人民所公认的最高荣誉或最重要的资格，而不是将公民资格全部取消，甚至连生活上的一切权利都受到限制。这充分说明，经过长期的司法实践，立法者越发理性，立法水平也日渐提高。

2. 没收财产与罚金

《赣东北特区苏维埃暂行刑律》对于犯法之人适用没收财产或罚金之刑。《中华苏维埃共和国惩治反革命条例》规定：凡犯本条例所列各罪之一者，得没收其本人财产的一部或全部。抗日民主政权时期的没收财产特别针对汉奸、土匪这类破坏抗日事业的罪犯的财产。此时的罚金制度，包括“并科”“专科”“易科”等多种形式。大多数条例规定，除判处徒刑、拘役外，得并科罚金。解放区人民民主政权时期，有的根据地法规规定：被告配偶因婚姻或继承所得之财物，无论动产或不动产均不得没收；科以没收之处分者，非经判决确定后，不得执行没收。

3. 驱逐出境

1930 年的闽西《裁判条例》中有驱逐出境的规定。1932 年的《中华苏维埃共和国国家政治保卫局组织纲要》也规定：对反革命分子，可以判处驱逐至苏区境外的刑罚。抗日民主政权时期的陕甘宁边区只针对少数案件适用过驱逐出境。

此外，革命根据地时期还实行"缓刑""减刑"和"假释"制度。对一些初犯且可资教诲的被判有期徒刑者，可判处缓刑；对于在押的已决犯中，确有悔改表现又符合减刑条件者，可以减刑；对于已决在押犯，在不实施新的罪行情况下，且符合假释条件的，在报请主管司法机关后，可予以假释。①

二、中华人民共和国的刑罚体系

（一）主刑

1. 管制

管制是对犯罪者不予关押，但限制其一定自由，在公安机关管束和群众监督下进行改造的一种刑罚方法。它是一种限制自由刑，早在民主革命时期就已经产生，中华人民共和国成立以后继续采用，1979 年刑法典将其规定为主刑之一，1997 年刑法典仍之不改。把管制作为一种刑罚的方法载于刑事法规与刑法典，是我国的首创。管制的期限为 3 个月以上 2 年以下，数罪并罚时最高不超过 3 年。管制的期限，从判决执行之日起计算，判决执行以前先行羁押的，羁押一日折抵刑期二日。

2. 拘役

拘役是短期剥夺犯罪者的人身自由，就近强制执行劳动改造的刑罚方法。拘役属于短期自由刑，建国以前曾在解放区施行过。建国以后，在"文革"以前的刑法草案的讨论中，曾有一些省市主张废除此刑种，因为它与有期徒刑相似，经讨论还是留了下来。拘役主要适用于罪行较轻，又必须关押、强制劳动改造的犯罪分子。拘役的期限为 1 个月以上 6 个月以下，在被执行期间犯罪者可以每月回家一至两天，参加劳动可以发给报酬。判决执行以前先行羁押的，羁押一日折抵刑期一日。

3. 有期徒刑

有期徒刑是剥夺犯罪者一定期限的人身自由，并在监狱内执行刑罚，对其实行强制教育改造与劳动改造的刑罚方法。有期徒刑是当今世界各国刑罚体系中适用范围最广的刑种。在我国刑法分则条文中，凡是规定了法定刑的，都规定了有期徒刑。有期徒刑的期限一般为 6 个月以上 15 年以下；被判处死刑缓期两年执行的犯罪者，在死刑缓期执行期间，如果确有重大立功表现，两年期满后，减为 15 年以上 20 年以下有期徒刑；数罪并罚时有期徒刑最高不能超过 20 年。另外刑法还规定适用减刑的，减刑以后所实际执行的刑期不能少于原判刑期的 1/2。有期徒刑的刑期，从判决执行之日起计算，判决执行以前先行羁

① 参见张希坡、韩延龙主编：《中国革命法制史》，中国社会科学出版社 1992 年版，第 313－377 页。

押的，羁押一日折抵刑期一日。

4. 无期徒刑

无期徒刑是指剥夺犯罪者终身自由，强制对其进行教育与劳动改造的刑罚方法，它是仅次于死刑的一种严厉的刑罚，只适用于严重的犯罪。被判处无期徒刑的都必须被剥夺政治权利终身。无期徒刑刑种的规定，既能有效地打击犯罪，又能更好地贯彻少杀政策，缩减死刑的适用范围；但并非就是一直关押至死，在服刑期间确有悔改或立功表现的，在刑罚执行一段时间后，是可以被减刑或假释的。被判处无期徒刑的犯罪者在判决执行以前的羁押时间不存在折抵刑期的问题。

5. 死刑

死刑也称生命刑，是剥夺犯罪者生命的刑罚方法。它是最严厉的刑罚，故被称为极刑。由于其结果的不可挽回性，所以刑法对其适用条件有不少的限制：死刑只适用于罪行极其严重的犯罪者；犯罪的时候不满18周岁的人和审判时怀孕的妇女不适用死刑；在核准程序上必须经由最高人民法院核准才能执行死刑。此外，还在死刑执行中创设死刑缓期两年执行的制度，对不必立即执行死刑的犯罪者挽救其生命，给其最后改过自新的机会。死缓制度是在建国之初镇压反革命运动中毛泽东发明的一种死刑缓期执行制度，是为了贯彻党的少杀慎杀政策。1979年，《中华人民共和国刑法》和《中华人民共和国刑事诉讼法》公布后，死缓被明确规定为法律制度。被判死缓者，一般都是罪行严重，但有某种从宽处罚情节的犯罪分子。对于判处死缓的罪犯，在死刑缓期执行期满后，有三种不同处理办法：（1）在死刑缓期执行期间，如果没有故意犯罪的，2年期满后减为无期徒刑；（2）在死刑缓期执行期间，如果确有重大立功表现的，减为15年以上20年以下有期徒刑；（3）在死刑缓期执行期间，如果故意犯罪，查证属实的，由最高人民法院核准，执行死刑。

（二）附加刑

1. 罚金

罚金是强制犯罪者向国家交纳一定数额金钱的刑罚方法。罚金刑在中国产生很早，至迟在周代已出现罚金刑，《周礼·秋官·职金》："掌受士之金罚、货罚，入于司兵。"《尚书·吕刑》："两造具备，师听五辞。五辞简孚，正于五刑。五刑不简，正于五罚。""五罚"即出金赎罪。[①]

罚金主要适用于贪财图利或与财产有关的犯罪，这些犯罪多以非法牟利和非法占有财物为目的；也适用于一些妨害社会管理秩序的犯罪。罚金的数额刑法没有具体规定，一般根据犯罪的情节与罪行轻重来决定。罚金的交纳方法也是多样性的，针对不同的情况有不同的交纳方法。

2. 剥夺政治权利

剥夺政治权利是指剥夺犯罪者参加国家管理和政治活动权利的刑罚方法。在国民党统治时代及现在的台湾地区一般也被称为褫夺公权。剥夺政治权利可以单独适用也可以附加适用，一般来讲它是作为附加刑适用于一些严重犯罪行为的刑罚。剥夺政治权利的期限一

① 详见张全民点校：《历代刑法考》刑法分考十二《罚金》，中国检察出版社2003年版，第338－339页。

般是1年以上5年以下；被判处管制附加剥夺政治权利的期限与管制的期限相等；被判处死刑、无期徒刑的剥夺政治权利终身；由死刑缓期执行减为有期徒刑或无期徒刑减为有期徒刑的，应把附加剥夺政治权利的期限相应地改为3年以上10年以下。

3．没收财产

没收财产是将犯罪者个人所有财产的一部分或全部强制无偿地收归国家所有的刑罚方法。没收财产主要适用于危害国家安全罪、破坏社会主义市场经济秩序罪、侵犯财产罪、妨害社会管理秩序罪、贪污贿赂罪中某些出于贪财谋利动机的犯罪。应当注意的是，没收财产时应该给犯罪者及其抚养的家属保留必要的生活费用，不得没收属于犯罪者家属所有或者应有的财产。这也体现了人道主义的精神。没收财产的处罚方式，曾在建国之初作为对以“四大家族”为代表的国民党政权的垄断资本收归国有的处罚办法，接着又在政务院于1951年2月公布的《关于没收战犯、汉奸、官僚资本家及反革命分子财产的指示》中作为对这些人员的所属财产的处理办法。

4．驱逐出境

驱逐出境是强迫犯罪的外国人离开中国国（边）境的刑罚方法。驱逐出境剥夺的是外国人在中国居留的资格，因而也是一种资格刑。它既可独立适用也可以附加适用。驱逐出境的执行日期，单独判处驱逐出境的，从判决生效后立即执行，附加判处驱逐出境的，从主刑执行完毕之日起执行。

小　结

早在革命根据地时期，中国共产党人就制定了大量的刑事法律法规，虽说大部分是面对当时的革命情势的“应急”之法，但其中也不乏非凡的创制，如“镇压与宽大相结合”与“群众路线”的刑法原则的提出，以及“死刑保留”制度的发明与管制刑的设立等。中华人民共和国建立以后，随着政治形势的变更，刑事法律的建设也在不断变更，虽然刑法方面的指导思想变动不大，但是由于建国之初向苏联学习，改革开放后更多向欧美学习，所以在刑法的基本原则、罪名、刑罚体系方面还是有不小的改变。在刑法的基本原则中，我们既吸收国外的先进理念，又坚持从本国国情与传统出发，创造出了一些适合国情的原则与理念。在刑法原则的指导下，制定了刑法的罪名体系与刑罚体系。刑罚体系中的管制刑与死刑缓期两年执行，都是我国的创造，尤其是死缓制度充分体现了我国刑法坚持的少杀慎杀理念，值得称道。

思考题

1．我国刑法的指导原则有哪些？

2．简述管制刑产生的原因及意义？

3．我国刑法的主要罪名有哪些？

4．剥夺政治权利的意义是什么？

5．罚金与没收财产这两种刑罚有什么区别？

第二十一章 民事经济法律制度

第一节 民事法律制度

一、立法背景

在新民主主义革命时期，由于中国共产党领导的由人民群众参与的民主革命尚未取得全国性胜利，革命根据地之间在地理上的相互分离使得立法的统一性相对受到限制。

同时，从革命的宗旨来看，它就是针对中国当时社会生产力状况而开展的，革命的最终对象是原有社会生产力，直接对象是生产关系，因而当时社会原存的生产资料占有形式和分配形式成为直接的革命对象。原有作为所有制表现形式的法律规范，尤其是民法规范中的有关规定，均被列入革命之列而被废止。在这样的历史条件下进行的立法，具有较强的实用性、革命性，并很多是针对生产资料占有制而开展的。根据地所在均为农村，其主要的生产资料就是土地。因此出现了很多立法与土地权属有关的情形。

与此相适应，革命的不同阶段出现不同的形势，有关政策进行了不同调整，法律的规定随之有所调整。

在革命的形势和发展方向确定以后，中国共产党采取果断措施，于 1949 年 2 月宣布废除南京国民政府的六法全书，其后所建立的共和国的法律选择因而具有一定特点，在政策取向上，可以说是新民主主义革命时期立法的继续。

二、主要立法活动

（一）土地立法

因根据地的特有情况，土地作为农业生产资料的重要成分，成为革命的重要对象，土地权益所体现的社会关系也是立法的重要领域，因为篇幅限制，这里仅叙述土地法制定的情况，无法展开具体内容的深究，从这些立法活动，可以大致了解土地政策的变化。

土地政策方面，早在 1921 年 7 月的《中国共产党第一个纲领》就提出没收土地，归社会公有，接下来党的几次会议都提出了耕地农有的口号。这些都是比较原则性的政策，到 1926 年后，随着各地农民运动经验的积累，政策的内容更加具体，为以后工农政权颁布土地法规奠定了基础。

1927 年 11 月，广东海陆丰地区工农兵代表大会通过了没收土地决议案，此后各苏区均制定了土地革命方面的法规。其中影响较大的有：1928 年 12 月井冈山苏区制定的《土地法》，1929 年兴国县苏维埃土地法，1930 年 3 月闽西第一次工农兵代表大会的土地令，1930 年 5 月全国苏维埃区域代表大会通过的《土地暂行法》等。到 1931 年 12 月由中华工农兵苏维埃第一次全国代表大会通过了供全国各苏区适用的《中华苏维埃共和国土地法》，但仅有 14 条，规定比较原则。有的苏区以上述法律为基础，结合当地的情况，制定了有关土地的法规，如 1931 年 12 月《江西省苏维埃政府对于没收和分配土地的条例》《赣东北省苏维埃执行委员会土地分配法》，1934 年 7 月黔东特区《没收和分配土地条例》等。土地法规颁布后的实施过程中，各地还针对其中的错误进行了部分调整，如 1935 年 12 月发布《中华苏维埃共和国中央执行委员会关于改变对富农政策的命令》及 1936 年 7 月对地主的土地政策的改变，宣布对地主在没收土地之后，“仍分给耕种分地及必需的生产工具和生活资料”。

抗日民主政权时期，依照抗日民族统一战线的总方针，陕甘宁边区自 1937 年 3 月起即停止没收地主的土地，而以减租减息作为抗战时期解决农民问题的基本政策。这一期间施行的重要土地条例主要是 1944 年 12 月由边区第二届参议会第二次会议通过的《陕甘宁边区地权条例》。

抗日战争胜利后，国内外形势和阶级关系都发生了很大变化，农民有强烈的土地要求，中共中央于 1946 年 5 月 4 日发布了《关于土地问题的指示》（即“五四指示”），决定由减租减息政策转变为没收地主土地分配给农民的政策。1947 年，中国共产党在河北平山县召开全国土地会议，制定了《中国土地法大纲》。其主要内容有：（1）实行“耕者有其田”。明确规定要“废除一切地主的土地所有权”。（2）确定土地财产的分配办法。以乡或行政村为单位，按乡村人口，不分男女老幼，统一平均分配。土地数量上抽多补少，质量上抽肥补瘦。（3）确定了土改机关。土改机关为乡村农民大会及其选出的委员会，贫农团大会及其选出的委员会，区、县、省农民代表大会及其选出的委员会。

中华人民共和国成立后，1950 年 6 月 28 日，中央人民政府委员会第八次会议讨论并通过了《中华人民共和国土地改革法》，并于同月 30 日公布施行。该法共分 6 章 40 条，详细规定了土地改革中党对农村各阶级的政策、土地分配原则、土地改革的执行方法及适用范围等问题。土地改革的总方针是“废除地主阶级封建剥削土地所有制，实行农民土地所有制，借以解放农村生产力，发展农业生产，为新中国的工业化开辟道路”。在对待农村各阶级的政策方面，规定对地主阶级采取区别对待的政策，“没收地主的土地、牲畜、农具、多余的粮食及其在农村中多余的房屋，但地主的其他财产不予没收”。

（二）劳动关系立法

建立新型的劳动关系，也是革命不可或缺的内容。一方面可保障劳工利益，另一方面则可破除旧的剥削性劳工雇佣关系。早期，各地的革命政府均曾制定地区性的劳动法规。1930 年 5 月在上海召开的“全国苏维埃区域代表大会”制定了《劳动保护法》，但未颁布。1931 年 11 月中华苏维埃工农兵第一次全国代表大会通过了《中华苏维埃共和国劳动法》，同年 12 月公布，1932 年 1 月生效。1933 年重新修订公布。

1940 年 12 月 25 日，中共中央发布《论政策》，规定了有关劳动的政策，边区政府以此为依据制定了劳动法规。如 1941 年 11 月 1 日公布的《晋鲁豫边区劳工保护暂行条例》，1942 年 5 月的《陕甘宁边区战时公营工厂集体合同准则》，1944 年 9 月 20 日的晋察冀边区行政委员会《关于保护农村雇工的决定》。

解放区人民民主政权时期，由于解放的区域不断扩大，在若干解放的大中城市中，面临许多劳工问题需解决。1948 年 8 月在哈尔滨召开的第六次全国劳动大会上，根据“发展生产，繁荣经济，公私兼顾，劳资两利”的方针，制定了《关于中国职工运动当前任务的决议》，还通过了《中华全国总工会章程》。1949 年 7 月全国工会工作会议上通过了《劳资关系暂行处理办法》《劳资争议解决程序的暂行规定》和《关于私营工商业劳资双方订立集体合同的暂行办法》。

（三）婚姻家庭关系立法

家庭是社会的基本单位，从建立新型的社会出发，革命的直接对象就是旧的婚姻家庭关系，其中较重要的部分是解放妇女。早在工农民主政权时期，各革命根据地工农民主政府就分别制定了婚姻制度的法令，如 1930 年 3 月闽西的《保护妇女青年条例》和《婚姻法》，1931 年 7 月鄂豫皖边区的《婚姻问题决议案》等。中华苏维埃共和国成立后，中央执行委员会第一次会议通过了《中华苏维埃共和国婚姻条例》，这是 1934 年《中华苏维埃共和国婚姻法》的基础。抗日民主政权时，各边区政府颁布了一些婚姻方面的法规，如 1939 年的《陕甘宁边区婚姻条例》，1945 年的《山东省婚姻条例》。

解放区人民民主政权时，有的边区根据具体情况对婚姻立法进行了修正或者重新颁布，如 1946 年的《陕甘宁边区婚姻条例》、1949 年的《修正山东省婚姻暂行条例》等。最初提出制定全国适用的《婚姻法》是 1948 年秋在河北省建屏县举行的各解放区妇女工作会议，意见提交中共中央后被采纳，并由中共中央法律委员会和中共中央妇女运动委员会负责起草。中华人民共和国中央人民政府成立后，起草工作移交中央人民政府法制委员会。1950 年 4 月 13 日《婚姻法草案》经中央人民政府委员会第七次会议审议通过。同年 4 月 30 日，中央人民政府发布命令：“中央人民政府委员会第七次会议通过的《中华人民共和国婚姻法》自 1950 年 5 月 1 日起公布施行。自公布之日起，所有以前各解放区颁布的有关婚姻问题的一切暂行条例和法令均予废止。”公布当天，中共中央发出《关于保证执行婚姻法给全党的通知》，中华全国总工会、中华全国学生联合会、中华全国妇女联合会等团体也发布《关于拥护婚姻法给各地人民团体的联合通知》。这些团体文件虽不是立法文件，但对于婚姻法的执行具有深刻影响。

1980 年 9 月 10 日第五届全国人大第三次会议审议通过新的《中华人民共和国婚姻法》，自 1981 年 1 月 1 日起施行。1985 年 12 月 31 日国务院批准，1986 年 3 月 15 日民政部发布《婚姻登记办法》。1994 年 1 月 12 日公布新的《婚姻登记管理条例》，2001 年 4 月 28 日第九届全国人大常委会第二十一次会议通过《中华人民共和国婚姻法》（修正案）。2003 年 7 月 30 日国务院常务会议讨论了《婚姻登记条例》，于同年 8 月 8 日由国务院公布，同年 10 月 1 日实施。同时最高人民法院公布有关司法解释，这些文件对婚姻法律的实施具有指导意义。

（四）民法典的草拟活动

因为中华人民共和国法律发展的特殊性，在叙述其民事法律发展的历史时，我们没有从民法典开始。一方面是因为共和国的法律发展历史与其以前的新民主主义革命时期各革命根据地法律有着精神和原则上的渊源关系，革命时期的立法尚未涉及民法典作为整体法典的制定程序，另一方面是因为民法典的立法努力，只有在全国性的政权建立以后才有现实意义。

1954 年下半年正式开始民法典的起草工作，1956 年 12 月完成“民法草案”，包括：总则、所有权、债、继承四篇，525 条。由于受到经济政策和政治运动的影响而中止。1962 年重新启动民法典起草工作，1964 年完成民法典的“试拟稿”，有总则、财产、财产的流转三篇，24 章 262 条。由于“四清运动”的开展，许多政策问题被重新认识、重新定性，从而导致试拟稿与现实的财产关系存在明显冲突而被否定，导致该试拟稿未向外发布。1966 年“文革”开始，民法典的起草工作中断。

“文革”结束后，社会秩序对法律提出了新的要求，各领域的立法逐渐恢复。1979 年全国人大常委会法制委员会成立民法起草小组，到 1982 年拟出民法草案 4 稿，因时处改革时期，社会关系的变化比较大，很多社会关系的性质需要重新界定，使得民法典编纂所要求的较为稳定成熟的社会环境不存在，这次起草工作又被中止。为调整基本的民事法律关系，1985 年 6 月着手编纂《民法通则》，1985 年 11 月将《民法通则》草案提请第六届全国人大常委会第十三次会议审议。1986 年 3 月第六届全国人大常委会第十五次会议决定将民法通则草案提交第六届人大四次会议审议。同年 4 月 12 日，第六届全国人大四次会议审议通过《中华人民共和国民法通则》。最高人民法院针对该法的执行问题颁布了《关于贯彻执行〈中华人民共和国民法通则〉若干问题的意见》。

1998 年 1 月第八届全国人大常委会组建民法起草小组，同年 3 月召开民法起草小组第一次会议，议定分三步走：第一步 1999 年完成统一合同法编纂；第二步从 1998 年起到 2003 年用 4 至 5 年时间制定物权法；第三步 2010 年前制定民法典。

第九届全国人民代表大会第二次会议于 1999 年 3 月 15 日通过统一的《合同法》，这既是民法典编纂工作的第一步，也为改革开放来所形成的一些合同关系提供了保障和规范。

1998 年 3 月到 2000 年 12 月由不同的学者团体提出了物权法建议稿，以此为基础，全国人大法制工作委员会形成一个内部草案。2001 年形成物权法草案（征求意见稿）发各地法院征求意见。

2002 年初开始的民法典起草工作打乱了原定的民法典编纂时间安排，提前将整体意义的民法典编纂提上日程，导致物权法编纂中断。同年 12 月《民法典草案（审议稿）》经人大常委会第一次审议后作为征求意见稿，发给地方人大、政府部门、法院和法律院系征求意见，但引起的争议比较大，学术界提出了三部建议稿，从而导致再次提出物权法的起草。

2002 年 12 月物权法草案提交人大常委会第一次审议，2004 年 8 月 3 日形成《物权法（草案）》修正稿，2004 年 10 月 15 日形成委员长会议审议稿，2005 年 6 月 26 日十届全国人大常委会第十六次会议审议《中华人民共和国物权法（草案）》，2007 年 3 月 16 日第十届全国人大第五次会议通过《中华人民共和国物权法》，几经周折的物权法得以正式颁布，并于 2007 年 10 月 1 日起实施。

（五）知识产权立法

知识产权法是保护智力成果专属权利的法律。由于革命时期的特殊情况，知识产权立法活动的开展主要是从中华人民共和国建立以后才开始的。

1. 专利立法

1950年8月，政务院公布了《保障发明权与专利权暂行条例》，1954年颁布《有关生产的发明、技术改进及合理化建议奖励暂行条例》，因而，对专利的保护与奖励并存。1963年以后，以奖励制度取代了保护制度。1984年3月12日通过《中华人民共和国专利法》，于1985年4月1日实施。1985年1月国务院批准了《〈中华人民共和国专利法〉实施细则》。专利法公布实施后，在1992年9月、2000年8月经全国人大常委会进行了两次修改。

2. 商标立法

1950年7月28日，政务院批准颁布《商标注册暂行条例》，1963年第二届全国人大常委会批准了国务院制定的《商标管理条例》。“文革”期间商标注册工作被中止。1978年国家工商局建立商标局，1979年11月1日恢复商标注册工作。1982年第五届全国人大常委会第二十四次会议通过《中华人民共和国商标法》，于1983年3月1日起实施，1983年3月颁布了《〈中华人民共和国商标法〉实施细则》。《中华人民共和国商标法》分别于1993年2月、2001年10月通过修改案予以修正。此外制定了《关于惩治假冒注册商标犯罪的补充规定》，最高人民法院根据审判工作情况作了一些司法解释。

3. 著作权立法

著作权的保护由于受到各种思想因素的限制，不像专利、商标的保护那样很快引起人们的关注。建国之初的保护主要表现在稿酬的给付方面，到“文革”时也中断，直到1977年10月，国家出版事业管理局发布《关于试行新闻出版稿酬及补贴办法的通知》后才得以恢复。国务院有关部门还颁布了《关于书籍稿酬的暂行规定》（1980年）、《美术出版物的稿酬试行规定》（1984年）、《付给戏剧作者上演报酬的试行办法》（1985年），对稿酬制度进行了较全面的建构和恢复。关于版权的规定有：国家版权局发布的《关于维护出版社权利的通知》（1981年）、广播电视部发布的《录音录像制品管理暂行条例》、文化部颁布的《图书、期刊版权保护试行条例》等。这些文件从不同的领域出发保护了作者及有关主体的著作权，为著作权法的制定打下了基础。1985年国家版权局成立，专门负责著作权法的起草和全国著作权管理工作。1990年9月7日，第七届全国人大常委会第十五次会议通过《中华人民共和国著作权法》，于1991年6月1日起实施，于2001年10月进行修正。

三、基本民事法律制度

早期，中华人民共和国民事法律的基本制度的总则部分关于人、法律行为等方面的建构主要见于1986年《民法通则》中的规定，《民法总则》颁布后，这些制度由该法取代。物权、债权、婚姻等方面的制度，目前都由单行法律规定。

（一）人法

《民法总则》规定了三种民事主体，即自然人、法人和非法人组织。将非法人组织作为民事主体的一类规定，这是中国民法的一个创举。经过改革开放40年，我国非法人组织在现实经济生活中起到不可忽视的作用，将其作为民事主体之一规定，不仅认可了其独立的法律地位，也是对这类主体提出了一些特殊规范。

1. 自然人

自然人从出生时起到死亡时止，具有民事权利能力。出生和死亡时间以出生证明、死亡证明的时间为准，没有者，以户籍登记或其他身份证明为准，有其他证明足以推翻上述证明的，以该证明为准。

自然人满 18 周岁为成年，具有完全行为能力。8 周岁以上的未成年人为限制民事行为能力人。

不能完全辨认自己行为的成年人为限制民事行为能力人，不能辨认自己行为的成年人为无民事行为能力人。

未成年人的监护人是父母，父母没有监护能力的依次由祖父母、外祖父母，兄、姐，其他组织担任监护人。不具有完全民事行为能力的成年人的监护人依次是配偶，父母、子女，其他近亲属，其他组织。还规定了监护人的选定程序、监护人的责任、终止等制度。规定了自然人宣告失踪或死亡的制度。

规定了个体工商户和农村承包经营户在民事关系中责任的承担形式，个体工商户以实际经营人的财产承担责任，农村承包经营户以农户的财产承担责任，部分成员经营的，以该部分成员的财产承担责任。

2. 法人

将法人界定为具有民事权利能力和民事行为能力，依法独立享有民事权利和承担民事义务的组织。规定了法人成立、法定代表人的责任、登记的效力、法人终止、法人解散、法人清算。

将法人分为营利法人、非营利法人和特别法人。特别法人是指机关法人、农村集体经济组织法人、城镇农村的合作经济组织法人、基层群众性自治组织法人。

3. 非法人组织

非法人组织是不具有法人资格，但是能够依法以自己的名义从事民事活动的组织。非法人组织的财产不足以清偿债务的，其出资人或者设立人承担无限责任。法律另有规定的，依照其规定。非法人组织解散的，应当依法进行清算。

（二）物权制度

在革命根据地时期，当时一般情况下存在之普通财产的物权未进行大的变动，变动最大的是生产资料领域，农村范围内主要是土地所有权。这里仅限于就土地所有权方面叙述其物权变化的一些内容。

1. 工农民主政权时期的土地政策

在革命根据地建立前的农村社会中，约占人口 10% 的地主富农占有 80% 的土地。这样一种土地所有权分布状况，加剧了土地所有人（地主、富农）对农民的剥削程度，也严重地阻碍了社会生产力的发展，激发了不少社会矛盾。基于对此国情的认识，中国共产党成立后，以解放生产力为宗旨，先后在各地开展农民运动，逐步从减租减息以减轻农民负担到明确提出改革土地所有权的较彻底的革命措施。1922 年 6 月 15 日《中共中央第一次对于时局的主张》提出“没收军阀官僚的财产，将他们的田地给贫苦农民”。1927 年 5 月中共第五次代表大会通过《土地问题议案》，决定：（1）没收一切所谓公有田地以及祠堂、学校、寺庙、外国教堂及农业公司的土地，交给耕种的农民；（2）无代价地没收地主租与农民的土地，交诸耕种的农民。但小地主和革命军人的土地可不没收。尽管这些文件都是党的文件，但在革命运动中，它们是具体的革命措施的依据，这些革命措施本身具有改革土地所有权的效果。

革命根据地建立后，革命措施力度更大，在形式上出现了土地立法，如1928年12月的《井冈山土地法》、1929年4月的《兴国县土地法》、1931年11月的《中华苏维埃共和国土地法》等。1927年，中国共产党“八七会议”就决定发动土地革命。各苏区都积极响应。

《井冈山土地法》共9条，规定没收一切土地归苏维埃所有，分配给农民分别耕种，这是一种以公有制为前提的土地使用权的分配，为典型的公有制思想的体现。该法甚至还规定了土地共同使用的方向，如苏维埃政府强大有力，可分配给农民共同耕种，或由苏维埃政府组成模范农场耕种。立法体现了对社会理想的追求，但与中国社会现实不相符，没收一切土地归政府所有的措施，伤害了普通农民拥有土地的感情。1929年4月，兴国县苏维埃土地法则改为“没收一切公共土地及地主阶级的土地”。

1930年3月闽西第一次工农兵代表大会通过土地法令，规定没收一切土地，以乡为单位平均分配土地，仅限于耕种，发给耕种证。不事耕种的收回土地，不得买卖、抵押土地。耕种权的获得以遵守革命纪律为条件。若逃跑、迁徙、从事反革命活动则收回。耕种权仅限于本人，分得土地人死亡时，收回土地。根据土地的状况规定了抽多补少、抽肥补瘦。土地重新分配的条件是五年后经3/4的农民要求。

1930年5月全国苏区代表大会通过的《土地暂行法》采用的是补偿性的分配土地方案，没收的对象是用于出租剥削的土地以及反革命活动参加者的土地，将其分配给无地、少地的农民使用，禁止买卖、租佃、典押。因考虑各地情况不同，规定的是一个可选择的革命纲领，即可平分一切土地，也可平分没收来的土地，可按人口也可按劳力分配，由各地根据实际情况决定。

1930年6月中国革命军事委员会公布《苏维埃土地法》。实行没收一切土地，按人口平均分配。特别规定：豪绅地主、反革命的家属可酌量分给土地，体现了罪责自负的原则。土地的分配按“抽多补少、抽肥补瘦”的原则进行。

由以上土地权属变化可以看出这时期的土地革命，都是向公有制目标努力的，土地没收后所有权归苏维埃政府，农民所分配的是土地的使用权。此政策在一定程度上影响了农民参加革命的热情，于是1930年9月中共六届三中全会提出，目前的革命阶段中，尚未到整个取消私有制度的时候，不禁止土地买卖。1931年3月，江西省《土地问题提纲》中贯彻了这一方针：“（一）确定土地归农民私有；（二）生的不补，死的不退；（三）土地可以自由买卖。”从而确定了农民对土地的较完整的支配权。

1931年12月的《中华苏维埃共和国土地法》规定：没收一切地主、富农、反革命分子的土地及农村公共土地。没收的对象扩大到富农阶层。并且规定了一种“最有利于贫农、中农利益”的不平等分配土地的方法。规定各地可选择按人口或按劳动力分配土地，或中农、贫农按人口，富农按劳动力分配。确定“地主不分田，富农分坏田”的原则，体现了消灭一切奴役性的封建关系主体的革命性努力，表现了在肉体上消灭地主，在经济上消灭富农的原则。在土地权利的运用上比较灵活，允许农民出租、买卖。

1935年12月作出《中华苏维埃共和国中央执行委员会关于改变对富农政策的命令》，改为仅没收富农用于出租的土地，自耕地不论好坏，均不在没收之列。1936年7月又宣布，分给地主耕种份地及必需的生产工具和生活资料，从而使革命措施更趋于公平。

2. 抗日民主政权时期关于土地政策的变化

抗日战争中，因抗日民族统一战线的组成，很多地主成为统一战线的一分子，陕甘宁边区自1937年3月起停止没收地主土地，改为减租减息以减轻地主的剥削程度。1944年12月颁布《陕甘宁边区地权条例》，以法律形式确认新的土地政策，在已分配土地的区域维持分配后的状态；未分配土地的区域，不再分配，土地仍为原所有人所有。在法律限制的范围内可自由使用、收益和处分（包括买卖、典当、抵押、赠与、继承）。

3. 解放区人民民主政权时期对土地政策的调整

抗日战争结束以后，国内形势和阶级关系发生了变化，1946年5月4日，中共中央发布《关于土地问题的指示》，将抗日战争时期的减租减息转为没收地主土地分配给农民的政策。1947年7月，中共中央工作委员会在河北省平山县西柏坡村召开全国土地会议，至9月通过《中国土地法大纲》，10月10日公布实施，规定：废除地主、祠堂、庙宇、学校、机关及团体的土地所有权，将乡村所有的土地按乡村全部人口平均分配。还没收了地主的牲畜、农具、房屋、粮食及其他财产，以及富农的上述财产的多余部分，分给缺少这些财产的农民，并分给地主及其家庭与农民同等的土地及财产。大森林、大水利工程、大矿山、大牧场、大荒地及湖沼等，归政府管理。还对土地分配中的若干特殊问题规定了处理办法，例如只有一口或两口人的贫苦农民，得由乡村农民大会酌量分给等于两口或三口人的土地等。

4. 中华人民共和国的土地改革

1949年9月29日通过的《中国人民政治协商会议共同纲领》规定土地改革是建国初期党的首要任务之一。1950年6月30日由中央人民政府公布施行《中华人民共和国土地改革法》，规定废除地主阶级封建剥削的土地所有制，实行农民的土地所有制。没收地主的土地、农具、牲畜、多余的粮食及其在农村中多余的房屋，其他财产不予没收。保护富农的自耕地和雇人耕种地及其他财产，富农用于出租的小量土地亦予以保留，但没收用于出租的大量土地。中农的土地及其他财产不得侵犯，即使有少量出租土地也不没收。没收的土地分给农民所有。该法所确认的是土地私有制。还规定了一些特殊土地问题的处理，比如没收和征收的山林、鱼塘、茶山、桐山、桑田、竹林、果园、芦苇地、荒地及其他可分土地，应按适当比例，折合普通土地统一分配之。为利于生产，应尽先分给原来从事此项生产的农民。

但土地私有制不是社会主义的，它在当时的运行中仍出现了很多与社会主义追求不一致的不良后果，于是中共中央认识到有引导贫下中农走合作化道路的必要。因此，农业合作化中的土地所有权制度的变迁经过了三个阶段：

第一是1953年底以前的互助组阶段，土地所有权仍属于个人所有，但生产方面互相帮助，集体劳动。

第二是1954年初至1955年上半年初级农业生产合作社阶段。以土地入股，组成合作社统一经营，土地及其他生产资料所有权仍归农民个人，但合作社统一管理、使用和经营。产品分配采取按劳分配与土地分红相结合，耕畜和大农具也付给一定报酬，并提取一定收入作为公积金和公益金。

第三是1955年下半年至1956年底的高级农业生产合作社。入社后，土地、耕畜、大农具等生产资料一律归合作社公有，劳动产品完全按劳分配。

1958年“大跃进”和人民公社化运动，土地等农业生产资料在更大的范围内公有化。由于这些措施带来很多负面影响，后来进行了调整，但此后基本上确定了土地公有制。土地公有包括两种所有权：一是国家所有；一是集体所有。

改革开放以后，实行承包责任制，将土地交由农民承包经营，改变的是土地的使用权，土地的所有权结构未变。

除土地所有权外，土地的他物权也因对公有制的认识不同而在不同阶段表现出不同的限制。最初是不允许对分配的土地买卖、抵押、典当、租佃等，中华苏维埃共和国时的土地法改为允许农民出租、买卖等。不同阶段，表现形式有所调整。

2007年3月16日第十届全国人民代表大会第五次会议通过《中华人民共和国物权法》，从而形成了较为体系化的物权制度。

（三）债权制度

在革命阶段，由于债权人大部分是地主，其债权的形成与其剥削农民的方式（手段）紧密相连，因而这时的政策与立法主要集中在债权的革命方面。除了作为生产资料的土地外，还制定了与此有密切联系的同样可能构成剥削之财产方面的革命性法规，如1929年赣西苏维埃制定的《抗债条例》，1930年中国革命军事委员会制定的《苏维埃土地法》中规定了废除债务的内容。因而原有封建性债务的废除成为革命的内容之一。

工农民主政权时期，由于社会原有的地租率很高，一般占收成的50%，有的占60%，甚至有“东七佃三”的，因此农民运动兴起后，首先提出的是减租减息。如浙江省萧山县衙前村农民协会于1921年9月通过的《衙前农民协会章程》规定：计算租息的标的不是收成全部，而是除去平均消费后的收成，确定按30%计租。

1930年，中共六届三中全会决定实行土地私有，同时也允许出租。如1931年3月，江西省的《土地问题提纲》规定：“土地可以自由租借、买卖。”

借贷关系上，废除剥削性的高利贷，规定了最高利率以限制高利贷。如1932年2月临时中央政府颁布的《借贷暂行条例》，规定短期借贷月利不过一分二厘，长期年利不过一分，并不以利计入本金。

抗日民主政权时期，因为抗日民族统一战线政策的实施，提出了减租交租、减息交息。一方面明确规定减原有租25%，同时限定最高为耕地正产物的375‰；另一方面规定承租人有交租的义务，以保护土地所有人的权利不受侵犯。借贷利率一般为一年一分半，付息超过原本一倍者停利还本，已超过原本两倍者，本利停付，借贷关系消灭。

解放区人民民主政权时期，解放区土改前，仍实行减租减息，与抗日民主政权时期的相近。土改时，采取废除对地主、富农的债权的政策。

中华人民共和国时期，合作化以后实行计划经济。合同仅是实施计划的一种手段，当事人的合意成分很少，仅是代表生产任务的一个符号。随着改革开放政策的实施，经济的社会化程度不断加强，根据现实需要，制定了《经济合同法》《涉外经济合同法》《技术合同法》《民法通则》等，构成了主要的债法规范。法学教育得到恢复，基本上建构了一个债权债务法律体系。1999年3月15日第九届全国人大二次会议通过的《合同法》作为民法典编纂的先期努力，建构了当代中国的合同债权体系。

（四）婚姻制度

在革命中，旧的婚姻制度被视为禁锢人身的一项制度，也成为革命的对象之一。建立新的社会制度，就要求改革婚姻家庭关系，建立新型婚姻家庭关系。革命时期的基本方针是确立“结婚离婚自由”原则，具体表现在赋予妇女在结婚和离婚上的自主权，从而使妇女在家庭生活中处于独立和平等的地位。

工农民主政权时期，关于婚姻的政策，直接体现了对旧有陋习的革命，主要内容有：严禁摧残妇女和买卖人口，反对恶姑残害媳妇、丈夫虐待妻子，禁止童养媳，严禁多妻，允许寡妇再嫁。《中华苏维埃共和国婚姻法》，进一步确立废除包办婚姻和买卖婚姻，规定结婚须经双方同意，结婚年龄是男满20岁，女满18岁，并规定了登记制度。离婚以双方同意为条件，有争议的由裁判部裁决。规定了保护军婚的特别离婚要件，红军战士之妻要求离婚的须得其夫同意。有的地区为保护孕期和哺乳期妇女利益规定了限制离婚，女子怀胎和产后四个月内，男子不得要求离婚。

抗日民主政权时期结婚年龄各根据地规定不同，明确了一些离婚条件。如一方有充当汉奸者，重婚或与他人通奸者，恶意遗弃或谋害他方者，生死不明已过三年的，感情意志根本不合无法继续居住者，另一方可请求离婚。也规定了保护军婚和妇女孕期、哺乳期的离婚限制。

解放区人民民主政权时期的规定与抗日民主政权时期的相似。

中华人民共和国建立后，1950年4月颁布《中华人民共和国婚姻法》。总的精神和原则方面变化不大，仍重在确立新式婚姻关系，结婚年龄为男满20岁，女满18岁，并规定了对少数民族婚姻的变通办法。

1980年《婚姻法》修改的内容主要是：

（1）增加规定了保护老年人合法权益，以及实行计划生育原则。

（2）将法定婚龄改为男满22周岁，女满20周岁，提倡晚婚晚育。将原来五代以内除兄弟姊妹以外的其他旁系血亲的婚姻是否允许听习惯的规定，改为禁止三代以内旁系血亲结婚。

（3）对家庭关系的规定更为具体。

（4）离婚理由以双方感情确已破裂为原则。当事人可选择调解，也可直接向人民法院起诉。根据社会中妇女地位的变化对离婚的财产处理和生活安排等问题的规定作了修改。

2001年《婚姻法》的修改主要是规定禁止婚外同居、无效婚姻和可撤销婚姻，父母对子女的探视权，子女不得干涉父母再婚，离婚的过错赔偿责任等。

（五）继承制度

新民主主义政权对继承制度的革新主要表现在确立男女平等方面。1923年6月和1925年1月分别在中共三大、四大会议通过有关妇女运动的决议案中都提出了女子应有财产权与继承权。工农民主政权时期，坚持了女子继承权。

抗日民主政权时期在地权的继承上，一方面规定了基本原则，同时又注重边区习惯。并明确规定了被继承人生前有女无子，其死后全部财产由女儿继承，反对用立嗣的办法来剥夺女儿的继承权。夫妻互有继承权，养子女与婚生子女有同等继承权。

解放区人民民主政权时期，未见统一的立法活动，各地有自己的立法。哈尔滨市政府于1949年制定的《哈尔滨市处理继承办法》，对继承关系作了系统性规定：继承分为法定继承和遗嘱继承。法定继承的顺序是：（1）配偶；直系卑亲属；无劳动能力的父母；在被继承人临死前曾连续受被继承人抚养一年以上之丧失劳动能力者。（2）有劳动能力的父母。（3）祖父母。（4）兄弟姊妹。同一顺序有数人时，原则上由所有人平均分配。被继承人以遗嘱处理财产的，不得损害未成年人和丧失劳动能力人的应有继承权，体现了对遗嘱的限制。

这些早期的制度，都为中华人民共和国建立以后继承制度的建立奠定了基础。《继承法》的制定，其主体精神与革命时期的革新努力是一致的。如女儿有同等继承权，夫妻互有继承权等方面，保留了已有的经验。

第二节　经济法律制度

一、企业法律制度

早期革命战争时期的工人运动中，中国共产党很重视工商联合。在采取一些革命措施上也考虑了照顾民族工商业界的利益，如1925年省港罢工运动中的一些重大决策均由罢工委员会和广东商会协商决定。在采取措施方面也给了民族工商业很大的空间，如省港罢工中制定的《取消特许证后之善后条例》规定：只要不是英国货、英国船，均可自由贸易。1927年3月上海工人三次武装起义中，限制、取缔的也仅仅是非正常的工商业，如不正当营业的娱乐场所、外国卷烟和各种奢侈品等，对正常的工商业予以保护。

工农民主政权建立后，从两方面建构了企业制度：一方面是对民族工商业的规范；另一方面是对公有的国有工商业的建构。

对民族工商业，1931年11月中华工农兵苏维埃第一次全国代表大会通过的《关于经济政策的决议案》规定了以下几个原则：（1）苏维埃政府保护原有工商业主的经营权，不实行国有，但通过工人监督生产委员会和工厂委员会对生产进行监督，从而保证工人对企业的权利；（2）保护商业自由，但严禁投机和擅自提高价格，这是从市场行为的角度限制企业的剥削性；（3）政府监督与非苏区的贸易，体现了政府对经济的直接干预，保证苏区的商品供应。1932年1月临时中央政府公布的《工商业投资暂行条例》明确规定了投资经营工商业的自由，甚至包括对国家企业、矿山、森林的投资。经双方协议，订立租借合同且须向政府登记。但在实际执行中，由于存在“左倾”错误，对私人工商业限制仍较多，严重影响了工商业发展。

当时国有工厂主要涉及军工、被服、印刷、纺织和造纸几个领域。1934年4月10日人民委员会颁布《苏维埃国有工厂管理条例》，对国有工厂的管理总体上实行政府领导，厂长负责，群众监督三方面结合的制度。首先，厂长由其所隶属的苏维埃机关委任，并向苏维埃政府负责，上级机关有权废除厂长的决定。其次，厂长对厂内一切事务有最后决定权，其决定未被上级机关废除前他人绝对无权停止执行。厂长是工厂管理委员会的当然主席。厂长的主要任务是完成生产计划，降低成本。厂长不执行上级命令或浪费金钱、物料或使工厂受到重大损失者，须受刑事处分。第三，厂长之下设工厂管理委员会，是重大问题的决策机构。其成员有：厂长、党支部代表、团支部代表、工会代表、工厂其他负责人以及工人代表。厂内日常问题由厂长、党支部代表、工会代表三人协同处理。设立生产讨论会，吸收广大工人积极分子参加研究生产技术。厂内其他人员如不同意厂长决定可向上级机关控告。工厂的管理制度体现了较高的民主程度，既重视政府对国有企业的管理权和厂长权威以保证决策的效率，也注重建构形式企业的民主制度，包括党代表、团代表、工会和工人参与企业管理的方式等。

抗日民主政权时期没有普遍适用的企业管理法规，仅有个别性规定。如《陕甘宁边区卫生材料厂暂行条例》。

解放区人民民主政权后期，共产党接管了国民党政府所掌握的大量工厂企业，使之成为国有企业。为规范对国有企业的管理，有的地方政府颁布了企业管理性法规，如华北人民政府于1949年8月10日公布了《关于在国营、公营工厂企业建立工厂管理委员会与工厂职工代表会议的实施条例》，在继承以前企业立法经验的基础上有所发展。对工厂管理委员会职工的人数作了原则规定，要求与管理人员相当；规定其职权中的重大问题更明确，列举了如生产计划、业务经营、管理制度、生产组织、人事任免、工资福利问题等重大问题。厂长自己无权直接做出决议，仅以命令形式颁布管委会的决议。厂长若认为决议有问题，可停止其执行，但须立即报告上级。设立了职工代表会议，有权听取、讨论管委会的报告，检查工厂的管理及领导作风，对管委会进行批评与建议。

此外，解放区还针对民族工商业作了一些规定以稳定经济。如陕甘宁边区政府在1948年3月31日发布的《关于保护工商业的报告》规定：工商业者的财产及其合法经营受边区法律保障，并规定改正土改中错划成分使工商业者受到损害的情况。

中华人民共和国成立后，1949年11月22日公布《中华全国总工会关于私营工商企业劳资双方订立集体合同的暂行办法》，1950年4月29日劳动部公布《关于在私营企业中设立劳资协商会议的指示》。此后颁布的很多关于企业的文件，有一般性的规定，也有个别规定，但大多数是关于职工待遇的。1954年颁布《关于地方企业流动资金及银行信贷问题的规定》，1956年对公私合营企业的股权作出规定，1972年公布《国营企业利润交库办法》。

改革开放以后，企业组成的结构更复杂，出现了各种所有制形式的企业，为此颁布了各种企业法。1979年7月8日颁布《中华人民共和国中外合资企业法》（后经多次修订），1983年9月20日颁布该法实施条例（后经多次修订）。1986年4月12日颁布《外资企业法》（后经多次修订）。另还有1988年4月13日颁布的《全民所有制工业企业法》（2009年8月部分修改）和《中外合作经营企业法》（后经多次修订），1988年6月3日颁布的《企业法人登记管理条例》（后经多次修订），同年11月3日颁布其《企业法人登记管理条例施行细则》（后经多次修订），1996年10月29日颁布的《乡镇企业法》，1997年2月23日颁布的《合伙企业法》（2006年8月27日修订），1999年8月30日颁布的《个人独资企业法》。从而形成了企业管理法的体系。

二、财政税收立法

在新民主主义革命时期，税收的主要来源是农业税。《井冈山土地法》和《兴国县苏维埃政府土地法》中有税收的规定。专门的财政税收规定有：《中华苏维埃共和国暂行税则》（1931 年）、《中华苏维埃共和国暂行财政条例》（1932 年）、《农业税暂行条例》（1933 年）等。1934 年的《中华苏维埃宪法大纲》规定了统一的累进税制，从而区别土地状况、各户经济状况而征收不同的税额。进入抗战时期，颁布了《统一财政问题》（1937 年）、《救国公粮条例》《货物税暂行条例》（1940 年）。解放战争时期实行新税制，即预先对每户扣除一定的免征额，只对余额按同样比例征税，保障了收入较少群体的利益，使征税更为公平。

中华人民共和国成立后，对财政管理工作提出了系统化的要求，国家在不同时期颁布了较多的财政法规。建国早期有《关于统一国家财政经济工作的决定》（1950 年）、《全国税政实施要则》（1950 年）、《关于统一国家公粮收支、保管、调度的决定》（1950 年）、《关于财政收支系统划分的决定》（1951 年）、《关于进一步整理城市地方财政的决定》（1951 年）、《关于划分中央与地方在经济工作上管理职权的决定》（1951 年）、《预算决算暂行条例》（1951 年）、《中央金库条例》（1950 年）。有关税收的法规涉及货物、工商业、农业、海关、屠宰、城市房地产、车船使用牌照、印花、利息所得、特种消费行为、商品流通税、文化娱乐等领域。

"大跃进"和"文革"时期，立法活动不多，主要涉及农业税、工商统一税、财政管理体制、民族自治地方财政管理等方面。

实行改革开放政策以后，在财政管理体制上颁布了一些调整中央与地方财政分配关系的法规，如《关于试行"收支挂钩，全额分成，比例包干，三年不变"财政管理办法的若干规定》（1979 年）、《关于试行"划分收支，分级包干"财政管理体制的规定》（1979 年）、《关于试行"划分税种、核定收支、超收分成、分级包干"财政管理体制的规定》（1985 年）等。

调整完善了预算体制，颁布了《国家能源交通重点建设基金征集办法》（1982 年）、《国家预算调节基金征集办法》（1989 年）、《国家金库条例》（1985 年）等。

建立了从企业到个人的所得税体系，颁布了中外合资、外国企业及个人所得税法。1983 年国务院批准颁布了《关于国营企业利改税试行办法》。经全国人大常委会授权，国务院围绕工商税改制颁布了一系列的法规，主要有《产品税条例（草案）》《营业税条例（草案）》《增值税条例（草案）》《资源税条例（草案）》《城市维护建设税暂行条例》《集体企业所得税暂行条例》《城乡工商业户所得税暂行条例》。此外还有房产税、车船使用税、个人收入调节税、私营企业所得税、牲畜交易税、耕地占用税、印花税、筵席税、城镇土地使用税、固定资产投资方向调节税等方面的法规。

1986 年国务院颁布了《税收征收管理暂行条例》，对税收征收工作进行了整体规范。在积累征收工作经验的基础上，1992 年 9 月全国人大常委会通过《税收征收管理法》。在财政监督方面的立法也有加强，如颁布了《关于平衡收支、严格财政管理的决定》《关于财政监察工作的几项规定》以及违反财政税收秩序处罚的有关规定。

进入建设社会主义市场经济阶段后，财政税收在国家调控经济方面起到不可忽视的作用，成为国家宏观调控的重要手段。各个时期工作和立法经验的积累，为进一步完善财政税收制度奠定了基础。这一时期的立法发展表现在：

（1）完善了中央与地方财政关系，对各省、自治区、直辖市和计划单列市实行分税制财政管理体制。

（2）立法层次提高。原由国务院行政法规调整的部分领域，改由全国人大或其常委会进行立法。如1994年3月22日第八届全国人大第二次会议通过《中华人民共和国预算法》，2007年3月16日第十届全国人大第五次会议通过《中华人民共和国企业所得税法》。

（3）税收体系更完善。建立了所得税、货物和劳务税、财产税、行为税的税种体系。所得税包括个人和企业所得税，货物和劳务税包括增值税、消费税、关税和进出口税、城市维护建设税、烟叶税，财产税包括资源税、车辆购置税、车船税、土地增值税、城镇土地使用税、耕地占用税、房产税、契税等，行为税包括印花税、环境保护税、船舶吨位税等。

（4）随着国家经济发展，不断调整税收制度。随着经济的发展，个人收入水平的提高，对个人所得税的起征点适时作了调整，以减轻公民的税收负担。在企业税收方面，也作了一些调整，例如营改增等。

三、农业立法

农业是经济的重要组成部分。在新民主主义革命中，中国共产党一直很重视农业问题，一方面与中国的经济国情有联系，另一方面建立新型的农业也是社会革命不可回避的一个方面，重视农业问题与其社会理想有着密切联系。

早在1923年6月，中共三大的议案中就提出“改良水利，改良种籽地质”。后来采取了“支持农民开垦官荒”的政策。还重视“修理河道，特别是黄淮河道”。湖南省于1926年12月农民代表大会通过的《农业生产问题决议案》，提出了必须采用科学方法进行农业生产。1927年2月，江西省提出修堤坝蓄水沟，并规定荒地由农民接受，分配给无地贫农开垦。有的地方还采取了保护森林的措施，如江西省于1927年2月公布的《保护森林议案》规定：保护既存森林的同时要求农会会员每年3月23日植树十株。广东海丰还形成了农会买苗、会员种植、共同护卫森林的有益实践。

中华苏维埃共和国成立后，农业上实行合作社，以建构农业的社会主义生产方式，提高生产能力。1933年2月25日公布《开垦荒地荒田办法》，提出鼓励开垦、限期开垦、强制出租的方针，如开垦荒地免交三年土地税，本人在限期内不开垦，则可由他人开垦，租期和租额由双方协商，但最短不低于5年，最高租额不超过收获的1/5。1934年公布的《保护山林条例》规定了对任意砍伐山林的处罚办法。

抗日民主政权时期，陕甘宁边区的《施政纲领》规定了发展农业生产和农业生产资料的有关问题。还发布了《夏耕工作指示信》《秋收动员训令》《人民生产奖励条例》等与之相配合。此外还制定了《陕甘宁边区优待移民难民垦荒条例》，规定开垦公荒免三年税，开垦私荒免三年租，地主不得任意收回土地。

晋察冀边区于1943年2月公布《兴修农田水利条例》，规定了开渠基本原则、费用分担、相邻关系、渠道统筹管理等方面的内容。

解放区人民民主政权时期，各解放区对农业进行了立法，主要有：华北人民政府《施政方针》规定了有关农业生产的内容，1949年4月公布的《陕甘宁边区发展牲畜暂行办法》《东北解放区森林保护暂行条例》，主要涉及保障生产、提高技术等方面。

1949年9月29日的《政协共同纲领》第14条规定了农业发展的总要求，要求政府组织农业生产并引导农业民主合作化道路。

1955年5月19日粮食部、农业部、商业部、全国供销合作总社发布《关于加强粮食、棉花、油料作物、优良品种繁育推广工作的指示》，同年，颁布《农业生产合作社示范章程草案》。

1956年公布《中华人民共和国高级农业生产合作社示范章程》（同年6月30日全国一届人大三次会议通过）。

以后颁布的法规文件涉及良棉选种、肉品卫生检疫、农业税、植物检疫、农业科技推广（海南1990年）、承包经营、农业科研机构管理、农业生产标准化等方面。随着时间推移，农业方面的法规颁布越来越多。

1993年7月2日八届全国人大常委会第二次会议通过《中华人民共和国农业法》（2002年修正）和《中华人民共和国农业技术推广法》，以法律的形式规范农业生产中的有关问题。农业技术推广法颁布实施后，各省颁布实施办法，有的设区的市也颁布了实施规定。

到现在，基本建立了农业方面有核心政策指导与支持，农产品法、农业转基因规范、农业基本建设规范、农业科技规范等方面组成的法律体系，对农业进行了系统规范。

小　结

中华人民共和国法律的发展起源于新民主主义革命时期。通过本章的学习，我们发现在民事经济立法方面，中华人民共和国立法与新民主主义革命时期立法的基本理念是一致的，但在不同的阶段表现出政策取向的调整。

在民事立法方面，我们做了不少工作，取得了不少成就，且已经制定了《民法典》。

在我国社会主义的建设中，国家进行了很多的经济立法。而且随着社会主义市场经济在中国的建立，经济工作对法律的依赖程度不断加强，法律在社会中的地位也不断提高。这里有选择性地介绍个别领域的经济立法，并不因为只有这些方面是重要的，而是在不可能全面的情况下的选择，也是为了避免与部门法教学的重合。

思考题

1. 试从土地权益、婚姻、继承等方面评述中华人民共和国的民事法律制度对新民主主义革命时期根据地立法的继承。
2. 试述中华人民共和国经济立法与新民主主义时期根据地经济立法的关系。
3. 试述中国现代企业法与新民主主义时期根据地企业法之间的关系。
4. 试述新民主主义革命时期的农业政策对现代农业法律发展的影响。

第二十二章　司法制度

第一节　司法机构

一、司法体制[①]

我国现行的司法体制为一种人民司法体制。[②] 这是由我国的人民代表大会制度决定的。这种制度与西方的三权分立体制不同。在人民代表大会制度下，国家的一切权力属于人民，最高权力机关是全国人民代表大会及其常务委员会。“一府两院”，即政府、审判机关和检察机关都由其选举产生，对其负责，并受其监督。在中央一级，国务院为中央人民政府，是最高权力机关的执行机关，也就是最高行政机构；最高人民法院则是最高审判机关；最高人民检察院则是最高检察机关。此外，在国务院内部设立了公安部、国家安全部、司法部等承担了一定司法职能的行政部门。通过从中央到地方的各级行政机关及其职能部门，人民司法体制得以建立，这种体制还涵盖了仲裁、人民调解、公证等民间性的机构组织。

这种人民司法体制下的主体是非常广泛的。它包括：审判机关、检察机关、公安机关和国家安全机关、司法行政机关、其他行政机关、地方政府及基层自治组织、各种社会团体或民间机构。审判机关由基层人民法院、中级人民法院、高级人民法院和最高人民法院组成，还包括军事法院、铁路运输法院、海事法院等专门法院。检察机关是指最高人民检察院、地方各级人民检察院和军事检察院等专门检察院。公安机关包括国务院设立的公安部、各省级政府设立的公安厅（局）、地市级和县级人民政府设立的公安局（分局）、乡镇设立的公安派出所等。司法行政机关则指主管司法行政工作的各级政府所设的司法部、司法厅（局）等机构。其他行政机关指承担纠纷解决或与司法相关职能劳动、民政等部门。基层自治组织是指居委会（村委会）等机构。律师协会、仲裁机构、消费者协会等则构成了前述各种社会团体或民间机构。

有学者将这种人民司法体制的原则概括为如下 8 点：司法主权原则、司法统一原则、司法独立原则、司法制约原则、司法民主原则、司法平等原则、实事求是原则、司法便民

---

① 此处所指司法体制乃指我国内地的司法体制。

② 参见范愉：《司法制度概论》，中国人民大学出版社 2003 年版，第 54－59 页。

原则。①

司法主权原则是指在中国主权范围内，一切诉讼案件都应当由中国的法院管辖。司法统一原则是指除实行“一国两制”的地区外，所有本国领域内的司法都应当是统一的，即司法体制统一、司法权由各司法机关根据法定职权统一形式、法律适用统一。司法独立原则是指各司法机关依法独立行使职权，不受行政机关、社会团体和个人的干涉。由于政治体制的不同，我国的司法独立与西方国家的司法独立在标准上有所不同。这主要表现在：我国的司法机关与立法机关的关系为隶属关系，司法机关应向人大负责；法官个人的独立尚未完全实现；法院上下级之间的独立及法院与行政机关的独立也尚未完全实现。司法制约原则是指司法机关内部的相互制约及司法机关与其他部门和辅助机构之间的相互配合与制约。司法民主原则是指在司法组织上，法院院长、检察院检察长由人大选举产生，法官和检察官由人大任免；还指司法活动及程序的民主化，主要指人民陪审员制度等；还包括民主监督司法，即社会对于司法拥有广泛的监督权。司法平等原则是指宪法规定公民在法律面前一律平等，突出地体现在司法程序上每一个社会主体和诉讼参与人都享有平等的权利。实事求是原则是指司法活动和审判必须以事实为根据、以法律为准绳，在查明案件事实、进行证据调查时必须实事求是，发现错误时也必须“有错必纠”。司法便民原则不仅指司法机关的简化诉讼程序，还指借助社会力量及其他纠纷解决机制的力量。

二、审判机关

（一）沿革

1．革命根据地时期的司法审判机关

工农民主政权，中华苏维埃共和国时期的司法机关主要有：（1）政治保卫局。在其机关内部，实行局长负责制。在政治保卫局上下级之间，实行垂直领导。可行使对一切反革命案件的侦察、逮捕、预审、提起公诉等权力。必要时，以人民委员会授权，可行使审判及执行判决之权。（2）肃反委员会。系新发展地区县、区（市》革命委员会的临时肃反机关，县肃反委员会在县革命委员会的领导下，有直接逮捕、审讯、判决反革命及一般罪犯并对这些罪犯执行其判决（包括死刑）之权。（3）临时最高法庭。为中华苏维埃共和国最高法院成立前的国家最高审判机关（最高法院一直未成立）。受中华苏维埃共和国中央执行委员会领导，掌握对一般法律进行解释之权，审查各省裁判部及高级军事裁判所的判决书和决议之权、受理不服省裁判部及高级军事裁判所的判决而提出上诉或抗诉案件之权。（4）裁判部（科）。分别设立于省、县、区（市）各级政权机关内，为各级法院设立前的临时司法机关，暂时行使司法机关各项职权，审理非现役军人及军事机关工作人员的一切民事案件。（5）军事裁判所。审理有关现役军人及在军事机关工作人员的一切刑民事案件，在作战地也可对违法居民进行审理。

抗日民主政权时期，由于实行国共再次合作，共产党承认国民政府为中央政府，国民政府的最高法院名义上为国家的最高审判机关，因而审级制度与国民政府的相一致，实行三级三审制。故在抗日革命根据地内一般只设两级审判机关：边区设高等法院，县市设司

① 参见熊先觉：《中国司法制度新论》，中国法制出版社 1999 年版。

法处或司法科。由于实际上边区高等法院从来不同国民政府的最高法院发生任何工作关系，因此边区高等法院即边区的最高司法机关。

解放区人民民主政权时期先后成立以下几种司法机关：（1）土地改革中的人民法庭。这是土改中设立的临时司法机构，审理一切违抗或破坏土地改革法令的犯罪案件。（2）军事管制时期的军事法庭。这是在新解放城市的军事管制委员会下设立的，负责审判重大的反革命案件。（3）各级人民法院。在土改完成的地区，组建常设性的人民法院。比如，1948 年东北、华北先后建立大行政区、行署（省级）、县三级人民法院。

2. 中华人民共和国成立之后的司法审判机关

中华人民共和国的审判机关指的是人民法院。从 1949 年中华人民共和国成立到 1956 年，是人民法院的创建和初步发展时期。在中国共产党的领导下，到 1953 年止，全国各地（除西藏地区外）从上到下都建立了各级人民法院，并充实了组织机构。

1949 年 10 月 1 日，中央人民政府委员会第一次会议在北京召开，通过一致决议，任命沈钧儒为最高人民法院院长，沈钧儒就职后，以原华北人民法院的组织机构和工作人员为基础，于 10 月 22 日成立最高人民法院，并于 11 月 1 日正式办公，此后，建立了东北、西北、华东、中南、西南、华北 6 个分院，负责领导和监督本地区各级人民法院的审判工作。[①] 地方各级人民法院大部分是随着全国各地的陆续解放而先后建立的，也有一部分是在老解放区原有的人民法院的基础上发展起来的。法院干部的来源主要有三个方面：一部分老解放区的司法干部；一批学过法律专业的青年知识分子；一批旧司法人员。到 1950 年 6 月，除西南地区外，其他五大区，连同老解放区的人民法院，共建立人民法院 1566 个。由于中共中央于 1949 年 2 月发布了《中共中央关于废除国民党的六法全书与确定解放区的司法原则的指示》，其中明确宣布废除国民党的六法全书，故人民法院处理案件应当以军管会公布的法令和人民政府的政策为依据。

1954 年 9 月全国人大一届一次会议通过《中华人民共和国宪法》和《中华人民共和国人民法院组织法》。最高人民法院根据宪法和人民法院组织法确定的民事诉讼原则，于 1956 年制定和发布了《最高人民法院关于各级人民法院民事案件审判程序总结》。[②] 这是一个有关民事诉讼的规范性文件，为后来民事诉讼立法奠定了基础，并且一直到 1979 年都为各级人民法院所遵循。1957 年 9 月，最高人民法院刑、民诉经验总结办公室根据《各级人民法院民事案件审判程序总结》草拟了《民事案件审判程序（草稿）》，该文件虽未正式公布，但却是我国民事诉讼法草案的雏形。由于 1958 年以来"左"的倾向使得民事审判工作被忽视，最高人民法院于 1963 年 8 月召开了第一次审判工作会议，并发布了《关于民事审判工作若干问题的意见（修正稿）》。[③]

1979 年 7 月 1 日第五届全国人民代表大会第十二次会议和第六届全国人民代表大会第二次会议先后对人民法院组织法进行了若干补充和修改，人民法院组织得到进一步健全。据上述规定，中华人民共和国人民法院是国家的审判机关，它由地方各级人民法院、

① 参见钱辉、毕建林主编《中华人民共和国法制大事记》，吉林人民出版社 1992 年版，第 1215 页。

② 参见中国社会科学院法学研究室民法研究室民诉组、北京政法学院诉讼法教研室民诉组合编《民事诉讼法参考资料》（第 2 辑 · 第 1 分册），法律出版社 1981 年版，第 209 页。

③ 参见中国社会科学院法学研究室民法研究室民诉组、北京政法学院诉讼法教研室民诉组合编《民事诉讼法参考资料》（第 2 辑 · 第 1 分册），法律出版社 1981 年版，第 323 页。

专门人民法院、最高人民法院组成。地方各级人民法院由低至高分为基层人民法院、中级人民法院、高级人民法院。专门法院包括军事法院、铁路运输法院、水上运输法院、森林法院等。军事法院于1978年1月由中央军委决定复建。海事法院是根据两个规定而设置的：1984年11月14日全国人民代表大会常务委员会第八次会议通过的《关于在沿海港口城市设立海事法院的决定》和最高人民法院于同年11月28日作出的《关于设立海事法院几个问题的决定》。据此，先后设立了广州、上海、青岛、天津、大连、武汉、海口、厦门、宁波、北海海事法院。海事法院下设海事审判庭和海商审判庭。铁路运输法院自1980年3月开始设立，下设刑事审判庭和经济审判庭。

（二）组织体系与职权

如前所述，人民法院的组织体系由最高人民法院、地方各级人民法院及专门人民法院构成。最高人民法院监督地方各级人民法院和专门人民法院的审判工作。地方各级人民法院分为基层人民法院、中级人民法院和高级人民法院。实行四级两审制。基层人民法院设立若干人民法庭。上级人民法院监督下级人民法院审判工作。

基层人民法院设在县级，包括县、自治县（旗）、不设区的市、市辖区，完全按照行政区划设置。基层人民法院由院长1人，副院长、庭长、副庭长和法官若干人组成。基层法院的职权为：(1) 审判刑事、民商事和行政案件的第一审案件，但是法律、法规另有规定的案件除外。对所受理的案件，认为案情重大应由上级人民法院审判的，可以请求移送上级人民法院审判。(2) 处理不需要开庭审判的民事纠纷和轻微的刑事案件。(3) 指导人民调解委员会的工作。

中级人民法院设在省、自治区的各地区，直辖市，省、自治区辖市，自治州，由院长1人，副院长、庭长、副庭长和法官若干人组成。中级人民法院审判的案件包括：(1) 法律规定由它管辖的第一审案件。(2) 基层人民法院移送审判的第一审案件。(3) 对基层人民法院判决和裁定的上诉案件和抗诉案件。(4) 人民检察院按照审判监督程序提出的抗诉案件。

高级人民法院设在省、自治区和直辖市，由院长1人，副院长、庭长、副庭长和法官若干人组成。高级人民法院的职权为：(1) 审判下列案件：①法律规定由它管辖的第一审案件。这主要是指在本辖区内有重大影响的第一审刑事、民事、行政案件。②下级人民法院移送审判的第一审案件。③对下级人民法院判决和裁定的上诉案件和抗诉案件。④人民检察院按照审判监督程序提出的抗诉案件。(2) 根据《刑事诉讼法》第200条第1款的规定，复核中级人民法院判处死刑的、被告人不上诉的第一审刑事案件。其中同意判处死刑的，报请最高人民法院核准；不同意判处死刑的，可以提审或者发回重新审判。(3) 根据《刑事诉讼法》第201条的规定，核准中级人民法院判处死刑缓期2年执行的案件。(4) 监督辖区内下级人民法院的审判工作。对下级人民法院已经发生法律效力的判决和裁定，如果发现确有错误，有权提审或者指令下级人民法院再审。

专门法院是人民法院组织体系中的一个重要部分，它不依从于行政区划而是按照特定的组织系统或特定案件（如海事案件）来设置。

军事法院。这是设在军队中的专门法院，分为基层军事法院、大军区级军事法院和中国人民解放军军事法院。它审判现役军人、军队文职人员和在编职工的刑事犯罪案件。现役军职人员的民事案件由地方人民法院受理。

海事法院。现已在广州、上海、青岛、天津、大连、武汉、海口、厦门、宁波、北海十个沿海和内河港口城市设立了海事法院。海事法院相当于中级人民法院。它负责受理中国法人、公民之间，中国法人、公民同外国或地区法人、公民之间，外国或地区法人、公民之间的海事、海商案件。其审判工作由它所在地的高级人民法院监督，对海事法院的判决和裁定的上诉案件，由海事法院所在地的高级人民法院管辖。

铁路运输法院。这是设在铁路沿线的专门法院。在铁路管理局所在地设中级人民法院，在铁路管理分局所在地设基层人民法院。它负责受理发生在铁路沿线的刑事犯罪案件和与铁路运输有关的民商事纠纷案件。其审判工作由它所在地的高级人民法院监督，对铁路运输法院的判决和裁定的上诉案件，由铁路运输法院所在地的高级人民法院管辖。

最高人民法院。这是国家最高审判机关，设在首都北京，由院长1人，副院长、庭长、副庭长和法官若干人组成。其职权为：（1）监督地方各级人民法院和专门人民法院的审判工作。对地方各级人民法院和专门人民法院已经发生法律效力的判决和裁定，如果发现确有错误，有权提审或者指令下级法院再审。（2）审判法律规定由它管辖的和它认为应当由它审判的第一审案件。（3）审判对高级人民法院、专门人民法院判决和裁定的上诉案件和抗诉案件。（4）审判最高人民检察院按照审判监督程序提出的抗诉案件。（5）核准判处死刑的案件。（6）对在审判过程中如何具体应用法律的问题进行解释。

（三）法院审判组织

法院的审判组织是指法院审判案件的组织形式。根据人民法院组织法和相关诉讼法的规定，法院的审判组织可分为独任制审判庭、合议制审判庭和审判委员会三种形式。

1. 独任制审判庭

这是指由法官一人依法独任审判案件的组织形式。其适用的情形包括：（1）第一审的刑事自诉案件和其他轻微的刑事案件。（2）基层人民法院和它派出的人民法庭审判的简单的民商事纠纷案件。（3）适用特别程序审理的案件，除选民资格案件或者其他重大疑难案件由审判人员组成合议庭审判外，其他案件由法官一人独任审判。

2. 合议制审判庭

它由3名或3名以上审判人员（包括法官和人民陪审员）集体审判案件的组织形式。对于一审刑事、民商事纠纷案件，除一部分简易案件实行独任审判外，其余都由合议庭进行审判；一审行政案件一律由合议庭审判；二审案件、再审案件和死刑复核案件全部由合议庭审判。由此可见，合议庭是最基本的审判组织。合议庭评议案件时，实行少数服从多数的原则，但是少数人的意见应当记入笔录。法院院长和审判庭的庭长负责指导和监督本院和本庭的审判工作，他们对合议庭审理的案件有权进行审核。庭长对合议庭决定有不同意见的，可建议合议庭复议，合议庭复议后坚持原来意见的，庭长有权报请院长决定是否提交审判委员会讨论决定。对于重大或疑难案件，合议庭应当提交庭长、院长审核，由院长提交审判委员会讨论决定。审判委员会的决定，合议庭必须执行。

3. 审判委员会

审判委员会是人民法院内部实行集体领导审判工作的一种组织形式。一个法院只设立一个审判委员会，审判委员会并不直接审判案件，而只对合议庭审判的某些重大和疑难的案件进行讨论和作出决定，对于其作出的决定，合议庭必须执行。审判委员会的职责有：（1）讨论重大的或者疑难的案件。（2）总结审判经验。（3）讨论其他有关审判工作的问题。

三、检察机关

人民检察院是国家的法律监督机关。它负责监督有关的国家机关、国家机关工作人员和公民正确执行和遵守有关法律。法律监督权即检察权。尽管宪法并未明确表述检察院是否属于司法机关，但是我国历来都将检察院视为与法院平行的、独立于行政机关（政府）的司法机关。

（一）沿革[①]

中华人民共和国人民检察制度的发展，经历了一个曲折过程。1949 年至 1953 年，为检察制度的初创时期；1954 年至 1956 年，是检察工作的发展时期；1978 年至今，是检察工作的完善时期。

根据《中央人民政府组织法》的规定，1949 年 10 月 1 日，中央人民政府委员会第一次会议任命罗荣桓为最高人民检察署检察长。[②] 1949 年 10 月 22 日，最高人民检察署检察委员会举行第一次会议，宣布成立最高人民检察署，并于 1949 年 11 月 1 日开始办公。1949 年 12 月 20 日，中华人民共和国关于检察制度的第一个单行法规——《中央人民政府最高人民检察署试行组织条例》批准施行。该条例以列宁关于社会主义检察制度的理论作为指导思想而制定，对中华人民共和国检察机关的职权范围、领导体制、最高人民检察署的内部机构设置和有关部门关系，作了具体规定。1950 年初，地方各级检察机关开始建立，至 1951 年 7 月止，建立了大行政区检察署 5 个；省（行署、市）检察署 50 个；专区检察分署 51 个；县（市）检察署 352 个。1950 年 7 月 26 日至 8 月 11 日，最高人民检察署、最高人民法院、司法部和法制委员会在北京联合召开了第一届全国司法会议，这次会议同时也是第一届全国检察工作会议。1954 年 9 月 22 日，中华人民共和国第一届全国人民代表大会第一次会议通过了《中华人民共和国宪法》，并颁布了《中华人民共和国人民检察院组织法》。根据这些规定，人民检察机关一律称“人民检察院”，不再以“署”相称；人民检察院实行垂直领导体制。1955 年，全国各级人民检察院普遍建立。1956 年，各级铁路检察院和军事检察院等专门检察院也基本建立。1957 年至 1966 年，受当时政治形势的影响，检察制度遭到破坏，到 1968 年 12 月各级检察院被逐步撤销。1978 年开始重新设置检察机关。1978 年《中华人民共和国宪法》和 1979 年修订的《中华人民共和国人民检察院组织法》对检察机关的职权和领导关系作了原则性规定。

（二）体系与组织形式

根据《宪法》和《人民检察院组织法》的规定，人民检察院的体系包括最高人民检察院、地方各级人民检察院和军事检察院等专门检察院。

最高人民检察院是国家最高检察机关，领导地方各级人民检察院和专门人民检察院的工作。地方各级人民检察院分为：（1）省级人民检察院，包括省、自治区、直辖市人民检察院。（2）设区的市级人民检察院，包括省、自治区辖市人民检察院，自治州人民检

---

① 由于革命根据地时期的审判机关与检察机关并没有严格的区分，且在上述审判机关部分中已对根据地时的检察机关的情况略有交代，故此处不再赘述。

② 参见钱辉、毕建林主编《中华人民共和国法制大事记》，吉林人民出版社 1992 年版，第 1489 – 1490 页。

察院，省、自治区、直辖市人民检察院分院。（3）基层人民检察院，包括县、自治县、不设区的市、市辖区人民检察院。此外，省一级和县一级人民检察院，可以根据工作需要，经本级人民代表大会常务委员会批准，在工矿区、农垦区、林区等区域设置人民检察院，作为派出机构。专门人民检察院目前设有军事检察院和铁路运输检察院。军事检察院分为三级设置：中国人民解放军检察院；大军区级（包括大军区、空军、海军）军事检察院；基层（包括陆军军队、海军舰队、大军区空军）军事检察院。铁路运输检察院分两级设置：铁路运输检察分院，设在铁路管理局所在地，由所在省、自治区、直辖市人民检察院领导；基层铁路运输检察院，设在铁路分局所在地。

根据法律规定，人民检察院的现行领导体制是：最高人民检察院对全国人民代表大会及其常务委员会负责并报告工作；地方各级人民检察院对本级人民代表大会及其常务委员会负责并报告工作。最高人民检察院领导地方各级人民检察院和专门人民检察院的工作，上级人民检察院领导下级人民检察院的工作。在各级人民检察院内，由检察长统一领导检察院的工作，同时设立检察委员会。在检察机关内部，实行检察长负责制与检察委员会会议制相结合的领导制度。检察委员会是人民检察院内部实行集体领导的机构，它实行民主集中制，在检察长的主持下，讨论决定重大案件和其他重大问题。如果检察长在重大问题上不同意多数人的决定，可以报请本级人民代表大会常务委员会决定。

检察机关组织形式可分为主要业务机构、专门举报机构、专门反贪机构。主要业务机构有侦查监督、民事行政检察、渎职侵权检察、监所检察、公诉等。[①] 专门举报机构是指最高人民检察院设立的控告申诉检察厅和地方各级人民检察院设立的人民检察院举报中心。专门反贪机构是指最高人民检察院设立的反贪污贿赂总局和地方各级人民检察院设立的反贪污贿赂局。

第二节　审判制度

一、革命根据地时期的审判原则

在中华人民共和国成立之前，革命根据地在长期的司法实践中，形成了如下一些主要的审判原则和诉讼制度：

（一）司法机关统一行使审判权原则

早在工农民主政权时期，法律就规定：审判权由司法机关统一行使。除军人外，所有刑、民事案件，包括反革命案件，都由省、县、区各级裁判部审理，国家政治保卫局名义上没有审判权。一切反革命案件的审判权（从宣告无罪到宣判死刑）皆属于国家司法机关。抗日民主政权时期，陕甘宁边区政府规定：“边区高等法院独立行使其司法职权。”解放区人民民主政权时期，1948 年 11 月华北人民政府规定：对于汉奸、特务及内战罪犯，公安机关负有侦查责任，并向司法机关提起公诉，只有司法机关有权审判此类案件。

① 需要指出的是各业务机构一般在最高人民检察院称为厅；在各级人民检察院分别称为处、科。

（二）废止肉刑、严禁逼供信、重证据不轻信口供的原则

中华苏维埃共和国成立后，中央执行委员会的第六号训令就明确规定："在审讯方法上，……必须坚决废除肉刑，而采取搜集确实证据及各种有效方法。"抗日民主政权时期，1941 年《陕甘宁边区施政纲领》规定："改进司法制度，坚决废止肉刑，重证据不重口供。"解放区人民民主政权时期，华北人民政府于1948 年宣布：禁止肉刑、重证据不重口供、不得指名问供。

（三）合议和陪审原则

工农民主政权时期，法律规定一般案件的审理原则上采取合议制，由三人组成合议庭，以裁判长或裁判员为主审，另两名为人民陪审员。人民陪审员由职工会、雇农工会及其他群众团体推选产生。合议庭在作出判决时，以少数服从多数为准，如陪审员坚持己见，必须将其意见转送上级裁判部。抗日民主政权时期，人民陪审员制度有了很大发展，许多边区政府制定了陪审条例。一般采取三种形式：审判机关临时邀请有关单位派人参加陪审；民众团体选举陪审员，轮流出席陪审；部队、机关、团体选派代表出席陪审。解放区人民民主政权时期，合议制仍是审判制度的一项重要原则，人民陪审员制度基本上沿用下来，并有若干补充规定。

（四）回避原则

工农民主政权的法规规定，审讯人员凡遇有与被告人有亲戚关系或私交者，应该回避，不得充任该案的主审或陪审。抗日民主政权时期，1940 年 5 月 15 日颁布的《晋察冀边区陪审制暂行办法》明确规定陪审员于审判案件有下列情事之一者，应自行回避，不得执行职务：陪审员或其配偶为诉讼事件当事人者；陪审员为被害人者；陪审员为被告或被害人之配偶、或家长家属者；陪审员曾为被害人或被告人的法定代理人或评价、鉴定人者；陪审员曾执行本案之检查官或司法警察官之职务者。"当事人对陪审员有前条情形而不自行回避者，得申请陪审员回避。""审判官或军法官如认为陪审员有应实行回避之原因者，应依职权令其回避。"

（五）公开审判原则

中华苏维埃共和国成立后，1932 年 2 月 1 日颁布的《军事裁判所暂行组织条例》规定："审判案件须用公开的形式，准许士兵及军队的工作人员旁听，但是有军事秘密的案件，可采用秘密审判的形式，但宣布判决时仍须公开。"抗日民主政权规定，审理案件除法律另有规定者外，一律采取公开的方式进行，准许群众旁听和发言。解放区人民民主政权时期，1948 年 10 月 24 日哈尔滨市政府通过的《哈尔滨市民事刑事诉讼暂行条例（草案）》也规定："审判庭实行公开审判，诉讼有关关系人及一般群众均可到庭旁听，但有关国家秘密或有害风化案件，不在此限。"

（六）依靠和便利群众的原则

根据地、解放区民主政权在长期的司法实践中，特别是在抗日民主政权时期，把群众路线的工作方法运用到审判工作中去。创造了一套深入实际、调查研究、依靠群众、联系群众、便利群众的群众路线的审判方式。1942 年陕甘宁边区政府做出决定，在一切工作中贯彻群众路线，把相信与依靠群众的思想，纳入陕甘宁边区民、刑事诉讼法草案之中，

使之法律化，成为人人必须遵守的法律规范。当时边区政府司法机关采取的群众路线的审判方式主要有：（1）就地审判。初审机关走出法庭，携卷下乡，联系群众，处理案件。（2）巡回审判。（3）群众公审。抗日民主政权在贯彻依靠和便利群众原则进行审判工作中，形成了“马锡五审判方式”的典型。[①] 马锡五自兼任陇东分庭庭长以后，采取巡回审判的方式，把群众路线的工作方法用之于实践，依靠群众，深入进行调查研究，运用审判与调解相结合的方法，手续简便，不拘形式，方便群众诉讼，这种审判方式被称为“马锡五审判方式”。其本人也被群众誉为“马青天”。

二、中华人民共和国成立后的审判制度

根据所审理案件的不同，我国的审判制度可相应区分为刑事审判制度、民事审判制度和行政审判制度。

（一）刑事审判制度

刑事审判是人民法院依照刑法和刑事诉讼法的规定，审理刑事犯罪案件的司法活动。其审判的主要法律依据为《中华人民共和国刑事诉讼法》和《中华人民共和国刑法》。

1. 刑事审判程序

刑事审判的程序包括第一审程序、第二审程序、死刑复核程序、审判监督程序、涉外刑事案件审理程序和执行程序。从案件审理程序类别看，则有简易程序与普通程序之分。以下着重介绍第一审程序、简易程序、第二审程序。

第一审程序是人民法院对人民检察院提起公诉或者自诉人提起自诉的刑事案件进行初次审判的程序。人民法院在此程序中，须依法定程序，客观全面地审查证据，依照法律规定对被告人进行准确的定罪量刑。具体来说，第一审程序主要内容包括对公诉案件或自诉案件的审查、开庭前的准备、法庭审判等。

简易程序是基层人民法院对某些简单、轻微的刑事案件依法适用较普通审判程序简单的一种刑事审判程序。它仅限于基层人民法院适用，因而只适用于第一审程序。根据刑事诉讼法的规定，其适用的案件范围包括：（1）对依法可能判处 3 年以下有期徒刑、拘役、管制、单处罚金的公诉案件，事实清楚，证据确定、充分，人民检察院建议或者同意适用简易程序的。（2）告诉才受理的案件。（3）被害人起诉的有证据证明的轻微刑事案件。

简易程序的特点有：（1）审判员一人独任审判，不过也并不排除个别案件组成合议庭审理。（2）人民检察院可以不派员出席法庭支持公诉。（3）法庭调查、法庭辩论程序简化。（4）案件审理期限缩短。（5）简易程序可以变更为第一审普通程序。

第二审程序是由于对未生效的第一审判决和裁定的上诉和抗诉而提起的审理程序。由此可见，其提起缘由在于上诉和抗诉。上诉是指法定的诉讼参与人不服地方各级人民法院第一审的判决和裁定，依照法定的程序，要求上一级人民法院重新审判的诉讼行为。抗诉则是指人民检察院认为人民法院的判决和裁定确有错误，提请人民法院重新审判并予以纠

---

① 马锡五（1899—1962），陕西保安（今志丹）县人。1930 年参加革命工作。历任陕甘宁省苏维埃粮食部部长、国民经济部长和陕甘宁省苏维埃主席。抗日战争时期，担任庆环专区、陇东专区的副专员、专员。1943 年兼任陕甘宁边区高等法院陇东分庭庭长。1946 年任陕甘宁边区高等法院院长。中华人民共和国成立之后担任最高人民法院西北分院院长。1954 年被任命为最高人民法院副院长。

正的诉讼行为。在二审程序提起后，人民法院应对上诉和抗诉案件进行审查，然后进行开庭审理。在开庭审理后，二审法院应当按照下列情形分别处理：（1）原判决认定事实和适用法律正确、量刑适当的，用裁定驳回上诉或者抗诉，维持原判。（2）原判决认定事实没有错误，但适用法律有错误或者量刑不当的，用判决改判，不得发回重审，且应遵守上诉不加刑的原则，但人民检察院提出抗诉或自诉人提出上诉的，不受此原则的限制。（3）原判决事实不清楚或者证据不足的，可以在查清事实后直接用判决改判；也可以用裁定撤销原判，发回重审。如果原判决是“证据不足、指控的犯罪不能成立的无罪判决”，二审中没有发现新的证据，原审法院适用法律又正确的，应用裁定维持原判，而不应发回重审。二审法院在审理过程中若发现一审法院的审理有下列违反法定程序情形的，应当裁定撤销原判并发回原审法院重新审理：（1）违反刑事诉讼法有关公开审判的规定的。（2）违反回避制度的。（3）剥夺或者限制了当事人的法定诉讼权利，可能影响公正审判的。（4）审判组织的组成不合法的。（5）其他违反法律规定的诉讼程序，可能影响公正审判的。

2．刑事诉讼强制措施

我国《刑事诉讼法》规定了五种强制措施，依照强制程度从轻至重顺序排列，依次为：拘传、取保候审、监视居住、拘留、逮捕。

拘传是人民法院、人民检察院和公安机关，对未被拘留、逮捕的犯罪嫌疑人、被告人依法强制其到案接受讯问的一种强制方法。其目的在于保证刑事诉讼活动的顺利进行。

取保候审是指人民法院、人民检察院和公安机关对未被逮捕的犯罪嫌疑人、被告人，为防止其逃避侦查、起诉和审判，责令其提出保证人或交纳保证金，并出具保证书，保证随传随到的一种强制方法。

监视居住是指人民法院、人民检察院和公安机关对未被逮捕的犯罪嫌疑人、被告人，责令其不得离开住处或指定的居所，依法对其人身自由加以限制并对其实行监管的一种强制措施。

拘留是指公安机关在遇有法定的紧急情况时，对现行犯或重大嫌疑分子所采取的临时性限制其人身自由的强制方法。

逮捕是指公安机关、人民检察院或者人民法院对犯罪嫌疑人、被告人实行羁押、看管，暂时剥夺其人身自由的强制措施。这是刑事诉讼强制措施中最为严厉的一种措施。

3．刑罚的种类

据我国刑法规定，刑罚分为主刑和附加刑。前者是刑法中的主要刑罚方法；后者是作为主刑的补充适用的刑罚，不过也可独立适用。我国刑法规定的主刑有五种：管制、拘役、有期徒刑、无期徒刑、死刑。附加刑则有罚金、剥夺政治权利、没收财产。

（二）民事审判制度

1．民事案件管辖

根据我国《民事诉讼法》的规定，可分为两大类管辖：国内管辖和涉外管辖。划分管辖的原则有：（1）便利当事人诉讼。（2）便利人民法院行使审判权。（3）兼顾各级人民法院的职能和工作均衡。（4）有利于维护国家主权。（5）原则性与灵活性相结合。具体来说，我国民事诉讼的国内管辖可分为：级别管辖、地域管辖、专属管辖、移送管辖和指定管辖。

级别管辖是指按照法院组织系统划分上下级人民法院之间受理第一审民事案件的分工和权限。在民事诉讼中，级别管辖是以案件的性质和影响范围来确定的。凡是案件具有特殊性或者是比较重大复杂、影响面广的，由较高级别的人民法院作为第一审法院。除法律规定应由上级人民法院管辖的第一审民事案件外，所有的第一审民事案件均由基层人民法院管辖。确定中级人民法院管辖的范围是级别管辖的关键。因为除了基层人民法院管辖的一审案件外，其余一审案件主要由中级人民法院管辖。根据法律规定，中级人民法院管辖的民事案件为：（1）重大涉外案件。（2）在本辖区有重大影响的案件。（3）最高人民法院确定由中级人民法院管辖的案件。高级人民法院管辖在本辖区内有重大影响的第一审民事案件。最高人民法院管辖在全国有重大影响的案件和认为应当由本院审理的案件。

地域管辖是指确定同级人民法院之间受理第一审民事案件的分工和权限，可分为一般地域管辖和特殊地域管辖。一般地域管辖又称普通地域管辖，是指按照当事人的住所地或经常居住地确定案件的管辖法院。由此可见，我国《民事诉讼法》确定一般地域管辖的原则是“原告就被告”。不过，我国《民事诉讼法》还规定了4种例外情形：（1）对不在中华人民共和国领域内居住的人提起的有关身份关系的诉讼。（2）对下落不明或者宣告失踪的人提起的有关身份关系的诉讼。（3）对被劳动教养的人提起的诉讼。（4）对被监禁的人提起的诉讼。①

特殊地域管辖又称特别地域管辖，是指主要以诉讼标的所在地，或者引起诉讼法律关系发生、变更、消灭的法律事实所在地为标准确定管辖法院。我国《民事诉讼法》规定了9种适用特殊地域管辖的情形：（1）因合同纠纷提起的诉讼，由被告住所地或者合同履行地人民法院管辖。（2）因保险合同提起的诉讼，由被告住所地或者保险标的物所在地人民法院管辖。（3）因票据纠纷提起的诉讼，由票据支付地人民法院管辖。（4）因铁路、公路、水上、航空运输和联合运输纠纷提起的诉讼，由运输始发地、目的地或者被告住所地人民法院管辖。（5）因侵权行为提起的诉讼，由侵权行为地或者被告住所地人民法院管辖。（6）因铁路、公路、水上和航空事故请求损害赔偿提起的诉讼，由事故发生地或者车辆、船舶最先到达地、航空器最先降落地或者被告住所地人民法院管辖。（7）因船舶碰撞或者其他海事损害事故请求损害赔偿提起的诉讼，由碰撞发生地、碰撞船舶最先到达地、加害船舶被扣留地、船籍港所在地或者被告住所地人民法院管辖。（8）因海难救助费用提起的诉讼，由救助地或被救助船舶最先到达地人民法院管辖。（9）因共同海损提起的诉讼，由船舶最先到达地、共同海损理算地或者航程终止地的人民法院管辖。

专属管辖是指法律强制规定某些案件只能由特定的人民法院管辖，其他法院无权管辖，当事人也不得以协议变更管辖。《民事诉讼法》规定了下列几类案件为专属管辖：（1）因不动产纠纷提起的诉讼，由不动产所在地人民法院管辖。（2）因港口作业中发生纠纷提起的诉讼，由港口所在地人民法院管辖。（3）因继承遗产纠纷提起的诉讼，由被继承人死亡时住所地或者主要遗产所在地人民法院管辖。

移送管辖与指定管辖统称裁定管辖，因为二者都是根据人民法院作出的裁定来确定管辖法院。移送管辖是指人民法院对已经审理的案件，因发现本法院没有管辖权或者是无法

① 除民事诉讼法的上述规定外，根据审判实践需要，最高人民法院在《关于适用〈中华人民共和国民事诉讼法〉若干问题的意见》中还对11种情形作了具体规定。

审理，而将其移送给有管辖权或者便于审理的人民法院处理。发生移送管辖的原因可分两种：案件的移送和管辖权的转移。前者是指法院受理案件后，发现自己对该案件没有管辖权，而将案件移送给有管辖权的人民法院受理；后者是指上级人民法院将某个案件的管辖权转移给下级人民法院。指定管辖是指有管辖权的人民法院由于特殊原因不能行使管辖权，由上级人民法院指定管辖。

涉外民事诉讼管辖的种类，根据我国《民事诉讼法》的规定，分为以下 4 种：

牵连管辖。即根据诉讼与法院所在地有一定牵连关系而确定的管辖。我国《民事诉讼法》第 243 条规定："因合同纠纷或者其他财产权益纠纷，对在中华人民共和国领域内没有住所的被告提起的诉讼，如果合同在中华人民共和国领域内签订或者履行，或者诉讼标的物在中华人民共和国领域内，或者被告在中华人民共和国领域内有可供扣押的财产，或者被告在中华人民共和国领域内设有代表机构，可以由合同签订地、合同履行地、诉讼标的物所在地、可供扣押财产所在地、侵权行为地或者代表机构住所地人民法院管辖。"

协议管辖。即双方当事人可以选择任何一方当事人所在国法院管辖，也可以选择与诉讼有一定联系的第三国法院管辖。我国《民事诉讼法》第 244 条规定："涉外合同或者涉外财产权益纠纷的当事人，可以用书面协议选择与争议有实际联系的地点的法院管辖。选择中华人民共和国人民法院管辖的，不得违反本法关于级别管辖和专属管辖的规定。"

应诉管辖。即受诉法院对案件不一定有管辖权，但基于被告的应诉，而确定其对案件有管辖权。我国《民事诉讼法》第 245 条规定："涉外民事诉讼的被告对人民法院管辖不提出异议，并应诉答辩的，视为承认该人民法院为有管辖权的法院。"

专属管辖。即特定的涉外诉讼专属中华人民共和国特定的法院管辖。我国《民事诉讼法》第 246 条规定："因在中华人民共和国履行中外合资经营企业合同、中外合作经营企业合同、中外合作勘探开发自然资源合同发生纠纷提起的诉讼，由中华人民共和国人民法院管辖。"

2. 民事审判程序

民事审判程序包括第一审普通程序、简易程序、第二审程序、特别程序、审判监督程序、督促程序、公示催告程序、企业法人破产程序。

第一审普通程序是人民法院在审理民事一审案件时所适用的程序。它包括四个主要环节：起诉、受理、审理前的准备、开庭审理。

简易程序是指基层人民法院及其派出法庭审理简单民事案件所适用的一种诉讼程序。其特点为：起诉方式简便，既可书面也可口头起诉；受理程序简便；传呼当事人、证人的方式简便；实行独任制；审理程序简便；审结期限较短，自立案之日起 3 个月内应审结。

第二审程序是指上一级人民法院根据当事人的上诉，就下级人民法院的一审判决和裁定，在其发生法律效力前对案件进行重新审理的程序。根据《民事诉讼法》的规定，除了依特别程序、督促程序、公示催告程序和企业法人破产还债程序作出的裁判不准上诉外，凡地方各级人民法院以普通程序和简易程序作出的一审判决以及法律规定可以上诉的裁定包括不予受理、驳回起诉和对管辖权异议的裁定，在法定期间内，当事人均可提起上诉。

特别程序是指人民法院审理某些非民事权益争议案件所适用的特别审判程序。特别程序的特定性表现在：（1）适用特别程序的法院是特定的，仅限于基层人民法院。（2）适用特别程序审理的案件是特定的，仅限于选民资格案件和非讼案件。特别程序的特点为：（1）确认某种法律事实。（2）没有原告和被告；（3）实行一审终审。（4）审判组织特别，原则上采用独任制。（5）不适用审判监督程序。（6）案件审结期限较短。

审判监督程序是人民法院和人民检察院通过行使监督职能，发现已经发生法律效力的判决、裁定确有错误，由人民法院重新审判的一种诉讼程序，又称再审程序。再审程序的提起主体包括各级人民法院院长和审判委员会、最高人民法院和上级人民法院、最高人民检察院和上级人民检察院，还有对已生效裁判不服而提出再审申请的民事诉讼当事人。

（三）行政审判制度

行政审判是人民法院依照行政诉讼法规定的诉讼程序审理行政争议的司法活动。对于行政审判制度将主要从行政案件的受理范围、行政案件的管辖等方面来介绍。

1. 行政案件的受理范围

根据《行政诉讼法》的规定，公民、法人或者其他组织对具有国家行政职权的机关和组织及其工作人员的行政行为不服，可以依法提起诉讼。具体来说，法院行政案件的受理范围包括如下9类：

（1）不服行政处罚决定的案件。（2）不服行政强制措施决定的案件。（3）认为行政机关侵犯法律规定的经营自主权的案件。（4）认为符合法定条件申请颁发许可证和执照，行政机关拒绝颁发或不予答复的案件。（5）申请行政机关履行保护人身权、财产权的法定职责，行政机关拒绝履行或者不予答复的案件。（6）认为行政机关没有依法发给抚恤金的案件。（7）认为行政机关违法要求履行义务的案件。（8）认为行政机关侵犯其他人身权、财产权的案件。（9）法律法规规定可以起诉的其他行政案件。

人民法院不予受理的4类案件：（1）控告行政机关所为的国家行为的案件，如国防、外交等国家行为的行政案件。（2）控告行政机关抽象行政行为的案件。（3）控告行政机关对行政机关工作人员的奖惩、任免等决定的案件。（4）法律规定由行政机关最终裁决的案件。

2. 行政案件的管辖

人民法院行政案件的管辖包括级别管辖、地域管辖和裁定管辖。

行政案件的级别管辖是指上下级人民法院之间受理第一审行政案件的分工。基层人民法院管辖第一审行政案件。中级人民法院管辖的第一审行政案件包括4类：（1）确认发明专利权的案件和海关处理的案件。（2）对国务院各部门或者省、自治区、直辖市人民政府所做的具体行政行为提起诉讼的案件。（3）本辖区内重大、复杂的案件。（4）国际贸易行政案件。高级人民法院和最高人民法院分别管辖本辖区内或者全国范围内重大、复杂的第一审案件。

3. 行政案件的审判

法院在行政案件立案后，即进入开庭审理的程序。行政诉讼案件的开庭审理方式有两种：公开审理和不公开审理。在开庭审理之后，法院依法作出行政判决。具体来说，有以下7种判决形式：（1）判决维持被诉具体行政行为。（2）判决撤销或部分撤销被诉具体行政行为。（3）判决重新作出具体行政行为。（4）判决限期履行法定职责。（5）判决变更被诉具体行政行为。（6）确认判决。（7）驳回原告诉讼请求判决。

第三节　其他制度

在当代司法制度中，除了上述司法机构及审判制度等内容外，还有侦查制度、监狱制度、律师制度、仲裁制度、调解制度、公证制度等。

一、侦查制度

（一）沿革

我国的侦查制度中涉及的相关机构主要指公安机关和国家安全机关。我国的人民公安机关最早产生于1927年党中央直接领导的中央特科，它对后来的公安工作产生了重要影响。1931年，中华苏维埃共和国临时中央政府设立了国家政治保卫局，同时，临时中央政府还在内务部下设立了民警局和刑事侦查局。在抗日民主政权时期，还先后建立了保安处、中央和地方的社会部、根据地的公安局等抗日性质的公安保卫组织。解放区人民民主政权时期，随着大城市的逐步解放，革命政权开始接管和改造旧的警察机构和人员。中华人民共和国成立后，第一次全国公安会议于1949年10月15日在北京召开，同年10月19日中央人民政府任命罗瑞卿为公安部部长。1957年6月25日一届全国人大常委会第76次会议通过《中华人民共和国人民警察条例》，并一直沿用到1995年。“文革”时期，出现了对公安工作的“两个否定和一个砸烂”，公安系统的正常工作遭到极大破坏。1995年2月28日，八届全国人大常委会第12次会议通过了《中华人民共和国人民警察法》。

（二）组织体系与领导体制

我国公安机关的组织体系是：国务院设公安部，各省、自治区、直辖市设公安厅（局），地区、自治州设公安处，省辖市和自治区辖市设公安局，县、自治县设公安局，城市区设公安分局，城市街道和县属区、乡、镇设公安派出所或公安特派员。其中，公安派出所是城市区公安分局或县、自治县公安局的派出机构，不是一级公安机关。此外，在铁路、交通、民航、林业系统设公安局（处），在军队系统设保卫机构。

国家安全机关依法承担危害国家安全犯罪案件的侦查工作，其组织体系是：国务院设国家安全部，各省、自治区、直辖市设国家安全厅（局），其他地方则根据需要设国家安全机构或人员。

在领导体制上，公安机关实行统一领导、分级管理、条块结合、以块为主的体制。由此可见，公安机关实行双重领导，即公安机关内部上级对下级的领导与党委和政府对同级公安机关的领导相结合。不过，在双重领导中，以同级党委和政府对公安机关的领导为主。

（三）职权

公安机关的职权非常广泛，具体来说，包括如下几个大的方面：刑事方面职权、治安行政方面职权、安全保卫方面职权、警械和武器使用权、紧急情况特殊处置权。其中与刑事司法密切相关的主要是刑事方面的职权。这主要包括：（1）立案权。公安机关在接到犯罪举报后，经过审查，可决定是否立案。（2）侦查权。除自诉案件和应由人民检察院侦查的案件外，其他刑事案件均由公安机关负责侦查。公安机关侦查权的具体内容包括调查取证权和预审权。(3) 侦察权。这是国家赋予公安机关和国家安全机关的一项特殊权力，主要是指采取秘密的调查手段、秘密的力量、特殊的技术来预防和揭露危害国家安全的活动及重要的刑事犯罪活动。(4) 刑事强制权。包括拘传、取保候审、监视居住、拘留和逮捕。(5) 刑罚执行权。

二、监狱制度

（一）沿革

工农民主政权时期，在革命根据地设立了关押未决犯的看守所、关押长期监禁刑罪犯的劳动感化院和监狱及关押短期监禁刑罪犯的苦工队。抗日民主政权时期，在各边区设立了看守所、监狱、犯人自新学艺所、劳动感化院、劳动生产所、劳作队等。解放区人民民主政权时期，还组建了劳改队。中华人民共和国成立后，在中央人民政府司法部下设置监狱司，各大行政区司法部下设监狱处，主管狱政工作。1950 年，司法部将监所工作移交给公安部领导和管理。根据 1951 年全国公安工作会议作出的《关于组织全国犯人劳动改造问题的决定》，在全国范围内逐步建立起劳动改造制度。1954 年 9 月 7 日，政务院公布《劳动改造条例》，劳动改造得以制度化、法律化。1982 年，国务院决定将劳动改造机关由公安部整建制地划归司法部领导和管理，看守所仍由公安机关领导和管理。1994 年 12 月 29 日八届全国人大常委会第 11 次会议通过《中华人民共和国监狱法》，这是我国监狱制度的基本法律规范。

（二）监狱体制

(1) 监狱性质与任务。根据《中华人民共和国监狱法》的规定，监狱的性质是“国家的刑罚执行机关”。其任务在于正确执行刑罚、惩罚和改造罪犯，以达到预防和减少犯罪的目的。

(2) 监狱分类。我国的监狱按照不同标准可分为不同类型。以性别为标准，可分为女犯监狱和男犯监狱；以年龄为标准，分为成年犯监狱和未成年犯管教所；以罪犯的犯罪性质和刑期长短为标准，可分为重犯监狱和轻犯监狱。

(3) 主管机关。国务院司法行政部门（司法部系统）主管全国的监狱工作；司法部下设监狱管理局，负责统一领导和管理全国的监狱工作；各省、自治区、直辖市司法厅（局）负责领导本行政区域内的监狱工作，省、自治区、直辖市的监狱管理局在当地司法厅（局）的领导下具体管理辖区内的监狱工作。

三、律师制度

（一）沿革

律师是指依法取得律师资格，为社会提供法律服务的执业人员，属于法律职业的重要组成部分。律师制度则是国家确认的关于律师性质、资格、地位、功能、组织、执业方式、活动原则以及向社会提供法律服务的具体方式等方面的法律制度。律师制度是一国司法制度的重要组成部分。

近代中国律师制度萌芽于清末变法。1912 年，北洋政府公布《律师暂行章程》，为第一部正式实施的律师法，标志着中国近代律师制度的建立。中华人民共和国建立后，开始筹建新的律师制度。1954 年《中华人民共和国宪法》明确规定，被告人有获得辩护的权利。从 1954 年到 1957 年，多数省、自治区和直辖市都建立了律师机构。但此后，律师制度被视为资产阶级司法制度而被废除。直到 20 世纪 80 年代，律师制度才得以恢复。1980 年，全国人大常委会通过《中华人民共和国律师暂行条例》，1996 年，《中华人民共和国律师法》制定。截至 2002 年，律师人数达到 12 万多人，律师事务所达到 1 万多个。

（二）律师执业形式与律师管理体制

1. 律师资格和律师执业资格

获得律师资格是成为律师的必经程序和法定条件。律师执业资格则是一种营业资格，即开业和执业的许可。我国采取这两者相分离的制度。取得律师资格，并不必然意味着可以获得律师执业资格。

根据我国法律规定，取得律师资格的条件包括：（1）品行条件：拥护中华人民共和国宪法；品行良好。（2）学历条件：取得高等院校法学本科、非法学本科以上学历或同等专业水平。（3）业务条件：通过律师资格考试或考核。申请律师执业资格的条件：（1）具有律师资格。（2）在律师事务所实习满 1 年。（3）品行良好。

2. 律师执业机构

我国目前的律师事务所的组织形式有：（1）国办律师事务所。这是国家出资设立的事务所。它是律师制度恢复初期执业机构的主要形式，但是目前其地位已经相对降低。（2）合作律师事务所。这是由律师自愿组合，不要国家经费，不要编制，自筹资金，自负盈亏，其财产由合作人共有的律师事务所。这是一种重要的组织形式。（3）合伙律师事务所。即由律师自愿组合，开办经费由个人筹集，风险责任由合伙人共担，收入归合伙人所有的执业机构。它是目前我国律师事务所的主要形式之一。（4）个人律师事务所。由个人对律师所债务承担无限连带责任。

3. 律师管理体制

律师管理体制是指一个国家对律师行业及其活动的管理制度。根据《中华人民共和国律师法》的规定，我国确立的是一种以行政管理为主、行业自治为辅、行政管理与行业自治相结合的律师管理体制。

小　结

中华人民共和国的司法制度在继承和借鉴革命根据地时期、抗日民主政权时期和解放区人民民主政权时期的司法制度的基础上得以继续发展。中华苏维埃共和国时期的司法机关包括各级政治保卫局、肃反委员会、临时最高法庭、裁判部（科）和军事裁判所。抗日民主政权时期，边区设高等法院，县市设司法处或司法科。在解放区人民民主政权时期，司法机构体制发生了重大变化，出现了人民法院、人民法庭和军事法庭。与此同时，还发展出许多诉讼审判的基本原则和制度。其中尤值一提的是“马锡五审判方式”。中华人民共和国成立以后，建立了各级人民法院和人民检察院。人民法院的组织体系由最高人民法院、地方各级人民法院及专门法院构成。人民检察院的体系包括最高人民检察院、地方各级人民检察院和军事检察院等专门检察院。在审判程序上，可分为刑事审判程序和民事审判程序。除此之外，还有附设于各级政府之内的公安机关，其职权非常广泛。目前我国监狱的性质是“国家的刑罚执行机关”。其主管机关为国务院司法行政部门（司法部）和各省、自治区、直辖市司法厅（局）。关于律师执业形式与律师管理体制，我国目前确立了一种以行政管理为主、行业自治为辅、行政管理与行业自治相结合的律师管理体制。

思考题

1. 怎样理解“马锡五审判方式”？
2. 怎样理解法院和检察院的性质和职权？
3. 刑事审判中的简易程序有哪些特点？
4. 民事审判中的特别程序的性质和特点？
5. 怎样理解公安机关的性质和职权？
6. 怎样看待律师在当代社会中的地位与作用？

第二十三章　港澳地区的法律制度

第一节　香港特别行政区的法律制度

一、香港特别行政区法律的源流

（一）香港的历史和现状

自秦汉以来，香港历代的建制归属屡有变迁，大致归为四个历史时期：秦始皇时为归属海南郡番禺县时期、唐代为归属东莞郡宝安县时期、宋庆元年间为归属广州郡东莞县时期和清道光年间为归属广州府新安县时期。由于15世纪末欧洲人发现通向东方的新航线以后，西方殖民主义国家在争夺海上霸权的同时，把侵略触角瞄准了中国东南沿海城市和岛屿。其中，英国在17世纪中叶迅速发展成为海上霸主，首先以武力强迫通商，再于乾隆年间要求开展外交关系并割让沿海岛屿，均遭拒绝。随后，由于清政府软弱无能，已无力抵抗英国在中国继续扩大的鸦片战争和领土侵略战争，于1842年8月29日同英国签订了中国近代史上第一个不平等条约《中英江宁条约》（即《南京条约》），该条约共13条，除了最惠国待遇和巨额赔款等条款，还规定将香港割让给英国。在甲午战争之后，英国复于1898年6月强迫清政府同它缔结了《中英展拓香港界址专条》，强行租借了九龙半岛地区及附近的200多个岛屿，租期为99年，到1997年6月30日期满。根据1990年4月4日第七届全国人民代表大会第三次会议所作决定，该特别行政区自1997年7月1日起设立，其区域包括香港岛、九龙和新界。其基本特征如下：第一，继续实行资本主义制度。第二，实行高度自治。第三，直辖于中央。第四，彻底结束了殖民主义统治，由港人自己治港，日趋民主。香港特别行政区独特的法律地位可以概括为：没有殖民主义，保留资本主义，直辖于中央，实行高度自治。“一国两制”的方针将造就一个新的、更加繁荣稳定的香港。

（二）中国旧法

香港特别行政区法律渊源中，毫无疑问具有中国旧法，特别是《大清律例》、民法和习惯法的因素。由于中西法律意识差异和经济文化差异，在无适当的法律制度建立起来以前，在中国人之间发生法律问题，仍然使用中国的法律，例如有关家庭、婚姻、继承、抵押。尽管中国旧法在香港特别行政区法制的发展中仍有残存，然而，它毕竟不能视为主流，并日趋衰退。

（三）英国普通法

香港为普通法适用地区，其法律制度系直接采用英国的普通法。普通法最早是指英国12世纪左右开始形成的一种以判例形式出现的适用于全英国的法律，一些被引为依据的习惯便成了以判例法形式出现的普通法。英国的这种判例法之所以又叫普通法，就是因为它已不同于以往的地方习惯法，它是国家确认的通行于全国的法律。

（四）港英政府的立法

作为普通法适用地区，香港也毫不例外，其法律制度的基本特点是以判例法为其主体，为适应社会发展的需要制定必要的成文法，两者均具有法律效力。《英皇制诰》在规定英国保留对香港立法权的同时，也赋予了香港地方当局相应的立法权限，客观地说，在不违背英国法律原则和法律制度的前提下，香港地方当局拥有比较广泛的和独立的立法权。在香港法制中，地方性立法和本地判例所占的比重远远超过英国国会立法。但是，英国政府在放手香港地方立法的同时，又从立法程序上和立法原则上为香港本地立法规定了基本框架，使这些出自香港本地的法律不可避免地带有浓厚的英国法律文化特征。立法局对法律的讨论和制定程序上基本仿效英国国会的立法模式。法案通过以后，还要经过港督批准，在《宪报》公布之后，才能成为正式生效的法律。

二、"一国两制"与香港法律的发展

（一）香港基本法的颁布

1989年2月21日，中华人民共和国第七届全国人民代表大会常务委员会第六次会议通过并公布了《中华人民共和国香港特别行政区基本法（草案）》，在香港和全国其他地区广泛征求意见，之后由基本法委员会作进一步修改，于1990年4月4日提请第七届全国人民代表大会第三次会议审议并通过，决定于1997年7月1日起正式实施。该法全称为《中华人民共和国香港特别行政区基本法》（以下简称《香港特别行政区基本法》），由序言与9章共160条组成。另外还包括3个附件：附件一《香港特别行政区行政长官的产生办法》，附件二《香港特别行政区立法会的产生办法和表决程序》，附件三《在香港特别行政区实施的全国性法律》。主要内容有：序言部分，概括说明了香港问题的由来，制定基本法的指导思想、法律依据和目的。总则部分，从政治、经济和法律等方面规定了香港特别行政区实行的制度和政策的基本原则，成为整部基本法各章条文的基础。此外，还规定基本法的解释权和修改权。该基本法与《中华人民共和国宪法》的关系是：它是根据《中华人民共和国宪法》，按照香港的具体情况制定的，是符合宪法的。该基本法的地位和作用表现为：香港特别行政区设立后实行的制度、政策和法律，以该法为依据。这是一部具有历史意义和国际意义的法律。

《香港特别行政区基本法》以《中华人民共和国宪法》为基本依据，全面实践了中国政府在《中英联合声明》中对于香港未来政治、经济、社会制度的各项承诺，确立了"香港高度自治""港人治港""保持原有的资本主义制度和生活方式""保留原有法律制度"等各项基本原则。就香港特别行政区原有法律制度来看，在基本法起草过程中，中国政府充分肯定了香港特别行政区原有法律制度在香港历史上所起过的积极作用以及香港市民对原有法律制度的适应性，认为在香港特别行政区保留原有法律制度基本不变有利于香港的稳定和持续发展。因此，《香港特别行政区基本法》第81条第2款规定：“原在香港实行的司法体制，除因设立香港特别行政区终审法院而产生的变化以外，予以保留。”也就是说，香港回归以后，不仅保留原来司法制度的基本内容，而且将自主行使司法终审权。

（二）香港的判例法制度

在英国普通法的基础上，香港特别行政区法院在审判实践中发展了本地的判例法。

自1905年起，香港开始建立案例记录制度，经编辑选择，把较重要的案例收集进香港《判案汇报》。由于香港特别行政区法院要继续依照保留的普通法和衡平法审判案件，因此，英国普通法和衡平法中的判例及其他普通法适用地区所形成的判例，对于香港特别行政区法院审判案件仍然具有一定的参考价值。对此，《香港特别行政区基本法》规定，其他普通法适用地区的司法判例可以作为香港审判案件的参考，但是“参考”不同于“依照”，因此这些司法判例和上述法律有本质区别。首先，这些判例的内容不能与《香港特别行政区基本法》相违背；其次，在不违背《香港特别行政区基本法》的前提下，法官对于这些判例有选择适用权，也就是说，法官可以根据案件情况以及个人的判断，自由选择是否适用该判例。

在香港特别行政区各级法院（包括法官）的相互关系中，判例法的效能机制大致有：（1）上诉法庭的判决对所有下级法院来说，是具有约束力的判例法。（2）在地方法院一级，法官不受法院先前作出的判决的约束，不论是初审判决或是上诉判决。但地方法院必须遵循上级法院的判决。如果审理上诉案件，地方法院对自己先前审理上诉案件时作出的判决则应遵守。（3）裁判司署受最高法院和上诉法院判例的约束，包括地方法院的判决。此外，应当指出的是，香港在实施普通法时，对中国当地居民的某些传统习惯，经过法院承认并用以处理诉讼案所形成的习惯法也同时有效。

（三）香港的司法制度

在香港，狭义司法制度仅指审判制度。广义司法制度包括审判制度、刑事侦缉制度、检控制度、法律援助制度和惩教制度等一切为实施法律而设立的制度。1997年7月1日之后，香港特别行政区法院审理案件的终审权不再由英国管辖，但也不是中华人民共和国最高人民法院接替，而是由香港特别行政区享有。一个地方行政区享有审判终审权在国际司法制度上是罕见的，可以说这是“一国两制”、香港“高度自治”在司法制度方面的具体体现。

三、香港特别行政区法律制度的特点

（一）从法律渊源看，香港现行法制是英国普通法系的一个分支或变种，具有浓厚的殖民色彩

如前所述，香港特别行政区法律的形成，总体而言有两大来源：一是英国的普通法，它随英国侵占香港之日起便引入香港，并逐渐排斥原来的中国清朝法律和传统习惯而占主导地位。因此，香港特别行政区法律是以英国的普通法和衡平法为基础，并融入英国的成文法、香港本地成文法而形成的英国普通法系的一个分支或变种。尽管如此，也不能认为香港特别行政区法律就是英国法。它的另一重要来源是被确认继续生效的中国清朝法律和习惯法，这部分法律在香港社会中早期曾发挥特殊作用。诚然，英殖民统治者之所以允许其存在，实也出于殖民统治的需要。因此，现行香港特别行政区法律具有浓厚殖民色彩，这在香港特别行政区的宪法性法律中已暴露无遗。可以说，在回归前的150多年间，香港特别行政区的法律从制度到精神、从司法机关的组织结构到使用的语言，无不渗透了英国法的因素，香港特别行政区的法制已经从内容到形式都具有了典型的普通法特色。

（二）回归后两种法律体系并行适用，体现了“一国两制”的基本要求

香港回归前和回归后最本质的区别，就在于回归前香港的地位由英国决定，英国通过法律的行政的手段对香港实行殖民统治。回归后香港的主权由中华人民共和国行使，根据香港基本法的规定，设立特别行政区，实行高度自治、港人治港。也就是说，一切有关港督权力和香港地位的《英皇制诰》《皇室训令》都必须扔进历史的垃圾箱。在香港特别行政区原有的法律中，凡涉及香港地位的一切英国立法都必须废除，根据《英国法律适用条例》而适用于香港的英国法律和香港条例，凡涉及香港主权问题的都应当废除或者依据香港基本法的规定进行修改。英国议会制定的一切成文法，都不能在香港使用。对此，香港基本法第8条作了具体、明确的规定，“香港原有的法律，即普通法、衡平法、条例、附属立法和习惯法，除同本法相抵触或经香港特别行政区的立法机关作出修改者外，予以保留”。这种在一个地区并用两种法律体系的现实，在理论和实践上都构成了回归后香港法律的一个新的突出的特点。此种特点是“一个国家，两种制度”在法律上的表现。

（三）香港特区的法律以基本法为依据，部分全国性法律也在香港适用

1997年7月1日香港基本法开始实施后，无论是香港特别行政区原有的法律还是香港特别行政区立法机关制定的法律，必须一律以基本法为依据，凡与基本法相抵触的都没有法律效力。香港基本法依照“一国两制”的原则，规定不在香港特区实行社会主义的制度和政策，保持香港原有的资本主义制度和生活方式，50年不变，所以，《宪法》不可能在香港全部施行，而在香港特别行政区社会中起主导作用的法律是香港基本法。香港基本法由全国人大制定和修改，实施中的具体问题由全国人大常委会负责解释，其级别和法律效力仅次于宪法。香港基本法对香港的地位、经济社会制度和生活方式所作的规定，香港特区政府和居民必须遵守。然而，香港基本法又并非香港地区的专用法律，是效力遍及全国的基本法律，所以，全国公民都必须遵行。

香港基本法第18条对全国性法律在香港适用的原则、条件作了规定，其附件三对在香港适用的全国性法律逐一加以列举，除法定的特殊情况发生外，没有列举的全国性法律不在香港实施。在香港适用的全国性法律，只限于有关国防、外交和其他按照香港基本法规定不属于香港特区自治范围的法律，这是在通常情况下香港适用全国性法律的基本原则。但在特殊情况下，中央人民政府可以宣布将有关全国性法律在香港实施，不受香港基本法附件三所列法律的限制。所谓特殊情况，是指香港基本法第18条第3款规定的，“全国人民代表大会常务委员会决定宣布战争状态或因香港特别行政区政府不能控制的危及国家统一或安全的动乱而决定香港特别行政区进入紧急状态”，此时，中央人民政府可以发布命令，将有关全国性法律在香港实施。

第二节　澳门特别行政区的法律制度

一、澳门特别行政区法律的源流

（一）澳门的历史与现状

澳门自古以来就是中国领土，早在新石器时代，中华民族的祖先就已经在澳门地区一带活动。自公元前3世纪秦始皇统一中国开始，澳门就已绘入中国的版图，成为南海郡番禺县的一部分。此后，从晋代起，属东官郡；在隋代，属南海郡；在唐代，属东莞县。1152年，南宋政府撤东莞县，并割南海、番禺、新会三县的滨海地区，建立香山县，澳门遂划入香山县辖。香山立县初，设置10个乡，其中长安乡包括今山场、前山、澳门、万山、唐家、下栅一带，即澳门被划入长安乡。明洪武十四年（1381年），改乡为坊都，长安乡改为恭常都，一直沿用至清代。

1553年（明嘉靖三十二年），葡萄牙人借口舟触风涛，请求借濠镜（澳门最早的地名）地曝晒渍水贡物，并向广东海道副使汪柏行贿，遂获准在澳门搭管暂住。从1557年起，葡人开始在澳门定居，将澳门视为其在华居留地。葡人在澳门的居留虽然得到广东官府的默许，但从未得到明政府的正式许可，明清政府均在澳门设官管治。鸦片战争后，葡萄牙趁中国清政府战败软弱之机，企图改变澳门的法律地位。1845年11月20日葡萄牙单方面宣布澳门为自由港，并于1851年和1864年分别侵占了氹仔岛和路环岛。1887年葡萄牙强迫清政府签订了《中葡里斯本草约》，确认了“葡国立驻管理澳门”的权利。所谓的澳门问题即由此而来。

但中国历届政府从未宣布承认葡萄牙对澳门的领土主权。中华人民共和国成立后，中国政府宣布不承认葡萄牙强迫清政府签订的不平等条约，并主张在适当时机通过谈判和平解决历史遗留问题。1987年4月13日，中葡发表关于澳门问题的联合声明，明确规定：“澳门地区（包括澳门半岛、凼仔岛和路环岛）是中国领土，中华人民共和国政府将于1999年12月20日对澳门恢复行使主权。”澳门自此进入过渡期。1999年12月20日，中国政府正式在澳门恢复行使主权，澳门特别行政区成立，何厚铧当选为澳门特区首任行政长官。

（二）中国旧法

在葡人定居澳门之后相当长时间内，澳门社会的法律是中国固有法律或行为规范，葡人只是在其本身的社会活动或社会生活范围内才享有社会管理和司法的自治权，才适用自己的法律。明清时期的中国旧法对澳门华人社会的影响非常深厚。为了加强管理，1748年（清乾隆十三年），清政府的澳门海防军民同知张汝霖制定出“制澳十二条”，以中国旧法保护华人利益。1849年以后，中国旧法在私法领域仍然顽强地生存。1909年葡萄牙专门针对华人在家庭和继承方面的风俗习惯颁布了《华人风俗法典》。该法典以两广地区传统法律规范为蓝本，对澳门华人的婚姻继承问题作出较为详尽的规定。

（三）葡式大陆法制

葡萄牙是一个典型的欧洲大陆法系国家，其法律制度具有鲜明的民法传统特色，它以制定法，特别是法典法作为基本法律渊源。1849 年葡国澳门首任总督阿马留开始竭力在澳门推行法律殖民化，把葡萄牙法律适用于澳门中国居民的所有刑事与民事案件。葡萄牙的一些主要法典也陆续被延伸到澳门适用。如 1879 年葡萄牙将其《葡萄牙民法典》延伸至澳门适用；1886 年《葡萄牙刑法典》延伸至澳门适用；1888 年葡萄牙的《葡萄牙商法典》延伸到澳门适用；1931 年《葡萄牙刑事诉讼法典》在海外殖民地生效；1961 年葡萄牙将其《葡萄牙民事诉讼法典》延伸至澳门适用；1966 年葡萄牙新民法典颁布之后，葡萄牙即同样将其延伸到澳门适用。这些法典延伸到澳门适用后，构成了澳门法律制度的基本框架，从而在理论上奠定了澳门法律的基础。20 世纪以来，葡萄牙更做了很多努力来使葡式大陆法制适用于澳门。这样就导致了葡式大陆法制成为澳门现行法律最重要的法律源流。

（四）管治过渡时期澳门本地立法

1976 年以后，澳门法律史的发展进入管治（1976—1987 年）过渡（1987—1999 年）时期，这一时期澳门本地立法得到空前发展。本地立法的主要形式有法律、法令、立法性命令、规章和司法判例。法律是由立法机关制定的，宪法性的或具有普遍拘束力的一般性行为规范，在大陆法系国家中，这是最基本的法律渊源，澳门也不例外。但在澳门全部法律渊源中，如果除去葡萄牙移植到澳门的法典或法律之外，体现为“法律”的法律渊源所占比例并不大，且主要是 1976 年以后根据《澳门组织章程》建立的立法会所制定和颁布的本地立法。法令颁布是澳门总督根据《澳门组织章程》赋予的立法权，在本身立法权限内或在立法授权范围内制定并发布的规范性文件，是立法会制定的法律之外，澳门最为重要的法律渊源，在某种程度上弥补了澳门法律的缺陷。立法性命令是总督在自己立法权限内以命令形式制定和颁布的立法性文件，它本身通常并不构成法律，而只是给予有关的规范和制度文件以法律效力，故只是广义上的法律渊源。其中总督的训令在澳门法律生活和法律秩序中的地位非常重要。规章是政府各部门在权限内就有关事宜所制定的专门性规范，它是低于法律和法令的法律渊源，但在政府行政管理和操作过程中起着极其重要的作用。澳门本地司法机关的判例解释是从 1993 年 6 月以来才正式制作运用的。

二、“一国两制”与澳门法律的发展

（一）澳门基本法的颁布

根据《中葡联合声明》的精神，1988 年 4 月 13 日，第七届全国人民代表大会第一次会议决定成立澳门特别行政区基本法起草委员会，负责澳门基本法的起草工作。起草委员会在 4 年零 4 个月的工作时间内，先后共举行了 9 次全体会议、70 次专题小组会议、3 次主任委员扩大会议和 3 次区旗区徽图案评选委员会会议，终于在 1993 年 1 月 13 日至 15 日第九次全体会议上完成全部起草工作，进行了最后修订并以 2/3 以上的多数通过了基本法草案，送交第八届全国人大审议。同年 3 月 31 日，八届全国人大一次会议通过了《中华人民共和国澳门特别行政区基本法》（以下简称《澳门特别行政区基本法》）及其 3 个附件，特别行政区区旗和区徽图案，同一天，国家主席江泽民下令将该法颁布，于 1999 年 12 月 20 日起生效实施。

《澳门特别行政区基本法》全文包括序言与 9 章，共 145 条文及 3 个附件。这 3 个附

件是《澳门特别行政区行政长官的产生办法》《澳门特别行政区立法会的产生办法》和《在澳门特别行政区实施的全国性法律》。此外，还有《关于澳门特别行政区第一届政府、立法会和司法机关产生办法的决定》，以及《关于批准澳门特别行政区基本法起草委员会关于设立全国人民代表大会常务委员会澳门特别行政区基本法委员会的建议的决定》等2个附录，分别就行政、立法和司法机关的过渡以及基本法的实施作出特别安排。

基本法正文的总则部分阐明了澳门特别行政区政治、经济、社会制度的基本原则，强调特别行政区享有高度自治的行政管理权、立法权、独立的司法和终审权，其行政立法机关由本地永久性居民组成；保障居民的基本权利和自由、私有财产权和土地使用权；现行资本主义制度和生活方式维持50年不变；原有法律、法令、行政法规和其他规范文件，除与基本法相抵触或需依法定程序作出修改者外，予以保留。基本法是特别行政区制度和政府行为的依据，任何法律、法令、行政法规和其他规范性文件均不得与基本法相抵触。可以说，充分体现了中国政府对澳门的基本方针和政策。

在基本法指导下，澳门特别行政区法律加快了本土化的进程，并以此为基础根据澳门的现状制定颁布了一系列符合“一国两制”“澳人治澳”的法律规范。

（二）澳门特别行政区法律体系

澳门特别行政区法制由于特殊的历史原因而归属于大陆法系，其基本构架以富有民法传统特色的葡萄牙“五大法典”，即《葡萄牙民法典》《葡萄牙刑法典》《葡萄牙民事诉讼法典》《葡萄牙刑事诉讼法典》《葡萄牙商法典》和1996年1月1日开始生效的《澳门刑法典》为基础。根据《中葡联合声明》和《澳门特别行政区基本法》的精神及有关规定，澳门现行法律体系在1999年之后仍将在很大程度上得到维持，所不同的是，1999年之后的澳门法律体系将完全脱离与葡萄牙的政治和法律联系，成为中国国家法律体系中的一个重要组成部分。

本节着重概述澳门的民事法律、商事法律、刑事法典、民事诉讼法律和刑事诉讼法律，旨在对澳门法律制度与大陆法系的深厚渊源关系有一个全面的了解。

1. 澳门民事法律

澳门特别行政区现行民法是葡萄牙1966年颁布的民法典以及有关民事法律的法令、法规等。1966年《葡萄牙民法典》的前身是1867年《葡萄牙民法典》，该法典是葡萄牙法律史上第一部民法典，它不仅首次把葡萄牙以往的民法渊源加以系统化和统一，而且从体例到内容明显追随了罗马法律传统，从而决定了葡萄牙法制朝大陆法系方向发展。根据1967年9月4日的第22869号训令，《葡萄牙民法典》正式延伸到澳门适用，并于1968年1月1日起在澳门正式生效。因此，澳门特别行政区民法以葡萄牙民法为基本法源，在制度与法律理论上也完全追随葡萄牙民法，其基本原则当然也是葡萄牙民法的基本原则，也就是大陆法系国家民法最一般的原则。

2. 澳门特别行政区商事法律

澳门特别行政区现行的商法主要是由葡萄牙延伸到澳门适用的1888年《葡萄牙商法典》和1901年的《有限公司法》。前者于1894年6月20日延伸至澳门适用至今；后者延伸至澳门适用后，由于葡萄牙的公司法已作了很多修改和发展，因此该法于1986年11月1日被新的公司法典所取代。《澳门公司法典（草案）》共六编凡318条，六编篇目为总则、无限公司、两合公司、有限公司、股份有限公司、刑事规定等。

3．澳门特别行政区刑事法律

澳门特别行政区刑法的渊源比较复杂。长期以来，适用于澳门特别行政区的刑事法律主要由三部分组成：一是由宗主国葡萄牙主权机关制定延伸到澳门的法律。包括 1886 年葡萄牙刑法典、修订 1886 年刑法典条文的共和国法令及命令、共和国法律中有关补充性刑事法规及其他刑事法规，以及有关补充性刑事法规及其他刑事法规的共和国命令及法令。二是由葡澳当局立法机关制定的补充性刑事法规及其他刑事法规，即澳门本地立法。三是国际法文书中有关刑事领域的法规。在这些刑事法律中，比例最大且地位最为重要的当属第一部分，尤其是延伸至澳门适用的 1886 年《葡萄牙刑法典》，构成了澳门特别行政区刑法体系的基本框架和内容。

根据《中葡联合声明》的精神和《澳门特别行政区基本法》的有关规定，按照法律本地化的要求，澳门本地区立法机关于 1996 年 1 月 1 日通过了新的《澳门刑法典》。该法典全文共 350 条，分为总则和分则两卷。总则部分包括刑法原则及刑法效力，犯罪和犯罪人的一般规定，刑罚和保安处分的种类及刑罚和保安处分的适用和执行。分则卷则具体规定了各类犯罪。《澳门刑法典》作为澳门过渡期第一部本地化的法典，其颁布与实施结束了澳门地区长期以来适用 1886 年《葡萄牙刑法典》的历史，弥补了澳门旧刑法内容陈旧且脱离澳门实际情况而造成的刑事立法滞后之不足。更为重要的是，它不仅立足于澳门过渡期的社会现实需要，而且着眼于未来澳门特别行政区的要求，因而在指导思想和内容上，均为澳门特别行政区的刑事法律建设奠定了基础。

4．澳门特别行政区诉讼法

澳门特别行政区现行民事诉讼法是葡萄牙 1961 年颁布并于 1962 年 10 月延伸适用于澳门的《民事诉讼法典》。该法典自 1967 年以后，曾进行过多次修改，这些修订内容亦延伸至澳门适用。这构成了澳门特别行政区现行民事诉讼法律制度的基本内容。《葡萄牙民事诉讼法典》凡 1528 条，分诉讼、管辖及公平的保障、程序和仲裁法庭 5 篇。澳门特别行政区现行刑事诉讼法律制度主要包括葡萄牙于 1929 年颁布并于 1931 年 1 月 24 日延伸至澳门适用的《葡萄牙刑事诉讼法典》。该法典分两卷，凡 700 条。第 1 卷 2 编 2 章，主要是关于诉讼行为与刑事管辖的一般规定。第 2 卷 10 编 29 章，包括总则、预审、起诉、辩护、审判、执行、上诉、复审等，对刑事诉讼程序的各个阶段均作了详细的规定。1987 年葡萄牙本土制定了新的《葡萄牙刑事诉讼法典》，但新的法典并没有延伸适用于澳门，故旧的刑事诉讼法典在澳门仍继续生效。

进入 20 世纪 90 年代，澳门特别行政区新的刑诉法典的制定被提上了议事日程，到目前为止，新法典草案已经起草完毕，并已译成中文，提交各方讨论，征求意见。在不久的将来，新的澳门特别行政区本地立法机关订立的适用于澳门特别行政区的刑事诉讼法典将会极大地完善澳门特别行政区的刑事诉讼法律制度。

（三）澳门特别行政区司法制度

1．澳门特别行政区法院制度

澳门特别行政区法院是澳门的司法审判机关，行使司法管辖权，在司法活动中享有独立性。根据《澳门组织章程》第 52 条、《澳门司法组织纲要法》第 2.3 条之规定，澳门法院的职责是：确保维护公民受法律保护之权益；遏止对民主法治之违反；解决公、私利益之冲突。

澳门特别行政区法院采取二审终审制。高等法院是澳门的第二审和审查法院，也是澳门最高之法院，行使终审法院的权力。高等法院由院长和6名法官组成。可以全会和分庭两种形式运作。分庭由3名法官组成，全会最少须有4名法官才能运作。

2．澳门特别行政区检察制度

澳口特别行政区检察院原为葡萄牙共和国驻澳门检察官公署，由助理总检察长和检察长各1人以及6名检察官组成。后来，根据新的法令，澳门特别行政区检察院由1名助理总检察长、3名检察长和8名检察官所组成。

检察院的最基本运作方式是将检察院司法官派驻到各个法院及法庭行使司法职能。根据《澳门司法组织总规章》和《司法官通则暨司法委员会和司法高等委员会之成员通则与组织》，澳门特别行政区检察院的司法职能主要有：监督执法及提起刑事诉讼；代表本地区、公钞局、市政厅以及无行为能力、不确定和失踪的人士；协助劳工及其家属维护其社会权利；在职责范围内，维护法院的独立性，并关注审判职能的行使是否符合法律；在具有正当性的情况下，促进法院裁判的执行；监察刑事警察机关在程序上的行为；促进预防犯罪的活动等。

3．其他司法组织

其他司法组织指的是司法委员会、反贪污暨反行政违法性高级专员公署、律师以及警察机关等。司法委员会包括澳门司法委员会和澳门司法高等委员会两个机构，它们是根据《澳门司法组织纲要法》设置的作为澳门法官的管理及纪律机关而存在，此外，司法委员会还依法对法院办事处、检察院及审计法院的技术辅助部门的人员行使管理权。反贪污暨反行政违法性高级专员公署成立于1990年，目的在于打击日趋严重的贪污和行政违法行为，确保公共行政的公正、合理性及其效率，提高行政当局的尊严和声誉。显然，这个机构的成立受到香港反贪公署成立并取得巨大成效的影响。

三、澳门特别行政区法律制度的特点

（一）以葡式大陆法制为基本模式

作为由葡萄牙统治和管治达数百年之久的中国领土，澳门特别行政区的社会制度总体上完全是以葡萄牙本土的社会制度作为模式，政治、经济和法律制度莫不如此。也就是说，澳门特别行政区法律制度属于大陆法系的法律传统，这一特征完全取决于或来自葡萄牙的法律制度。

（二）法律渊源多样化

澳门特别行政区法律渊源多样化，主要表现在葡萄牙主要法典大体的理论或形式上的设置，真正调整澳门社会秩序的行为规范，是澳门立法机构制颁的各种法律，包括法律和总督法令、有关立法机构的各种法规和规章等。根据澳门特别行政区的政治制度和葡萄牙宪法的规定，澳门总督和立法会是平行的立法者，而鉴于澳门的特殊情况，澳门总督的法律创制权意义更为重要。因此，相比之下，澳门总督的法令、训令更经常、更普遍地规范着澳门的各种社会关系。澳门特别行政区法律渊源的这种构成，是它区别于一个主权国家的明显特征，同时也是它本身的特色。

（三）法律文化多元化

澳门特别行政区法律所体现的多元法律文化因素，主要是指除了来自葡萄牙的法律和始终存在于澳门的中国传统文化因素之外，相邻地区的法律与习惯，对澳门特别行政区现行法律的缺漏和不足发挥着重要的补充作用，而且在实际生活与交往中确实起着重要的规范作用。这里所说的相邻地区主要指的是香港地区和中国内地。澳门是一个地域狭小的社会，如同其政治与经济很难不受外界影响一样，其法律也不可能完全独立地存在。特别是澳门特别行政区的许多法律与澳门民众发生严重隔膜的情况下，澳门民众在与香港和大陆交往时，就更自然地以对方的法律作为规定和调整其交往关系的行为规范。例如，由于澳门与香港之间极不平稳的经济关系，造成澳门人或澳门的法人在同香港人或香港的法人发生商业交往时，基本上都是以香港的商法作为调整双方关系的法律规范。事实上，在商法领域，英国式的香港商法已深入渗入澳门特别行政区法律生活之中。

小　结

香港特别行政区法律的源流包括中国旧法、英国普通法、港英政府的立法。《中华人民共和国香港特别行政区基本法》从政治、经济和法律等方面规定了香港特别行政区实行的制度和政策的基本原则，是一部具有历史意义和国际意义的法律。从法律渊源看，香港现行法制是英国普通法系的一个分支或变种，具有浓厚的殖民色彩。回归后两种法律体系并行适用，体现了“一国两制”的基本要求。香港特别行政区的法律以基本法为依据，部分全国性法律也在香港适用。

澳门特别行政区法律的源流包括中国旧法、葡式大陆法制、管治过渡时期澳门本地立法。在《中华人民共和国澳门特别行政区基本法》指导下，澳门特别行政区法律加快了本土化的进程，并以此为基础根据澳门的现状制定颁布了一系列符合“一国两制”“澳人治澳”的法律规范。澳门法律制度的特点表现为：以葡式大陆法制为基本模式，法律渊源多样化，法律文化多元化。

思考题

1. 香港特别行政区法律有何主要特点？
2. 澳门特别行政区法律有何主要特点？
3. 香港特别行政区和澳门特别行政区的法律在整个中国法律体系中有何特殊地位？

后　记

本书是国家“十一五”规划教材，也是高等学校法学专业14门核心课程教材之一。它以教育部高等教育司编写的《全国高等学校法学专业核心课程教学基本要求》为依据，以李交发、唐自斌为主编，以张全民、王涛为副主编的湖南省法学专业核心课程教材《中国法制史》（湖南人民出版社、湖南大学出版社2001年出版）为基础，增加国家的出现和法律的起源、家族法、中华人民共和国法制史等新内容，是一部颇具特色的中国法制史教材。本书可作为高等学校法学、历史学等专业和相关学科专业学生学习中国法律史的教材。

本书由李交发教授任主编，张全民、宋四辈、张兆凯教授任副主编的全国7所高校12位从事中国法律史教学科研的教师参与撰写。撰写过程中，由主编提出全书编写提纲，全体参编人员集体讨论确定，然后分工到人，合作完成，最后由正副主编以及刘军平、李俊强修改定稿。具体编写分工如下（以撰写章节先后为序）：

李交发（湘潭大学）：第一章、第二章、第十章

张全民（湘潭大学）：第三章、第四章

杨翠兰（湖南科技学院）：第五章

宋四辈（郑州大学）：第六章、第十三章

黄谷秀（湖南师范大学）：第七章、第八章

刘军平（湘潭大学）：第九章、第二十二章

陈　熹（中南林业科技大学）：第十一章、第十二章

张兆凯　蔡浩明（湖南工业大学）：第十四章、第十六章、第十七章

龚曙东（南华大学）：第十五章、第二十一章

李俊强（湘潭大学）：第十八章、第二十章

夏新华（湘潭大学）：第十九章、第二十三章

刘军平、李俊强校对全书。

编者

2007年12月

再版后记

2001 年，由李交发、唐自斌任主编，张全民、王涛任副主编的湖南省法学专业核心课程教材《中国法制史》出版，创新了教材体例与内容，中国人民大学复印报刊资料 2003 年《法理学·法史学》第 4 期《2002 年中国法律史学研究的回顾与展望》予以高度肯定：“在中国法制通史的教材编写方面，2002 年度也有不少的创建，例如湖南省法学统编教材《中国法制史》在体例上首次突破了旧有教材在时间上的限制，将中国法律的起源定在黄帝时期，并首次将中华人民共和国法制史的内容纳入教材篇章。”因此，《中国法制史》顺利入选“普通高等教育‘十一五’国家级规划教材”。

2008 年，《中国法制史》作为国家级规划教材，由湖南人民出版社出版。教材创新之处的“法律起源”，单列成编，增强了论述；“中华人民共和国法律制度”单列成编，增加了内容；“家族法”单列成章，补齐了非正式法律制度内容，“家族法”纳入中国法律史也属首次。教材出版逾 10 年后，教材修改，由湘潭大学出版社再版，并根据形势的变化更名为《中国法律史》。修改原则为：一，教材编、章、节三级结构、标题不变；修改错别字、不正确的标点符号；校对古籍、文献资料引文；修改明显观点错误。二，为忠于原作，中华人民共和国法制史不增加 2007 年以后法律内容。三，教材原有编写成员不变，各自按要求负责修改。最后由李交发、张全民教授负责统稿。

段玉珍女士和研究生曹慧芬、肖艳等同学负责收集修订稿和校改打印稿事宜。

编者

2019 年 12 月

图书在版编目（CIP）数据

中国法律史 / 李交发主编. -- 湘潭 : 湘潭大学出版社，2020.11
ISBN 978-7-5687-0516-5

Ⅰ. ①中… Ⅱ. ①李… Ⅲ. ①法制史—中国—高等学校—教材 Ⅳ. ①D929

中国版本图书馆 CIP 数据核字 (2020) 第 246384 号

中国法律史

ZHONGGUO FALǙ SHI

李交发 主编

责任编辑：黄 琼
封面设计：李 平
出版发行：湘潭大学出版社
社 址：湖南省湘潭大学工程训练大楼
电 话：0731-58298960 0731-58298966（传真）
邮 编：411105
网 址：http://press.xtu.edu.cn/
印 刷：长沙鸿和印务有限公司
经 销：湖南省新华书店
开 本：787 mm×1092 mm 1/16
印 张：26
字 数：656 千字
版 次：2020 年 11 月第 1 版
印 次：2020 年 11 月第 1 次印刷
书 号：ISBN 978-7-5687-0516-5
定 价：72.00 元